JN444915

實事救國

불사조의 한국역사문화학 1

차옥덕車玉德 지음

한국예맥기획

전북 부안 17세기 환웅상 · 단군왕검상

맥족 '桓雄'환웅 뒷면 '九龍淵'구룡연

'王儉'왕검(단군) 뒷면 '長白山'장백산

우리 한국은 아시아 북방에서부터 인도 이란 이라크 슈메르와 중원 한머리(한반도) 왜 땅 등등 까지도 – 대륙의 문명을 창시하고 전래시킨 탁월한 종족들의 후손이다. 그래서 북방 DNA 간직한 내몽골(현재 중국령) 홍산문화는 우리 환국 예맥족(동이)의 것이다. 그런데 광의의 홍산문화가 중국의 역사가 되면, 환인 환웅 단군이 중국인이 되고 한국 우리의 뿌리가...그래도 한국 정부가 단 한군데도 환인 환웅 단군을 모시는 곳을 못 세우고, 기독교는 계속 반대하고 한국의 국조 환웅 · 단군의 목을 자르는데 수수방관만 할 것인가?

중국정부 동북공정에서 한 발 더 나아간 탐원공정

지난 8월 8일, 중국 내몽고 자치구의 적봉 박물관이 거대하게 신축되어 개관되었다. 박물관의 중앙 벽면엔 거대한 옥저룡玉猪龍이 상징처럼 박혀 있다. 얼굴이 돼지 형상인 옥으로 만든 용. 홍산문화를 대표하는 옥기 중의 하나이다. 내몽고에는 박물관 신축과 개관, 확장이 유행처럼 번진다. 적봉시 인근의 오한기敖漢旗·임서林西박물관은 신축을 마치고 올해 후반기에 이전한다. 극십극등기克什克騰旗 역사박물관과 파림좌기巴林左旗의 요상경遼上京박물관은 몇 해 전에 신축해 개관됐다. 요하를 중심으로 발견된 고고학적 성과, 즉 홍산문화를 정점으로 하는 요하문명을 집중 전시한다... 요하문명의 주요 거점인 조양시 골동품 거리 벽면에는 흥미로운 문구가 있다. "중화문명 1,000년 역사를 보려면 북경을, 3,000년 역사를 보려면 서안을, 5,000년 역사를 보려면 조양을 보라." 요하문명은 명실상부한 중화 문명의 기원지로 자리를 잡아 간다. 중국 땅에서 발견된 고고학적 성과를 집중 전시하는 데는 문제가 없어 보인다. 그러나 그렇지 않다. 고구려·발해사를 왜곡해 심각한 역사 전쟁을 일으킨 동북공정보다 더 심각한 '중화문명 탐원공정中華文明探源工程'이 주도하는 새로운 역사관이 자리하고 있기 때문이다.

1,982년 중국 내몽고 자치구의 적봉시 오한기 보국토향 흥륭와촌에서 옥 귀걸이를 비롯해 수십 점의 옥기가 발굴됐다. 기원전 6,200년 전의 것. 엄청난 발견이었다. 흥륭와문화라는 이름이 붙었다. 한참 뒤인 2,004년 7월 24~28일 적봉에서 열린 제 1회 홍산문화 국제학술 연토회에서는 이 옥 귀걸이가 '세계에서 가장 오래된 옥 귀걸이'이자 '중국 옥문화의 기원'이라고 발표됐다. 같은 해 요녕성 서부 의무려산 동쪽의 부신 몽고족 자치현에서는 일곱 차례에 걸친 발굴 끝에 돌로 쌓은 용 형상물인 석소룡이 발견되었다. 발굴은 계속됐다. 8,000년 전 치아 수술도 해: 1,987년에는 내몽고 적봉시에서 서북쪽으로 조금 떨어진 오한기 소하서촌에서는 요서 지역의 역사지도를 바꾸는 발굴이 이뤄졌다. 반땅굴식 주거 유적에서 기원전 7,000년께의 '흙으로 만든 얼굴상陶塑人面像'이 발굴됐다. 동북아 최초의 것이었다. 유적지는 '소하서문화'로 명명됐다. 요하문명이 토해내는 놀라운 유물은 끝이 없었다. 가장 오래된 '복골(점치는 뼈)'이 발견된 부하문화(기원전 5,200~5,000년)...

2,010년 8월 8일 개관된 중국 내몽고 자치구 적봉박물관. 황하문명보다 오래된 39요하·홍산문화 39를 중국 문화의 기원으로 선전하기 위한 것이다. 그러나 이 문명은 한반도 선조 민족이 건설한 단군조선의 뿌리 문명이기도 하다. (본책 409쪽~ 참조)

우리의 할 일이 많은 위대한 조국 대한민국의 금수강산에 태어난 것
어머님 할머님의 마음도 갖고 이화여대도 가게 여성으로 태어난 것
자료를 보완하기 쉽게 다음 네이버가 있는 인터넷시대에 태어난 것
환단 72천황 · 춘천 맥국중도 · 용산민족역사공원을 찾는 시대 태어난 것
에 깊이 감사드립니다.

"위대한 맥 환단 대한의 역사는
善한 공동체, 홍익으로 향하는 인류의 나침반이다"

선한 당신이 지금 당장 선택한 의지와 행동이 바로 역사이다.
천손 맥족 시원역사는 화석동물 맥과 함께하는 화석인류 '맥국 춘천중도'에서,
과거 현재 미래 융합의 역사는 '용산민족역사공원'에서 빛을 발한다.
DNA에서 우러나오는 역사성 있는 문화라야 사람과 사회를 밝힌다.

– 차(배)옥덕

한국의 정체성을 사랑하는 이들에 의해, 한국의 모든 정책이나 역사문화가 현재와 미래의 한국을 위해 이루어져야 한다.

문학박사 차(배)옥덕

머리말

한국에서 가장 먼저 생각해 봐야 할 것은 한국 역대대통령들 및 정치인들과 공무원들의 국가기강 척도와 국사인식 문제이다. – 왜냐하면 이번 기회에 고치지 않으면 또 다시 제 2, 제 3의 반역적인 세계사적 국가급 중요유적지인 춘천맥국중도에 맥족으로서 맥국을 파기하는 영국 레고의 설치 문제같은 것이 현실화되거나 또 다시 발생할 소지가 있기 때문이다. 중도에 영국 레고의 유치 문제는, 〈해방 이후 한국의 것은 공부를 하지 않아 잃어버린 채 비하하고 서양문화에 중심 가치를 두는 혼란과 무지에 의해〉, 또 한편으론 〈개인의 사리사욕적인 선거나 당의 이익에 급급한 정치지도자들의 개인적인 당차원적 이해관계로〉 – 한국인으로서 한국적 가치를 망각하고 자존감이나 정체성의 부족이 초래한 반민족적, 반국가적 실수라 이번에 고쳐야 한다. 따라서 중점적으로 비판적으로 살펴봐야 할 것이다. 물론 바른 국사인식을 위한 국사내용이 한시 바삐 식민사관을 벗어버리고 바르고 빠르게 정착 홍보 및 공론화되어야 한다. 대통령이나 문광부장관과 문화재청장이 재량권으로 (현재 강원도지사는 여러 문제에 얽힌 당사자이므로 허가한 것을 취소할 것이라 기대하기가 힘든 형편이다) 춘천 중도의 영국 레고의 설치는 발굴유물이 9200여 점이나 나와 부득이 허가취소함을 법적으로 당장 발표해야 한다. 이후 사후 수습대책을 상생적으로 도모하는 것이 다 함께 사는 첩경이다.

한국 국민은 세계적으로 종교성향이 강한 국민에 속한다. 천손으로 자연스런 하늘과 땅과 사람의 삶의 이치를 하늘의 이치에 따라 살게 하던 시대 신교부터, 어렵사리 건국하는 각 왕조가 외국의 종교를 끌어와 뭔가 새로운 것을 찾다 보니 그렇게 외국 종교에 세력을 많이 넘겨주었다.

현대 한국의 사회문제 중 중요한 것이 자살과 가출과 실종이다. 현재 한국 국민의 1/3이 기독교이다. 정확히 말해 개신교 19.7%+ 카톨릭 7.9%= 27.8%이다. 자살하면 지옥에 간다는 것을 가르치는 교회가 한국에는 100m내에 몇 개씩이나 있는데 – 한국이 세계 자살률 1위라면 교회의 역할에 분명히 문제가 있는 것이다. 과연 몇 명의 장로 대통령이 정치를 한 한국에서 기독교는 어떤 기능에 집중하고 있어 그럴까? 교회장로 대통령들은 천손나라에 어떤 기여를 했나 무엇에 집중했나? 평양에서 7분의 연설 안에 민족을 10번이나 언급한 카톨릭 교인 문대통령이 114년만에 비로소 광복된 땅이 된 용산민족역사공원 **서울에서는 '민족'을 빼어버리게 설계하게 하는가?**

가소롭고 우스운 것은 정작 한국 민족역사공원에서는 '민족역사'이름을 다 빼고, 한국에서 100년 역사도 채 안되고 국민 7.9%에 불과한 카톨릭이 한국에서 〈카톨릭 역사공원〉을 전국 여러 곳에서 짓고 있다는 것이다. 이 짓은 한국의, 한국역사의 정체성을 망하게 하는 한국정신 망국의 짓이다. 촛불 집회에서 카톨릭의 역할이 있었다지만 이 것은 온 한국민이 분개할 일이다. 카톨릭이 필리핀 국민을 엄청나게 살상하고 식민지화에 성공한 필리핀에서 한 짓을 한국에서도 하려는 것이다. 한국의 정신있는 온 국민이 시퍼렇게 눈을 뜨고 지켜보고 있다. 어느 대통령이 나오는 날, 일제가 지은 경복궁 내 중앙청사를 철거하듯 모두 철거할 것이다. 카톨릭이 역사공원을 운운하며 혈세를 뜯어가니 개신교도 그렇게 움직이려 한다. 불교는 한국에서의 역사가 1,600년이 다 되어 가니 역사 운운할 일이 많고, 불교 전통건축물로도 문화 관광사업에도 큰 기여를 하니 일정부분을 지원하는 것이 합리적인 정책이다. 무신교는 그간 일반 국민의 실생활과는 달리 공식 정부들은 사대적인 식민주의에 물들고 외국의 눈치를 보느라 정책에서 배척하고 도외시했으니 이제 그간의 역사와 현실을 인정하고 정책권 안으로 들이는 '한국얼 정책 주체성'을 살려야 한다.

한국땅에서는 **한국얼을 가진 한국민이 주인이다.** 돈만 벌러 오는 외국종교와 외국인들에게 무슨 한국 역사민족공원? 이제 한국 모든 설계건축 시공은 한국인과 한국민족의 역사와 교감을 하는 한국인들에게 주자. 아시아 한국 역사를 숨쉬며 듣고 DNA에 지니고 우리 한국민족역사 지켜온 사람들과 젊은 기업들이 하게 하자.

국립 최초 용산민족역사공원 그 방향은 분명히 살려야 한다. 천손민족의 분명한 실체를 드러내는 일은, 천국을 지향하는 카톨릭 신자로서도, 하나님을 잘 믿는다는 개신교인으로서도 협력할 일이지 배척할 일이 아니다. 이 땅에서도 천손민족 만년역사 천손 민족의 걸어온 족적을 용산에 증거하는 일이다! 천손 나라 경제도 같이 살 것이다. 천손은 이치에 밝고 선하고 능력있고 **신의가 있어야 한다.**

만년 환단 천손의 삶 자체가 9,000여 년 역사 원형종교 환국신교 모든 종교의 뿌리이다. 한국 얼의 핵은 천제, 제사문화이다.

신교(신도)의 사제는 세계에서 두루 보이듯 고대신교의 하늘로부터 신탁을 받아내리고, 알아야 할 일을 미리 예언하고, 제사를 주관한 사람으로서 상황에 따라 춤이나 노래를 부르면서 신명께 드시기를 권하고, 사람을 위하여 기도하고, 재앙을 피하게 하고 복을 받게 하는 사람이다. 그러므로 판소리처럼 무속에서 가무가 기원하였다고 하겠다. 그 사제이름의 한자 무巫는 하늘과 땅과 사람을 이어주는 소통의 매개자이다. 쉽게 말해 사람에게 하늘의 소리를 전해줄 수 있는 능력을 하늘로부터 부여받은 능력자이다. 종교 이전에 역사문화이고 예술이고 삶이었던 것으로 보자. 오늘날엔 국가경제에 바탕이 될 정신문화예술을 관광컨텐츠로도 보자.

만년 역사를 이어 온 한국은 오직 자식들에게 정을 주고 헌신하겠다는 굳은 심지 그 자체가 꿈인 그간의 한국인 부모님들이 이룬 업적이다.

양초의 심지도 바르고 튼실해야 오랫동안 밝게 비춘다.
사람에게 마음자리 즉 심지도 바르고 튼실해야 밝고 자족하는 삶을 살게 한다.

만년 역사를 면면히 이어온 한국은 권력을 잠깐 쥐고 흔든 하수인들의 나라가 아니다. (근세)조선이 유교하수인 사대부만의 나라가 아니고 대한민국이 외래종교 하수인의 나라가 아니듯.

춘천 맥국중도는 한국만년 역사 뿌리를 밝힐 근거가 되고 영국 일본의 신제국주의 마수를 예방하는 일이다. 용산민족역사공원도 그 궤를 같이할 한민족 정체성과 공유 역사를 익혀나갈 터전이라 더욱 중요하다.

휘날리는 바람 속에 살면서도 심지가 굳건히 한국사람으로 한국을 묵묵히 지켜온 사람들! 앞으로도 그렇게 지켜갈 심지가 굳은 한국인으로 살아갈 한국의 일꾼들과 같이만년역사문화 속의 진정한 '한류'를 지키고 싶어 걷고 보고 들으며 살며 전하고픈 글들이다.

내 삶의 주인공은 나의 마음자리心地와 깊은 뜻心志이다.

그런즉 나의 운명 사명 – 영욕 그 책임도 내게 즉 나의 심지에 있다.

내 심지를 情과 信義로 바르고 튼실하게 키워준 부모님 및 가족들을 비롯한 스승 친지 역사문화 – 특히 금수강산 모든 생명과, 숨쉬지 않는 것처럼 보여도 알아 보는 자들에 의해 숨쉬고 있는 원초적으로 순수한 인류 유무형문화를 면면히 전수한 조상님들께 깊이 감사드린다.

한국인의 정체성을 가지고 위대한 한국인의 심지를 바르게 키울 만년역사문화를 찾아 꼼꼼히 세울 심지있는 분들과 함께하며

기해년 7월 1일

어아가於阿歌 차옥덕車玉德

차 례

일러두기

위대한 역사를 가진 한국의 장점은, 남이 안가진 천산부터의 예맥족 만년 한류역사문화로서 유무형 문화역사사상 유적유물 전체 – 특히 춘천 맥국중도 유적 원형과 국립최초 용산역사민족공원을 살려, 만년역사 원형과 예맥족의 자긍심과 수익구조를 찾아 영원한 한민족으로서 세계인과 더불어 발전해 가는 것이다. 하여

1. 우리 속에 좋은 것: 가치 재발견으로 살려내고 확장하면 좋을 것, 여타 연구해야 할 문제들을 중심으로 쓰여졌다. 구체적으로 우리 부족 부분 보완, 방향 전환 모색하고
2. 외국 것을 보고 감동을 받은 것, 새로운 것= 우리도 했으면 좋은 것도 찾아 보았다.
3. Σ관습적으로 무시해 왔어도, 또 잘못 써 왔어도 잘못된 사고에 의해 왜곡된 어휘나 사고는 바로 고쳐 쓴다. – 잘못된 관습을 누군가 끊지 않으면 지속된다.

예)

- 한국인은 예맥족이다. 예는 예의를 잘 알아서 붙인 이름이고, 맥족이라 함은 맥이라는 동물가죽으로 만든 옷들을 입고 있어서 붙인 호칭이라 한국의 국기가 태극기인 것을 알아야 하듯, 맥족의 대표적 상징 동물이 '맥'임을 이제부터라도 제대로 알아야 한다.
- (韓의 정자이기도 하고) 나는 9천년 전 환국역사를 지키는 것은 우리 한국 만년역사를 지키는 것이기에 桓(환, 韓한)은 환국의 '환'으로 읽는다.
- 9,000여 년 전 안파견 환인의 '환국'을 더욱 각인하여 만년역사를 지켜낼 수 있어, 환인 7분, 환웅 18분, 단군 47분이나 되는데, 우리는 각 한 분씩 세 분뿐인 것으로 들어 왔다.
- 단군조선(후대가 잘못 번역한 삼국유사에서 만든 말 '고조선'은 안쓴다. '옛조선'은 의미는 통하지만 나라이름으로는 부적합하고, 고조선은 아예 나라이름을 고씨 조선이나 원래 이름으로 착각하게 하는 우를 범한다.)
- '神'자는 분별해서, 귀신 혼과 정신은 '神'자로, 참하늘 신교 하느님 신 𥛠자는

참하늘 禛신 자 – 의 일제 이전 고자古字를 쓴다. 율곡선생님 집안의 다물선생님께서 92세에 돌아가시기 전에 바로 저에게 보내주신 '지성여신至誠如禛'이라는 액자의 글도 깊이 새기며, 그런 마음으로 세상 사람과 주변 자연을 보며 살고 있다. 禛 하느님'신'은 神귀신 '신'의 원래 옛자이다. 일제 때부터 神자를 썼다.

- 한자 앞뒤의 괄호는 사용하지 않는다.
- 이름은 주민등록에 등재된 것으로 한다. 옛 분들 이름도 종교적으로 얻은 이름이 아닌, 원래 성씨와 이름을 찾아 쓴다. 특별히 쓰는 것은 괄호에 넣는다. 한국처럼 종교나 사상이 많은 나라에서 각 종교나 사상에 따른 이름들은 여러 면에서 혼란을 낳기 때문이다.
  예〉 차(배)옥덕…김견명(일연스님), 김안함로(안함로).

◈ 차옥덕박사가 "각 글에 대한 자기 견해에 부응하는 부호"를 만들어 냈다. 일상에서 연상적으로 분산적인 사람의 삶에서 자연스런(때때로 창의적인 글쓰기에도 도움이 된다) 글쓰기로 일하다 보니, 길라잡이 부호가 나의 메시지 전달이나, 읽는 독자들에게도 한 번 더 생각하는데 도움이 되게 하므로, 마침표 대신에 의미있는 부호를 만들어 쓰게 되었다.

부호 약속 예들

☑ '시급 부호' 시급히 처리해야 할 것, 이 책에서 가장 시급히 요구하는 것은 3개이다. 국제적 전국적 시급 결제요구 사항이다. 이러한 부호를 붙이는 문제는, 말이나 글로써 탄원 항의의 데모도 할 수 있는 사항이다. **(불가역적 파괴 위기: 춘천중도, 120년만에 광복되는 용산민족역사공원을 제대로 하는 것, 중국의 유네스코 등재준비를 완료한 칠석제: 연인의 날, 한국도 국가적인 정책지원의 활성화가 요구된다.)**

◒ 정체성 확립을 위해 우리 조상의 지혜나 전승해야 할 것들

☢ 3, 삼, 삼신에 관한 것 및 오랜 한국 전통

⊙ 직접 만들거나 떠오른 새로운 낱말이나 아이디어

★ 칭찬거리 컨텐츠로 홍보 확산, 천연 자연 자랑거리, 희망거리로 '활용 부호'

◈ 귀하게 여기거나 귀하게 만들고 귀하게 삽시다 '귀삽'.

하는 나의 설, 땅, 터 소신, 동료, 가치관의 필요

☀ 수익구조 좋은 아이템 – 특히 건져내어서 활용해 보시라는 나의 '살뜰 부호'. 중요 문화재 보호와 지속적 창의적 꼼꼼한 관리와 운용이,나라의 위상과 기강과 수익구조를 만든다.

▲ 긍정적 생산적 중간 항목, ◬ 긍정적으로 보는 소항목

@ 표시는 많은 생각이 연상적으로 연결되는 표시로 적합해 쓴다. '연상확산부호'

% 참고자료 * 남의 설 중에 나의 견해를 삽입할 때 붙이는 부호

╩ (인재)사람 농사에 해당할 수도 있는 일일 때 붙인다.

◘ '수정勇氣부호'수정 지금 여기서 나부터 사대적 식민지적 남성우월적 여러 관습적 왜곡 적폐의 잘못된 글자나 사고는 바로 고치자

☗ 풀어야 할 과제 등과 문화재 연구자원 문제 등등 고쳐야 할 것 '과제 부호'

▼ 부정적 비상생 비생산적 수정필요 중간 항목

▽ 부정적으로 보기에 수정필요 소항목

@ 나의 글쓰기 방법은 나는 내 입장에서 보고 느낀 것을 쓰니, 내가 쓰고자 하는 것에 맞는 낱말과 항목 붙이기 등을 스스로 만들어 쓰게 되고, 소위 개인 존중주의, 자연히 여성이니 여성입장에서 또 한민족역사에 예민한 사람으로, 보고 듣고 느끼고 하는 글쓰기를 하게 된다. 쓰는 부호들도 그런 감성과 스타일이 기반이 된다. 어쩌다가 용산에 40여 년을 살다보니 문학박사학위를 마치고 사단법인 용산향토문화사학회 회장을 20년간 맡아 별 일 없이 지냈었는데, 작금에 정부 부처의 ☑'용산민족역사공원' 기획 및 설계가 관편의적이고 상투적인 기획안이라(조선일보 기사), 역사 전쟁기에 간만의 역사민족공원을 바로 세워, 늦었지만 일부라도 우리 역사왜곡을 '중국은 60년 준비완료'상황인데 비해, 우리가 짧은 시간에 신속히 바로 잡을 수도 있는 때와, 장소와 사람이 왔는데, 기회를 놓치고 버릴까 봐서, 좌불안석이다 보니 – 나 편하려면 기우이길 바라지만 민족이 이 시점에 해야할 일과 너무나 먼 기획안이라 – 춘천 맥국중도 보존 유네스코 등재를 위한 대통령이나 문화재청장의 직권으로 불법허가 취소와 유네스코 등재를 촉구하며, 차옥덕 나의 국가성장동력 제안을 펼친다. 또한 우리민족이 예맥족이라 아직 우리 한국에도 있으

나 알지 못하나 한국 우리 예맥족의 상징동물이 맥貊이기에 한국민들이 맥을 알아야 한다. 춘천 중도는 맥국이라 고대역사 전쟁기에 더욱 원형 보존해야 한다. 국기가 태극기인 것과 같이 맥과 맥국을 잘 알아야 한다. 일본은 한국의 상징인 맥으로 한국모독으로 박장대소하며 큰 돈을 – 특히 맥이 한국과 무슨 관계인지 모르는 – 한국에서 많이 벌어들이고 있는 실정이라, 한국의 상징동물로서의 화석동물인 맥을 인식하기 위한 자료들을 제시하고, 멸종 가능성이 있는 맥의 종의 보존과, 한민족 관련성과 홍보컨텐츠로의 활용을 위한 노력을 제안하였다. 이러한 한민족 상징과 국가기강에 꼭 필요한 것들을 일반 국민은 물론이고 특히 공무원이나 정치인이 되려는 분들과 공무원 하시는 분들이 좀 깊이 생각해 주길 바라는 일들을 실사구국적 마음으로 한국역사문화학의 기초로 실었다. 이미 우리가 가지고 있는 것의 새로운 활용 선순환적 홍익적 수익 아이디어를 비판적 사고로 제안하는 것이다. 하여

1권

제1장 ◒ 한국 환골탈태 '아시말' 자연적 · 효율적 '아시빨래'로 털어내 버리듯! 일부 좀 지연되더라도 각 부처를 적폐청산하고 가자.
공무원도 한국도 한국의 정체성을 찾아 성공적인 한국의 경영으로 국민의 안정을 찾게! – '아시말'은, 요약본!

제2장 ☑ 춘천 맥국중도 한국역사를 지킬 최고의 유적을 파괴하는 영국 레고가 중도에서 물러나고, 한국을 겨냥한 2012년 영일 무기공동제작 동맹을 해체하라.
– 영국 레고의 주인인 영국왕실과 영국성공회는 세계우방으로 돌아오라.

제3장 ★ 맥貊은 예맥족 한국 상징 화석동물로 서울 대공원에도 살아 있고, 맥족은 환단 화석인류, 현재도 화석음식 '맥적'(불고기), 석기 및 청동기 문화유산 춘천중도는 맥국, 현대 맥국은 '멕이곳'(맥시코), 동북 3성 연변은 지금도 예맥족

2권

제4장 ☢ 용산민족역사공원으로 한국의 역사를 알게 · 지키게 한국인이 만들자

제5장 ☗ 한국 한 박사의 양심선언: 박사학위를 받도록까지 몰랐던 한국역사의 72천황들 그 신령한 깨달음 한국 3경전과 (무)신교

제6장 ☢ 대통령 각 부처 · 서울시장 및 각 지자체장들 공무원들 공유소 및 보완점

제7장 ☑ 새롭게 보는 이순신의 모습: 이순신의 한국의례 양상과 종교와 의미 – 이순신 승리의 심적(종교적) 기반과 현대적 의미

3권

제8장 ★ 노자老子가 강열하게 흠모하여 무조건 찾아간 연인은 유부녀 막지였다. "추모는 왕이 되기를 바라지 않아(광개토호태왕비문)"소서노 어라하가 왕이었다. 하여 광개토호태왕이 만든 벽화 견우직녀도 – 견우는 땅의 남자, 직녀는 하늘의 왕비

제9장 ☗ 남북한 공동역사 민속 활용 컨텐츠화가 참소통 상생 · 접경

제10장 ☗ 〈실사구국의 한국역사문화학〉주제 스토리텔링과 컨텐츠화 소재 한국역사문화 연구는 실제 삶에서 바로 자본이 된다!

제11장 ☗ 차옥덕의 〈실사구국의 한국역사문화학〉, 실제삶에서 탈사대 홍익적 가치관의 한국역사문화관 연구로 지금 직접 활용을!

이 책에 오자나 인용, 저작권 밝히기 – 특히 일하면서 TV방송 틀어놓고 하기에 (씽크대와 TV를 서로 볼 수 있게 그렇게 돌려 작업에 자료 도움을 많이 받는다 → 이 실사구국의 주제로 책을 일찍이 한 권 썼다. (신문활용 교육 NIE에 비해 티비 활용 교육 TIE는 TV를 틀어놓고도 다른 일을 할 수 있는 점, 또 많은 시청각적 효과가 있는 사진을 제공하기에 큰 도움이 됩니다.) 이후 30여 년간 여러 일을 하며 따온 기사나 화면 등은 주로 방송국 프로그램이 들어 있는 화면과 도로상에서 찍은 사진과 인터넷기사이니, 시각에 따라서는 문제로 볼 수도 있겠으나, 나라나 개인들에 좋은 일을 하려고 오랜 기간을 걸쳐서 쓴 책이니, 넓으신 아량으로 양지해 주시길 간절히 당부드린다.

어아당 차(배)옥덕

제1장

한국 환골탈태 '아시말'

자연적 · 효율적 '아시빨래'로 털어내 버리듯!
일부 좀 지연되더라도 각 부처를 적폐청산하고 가자.
공무원도 국민들도 한국의 정체성을 찾아
성공적 한국의 경영으로 국민의 안정을 찾게!

– '아시말'은, 요약본!

"장담하건대, 조선은 옛 조선의 찬란하고 유구했던 영광!을 100년이 지나도 찾지 못할 것이다. 일본은 조선민족들에게 총, 칼, 대포보다 더 무서운 것을 심어 놓았다. 대일본제국의 식민교육, 이것이야말로 그들이 평생토록 서로 이간질하며, 노예적 삶을 살게 할 것이다. 보라! 실로 조선은 위대했고 찬란했으며, 찬영했지만, 현재 조선은 식민사고와 노예사상으로 물들어 정기를 다 잊어버렸다. 한국은 결국 식민교육의 노예로 전락할 것이다."

– 조선총독부 아베 노부유키 총독이 패망후 조선을 떠나며

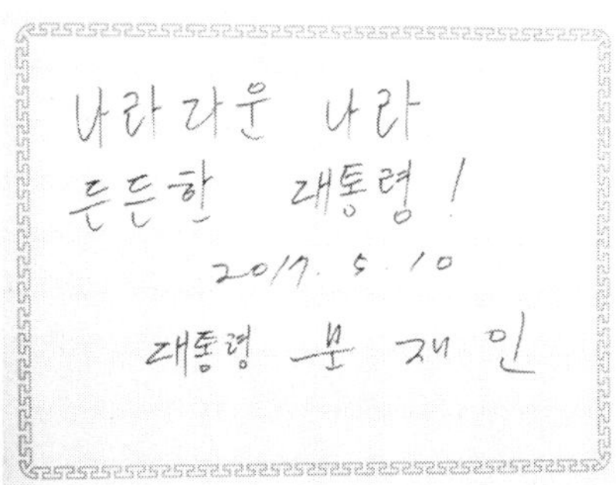

한국민 19.7% 개신교/7.9% 카톨릭

1 – 1. 총리실 및 전체

한국인은 예맥濊貊족이다. 맥貊은 동물의 이름이다. 춘천과 평창엔 맥국이 있었기에 춘천엔 지금도 '맥국로'가 도로명으로 표지판 등에 붙어 있다. 일본 기업이 이 '맥'貊(처음부터 맥의 후예로 설정해)을 가지고 변태, 테러범, 범죄인의 이미지로 장남감을 만들어, 역설적이게도 자기나라의 상징동물인 맥을 모르는 한국에서 숱한 돈을 벌어가면서 한국을 놀리고 있다. 자기네 주인공 슬리퍼를 '맥의 후예'로 당당히 설정했다는 발표를 하는데도, 한국인들이 맥과의 관계를 모르니, 일본이 한국을 우롱하는 춤을 추는대로 재미나 흥미에 따라 일본과 같이 논 것이다.

조선조에는 왕의 이름자도 피해서 이름을 지었다. '맥'이 많던 초기의 따뜻한 시절엔 '맥' 가죽으로 옷을 만들어 입어 우리의 고대 선조를 '맥족'이라 했다고 한다.

영국은 일본과 2012년 무기공동제작 동맹을 맺고 춘천 맥국 위에 레고 놀이공원을 지어 한국을 모독하고 돈을 벌어가려 하고, 일본은 '맥'이라는 한국의 상징인 동물을, 추하고 혐오스리운 장난감으로 만들어 한국과 한국민을 모독하며 돈을 벌어가고 있다. 우리 부모들과 아이들은 그것을 모르니 일본에 돈을 주고 자기모욕을 매입하고 있다. 심지어 요즘 아이들과 젊은이들 사이에서 유행하는 '뽑기 놀이' 안에서도 맥의 후예를 집어 넣어 끄집어 올리는 도박 아닌 도박으로 돈 낭비를 하고 있다. 일본 포켓몬스터에서는 처음부터 '맥의 후예로 설정하여 그 이름은 '슬리퍼' 이다'. 신발을 뜻하는 말로 받아들일 수도 있다. 또 잠자다sleep+er로 희한하게 '맥 놓고 사는 이' 맥족을 비아냥거리는 이름으로 작명을 한 것이다. 독도 · 욱일기 · 정신대 · 남북미회담에 일본 패싱.. 등으로 한국으로부터 받은 일본의 충격을 이것으로 화풀이겸 돈별이로 국민연합을 하게 하면서, 한국은 역사문화 공부를 안해 우둔한 한국과 한국민을 포켓에 넣고 주무르며 짓누르고 희롱하며 박장대소로 일방적 공격을 하고, 한국은 당하는 지도 모르고 당하고 있는 것이다. 욱일기는 알아도 태호복희씨는 마음 밖, 눈 밖이니.

가장 큰 문제는 한국의 우리가 그간에 식민지 · 전쟁 · 독재 · 산업화를 겪으며 살아 남느라고, 그 누구도 '맥'을 챙기지 않고 맥놓고 맥'貊'(貊 貉 貘 – 같이 쓰인다)을 잊고 있었기에 벌어진 일이다. 한국인들은 태극기로 일본이 이런 장난을 하려했다면 모두 일어나 죽음을 불사하고 항거했을 것이다.

이제라도 (최근에 맥을 자기나라 상징의 동물로 발표한 중미의 벨리즈공화국 - 맥을 신성화한다. - 과 같이 연대해도 좋고) 바로 잡아야 한다.

방법은 ① 국민들에게 한국인의 정체성에 속한 예맥족, 또 맥에 대한 관계 등의 교육홍보이다.

① - 2 일본 회사, 또 한국지부의 회사에 항의 서한과 이해와 설득?부터 하는 것이다?

① - 3 일본회사와 한국컨텐츠 회사가 같이, 새로운 긍정적 맥의 이미지로 상품을 만들어 기존 것과 교환해 주는 것을 통해, 양국 관계를 회복하는 방법이다. - 알고 했다 모르고 했다로 나오겠지만 일본은 한국과 맥의 관계를 알고 했다. 한국인 대신에 맥이다. 맥을 한국인 대용으로 생각하고, 실컷 무시하고 돈도 많이 벌어 가는 일거양득을 취한 것이다.

② 수시로 매입하고 있는 〈맥의 후예들을 변형한 장난감들〉 불매운동과 기존에 가진 것을(공해 없이) 태워 없애기부터이다. - 세계화시킨다. 특히 벨리즈공화국같은 나라도 동참하게 알려 준다.

다행히 한국인과 연관이 있는 마야인의 지역인 중앙아메리카 벨리즈공화국이 스페인의 침략으로 파괴되기 시작하다가 그 식민지에서 1981년 스페인과 영국의 협상으로 영연방으로 독립했기에 (엘리자베스 2세가 국왕), '맥'을 몇 년 전에 자기 국가의 상징동물로 지정했고, 4월 28일은 맥의 날로 정해 세계가 맥을 구하려 한다. 한반도의 기후가 차가워지면서 한반도에서는 멸종위기가 온 맥이다. 맥 외에도 몇 동물이, 아열대 숲을 불태워 공장을 짓거나 사살을 하기 때문에 멸종위기를 맞는 것을 방지하려 한다. - 우연인지 필연인지 또 영국여왕이다. 중남미에서 유일한 영연방이다.(남미의 원주민들은 맥을 자기 조상의 화신으로 보기 때문에 절대 죽이지 않고 신성시한다.)

일본 고구려왕족의 고마신사 입구에 세워진 보호 석수를 '고마이누(고려개)'라 하고 박견 · 맥견 '拍犬' · '貊犬'이라 쓴다. 일본은 일제시대 이전부터 한국의 역사문화를 매우 깊숙이 연구 수집하여 한국과 맥에 대한 연구도 상당할 것이다. 중국이 홍산 요동 등에서 몇 년 전부터의 발굴로(발굴에는 일본학자들이 일부 지원금을 내면서 대개 동참한다) 그곳의 맥족의 문화가 상당한 수준이었다는 것을 알고 놀라고 있고, 일본학자도 만주에서 생체실험을 했던 것과 같이, 한국역사에 대해서도 깊숙이 연구조사를 다 한 것이다. 일제 때 만주서 〈광개토호태왕비〉를 찾아서 일본으로 가져가려는 것을 그 곳 만주사람들이 막았는데, 급기야는 비석 비문 글자까지 갈아 조작 와전하는 것이 그들 일본의 버릇이다.

1. "맥은 화석동물"로 지구의 생성 이후 출생된 지금까지 변모없는 모양새로 후에 다양한 동물들이 나오니 그것을 생물 다양성적 요소로 보지 않고, 일본은 맥을 변태스럽다고 여기며 "변태의 포켓몬으로 이미지를 고정시키고 있다"
2. 일본은 맥을 범죄인으로 "아이들에게 최면을 걸어 어딘가로 데려가 버렸다"는 공식 설정에다 아이들을 유괴하는 모습을 게임에서 보여주었고, 하필 '최면'을 모티브에 담았다 – 맥은 신수라 사람을 알아보고 사람의 꿈을 먹는다는 설이 있다. 누가 잠을 자다 꿈을 꾸다가 일어났는데 그 때 옆에 맥이 있어서 그렇게 와전된 것이라 하는데, 그 얘기로 꿈을, 그것도 악몽을 먹는다 라고 대중매체를 통해 와전을 확대시켰다.
3. 사람과 포켓몬 모두에게 최면을 걸어 포켓몬과 인간의 관계를 이상하게 뒤집어 버렸다.
4. 시간/어둠/하늘의 탐험대에서조차도 그 진화 전인 슬리퍼가 루리리를 부려먹으려다가 주인공 일행에게 두들겨 맞고 연행된다.
5. 포켓몬스터 파이어레드/리프그린 버전에서는 숲속에서 길을 잃은 소녀를 데려가려다가 주인공에게 저지당하기도 한다.
6. 포켓몬스터 10주년 기념 상품에서는 아예 슬리퍼가 두 명의 어린이를 끌고 가는 유괴범의 악당으로 티셔츠 도안을 만들기도 했다.

즉 슬리퍼는 나올 때마다 대개 범죄 포켓몬 이미지로 보여지고 있다. 상기되어 있는 유괴범의 이미지로 일부 정치인과 어른들은 전쟁광이고, 일본 청소년들 중엔

장난삼아 사람도 살인하는 풍조까지 생겼으니 더욱 문제이고, 또 옆나라로 확산될까 염려된다. 이런 섬뜩한 설정 때문에 오히려 슬리퍼를 공포스럽게 그린 팬아트나 2차 창작들이 제법 많다고 하니 더 문제이다.

* 본 책 3장 참조, 인터넷 포켓몬스터 기사들, 박보영 공식 팬까페 등 참조. 박보영씨나 공식 팬까페 회원들께서도 일반 국민들처럼 모르고 포켓몬스터 물건들과 그 이야기들을 컨텐츠로 애용한 것이니, 이런 사실을 아셨으니, 이 기회에 의논들 하셔서 아무쪼록…

☗ 광화문 역사광장의 맨 위 중심엔 환인과 환웅이 계셔야 한국 만년역사를 지키고 한국의 정체성이 산다. 지금은 기가 차게도 이 땅이 어느 나라인지도 인식하지 않고 '몰역사 몰염치 무지와 억지 카톨릭'이 대원군의 한국 정체성 기치와 정신을 모독하며 한국역사의 최고 상징 자리인 최고 정중앙을 문정부에 와서 점령하고 있다. 바로 옆 카톨릭 염천교 역사공원을 짓는 '카톨릭역사?터'라는 이름까지 붙이려고 짓는 그 공원으로 옮겨라. 이제부터라도 만년역사 한국에서는 카톨릭 역사공원은 삼가하라. 한국 만년역사의 정체성을 흔드는 최악의 짓으로 지속적으로 규탄의 대상이 된다. 한국은 카톨릭 국가가 아니며 개신교 국가도 아닌 환단 만년국가이다.

이번 총리실과 서울시장실은 국민들의 지지를 받고 있으니 총리의 능력으로 대통령이 직접 못하는 일 – 춘천 맥국중도를 유네스코에 등재하기 위해 강원도와 영국의 다자간 조율하는 작업을 신속히 할 수 있을 것이다. 총리실은 중도에서 유물이 9,200여 점이나 나왔고 중국의 한국 고대역사 침략을 영국도 다들 알고 있으니 신사의 나라인 우방으로 영국의 레고는 유물이 안 나오는 곳에 하도록 하는, 조정을 이번 총리께서 시급히 하실 것을 강력히 믿는다. 한국의 기강과 정체성을 찾고 역사를 지키고 바로 세우는 중차대한 일이다.

미국대사관 터도 녹사평역 3 · 4번 출구에서 몇 발짝만 움직이면 기존 부대 부지이니 이곳으로 조정하는 일에도 앞장 서 주시길 간절히 당부 올립니다.

현재 정한 곳은 용산중고등학교 학생들과 일반 시민들이 항시 접하는 곳이라 철망과 경고장에 대한 스트레스를 무척 받는 곳입니다.

일본도 이스라엘도 몰래 가져다 쓰는 태호복희와 여와의 콤파스와 각이 있는 자 - 우리는 모르니 쓰지를 않는다.

중앙에 욱일기가 들어있는 태호복희도

위구르 배달봉 근처인 투르판 분지의 '아사달나'에서
일본인들이 '복희여와도'를 비롯한 태호복희씨의 유물을 발굴하였는데
유물의 일부는 심양박물관, 국립중앙박물관에
나머지는 일본으로 가져갔답니다.

미국인 작가가 지적한 프리메이슨이 가장 신성한 상징으로 쓰는 **태호복희와 여와의 '콤파스와 사각자' "이건 그들이 발견해낸 게 아니라 (00에서) 배운 거야."**

(00에서)가 생략되어 있는데, 유명 작가가 아마도 한국 예맥족 태호복희씨와 여와의 사각자와 콤파스를 몰랐던 모양이다. 알았다면 동양 한국 인문사상의 핵심에서 배웠다고 하기가 싫어서일 것이고... (현재는 이집트와 연계시키도록 유도해 두었다) 중국의 당 태종이 단군 '조선'이라는 말을 쓰기 싫어해 단군조선을 그냥 이역 '異域'이라 했던 마음과 같다.

프리메이슨 일루미나티가 숨기고 싶은 그들의 정체성. 프리메이슨 문양이라고 하는 콤파스와 각이 있는 자

"워싱턴은 프리메이슨이었어…. 제퍼슨도 그랬다는 소문이 있고. 그들이 자기가 무슨 일을 하는지 몰랐을 거라고 생각해? **이건 그들이 발견해낸 게 아니라 배운 거야.** 별에 꼭짓점이 다섯 개이지? 고대 그리스에서 5는 인간의 숫자였어. 그리고 불, 물, 공기, 흙, 영혼의 5대 원소에도 쓰인 숫자이지. 교회도 예수 그리스도의 상처 다섯 군데를 나타내는 뜻으로 펜터그램을

받아들였어." 니코는 룸미러에 걸린 **나무 묵주**에 얼른 시선을 주었다. **"한데 이 상징을 뒤집으면 정반대의 뜻이 돼. 마녀와 비교秘敎, 그리고…."** – 프리메이슨에서 사용했군. "이제 알겠지? 알아들을 줄 알았어... 몇 세기 동안 그들은 이 상징을 건물에, 아치에 사용해 왔어. 심지어 여기에도." 니코는 펜실베이니아의 애버뉴에서 가장 유명한 지점을 검지로 가리켰다. – 백악관? – 본문 중에서

□ '콤파스와 사각자'는 인문 시조 (제 4대 태우 환웅의 막내 아들) 태호복희씨와 딸 여와의 상징이다. 이것을 도용한 프리메이슨의 가장 신성한 상징인 '콤파스와 사각자'가 워싱턴시에서 그대로 나타난다. 콤파스 꼭짓점은 국회의사당이다. 이건 결코 우연이 아니다. 의도적으로 만들어 놓은 것이다." **미국의 수도 워싱턴 D.C.는 프리메이슨의 도시라는 충격적 가설!** 《운명의 서》는 세계 최고의 비밀결사체인 프리메이슨과 미국 대통령 암살에 얽힌 미스터리를 엮어 낸 픽션 소설이다. 작가 브래드 멜처는 '**미국은 프리메이슨의 나라이며,** 특히 미국의 수도 **워싱턴 D.C.는 프리메이슨의 의도대로 '콤파스와 사각자' 상징으로 지어진 계획 도시' 라는 충격적인 가설로 출발한다.** ..이 작품은 작년 9월에 출간되자 마자 뉴욕타임스 베스트셀러, 퍼블리셔스 위클리 베스트셀러, 아마존닷컴 소설 부문 베스트셀러 1위로 올랐고 7주 동안 베스트셀러 순위에 머물렀다. 브래드 멜처는 "친구가 유명한 프리메이슨의 명단을 보내 왔다. **밥 돌부터 제시 잭슨 목사, 해리 후디니, 존 웨인, 미국 대통령 15인의 이름까지 들어 있었다.** 자료를 찾기 시작했고, **조지 워싱턴이 워싱턴 D.C.의 도시계획을 짜면서 프리메이슨의 상징을 설계도에 넣어 놓았다는 사실을 알아냈다.** 상공에서 봐야 눈에 띄는 상징을 넣어 놓았다는 것은, 워싱턴이 당시 벌써 비행기를 예측했거나 외계인이 지구에 찾아올 거라고 생각했다는 뜻이다... 그리고 워싱턴의 항공사진은 그에게 더욱 확신을 심어 주었다. "다른 도시들과 마찬가지로 네모 반듯한 구획으로 되어 있지만, 대각선을 그어 보면 오각형 별모양(펜터그램)을 형성한다. 꼭짓점은 백악관이다. 여기서 동쪽으로 가면 메이슨의 가장 신성한 상징인 '콤파스와 사각자'가 나타난다. 콤파스 꼭짓점은 국회의사당이다. 이건 결코 우연이 아니다. 의도적으로 만들어 놓은 것이다."

.. 예로부터 미국의 수도인 워싱턴 D.C.가 프리메이슨에 의해 계획된 도시라는 음모론은 줄기차게 제기되어 왔다. 그 이유로는 **미국 건국에 관여한 독립투사의 대부분이 프리메이슨이거나 親 프리메이슨이었다는 점을 꼽을 수 있을 것**이다. 《운명의 서》 이 책은 **□전직 대통**

령 부시와 클린턴이 없었더라면 이 책은 존재하지 않았다!

이 책에서 유독 눈길을 끄는 것은 저자의 '헌사'에 거론된 부시와 클린턴, 두 전임 대통령의 이름일 것이다. 이 책을 쓰는 데 직접적인 기여를 한 사람은 부시라고 한다. 멜처의 《The Millionaires》를 읽고 팬이 된 부시는 그에게 사인본을 받고 싶다는 연락을 했다. "당신의 책 《The Millionaires》에 정말로 반했소. 바바라와 나는 사인본을 받게 된다면 영광으로 여길 거요, 조지 부시."라고 씌여진 메모를 받은 멜처는 사인본을 보낸 후 다시 편지를 써서 전직 대통령의 생활이 어떤지 공개해줄 수 있느냐고 물었다. **평소 리서치가 부족해서 조금이라도 현실성이 떨어지는 부분이 독자의 시선을 돌리게 한다고 믿어온 멜처에게 놓쳐버리기엔 너무나 근사한 기회였다.** 부시는 그 제안을 흔쾌히 받아들였고 **멜처는 휴스턴에서 부시와 1주일을 보내며 퇴임 대통령의 일상을 직접 곁에서 보고 듣고 취재했다.** 게다가 멜처는 **미스터리 소설광으로 알려진 클린턴**과는 이미 친분이 있었다. **클린턴의 스태프였던 친구를 통해 첫 작품《The Tenth Justice》이 건네진 이래 멜처의 모든 책을 읽은 클린턴 역시 취재에 협조적이었다. 할렘에 사무실을 낸 클린턴을 만나 취재를 마무리한 멜처**는 덕분에 영화처럼 빠르게 진행되는 스릴러의 외연에 미국이라는 세계 최강국을 호령했던 전임 대통령의 맥 빠진 일상과 심리를 리얼하면서도 유머러스하게 담아낼 수 있었다. 과연 대통령은 권좌에서 물러나면 뭘 하고 지낼까? **전용 비행기에 보좌진과 기자를 태우고 구름처럼 이끌고 세계를 누비다가 어느 날 '빨간불에 걸리면 멈춰 서야 하는' 평범한 시민의 일상으로 돌아간 이들의 마음은 과연 어떨까.** "활주로에 텔레비전 기자 한 명이 덩그러니 서서 '집에 오신 기분이 어떠세요?' 하고 물으면 이렇게 대답하는 거야. '돌아오니 좋군요!' 그런 다음 앞만 똑바로 보고 걷는 거야. 너댓 시간 전에는 어땠는지 생각하지 말게." **전임 대통령의 인간미가 느껴지는 이 대사는 부시로부터 나왔다.** 이러한 철저한 리서치가 있었기에...(인터넷 교보문고, 다음)

☀ 고려 왕건께서는 사랑하는 공주를 백제 마지막 항거성 주류산성 부안 지역으로 시집보내고, 그 곳 "詩山(성산) 허씨도 '태인 허씨'로 개명토록 하여 정체성을 세우려 애썼다. 이어 이 태인 허씨네는 일제 때도 당당히 환웅과 단군을 내세운다.

太仁은 바로 환단이시다. (환인)환웅 - 47대 마지막 고열가 단군께서도 왕위를 내려놓고 황해도 구월산으로 들어가 仙化 - 황해도 구월산 왕=차=류씨 문화, 구월산 문화동에서 한국인 정체성을 환단 삼성단에서 잇고 있다.

1대 안파견 桓仁은 하느님은 아니시고 **'太仁'이시다.**

태인 안파견 환인…› 거발한 **환웅·왕검단군**

태인(정읍 부안 신태인) 동학 접주 정읍 대흥리 차치구 · 차경석 '보화교' 때 국민의 1/3이 합심하는 모습 보이다. 아들 차일혁도 총경도 우리의 귀한 문화재를 구하다. 한민족 3경= 조화경 천부경 · 교화경 삼일신고 · 치화경 참전계경…› 文화(유씨) · 보화(차씨)교 (선도교=보화교=보천교) 칠성의 빛을 받아 살아 온 칠성의 자손들! 이라 고인돌이 세계적에서 최고로 많다.

일제시대 때도 전라도 부안 정읍에서 지혜롭게 내세운

한국민 국민성과 환단 정체성!인데 오늘날?

석상에 환웅 · 왕검 이름까지 신체에 새긴 어느 정신과, 일제 시라도 그때 찾아 자기 집 앞마당에 세운 행동 – 그 의로운 뜻은? 일제보다 더 무서운 기독교가 한국 정체성 찾기를 방해한 환단 고대역사의 탄압? 기독교의 조직적인 단군상 목 자르기로 드러난다.[3]

전라북도 지정문화재 제 30호로 보존되어 오고 있는 이 환단석상은 우리 민족의 고유한 환단신앙의 희귀한 신체神體 석상이다. 그 형태는 화강석재를 잘 다듬어 상의 앞면 복부에는 각기 예서로 〈桓雄〉, 〈王儉〉이라 새겼고, 뒷면에는 〈長白山〉, 〈九龍淵〉이라 새겨져 있어 환단신앙의 신체임을 쉽게 알 수 있다. 그 조성된 연대는 기록되어 있지 않으나 대체로 17세기 경에 조성되었을 것으로 추정하고 있다. 이는 1909년에 나철羅喆에 의하여 종교적 체계를 갖춘 단군을 신앙하는 대종교大倧敎 훨씬 이전이다.

현재 대한민국 국민들은 국가에 대한 충성심의 중심체에 있어서 방황을 하고 있다. 나이가 든 국민들은 대통령들의 부정부패 행위로 감옥행이 되자 자신들이 믿고 사랑해 온 왕이나 "나라 대통령은 하늘이 낸다"는데 그런 부정한 대통령에 의해, 무의식적으로 지닌 만고의 하늘에 대한 믿음까지 흔들리고 DNA도 상처를 받는다.

하여 엉뚱한 생각이 나오고, 자생적 공산주의가 나오고, 심지어는 북한을 일으켜야 된다는 엉뚱한 종북이념으로 판을 치게 되는 것이다. 이는 모두가 국가의 뿌리의식의 결핍이고, 역사와 전통적 정체성을 제대로 가르치지 못한 때문이다. 한국 사람들의 국민적 정서와 정치풍토와, 국가에 대한 충성심은, 역사적 배경의 관점에서 볼 때에, 많은 방황적 요소를 내포하고 있다. 어느 나라보다도 긴 역사에 많은 전쟁을 겪고 근래에는 대통령이 권위를 스스로 불러 일으키지 못하는 부도덕함으로 인하여 무권위적 대통령의 적폐에 대한 상처가 또 많이 흔들어 놓았다.

그럼에도 한국인의 만년 오천년 배달 '한민족'의 존재에 대한 역사적 무의식적 '한민족 충성심'은 강하여 언제든지 하나로 뭉쳐 왔고 뭉칠 수 있다. 국가의 정체성이나 역사의식 교육의 결핍, 대한민국 중 고등학교의 역사교육의 시각적 혼동과 차질에서 유래한 결과들을 초월 하는 '한민족 DNA' 한류의식 중 하나라고 보아야 할 것이다.

이런 맥락에서도 유교권내 **환웅단군상**의 의미는 크다. 위 환웅단군상을 세운 터 옆으로 조금 가면 '북두지' 즉 **북두칠성 신앙**을 담은 이름의 못(영어로도 못 moat)이 있고, 바로 그 오른 쪽 위에다 **태인 허씨 선산**을 세웠다. 여러 모로 한국의 정체성을 찾기 힘들 때, 이 집안은 환단상을 세우고, 정안수 북두칠성 신앙을 찾고, 고래로 내려오는 집안 씨족의 화합과 단결로 효자 열부상을 받고 부근 논밭의 유무형문화재 수집 등과 이재관리를 잘 하는 등 자신들의 정체성을 찾았다. 이 환단상을 찾은 매당이 며느리 정씨 이름도 태인 허씨 집안으로 시집을 왔다고 클 太자 어질 仁자 태인으로 정태인이라 지었을 것으로 추정된다.

천손 환단 천황님들이시니 47대 고열가 단군께서도 늘그막에 왕위를 중신들에게 내려놓으시고 황해도 구월산에 들어가 신선이 되셨다 하니, 환단 신앙하는 집엔 신선 및 도교 사상이나 역사책들이 당연히 많았다. 문화재 도굴꾼에 의한 어머니의 변사 후 아들이 책을 다 태워버렸다고 발표했다. 왜 그렇게 발표를 했을까? 민간 문화재 관리정책의 미비함에 입은 치명적 상처와도 연관이 되어 더 가슴 아프다.

1993년 경에 태인 허씨 집안 허방환씨의 며느리 정태인 여사에 의하면 "이 석상들이 처음 있었던 곳은 일제강점기 때 배메산 뒤 거북메龜山에 있는 수로를 건너다니는 돌다리였는데, 시아버지 (허방환씨는 부안의 4대 부호)께서 원래 신앙심이 깊어 매월 초하루 보름이면 개암사[4] 에 기도를 드리려 다녔는데, 어느 날 밤 꿈에 하얀 노인이 나타나 내가 거북메 도랑에 엎어져 있는데 네가 자주 지나다니며 내 배를 밟고 다니니 내가 배가 아파서 못 살겠다 하고 사라졌다는 것이다. 그래서 혹여나 하고 거북메 도랑에 가서 자세히 살펴보니 과연 한 쌍의 석상을 뒤집어 다리로 놓여있어 일꾼들을 동원하여 목도하여 집으로 옮겨 세운 것"이라 하였다. "우리 허씨 집안 내에서는 일제 때나 6.25 때 폭격을 피하기 위해서도 몰래 물 속에 두기도 하고, 또 엎어두기도 하여 마치 모르는 것을 찾아낸 것처럼 했다"고 허기성님은 전해준다.

국회의장님! 국회 정원 안에 이미 고인돌 설치? 진품으로 바꿔 한국인의 고인돌 사랑을 홍보할 생각은 안 해보셨나요?

의장님! 국회 정원 안에 고인돌처럼 생긴 돌을 조경해 두셨는데, 아예 진품 고인돌로 바꿔서 한국인의 문화재 사랑을 홍보하실 생각은 안 해보셨나요? 어느 대학의 한 쪽에 진품 고인돌을 별 관심 없는 곳에 두었던데, 상호 합의하여 국회에서도 유네스코 문화재에 대한 관심을 좀 보여주시면 여러 모로 좋겠는데요. 한국은 고인돌 나라라 누가 보더라도 자랑할 만한데! 전세계 고인돌 중에 60% 이상이 한반도에 있고 세계 금관의 70% 이상이 한국에 있는 이유는 무엇일까요? 춘천 맥국중도에서도 이번에 162기나 나왔어요. 〈고인돌 예찬〉이나 〈금관 예찬〉 글도 한 번 써 보세요. 한국은 금이 많은 나라였다고 하고, 특히 곡옥이 100여 개나 달린 "곡옥금관"[5)]의 아름다움과 신비함과 예찬은 더 말할 것도 없고 – 곡옥은 잉태되는 생명과 영원한 생명력을 상징하는 것 같습니다. 어려운 시절에도 한국이 문화대국이 되기를 기대하던 백범선생님이 생각이 나서, 부끄러워서요.

의장님! 인사임명 때마다 느끼는 나 아니 우리의 조국은 삼권분립이 되는 나라인지? 뭐니뭐니해도 국회 문화의 최고봉은 대통령 당대표와 청와대 실무자와 금융위원장 등과의 다자간 논의의 깊은 고뇌와 고언과 토론을 통해 의회와 사법부 삼권분립을 잘 이루어내도록! 고언도 인화로 잘 받아들일 대통령과 고뇌의 회담 행보를 하시는거지요. 그래야 최고 지도자 이지요. 그게 아무 나라나 넘보지 못할 한국 국력의 기반입니다. 국민들은 멀찍이서 고위 정치인들과 대통령께서 가려는 길을 더 잘 본답니다.

■ 역사로 풀어보는 문재인대통령 이름과 암시하는 나아갈 밝은 仁의 앞길로 고언을!

문재인=文재 寅 ⇄ 仁은 소리로 상통한다. 호랑이는 강하고 어질고, 인으로 나아갈 것이라 문재인은 이리저리 동방예의지국이란 한국정의 체성을 강하게 내포하는 이름자이다. 남은 임기는 이제 仁의 대통령으로서 만고에 대한에 개혁자가 될 어렵지만 삼권분립으로 인化를 이루도록! 국회의장실, 총리실, 수석들이 함께 머리를 맞대고 천고의 인물을 만들어 내는데 아쉬움이 없을 솔직한 고뇌들의 해답과 실천이 나와야 한다. 그것이 도덕적이고 인화적인 대통령이 가져오는 가장 큰 국력의 근원이다.

문재文在 인寅(범)의 시대에서 구폐를 청산한 다음은 이제 문재仁(어질 인) 시대로! 태평시대로!

함남 흥남시대···› 거제시대···› 서울시대···› 세계시대로

천년에 한 번 올까 말까한 개혁의 기회를 다잡을 수 있다.

	친교류 나라	근대적 이상향	죽게 한 사람의 변	죽인 방법	역사적 평가
허균許筠 1569~1618 (49세)	청나라	홍길동전	역모 의심 – 이이첨(광해군 때) – 반역죄	6屍 – 6개로 나눠, 6개 지역에	실제 삶에 이상향을 한글 소설로 쓴 최고의 천재
김옥균金玉均, 1851~94 (43세)	일본	갑신정변 (삼일천하)	일본 의존 위험시 – 홍종우가 상해에서 저격(고종 사주) – 반역죄	시신 한국에 온 후 6屍 – 6개로 나눠, 6개 지역에	

조선시대 화두: 신분제 서얼→현대: 저임금 노동자

허균=삶의 중요 화두 서얼차별 철폐 인간은 평등하고 고르다. 균均이다. **조선시대의 신분차별에 반기를 들고 이단의 상징적 행동을 거침없이 하다.** 허균(許筠, 1569~1618)은 가질 것을 다 가진 명문가의 자제이면서도, 시대와 충돌하는 계급에 속한 이들(서얼)의 벗이 되어 이들의 이상향을 사실적으로 그것도 한글로 최초로 그려내고, 적합한 인물 유형의 모델인 홍길동까지 보여주었다. 그야말로 그는 '홍길동 같은 사람'이다. 서얼들 및 하층민들과 교류하며 분명히 시대를 비판적으로 인식하고 진솔히 대항했으니 평균자들에 대한 반역아요, 편의 적당주의자들에겐 이단이었다. 그를 단적으로 표현하면 한 세기에 태어날까 말까한 천재적 시인이요 문사이자 최초로 자신이 중시한 천민 계급들이 읽을 수 있고 한글만이 묘사할 수 있는 감성적이고 다양한 무늬의 한글로 최초로 소설을 쓴 창의적이고 모험적인 작가였으며, 또한 집안 내력으로 유불선儒佛仙 현묘지도에 두루 통해 풍류도를 알고 지식과 몸으로 부딪히며 시대의 편의주의에 저항하고, 비판적 인식을 심신으로 실천한 천재 모험가며 정치지도자였다.

김옥균(金玉均, 1851~94) 혁명가 또는 진보적 정치가, 개혁파의 지도자라고 부른다. "개화와 개혁을 주장하다" 그의 삶과 행동을 두고 이렇게 다양하게 언급하는 것은 그의 활동영역이 그만큼 폭넓었기 때문이다. **조선을 속국으로 생각하는 청나라의 내정 간섭을 치욕적**이라고 비판했다. 신생국이나 서양 섭취적 삶의 혁명을 꾀해 성공한 일본의 힘의 도움을 받아 조선의 개혁을 꾀하고자 했기에, 조선의 근대화와 개화사상을 주장했던 조선 말기 급진개화파의 불운한 지도자이다. 박규수의 사랑방에 드나들며 개화사상을 배웠고 개화파를 조직했다. 1884년 청 · 프 전쟁에서 청군의 패배가 지속되자 때를 틈타 1884년 12월 4일 우정국 낙성연을 계기로 갑신정변을 일으켜, 문벌의 폐지, 인민평등 등 근대 사상을 기초로 하여 낡은 왕정사를 개혁하려 했다.

용기와 모험 능력이 있는 知者 허균의 실사구국적 삶, 정인지의 말대로, "배웠으면 실제 공사를 위해 쓰도록 해야지". 특히 구국적으로 나라와 국민을 위하는 일이면, 나은 것이 더 크게 확산될 것이다. 거침이 없는 자유로운 사실적 삶을 살면서 몇 수레의 책과 사상을 접한 천재가 그에 근거하여, 시대의 기존 세력자와의 충돌과 위해를 염려하지 않고, 민초의 이상향을 그려내기 위해 소설이라는 형태를 취해, 최초로 민초들의 한글로 써내어 그 이름도 개혁실천이 가능한 자기같은 인재로 홍길동을 창조해 내

어 절대적일 것 같은 왕의 실상도 신랄하게 느끼게 해주며 의지할 인물을 가공하여 처참한 전란까지 겪은 백성, 특히 어려운 처지의 서민들에 삶에 희망을 불어넣어 준다. 당연히 금상첨화로 그 내용은 시대극복으로 개혁적이고 양반중심 나라의 허에 반역으로 여겨질 화살을 쏜 것이다. 평등한 권리와 제도에의 접근을 창의성과 민본 애민사상, 그 시대에 그 누구도 생각 못할 혁명 중 혁명을 백성 내에 씨를 뿌린 것이다. 진실탐구와 시대의 한계에 몸부림의 자취 (다양한 학문을 수용하는 개방적 사고와 진취적이고 넓은 세상을 직접 심신으로 부딪히다) 허균의 선구적 사상 및 저술 연구와 삶의 일치 자세 비판적 지식이 겸비된 혁명아로 높이 평가할 수 있다. 진실과 진리를 갈구하는 발전하는 인류역사가 바라는 천년에 한 번 날까 말까한 지행 능력에 집안까지 받쳐주는, 다 가진 인물이 허균이다.

국력의 본산은 대통령이 도덕적으로 국가기강을 지키고, 국민들이 믿어주는 데에서 나온다. 따뜻하고 진솔한 미소를 풍기는 문재인대통령과 열심히 하려는 문정부 요인들, 대통령 및 집행부의 강력한 의지와 실행으로, 적폐청산을 어느 정도 한 지금부터라도, 제왕적 대통령 제하에서, 제대로 된 입법부 사법부의 삼권분리 개혁과 정책있는 효율적인 금융위의 운영부터 하여 서민을 구한다면, 문재인은 조광조 정도전 김옥균 등이 범접을 못하는 조선역사 최초의 개혁 선각자로 이름을 남기게 되고 후손들은 그런 개혁자를 최고 지도자로 둔 적이 있는 영광을 누릴 것이다. 이것이 한국과 한국대통령의 명예를 회복하고 국민이 사는 한국 국력의 본산이다.

1 – 2 ☀ 문광부 五神圖를 지닌 한국! 五신으로 황룡까지 넣어 四신도 중심 중국과 차별화를!

오신인 황룡을 제대로 살려 크게 활용하고 중국으로부터 한국의 큰 행사 평창올림픽에서도 '중국의 사신도를 복사했다' 소리를 듣지 않게 우리에게 이미 있는 오신도를 활발히 활용하고 개발하자. 한국의 큰 행사 때나 중앙청(청와대는 물론)은 한국에만 있는 정중앙에 황룡을 부각하고, 한국에만 있는 五神圖와 추모(주몽)의 스토리텔링을 활용하도록! 四神圖 중앙에 황룡을 넣으면 5神圖이다. 고구려 강서대묘의 오신도! 광개토호태왕 비문의 추모황룡을 상상하여 활용토록!

오신도가 등장하는 집안지역의 통구 사신총, 오회분 4호묘, 평양지역의 강서대묘 널벙 천정석에는 화려하고 동세에 넘치는 황룡도가 그려져 있어 오신도 벽화고분임을 드러낸다. 오회분 5호묘 천정석에 그려진 용호도가 지니는 맥락도 이와 비슷하다. **황룡은 오행사상에서 사방의 중앙 토를 의미하며 제왕 내지 천제를 상징하는 신수이다. 고구려에서 이러한 황룡사상이 5세기를 전후하여 매우 발전하는 것을 〈광개토태왕비〉에서 확인할 수 있다. 천제의 아들이자 황천의 아들이며 하백의 외손인 시조 추모왕이 "왕위를 즐거워하지 않으므로 하늘에서 황룡을 아래로 내려보내 왕을 영접케 하였고, 왕은 홀본의 동쪽 언덕에서 황룡의 머리를 딛고 승천하였다**"고 묘사하였다.[6)]

한국인의 사신도 바탕들: 사신도가 등장하는 고구려 고분벽화의 예로는 요동성총, 무용총, 쌍영총雙楹塚, 대안리 1호분大安里一號墳,팔청리 벽화고분八淸里壁畵古墳, 매산리 사신총梅山里四神塚, 약수리 벽화고분藥水里壁畵古墳, 고산리 9호분高山里九號墳, 개마총鎧馬塚, 호남리 사신총湖南里四神塚, 고산리 1호분高山里一號墳, 강서대묘江西大墓, 강서중묘江西中墓, 진파리1호분眞坡里一號墳, 내리 1호분內里一號墳, 통구 사신총通溝四神塚, 통구 4호분, 통구 5호분 등이 있다. 이들 고분의 사신도는 시대의 흐름에 따라 중국의 한 · 육조 · 수 · 당 초기의 영향을 보여주고 있다. 4~6세기로 편년되는 벽화고분에는 사신도가 인물풍속화와 함께 그려져 있다. 그리고 6세기 말~7세기 전반경에 들어서면서 사신이 고분벽화의 네 벽에 그려지는 화제畵題로 등장한다. 그 가운데에서도 강서대묘, 진파리 1호분, 통구 사신총 등 후기의 사신도 벽화는 가장 세련되고 기운생동氣運生動하는 표현을 보이며, 고구려의 뛰어난 회화 솜씨를 증명하는 것으로 알려져 있다.

고구려의 사신도는 백제에도 영향을 미쳐 공주의 송산리고분宋山里古墳, 부여의 능산리고분陵山里古墳의 벽화에서 찾아볼 수 있다. 일본고분에도 영향을 미쳐 일본 다카마쓰 고분벽화(다카마쓰古墳壁畵)를 보는 순간 고구려벽화를 많이 닮았다는 생각이 바로 들었다. 그 벽화에는 사신도四神圖 · 일월도日月圖 · 성수도星宿圖 · 치마를 입은 여성 인물 4명은 고구려벽화에서 보던 옷을 입고 있어 고구려의 여성처럼 보였다.

한국에만 있는 오신도 중 고구려 고분벽화 중앙 천장의 황룡 사진이다.

고려시대에는 개풍의 수락암동 1호분水落巖洞一號墳에서 보듯이 12지신상十二支神像과 함께 등장하기도 한다. 또한 사신이 조각된 석관石棺으로 미루어 고려시대 묘제墓制에도 사신도가 활용되었음을 알 수 있다. 조선시대에는 선조의 목릉穆陵에 사신도가 나타나 있으며 민화民畵에서도 즐겨 다룬 화제였다. 이와 같은 사신도의 형상은 시대마다 약간씩 다른 양식적 특징을 지니고 있다. 하지만 대체로 현실과 상상의 동물이 복합된 내용으로 그 모습이 서로 유사하다. 청룡과 백호는 두 날개와 사지四肢를 가진 상상적인 동물로 허공을 나는 자세나 외형이 비슷하게 표현된다. 청룡은 몸에 뱀의 비늘로 무늬를 넣고 눈을 부리부리하게 뜬 머리에 뿔이 한 개 혹은 두 개 돋아 있다. 화염火焰을 뿜고 있는 것이 통례이다. 백호의 경우 호랑이의 특징을 살린 안면과 호피문虎皮文으로 표현되었으며, 혀를 내밀어 위용을 나타냈다. 주작은 봉황과 유사한 형상이며, 일반적으로 한 쌍으로 등장한다. 거북과 뱀으로 표현되는 현무는 청룡 · 백호 · 주작 등과 다르게 실존하는 동물로 구성되어 있다. 뱀이 거북이 서로 몸을 휘감고 엉킨 모습으로 그려졌다.[7)]

사신도를 넘어 오신도로 한국문화의 원형도 살리고 옆나라로부터 자존심도 찾자.

◒ 한국 땅에 내린 황룡들: 경주 황룡사지에 남은 용머리 조각품(몽골이 침략하여 불태우고 남은 일부) 및 용 조각들

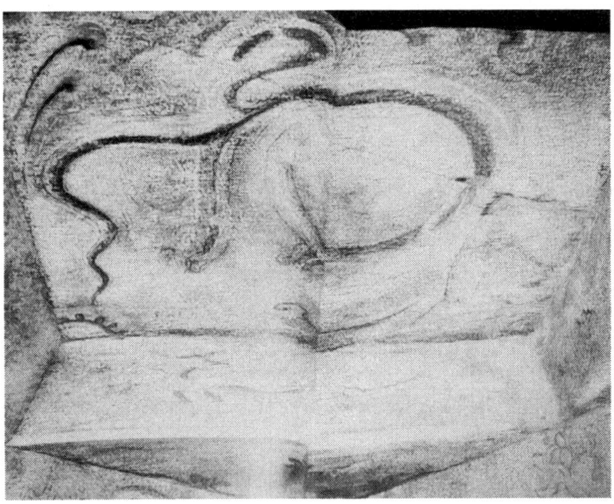

〈한국에만 있는 오신도〉 중
고구려 고분벽화 중앙 천장의 황룡
사진이다.

경주 황룡사지 복원을 위한 역사문화관 내 나무장식 황룡 조형물

하늘 五神의 유래는 단군조선 시대를 앞선다. 환인환웅께서 하늘을 보고 배달나라를 건국케 철저한 각 부문의 전문가 3,000명을 준비하여 '開天'이라는 이름으로 건국한 것이다. 신관을 통해 하늘의 뜻을 받아 그대로 세웠으니 '개천'이고 3,000명에 마을 무리들까지 모였으니 사는 게 매일 '잔치'이고 축제이고 하늘에 뜻을 물으니 매일 제사이다. '쉬지 말고 기도하고 매사에 기뻐하고 범사에 감사하라' 가 절로 나온다. 고대 어느 나라에도 있던 그 천관의 존재에 가까이 있던 사람들이 천손이고 장손이다.

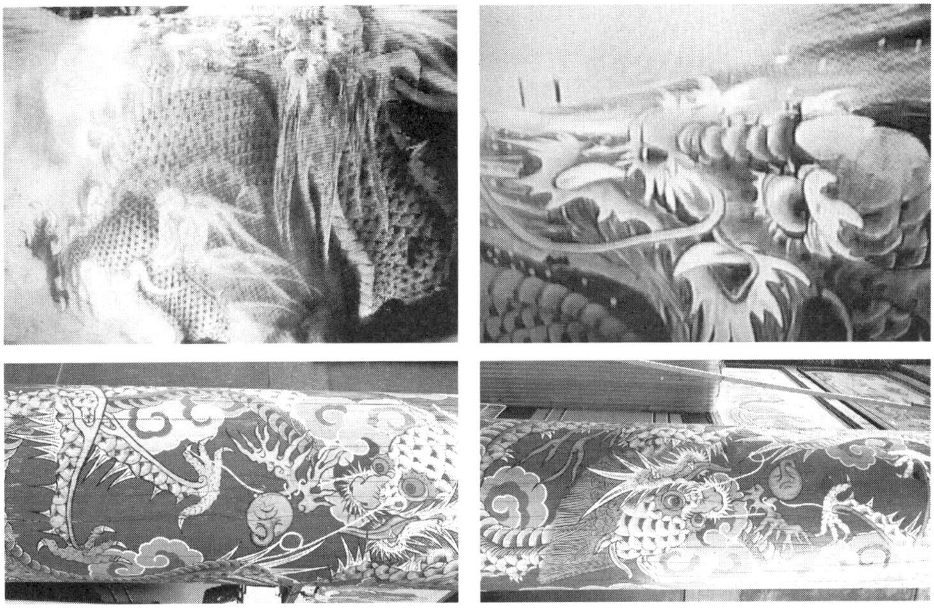

오방으로 본 시각 – 천부경에 환오칠일 묘연만왕만래 환 오방 칠성 북극성 하나 – 전일 묘연만왕만래

북극성과 북두칠성을 중심으로 생활한 고대 한국의 유물이 고인돌로 남았다. 고인돌에 새긴 별자리 및 그 관찰 연구의 결과물이 인류의 보물 〈천상열차분야지도〉이고 우리 민족의 것이다. 그 유래들이 궤를 같이하는 것이다. 건국에도 하늘의 뜻은 〈천상열차분야지도〉를 통해 이루어지는 측면이 강해 왕조의 정통성을 갖기에 이성계는 건국초 고려말의 충신이며 천문학자로 이성계를 피해 서산으로 도피한 류방택선생을 초빙하려 갖은 회유와 강압 등의 노력을 하여 이성계 조선의 정통성을 확보하기 위해 〈천상열차분야지도〉를 그 시대 별자리에 맞게 수정하였다.

환인 환웅시대는 중화중심주의와는 별 관련이 없다. 그 중화의 핵심적인 인력은 모두 요동 맥에서 내려간 그 배달나라의 후손이라는 것 – 중원에서 인문시조로 신같이 모시는 태호복희, 중원 3조상으로 모시는 치우천황과 황제 헌원도 같은 시대 같은 동족이다. 위험한 발상이긴 하여도 현재 중국이 우리 맥족을 중화중심적 시각에서 동쪽 오랑캐 즉 '동이족'으로 부르며 현재 자신의 영토 내에 있는 역사는 모두 자신들의 역사라고 우겨대더라도 그것을 잘 보존하니 한 편은 우리 옛 맥(중원이 어느정도 통일된 후 중원 입장에서 쓰는 말은 동이족)의 역사를 보존해 주는 것이라 고마워 할 수도 있다…차분히 각자가 우리의 힘을 키워야 한다. 힘 하면 얼른 생각나는 것이 세계 최고의 삼성 핸드폰이다. 그렇게 세계 최고가 되기까지의 노정(김연아의 발이 상징하는 노정도 같다)같은 힘듦의 인고를 옆나라로부터 우롱당하는 것보다는 낫다는 각오로, 이젠 한국인 각자도 걸어야 한다.

특히 세계 최고의 공무원과 제조업자가 되어야 한다.

사신四神은 '사령四靈' 또는 '사수四獸'라고도 지칭하며 동쪽의 청룡靑龍, 서쪽의 백호白虎, 남쪽의 주작朱雀, 북쪽의 현무玄武를 일컫는다. 사신에 대한 도상圖像과 관념이 언제부터 유래했는가는 분명하지 않다. 중국에는 전국시대부터 진한시대秦漢時代에 걸쳐 정착된 것으로 생각된다. 사신 오신에 대한 개념은 오행설五行說과도 관련이 깊은데 이 오행설을 제대로 만든 민족이 한국이다. 이것은 한국의 고구려 고분벽화에만 오신도가 남아 있는 것으로도 증명된다. 중국은 사신에 그쳤다. 『회남자淮南子』의 『천문훈天文訓』에서는 오성五星을 설명하면서 동방은 목木으로 그 동물은 창룡蒼龍이고, 남방은 화火로 그 동물은 주조朱鳥라 하였다. 그리고 중앙은 토土로 그 동물은 황룡黃龍이고, 서방은 금金으로 그 동물은 백호이며, 북방은 수水로 그 동물은 현무라 하였다. 이로 보아 오행사상에 기초한 천문관 · 방위관 · 색채관이 사신사상의 성립과 밀접한 관계가 있다고 생각된다. 방위신方位神인 사신은 사방의 수호신으로서 군사적으로는 부대의 깃발, 포진에도 응용되었다. 그리고 좌청룡 · 우백호 · 전주작 · 후현무로 풍수지리에 적용되기도 했다. 중국은 고대부터 고분의 내부, 건축물, 동경銅鏡, 동전銅錢 등 방위의 의미를 지닌 특정 공간이나 기물에 사신을 장식하는 일이 유행하였다.

1 – 3 ★ 길이름 땅이름 등을 잘 지키고, 부천 성주산 소래산 할미로에 '소서노 어라하 석각상'을 보존 조치하자

'성주풀이'에 '어라하 만수'에 어라하는 고구려 백제를 세운 소서노 어라하이다. 소서노 어라하가 오셔서 '소래산'(당나라의 소정방이 와서 소래산이 아니다.)이고 그 아래는 '할미로'이다. 軍에서 한국 최고 최대의 석각이 있는 병풍바위에서 벽타기를 연습하느라 많이 훼손되었으니 문화재청에 보존 조치를 빨리하도록 조치하자.

소래산 동쪽의 시흥시 소래산 중턱의 병풍바위에는 고려 초기에 조성된 것으로 알려지는 '시흥 소래산 마애상(보물 제1324호)'이 위치해 있는데 **우리나라 마애석 조각 중 규모가 최**

대이다. 조선왕조실록에는 소래산의 암석이 절로 굴러 옆 봉우리로 옮겨졌다고 쓰여 있다. 어느 날 소래산의 동쪽 봉우리에 있던 암석이 굴러 올라가 산중에서 멈췄고, 암석이 굴러간 자리에 큰 고랑이 파였다고 전해진다. 이같은 괴변이 난 그 해 12월 청나라 태종이 10만 대군을 이끌고 우리나라에 쳐들어 왔다. 이것이 바로 '병자호란丙子胡亂'이다.(디지털시흥 문화대전, 다음)

▼ 인천시 미추홀구 황룡과 추모(주몽)사당과 소서노 어라하 사당을 짓자 '미추홀'이라는 이름을 역사의 늪에서 건져낸 인천시 남동구이다. 일반 명사 '남동구'와 고유명사 '미추홀구'는 하늘과 땅 차이의 일상의 삶의 방향과 컨텐츠 차이를 낳고 또 재생산의 기회를 준다.

하늘을 오분하는 (음양)오행[8] 황룡은 오행사상에서 사방의 중앙 土를 의미하며 제왕 내지 천제를 상징하는 신수이다. 고구려에서 이러한 황룡사상이 5세기를 전후하여 매우 발전하는 것을 〈광개토태왕비〉에서 확인할 수 있다. 동시에 이 〈광개토태왕비〉에서 소서노 어라하와 같이 고구려를 세운 사람은 동명성왕 이름은 '고주몽'이 아닌 '추모'임을 확인할 수 있다. 천제의 아들이자 황천의 아들이며 하백의 외손인 고구려 시조 추모왕이 "왕위를 즐거워하지 않으므로, 하늘에서 황룡을 아래로 내려 보내 왕을 영접케 하였고, 왕은 홀본의 동쪽 언덕에서 황룡의 머리를 딛고 승천하였다고 묘사하였다. 일본 오사카에 추모(주몽) 사당이 있다. 한국에도 소서노 어라하 사당과 추모(주몽) 어루하 사당 건립이 고구려를 지키기 위해 절대 필요하다. 추모의 추와 미추홀의 추는 상관이 있다. 그리고 인천시 근처로 연결되는 부천 소래산의 암각화는 백제의 시조 온조가 국모 소서노 어라하를 기념한 것으로 본다. 근처 사찰에서는 이해타산적으로 불보살로 보려 했으나 학자들이 불교 관련 인물은 아님을 증명했고 사찰도 이사가도록 했다. 그럼에도 마애불상을 운운하는 것은 고쳐야 한다. 매소홀買召忽(소서노 召 – 소서노가 산 땅)이란 지명은 미추홀 이전에 그 지역 이름이었다. 여기서 '소'자도 소서노와 관련이 있다. 근처 지자체끼리 연합하여 추모와 소서노 사당을 지어 고구려 백제 역사문화공원을 조성할 경우 여러 면에서 가성비가 높은 투자가 될 것이고 국민 역사 교육적으로도 유익하다. 우리는 중국이 엉뚱한 소리를 하는 고구려와 백제 역사를 지킬 수 있고, 그 지역은 어느 정도의 관련 컨텐츠를 만들면 수학여행과 일본인을 비롯한 관광객 등으로 상당한 역사문화 지킴이 역할과 함께 고질의 문화관광 유치의 효과를 볼 것이다.

미추홀구로 변경하는 일에는 본인도 참여한 인천시 자문회의와 3선인 장석현 남동구청장과 시민단체의 노고가 컸다.

1-4 ☀ 복지부 · 중소벤처기업부 실패한 자에 대한 사회 기여와 권리 인정! 말미를 좀 줘서 가출안하고 차츰 갚도록, 가족과 사회 국가의 배려와 재도약에 기회와 응원을!

창업을 시작하여 실패하는 동안은 빚낸 돈이나 투자금으로, 일자리도 만들었고 임대료도 세금도 내며 가족들도 먹여 살리고 자식 뒷바라지도 하게 된다. 실패 후는 빚과 질시와 모욕만 주는 게 상례처럼 되어 많이들 가족으로부터 별거당하고 뼈아픈 죽음과 병을 얻는다. 그 일하는 동안은 가족과 국민의 경제생활에 이바지했다. 나도 가정적으로 빚쟁이 독촉과 가족의 모욕 때문에 마지 못해 집을 떠나야했던 가족이 있어서 가슴이 무척 아팠다. 죽음 등 여러 아픔을 당할 때 위로처나 상담할 친구를 찾아다니다 보면, 이외로 사업실패로 도심이나 시골의 한 귀퉁이에서, 또 정책의 사각지역에서 스스로 알아서 운명처럼 사는 분들께 도움과 위안을 주는 것이 아니라 오히려 내가 도움을 많이 받았다. 영악한 머리가 덜 해 경쟁에서 약삭빠르지 못해 실패하는 동안은 임대료도 내고 인건비도 지불하고 물건값도 지불했는데, 자기는 이득을 못 보았고, 빚과 지탄과 가까운 배려 지지집단인 가족이나 친지로부터 거절과 이별의 아픔만 당했다. 그 사람은 그 실패하는 동안 여러 사람에게 일자리를 주며 먹여 살린 것이다. 성공한 사람만 있는 사회는 문제가 더욱 많다. 우리 사회나 정책이, 점차 실패한 사람에 대해 다시 일어서는 아니 적어도 사람답게 살아가도록 배려하는 시각과 정책이 생기고 있으나, 가족들이 실패하여 힘든 부모나 형제자매에게 더욱 배려하고 지원을 확대해야 할 것이다. "누구나 실패나 실수를 할 수 있고 병이 들 수 있으며 지금 매우 힘들더라도 조금 더 인내와 지혜로 살거리를 찾아 공적 지원처를 알아내는 노력을부터 스스로도 적극적으로 해보자", 바쁜 일을 좀 끝내고 조금만 여유를 찾으면 하고 미루다가 미처 마음, 손을 쓰지 못해 멀어져 가게 한 公私간의 사람들이 참으로 아린다. 지금도 그대 가까운 곁에 그대의 따뜻한 배려를 기다리고 있을 것이다.

받쳐주는 잎사귀 하나 없이

꽃을 피우려는 너
벗이 너무나 필요해
이름이 벚나무 이구나
너 외로움 숨긴 그 꽃 잎 날릴 때
옆에 사람 뛰어가며 손으로 받아내리기도
쉽지 않는 그것도 알아주는구나
그러니 잘 커서 버찌를 팔찌처럼
남겨주는 너
메마르게 컸음에도
이쁘고 큰마음 가져 사랑받는구나

1 – 5 ◒ 문광부 대광영 대조선 한국 조상님들의 빛나는 많은 작은 유물들 보다 적극적인 홍보 수집이 절실하다. 청동거울, 다뉴세문경, 금관, 소품 등등 다양한 컨텐츠로 만들자..미처 몰랐던 것이 국립중앙박물관에 있다. 고려시대 청동거울과 걸이의 조화가 미학적으로도 환상적이고 예술적이고 완성도가 높다. 박물관 직원들의 높은 미의식도 돋보인다. 우리네 박물관들 창고 속에 깊이 있는 것들 목록은 나와 있는지? 알아봐야겠다. 물론 일본과 중국과 영국과 프랑스와 스페인 러시아 독일과 스웨덴과 덴마크와 네덜란드 박물관들의 목록도 얼이 있는 한국인이나 한국정부 누군가가 챙겨 봐야 할 것이다. 프랑스에서 박병선 선생님께서 국립도서관에서 3년 동안 일하면서 〈직지심체요절〉을 찾아 조국에 알리듯이

1 – 6 ◒ 문광부 중국인의 올해 추석 여행지 통계 – 일본, 태국, 홍콩, 한국 4위

위 3나라는 현재 손님맞이 태도가 자상하고 자기들만의 특색있는 토속 전통신앙 문화나 물건으로 보여 줄거리를 잘 보존하여 자연 전시판매하고 있다. – 일본과 태국은 외국 손님은 대하는 친절한 마음과 관광거리와 관광 물질 준비 상황은 1,2 위가 맞다. "일본도 90% 이상 신도 · 그 보다 약간 아래가 같은 불교신앙 관광국" 이다. 집집마다 골목마다 자신들의 토속신앙으로 모시는 자그마하고 낡은 신들을 모셔서 자신들의 역사문화를 자랑하고 관광자원화하여 항시 다 못보고 왔서 다시 가게한다. (태국의 관광수입이 재작년부터 한국을 앞질렀다.) 태국 – 집집마다 대문 대신에 태국 토속신앙 및 불교상 진열. 아침마다 집앞 길에서 꿇어 앉아 스님들께 공양을 올리는 다소곳한 심성으로 믿음이 돋보이는 의례, (⇒자기 본분에 신심을 다하다 – 심신 다듬기 및 생각하며 볼거리 – 한참을 생각하며 따라가 보았다) ⇒스님들도 검소와 겸양을 갖추게 되다. "태국도 토속 · 불교신앙 관광국" 공양 분위기만으로도 물욕과 탐욕을 자제케 되다.

태국인의 일상과 조상 종교에의 경건과 극진함과 공양정신, 그 당연한 열매를 누리다 : 태국에서 순한 정성 연기 어스름한 새벽부터, 할아버지 아저씨들이 온 시골이나 도심지 한 쪽의 집앞 마당이나 골목에 나와 찰밥을 찌고 있었다. 한 봉지 400원 – 태국식 금방 찐 쫀득한 햇반 – 데우지 않고 먹어도 쫄깃쫄깃 고소하다. 한국식 고두밥을 자기들도 애용하는 게 외국인에게도 인기 관광상품, 아침 식전에 집앞에서 스님들께 꿇어 앉아 공양을 올리는 지극함이 일상에 두루 퍼졌다. 물론 얼굴 표정들도 순화해지고 밝고 맑다. 믿고 먹고 같이 해도 될 마음 기반을 만든 것이다. 매일 하는 것이니 그 마음과 표정이 고정화될 것이다. 집집마다 울타리나 대문 대신 자기들 조상신 불교신을 모신 자그마한 신당이 있어 놀랐고 한참씩 들여다 보고 다녔다. 미신? 아니다. 자기조상 문화 핏줄문화의 끈끈함이 그들을 지탱하게 하고 극진함이 표출되어 외래 관광객도 진솔히 가까이 가게 되고 한참 들여다 보고 생각하게 하고 성찰하게 하는 '길에서 명상공양 관광거리'이다.

인도도 힌두교 · 불교로 마찬가지였다. 중국 박물관들엔 어린학생들과 학부형으로 인산인해를 이룬다. 역사 천재를 만드는 정부 정책과 관련 있다. **우리도 새마을**

운동을 하면서 파괴해 버린 토속신앙 관광자원의 복원(3 · 1 100주년만인 북 울리기와 전국 풍물굿은 그야말로 환상적이고 폭발적인 한국의 에너지와 국민성의 바탕의 근원을 보여줘 동참자는 물론 국민들의 어눌한 마음을 풀어내 대만점이었다. 설민석같은 역사의 천재로 키우기 위한 주변부 확산 정책이 종합적으로 절실하다. 그런 점에서 상생방송의 어린이 역사교실은 참으로 유익하다고 본다. 한국역사의 컨텐츠를 부활 복원해서 세계 속에 "한국은 홍익신교 관광" 확산할 자원 복원과 지원 시각이 절실하다. 복원과 함께 체계적인 중심지는 용산민족역사공원이 일부 관광 모델이나 중심으로 담당해서 각 지역으로 배분 연계하여 안내할 수 있다.

1 – 7 ⊙ 국회의원 외 나의 조국 한국다운 것의 존중이 공정한 것이니 입법하는 시각 이제 중심을 잡아야!

"그런 사람을 뽑아서 미안합니다"하는 소리 안 나오게 도덕적 행동하자. 한국 국회는 공자 석가 예수 집단의 국회가 아니고, 한국민의 국회이고, 한국인을 지켜갈 국회의원으로 지금 어떤 입법이 절실한 지 바로 따져 보기 바란다. 그러면 제 2의 백범과 이시영과 〈국민의 1/3을 한 기치 아래 독립군으로 만든 큰 지도자 민족종교 보화교 차경석〉이 나온다. 〈일본의 신도 불교 기독교 천주교만 종교이고 한국 민족종교는 사이비 유사 종교라는 일제의 훈시에서 이제 벗어나자 "그대 한국 국회의원 자네는 한국인이야! 이 시대가 아직도 일제 미제 외제 시대로 착각하는가?〉

옛 얘기 '삼신할머니께서 그대를 어머니로부터 바깥으로 나가라고 궁둥이를 딱 때려 응아하며 엉덩이에 푸른 반점'인 한국 반점(이름을 몽골 반점으로 붙인 것은 일제)을 지니고 나온 게 그대이고, 한국인 천손天孫으로 살아갈 수 있게 된 행운을 가진 운명이고 권리이고 의무이다. 한국의 종교인 신교를 공부하고 그에 관한 입법을 만들어 나라 기강의 첫 줄부터 바로 잡아라. 일본처럼, 태국처럼, 인도처럼, 자기네 정체성으로 한국적 특징인 한류 토속신앙을 존중하는 입법을 만들라는 것이다. 조상이 없이 태어난 사람이 어디 있느냐! 행운아적이게도 환국의 한국인은 인류 부족문명의 시원으로 하늘의 뜻을 찾고 들어 시원 종교 즉 신교가 생활 그 자체였고, 한참 몇 천년 후에 몇 종교 – 유 불 기독교가 그 신교적 삶과 원칙을 바탕으로 가져가, 몰래 본받거나 기준으로 삼아 그들의 생존 환경과 상황에 따라 만들었다. 하여 공통부분이 많음은 당연하니 한국인들이 어떤 종교이든 그 공유점으로 하여 수용하고 때론 몰입할 수 있게 된다. 따라서 현대 통계도 한국인은 가장 종교 성향이 강한 민족이라고 불리는 것이다. 따라서 한국 국회의원은 종교문제 입법을 도외시할 수 없다. 그런데 모여 있는 머리수가 보이는 외래종교만 중요시하여, 지금도 장차도 문제로 다가올 것이다. 결국 한국이 한국인이 가야 할 근본 길에서 벗어나도록 입법하고 정치하고 있는 것이다. 이런 면에서 일본 정부는 국민이 가야 할 길을 정부나 지도자가 확실히 잘 보여주고 정리를 바르게 하고 있는 것이다. - 호전적인 전쟁광적인 것은 제외하고.(항상 불안한 지진과 자연재해의 섬나라로서 생존방식일 수도 있다) 그런 일본적 아베를 70%의 압도적인 지지로 재선시키고, 그 국민적 지지를 바탕으로 할 수 있어 근본적인 일본의 혼과 힘을 세계 최고의 경제부국으로 몰입케 한다. 가장 한국적일 때 세계적일 수 있고 세계적인 것은 당연히 한국적일 수 있다. 국회의원들은 여야가 협의체를 만들어 - 또 자기 소속 종교의 표를 눈치보느라 옴짝달싹도 못하는 졸장부들이 끼어 있으나 이제 당당히 한국민을 믿어라. 한류 종교 신교의 혼과 힘을 건져내라. 그것은 물질계에서도 멋진 문화관광 상품도 된다. 이명박 · 박근혜 대통령 시절 용산의 미군기지 이전 후 용도문제가 제기되자 쉽게, 아파트 땅으로 매각 구상을 하는 것을, 진영의원(용산)이 용산민족역사공원으로 방향을 잡는데 큰 기여를 했다고 들었다. 이러한 예는 한국 정치인으로 역사전쟁이라는 현실상황을 잘 고려한 대책이었다. 춘천 맥국중도 역사전쟁에 대응할 선사 맥국 유적지 위에 박정권과 최문순 강원 도지사와 영국이 레고 놀이공원으로 하려고 하여, 민간단체가 항의운동을 시작할 때 기꺼이 합세해 준 유성엽의원과 장정숙의원 등도 바른 자세를 보여준 귀감이 되어 잊지 않는다. 우리의 이런 노력에 맥국 중도 그 터는 보답이라도 하듯 이후 9천 2백여 점의 유물을 내어놓았다. 그러면 당연히 나온 유물 때문이라도 허가를 취소해야 한다. 대통령을 대신해 문화재청장이 자리를 걸고 허가를 취소해야 한다.

⫫ 새마을 사업으로 한국정체성을 살리는 방향전환 절실!

60년대 새마을사업이 기본 물질의 풍족함을 위한 대책이었다면 이제 새 정신사업은 바로 한국정신의 기본인 한국 원래의 종교이며 세계종교의 뿌리인 신교에 대한 법적 복원과 보존사업이다. 종교에 관한 입법부터 먼저 함으로써, 국민이 한국적인 것(한류)이 바르고 정당하고 좋은 것임을 인식할 수 있도록 되는 것이고, 그래야 한국적인 것은 다 열등한 것이라는 일제가 박아 놓은 식민사관의 세뇌로부터 해방될 수 있고 헛 것에 세뇌된 자신을 해방한다. 3 · 1, 100주년 만북운동 및 전국 풍물단 운용으로 꿈이여 다시 한 번 신나는 만년환단 풍물 한국! 에 많은 기대를 한다. 풍은 원래 우리 인류의 최초의 성씨였다. 아마도 풍요로운 농사를 위해 풍물을 올렸을 것이다.

풍씨 – 풍요 – 풍물 – 풍족 – 풍채 – 위풍당당 – 풍덩풍덩 – 풍만 – 풍성

이번 총선부터는 외래종교사대 일제 식민사관
세뇌로부터 해방되어, 또 해방된 자를 뽑자.

역사의 처음에는 최고지도자가 바로 삶 속에 도덕적이고 밝은 자. 종교나 돈의 뜻대로가 아니고 하늘의 뜻에 따르는 민심 즉 천심을 알아 실현하는 자로 최고지도자 역할을 할 수 있어야 지도자였다. 돈과 조직만을 좇는 허수아비가 아니고. 바로 지도자의 도덕적 품성이 천성이고, 그게 지도자의 능력(리더쉽)의 근원이다. 초심으로! 바로 보게 하고 바로 반듯이 서게 한다. 국민을 살리고 이끌어야 할, 바른 길 찾는 일 즉 '하늘의 뜻'이라는 이름으로 사용되고 하늘로부터 기도로부터 받는 직관이나 소리를 사욕 중심으로 해석하지 말고, 잘 추리고 판단해 이끄는 자가 바로 지도자다. **이번 총선부터는 한국인이 종교식민사관의 세뇌로부터 해방되어 진정한 위대한 한국인으로 자유롭기 위해, 기존 외래 종교가 없는 사람을 뽑는 운동을 벌일 것이다. 이것이 56.1%가 무종교인 한국에 공정한 혈세 배분에도 영향을 미치고 사회 다방면에 두루 공정한 분배로 나아갈 기초가 될 것이다. 개신교 19.7%, 카톨릭 7.9%, 불교 15.5%이다.**

★ 문 정부에 와서 사법부가 전관예우 3년간 장사? 금지하는 법들은 잘했다고 칭찬들 한다. 한국 대통령들은 그간 〈동북아역사재단의 대표를 식민사관을 가진 하수인들로 뽑아〉, 동북아역사를 지키기 하라는 본연의 임무를 망각하고, 식민사단들이 기존 세력과 돈 분탕질만 하고 있다가, 이제 항의시위에 자극을 받고, 조정되는 상황으로 보인다. 동북아역사재단 소속 인재들이 여러 이유로 그간 자기의 역량을 다

발휘하지 못했다. 외교부가 아닌 교육부나 행정안전부 산하나 대통령 특위로 조정되어야 한다. 바른 역사를 세워야지 외교적 눈치만 보면 식민사관 사대사관 바로 잡지 못한다.

북방 쪽에서 내려오기 전 이미 이 금수강산 '한머리 땅'(한반도라는 명칭도 일제가 만든 식민사관이다. 백두 – 하얀 눈이 쌓인 머리이다.)엔 구석기가 많은 것으로 보아, 몇 만여 년 전부터 사람이 살아왔다. 서울에도 구석기 유적이 많다. – 그런데 그 볼거리 생각거리 역사 인정받을 거리를 못 살리고 있다. – 이어 신석기 진국 마한 (신라 백제 고구려)로…. 또 북방쪽은 '천태백'(천산 – 옛날 최초에 산을 지칭하는 말이 '태백'이다. 클 태에 흰백이다. 큰 하얀 것이 태백이다. 아마도 일년 내내 눈 얼음 하얀 빙하 산 지역이었나보다. 아직도 일찍이 우리 민족이 흘러 들어간 곳 (아메리카 원주민 우리 민족 쪽에서는 山을 '태백'이라 지칭한다; 손성태 교수) 천산 중앙아시아 시베리아 모두 일년 내내 아니 몇 억년 내내 하얀 설산이 지금까지도 있다. 아스타 아사달에 '환국'='맥이'='구려'가 세워졌다(9,216년 전). 북방 요하 근처 맥이에서 기후 인구증가 식량문제 등으로 태호복희 신농 자오지(치우), 헌원 등이 남하하여 보다 따뜻한 중원(중국)으로 내려가 중국의 조상 삼황오제가 된다. 중국은 헌원만 자기의 조상으로 여기다가 이제는 이 분들 모두와 이 분들이 태어나고 머물렀던 땅 전부를 자기네 문명권으로 수용하는 법적 교육적 정치적 외교적 등등 준비를 다 마쳤다.

환국(문명)은 B.C.E. 8,000년경 중앙아시아의 천산산맥을 중심으로 파미르 고원과 시베리아 그리고 바이칼호 주변을 영토로 탄생된 인류최초의 국가(문명)로 추정한다. 10,000~6,000년 전의 시베리아와 중앙아시아의 기후는 지금보다 따뜻했고, 인간이 생활하기에 적당했다고 한다. 온난한 기후와 적당한 자연 환경을 바탕으로 중앙아시아에 신석기 문명을 바탕으로 하는 인류 최초의 국가(문명)가 생겨났는데 이 국가(문명)의 이름이 환국桓國이다. 제 1대 환인 이름은 안파견이다.

환국의 종교는 삼신신앙으로, 신시시대나 단군조선을 거쳐 오늘날까지 이르게 된 우리민족의 전통신앙이 되었다. 그런데 놀라운 것은 초기의 삼신신앙은 유일신인 하나님을 섬기는 신앙으로 7,000년 후 기독교의 삼위일체 하나님 신앙이 매우 흡사하게 된 것은 어느 쪽이 먼저인지를 따져보면 어떻게 된 것인지 알 수 있다. 환국 12국 중에는 서양문명의 원조가 된 메소포타미아 쪽 수메르국이 있었다. 신라 경덕왕 때 표훈승려께서 남긴 천상의 말씀인 표훈천사表訓天詞의 기록을 보면 "하늘에는 삼신이 있어 곧 하나뿐인 하느님이다. 원래 하느님은 신이 각각 셋이 있는 것이 아니라 하나의 신이지만, 작용하는 것은 세 신인 것이다. 삼신은 만물을 창조하고 온 세상을 통치하는 한없는 지혜가 있으며 그 모양을 나타내지 않고 가장 높은 하늘에 앉아 있다…."라고 기록되어 있는데, 이는 기독교 서적에서 삼위일체(성부, 성자, 성령)의 하나님 신앙으로 받아들여 지고 있다. 세계사를 쓰는 학자들 중에서는 만 여 년 전의 한민족 환국의 역사와 신교의 삼신 유일신 사상과 수메르의 기원이 환국임을 모르기 때문에, 유대 기독교의 유일신 사상만 높이 평가하는 오류를 범한다.

맥족(광개토태왕비에서 "우리 옛족") 환웅단군 조선韓에서→맥·韓·濊(깊을, 물많은 '예'= 부여)족→ 차츰 위기를 맞아 고구려(까오리)로 통합

☑ 한국 문광부 종무과와 종교정책 입법할 입법기관 국회는 책임 없는 국민 개인들의 종교갑질일 뿐일까?

몇 십년만에 친했던 고등학교 동창들 넷이 만났으니 요모조모 쳐다보며 웃고 떠들다가, 실로 어릴 때 당시는 못하고 살며 가슴에 담아두었던 집안 속 부끄럽던 얘기들도 넷 다 진솔하게 털어놓아 서로 놀란, 실로 자기들 마음을 푸는 얘기시간을 가졌다. 한참의 시간을 가져도 듣기 힘든 가정사들에 서로 놀라며 진실한 시간을 누렸다. 그런데 밥을 시키는 때에 어렵사리 지내 온 독실한 기독인(목사 안수까지 받은) 한 친구가 오늘 밥은 꼭 자기가 갚는 겸 산다고 하여 지난 번은 딴 친구나 내가 낸 터라 그냥 편히 얻어 먹기로 했다. 그런데 식사가 나오니 이때다 싶은지 교회에 다니는 친구가 (목사 안수를 받은) 집에서 준비해 온 간식까지 내어 놓는 이 친구를 보며 (서로 미리 약속이나 한 듯)이 친구가 기도를 하고 먹자며 서둘러 기도를 시작하는 바람에, 기독인 아닌 우리 둘은 아무 말도 못하고 그냥 할 수 없이 응하는 척 했다. 그 때부터는 '우리'가 아니고 '울'에 울타리에 가두는 것이 느껴져 싫어졌다. 섬기고 사랑하고 자기들 가르침의 약속들에 순종하는 것은 좋은데, 다른 두 사람은 우리 전통종교를 가진 것을 뻔히 알면서 다른 종교인에게 기독교식으로 기도하자고 몇십 년 만의 만남을 깨는 것은 몇 가지 마땅치 않다. 그런다고 전도가 되겠는가? 그러지 말았으면 한다. 나는 갑작스런 그 기도가 준비된 공격 아닌 공격으로까지 느껴졌다. 평소 기독교의 공식적 모임에 가면 예의상으로, 또 그 종교도 너희들이 숭상하는 종교이니 같이 해 주지 뭐하며 해주든 '아멘' 소리도 안 나왔다. 좁은 속으론 요즘 와서 한 두 어번 만나기 시작한 것이 전도가 목적이면 다시는 안 만나야지 하는 마음도 들었다가. 오죽히 그 울에 매여 살면 그 자리까지도 울을 치려 하는가 하며 인생 성공했다던 바싹 마른 그 기도하는 친구를 다시금 쳐다 보았다. 어느 한국 교인들이 종교가 다른 어느 나라에 전도하러 몰래 들어갔다가 사고가 나서 정부가 비행기로 찾아오는 등 난리가 난 적이 있었다. 그냥 너희들이나 – 다른 우리는 그냥 두고 – 너거 그 예수, 그 하느님, 아니지 하나님을 잘 믿고 복받고 살거라 라는 마음으로 몰래 한숨까지 나왔다. 교회 내에서 부지런히 섬기고 사랑하고 순종하고를 넘어 다른 종교 사람까지 전도하라는 명령에 세뇌된 것 같은 행동을 이제는 좀 극복하자. 그렇게 물불을 안 가리고 열심히 전도해서 한국 최대 종교가 된 것이지만(개신교 19.7%) 한국인은 몇 천년 역사에서 예수라는 사람을 모르고 살아 온 것이고, 예수를 안 지는 이제 백년이다. 우리를 사탄이나 미개하다고 보고 있으나 우리는 사탄도 아니고 미개하지도 않고 더 잘 산다. 요즘은 아이들도 잘 아는 45억년 지구역사를 4천년이라고 믿는 어느 장관 후보로 올라온 열성 기독교인이 미개한 것이지... 지하철이나 도로에서 안 믿으면 지옥 간다 등등으로 겁도 주지만 그런 시대는 끝났다. 본래 한국도 우리 신앙이 있으니까 우리신앙은 무시해도 좋은 아무것도 아니냐? 너와 다른 내 것, 우리 한국 원래 것도 좀 존중해 줘라는 말을 전하고 싶다. 계속 친구가 되기를 원한다면. 그대는 전도 목적이 없으면 우리를 안 만나겠지만, 나도 바쁜 시간에 안 만나고 싶다. 다른 사람에겐 그러지 말기를 기대한다. 서양종교가 우월하다는 맹신이 가져온 종교적인 폭력이고 갑질이다. 그럴수록 오히려 더 멀리 도망간다. 문광부 종무과와 국회는, 우리 종교에 대한 인정과 법적 제도화 – 자국 종교 신도(한국 무신교가 뿌리다) 90% 이상 정책을 쓰는 최고경제 부강국인 일본에서 좀 배워 정직함 근면함 친절함 꼼꼼함 섬세함의 미학과 자기 조상신과 사후세계를 위한 불교까지 포용하는 일본 정체성을 세운 정책을 배우고 입법하자.

㉣ 한국여성들이 종교에 깊이 빠지는 이유는 가정이나 남편으로부터 존중받지 못하는 이유가 가장 크다.

태인 허씨네는 여자들로 인해 성씨도 바뀐 집안이다. 인도에서 온 허황옥이 원해서, 김수로왕은 김해 김씨였던 아들 일부를 김해 허씨로 어머니의 성을 잇도록 했고, 왕건의 공주가 이 집안으로 시집오는 바람인지 덕분인지? 왕건이 사성하는 바람에, 또 김해 허씨가 정읍 시산 허씨에서 태인 허씨로 바뀌었다. 자식이 귀한 집안에서 많은 아들을 낳고 잘 키워 나라의 동량으로 만들었다고 이 집안으로부터 남편보다 더 큰 묘를 받고 지금도 잘 모셔져 중시조같은 위치에 있는 고부 이씨의 할머니도 계신다. 근대에 와서 지실 정씨의 할머님 정태인여사는 집안 문화재를 지키기 위해 목숨도 걸었다.

☯ 전북 부안 태인 허씨네 환웅상 뒷면 '구룡연'

요하 근처 구룡연? 9국 – 구룡 구환인 상징

(환국⇒흉노 김일제⇒신라 ~신라에서 황해도 구월산으로 간 차류씨네. 환인환웅 단군왕검 삼성단 구월산 문화 유씨→부안 태인 허씨네로 시집 오다.)

환인은 환국의 통치자로, 하느님께 제사를 지내는 일을 주관하고 하늘을 대신하여 명하고 다스렸으며, 환인은 고유명사가 아니라 통치자라는 칭호이다. **환인은 오가五加 중에서 추대되었는데 나중에는 9명의 환인에 의해 환국이 통치된 것으로 보이며 이를 '구환'이라 하는데, 구환은 천하를 지칭하는 말(구역이나 구천)로 쓰였고,** 한민족 지칭 '구려"까오리' '고려' 등과도 연관이 되어진다. 환국은 그후 파내류국(바이칼호 동쪽땅)과 12개국으로 나누어지는데 이 중에는 우루국(우르)과 수밀이국(수메르) 등도 있다. 이들은 세계 4대문명 중 하나인 메소포타미아 문명(B.C.E. 3,500년경)을 일으킨 것으로 알려져 있다. 환국의 하느님 신관과 정신적 모체는 지도자 및 백성들의 강력한 수련이나 자연변화로부터 얻는 깨달음과 하늘로부터의 공수 홍익인간과 광명이화이다. 환국 말기(B.C.E. 4,000~B.C.E. 3,500년경) 환국(문명)은 중대한 위기에 직면하게 되는데 그것은 기후변화와 인구증가 그리고 이에 따른 추위와 식량부족이다. 환국(문명)은 이에 대한 해결책을 모색했는데 바로 홍익인간과 광명이화의 정신으로, 추위와 식량부족에 시달리는 환국사회의 위기를 타개하기 위한 환국의 당면한 과제를 해결하려 했다. 환국은 지도자 및 백성들의 강력한 수련이나 자연변화로부터 얻는 깨달음과 하늘로부터의 공수로, 자연변화의 관찰에 적응하는 대대적인 이주를 오랜 시간동안 준비하고 지형을 알아보고 백성의 입장에서 평화적 생명 보전 위주를 염두에 두고 절도있게 하나씩 행했다. 그리고 그 결과 환국문명은 구석기에서 발전적으로 신석기로 이전 승격되었다. (고고학의 발달과 정직한 분석과 발표로 하나씩 증명되고 있다.) 바로 3,000명이라는 전문가 집단을 대동하는 환웅집단, 지혜와 훈련된 전문가 조직 세력의 역할 분담과 등장이다.[9] 환국(문명)의 주역들은 홍익인간의 땅 즉 인간(환국 백성)을 널리 유익하게(굶주림과 추위에서 벗어나게) 할 땅을 찾아서, 광명이세 즉 밝은 빛(추위가 없는 따뜻한)이 있는 땅을 찾아서 초기의 도읍지인 천산에서 동쪽과 서쪽 그리고 남쪽으로 적당한 인적 지적 능력에 따라 숫자를 배분해 퍼져나가도록 유도했다. 오늘날 한국인이 세계 200여 개 나라에 퍼져 잘 적응해 그 나라에서 주도권을 갖기도 하며 훌륭하게 사는 것도 이런 전례가 바탕이 된 이유도 있을 것이다.

환국의 일부 세력은 수메르국이란 이름으로 서쪽으로 진출하여 B.C.E. 3500년경 메소포타미아 문명을 일으켰고, 일부 세력은 남쪽으로 진출하여 B.C.E. 3000년경 인도문명을 일으키게 된 것은 오늘날 환국의 동일한 문명의 잔재 분석을 통해서도 알 수 있다. 또한 동쪽으로 진출한 세력은 B.C.E. 3800년경 요하문명을 일으키는데 그것이 바로 현대 한민족의 직계선조 거발한 환웅 세력이다.

『삼성기전(하)』에서는 환국 말기 환인 안파견이 환웅과 반고를 직접 파견한 것으로 기록되어 있다. 환웅은 태백산(백산과 흑수사이=요서)에, 반고는 삼위산(천산)에 정착했는데 삼성기적인 고대설화나 역사가 없는 중국신화에선 반고를 천지창조의 주역으로 승격시켜 스토리텔링하고 있다. – 역사는 어쩌면 승자들의 철저한 기획 의도에 의한 유사 스토리텔링이다.

환국(문명)과 환인을 우리 단일민족만이 주도한 문명이거나 우리 민족만의 조상이라고 말할 수는 없을 것이지만, 세계 어느 나라도 인류최초의 문명인 환국문명을 기록한 나라나 기록한 책이 없다는 것은 우리 환국역사를 지닌 한국의 역사문화 스토리텔링의 권리이다. 우리조상들은 환국문명을 잊지 않고 우리의 뿌리가 환국문명임을 기록해 두었으니 후예들보다 더욱 미래를 준비하신 훌륭하신 조상님들에게 감사할 수밖에. 특히 『부도지』· 삼성기』·『태백일사』·『단군세기』·『북부여기』·『삼국사기』·『삼국유사』...『환단고기』외 없애 버렸거나 잃어버린 등 역사를 기록하신 분들께 – 감사하여 '어아가'가 절로 나온다. 이래서 감사함을 근본으로 하여 나는 택호나 호를 '어아당'으로 쓴다. 한국의 기간이 33년이나 되는데 천황에 대한 기록을 현재는 7분 밖에 못 찾고 있어 모두에게 숙제이다.

그리고 환국의 전통 즉 생명의 근원 자연과, 삼신하나님께 제사를 지내고, 하나님의 가르침으로 사람들과 함께 살림하며 의를 알고 실천하는 사람들로 나아가게 교화하고자(재세이화) 하는 환국문명을 계승했다. 동방예의지국으로 이만큼 왔다.

우리 민족의 뿌리는 인류 최초의 국가 환국이며, 우리는 1만 2천년 마고 삼신(모계)시대와 9천년 역사 환국과 배달신시, 단군조선을 계승했다.

우리 환국민족의 주요 일부인 환웅계는 천산에서 출발했으며 바이칼호를 거쳐 천산과 B.C.E. 3800 흑수 사이의 요서에 정착했다. 그리고 거기에서 다시 우리보다 조금 더 비조직적이고 자연적인 그 땅의 원주민의 일부 곰부족과 범부족도 흡수했다. 거발한 환웅은 B.C.E. 3800년경 환인의 주요 정통 후계자로 환국의 지도자 중 한 분이었고, 환국에서 가장 크게 전문가 무리 3000명이나 이끌고 요서지역에 정착한 당대 최고의 仙人 지도자이시기도 하다.

지위리 환인으로부터 집약된 지혜 천부삼인을 받고 온 거발한 환웅은 신시에 도읍을 정하고 나라이름을 배달이라고 했다. 여기에서 배달(=밝달=바이칼=발해)의 배는 밝(발조선)의 한자식 표기이며, 달은 땅의 고어로서 우리 민족이 바이칼도 통과해서 이주해 왔음을 알 수 있으며, 발해만 연안이 배달국 즉 환웅세력의 정착지임을 알 수 있게 해 준다. – 그러면 환웅 · 구룡연은 어디쯤일까도 풀린다.

천산 – 돈황태백 – 바이칼 몽골 – 시베리아 동해 다 연결되고 장수시대 유목 기마민족에겐 얼마든지 연결 관리가 된다.(몽골 징기스칸이 유럽까지 원정간 것도 옛길이 있어서 더욱 가능하였다.) 최근 내몽골 요서지역 우하량에서 B.C.E. 3500년경의 신석기 환웅시대 유적이 많이 발견되었는데, 중국은 내심 **맥족의 발달된 문화에 경악하고 있다.** 중국학자들은 이 유적이 초기국가(문명)단계의 유적이라고 판단하고 있으며, 이를 홍산문화(요하문명)라 부르고 있는데, 여기에서 발견된 제단, 여신전, 적석총은 각각 마고시대, 환웅시대의 신단(하느님께 제사를 지내는 제단)과 단군신화의 웅녀족(여신전), 고구려 계통의 무덤양식(적석총)을 나타내고 있어, 홍산문화(요하문명)가 곧 우리 한민족 문화이며 마고(적어도 모계, 여신사제 국가시대)… 환웅(신시)시대의 유적임을 알 수 있다.

옛 시대 사람들의 주요 시간 보내기는 먹거리 · 아이 키우기 · 추위 예방 · 동물로부터 안전 추구 · 주거 고치기 · 고인돌 관리 · 별보기 외 여가는 재미있는 이야기

수다 수단찾기 · 벽화 그리기 · 암각화 새기기 이다. 하여 울산에 반구대를 새기듯, 환인 환웅 단군에 대한 역사 이야기는, 환인으로부터 지혜와 천부인 유산을 물려받은 – 즉 후견인이 대단한 정치지도자 집안이다 – 제 1대 거발한 환웅의 만년설이 쌓여 있어 하얀빛으로 신성하고, 높아서 쉽게 오르지 못하는 멋지고 신성한 태백(메,山)들 – 천산 · 돈황 · 바이칼 · 한머리땅 백두태백(백두산)의 정상에서 내려와, 천산(삼위태백)에서 개천하였다. 신시를 거발한 환웅은 신격화할 만하고, 각 태백(메, 산)도 신성화시킬 만하다. 각 태백들은 신성하여 하늘 천손족들로서는 천산보다 더 살기에 좋은 백두산 지역과 정상에도 올라 뭔가 제천을 올릴 만하다. 백두산 정상은 물론 그 자체에서 사람이 살기에 적합하지는 않아도 그 아래서는 살 만한 어머니의 산들이라 산을 받들어 포근히 살 만큼 산은 많은 것을 제공한다. 열매, 풀뿌리, 나무 식량이고 약이고 주거가 해결된다 – 임업, 수렵계곡 개천 강엔 어업까지를 가능하게 하기에, 지금도 바이칼 알타이 등에선 신성한 하얀산 아래에 살며 수렵과 임업을 하는 원주민들은 그 산을 자신들을 살리는 어머니 산으로 부른다. 산 아래는 의식주를 해결할 수 있기에 그 아래는 도읍을 세울 만하다. 현대도 (점점 원천적인 삶에의 희원은 세계적으로 "나는 자연인이다. 그 자연을 떠나 도시로 나오고 싶지 않아요" 한다.) 『삼성기전』(상)에 보면, – 점차 웅대하던 포부나 기량의 자주 민족이 오래 살다 보니 왜소해져서 – 환웅이 백산(천산)과 흑수(흑해 흑수가 지형 변경으로 러시아 흑룡강 쪽으로) 사이 즉 만주지역에 내려왔다는 보다 현실적인 이야기도 한다. 신시배달 1,565년간에 자연변화에 따라 점차 내려올 수도 있다. 지금까지 발견된 유물과 유적들을 볼 때 요서의 적봉시 지역(우하량)이 환웅이 이주한 신시일 가능성이 크다. 더욱이 적봉은 붉은 산으로 태백산(크게 밝은 산, 붉은과 밝은의 어원은 같다)과 의미가 서로 상통한다. 알타이, 바이칼, 캄차카 철분이 많은 산이나 화산이 있는 산들은 다들 붉다.

단군신화의 천부인은 곧 풍백, 우사, 운사의 관직을 의미한다. 단군신화에서 환웅은 사람이 되고 싶은 곰과 호랑이에게 마늘과 쑥을 주고 21일간 수련하게 한 후 인간(마음도 몸도 외부 치장도 사람답게 머리도 옷도 좀 가꾸어준 것)이 된 곰과 혼인하여 단군을 낳는 것으로 되어 있다. 『삼성기전』(상)에서는 환웅이 신시에 정착한 후 21일간 마음을 정결히 하고 하느님께 제사를 지냈으며, 웅씨(곰족)의 딸을 맞아 황후로 삼았다고 되어 있다.

또한『삼성기전』(하)와『삼성밀기』에서는 환웅이 신시에 정착하기 전의 상황에 대해서도 말하고 있는데 그 곳의 원주민은 범족이었고 곰족은 이주민이었는데 이들은 오랫동안 이웃에 살면서도 서로 교류가 없었고 융화되지 못했으며, 5916년 전 새로운 이주민인 환웅팀이 신시에 정착하자 발달된 신시문명을 보고 곰족과 범족이 서로 신시의 백성이 되게 해 달라고(신시에 살게 해 달라고) 요청했고, 최종적으로 곰족 여자 우두머리가 무리를 거느리고 신시에 와서 신시의 전통과 신앙을 받아들이기로 하면서 곰족이 신시에 살게 되었고, 환족과 곰족이 서로 융화되어 한 족속이 된 것으로 기록하고 있다. 즉 좀 여러 모로 세련된 사람이 되고 싶은 것이고, 신시의 백성이 되고 싶었으며. – 쉽게 말해, 좀 촌스런 곳에 살던 여자라도 돈 좀 많이 가지고 강남 미용실과 백화점 등 다녀오면 사람 외모는 많이 변하고 때로 내면도 바뀐 듯하게 된다. 곰과 호랑이가 아니라 곰족과 호랑이족이었으며, 곰과 호랑이도 21일간 몸과 마음을 세련되게 수련한 것이고, 환웅이 곰족과 호랑이족을 받아들이기 위해서도 21일간 숙고 수련했으며, 환웅이 인간이 된 곰과 결혼한 것이 아니라 환웅이 신시의 백성이 되고자 요청한 곰족을 받아들여 웅씨의 딸을 맞아 황후로 삼고 환족과 곰족이 서로 통혼하여 한 족속이 되었다는 것이다.

『태백일사』와『단군세기』에 의하면, 단군의 조상은 곰족 여자 우두머리였으며 환웅시대 초 비서갑 지방 – 신성한 태백(산) 북쪽 – 의 제후였다. 이후 곰족 여자 우두머리의 후손인 여黎가 B.C.E. 28세기경 단허의 제후로 임명되었으며 나중에 곰족 중 단국이 가장 강성해졌는데 이 단국의 군주 왕검이 B.C.E. 24세기경 천하를 통일했으며, 단국으로부터 아사달(신시로 추정)에 이르러 도읍하고 '조선'을 건국했다고 기록하고 있다. 또 그런 곳에서 생존을 해낸 인간이나 부족에겐 분명 보호하는 무엇, 보호동물이 실질적으로나 상징적으로나 있어야 가능하다. 처음 났을 때부터 이 땅에는 '매기=맥'이라는 신령한 화석 짐승이 있어, 무엇이든 그 선악의 본질을 들여다 볼 줄 알아, 자기가 같이 살며 지키는 사람의 생명을 동물이나 기후 추위로부터 보호하고 지혜를 심어줘서, 우리 조상들은 그 짐승을 신령한 보호동물로서 신성시했다. 그로 인하여 맥과 함께 하는 우리를 가리켜 매기족=맥족이라 하였다. 맥이 물가에서 먹는 바다 강가 물고기가 매기나 연어류이다. 고향을 찾아 오는 물고기들도 화석고기이다. 맥 神獸를 숭배하는데 그 원천 자연과 하늘에 대한 큰 은혜가 있기 때문이다. 그 자취의 잔재는 때때로 신수에 가까운 호랑이나 까치

호랑이가 산신들을 보호하는 우리 한국 무신도에 남아 있다. 제사란 사실 죽음보다 生이나 生子들과 관련이 깊다. 강원도 맥국 맥이가 주변 강에서 주로 잡아 먹는 민물고기를 '메기'라 했다. 곰이나 멧돼지와 비슷하게 생겼으나, 물에서도 살 수 있는 특이한 화석 동물, 특히 사람을 알아보는 신수를 '맥'이라고 하였다. 맥족은 이 동물을 '맥'이라 이름 붙였고 사람에게 맥같이 귀한 존재로 신성시한 것이다. 오늘날 남미계통에서 아직도 맥을 그때처럼 자기의 조상으로(조상과 같이 살아서 그 잔영이 남아 그럴 것이다) 신성시하듯이.

2 – 1 ☑ 대통령 · 문화재청 한국을 빨리 '아시빨래'하듯 때를 털어 청산해야 하는 이유

대통령과 강원도지사 문화재청장은, 〈2012년 영일 무기공동제작 동맹〉을 맺은 일본이 한국을 도발하는 요즘 태도를 잘 되새겨 보고, 유물이 9천여 점이나 나왔으니 춘천 맥국중도에 관한 허가취소를 바로 결정하길 간절히 요구한다. 자율적으로 하기가 뭣하면 국무총리께서 조정토록!

2017년 문화재청에서도 중도에서 유물유적이 한 개의 나라가 존재했음을 증명할 만큼 나왔음을 실토하였다. 중도가 속한 나라는 여러 정황상 우리 예맥족의 맥국이다. - 중도 그 옆길이 '맥국로'이고 거기서 조금 가면 맥국왕궁터 및 왕궁에 관련된 여러 유적이 있었던 곳으로 알려져 있고, 맥국터라는 표지석도 세워져 있다. 근처 우두산은 일제 때부터 일본인들이 그 곳 우두산이 자신들의 시조 탄강지로 3대 신사지로 삼아 국가 신사를 지으려 한 곳이다.

생존을 위해 편향되거나 경도되어 때가 묻은 한국을 '아시빨래'하고 싶은 것은, "사람이 자존심이 있으면 자기 몸을 팔지 않는데 하물며 자기 본래 조상의 얼과 나라의 정신을 팔려고 하니… 춘천 맥국중도 유네스코 보존을 절대시하며 외국 레고는 다른 곳에 하도록 급히 조처를 해야 하므로. "우리에겐 조상들의 유골은 성스러운 것이며 이 안식처는 신성한 구역이다" "자기 아버지의 무덤을 사랑하지 않는 자는 짐승만도 못한 것이다"[10] 춘천 중도의 파괴는 어떤 기업도 절대 불가. 영일동맹으로 중도에 레고는 한국식민화 시도 및 한국 고대 맥국 나라 파괴로, 역사적 정치적인 대 실수. 춘천은 전체가 맥국, 한국 신석기 유적 집성마을로 한 나라를 증명할 국가 최고 유적지이다. 외국에 내어줄 땅이 아니다. 하물며 조선을 멸망시킨 일본과 전략과 무기를 제공한 영국에는 더더욱 불가이며, 어떤 이유에서건 춘천 중도를 기업에 유적보존 외에 개발하도록 내어놓는 것은 엿을 먹기 위해 귀중한 골동품을 파는 것이고 이 나라가 망할 통탄할 일이다.

2011년 1월부터 유물 9,200여 점이 출토되었음에도 - 돈 액수의 문제가 아니라 언급을 피해 왔으나 계약도 너무나 기가 막히는 갑질계약을 당했다. 1년에 영국 레고로부터 땅 임대료도 고작 <40억원을 받으려고>?레고의 투자유치를 자랑하는 강원도지사 및? 얼이 한참 빠진 O짓! 어르신들, 영국과 독일교포들이 일갈하시다.

한국은 고인돌의 나라로서 세계 60% 이상인데 화순 고창, 강화 고인돌은 적당한 지역에 산재한 형식이고, 중도의 것은 의도적으로 3열로 배치, 이러한 고인돌을 옮기고 도로 묻고 하는 짓은 맥국이나 고인돌 나라임을 부정하는 것이다. 영국은 큰 돌 몇 개가 세워져 있는 스톤헨지에 비싼 입장료를 내고 온 관광객도 동짓날이나 하짓날 아니면 200m 이상 떨어져 보도록 그 신성성과 유적을 존중하고 보존성에 주의하고 있다. 그런 나라가(외화를 유치한다고 끌어들인 우리 강원도 여야 공무원들이 문제입니다만 평창올림픽을 유치한 것과는 문제가 다르지요) 우리 한국의 중도는 유적이 산재해 있는데 외국의 놀이공원을 짓는다는 것은, 1900년대부터 귀한 유물 때문에 눈독을 들여온 중도에 도굴 기회를 갖고 싶은 차에, 울고 싶은 아이 때려준 격으로, 거의 공짜로 자기네들이 원하는 대로 100년간이나 무상임대를 해주니, "영국대사관 앞에 항의 시위를 하니" 영국이 먼저 하고자 한 것이 아니고 강원도가 하자고 해서 한 것이라는 변명 아닌 변명을 전했습니다. 아이쿠! 이 바보들, 무슨 짓을 하는 것인지도 모르고 이게 웬 떡이냐 하고 받은 거랍니다. 경기도 이천은 덴마크가 2,000억을 투자한다고 해도 레고를 수자원 보호지역이라고 거절했습니다. 이런 것이 나라 있는 국민의 결정이고 태도이지, 귀한 유적을 거지처럼 애걸하며 그저 갖다 받치는 짓은 국제사회나 영국으로부터도 내면적으로는 바보들이라는 업신여김을 면치 못할 짓이다.

덴마크·영국의 집요한 중도 침략 전략

유럽 나라들 제국주의적 아시아 아프리카 영토 문화유물 경제 침탈시기인 1900년대부터 영국고고학자들과 왕실 및 정부는 중도에서 유물이 나오는 것을 알고 있었다.

■ 1907년 고종황제의 미국인 자문관 헐버트는 "춘천은 고조선 유적" 관련지역이다. 영어로 번역해서 소식지를 유럽에 돌리다. (그의 의도는 한국의 귀한 문화적 자산을 알려 한국이 인정받게 하기 위해서였다는데…. 본의 아니게 유럽인에게 한국이 값나가는 유물을 도적질할 타격이 되게 했다.) 영국의 수상 처칠도 한국 고대역사의 진가를 알게 되었다. 이때부터 중도

는 영국의 세계고대사 점령 아시아 식민지의 대상 명단에 오른다. 처칠도 유럽 영어권 소식지를 통해, 한국 중도의 고대유물 소식을 전해 듣고 다들 자기들 욕심으로 움직인 것이다. 기다리고 있던 누구의 입에 중도를 갖다 바친 격이 되었다.

레고의 원저작국 덴마크는 2004년 한국 이천에 레고 공장을 세운다. 얼마후 김영삼 대통령에게 레고에 2000억 투자하겠다며 한국 레고가 허가를 요청하나, 수도권관리 차원에서 허가를 거부당하자, 레고 공장도 폐쇄하나, 이후에 덴마크 수상이 먼저 한국 방문 후, 덴마크 여왕도 한국에 다녀와 이천부터 방문하고 청와대를 방문하나 거절당한다.

얼마 후 영국여왕도 탐색차 여왕이 남편을 사업 파트너로 하여 먼저 한국을 방문해서 가치를 탐색했다. 다음에 영국 레고의 실제 주인인 영국여왕과 영국성공회가 영국여왕 초청으로 노무현 대통령을 국빈 초청하고 이어 이명박 대통령은 일이 있어 못 가고, 다음엔 박근혜 대통령을 초대하여, 국가적인 전략으로 영국성공회 주교 및 국가요원과 연방대표들도 모두를 총동원시켜 환대를 대단히 하여, **실제로 식민지 개척단인 동인도회사의 다른 이름인 영국 레고**를 춘천 중도에 하기를 극구 요청한다. 이에 따라 박대통령은 귀국하자마자 3, 4일 만에 문화재청장을 전격적으로 바꾸고 100년 무상임대라는 조건도 아닌 조건으로, 도지사 당선에 혈안이 된 최문순 강원도지사로 하여금 매국적인 결행을 하게 한 것이다. 2011년 중도 유적을 사전조사하게 해 놓고는 〈2012년 영국은 영일 무기공동 제작동맹을 맺고, 다음해는 영국공군은 한국 상공을 예비 시험비행까지 하는 이해 못할 짓을 한다.〉 중도 앞에는 미군이 이전한 공군기지가 23만평이나 있다. 구한말인 100년 전 우리의 조선을 멸망시킨 것이 영국의 무기와 영국 전략을, 일본이 사용한 것이다. 현재 또 영일은 어떤 음모를 꾸미는 것인지 금방 짐작이 간다. 등등으로 처칠의 경고 "한민족이 역사를 찾으면 세상을 다스린다"는 말을 아예 미리 상쇄해 버리려 한 것이다.

영국수상이며 정치가 처칠[11] 이 2차대전 후 랜버그 연설에서 "유대민족은 땅을 찾으면 세상을 지배하고 한민족이 역사를 찾으면 세상을 다스린다"고 한 예언자의 말을 인용하였다.

이스라엘이 땅을 찾고 나서부터 세상을 지배하는 것을 보고, 한민족이 역사를 찾는 것을 막아야 한다고 생각하고, 영국은 우리 보다 더, 한국 우리 역사를 연구하였다. 그 결과 춘천 중도를 찾아내었다.

민간단체가 5년간 반대하는 데도 불구하고, 국제정치 역사전쟁에 중요 무기가 될 고대 유물 집산지로 복합적으로 귀중한 맥국 중도에 레고를 동의하는 민주당 대통령과 민주당 강원지사 민주당 의회는, 한국의 영일 침략 수용여부에 동의한 매국적이고 우둔한 역사정치적 결정으로 그 역사적 책임과 평가를 피할 수 없다. 지금이라도 맥국 중도는 유네스코에 등재하고, 레고를 하려면 다른 유물유적이 없는 자리로, 또 국제 간의 정당한 계약으로 만들어내기 바란다.

2－2 ☀ 신세계 국제 테마파크 사업을 한국 수자원공사와 경기도 화성이 선정

2019.02.28

약 4조 5000억원이 투입되는 '화성 국제 테마파크 사업'을 주관할 우선협상 대상자로 신세계 프라퍼티 컨소시엄(이하 신세계 컨소시엄)이 선정됐다. 한국 수자원공사와 경기도는 화성 국제 테마파크 사업을 주관할 우선협상 대상자로 신세계 컨소시엄을 선정했다고 28일 밝혔다.

화성 국제 테마파크 조감도 / 신세계 제공

신세계 컨소시엄에는 복합 쇼핑몰 스타필드로 유명한 신세계 프라퍼티와 신세계 건설이 참여하고 있다. 테마파크 설계에는 유니버설 스튜디오 마스터플랜 등을 수립한 캐나다의 '포렉(forrec)'이 참여할 것으로 알려졌다. 신세계 (300,000원▲ 7,500 2.56%) 컨소시엄은 향후 4조 5,700억원을 투자해 경기도 화성시 송산면 송산 그린시티 내 약 315만㎡ 부지에 테마파크와 휴양 · 레저 · 상업시설을 갖춘 복합관광 단지를 조성한다. 2021년 착공해 2026년 테마파크 1차 개장, 2031년 완공이 목표이다.

◇11만 명 고용유발 효과…. 신세계 "테마파크 경제적 효과 70조원" 화성 국제테마파크는 직접고용 1만 5,000여 명, 고용유발 효과가 11만 명에 이르는 대규모 일자리 창출사업으로 주목받고 있다. 테마파크 방문객 연간 800만 명을 비롯해 호텔과 쇼핑공간까지 합치면 1,900만 명이 찾을 것으로 경기도는 전망했다. 신세계 그룹 관계자는 "테마파크 개발을 통한 생산 및 부가가치 유발효과는 약 70조원에 이를 것"이라고 했다. 신세계 컨소시엄은 송산 그린시티에 숙박 · 쇼핑 · 여가 시설이 집약된 '세상에 없던 테마파크'를 선보이겠다고 밝혔다. 첨단기술을 이용해 미래도시를 경험하는 어드벤처월드, 온 가족이 즐길 수 있는 휴양 워터파크 퍼시픽 오딧세이, 인근 공룡 알 화석지와 연계한 쥬라기 월드, 상상 속 동심이 살아나는 장난감 왕국인 브릭 & 토이킹덤 등 4가지 핵심 사업계획이다.신세계는 송산 그린시티를 '스마트 - 그린 관광도시'로 육성하기 위해 로봇 주차시스템과 자율주행 트램, 대기시간 알림 서비스 등 스마트 첨단 시스템을 도입한다. 기존 시화호의 갯골을 살린 친수 공간을 조성해 생태, 수질 정화가 가능한 친환경 그린 테마파크도 만든다. 이밖에 도서관, 다목적홀 등으로 구성된 문화복합시설을 지역주민에게 제공할 계획이다.

임영록 신세계 프라퍼티 대표는 "신세계그룹이 가진 모든 역량을 집약해 세계적으로 손꼽히는 복합 테마파크 도시를 구현하겠다"라면서 "송산 그린시티 사업을 통해 국가 및 지역경제 활성화에 기여할 수 있도록 동북아 최고의 글로벌 관광도시를 건설하겠다"고 말했다…

2 – 3 ☑ 문화재청 · 강원도 평창군 문화정책 급히 시정할 점

이번 동계올림픽 때, 최초의 한국(일본) 여사제가 출토된 평창 하리의 지역을 일삼아 가 보니 개인 빌라를 짓는다는 광고가 붙어 있었다…. 현재 문화재 보존 및 관광자원 구축의 정책 실상이 난감했다. 청동기시대 비파형 동검이 출토된 춘천 중도맥국이 중도에서 삼악산, 후기에는 평창으로 이전했다는 설을 믿으면 맥국에 큰 여왕이 존재한 것이 된다. 평창 하리에서 찾아낸 것만 해도 이번 것보다 작은 석곽묘도 16기이다. 올림픽 때 일부러 평창 하리로 들어가 군청 앞에서 물어서 가보니 군청을 바라보고 바로 왼쪽이었다. **그 문화재의 해당지역을 가보니 개인 빌라를 짓는다는 광고가 붙어 있었고, 그 주변은 모두 부동산관련 사무실들이었다.**[12] **청동기시대 비파형 동검은 제례 의식용 제기祭器로 제사장 정치적 지도자의 무덤에서만 출토된다. 이번 평창에서 출토된 비파형동검은 길이 26.3cm, 폭 3.8cm로 두 동강 난 채로 석관 동쪽 측면에 묻혀 있었다. 일본보다 300~200년이 빠르고, 신라 아로공주보다 500여 년이나 더 이른 시기에 여왕 여사제가 있었음을 증명한다.** "출토 동검의 양식은 비파형동검→세형동검으로 발전 단계의 B.C.E. 6세기~B.C.E. 5세기경 여성 인물이다. 한반도에서 일본으로 파급된 청동기시대인 야요이彌生시대(B.C.E. 3세기~A.D. 3세기)에 이번 여성 인골은 한국에서 일본으로 전래한 청동기문화의 양상을 새롭게 검토하는 계기가 될 수 있다는 의견도 나왔다. **일본에선 청동기시대였던 야요이(彌生)시대(B.C.E. 3세기~A.D. 3세기)에 여성 제사장이었던 히미코가 왕에 올랐다는 기록이 있다.** (히미꼬는 김수로와 허황옥의 공주였다는 책을 이종기 동아일보 기자가 일본 취재 10여 년 동안 고생하여 『가야공주 일본에 가다』로 내어 놓았다.) 김재현 교수는 "그동안 한반도의 비파형동검 등 물질 중심으로 청동기문화가 일본에 전래됐다는 것은 많이 알려진 사실"이라며 "이번 발견을 통해 여성의 사회 참여 등 사회 · 정치적인 제도 역시 일본으로 전해졌을 가능성을 엿볼 수 있다"고 밝혔다. 평창 여왕묘와 춘천 맥국중도 적석묘 중에서는 같은 것이 있다.

2－4 ◘ 全 공무원들께 먼저 영 · 미 · 일 · 중국 · 러시아에 당해 온 우리 아직 그 힘? 없어 그 구조?

나는 위대한 조상이 생명을 걸어 지키고 물려준 금수강산에 천손으로 살 만한 자격이 있는 일을 하려는 것인지? 정신과 태도가 만년역사를 이을 한국인답게 조상과 후손에 부끄럽지 않게 혈세로 일을 기획 실천하려는 지를 먼저 생각해라. 한국적인 얼과 자기가 맡은 바에 좀 더 철저하고 창의적인 태도로 감동을 주는 행정기획과 실천을 기대하며! 승용

차만 타고 다니면 반 이상의 걸어다니는 국민과 그 삶에 필요한 것을 알지 못한다. 핸드폰이 새로 나올 때마다 감동적일 때가 있어 새로 바꾼다. - 만드는 저도 소비자이니 그 입장에서 편한 것 필요한 것 잘도 찾아 만들어 주니 필요한 것 만들고 영업도 자연히 잘 될 수밖에. 그 창업 기업주들의 바른 애국적 기업인 정신이 깔려 있었다. 소비자 국민이 감동받게 내 일을 바르게 하는 것을 사랑하라. 사랑은 상대가 원하는 것을 알고 존중하고 배려하고 책임을 지려 하는 것이다. 한국인의 DNA를 인정하고 한국의 얼 찾기를 사랑해 보라. 국민들은 근원에서 그대들을 사랑할 것이다. 같은 '땡기는' DNA이니까.

한국 공무원 중에서는 '법 없이도 살 만한 사람'도 많고 목숨 바쳐 일하거나 국민을 구해내는 의로운 분도 많다. 사람이라면 그냥 지나쳐서는 안 되는 일이 있다. 한국인은 원래 착한 하늘의 어머니 심성을 지녔다. 정한수를 떠 놓고 기도하는 할머니와 어머니의 마음이 DNA에 전해져 있는 것이다. 자기도 지키고 자기 가족도 지키고 살며 내 일도 잘 해내는 그런 공무원이 더 바람직한 것이다.

2 – 5 ☑ 교육부 · 외교부 위대한 한민족 선비의 힘인 자주 · 보국정신은 어디로?

일본측 학술지원 단체의 눈치를 보느라 일본의 식민사관을 못 벗어나는 한국학자들을 구출하자. 이병도파의 저작권료만 국가가 환수해도 충분할 것이다. 국민 1천 3백만 시대에 600만 명 이상(성인이면 거의 다)이 십시일반 모은 성금으로 임시정부나 만주독립운동에 생명을 걸고 독립자금을 보내고 뒷바라지한 정읍 대흥동 동학접주 차치구의 아들 차경석의 보화교가 만들어 낸 독립자금도 중요하나, **나라의 위기엔 하나로라는 훌륭한 조의(핵랑)정신의 한국 국민성**이 새로이 부각되는 점이 더욱 유용한 업적이다. 상생방송이 찾은 자료들이다.

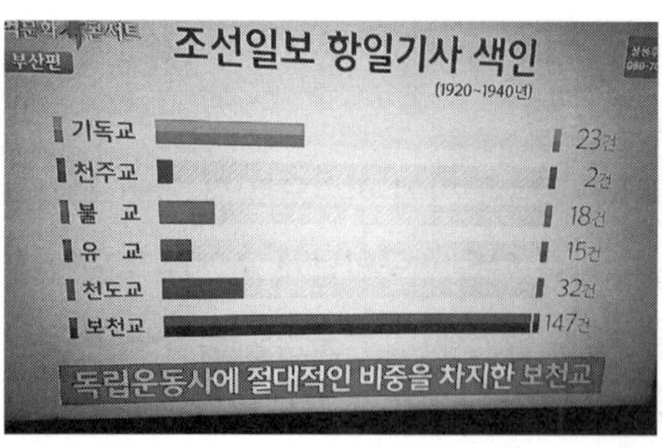

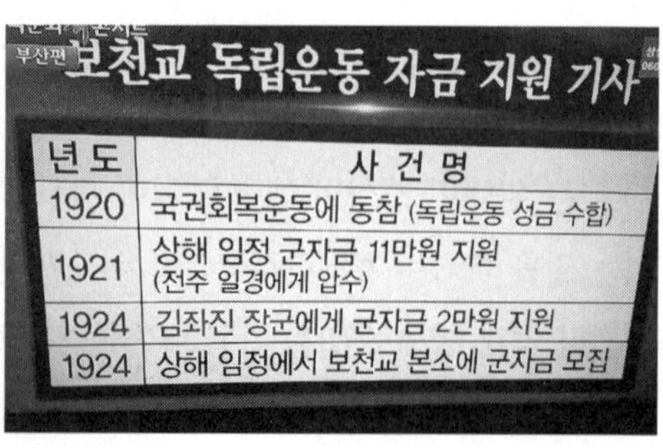

년도	사 건 명
1920	국권회복운동에 동참 (독립운동 성금 수합)
1921	상해 임정 군자금 11만원 지원 (전주 일경에게 압수)
1924	김좌진 장군에게 군자금 2만원 지원
1924	상해 임정에서 보천교 본소에 군자금 모집

2 – 6 ◒ "옛 조선의 찬란하고 유구했던 영광!" 그랬나? 날선 아베할배 총독으로부터 처음 듣다.

나와 우리를 알고 얼이 살아있을 때 옛 조선의 찬란하고 유구했던 영광!을 찾아 살리자. **"실로 조선은 위대했고 찬란했으며 찬영했지만"** 이는 일제의 마지막 총독 아베(현재 아베 수상의 조부가 한 악담인지 정직한 고백과 예언인지 한국에는 그게 현실로 나타났고, 몇 가지 적폐청산과 수정작업을 미처 하지 못해 헤어나지 못하고 있으나 발버둥을 치려 노력하는 분들도 많다.

"장담하건대, 옛 조선의 찬란하고 유구했던 영광!을

100년이 지나도 찾지 못할 것이다.

일본은 조선민족들에게 총, 칼, 대포보다 더 무서운 것을 심어 놓았다. 대일본제국의 식민교육, 이것이야말로 그들이 평생토록 서로 이간질하며, 노예적 삶을 살게 할 것이다. 보라! 실로 조선은 위대했고 찬란했으며, 찬영했지만, 현재 조선은 식민사고와 노예사상으로 물들어 정기를 다 잊어버렸다. 한국은 결국 식민교육의 노예로 전락할 것이다." 조선총독 아베 노부유키가 조선을 떠나며

일본은 전쟁에 7박자가 맞는데다 – 일본 국민 70%의 재지지로 아베는 8박자까지 맞아, 언젠가 전쟁을 하고 말거라는 우려의 목소리들이 나온다.

① 일본인 그 조용함 속에 잔학한 만행의 그림자들의 근원 야스쿠니

② 선조들도 100년 후 다시 보자 식

③ 사죄할 줄 모르는 왕(천황)

④ 부추기는 아베

⑤ 법까지 전쟁 가능하게 개정

⑥ 국민들 70%가 그런 아베 지지

⑦ 오늘날 일본 청소년들은 재미 삼아, 경험 삼아 살인을 저지르는 전쟁살인의 사회화

⑧ 일본과 무기제작 동맹을 맺는 나라 영국의 속성까지 겹친다. (100여 년간 지속 – 식민지, 침략전략 서로 동조 협력)

입구부터 야스쿠니신사의 전체가 군국주의에 대한 향수를 양껏 불러 일으키도록

거대한 전쟁 학습장으로 변질되어 있다. 야스쿠니신사 입구에는 15m는 족히 넘을 듯한 '일본 육군의 아버지' 라 불리는 오오무라 마스지로(大村益次郎 1824~1869)의 거대한 동상과 마주친다. 일본 육군의 창시자라고 하는 그는 금방이라도 옆에 찬 칼을 빼내어 들 듯한 자세이다. 그 오른쪽으로는 아시아 침략전쟁 때 자살비행을 감행한 카미카제 돌격대원의 동상인 '특공용사의 동상'이 버티고 있다. 야마토(大和) 전함의 460mm 특대 포탄, 군마軍馬 · 군견軍犬의 위령탑 등 각종 병기들과 함께 근대 이후의 일본이 겪은 각종 전쟁의 모습들이 느닷없이 파노라마처럼 펼쳐진다.

그 뒤쪽으로는 '군인칙유(일왕이 내린 군인의 덕목)의 비석'이 있다. 경내의 안쪽에는 일 왕실의 문장이자 권위를 상징하는 '국화꽃 비단 깃발錦旗 にしきのみはた'을 전시하여 군국주의의 분위기를 한껏 고조시키고 있다. 뒤뜰에는 참전 군인들이 기증한 나무들이 빼곡히 들어서 있다. 기증자의 이름과 소속 부대명을 소상히 기록해 나무에 부착해 놓았다.

본전에는 레이지보靈璽簿라 하는 각종 전쟁에서 숨진 사람들의 명부가 있다. 한쪽에는 "야스쿠니 신사는 대동아 전쟁에서 2,466천 명의 신들이 '전쟁범'이라는 누명을 쓰고 목숨을 버린 신들을 모신 곳이다"라는 정신 나간 글이 적혀 있다. 한편 경내에는 신사와 전혀 어울리지 않는 전쟁박물관이라 할 수 있는 '유슈칸'遊就館이 있다. 야스쿠니신사의 부속 기관이다. 일본 최초의 근대적 박물관(明治 15년 창립)으로 알려진 유슈칸에는 진주만 공격의 성공을 알린 암호전보가 보인다. 포탄 속에 자살특공대원이 들어가 있는 상태에서 발사되도록 고안했다는 참혹한 인간어뢰 '가이텐'回天도 전시돼 있다. 구로키 히로시 중위가 만들었다고 한다. 러일전쟁 때 사망한 해군중좌의 사진이 '바다의 군신軍神'이란 제목과 함께 붙어 있다. 아시아 침략전쟁 때 활약한 '제로센(0, 零戰)' 전투기도 자리잡고 있다. 이런 것을 보고 있노라면 신사인지 전쟁박물관인지 도저히 구분이 되지않을 만큼 이중성을 가지고 있다. 2층에는 '영령의 말'이라는 특별 전시가 있다. **"몸은 산화해도 유구히 호국의 귀신이 되겠다….''** 이는 한 편의 시처럼 보인다. 하지만 이것은 맹목적 국가사랑으로 가득 찬 카미카제神風 특공대원의 유서들이다. 이런 유서들이 한쪽 벽을 가득 메우고 있다. 군국주의의 광풍 속에서 '大和魂'이라는 미명 아래 죽음 외 다른 선택의 여지가 없었던 사연들이 관람자의 눈시울을 적시도록 미화되어 있다. 아시아 침략전쟁 당시 사용하던 전차, 장갑차, 비행기, 잠수함 외 군 장비들이 배치되는 등 풍부한 자료, 완벽한 관람실 배치, 멀티미디어와 최첨단 장비를 동원한 조작된 역사만이 존재하고 있다. 이곳에서는 아시아 침략 · 약탈을 위한 작태를 '대동아 전쟁'으로, 일본은 철저한 피해자로 둔갑시켜 놓았을 뿐이다. 또 이곳에 봉양하는 음식은 담배 · 깡통식량 · 맥주 같은 군인식이 제사상으로 꾸며지고 있다. 아악雅樂 대신 군악대의 주악奏樂이 연주된다. 매년 봄이 되면 일본 스모선수들은 발가벗고 이곳에 모여 의식을 치른다. 신사 주변의 가로등에는 1999년부터 일장기가 년중 휘날리고 있는 등(조선 멸망 100년 – 다시 또 멸망을 기대해) 보통 상식으로는 이해할 수 없는 '별종 신사'이다. 과연 이곳이 신사인지 눈과 귀를 의심케 한다. 그리고 초등학교 교과서에서는 다음과 같이 어린이들을 가르치고 있다. "야스쿠니 신사에는 일왕을 위해 죽은 의로운 사람들이 모셔져 있으며, 이런 사람들을 본받아야 한다고…." 그리고 세계에서 전쟁 후유증이 가장 적은 곳이 일본이라고 한다. 즉 전쟁 중 부상을 당한 병사들에게 할복자살을 강요하거나, 즉결 처분을 하였기 때문에 부상 후유증을 호소하는 군인이 거의 없다는 것이다. 이를 바라보는 오늘날 젊은 세대들의 머리속에는 전쟁이 가져 다 준 아픔은 생각하지 못하고 전범들을 영웅처럼 느낄 수밖에 없게끔 만들어 놓았다. 이로 인하여 오늘날 일본 청소년들은 재미 삼아, 경험 삼아 살인을 저지르는 사태까지 오고 말았다.[13)]

우리 한국과 세계 후손들이 앞으로 같이 살아야 할 일본 살인광 신사 교육 정치를 통한 사회화이다.

2 – 7 ☗ 국방 · 외교 · 교육부 영국 레고의 춘천 중도맥국 침탈에 중도맥국 보존 운동에 앞장 서며 영국 일본의 야욕을 깨우치자

조선을 식민지화한 1900년대 초 영일동맹 결과 – 조선의 멸망 2012년 영일 무기공동제작 동맹을 경계하며! – 다시 한 번 야욕 실현을 노리다.

현재 아베 신조 수상의 할아버지가 조선 식민지 때 총독 아베 노부유키이다. 그는 떠나며 100년 후 다시 돌아올 것이다라고 했고, 그의 손자 아베가 한국을 향한 망발과 주변 강대국들에는 아첨 외교전으로 한국 패싱을 유도했었다. 일본국민은 70%의 지지로 그를 다시 재선시켰다. 문제는 우리는 어떻게 대처할 것인가?이다.

전쟁광을 모신 일본신사를 방문하는 아베와 신사의 사제. "일본 신도는 조선의 옛 신교 풍습古俗이다." 한국 정치지도자들은 한국의 신교는 내팽개치고 계속 그대로 힘있어 보이는 남의 나라 풍습을 존중하여 쫓더라도, 우리 것 즉 나를 버려서는 안 될 것이다. 임종을 앞두고 생각해 보았을 때 한국사람으로서 자신의 양심에 부끄럽지 않아야 사후에 조상을 떳떳이 대할 수 있다.

아베 신조의 외조부와 친조부도 전쟁광, 현대 아베의 친親 전쟁광 혈통을 되새겨야 한다.

% 일본 아베 정권의 전쟁 준비 (1)

1. 일왕, 아키히토의 80세 생일 담화문

2013년 12월 23일, 80세(1933년생) 생일을 맞이한 일왕 아키히토는 미치코 왕비와 함께 도쿄 왕궁의 발코니에 나와, 왕궁을 찾아 온 일본 국민들에게, 손을 흔들며 답례를 하는 자리에서 **자기의 생애에 가장 기억에 남는 일은 "전쟁"이라고 하였다. 평화의 중요성을 강조하였다.** 그는 며칠 전에 실시한 기자회견에서도 같은 말을 하였다. "내가 학교에 다닐 나이가 됐을 때에 중국과의 전쟁이 시작됐고(1937년 중일전쟁) 그 후 중국 외에도 미국 영국 네덜란드 등과 전쟁을 했다. 전쟁이 끝났을 때에는 초등학교 6학년이었다. 전쟁으로 인한 일본인 희생자는 약 310만 명으로 추정된다. 다양한 꿈을 갖고 살던 많은 사람들이 젊은 나이에 목숨을 잃은 것을 생각하면 정말 가슴이 아프다."

많은 일본인들에게는 신과 같이 느껴지는 아키히토가 자비심 많은 왕이라고 감탄을 하였을 것이다. **하지만 그는 일본의 아시아 침략에 대한 반성이나, 한국 중국 등 여러 나라를 무자비하게 침략함으로 발생한 희생자들에 대한 미안함이나 애도**

의 이야기는 한 마디도 없었다.

1941년 12월 7일, 하와이 진주만을 무조건 폭격을 하여 미군 2,300명을 죽이고 20여 척의 군함을 파손 침몰시키고 제 2차대전을 일으킨 범죄에 대해서는 한 마디도 없었다. 나이가 80이 되면, 세상 물정을 다 알고도 남을 인생의 연륜이다. 그런데 그는 세계에 모처럼 내 보내는 8순의 목소리가 어찌 그리 이기적이고 소견이 좁은 맹추의 목소리란 말인가? 막말로 제 새끼가 죽은 것만 가슴이 아프고, 제 새끼들이 남을 죽인 것은 당연한 것처럼 뻔뻔한 담화문을 발표한 것이다. 일본국의 상징으로 믿어지는 아키히토 일왕의 아량이 그러하고, 새로 총리가 된 '아베 신조'의 꿈이 자기 임기에, 평화헌법을 전쟁헌법으로 바꾸어서, 한바탕 전쟁을 치루고 싶은 것이 그의 야망이니, 머지 않은 날, 일본은 어떠한 전쟁이던 한바탕 싸움판을 벌려야 직성이 풀어질 것이라고 생각이 든다.

일본은 1,945년 세계 제 2차대전 이후 지금까지 조용하고 평화롭게 69년을 살아왔다. 그런데 아베 신조의 정권은 국가의 부강과 국민의 행복을 누리던 평화와 정적을 깨고, 다시 군국주의 전쟁의 행진곡을 부르며 욱일승천기旭日昇天旗를 휘두르고 싶은 광기가 하늘 높이 솟아오르고 있다. 일본이 이렇게 전쟁광으로 변질되도록 자극제가 된 이유에는, 내적인 혈통성향의 문제도 있지만, 외적인 이유가 더 크게 작용을 하고 있다고 볼 수가 있다. 첫째는 북한의 핵무기 개발이고, 둘째는 중국과의 영토분쟁을 치루고 있는 센카쿠 열도의 소유권 문제인 것이다. 그리고 세째라고 한다면 독도문제라고 생각할 수도 있을 것이다.

2. 아베정권의 등장과 일본의 재무장

1945년 종전 이래로, 일본은 60여 년 동안 자민당이 계속적으로 통치를 해왔다. 한 정권이 너무 오래 집권을 하다 보니 독선과 오만과 부패가 깊어졌고, 국민들의 원성이 높아졌다. 한 6년 전에 소수 군소정당 중에 하나인 민주당으로 정권이 넘어 갔다. 하지만 정치경력이 부족하고, 세계에 펼쳐진 방대한 일본경제를 이끌어 가기에는 경제적 경륜이 부족했던 탓에 일본경제가 위축상태로 시들시들하게 되였다. 일본 국민들이 실망을 하였다. 국민들은 다시 자민당에 힘을 실어 주었다. 그렇게 해서 2012년 말경, 태어난 정권이 바로 〈아베 신조의 자민당 정권〉이다. 아베는 고도의 실업률과 무역의 부실로 퇴폐 일로를 걷던 일본 경제에 〈엔저 정책

〉을 적용함으로, 비록 수지 문제가 어렵더라도, 실업자를 구제하고 세계시장에서 일본상품의 활성화 정책을 불러 일으켰다. 아베에게는 자신이 생겼다. 전쟁불가한 일본의 평화헌법을 전쟁 가능한 보통국가 헌법으로 고쳐서 이 지상에서 일본의 존재를 드높여야 한다는 아베 신조의 야망이 솟구쳐 오르기 시작을 하였다. 2012년 중의원 선거에서 2/3의 의석을 확보하였다. 2013년 7월, 참의원 선거에서도 그렇게 2/3선을 확보하려고 노력하였지만 국민들이 전쟁가능성을 인지한 나머지 참의원의석에서는 다소 제동을 걸어 겨우 과반을 차지하였다. 당장 상하 양원의 2/3 의석을 확보하여 헌법을 뜯어 고치고 욱일승천기를 휘두르며 행진을 하려 하였지만 다소 제동이 걸렸다. 하지만 아베는 어떻게든 일본의 평화헌법 제 9조를 개정하여 일본이 재무장할 수 있도록 최선의 노력을 다 할 것을 다짐하였다. 현재로서는 우선 급한 대로 현 헌법의 자구해석 확대와 미국의 양해를 통하여 자위권을 최대로 광범위하게 확대 운영하는 편법을 모색하고 있는 것이다. 그리고 아베총리는, 2013년 12월 26일, 야스쿠니에 공식적으로 참배를 함으로 인기 반등의 기회를 잡으려 하였지만, 중국과 한국은 물론 미국까지 아베에 대한 역반응과 실망을 불러 일으키게 한 것이다. 여기에서 아베가 헌법을 수정하여 일본국을 다시 야수의 나라로 변화시키겠다는 일본국 헌법 제 9조를 한 번 살펴보자. "일본헌법 제 9조: (1) 일본 국민은 정의와 질서를 기조로 하는 국제평화를 성실히 희구?하며, 국권의 발동인 전쟁과 무력에 의한 위협 또는 무력의 행사는 국제분쟁을 해결하는 수단으로서는 영구히 이를 포기한다. (2) 전항의 목적을 달성하기 위해 육, 해, 공군 기타의 전력을 보유하지 아니 한다. 국가의 교전권은 인정하지 아니 한다." 1945년 일본이 맥아더 장군의 항복문서에 서명을 하고, 이후 전쟁 패전국의 입장에서 제정된 헌법이기 때문에 이 조항을 변경하려면 미국의 허락이 필요하다. 오바마 미국 정부는 이미 이 문제에 관하여 긍정적 태도를 보였다. 다만 평화헌법을 보통국가의 헌법으로 바꾸는 문제에는 일본의 이웃 국가들과 불협화음이 나지 않을까 하고 조심을 하는 정도이다.

어쩌면 미국은 오히려 일본이 극동지역에서, 미국을 대신하여, 무력행동에 한 몫을 담당해 준다면 얼마나 좋을까 하고 은근히 환영을 하지 않을 수 없는 입장이다. 왜냐하면 미국은 세계에 주둔하고 있는 미군의 운영비가 너무 과다하여, 한참 힘에 겨워 하는 판인데, 일본이 극동지역에서, 특히 중국과 대결하고 있는 입장에서 앞장을 서 주겠다고 자청을 했으니, 재정적으로 숨이 차 있던 미국이 반가워하지 않을 수 없는 것이다.

그러니까 현재 아베정부가 일본의 재무장을 성공적으로 이끌어 내기 위하여서는 오직 참의원에서 개헌안 숫자 2/3만 확보한다면 모두가 무난하게 해결되는 것이다.

앞으로 남은 아베정권 3년 이내에 어떠한 흥정으로든 일본국 헌법 제 9조를 개정할 수만 있다면 이 문제는 해결 될 것이다. 하지만 현재로서는 센카쿠 문제로 인한 중 - 일간의 전쟁 가능성 때문에 어떠한 방법으로든 일본 자위대를 전투 태세로 갖추게 하는 것이 눈앞에 닥쳐 있는 아베정권의 시급한 과제인 것이다. 아무튼 아베정권은 수단방법을 가리지 않고 재무장의 길로 매진할 것이 확실하다.

〈일본의 재무장을 서두르며 북한의 핵미사일 핑계〉

바야흐로 일본을 재무장하게 만드는 첫 째의 요인은 북한의 핵무기와 장거리 미사일의 개발이다. 북한의 미사일 실험 물체가 일본의 상공을 날아 태평양에 가서 떨어지고, 북한정권은 툭 하면 한국을 불바다로 만들겠다고 공갈을 칠 뿐만 아니라 미국과 일본까지도 원자탄으로 때려잡겠다는 막말을 날리고 있으니 극동 아시아의 안보는 나날이 그 매듭이 어렵게 엉켜가고 있는 것이다.

경수로 정책이다 6자회담이다 하고 수십 년간, 김정일 시대부터 북한의 핵무기를 해결하려고 갖가지 방법을 다 써 왔지만 북한의 핵개발은 저지되지 못하였다. 2년여 전, 나이가 어린 김정은과 성미가 급한 군부가 정권을 잡고 나서부터는, 보다 일방적인 선군정치로 이끌어 가고 있기 때문에 누구에게도 그 앞날이 어떻게 풀려 갈지를 점칠 수가 없이 변해 가고 있는 것이다.

근래에 와서 더욱이 북한을 불신하게 된 이유는 김정은이가 자기의 고모부요 제2인자였던 장성택을 기관총으로 사살하는 것을 보고 온 세계가 놀라지 않을 수 없었다. 무례하고 거친 북한의 태도에 일본은 극도의 불안을 느끼게 되었고, 재무장의 필요성을 절실하게 느낀 나머지, 일본 국민들은 점점 더 아베정권에게 군국주의 힘을 실어 주고 있는 것이다. 그러니까 일본 재무장의 주범은 북한의 선군정치요 핵무장이며 믿을 수 없는 잔학성이다. 북한과 일본은 아무런 외교관계가 성립되어 있지 않다. 하지만 일본에 거주하고 있는 북한통의 조총련과, 1974년 김일성의 꾀임에 빠져 만경봉호를 타고 일본에서 북한으로 이주한 약 10만여 명의 조총

련계 조선인들과 그들의 가족관계(일본인과 결혼한 사람들)는 아주 복잡한 조 - 일 관계를 이루고 있다. 이주 당시에 많은 재산을 북한으로 반입하였지만 북송 이후 북한이 그들을 맞이한 대우가 부실하였음은 말할 것도 없고, 재산몰수와 수용소행 등으로 인하여 한 때 조 - 일관계가 극악에 달하였다. 결과적으로 그 북한행 10만의 일본 주민들은 박해와 고통으로 생을 마치거나 소식조차 알 수 없는 운명이 되고 만 것이다. 그러므로 일본은 북한정권에 대한 불신관계가 첩첩이 쌓여 있는 배경인데 핵과 미사일로 위협을 느끼게 되니 일본이 서둘러 재무장의 전비 태세를 갖추어야 한다고 기치를 높이고 있는 것이다.

일본 아베정권의 전쟁준비 (2)

4. "센카쿠 열도"는 중 - 일전쟁의 화약고

둘 째로 일본이 재무장을 시급히 서두르는 이유는, 지금 이 시간에도 중 - 일 양국의 해양순시선과 항공기들이 일촉즉발의 대결양상을 벌리고 있는 센카쿠 때문이다. 언제 어떻게 폭발할지 모르는 센카쿠 영토의 분쟁은, 어느 쪽이든 번갯불이라도 번쩍하기만 하면 대형 폭발이 발생할 듯한 초긴장이 계속되고 있는 것이 현실이다. 자고로 중국과 일본은 3차례의 전쟁을 치렀다. 그 첫 번째 전쟁은 1592년, 임진왜란 때였다. 700여 척 13만 명의 일본군이 우리나라 부산포에 쳐들어옴에 14대 선조는 부랴부랴 몽진 길에 올랐고, 의주 땅에 이르러 명나라에게 원군을 청하였다.

명나라는 이여송 장군을 앞세워 5만 명을 파송하였다. 중국과 일본의 첫 전투는 평양근교에서 접전을 하였다. 일진일퇴 승부를 가릴 수 없는 중 - 일간의 전쟁은 7년을 이끌었고, 양국군의 행패로 말미암아 우리나라 백성들이 받은 피폐는 이루 헤아릴 수 없는 지경이었다. 그 두 번째의 중 - 일전쟁도 우리나라에서 발생하였다. 1894년의 청 - 일전쟁이 바로 그것이다. 대원군과 민비가 국내정치 세력을 놓고 암투를 벌이고 있을 때에 조선을 누가 먹느냐 하는 싸움이 바로 청일전쟁이었다. 이 때에도 역시 일본이 승리를 하였고 조선은 드디어 일본에게 병탄되는 운명이 되었던 것이다. 그 세 번째의 중 - 일간의 전쟁은 1937년이었다. 일본이 만주를 삼키고 중국 본토로 쳐들어간 전쟁이었다. 남경에 이르러 40만 명의 중국인을 대학살한 행위는 중국인들에게는 천추에 잊을 수 없는 비극이었다. 여기에서도 일본은 승승장구하였고 드디어 세계 제 2차대전을 일으키는 전쟁 - 전쟁의 왕국 일본이 된 것이다.

전쟁광 일본이 저지른 아시아에서의 침략과 만행은 그렇게 잔인하였지만, 1945년 항복을 한 이후 미국의 비호 하에, 그들은 지금까지도 피해국들에게 사죄를 하거나 보상을 하는 데에는 아주 인색하였다. 중 – 일간의 이러한 역사적 배경으로 말미암아 일본은 지금도 "일본이 중국과 전쟁을 하면 언제고 이긴다"는 고정관념과 긍지를 은근히 자부하고 있는 것이다. 하지만 오늘날 중국의 국력은 옛날의 그 시대와 다르다. 이제 다시 1.4억의 인구를 가진 일본이 그 10배의 인구를 가진 14억의 중국과 대결한다면 어이 될 것인지는 아무도 예측할 수가 없을 것이다. 바야흐로 센카쿠에서 중 – 일전쟁이 발발한다면 세계 정세는 어이 될 것인가? 한 번쯤 짚고 넘어 가는 것이 좋겠다. 센카쿠에서 국지적으로 전쟁이 발발하고 그 곳에서 해결이 된다면 우리나라에게는 다행이겠지만 만일 그 전쟁이 확대되어 일본이나 중국 본토에 영향을 미치는 전쟁으로 번져 간다면 우리나라에게도 위기가 닥쳐 올 가능성이 다분하다. 왜냐하면 전쟁은 양국 간에 미사일 공격전으로 확대될 것이고 더 크게는 원자탄으로까지 비약될 수 있기 때문이다. 이렇게 전쟁이 확산되면 소위 Anti – missile전이 전개될 것이다. 그런 경우에 중 – 일 양국의 미사일은 한국의 영공에서 만나 폭발될 것이고 그 잔해와 핵진은 한국에 떨어지게 되는 것이다. 결과적으로 우리가 피해를 입는 결과가 된다는 것을 가상하면서 대한민국 정부는 미래적 처세와 합리적 외교정책을 수립해 나아가야 할 것이다.

5. 일본헌법과 천황의 상징성

1946년 11월 3일에 공포하여 1947년 5월 3일에 시행된 일본국의 현행 헌법은 11장 103조로 구성되어 있다. 이 헌법을 한 번쯤 훑어보면 일본이라는 나라의 구조와 생리를 이해할 수 있을 것이다. 일본은 대통령 중심제가 아닌 내각 책임제의 나라이다. 천황을 섬기는 입헌 군주제立憲君主制의 국가이다. 영국의 여왕을 섬기는 49개국의 영연방제와 마찬가지로 일본은 천황을 섬기는 나라이다. 영국의 여왕이 상징적 존재이듯이 천황도 일본의 상징적 존재이다. 영국이나 일본에서 여왕이나 천황은 세습제이며 국가의 모든 영예와 권위를 지키는 보루요 존경과 추앙의 상징이다. 천황이 가지고 있는 헌법적 지위는 영국의 여왕이나, 여왕권을 대행하는 캐나다의 총독과 비슷하다. 기본적으로 자유 민주주의를 추구하는 헌법상의 기본 이념과 개념은 우리나라와 일본이 거의 같다. 하지만 국민들이 자기 국가에 충성을 표시하는 대상과 방법에 있어서는 아주 다르다. 일본 국민들의 충성 대상은 천황과 야스쿠니에 있고 그 실행방법은 천황에 대한 존경과 복종이고, 일본을 일으킨 역사적 영령들이 합사되어 있는 야스쿠니를 참배하는 데에 있다. 일본에는 약 81,000개소의 야스쿠니가 있다. 시골 마을의 작은 동리에 이르기까지 야스쿠니는 없는 곳이 없다. 이것이 일본 국민들의 국혼을 집결시키는 원동력인 것이다.

그러나 우리나라는 그러한 충성의 상징적 대상이 없다. 국민들이 무조건 충성심을 바칠 수 있는 인적 또는 물적 대상이 없다. 대통령이 그 상징이라고 말할 수 있지만 매 5년마다 바뀌는 인적 대상이고 정치적 인물이기 때문에 무조건 존경심이나 충성심의 대상이 될 수가 없는 것이다. 그래서 어떤 이는 말한다. "대한민국의 국민은 모두가 대통령이다"라고. 역사적으로 전통적으로 우리 민족과 일본 국민의 정서는 많은 유사성을 가지고 있다. 오히려 북한의 세습제가 일본과 유사성이 많다고 보아야 할 것이다. 그래서 대한민국의 국민들은 국가에 대한 충성심의 중심체에 있어서 방황을 하고 있는 것인지도 모른다. 특히 젊은이들 사이에서는 엉뚱한 생각이 나오고, 자생적 공산주의가 나오고, 심지어는 북한을 일으켜야 된다는 엉뚱한 종북이념으로 판을 치게 되는 것이다. 이는 모두가 국가의 뿌리의식의 결핍이고, 역사와 전통적 정체성을 제대로 가르치지 못한 때문이다. 한국 사람들의 국민적 정서와 정치풍토와, 국가에 대한 충성심은, 역사적 배경의 관점에서 볼 때에, 많은 방황적 요소를 내포하고 있는 것이다. 국가의 정체성이나 역사의식의 결핍이 가져 오는 결과인지도 모른다. 대한민국 중 고등학교의 역사교육의 차질에서 유래한 결과라고 보아야 할 것이다.

일본국 헌법 제 1조는 천황天皇이라는 단어로 시작된다. 헌법 제 1조에서 제8조까지는 일본국의 신적 상징神的象徵인 천황에 관하여 규정하고 있다. "천황은 일본국의 상징이고, 일본 국민 통합의 상징이며, 이 지위는 주권을 가진 일본 국민의 총의에 기한다."고 되어 있다.

일본의 천황은 세계 제 2차대전이 종료된 1945년까지는 반신반인半神半人적인 존재였다. 일본 국민은 그에게 무조건 충성을 하여야 하며, 생명을 바쳐 국가를 호위하여야 한다고 국민을 세뇌하였다.

그래서 종전 이후 맥아더 군법회의에서 전쟁책임론을 물을 때에 "도조 히데키"

총 독이하 13명의 전범 장관들이 "모든 책임은 우리에게 있다"하고 자처하면서 자신들의 목숨을 내 놓았다. 그래서 전범 14명이 처형을 당하였고, 천황의 목숨은 건드리지 않았다. 그리하여 일본국의 상징이요 국민들의 절대자인 천황은 지금까지도 그 위치를 지키고 있는 것이다. 실로 맥아더는 그때에 천황을 처형했어야 하고 입헌군주제의 내각이 아닌 미국과 같은 대통령중심제의 정부로 수립해 주었어야 했는데, 그렇게 하지 못한 것이 전후 처리에서 큰 실수였다고 생각이 된다. 한 마디로 일본의 국혼國魂을 뿌리 뽑지 않고 오히려 옹립하는 계기를 마련해 준 것이다.

여기에서 우리 대한민국 국민들은 일본국과 우리나라가 어떻게 다른가를 찾아내고 그에 상응하는 국가관을 정립하여야 할 것이다.

6. 아베 신조(安倍晋三)는 누구인가?

"그리고 나 아베 노부유키는 다시 조선에 돌아온다." 이는 현재 일본총리 아베신조의 할아버지 '아베 노부유키' 총독이 1945년 8월, 조선을 떠나면서 한 말이다. 노부유키(1875~1953)는 일제 강점기 조선을 마지막으로 통치한 조선총독이다. 이렇게 끔찍한 말을 남기고 간 그를 생각하면 어이가 없기도 하고, 다른 한 편으로는 무섭기까지 하다. 아베 노부유키 총독은 일본 육군사관학교를 졸업하고 독일 유학을 다녀와 일본군의 요직을 거처 1933년에 육군대장, 1939년에 일본 내각 총리가 됐다. 일본총리를 지낸 그는 1944년 마지막 조선총독에 임명돼 조선인에 대한 식민지 교육을 철저히 자행하였다. 그리고 일본 주둔 미군 맥아더 사령부가 광복 직후인 1945년 12월 11일 아베 총독을 심문할 때 그는 "일본의 식민정책은 한국인에게 이득이 되는 정책이었다. 한국인은 아직도 자신을 다스릴 능력이 없기 때문에 독립된 정부형태가 되면 당파싸움으로 다시 붕괴될 것"이라며 남북 공동정부 수립을 적극 반대한 것으로 드러났다. 아베 노부유키의 사돈인 기시 노부스케(岸信介, 91세. 1896~1987)는 만주국을 건설하며 일본이 아시아를 지배하는 전략을 세운 사람이다. 이 과정에서 철저하게 중국인과 조선인의 항일투쟁을 무력화시켰다. 현재 일본 총리인 아베 신조는 바로 아베 노부유키의 손자이자, 기시 노부스케의 외손자이다. 우리 한국 민족에게는 씻을 수 없는 상처를 준 두 할아버지의 피를 고스란히 이어받은 **우리 민족의 철천지 원수의 손자인 것이다.** 그래서 그런지 아베 신조는 우리나라를 대하는 태도가 이중적이며 지극히 오만방자한 면을 쉽게 엿볼 수가 있다. 일본의 유명 주간지 '週刊文春'에 따르면 아베 총리가 최근 내뱉은 말이 있다. "중국은 어처구니 없는 나라지만, 그나마 외교 게임이 가능하다. 하지만 한국은 그저 어리석은 국가일 뿐'이라고 말했다고 보도하였다. 이에 대하여 일본 당국자들은 사실이 아니라고 말하지만, 그간의 아베총리의 행보나 처세함을 보면 두 할아버지의 잘못된 역사인식을 그대로 이어 받아 마음속에 간직하고 있다는 것을 알 수가 있다. 2013년 12월 26일, 아베 총리는 한일 정상회담을 원한다고 하고, 한국과의 우호관계는 대단히 중요하다고 입으로는 떠들면서, 갑작스럽게 야스쿠니에 공식참배를 함으로 한국인의 울화통을 뒤집어 놓는 간사한 사람이다. 한국과 중국은 물론 미국까지도 경악을 금치 못하게 행동을 하였다.

일본 아베정권의 전쟁준비 (3)

7. 아베의 야스쿠니 참배가 왜 문제인가?

야스쿠니란 무엇인가를 알아보면 왜 그 곳에 일본 총리가 참배를 하면 아니 되는 이유를 알게 된다. 일본의 야스쿠니는 일본의 왕실이나, 국가에 공로가 있는 인물이나, 전몰 영령들의 혼을 모두 한 데 모아 놓은, **일본 조상들의 국혼이 합사合祀되어 있는 사당**이라고 보아야 할 것이다. 이는 155년 전 명치시대에 생겼는데 현재 2,466,000명의 이름이 봉안되어 있다. 그러한 야스쿠니 사당이 일본 땅에 81,000개나 된다고 하니 전국적으로 동네마을 뒷동산마다 설치되어 있는 셈이다. 이는 일본 국민이 가지고 있는 국혼 종교라고 보아야 할 것이다. 그런데 문제는 1978년, 일본 정부가 여기에 봉안해서는 아니 될 인물들을 봉안한 까닭이다. 제 2차대전 종료 후 일본의 전범들이 재판을 받았는데 전쟁의 A급 주범 도조 히데키 총리 이하 13명의 이름을 야스쿠니에 봉안한 해 놓은 것이 문제인 것이다. 이들은 세계 제 2차대전을 일으킨 주범으로, 일본이 항복을 한 이후, 재판을 받고 사형을 받은 인물들이다. 이 전범들에게 일본의 현직 수상이 참배를 한다고 함은, 일본국이 그들의 행위를 합법화하고 존경하며, 뜻에 따르겠다는 의미가 내포되어 있는 것이 아닌가? 결론적으로 야스쿠니 참배는 군국주의 침략주의 패권주의 전쟁광 노릇을 재현하겠다는 것으로 해석 되는 것이다. 침략을 당한 아시아의 여러 나라들은 물론이지만, 그 전쟁으로 희생된 미국 전몰장병들에게도 이것은 욕이 되는 행위인 것이다. 아베 수상이 야스쿠니에 참배한 이후 미국 중국 한국의 반응은 다음과 같았다.

미국 : 극히 실망스럽다. 아베의 야스쿠니 참배는 "빈 라덴의 시신에 참배"를 하는 것과 같다. 1941년 12월 7일, 일본이 무조건 진주만을 공격함으로 선전포고 이전에 2,400명의 미군이 전사하였다. 일본은 지금 이 세계에서 아무 것도 얻을 수 없는 짓을 하고 있다.

중국 : 일본이 그렇게 나온다면 우리도 끝까지 가겠다. 예견된 정상회담은 아니하겠다. 어찌 되나 두고 보자. (아마도 일본상품 불매운동으로 번질 가능성을 내포하는 이야기이거나 전쟁도 불사하겠다는 의미로 해석이 된다.)

북한 : 야스쿠니 참배는 일본의 제 2의 침략이나 마찬가지이다.

한국 : 박근혜 대통령~ "경제력이 아무리 부강하더라도 인류사회에서 양심에 반하는 국가라면 일류국가로 평가 받을 수 없다." 일본의 지금 행동으로는 2~3류 국가라고 생각한다. 일본은 더 이상 국민감정을 악화시키지 말고 신뢰회복부터 하길 바란다. 지난 역사를 직시하고 양심있는 자세로 임하라.

국회 : ~ "아베수상의 야스쿠니 참배에 경악한다"는 결의문을 채택하는 등 이상과 같은 여러 가지 이유도 있지만, 그 이상으로 야스쿠니에 대한 우리 민족의 감정과 한恨이 크게 서려 있는 미궁 사건이 하나 있다. 제국시대에 일본의 전쟁터로 강제동원되어 끌려가서, 남양군도 어디선가 전사한 조선인 출신 군인들의 한이다. 약 7,000여 명의 이름이, 일본의 야스쿠니에 합사되어, 그 명단에 들어가 있는 것이다. 이를 야스쿠니 명단에서 빼야 한다고 일본 법원에 제소를 하였지만 일본 대법원은 이를 기각 처분하였다. 살아서 끌려간 조선인들의 원한, 그리고 지금도 원치 않는 야스쿠니에 감금되어 있는 조선인들의 영혼! 얼마나 억울하고 분통할 일이냐? 감금되여 있는 이 영혼들의 한을 어이 풀어 줄 길은 없는가? 일본의 야만성은 지금도 계속되고 있다. 아무튼 일본 국민들에게 있어서, 국가의 총리가 야스쿠니에 참배를 한다는 것은, 일본 국혼을 불러일으키는 상징적 계기가 되는 것이다.

8. 군국주의를 향한 아베의 정치행보

아베의 야심은, 일본이 1945년 패전 이후, 소위 평화헙법이라는 미제헌법美製憲法의 틀에서 벗어나, 좋게 표현해서 보통 다른 나라와 같이 자위대가 아닌, 전쟁할 수 있는 육해공군을 보유하고 일본의 자의로 군사행동을 할 수 있는 헌법적 근거를 둔 나라가 되겠다는 것이다. 경제적으로 세계에서 제 2의 강국이 되니 아시아에서 패권 행각을 다시 해 보겠다는 야욕이 솟아 난 것이다. 그러한 절차들을 위하여 지난 일 년간 아베 신조가 걸어 온 정치 행보를 더듬어 본다.

(1) **선거 몰이 –** 일본 집권당 민주당의 인기가 하락세를 보이던 2012년 가을, 아베 신조의 자민당은 중의원(하원) 선거에서 2/3선을 확보하는 개가를 올렸다. 사기등창한 아베는 2013년 7월 참의원(상원) 선거에서도 2/3선을 얻으면 일본의 평화헌법 제 9조와 제 96조를 개정하여 전쟁할 수 있는 나라, 군국주의 일본으로 뒤집어 놓기로 마음을 작정하였다. 허나 아베의 급진적 야심에 의문을 품은 일본 국민들은 참의원 선거에서 겨우 과반수를 허락함으로 아베의 큰 꿈은 깨졌다. 하지만 공명당이나 여타 군소정당을 꼬드겨서 상원에서 2/3의 개헌 정족수를 만들려고 지금도 뒷방 노력을 계속하고 있는 중이다. 앞으로 남은 3년의 임기내에 아베는 이 소원을 꼭 성취하겠다고 누차 입방아를 찧고 있다. 헌법개정의 목표는 "전쟁 가능한 나라"로 일본의 위치를 바꾸는 것이라고 이미 선언하였다. 그것은 새로운 군국주의를 의미한다.

(2) **개헌을 위한 외부조건 해결 –** 1945년 8월 15일, 일본은 원자탄 두 방을 맞고 무조건 항복을 하였다. 이후 일본은 소위 "평화헌법"이라는 미제헌법을 가지고 69년간 통치를 하여 왔다. 그러므로 이를 개정하려면 미국의 동의가 필요하다. 현재 미국의 오바마 정부는 이를 은근히 환영하는 눈치이다. 왜냐하면 중국과 패권대결을 하고 있는 미국은 과대한 군사비 부담으로 골치를 앓고 있는 처지인데, 일본이 재무장을 하여, 미국 방위비의 일부를 맡아 주겠다고 하니 얼마나 반가운 일이겠는가? 이미 해결이 된 것이다.

(3) **731부대를 상기하는 아베의 쇼 –** 아베 총리는 "731"이란 번호가 붙은 자위대의 비행기 조종석에 앉아 731의 정신을 내뿜었다. 731이 무엇인가? 이는 1942년 일본이 만주에 설립한 생체실험 + 화학 무기제조 + 세균전 임무를 수행하던 부대의 번호이다. 중국인과 한국인 약 3,000명이 실험 대상이 되여 산 채로 희생되었다. 731의 잔학성을 상기하는 아베가 무엇을 의미하는것인가? 앞으로 그의 행보가 순탄치는 않을 것이다.

(4) **"96" 등판 번호 쇼** – 2013년 7월, 아베가 운동시합장에 나가서 시구를 하였는데 그의 등판번호가 "96"이었다. 이는 그 당시 상원의원선거에서 헌법 96조를 개정할 수 있도록 2/3선을 확보케 해 달라는 쇼를 부린 것이다.

(5) **아소 부총리의 히틀러식 개헌론** – 독일의 히틀러가 바이마르 헌법을 비밀리에 개헌한 것처럼 일본도 그렇게 할 수 있다고 발언을 함으로 많은 물의를 일으켰다. 여론이 비등하자 자기의 발언을 취소하였지만 실로 취소를 하기 보다는 사죄를 했어야 할 문제였다.

(6) **NSC** – 총리 직속하에 NSC (국가안보협의회)를 설립하고 안보 및 전쟁준비에 관한 제반 사항을 총리가 직접 지휘를 할 수 있게 만들었다.

(7) **NSS** – 이는 "국가안보장 전략"이라는 말이다. 일본의 재무장을 꾀하는 전략으로 NSC가 움직이는 "신방위 대강"과 "중기방위력 정비계획" 같은 전략 수립을 말한다. 아베의 머리속에서 나날이 짜내는 전쟁계획을 의미한다.

(8) **신방위 대강(新防衛大綱)** – 1995년부터 지켜 온 '방위대강'이란 정책 하에서 〈절도 있는 방위력 정비〉를 유지해 오던 자위대의 운영정책을 '신방위 대강'이라 하여 자위대의 병력을 159,000명으로 근간에 5,000명을 더 증원하였다.

(9) **중기방위력 정비계획** – 2014~2018년, 방위비 총액을 24조 6700억 엔 (한국돈 약 251조 7280억원, 2014년도 한국의 총예산은 355조원))으로 책정하여, 2010~2014년 때보다 약 1조엔을 상향 책정하였다. 어마어마한 액수이다. 앞으로 곧 최신형 전투기 20대, 이지스함 2척 등을 별도로 도입할 예정이다.

(10) **특별 비밀보호법** – 국가의 외교, 국방, 간첩행위 등 특수비밀을 요하는 행위에 대하여 특별 비밀보호법을 제정하였다. 무엇이건 행정부장관이 비밀이라고 지정을 하면 No Touch의 법률이 되는 것이다. 언론의 자유, 알 권리란 말은 물건너 갔다. 문자 그대로 전쟁을 위한 비밀보호법이다.

(11) **"엔"저 정책** – 근 10년간, 일본의 경제는 침체단계에 있었다. 아베 총리는 소위 "엔저 정책"을 선언하여 무역을 활성화하고 고용을 증대하는 정책을 쓰고 있다. 약 20% 가량 일본 돈의 가치를 저하시킴으로 모든 산업이 full 가동하고 해외시장에서 일본 상품의 경쟁력을 강화시켰다. 엔저정책으로 말미암아 한국경제에도 미치는 영향이 클 것이다. 하지만 2013년 무역수지를 보면 일본의 총수출액이 한국의 10배쯤 되는데도 순흑자는 한국이 680억불이

고 일본은 620억불이라고 하였다. 무역흑자로 우리가 일본을 이긴 것은 이번이 처음이다. 이는 엔저정책으로 인한 반사이익이라고 생각이 든다.

(12) **동남아 국가들과의 유대강화** – 일본이 한국 및 중국과 역사인식과 항공식별구역의 분쟁, 그리고 독도와 센카쿠 열도의 소유권 다툼을 일으키고 있기에 일본은 동북아에서 외교적 고립상태에 있다. 이를 만회하기 위하여 일본은 ASEAN 동맹국인 동남아 제국들과 누대 강화정책을 펼침으로 남지나해에서 중국의 해양진출 억제정책을 쓰고 있다. 경제적으로 후진성을 면치 못하고 있는 필리핀, 베트남, 캄보디아 등 이 나라들에게 경제적 지원을 함으로 중국의 그늘에서 벗어나게 하는 것이다. 특별히 중국과 필리핀이 영토분쟁을 하고 있는 처지를 감안하여 일본은 필리핀에게 고성능 해양 순시선 10척을 무상지원하기도 하였다.

(13) **야스쿠니 참배** – 2013년 12월 26일, 아베 신조 총리의 공식 참배에 이어 일본의 장관급 인사들이 줄을 이어 참배하고 있다. 미국의 실망론, 중국의 끝까지 투쟁론, 한국의 강력 대처론에도 불구하고 정계인사들의 계속 참배는 다른 목적이 있기 때문이다. 일본 국민들의 국가충성도와 자민당에 대한 인기의 상승을 노리는 묘책으로 참배를 사용하고 있는 것이다. 1985년, 나카소네 야스히로 총리가 야스쿠니를 참배하였을 때, 이를 공식참배라고 인정을 하였다. 그러나 2004년, 일본법원은 총리의 공식참배는 헌법상 정치와 종교를 분리하는 원칙을 위배한 것이라고 판결한 바 있다. 그런데도 아베 총리는 TV에 나와 자기의 참배에 대하여 "한국과 중국에 예의 바르고 성의 있는 설명을 하겠다"고 자기 변명을 늘어놓았다. 참으로 알 수 없는 이중인격자라는 누명을 벗기 어려울 것이다.

(14) **무라야마 담화문 취소** – 1995년 8월 15일, 무라야마 도미이치村山富市 총리는 "日本의 良心"으로 다음과 같은 담화문을 발표하였다. "일본은 멀지 않은 한 시기, 국가정책을 잘못하여 전쟁의 길로 나아가 국민을 존망의 위기에 빠뜨렸으며 식민지 지배와 침략으로 많은 국가들, 특히 아시아 여러 나라의 사람들에게 다대多大한 손해와 고통을 주었습니다. 저는 미래에 잘 못이 없도록 하기 위하여 의심할 여지없는 이와 같은 역사의 사실을 겸허하게 받아들이고 다시 한 번 통절痛切한 반성의 뜻을 표하고 진심으로 사죄의 마

음을 표합니다. 또 이 역사로 인한 내외의 모든 희생자에게 깊은 애도의 뜻을 표합니다." 일본의 전직 총리가 이렇게 사죄의 뜻을 표하였는데도 불구하고, 아베총리는 이를 취소하여야 한다 하고, 일본이 이웃나라를 침략한 것에 대한 "침략의 정의는 없다" 지나간 선인들의 역사적 사실도 부정을 하고 역사책을 다시 쓰겠다는 것이 일본총리 아베 신조의 신조이다.[14]

한국인이 **많이 듣고 보는 청동검과 청동거울 곡옥(삼종신기)를 새 일왕이 넘겨받는 신도 즉위식**

과연 새 일왕은 평화헌법을 유지할까? 새 일왕 즉위식에 기대?

"(일본) 국민의 행복과 국가의 발전, 세계 평화를 간절히 희망한다." 나루히토德仁 새 일왕이 1일 오전 도쿄...에서 열린 즉위 행사의 하나인 '조현 의식'朝見の儀'에서 마사코 왕비가 지켜보는 가운데 첫 소감(오코토바 · お言葉)을 밝히고 있다. 이날 즉위식은 '겐지토 쇼케이노기'剣璽等承継の儀로 불린다. 약 10분간 진행된 이 의식은 **일본 고유 종교인 신토神道 최고의 신인 아마테라스 오미카미天照大神로부터 하사받아 지금까지 계승됐다는 청동검과 청동거울, 곡옥 등 이른바 삼종신기三種の神器를 새 일왕이 넘겨받는 것이 전부이다. 전쟁을 직접 겪지 않은 전후세대인 나루히토가 선왕과 같이 평화헌법 수호에 대한 강력한 의지를 갖고 있는지는 즉위식 첫 발언에서는 확인되지 않았다.** '아름다운 조화'를 뜻하는 새 일왕의 '레이와'시대, 한 · 일 관계가 개선될 수 있는 새로운 전기가 마련되도록 아베 총리도 일본 국민도 한국 국민도 노력해야 할 것이다.

3 – 1 ☑ 대통령특위 천년앞 한국을 보고 용산민족역사공원으로!

뿌리가 잘린 나무는 금방 고사하여 살아남을 수 없다. 나라도 그 생명을 지속시키는 뿌리와 같은 핵, 원동력적 DNA가 있다. 한국인에게는 바로 하늘(하느님)이다. 천산에서 개천한 천손민족이라 천제를 기반으로 모든 시장 교육 정치 문화 예술 잔치가 이루어져 왔다. 대통령께서 평양연설에서 '민족'을 10번이나 외친 것처럼 한국은 – 일본처럼 천황이 중심이 아니라 – 천심인 민심 즉 그 바탕인 민족정신과 한얼이 중요하다. 용산민족역사공원은 그와 같은 한류역사문화를 구축하여, 한국인이 잃어버려 외국이 다 가져가 버리는 〈잃어버린 바른 만년한국 역사의 원형과 정신〉을 되찾아 주어 한국민이 식민지인이 아닌 당당한 주체국 한국의 국민으로 자존심과 정체성을 회복시켜주는 일을 정부가 냉철한 지성과 철저한 준비로 이룩해야 한다. 이것은 경제적 여타 힘보다도 어쩌면 더 중요한 힘과 무기가 되는 일이다. 주어진 절호의 기회를 잃어버리면 '5년짜리 철밥통들의 대망신'이고 역사적 질타의 평가를 못 면한다. 바로 세계 제 1, 제 2의 제국 – 일본제국으로부터 미국제국으로부터도 당당한 대한제국을 이 정부에서 당당하게 이룩하는 일이다. 국민의 마음과 몸을 찰지게 다잡아서 휘청거리지 않도록 해주는 지도자의 통찰력이고 슬기이고 대용단이 민족역사공원이다. 용산민족역사공원은 – 아니 작금의 주변 나라들의 어슬렁거림을 감지할 수 있다면 – 지금 외국에서 '조경'이나 '생태' 전문가들 불러다 노닐 때가 아니라는 얘기이다. 용산민족역사공원은 역사 전쟁기에서 이순신의 남은 배 12척에 불과하나 지휘하는 대장을 잘 만나야 임란처럼 겨우 극복해 낼 수 있는 무기재료이다. 부산시민공원처럼 미국인이나 유럽 조경전문가에게 주도적으로 맡겨서는, 어떻게 만년 한국역사문화정신과 그 정서와 절실한 대광영의 잃어버린 만년역사에 대한 국민대중화 준비와 서두름의 마음에 교감하겠는가? 외부종교의 한국정체성을 살리는 사업에 대한 압박을 이 역사 전쟁기에도 못 다스린다면, 어찌 이 한국의 정치지도자라 하겠으며, 참된 한국의 종교인이라 하겠는가!

교과서들을 중국처럼 다 수정하는 작업에는 한국은 너무 늦었고 시간이 너무나 많이 걸린다. 왜? 학계내에서의 사대 · 식민 · 서양종교 간섭 등과 지식인 자체의 구조적인 인맥 학맥 돈맥 직장 눈치 등등의 문제로 더욱 그러하다. 다 걸러지지도 검증되지도 않은 이야기 수준을 컨텐츠라 하는데, 다 검증하고 나서 하려면 한국인은 준비도 안했는데, 이미 전쟁은 독으로 끝나버린다. 하여 우선 컨텐츠 수준이라도 한국의 만년역사를 국민들이 알아야 일본 미국의 식민지 사람이 아닌 자주독립의 한국민으로서의 자존감과 대항할 힘과 생산할 지혜가 샘솟고, 무엇이든 긍정적인 자존감으로부터 참된 한류문화의 부산물들이 나올 것이다. 대통령과 국토부를 비롯한 정부는(정부라는 말은 참으로 책임이 모호한 곳이다) 거의 120년만에 日 · 美 식민제국으로부터 찾은 용산, 이제사 광복을 맞은 용산!에 국립 최초 민족역사공원을 건립하는 매우 의미심장한 역사적 일에 큰 주춧돌이 되는 작업을 하는 것을 백분 감안하여, 보다 진지한 고민과 검토를 해주기를 바란다.

현재 국토부가 시민들 및 관계자들을 여러 번 현장에 안내해서 시민의 생각을 – 주마간산식이 아닌 진정한 결의를 듣겠다고 하면 – (구의회 의원들도 마찬가지) 먼저 그 시민들에게 중국과 일본의 한국역사뿌리를 몽땅 몰아 끊어가기의 철저한 준비와 반면에 만년역사 거부하고 배제하는 한국의 실정부터 강의를 듣게 하고, 미국인 조경전문가가 주도한 부산시민(식민지인으로서 살았던 것을 잊지 말고 그렇게 영원할 것을 바라는 갑질 사진들과 조경생태?)공원 영상을 한 번 보게 한 다음, 용산 현장을 돌아보고 편하게 얘기하게 하라. 진심으로 듣고 싶다면. 과연 우리의 올바른 시민과 의로운 국민들은 용산이 어떤 공원이 되어야 한다고 말할까?

남산 한강 주변에 생태공원 다 두고 생태공원?

– 사)용산향토문화사학회장 차옥덕

(구체적인 대안은 본책 2권 5장 참조)

미국인에게 주도적으로 만들게 하여(미군부대였으니 갑질이 가능했을 것이다. 미국대사도 참여했으니...), 미군에 의존해야 하는 전쟁 상황에서 겪은 자존심이 상하는 순간들을 다시 또 보고 체험하고 겪는다는 것은 한국민들에게 열등의식과 피해의식 실패의식 의존의식 소극적 상처만 더 키운다. 그러니 별로 안 찾아 간다. 고마운 것은 고마운 것이고 그들이 잘못한 것은 잘못이다. (충북 우근리 지구에서 미군이 저지른 한국 양민 600명 무차별 학살사건 등) 옛일을 과거지사로 그냥 웃으면서 볼 수도 없는 현장도 있다. 감정 밑바닥은 괴로우니. 즐겁지 않다. – 미래지향적이지도 생산적이지도, 상호 우호적이게, 하지도 못한다. 그리고도 오만한 미국대사관이(박근혜대통령 한국정책의 공백기에 자유롭게 결정할 기회를 틈타 마음껏 선정한 부지 및 크기라) 또 세계적으로 가장 넓게 용산공원 중요 핵심 입구에 떡 하니 넓고 넓게 자리를 차지한다 하고, 그것도 점령군의 자세로 벽을 두껍고 높게 막을 것이고, 그 벽을 대하는 것만으로도 근처에 사는 국민들은 120년간 철망을 대하며 살았다. 중고등학생들이 오가며, 비독립국적 나라의 국민으로 의식 무의식적으로 가슴이 턱턱 막히고 자존심 극히 상하고, 스트레스를 엄청 받는다. (철망을 치고 미국의 재산이니 쏜다 식으로 걸어두었다)

미대사관 위치를 녹사평역 3번과 4번 출구 바로 앞 현재 미군부대 쪽 부지 내 쪽으로(교통은 좋고 주민생활의 일상과는 좀 거리가 있는 곳) 옮기기를 부탁하고 싶

다. 높은 담벼락이라도 좀 덜 보며 약소국 국민이라는 것 항상 느끼게 하는 것 좀 덜 느끼고 살게. 다이아몬드 같은 120년 만에 내 나라 우리 땅이 되는 한국 국가공원 땅에. 용산 주민 누구께서는 "용산! 지금까지 중일미군 강대국 싸움꾼들의 주둔군에게 눌려 살았으니 그 한을 풀고 싶다. 이제 과거사를 싹 다 걷어 치워내고, 세계 최신식 한국산 무기가 있으면 그 전시장에서, 앞으로 그 누구도 한국은 점령할 나라가 아니다 라는 것을 인식해서, 한국 나라나 지도자나 국민을 무시하는 일을 없게 했으면, 소원이 없겠다" 하는 그 한맺힌 말에 소름이 끼쳤다. 사)용산향토문화사학회장으로 어른으로서 학생들에게 심히 부끄럽고 미안하다.

3 – 2 ☢ 용산민족역사공원에 세종을 천고일제로 만든 장영실팀과의 천문유초天文類抄 (천문) 컨텐츠도 재미있게 가르치면 한국도 한국 대통령도 힘을 좀 갖게 한국의 제갈량도 나오겠지.

세종 제왕학 속의 음양오행 주역공부와 천문 스승들을 용산에 모셔 재미있게 놀며 한국의 큰 힘이기도 한 한글을 세계에 가르쳐 주자. 세종대왕의 어명에 의해 연구한 천문서적 "천문유초天文類抄"오늘날 현대 천문학이 있으나, 동양에서는 이미 4~5천년 전부터 천문학에 깊은 관심을 가져 천체관측법을 만들었다. 그런데, 매우 놀라운 것은, 오늘날의 천문 관측 장비인 천체 망원경,전자 망원경, 반사망원경 같은 것이 하나도 없이, 육안으로 보이는 빛이 있는 성좌만을 밝혀 놓은 것이 아니라 , 육안으로는 도저히 보이지 않고, 거의 빛을 내지 않는다는 검은 별의 성좌, 그리고, 최근 기존 관측 장비가 아닌 고도의 신기술에 의해 만들어진 천체 망원경에 의해서나 겨우 발견된 더 멀리 있는 별이 이미, 수백 년 전에 밝혀져 있으며, 천시원, 태미원, 자미원이라는 성좌 외에 상당수 나타나 있다. 이는 마치, **해부학과 첨단 현미경도 없던 4,000여 년 전 뜸灸의학 전문서인 "족비 십일맥구경", "음양 십일맥구경", "황제내경"에 육안으로는 보이지 않는 거미줄 같은 인체 전신의 "경락과 경혈"이 오늘날 과학으로 밝혀진 그대로 그려져 있는 것과 같다** 하겠다. 조선조 세종 때 세종대왕의 어명에 의해 "관천대"가 설치되어 장영실, 이순지를 비롯한 5명 이상이 천문을 연구했다. 관천대에서 기록한『천문유초』책은 상, 하권으로 나뉘어 있으며, 상권은 58장으로 되어 있는 목판본으로 국립중앙도서관에 소장되어 있다. 광해군 때까지 "관천대"에서 별들의 행적에 따라 변하는 국가와 인간사 길흉을 기록한 천문학 도서이다. 현대에 와서 뜻있는 분들에 의해 오랜 기간『천문유초』원문을 한글로 번역코자 한문학자 등이 시도하였으나, 글이 너무 난해하고 단순히 한문의 해석으로는 번역이 불가하여 포기하였던 중 **"주역"을 심도 있게 공부하신 학술적 전문가 선생**께서 1년여 기간을 거쳐 완역을 하게 되었다. 그 책을 읽는 중 지구의 기상현상과 별들의 작용에 의해 인간사 길흉이 소름 끼치도록 나열되어 무섭고, 두려워서 책을 덮은 적이 한두 번이 아니었다. "천문유초"에서 "창조주 하늘이 인간에게 전하는 언어"는 별들의 밝기 행적 등, 비, 벼락, 천둥, 무지개, 안개, 바람, 구름, 이슬, 우박, 눈, 서리, 싸락눈, 등 자연 현상의 "각종 형태"로 인간에게 메시지를 전달하는데 비도 여러 종류가 있어 비의 종류에 따라 해석이 다르다. 우리가 보기엔 **천지간 당연한 단순 자연 현상으로 보지만 별들의 밝기, 행적, 기상 등을 관찰하여 하늘의 메시지 뜻을 해석할 수 있는데 하늘은 자연 현상의 형태로 하늘의 뜻을 전달하고 예고하며 벌을 내린다. 인간이 이들 하늘의 메세지를 분석, 통계화하여 읽을 수 있는 우리나라 천문학 도서는 이 책이 유일하다.** 한때 보았던 영화의 한 장면이 생각난다. 고승이 어두운 밤 길을 지나가면서 하늘의 별을 쳐다 보더니 "어허, 큰일 났구나 변란이 있겠구나" 하는 장면을 보면서 비록, 영화이지만 어떻게 그런 예지력이 나올까. 고승이 되면 그런 예지력이 생기는 것일까 하고 수년 동안 궁금했던 기억이 있는데, 지금은, 아마도 "천문유초"를 공부했기 때문에 그런 말씀도 할 수 있지 않았겠는가 하는 생각이 든다. 천문유초에 기록된 내용 중 몇 가지 예를 들면, 뭇 별 중 운우성雲雨星이 있는데, 운우성은 네 개의 별이 비를 내리게 하고 연못에 물을 고이게 하여 만물을 성장하게 하는 역할을 하는 별이다. 운우성이 밝게 보이면 비가 많이 내려 물이 많고, 화성이 이 성좌에 들어 머물면 크나큰 가뭄이 있고, 수성이 머물면 비가 많이 내려 큰물을 본다고 하였으며 "부질星"이 밝으면 소와 말이 살찌고 어두우면 풀이 없어 소와 말이 굶주린다. 그리고, 곡성斛星이란 별은 하늘 곡식과 양식을 주관하는 별인데, 이 별이 밝지 않으면 흉년이고, 없어지면 한 해가 기근이 들고, 천측성天厠星이란 별은 천하의 질병을 관장하는데, 이 별이 황색이면 한 해가 풍년이고 길하며 검게 보일 때는 사람의 허리 밑으로 병을 앓는다. 이 성좌가 흩어진 것처럼 보이면 세상의 귀한 자들이 병을 앓고, 객성이 흘러들면 곡식이 귀해지며, 혜성이나 패성이 흘러들면 그 해는 기근이 든다고 기록되어 있다. 또한, 어성魚星이란 별은 비와 구름이 이르는 때를 관측하는 별인데, 이 별이 밝으면 비와 구름이 순조롭다. 그러나 이 별이 어두우면, 물고기가 많이 죽고 폭포수 같은 큰물이 내려 물난리를 겪게 된다. 화성이 남방에서 머물면, 가뭄이 들고 북쪽에서 머물면 물난리를 겪는다고 기록되어 있다.

* 제갈량이 아마도 이 공부를 한 모양이다.

우리 현대인은 달맞이 꽃이 밤에 꽃을 핀다고 습관으로 단순히 생각하고, 바다의 썰물과 밀물의 현상을 당연히 생각하지만 그 힘은 달이라는 별에서 온다는 것은 두루 알고 있는 상식이다, 최근 미국 휴스턴, 텍사스 주 등에 폭우를 동반한 강력한 허리케인이 강타하여 120만 명이 한꺼번에 피난을 가고, 미국 부시 대통령은 재해지역을 선포한 우주의 힘은 인간이 만든 첨단 기술로는 피할 수 없는 자연 재난인 것이다. 천문유초 책에는 이러한 각종 자연 재해와 전쟁, 질병 ,반란, 발명, 음식, 주거, 의복 그리고, 주요 인물의 사망, 평화 등을 예고하고 주관하는 매우 다양한 별들이 수도 없이 있다.

지구상에서 인류가 살기 시작한 지 40~50억 년이 된다고 하는데 지금 살아서 행동하는 우리는 우주의 시간으로 볼 때는 하루살이 보다 더 짧은 순간, 찰나의 생을 사는 인생들이다. 왜냐하면, 우주의 1년과 지구의 1년을 고대 문헌을 근거로 기록한 매월당집, 해동이적, 조선 도교사 등에 의하면 우주의 1개월이 지구에서는 10,800년이 흘러야 한다. 그러므로 우주의 1년은 지구에서 129,600년이 흘러야 우주의 1년이 되는 것이다.

그런데, 뜸의술에 대하여 의심 및 의혹이 있는 의술인이 있다면 후학들의 의료 발전을 위해 일간지 신문에 공개적 특정 과제를 동일선에 두고 기존 의술과 어느 것이 우수한 첨단인지, 임상 결과로 상호 비교 검증 공개 발표하는 것이 있다면 필자는 감히 주저치 않을 것이나 아마도, 뜸 앞에 그런 경우는 없을 것이다.

우리는, 비가 오면 단순히 비가 오는구나, 너무 많이 오는 구나 하지만 "천문유초"의 책으로는 고대문자를 해석하듯, 내리는 비의 종류와 해당하는 별들의 자연 현상을 관찰 분석, 해석하여 국가와 국가간 그리고 백성의 기운을 예견하며 읽을 수 있는 난해한 전문도서이다. 해시계, 물시계, 한글 창제 등 형용할 수 없이 크나 큰 민족의 유산을 후세에 남기신 위대한 성군 **세종대왕께서 세종다우신 심안心眼으로 어명을 내리셔서 "장영실" 등 학자들이 연구 편찬한 천문학 연구도서 목판본 천문유초天文類抄** 그동안 현대문명의 그늘에 가려져 오랜 기간 알려지지 않았

지만, 다행히 한글로 번역 되어져 세상에 숨었던 비밀들을 조심스럽게 보여 주고 있다.[15)]

세종[16)]치세를 이끈 대표 주역인 허조, 황희, 맹사성, 변계량, 정인지는 모두 스타일이 달랐다. 허조는 원칙주의자인 반면에 황희는 극단의 대립을 피하는 중용의 덕을 설파한다. 맹사성은 소를 타고 피리를 부는 자연론자였고, 변계량은 문장력이 일품으로 많은 것을 수용하는 입장이었다. 허조는 법가, 황희는 유가, 맹사성은 도가, 변계량은 불가적인 내음이 났다. 이들의 특징은 백성을 편안하게 하려는 세종의 이상주의 국가 이데올로기에서 융합됐다. 정인지는 주역周易의 이치를 깨달아 세상을 밝히겠다는 뜻을 세웠다.(태종 · 세종 · 문종 세조 성종 대의 관력官歷과 업적이 숱하여 시호가 文成公이다. 정인지는(호를 '역을 배운다'는 '학역재學易齋'로 쓸 만큼) 주역공부를 바탕으로 한 학문과 직심으로 오랜 기간 깊고 넓은 박학충신이 되어, 사후는 文을 이루다는 文成君시호를 받는다. 충북 괴산군 불정면 외령리에 가면 쉽게 (하동 정씨) 정인지鄭麟趾의 묘를 찾을 수 있다. 정인지는 조선 초 정치가 · 성리학자 · 한글학자 · 역사가로서 그의 학문 세계는 넓고 깊었다. 아들과 손자 둘이 부마(임금의 사위)가 되었으며, 증손녀는 선조 임금의 생모가 된다. 정인지 가문이 얼마나 크게 번창하였는지를 보여주는 단면이다. 정인지의 묘는 멀리서 보아도 범상치 않다. 묘역을 밟다 보면 땅 기운의 충만함이 풍수 고전 "금낭경"이 요구하는 '바람이 가득 찬 가죽 주머니를 두드림과 같음(약탁지고若橐之鼓)'을 충족시킴을 확인할 수 있다. 정인지 가문의 번창과 명당 무덤을 소개하려는 것이 아니다. 묘역 앞에 세워진 신도비의 한 대목 때문이다. '丙子十二月辛丑二十八日戊戌乙卯時生(…)四柱與蘇內翰子瞻相同'이란 문장이다. '(정인지는) 병자년 신축월 무술일 을묘시생으로(…) 사주四柱가 송나라 한림학사 소동파와 같다'는 뜻이다. **비석에 사주가 새겨진 것은 조선과 근현대를 통틀어 극히 드문 일이다. 비문을 쓴 사람은 서거정으로 정인지와 동시대인이다. 비문에 사주를 써넣은 일은 그 당시에도 문제가 되었음은 서거정의 글에서도 엿볼 수 있다. "내 일찍이 문성공(정인지) 묘비를 썼는데 그 비문에 '사주가 소동파와 같다'는 말이 있다. 어떤 사람이 말하면서 '비문을 지을 때 마땅히 도덕을 말해야지 점복[卜命]을 논해서는 안 된다'고 비웃었다."('필원잡기') 서거정이 비문을 지을 때 자기 마음대로 짓지 않았다. 정인지의 세계관을 최대한 드러내고자 하였다. 정인지는 세종 임금 당시 집현전 풍**

수학 총책임자로 활동할 정도로 풍수에도 조예가 깊었다. 특히 그는 역학易學에 심취하여 호를 '역을 배운다'는 '학역재學易齋'로 할 정도였다. 그는 조선의 이데올로기인 유학에 구애받지 않은 진정한 인문학자였다.[17] 주역은 한국인의 현대 종교성향이나 세계적 흐름을 볼 때도 상당한 인문 컨텐츠이다.

3 – 3 ❖ 21세기 컴퓨터시대의 최고의 글은, 9천년 오랜 역사를 지닌 한단 역사 단계 속의 '한글'

3세 단군 가륵 재위 45년 경자 2년(B.C.E. 2181년), 아직 풍속이 하나 같지 않았다. 지방마다 말이 서로 다르고 형상으로 뜻을 나타내는 참글(고대의 상형문자)이 있어도 열 집 사는 마을에 말이 통하지 않는 경우가 많고, 백리 되는 땅의 나라에서도 글을 서로 이해하기 어려웠다. 이에 삼랑 을보륵에게 명하여 정음 38자를 만들어 이를 가림토(가림은 사물을 분별한다는 뜻이고 토는 토를 단다는 말로 사물에 이름을 붙인다라고 해석할 수 있다.이것을 미루어 볼 때 교착어임을 알 수 있다.라 하니…. 신축 3년(B.C.E. 2180), 신지 벼슬을 하는 고을에게 명하여 『배달유기』를 편수케 하였다. (세종실록에 의하면 "10월 초, 친히 말글 28자를 정하시니 그 글자는 옛 전자를 모방하였다"라고 되어 있으니, 한글은 세종대왕 때 만들어진 것이 아니라 옛 글을 다듬은 것이라는 게 맞다.)

세종과 집현전의 훈민정음: – 중성 母音은 어미 모자이다. 천지인을 본뜨고,

● '훈민정음'의 제자 원리는 한마디로 상형(象形)이다. 자음의 기본 다섯 글자(ㄱ, ㄴ, ㅁ, ㅅ, ㅇ)와 모음의 기본 세 글자(ㆍ, ㅡ, ㅣ)는 모두 이런 상형의 원리에 의해 만들어진 것이다.

1) 자음의 기본 글자는 발음 기관의 구체적인 모양을 본떠서 만들고
2) 모음의 기본 글자는 天(하늘) · 地(땅) · 人(사람)의 모양을 추상적으로 본떠서 만들었다.

이렇게 만들어진 기본 글자를 바탕으로 획을 더하거나 기본 글자들을 합쳐서 나머지 글자들을 만들었는데, 'ㄱ'에 획을 더해 만든 글자가 'ㅋ', 'ㄴ'에 획을 더해 만든 글자가 'ㄷ, ㅌ', 'ㅁ'에 획을 더해 만든 글자가 'ㅂ, ㅍ', 'ㅅ'에 획을 더해 만든 글자가 'ㅈ, ㅊ', 'ㅇ'에 획을 더해 만든 글자가 'ㆆ, ㅎ'이고, 'ㆍ'와 'ㅡ'를 합쳐서 만든

글자가 'ㅗ, ㅜ', 'ㆍ'와 'ㅣ'를 합쳐서 만든 글자가 'ㅏ, ㅓ', 'ㅣ'와 'ㅗ, ㅜ, ㅏ, ㅓ'를 합쳐서 만든 글자가 'ㅛ, ㅠ, ㅑ, ㅕ'이다. 이상의 25자 외에 'ㆁ, ㄹ, ㅿ'의 세 자음 글자는 상형이나 가획에 원리에 의하지 않고, 달리 만든 이체자異體字라고 하여, 다소 특수한 지위를 차지하고 있다. 이렇게 만들어진 자음 17자와 모음 11자가 훈민정음 서문에서 말한 '新制二十八字(새로 만든 28자)'이다.

1) 훈민정음의 창제 ● 차자표기 : 이두, 구결, 향찰.

- 1446년(세종 28)에 간행된 [훈민정음] 해례본. 새로운 문자 '훈민정음' 창제의 목적과 글자의 사용법, 글자를 만든 원리 등을 설명. 이 책의 끝에 실려 있는 정인지의 서문이 1446년 9월(음력) 상순에 씌어졌으므로 이 시기를 훈민정음의 반포일자로 보고 있다.

2) 훈민정음의 창제 원리

- 초성, 중성, 종성으로 3분하여 글자를 만듦.
- 초성과 종성의 동일성을 포착. 훈민정음에서는 종성자를 따로 만들지 않고, 초성자를 가져다 그대로 씀.
- 훈민정음의 구체적인 제자원리는 [훈민정음] 해례본의 [제자해]에 설명되어 있음.
- 초성자 : 발음기관 (아음, 설음, 순음, 치음, 후음)
- 중성자 : 음양오행설에 입각한 세계관, 우주의 가장 기본적인 요소 천. 지. 인. 三才를 상형.
- 가획의 원리로 다른 초성자를 만듦. 가획의 원리란 '성출초려'한 음을 표시하는 글자는 원래의 글자에 획을 더해 표기. 자질체계의 문자로 파악할 수 있다.
- 중성은 상형에 의해 만들어진 기본 3자에 합이성의 방식으로 조합하여 초출자를 만들어 내고, 다시 초출자와 기본자 'ㅣ' 결합하여 재출자를 만들어냄. 초성자 17자. 연서자, 각자병서자, 합용병서자 제시.
- 중성자 11자, 2자 합용자, ㅣ자 합자.
- 종성자는 표기와 혼동하지 말 것. 八字可足用.[18]

3 – 4 ◒ 〈천상열차분야지도〉는 무슨 뜻이고 어떤 의미가 있는가?

환인개천 환웅배달 개천 단군조선 고구려 천문학에서 숙성한 한민족의 자랑

우리 한국 돈 1만원짜리 뒷면에 〈천상열차분야지도〉가 있다. 1달러만 부적이 아니고 한국 돈 1만원짜리도 부적 중의 부적이다. 남의 것은 미신이 아니고 우리 것은 미신이다?

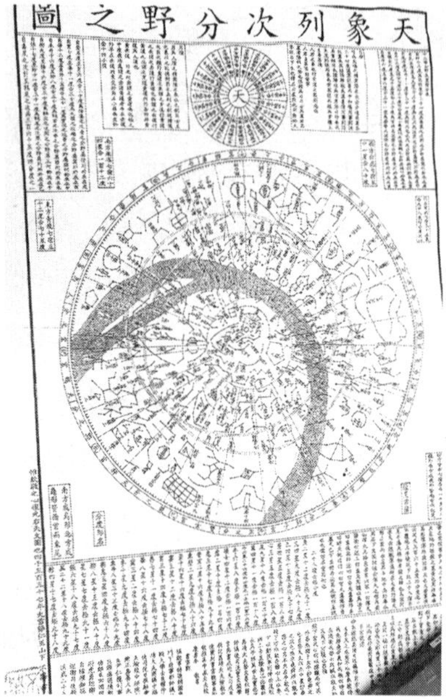

내가 구석기 전후 어느 밤을 동굴이나 야산에서 헐렁한 옷을 입은 채로 추위에 지내 고서 "춥고 무서운데 따뜻한 새벽해 빛을 찾아 헤해 반가워 낮에는 해맞이하며 웃고 소리 내며, 저녁에는 별 달보기가 생존의 시작 – 환민족이 별과 달을 맨 처음 그려보기를 시작해서 마침내 태조 때 천상열차분야지도를 보완하고, 손자 세종 때 천문책『천문유초』로 격식을 갖추기 시작하다. 자연 해 별 달 시간 방향 이치를 알려주고 비 바람 별과 땅의 변화 이치도 가르치다. 돌에도, 부모 어르신 왕이 가신 고인돌에도, 그 해와 별 특히 늘상 보이는 북두칠성과 달을 새기다.『삼국사기』온조왕 43년(기원후24년) "9월에 기러기 백 여 마리가 왕궁으로 모여들었다. 일관이 말하기를 기러기는 백성의 상징이니 장차 먼 곳 사람들이 내투할 것입니다." 이 구절에서 일관日官이 천문을 보는 예언자이며 천문학자로 등장하고 있다. 백제 온조왕 때이니 바로 고구려도 거의 같은 때이다. 새 왕조의 정당성을 하늘과 백성들로부터 인정 받고자 하는 태조 이성계와, 고려충신 유방택이 천상열차분야지도의 복원을 두고, 새 왕조와 고려 충신의 갈등이 깊었다.

3 – 5 ☀ 하늘이 땅에 용산민족역사공원에 내려온 것을 볼 수 있게 천손 컨텐츠를 잡는다.

- 전 세계의 2/3 고인돌과 금관이 한반도에 집중적으로 있는 것일까? 한국의 문화유산 고인돌에 새겨진 칠성신앙 "하늘 칠성은 한국인의 고향?"

• 고인돌은 무엇이고, 천손이라는 한국인은 누구길래, 거의 영원할 수 있는 고인돌에 그 많은 별자리 하늘을 새겼을까? 하늘에 새겨진 우리 역사 〈천상열차분야지도〉는 세계 최초 천문도이다. 종이 인쇄술이 조선을 다녀간 신부들을 통해 터득한 독일 구텐베르크보다 빨랐듯이. 강희제의 장 당빌이 만들어 준 정밀한 중국 지도인 《皇與全覽圖》보다 훨씬 앞선다.

강희제 애신각라愛新覺羅, 현엽玄燁은 청나라의 제 4대 황제(재위 1661~ 1722년). 청나라의 정치체제는 그에 의해 완성되었으며, 다음의 옹정제, 건륭제 시절에 전성기를 맞이하게 되었다. '삼번의 난'을 평정함으로써 군사적 지배를 확고히 했고, 국가 재정 확충, 조운 사업 정비 등 내적 안정 도모. 강희제 때 온 프랑스 예수회 선교사들은 강희제가 예수회 선교사들을 신임하여 그들에게 서양의 지리, 천문, 수학, 음악 등을 배우게 되었다. 서양 선교사 조아생 부베 · 마테오 리파 · 페르디난드 페르비스트 · 주세페 카스텔리오네 · 장 당빌 등이 계속 유럽에서 와서 새로운 학문을 강희제와 대소 신료들에게 전래한다. 그 중에 천문도를 장 당빌이《皇與全覽圖》 완성하였다.

페르비스트는 아담 샬 폰 벨의 뒤를 이어 흠천감 장관을 역임, 새로운 천문학을 중국에 전파, 부베는 강희제에게 기하학을 가르쳐 주었으며, 장 당빌은 정밀한 중국 지도인《皇與全覽圖》 제작. 마테오 리파는 12년간 궁정에 있으면서 서양화를 그렸으며, 리파는 1723년 고향 나폴리로 돌아와 나폴리 동부 대학에 '중국 학회' 설립. 유럽 최초 중국학 학회, 유럽인들에게 중국과 동양을 알려주는 총본산이 되었다.

(중국의 어제와 오늘, 한반도의 미래 cafe.daum.net/globalsangyoung/MbGL/3312)

3 – 6 ☀ 국내 과학자가 처음 발견한 소행성에 한국인 천문학자의 인명이 또 다시 헌정 – 용산 천문학 대중화 컨텐츠를 포함하자

한국 천문연구원(원장 박석재)은 국내에서 발견된 2개의 새 소행성에 고려말 조선초의 천문학자 유방택(1320~1402)과 우리나라 최초의 이학박사 이원철(1896~1962)을 헌정, 지난 16일 국제천문연맹(IAU) 산하 소행성센터(MPC)의 최종 승인을 얻었다고 18일 밝혔다. 이들 소행성은 한국 천문연구원의 전영범 박사와 박윤호 연구원이 2000~2002년 사이에 보현산 천문대 1.8m 광학망원경으로 발견한 것이다. 이로써 한국인 과학자의 이름을 붙이게 된 소행성은 지난 2003~2005년에 등재된 최무선, 이천, 장영실, 이순지, 허준, 홍대용, 김정호를 포함 모두 9개로 늘어났다. 이번에 새 소행성의 이름으로 헌정된 유방택은 조선초의 대표적인 천문도인 천상열차분야지도(국보 228호)를 제작할 때 천문 계산 부분을 총괄 지휘한 인물이다. 또 이원철 박사는 1926년 미국 미시건 대학에서 독수리자리의 에타별이 맥동 변광성임을 규명한 논문으로 박사학위를 받은 뒤 국내 천문학을 개척한 과학자로 유명하다. 한국천문연구원은 앞으로도 국내에서 새로 발견되는 소행성들에 한국을 빛낸 과학자들의 이름을 지속적으로 헌정할 계획이다. 한국 천문연구원은 지난 2000년부터 과학기술부 국가지정 연구사업의 하나로 연세대학교와 공동으로 소행성을 추적,감시하는 무인 원격 자동운영 시스템을 구축, 운영해 왔다. 한편 신규 등재 한국인 과학자들의 주요 업적은 다음과 같다.

☀ 고려충신 천문학자 유방택(柳方澤, 1320~1402)

고려말 조선초의 대표적인 천문학자. 조선초의 대표적인 천문도인 천상열차분야지도(국보 228호)를 제작하는데 있어, 천문계산 부분의 총 책임자로 일했다. 천상열차분야지도는 세계에서 (2번째로? - 국립천문대) 고구려 때 이전부터 오래된 천문도인데, 태조 이성계가 하늘의 뜻을 받아 나라를 세웠다는 의미를 강조하기 위해 새로 보완 한 천문도이다. 유방택은 이 천문도를 제작할 때 각 천체의 위치를 정확하게 계산하여 새겨 넣는 일을 한 총 책임자이다. 그는 조선조에서는 벼슬길에 오르지 않고, 고향인 서산에 내려와 고려 충신인 포은 정몽주와 목은 이색의 사당을 지어 그들의 충성을 기리면서 지냈다. 그러나 조선 초기에 이 천문도를 제작하면서 그 계산을 담당할 천문학자가 없어 고려충신으로 은둔한 그를 많은 회유와 위협으로 모셔 왔다고 한다. 그가 아니었더라면 천문도 제작이 어려웠을 것이다. 천문도에 새겨진 그의 공식 직함은 가정대부 검교 중추원 부사 겸 판서운 관사로서 종2품의 높은 관직이다.

◇ 이원철(李源喆,1896 - 1962)=천문학과 기상학을 개척한 한국 최초의 이학박사이다. 이원철 박사는 1926년에 미국 미시건 대학에서 박사학위 논문으로 독수리자리의 에타별이 맥동 변광성임을 밝혀내어 유명해졌다. 당시 천문학을 잘 모르던 사람들은 그가 이 별을 발견한 줄 알고 '원철별'로 부르기도 했다. 이 별은 학계에

서 논란이 되던 별로, 서구 학자들과 어깨를 나란히 하는 연구 성과를 냈다는 점에서 당시 식민 지배를 받고 있던 우리 민족에게 큰 자부심을 안겨주었고, 민족의 자랑거리가 됐다. 그 후 그는 연희전문학교 교수로 재직하면서 천문학 교육에 힘썼으며, 서울 YMCA의 일반인을 위한 교양강좌를 통해 과학 대중화에도 상당한 공헌을 했다. 또한 해방 이후 중앙관상대 초대 대장으로 16년 동안 재직하면서 기상인력을 키우고 관련된 법과 제도를 정비하여 기상업무의 정착에 많은 기여를 했다. 이 박사는 우리나라 천문학과 기상학 분야를 개척하는 데 앞장선 과학자이다.[19]

3 – 7 ⫽ 전북 · 교육부 외 의로운 마음으로 생명을 바쳐 나라와 민족을 구해낸 선조들의 결실

한국 만주, 상해, 제주, 광주, 정읍, 서울 등등에서 전 국민과 의사 및 열사들 독립운동 위대한 한국 국민성을 홍보하자. '위기엔 모두 일치'하는 한국이 국민성을 재확인할 일제하 최고 독립운동 기관: 동학의 도시인 동학정신의 정읍이 보화 (천)교 중앙교당의 복원을 시작하자. 전북이 주체가 되야지요. 십일전은 서울 조계사 앞마당에 대웅전으로 있다.

〈후손들이 가지고 있는 정읍 보화교 건물도〉 가슴이 안타까워 들렀더니 후손과 대담 후 내게 전해 주었다.

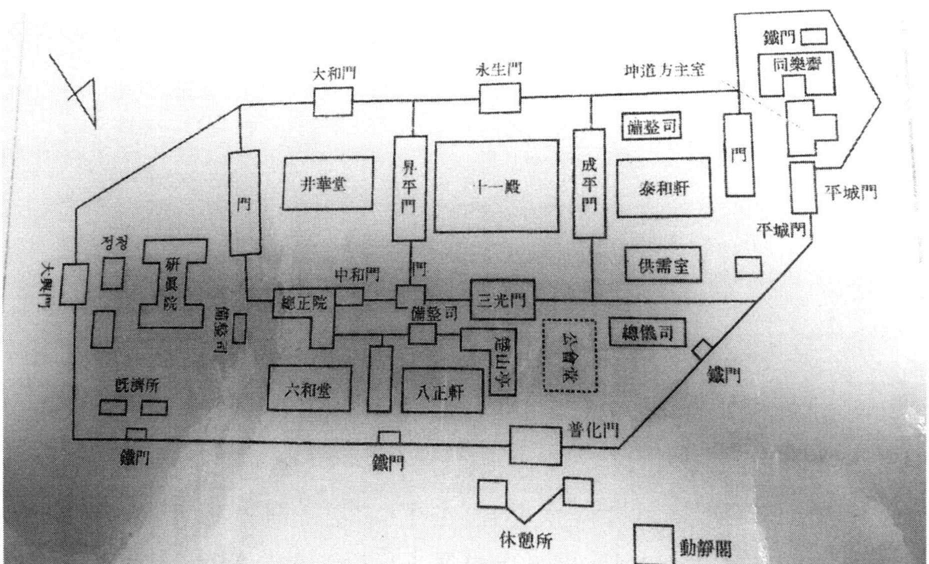

3 – 8 ▲ 한국의 고건축 및 건축 실력을 인정하여 제 돈과 제 시간을 주며 일을 맡기자.

터키 해저 터널도 한국이 공사하고 있고 중앙아시아 중요 박물관 건물도 한국이 만들고, 세계적인 온돌학자 김준봉교수는 온돌을 현대화하고, 한류 韓屋 연변, 국내 현대화 팬션 두루 치유 및 휴식공간으로 온돌을 확장하여 발전시키고 있다. 관공서 건축도 한류로 해보자.

3 – 9 ☀ 신라 구들 도사의 과학적 지혜는?

한 번 불을 때면 100일간 고루 따뜻했으므로 신비한 온돌방이라 하여 세계 건축사에 등재

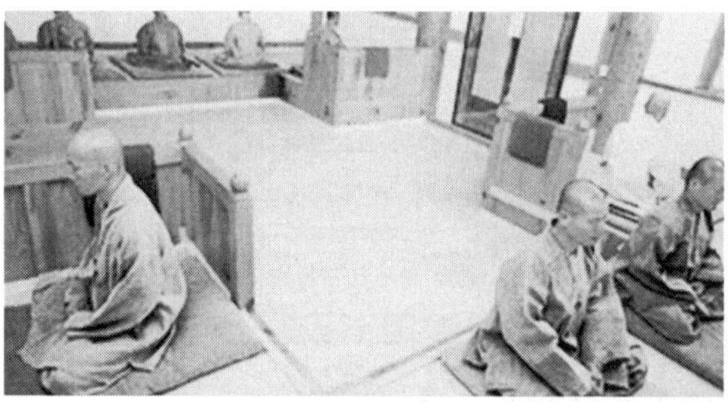

동국제일선원:
세계 유일의 온돌구조로 만들어진 아자방

김해 김수로왕의 왕자 7명이 지리산 칠불사를 만드시고, 아자방으로 유명한 벽안당과 운상선원이 있어 많은 선승을 배출한 동국제일선원이다. 아자방은 신라 효공왕 때 구들 도사라 불렀다는 담공曇空선사가 축조한 선원으로, 방이 버금 아亞자 모양이다. 방안 네 귀퉁이에는 70㎝ 높이의 좌선처가 있고 가운데 십자 모양의 낮

은 곳은 경행처이다. 축조 당시에는 일곱 짐이나 되는 나무를 세 개의 아궁이에 넣어 한꺼번에 때어도 화도火道가 막히지 않고 높고 낮은 곳이 100일간 고루 따뜻했으므로 신비한 온돌방이라 하여 세계 건축사에 등재될 정도이다.

부엌 벽 중앙부에 큰 아궁이를 두어 불길이 부챗살 방향으로 들어가 남북으로 놓인 줄고래를 통해 북벽 밖 중앙에 있는 굴뚝 쪽으로 나가게 되어 있고, 부엌과 방의 높이 차이가 1.8m나 되어 불길이 잘 들도록 설계돼 있다. 한국전쟁 때 불에 타 소실된 뒤 그 터만 함석으로 덮어 보호해 오다가 1982년에 복원했다. 현재는 경남 유형문화재 제 144호로 지정돼 있다. 운상선원은 옥보대라고도 하는데 장유 보옥선사의 이름을 따서 옥보대라고 한다는 설과 거문고 전승자인 옥보고의 이름을 따랐다는 설이 있다. 현재는 선방으로 사용하고 있다. 이곳에서는 조선 시대의 서산대사, 부휴대사, 초의선사가, 현대에는 용성선사, 금오선사, 서암선사 등의 큰스님들이 안거했다. 경내에는 임진왜란으로 퇴락한 전각을 중수한 부휴대사와 1960년대부터 중창불사를 추진한 통광선사의 부도탑비가 있다.

3 – 10 ☀ 용산민족역사공원서 연계 용산 다른 지역으로, 전국으로 여러잔치 코스 개발

강원도, 전라도 각 지방들은 큰 버스보다 배차시간 줄이게 마을버스 제도를 확대토록!

잔치에 갔는데 1인이 오면 음식을 안 주나요? 여행은 이쁜 신랑신부와 그 곳 경치와 맛있는 음식에 마음 설레는 잔치에 가는 것입니다. 강원도 춘천 닭볶음 등도 부엌에서 볶아 내더라도 음식은 1인분도 팔도록 – 1인단독 시대가 열렸어요. 나도 여기저기 전화해서 가자고 약속해 뒀다가도 사정들이 생겨 못 가면 시간과 기분 낭비가 많아 혼자 갈 곳 마음대로 그날 기분대로 정해 – 미리 얼마동안 갈 곳을 적어둔 곳 중 – 때론 발길따라 마음따라 간다.

서울 도심고궁 코스 - 버스나 전철 가는 길엔 비용이 적게 드는 코스모스나 해바라기 등 꽃 씨를 좀 뿌립시다. 많이 나아졌지만 아직.

★ 용산민족역사공원 탐방 전 필수과정(동영상 책 자료 등)

〈한 가지라도 보거나 읽은 것에 대한 글을 써 온 사람은 상품〉

① 중국의 역사공정들에 대한 사전 지식 습득 과정
광의의 요하 홍산문명(=한국 예맥족문명)의 중국화 과정

② 일본 - 한국 중국 외 아시아권 침략수탈사

③ 유럽 일본 제국의 침략사 시청각 교재 동영상 보기
영국 제국의 다른 나라 침략사 : 영일동맹 - 조선 멸망
일본: 한국 식민지화 중국 외 아시아권 침략수탈사,
미국: 원주민 침략사. 한국전쟁 시 우리 민간인을 집단학살한 우근리 학살공원

④ 카톨릭 다른 나라 침략사 - 필리핀에서의 집단학살
한국인 학살: 제주4 · 3사건

⑤ 개신교의 침략사 - 스페인 그리스도교인 피사로의 잉카 원주민 집단학살
(카톨릭의 교활한 이중성 - 그리스도교가 감행한 학살을 참회한다고 거대예수상 건립)

⫫ 독립운동이나 그런 정신을 가지게 되면 역사를 들여다 보게 되고 역사를 들여다 보게 되면 제국주의의 만행을 보게 된다. 제국주의에 치를 떨다 보면 민족

주의가 파고들게 되고 민족주의를 파고들면 사대 · 식민 · 서양종교 중심자들의 적폐를 알게 된다. 역사를 도외시하고 사는 것은 내 버릴 빈쭉쟁이로 살다 가는 것이라 그 적폐들을 극복해 만년역사 같이할 작은 노둣돌 하나라도 키우자.

3 – 11 ☗ 교육부 전북 정읍 〈역사민족공원역 – 녹사평역?〉 자매마을: 정읍 항일 독립성지 '천원역' "대흥동" 역사현장은 이름 살리자.

'천원'은 실상은 독립운동의 중심으로 천원역이 있다. 천원에서 가장 큰 돈이 만들어진 역사에서 나왔다. 시골인 전라도 정읍 천원역은 독립운동 자금을 모아 가져오는 전국의 정신이 모이는 곳으로, 마을 이름이 대흥리이고 그 입구역이 '천원역'이다. 힘든 시절 한적한 시골에 기차역이 들어선 것은 대전 다음으로 사람들의 왕래가 많은 곳임을 증명한다. 물론 대국을 다루는 판(바둑)의 중심도 '천원'이고, 하늘은 둥글다는 우주의 큰 이치의 문자도 '천원天圓'이다. 내가 갔을 때 〈천원역 임대〉한다고 써 붙어 있어서 독립군 후손에게 그 장소를 빌어서 같이 일을 좀 해보자고 건의했으나 예산이 없는 모양이었다.

3 – 12 ⦿ 문광부 · 통계청 살아 생전에 꼭 가고 싶은 곳 1위의 관광지로 치는 인도의 묘미가 한국에도 있고, 그것은 궁극의 대한민국 국가 경쟁력임에도 무시 및 배제하는 식민 종교관을 갖고 사이비로 치부하고 있으니 문제이다 – 교회 구경하러 외국 관광객이 한국에 오지 않는다.

한국민 56%가 무종교로 통계가 나왔는데 사실 종교가 없는 것일까? 인도 사람들이 검은 피부를 가지고 있어 어두울 것 같으나 오히려, 五方색의 화려한 실크나 인조 사리옷(우리로 치면 편한 한복)으로 생명력과 화려한 원색이 검은 피부와 어울려, 오히려 사람들의 五感을 자극하는 지혜로 관광대국을 실천하였다. 심지어 길의 노숙하는 거지들도, 농사를 짓는 촌부들도 모두 오방색 화려한 사리들을 입고 의식 무의식적 관습적으로 관광에 일조한다. 갠지스강에 불교 이전 자기 전통 힌두교신앙(국민 80% 이상)을 불교나 외래 종교보다 더 강력히 숭상하는 신앙생활 삶 자체로 관광자원화하고 있다. 그들의 깊은 영혼이 담긴 신앙과 눈에는, 히말리야 설산의 눈이 녹아 흐르는 듯 하고, 자연 자원인 갠지스강을 "어머니의 강"으로 '강가' 女神 신앙으로 사랑하며 그 강물에 화장도 하고, 빨래도 하면서도 그 물 한 방울이라도 얼굴에 머리에 온몸에 사제들이 의례로 침례하듯 직접 또는 같이 있는 자들끼리 바르고 발라주는 것조차도 신성시 여기며, 죽음에 이르러서는 꼭 가고 싶은 곳이 갠지스 바라나시강으로 여긴다. 인도정부는 그것을 배척하거나 탄압하지 않았고 오히려 지원한다. 저녁 7시마다 힌두교식 의례를 올리는 그 자체를 관광자원화했다. 우리나라 한강변을 대하는 우리 정부와는 천지 차이이다. 한국도 3면이 바다이고 육지에도 강이나 계곡이 많아 용궁 신앙이 발달되어 있었으나, 배타적이고 지배적인 외래 종교인들의 득세 이후 그들이 몇 번 민원을 올리면 기도도 제대로 못하게 엄단하거나 토속신앙 자체를 없애는데 주력하는, 아주 어리석은 짓을 한다. 식민지 때나 전쟁 전후 침략해 들어온 事大 외래를 쫓아가며 살아가는 버릇에 물든 얼빠진 위정자들의 주머니(정치자금)나 단결된 조직의 표를 우선 좇느라, 마음의 여유가 없어서, 대한의 국가 정체성을 잃어 한국 미래로 보면 전체적으로 도움이 안되는 선택을 하고 있는 것이다. 실상은 한국은 무종교인이 56%가 넘는 현실을 망각한 채. 이 태도를 위정자들이 수정하지 않는다면, 이제 그 56% 무교 국민이 선거에서 심판을 하는 날이 바로 올 것이다.

☗ 한국 일본 등의 관광 경쟁력 순위 비교: 다보스 포럼으로 알려진 세계경제포럼

(WEF, World Economic Forum)이 지난 4월에 발표한 2017년 국가별 관광 경쟁력 순위이다.

한국의 관광 경쟁력은 세계 136개국 중 19위로 작년보다 10단계 상승했다. 일본도 작년 9위에서 4위로 순위가 크게 올랐다. 전체 1위는 스페인이며 다음으로 프랑스, 독일, 일본 순이다. 중국은 작년 17위에서 15위로 2단계 상승했다. 그렇다면 대체 어떤 매력이 독일로 관광객을 끌어 모았을까.

독일은 경제 강국으로 선진국이다. 우리에게 삼성, 현대, LG 등이 있다면 독일엔 벤츠, BMW, 아우디, 폭스바겐, 포르쉐, 지멘스, 보쉬, 티센크루프, 지멘스 등이 있다. 독일에 도착해 시내를 둘러보면, 모든 택시가 벤츠임에 깜짝 놀란다. 독일이 선진국이라는 점은 선전할 만한 생활태도를 기반으로 매력적인 부분일 터이다. (독일차 BMW도 리콜했다.) 또 과거 분단국으로서 독일이 어떻게 분단 문제를 극복했는지, 또 통일한 뒤 이전의 흔적들은 어떻게 독일의 강점이 됐는지… 이제 독일은 통일됐지만 베를린엔 분단의 상징물 '베를린 장벽'이나 '체크포인트 찰리' 등이 남아있으니…. 그렇다면 정말 사람들은 이런 학술적 이유로 독일을 방문했을까. 물론 그런 이들도 있겠지만, 독일이 '세계 3대 관광 강대국'으로까지 거듭난 데는 독일 관광청의 노력이 주효했다고 본다. 먼저 독일의 '슬로 시티' 육성이다. 슬로 시티(Slow city)란 더 나은 삶의 질을 위해 느리게 사는 마을을 가리킨다. 슬로 시티 운동은 이탈리아에서 시작됐다. 인구가 5만 명 이하이고 도시와 주변 환경을 고려한 환경정책 실시, 유기농 식품의 생산과 소비, 전통 음식과 문화 보존 등의 조건을 충족해 방문객들로 하여금 느리게 걷고 느리게 생각하고 느리게 생활할 수 있도록 할 때 가입할 수 있다. 이런 도시들은 인지도가 높아져 관광객이 큰 폭으로 증가했고, 소득이 향상됐고 고용도 높아졌다. 지역 전통 · 고유문화를 유지 · 발전시켜 지역의 소속감 · 정체성 · 자부심 등이 높아져 사회적 지속 가능성을 향상시켰다는 장점도 있다. 한국의 신안군 증도면, 완도군 청산면, 장흥군 유치면, 담양군 창평면, 하동군 악양, 예산군 대흥면 등도 슬로 시티의 인증을 받았다. 이탈리아 남부의 아주 작은 도시 포지타노가 슬로 시티를 선언한 뒤 독특한 매력을 가진 인기 관광지가 된 것이 대표적 성공 사례이다. 세부 평가 항목별 한국의 순위 – 관광 경쟁력 보고서(Travel & Tourism Competitiveness Report)는 격년으로 발표하는 세계 여행 · 관광 산업에 관한 보고서로 2017년 판은 평가 산출 기준이 되는 4영역 14항목 90지표에 기초한 각종 조사에 따라 산출하고 있다. 순위에 일희일비하는 것이 아니라 항목과 지표 자체를 검증하는 것이 중요하다.

한국은 금수강산인데 자연자원 순위가 136개국 중 114위로 상당히 낮다. 또한 가격경쟁력, 정책적 지원(여행 관광의 우선도), 환경보호 및 규제(환경의 지속 가능성) 항목에서 50위 이하에 자리잡아 낮은 점수를 받았다. 참고로 한국은 유네스코 자연유산에 제주 화산섬과 용암동굴 1건만 등록되어 있다. 일본은 4건 등록되어 있다.[20)]

◇ "마케팅이 약해, 볼거리도 부족" 한국을 찾는 발길이 뜸해져

물론 가격경쟁력이 모든 것을 설명하는 요소는 아니다. 해외 여행객 유치 분야에서는 특히 더 그렇다. 세계경제 포럼의 관광경쟁력 순위에서 일본(94위) · 스페인(98위) · 독일(115위) · 프랑스(118위) · 영국(135위) 등 '탑5' 국가들은 모두 한국보다 가격경쟁력이 떨어진다는 평가를 받고 있다. 볼거리와 관광 인프라만 충분하다면 다소 높은 물가수준은 큰 문제가 아니라는 뜻이다. 보다 심각한 것은 세계 63위 수준으로 평가된 관광정책 경쟁력이다. 한국은 관광산업에 대한 정부 지출(87위)과 매년 수집되는 여행업 관련 자료의 포괄(95위)이 부족하며, 국가 브랜드 제고 · 홍보를 위해 더 노력해야 한다는 지적을 받았다. 국내 대표 관광지인 제주도의 부진이 대표 사례이다. 한국은행 제주 본부가 지난 7월 발표한 '제주지역 관광객의 지역경제 파급효과 분석' 보고서에 따르면 제주도의 관광 부가가치율은 지난 2015년 이후 뚜렷한 감소세를 보이고 있으며, 관광객이 지역경제 성장에 미치는 영향력도 줄어드는 중이다. 올해 7 · 8월에는 사드 배치 사태가 진정되면서 외국인 관광객이 늘어났음에도 불구하고 전체 관광객 수는 전년 대비 감소한 현상도 나타났다. 한국은행 제주 본부는 "관광산업의 질적 성장이 악화됐다"며 ▲관광상품 중심의 마케팅 전략과 ▲지역 자치단체의 컨트롤 타워 역할 측면에서 개선이 필요하다고 제언했다.

부족한 관광 다양성도 개선해야 할 점으로 뽑힌다. 한국은 여행목적별 경쟁력 평가에서 문화유산 답사 및 비즈니스 목적의 여행에 편중(12위)됐다는 지적을 받았다. 세계경제 포럼은 "유네스코 세계 문화유산 중 자연유산이 1곳(제주 화산섬 · 용암동굴)에 불과하고, 국제적인 인지도도 매우 낮다"며 한국을 자연관광 분야에서 114위에 놓았다. 한편 환경 지속성 분야에서는 극심한 미세먼지(130위)가 외국인 관광객 유입을 가로막고 있다는 지적을 받았다. 낮은 생물 다양성(117위)과 어류 남획 (84위)은 자연관광과 환경 지속성 모두에 부정적인 영향을 미칠 것으로 평가됐다.[21)]

3 – 13 ☀ 국립중앙박물관도 관내에서라도 구석기유물관을 좀 더 넓게 전시하자

한국의 전국 구석기 띠를 더 재미있고(모든 것을 신기하게만 여기는 희화화가 아닌 구석기인의 심미안과 삶과 생존에의 성찰이 느껴지도록) 유익하게 활성화하여 더 많은 구석기 유물이 귀하게 전시되길 제안하고 싶다. 전국에 고루 있는

구석기 띠를 더 활성화시키는게 효과적일 것 같다. 지금은, 〈구석기와 단군조선〉관을 같이 하고 있는데, 시기가 많이 떨어지니, 분리시키는 게 나을 것 같다. 고대관 : 부여 삼한으로 분류해두었는데 구석기유적 전부터 있는 나라에서, 역사가 짧은 나라들이 하는대로 모방할 것이 아니다. 부여 · 삼한은 더 이상 고대가 아니다.

1층에 식당과 물건 판매점 영역을 좀 줄이고, 구석기, 신석기관을 좀 더 자랑하게 장소를 더 확보하면 한국 중앙박물관의 기능을 더 잘 할 수 있을 것이다. 일본학자들이 구석기 유물이 일본내에서 나왔다고 거짓말하기 위해서 바친 목숨을 생각하면 구석기가 흔한 한국은 중앙박물관서부터 더욱 귀하게 여기는 자세가 필요하다. 해방 후나 전쟁 후 시대를 분류한 것도 더 정확하게 분류하여 유물이 있는 것만으로도 합리적으로, 식민사관에 지체하는 학계를 오히려 선도해주길 당부한다.

3 – 14 ☀ 용산민족역사공원에서 옛 조선의 찬란하고 유구했던 영광! 만든 환인 환웅의 전문직 3,000핵랑 개천한 조의계 정신 체험 연마장 마련

가까운 100여 년 일제 · 서양 권력과 베품에 예속적 처신에서 자주적 정신 · 언어 · 신앙교육 · 5916년 전 지위리 환인이 준비한 거발한 환웅의 3,000핵랑=숙달된 3,000개 분야 전문인 일자리도 의미한다. 그것을 찾아내는 과제도 재미 있고 유익하다. 그 준비로 개천한 배달정신, 조의선인 정신 효과적 전시 체험 연마 절실하다. 바로 정체성이 있고 의롭고 전문가다운 한국민이 되는 인성교육이다.

환인으로부터 천부인天符印 3개를 받아 무리 3,000을 거느리고 세상에 내려왔다. 태백산太白山 신단수神壇樹 아래에 신시神市를 열고, 풍백風伯 · 우사雨師 · 운사雲師를 거느리고 곡穀 · 명命 · 병病 · 형刑 · 선善 · 악惡 등 인간의 360여 가지 일을 맡아서 세상을 다스리고 교화하였다. *김견명(일연) 삼국유사*

50여 개 소수부족이나 연방국가(중국 미국 소련 영국 등) 넓은 영토의 국가들은 건국 역사가 짧다. 그들이 못 가진 것, 그들에게 없는 한국에만 있는 것이 더 희귀한 보물이 된다, 한국은 오래된 만년 유무형 역사문화가 바로 최고의 재산이다. 근대 이후 서양의 것들이 들어오면서 한국인은 자기네 역사문화를 공기처럼 귀한 줄 모르고 외래의 절대종교 정치권력 문화에 의존, 모방하는데 집중했다. 아부하여 살아 남으려고, 자기 것부터 비하 매도하려니 자기 매매도 매국도 쉽게 하게 된다. 자기 가족역사도 나라 역사도 자기도 부정하고 망각하고 잃는 것이다. 외국의 입맛에 비위를 맞추느라 역사전쟁기에 나라 역사를 증명할 자기 조상의 유해 및 문화를 밟아버리고 몰래 없애는 것은, 임진왜란 때 몇 척이 남지 않은 배, 중요 무기를 태워 없애는 것과 같은 만고의 역적이나 하는 짓이 춘천 맥국중도에서 일어났다. 맥국이라는 한 나라를 한국역사에서 말살시키는 역적같은 일이다. 일본은 그 맥국의 왕자를 자신들의 시조신으로 신격화하여 모시는데...조선말 영일동맹처럼, 2012년 영일 무기공동제작 동맹으로 침략야욕을 숨긴 영국과 일본이 연맹으로 작업한 춘천맥국 중도의 파괴(영국여왕과 영국성공회가 주인인 영국 레고로 위장)는 발굴 및 원형을 보존하여 유네스코 등재로 잘 지키는 일로 아이디어를 수익구조가 나도록 하는 것이, 국가 정체성과 만년 역사 기강을 스스로 잘 지키는 역사 안전 예방이고, 200여 개 나라에 나가 있는 한국의 교민을 포함한 한국민과 특히 강원도민의 자존심과 안정된 수익구조를 구축할 수 있는 일이다.

3 – 15 ☀ 외교부 종전 40년 정도 일본 외교력과 군사력 식민지에, 한국 전쟁 종료?까지 100년

외교부는 보다 세련되고 계산된 전략이 필요한 부서이다. 특히 일본과 같은 나라를 상대하려면. 아직 휴전 중이나, 정치권에서 잘 수습하고, 이젠 외래 것의 아류로서 좀 편한(마음 바닥은 편하지 않다) 노예로 살기보다, 조국 한국의 얼을 찾아, 자신과 조상과 미래 후손에 떳떳한 조상으로 남아야 할 때

공동체가 형성되기 시작하며 숭배는 집단의 상징 족표와 천제 및 고마운 부족장과 조상에 대한 제사라는 의례로 드러낸다. 생존을 있게 한 대조상신(대조신)을 하느님 할머님 할아버지 가장 고마우신 분들을 공동체를 위해 같이 모실 三神이라 부르고, 고마움의 실체를 확실히 느낀 어머니 아버지는 조상신으로 모시고 제사를 지냄으로써 감사 및 공동체의 화합을 지킴으로서 생존하는 생존의 방식인 것이다. 현대 종교도 역시 그러한 이치로 감사하며 생존 유지를 지키는 목적이 있다. 때때로 제국주의적인 과도한 권력과 야욕에 이용당해서 개인과 국가의 인권과 국권을 유린하고 사람 지구 생명체를 살해하고 오염시키는 전쟁을 일으킨다. 전쟁을 일으킴으로써 와해 요소를 해소하기 때문에 종교전쟁이란 끔찍한 도구를 이용한다. 기독교가 부흥할 때 유럽은 다른 나라들과 생명을 많이 침략하고 살해하고 참담하게 박해한 것만 봐도 알 수 있다. 유럽 및 서양은 역사도 얼마되지 않은 자기들 서양중심의 사고로, 실상 역사가 오래된 나라들을 제 3세계로 지칭하는 국민들 자체가 가지고 있는 종교나 사상으로 외래 것인 자기들을 조금만 거부한 것도 박해나 순교로 엄살을 떨고, 기존의 조직과 얼빠져 서양 것에 합류한 원주민 아류들을 조직으로 확보해, 정치를 좀 도와주고, 과학과 돈과 힘의 위세를 휘둘러 좌지우지하며, 언젠가는 도로 응징당할 오만을 부리고 있다.

3 – 16 ◒ 교육부 단군조선의 후예인 하나라 덕분에 중원인들이 은나라와 주나라를 세우다

① 배달국倍達國의 5대 환웅 태우의太虞儀(즉위 B.C.E. 3512)는 12명의 아들을 두었는데 장자 다의발多儀發은 대통을 이어 6대 환웅이 되고, 그중 막내인 태호복희는 중원으로 진출, 현 하남성의 진陳에 도읍하여 문명을 개척하고 교육하였다.

② 배달국 8대 환웅 안부련安夫連(즉위 B.C.E. 3240)의 신하로서 소전少典이라는 사람이 있었는데 그는 강수姜水(섬서성 기산현岐山縣)에서 군軍을 감독하던 직책에 있었다. 소전은 웅씨熊氏족의 지류로서 배달국에서 대대로 우가牛加의 직책으로 주곡主穀을 관장하던 고시씨의 먼 후손이라고 한다. 이 소전의 아들이 염제 신농이며 중원의 남방으로 진출하여 농사짓는 법을 가르치게 된다.

③ 염제 신농의 아버지인 소전의 후손 지파 중에 공손公孫이라고 있었는데 공손의 후손 중에 황제 헌원黃帝軒轅(B.C.E. 2692~2592)이 나왔다. 황제 헌원은 배달국의 14대 자오지慈烏支 환웅(치우천왕蚩尤天王 이라고도 함)과의 수차례에 걸쳐 전쟁이 있었다는 것은 널리 알려진 사실이나, 뿌리를 캐보면 결국 같은 동족간의 전쟁이었을 뿐이다.

④ 삼황三皇 이후의 오제五帝는 그 근원이 모두 삼황에 뿌리를 두고 있으며 다음과 같다.

▲ 소호 금천 : B.C.E. 2598~B.C.E. 2514

▲ 전욱 고양 : B.C.E. 2513~B.C.E. 2436 ; 황제 헌원의 손자

▲ 제곡 고신 : B.C.E. 2435~B.C.E. 2365 ; 황제 헌원의 증손자

▲ 제요 도당 : B.C.E. 2357~B.C.E. 2258 ; 바로 요임금임. 요임금 25년에 단군 왕검 조선 건국.

▲ 제순 유우 : B.C.E. 2255~B.C.E. 2208 ; 순임금이라고도 함.

⑤ 순임금의 뒤를 이어 순임금 때 치수에 공이 큰 우禹가 제위를 이어 받아 하夏나라를 세웠다. 이때부터 하나라(B.C.E. 2183~B.C.E. 1752)는 왕조를 세습하기 시작하여 17대에 걸쳐 약 400여년 존속하였다.

⑥ 하나라의 마지막 왕은 폭군으로 이름 높은 걸桀인데, 걸왕의 폭정에 반기를 들고 일어선 인물이 성탕成湯이라는 제후였다. 성탕의 조상은 [설]이며 [설]은 황제 헌원의 증손자인 [제곡고신]의 아들이다. [설]은 순임금과 하나라 우임금때 상商이라는 곳의 제후로 봉해졌고 그의 후손인 성탕成湯이 걸왕을 내몰고 단군조선 13대 흘달屹達의 조력을 받아 폭군 걸왕을 축출하고 은殷(商)나라를 건국하였다. 은나라는 B.C.E. 1600년경에 창건하여 B.C.E. 1050년까지 약 600여 년간 존속한 것으로 알려져 있으나 [實證 한단고기]가 인용한 〈단군세기〉나 〈규원사화〉에 의하면 13대 단군 갑오 16년(B.C.E. 1767년)에 은나라 탕왕湯王의 하나라 정벌 기록이 있어 건국 연대 및 멸망 시기가 명확하지 않다.[22)]

⑦ 오제五帝 중 제곡 고신의 여러 부인들 중 강원姜嫄이라는 여인이 있었는데 이 부인의 아들이 후직后稷이며, 후직의 후손들이 중원의 서쪽으로 진출하여 융적戎狄(견이를 일컫는 말이며 서쪽에 살았다고 하여 서이西夷라고도 함)과 섞여 살았다고 한다. 후직의 후손 중에 은나라 말기 고공단보古公亶父가 있었으며 고공단보의 손자가 서백 창이고, 서백 창의 아들이 단군조선의 조력으로 은나라의 마지막 왕 폭군 주왕紂王을 몰아내고 주周나라를 건국한 무왕武王이다.

이상에서 살펴 보았듯이 중원에 왕조를 세웠던 삼황오제나 하 · 은 · 주 모두 근본은 동이족이며 환국桓國을 계승한 환웅시대의 배달국이 그 뿌리임을 알 수 있다.[23)]

따라서 동북아시아 문명을 일군 최초의 부족 국가체로 환인 환웅들 – 특히 복희, 신농, 자오지(치우), 소호, 단군 등이 다 우리 맥족이다. 단군조선을 이은 부여 특

히 고구려는 일본 고구려산과 고구려 신사인 고마신사 등에서도 더욱 명확히 보이듯, 맥족 및 맥국과 동일시된다. 맥국성이 남아 있는 강원도 화천에는 골골마다 '맥이굿' – 골맥이굿도 남아 있다. 금방 잡은 사냥 고기로 불을 일으켜 구워 먹는 음식이름이 '맥적'이라 한다. 맥박이 뛰어야 생명체가 살 듯 '맥'은 애초에 생명의 근원을 뜻한다. '메기'라는 생선도 강원도 하천에서 바닷가로 들어가는 고기이름으로 나와 있다. 시베리아 바이칼에 아직도 신수 맥너구리가 활발히 살아 있다고 한다. '너! 구리'들과 같이 지내는 너구리를 맥이라 한다.[24] 천태백에서 마고할머님 女군장 君長이 오래 전부터 계셨고, 그 아래로 요하가 가까운 곳에 7대 환인 12환국 시대가 3,301년간 펼쳐졌고, (없어진 자료를 더 찾으면 더 많은 환인 천황이 나올 것이다.) 이런 빈 자료 부분을 도교적이라며 환단고기를 격하시키는 것은 大를 보지 못하는 소인배의 작당짓에 불과하다. 삼위태백 근처 18분의 환웅이 차츰 장백 태백(백두산)영역도 확보했을 것이다. 맥을 중국어로는 '마이'라 하니 자오지(치우환웅을 조상신 수호신으로 모시는)묘, 묘족과 서로 통하고, 따라서 DNA 조사결과도 거의 같다 한다. 백두산 주위에 지배층 맥인은 강원도 춘천 화천 등지(맥국성 흔적이 남아있다)로 내려와 지배층 고인돌이 중도에서 집중적으로 현재 발굴한 것만도 160여 기 이상이 나왔고, 왕반열의 군장이나 지니는 청동도끼 등과 비파형 단검과 학계에 정식으로 〈중도식토기〉라는 명칭을 지닐 만큼 특이한 토기도 다량으로 나온다.

한국의 옛 서적은 대조영의 동생 대야발이 지은『단기고사』에 의하면, "당나라 장수 이세적이 고구려 책을 4개월간이나 불태웠기에"[25], 현재는 중국 옛 문헌을 찾아 보게 된다.

3 – 17 ⊙ 용산민족역사공원에서 인성역사교육 자연스럽게 – "오환 건국吾桓建國이 최고야라!"『삼국유사』

우리 환국 건국이 최고로 오래되었다로 시작. 인류의 시작 7분의 환인, 18분 환웅, 47대 단군 이후 찬란한 만년역사를 이어온 이 현묘한 천손 환(한)한 한님들, 한국의 저력 및 장점은 다양하다. 9천년 환국 이래 하느님의 유전자를 받은 천손으로서 역할이 필요할 땐, 땅에선 핵랑. 조의선인, 화랑. 의병, 善政 善正 충효인의예지신 실천한 하느님 〈참 한 '한님'〉의 천손 바로 '한님', '님'으로서의 기개와 배포와 담력이 뒷받침된다. 참하느님 신께서 주시는 말씀을 받은 것이다.

善政을 펴는 밝은 땅 박달 배달 환웅 7조

1. 바르고 참되게 살라
2. 어질고 착하게 살라
3. 일하며 굳세게 살라
4. 믿고 도우며 살라
5. 웃으며 정답게 살라
6. 알맞게 착실히 살라
7. 다같이 즐겁게 살라

위 7강은… 환웅천황의 가장 귀중한 말씀으로, 모든 사람이 다같이 항상 지키고 실행하여야 할 큰 도리이다. 이 7강을 읽을 때에는 반드시 한얼님께 먼저 묵도하고 마음 속 깊이 다짐하면서 거룩한 마음으로 처음부터 끝까지 읽어야 하며, 7강 읽기를 백만 번 하기에 이르면 신통력을 얻어 만사형통하게 된다고 하였다.[26] 9천년 이래 의인 의병들의 정신 계승과 이 유무형 문화 유적유물 전체를 살려가 국가 기강을 바로 찾는 실천인 것이다.

★ 용산민족역사공원은 처음 시작할 때부터 한 쪽에선 신나는 풍물놀이 체험과 막춤 잔치를 벌여 수익구조도 맛 볼 수 있다. 한쪽에선 만년 전 한국의 얼 수행체험과 거리를 두고 신명나는 가운데 찾는 광복 용산!

3 – 18 ☀ 제 5대 태우의 환웅 천황의 왕자이며 제후였고, 현재는 중국이 자기 조상으로 모시는 태호 복희씨의 환역桓易, 음양오행 주역 천문도(하도낙서)

– 동양철학의 기본을 기반으로 하여 〈가림토문자〉에 뿌리를 두고, 15세기 세종대왕께서 훈민정음을 만드셨다. 훈민정음이 자랑스럽고 위대한 한류사상 체계를 그대로 이어받고 있는 철학적 천문학적 수학적 언어적 대과학을 이루듯 이제도 그러한 장점을 이어가는 것이 살 길이다. 그리하여 오늘날 컴퓨터 시대에도 자연스런 한류로 세계적인 각광을 받도록 하는 것이다. 그런데 그러한 훈민정음을 국내의 식민사관 하에 공부한 한국어 학자들은 18 · 9세기 서양 언어학자들의 척도로

한국어를 분석 이해하려 하니, 접근방식부터 큰 착오 아래 낮은 평가를 받아왔다. 이렇게 어떤 외래 척도에 맞지 않으면 비하하여 다리를 잘라버리는 듯한 어리석은 짓을 해 온 것이다. 반재원 박사는 한글연구자 김세환 옹과 함께 평생 한글 연구를 동양천문도에 이론적 배경을 두고 해 나름의 한글에 대한 또 하나의 새로운 구조와 철학을 찾아내는 공로를 세웠다.[27)]

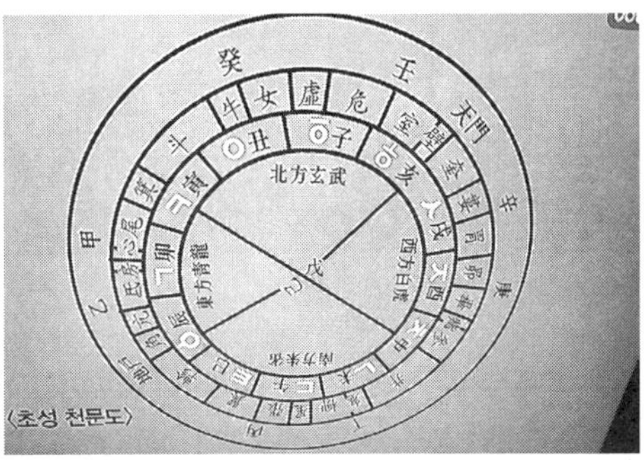

〈초성 천문도〉

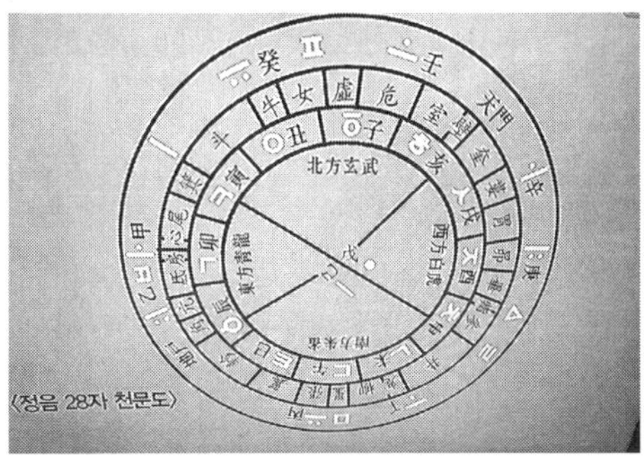

〈정음 28자 천문도〉

마치 일본이 한국에서 신도를 배워 한국의 신도는 유사종교로 미신으로 가치절하시키고 자기네 신도는 국가종교로 육성하여 대접하여, 오늘날 관광대국의 밑거름으로 삼고 있는 것과 같다. 웅상 등을 가져다 주어 기반을 삼았다. 한국입장에서 일본처럼 하자면 한국의 신교를 배워 일본식 나라종교로 육성한 일본신도야말로 유사신교이고 유사종교이다. 아직도 한국 만년역사 신교는 일본과 그에 추종하는 서양종교의 압제로 미신으로, 또 유사종교로 가치절하되고 있거나 배제할 대상으로 억압받고 있다. 일본신도의 문제는 신사들이 국민들이 전쟁옹호를 넘어 전쟁광적으로 가는데 일조를 하고 있어, 한국 및 동양은 물론 세계사적 문제가 있다.

3 – 19 ◘ 교육부 **유물명칭 변경 단군조선 표지유물들 명칭 고치기** ⇒ 단군조선(고조선) 릉, 햇살(빗살무늬) 단군조선(비파형)동검. 장차는 괄호도 뺀다.

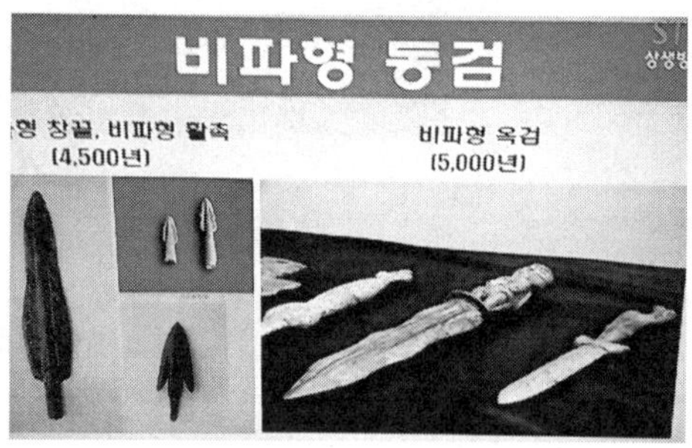

4 – 1 ☑ **서울시 · 교육부중심 전 부처 예맥족인 한국의 상징인 맥이 한국에 겨우 4마리만 남았다.**

아시아에 남아 있는 맥 중 우리 조선의 맥과 가장 유사하다는 말레이 맥도 무분별한 벌목과 사살로 위기에 빠졌다니, 돌봄 사육 메뉴얼과 함께 서둘러 보존하여 양육하자.

한국에는 유일하게 서울대공원(과천)에 암맥 1마리 숫맥 3마리가 살아 있다. 말레이 맥도 4~5마리가 있었는데 다 죽었다고 한다. 죽은 원인을 찾아 시급히 보완하자.

내가 옛날 암행어사도 아닌데 전국을 강의하거나 답사여행하며 돌아보니, 공무원들은⇔ 관내 걸어다녀보기가 절실하다는 생각이 들었다. 아시빨래하여 더러운 때를 대충이라도 씻어내야 다음이 더 정결하고 발전적이다. 연역적이든 귀납적이든 분탕질된 행정에 흥분하게 되고 화가 나는 일들이 어떤 일인지 가만히 들여다보니, 한국적인 정신의 결여와 박제된 듯 일률적인 태도와 부족한 책임감과 철저하지 못함에 대한 분노... 〈그래도 포기 아닌 기대〉이었다. 왜? 사랑해야 하는 나의 우리의 생명 같은 조국이니까!

4 - 2 ▲ 국토부국방부 외 한국인의 강한 기상의 상징인 호랑이도 "남한에 10마리만 남아 있다." DMZ 생태통로를 일부 속히 열어주자.

호랑이를 주로 호신호국의 상징으로 쓰는 나라 한국에서 일제에 이어 호랑이를 다 죽이면? 몇마리 안남은 남한 호랑이 DMZ에 숨통길 터주어 남북시베리아 교류로 후손을 잇게 호랑이 숨통길을 시급히 터주길! 호랑이설화 산신호랑이 까치호랑이 평창올림픽 상주곶감.. 일제강점기 일제가 한국인에 도도히 흐르는 강인한 의인의 기상을 끊기 위해 (쇠말뚝을 박아 기운을 끊고 빼어버리듯), 그 기운을 주는 호랑이를 한국 땅에서 멸종시키려 100마리 이상(1910년대) 집중 포획하여 살육 후, 겨우 10여 마리만 겨우 명맥을 유지하고 있다. 하여 임순남회장은 3 · 1절날마다 일본 대사관앞에 가서 홀로라도 항의 시위한다. 호랑이는 정치적 국경이 없다. 상상의 동물이 아닌 현존하는 한국의 대표적인 동물 상징인 "한국 고려의 조선호랑이를 살리고, 개체수를 늘려 한국의 기상을 찾기 위해, CCTV를 설치하고 DMZ 생태통로를 일부 속히 열어주자. 개체수가 없어 근친교배라는 문제가 발생한다."

제주 호랑이 발자국

부산 기장의 바다 호랑이 발자국

호랑이의 뛰어난 청각과 시각으로 멀리서 보고 사람을 잘 피한다. 호랑이는 개체수를 먹이감을 따져 보아 어미가 스스로 조절한다.[28]

4 - 3 ★ 전북 전주 풍남문의 맥! 우리는 맥족

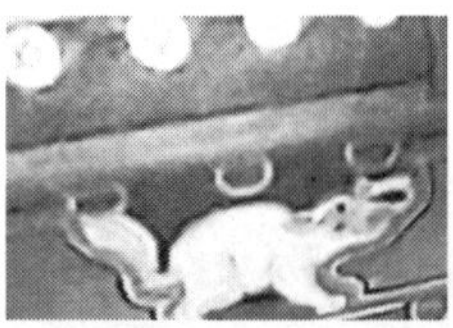

4 – 4 ★ 골뱅이@에 대해 – 서울 청계천 다리 아래 근세조선 골뱅이와 남미 골뱅이

청계천 다리의 아래에 있는 이 석각은 태조 이성계의 계비 신덕왕후 강씨 묘역에서 전처 소생 태종 이방원이 아버지 태조의 사후에 무덤을 외지인 정릉으로 옮기고 일부 허물어 옮겨와 다리돌로 쓴 것들과 함께 온 석각이다. 사후 273년 후 송시열에 의해 묘도 복원되다.[29]

남미 속의 한국을 주제로 연구해 온 손성태교수는

"나는 바닷가 그들이 골뱅이를 까먹고 그 모양을 태극마크 때도 힌트를 받았을 것으로 생각은 했으나, 우리가 보통(미국식)으로 멕시코라 부르는 나라를, 멕시코 원주민이나 국민은 맥이곳이라 한다. (맥이곳은 자국인들이 쓰는 나라 이름이고, 미국인들이 쓰는 나라이름이 맥시코이다.) '맥이'라는 곳에서 온 사람들이 사는 곳이라는 뜻이다.[30] **골뱅이가 '세대를 이어가는 생명의 시작'이라는 보편적 의미**라 하니(왼쪽으로 머리 구부린 한국의 금관에서도 많이 나온 곡옥처럼)..나도 잘 쓴 것이다. 새끼를 "꽤 잘 꼬아" 사용하는 부족이 있었나보다. 그래서 "꽤 잘꼬아 들" '들'은 복수형 어미이다. 신전이 있고 그 신전에 음양태극이 새겨져 있다. 정기적으로 태양신 강연 모임을 가지러 자주 나다니는 '토토나가'인들이다. 우리 선조들이 사라진 방향을 계속 추적 및 연구 발표 중인 손성태 교수의 연구보고이다.[31]

5 – 1. 문재인 대통령을 비롯한 각 부처 공무원 기업인 등 자격시험 1번 문제

한국의 정체성 및 국가 공직의 기강 확립을 위해, 외래종교의 노예적 사관 요구를 극복하기 위한 대책은?

로마 카톨릭(엄연한 한 나라이다)이 한국 광화문 역사광장 중앙바닥과 종로구 각 처에 카톨릭 역사?기념 철판을 붙이려 요구한다. 당신이 담당자라면 어떻게 해야 하는가?

(담당은 서울시, 주택도시계획 · 지역 및 도시계획 · 도시계획관리 · 도심활성화추진 · 광화문광장 운영 역사 도심재생과, 종로구청 등이다)

한국의 역사문화적 현 상황, – 문재인 정부도 제발 식민 사대의 군더더기를 더 붙이지 말라.(로마 카톨릭은 엄연한 한 나라이고 종교이다. 촛불 집회에 기여한 공로로 요구와 압력이 있었다 해도 광화문 중앙 바닥과 서울시의 종로거리 여기저기에 이번 문정부 때에 슬그머니 붙인 〈카톨릭 기념철판들〉부터 스스로 떼어 내게 하고, 그들이 한국민 혈세로 짓고 있는 근처 염천교 카톨릭 역사공원에 설치하게 하든지 – 나는 만년에 가까운 우리 한국역사 터에, 100년도 채 안된 카톨릭이 한국에 카톨릭 순교..〈카톨릭 역사문화…공원〉이며 〈'카톨릭…기념판'〉 운운하며 한국 혈세 뜯어내어 한국내 여기저기 설치하는 것을 보면, 걸어가다가도 속에서 천불이 난다.

남북문제 전쟁 해소책 · 저임금 기업과의 조율 · 관행과 적폐청산 등등 수고 많으신 문대통령님!과 국회사무총장하던 우윤근 등과 한국민 7.9%가 카톨릭일 뿐이다. 로마 카톨릭은 엄연한 한 나라이고 한국이 아니며, 또 카톨릭이나 개신교가 한국의 국교가 아니다. 이명박 대통령 때 개신교가 한국 국교인 양 설치는 바람에 한국도 여러 손해를 많이 보았고 (특히 중앙아시아 및 아시아 여러 나라들은 한국인 전도사에 여권 거부 등 기피) 많이들 상처 입었다. 어디 9천년 한국의 역사를 기념하는 광장 한복판 중심에다 카톨릭기념 철판이라니! 카톨릭은 한국의 숱한 외래종교의 하나일 뿐이다. (언젠가는 그간의 외래종교들이 어느 정부 누구에 의해 혈세를 가져다 어떻게 쓴 것에 대해, 직장 내의 압력이나 노예사관을 벗어난 종교학자나 내부 공무원 중 누군가가 정리, 발표하는 시간이 올 것이다.) 한국인으로서 식민사대 노예사관 극복한 교과서 새로 써야 하고, 한국역사 종교문화 새로 세워야 한다고, 많은 재야학자나 민간인들이 광분하며 애를 태우고 노력하고 있어 희망이 있다. 항상 그런 의병적 힘이 한국의 저력이 되어 왔다. 이완용의 재산과 이병도계의 엄청난 저작권료에 대해 한국사에 미친 엄청난 왜곡과 수정에 대한 부담죄를 물어 저작권료를 국가가 압수하는 절차를 밟아야 할 것이다. 이병도의 저작권료같은 그런 돈은 그 후손들의 학계 침투 및 장악하는 돈으로 쓰여 (실제 서울대총장, 문화재청장 등 많은 교수나 지도자급 출신들이 그 쪽 돈의 혜택을 받아 그 맥을 형성하고 있어, 식민사관의 정리가 힘들다) 식민사관을 양산하여 (식민지의 마지막 총독 아베에 이어 현재의 아베 총리에 이르기까지) 제 3의 아베가 나와 한국을 계속 괴롭히고 침탈하려 광분할 것이다. 일본인들은 아시아에 특히 한국에 대해 호전적인 그런 1,900년대 일본 제국주의적인 아베를 70% 이상의 지지로 재선되도록 밀어주었다. 그간 일본 재단 지원금에 의지해 온 일부 한국 일어일문학자들!도 이제는 단체모임이나 개인적으로 좀 덜 쓰더라도, 일제의 주장에 손들어주는 부화뇌동을 해서는 안 될 것이다.(앞으로는 학술단체 행사의 후원에 일본 문화재단류가 있는 학술단체들 명단도 공개할 것이다.) 이제 사대적 관행과 일제 노예적 삶과 생각을 가진 자들이 만든 국사 종교 역사문화가 아닌 진정한 한국인의 역사문화 혁명이 이루어져야 아베 총독의 "조선인에게 일본이 식민사관을 심어 놓아서 조선인은 영원한 노예로!" 라는 예언에서 벗어날 수 있을 것이다. 한국이 안정되는 날 〈추가적인 친일평가 백서〉는 다시 또 이루어진다. 역사평가는 물론이고.

9천년 역사의 나라에 절실한 필요에 맞게 믿음이 가도록 예속된 사대 · 식민 · 친외래종교 관행에서 벗어나 새롭게 기획을 하고 실천을 해야 官唱民隨관창민수⇐夫唱婦隨부창부수⇒장창신수長唱臣隨⇔신창장수臣唱長隨

역사가 9천년 된 한국 전국에 〈한국상륙 약 100년이 된 카톨릭〉이 버젓이 〈한국에 카톨릭 역사공원〉으로 차지한 땅이 몇 곳이냐? 말이 되냐 대원군 친척 분께서 무척 나무라신다는데..어떻게 생각들 하시나? (당고개 역사공원, 서소문 역사공원, 수리산 역사공원 – 카톨릭 신도 안양시 최시장 도유지 허가.)[32] 언급한 역사공원이 얼핏 우리 당고개 · 서소문 · 수리산 역사공원 같이 느껴질 지 모르겠으나 모두 카톨릭 역사공원이다. 교묘하게 일을 했다.

염천교 카톨릭공원 반대 천막집회 때 필자

나라의 힘은, 우선은 최고 지도자와 주변, 하위직 공무원 한 사람이라도 나라의 주인의식을 가지고 정신과 몸과 공무 실천을 바르게 할 때 나온다. 그럴 때라야 비로소 나라영토도 혈세도 역사도 문화도 국민의 삶과 자존심도 지킨다.

박근혜 대통령 시절, 카톨릭의 교황까지 나서게 해, 서울시 및 중구 혈세로 〈카톨릭역사 순교공원〉을 지으려 하다가 그곳에 직접적인 순교역사를 지닌 천도교와 全 한국민 반대에 부딪혀 타협. 복잡한 서울역 주변에 성지? 순례관광 온다고 선전하여 기만했다가… 한국에 카톨릭 공원이 너무 많습니다.

5 – 2. 공무원 기업인 등 시험 2번 문제

어느 당 세종시의원 대표님! 세종시 공무원들의 내부 청렴도가 전국에서 꼴찌, 해당공무원이 국가재산 도둑질까지 하면 어떤 조치를 취해야 하나요?

공무원들의 기강해이 및 비위문제가 2018년 12월 22일 세종시청에서 열린 국회 행정안전 위원회의 세종시 국정감사에서 초점이 됐다. 이날 국회 행정안전 위원회의 민주평화당 정인화 의원은 이날 질의에서 공무원의 기강문제와 내부 청렴도 문제를 지적했다. 우선 조치원 청사 정자 절취 사건과 관련해 정 의원은 "세종시 별관에 있는 정자 절취 사건의 본질은 공무원의 기강해이라고 생각한다"며 "해당공무원이 청사 별관에 위치한 별관을 소유 확인도 안 해보고, 중장비를 동원해서 절

취했다는 것은(필자: 1차로 그 본인은 국가재산 도둑질 절취 범죄 행위를 한 것이라 형사조치부터 필요하다) 시유물에 대한 직원관리가 부족한 것에 대한 방증"이라고 꼬집었다. 이어 "감사를 거쳐 행정조치를 취했으면, 국민의 비난을 덜 받았을 것인데 곧 퇴임할 사람이라 그랬는지 이를 덮으려 한 것 같다"며 "징계가 어렵다면 형사조치도 필요하다고 본다. 조치를 강구해서 추락한 세종시의 도덕성을 바로 잡아야 한다"고 주장했다.

또 "동료 여성공무원에 성추행 과정에서 수면제 등 약물복용 기도 사건이 있었다"며 "이는 우발적인 사건이 아닌 세종시 공무원의 기강해이가 심각해 두려움 없이 이러한 범죄가 자행되고 있는 것"이라고 비판했다. 정 의원은 세종시 공무원의 청렴도에 대해서 자료를 통해 따져 물었다.

정 의원이 국민권익 위원회로부터 발표한 2017년도 공공기관 청렴도 조사결과에 따르면 세종시의 내부 청렴도는 5등급으로 전국 17개 광역 지자체 중 꼴찌를 기록했다.

그러면서 "내부 청렴도는 예산의 위법 · 부당한 집행, 부당한 업무지시 등에 대한 소속직원의 설문조사 결과로 공무원들 스스로 조직이 부패하다고 느낀다는 것"이라고 지적했다.

답변에 나선 이춘희 세종시장은 "앞서 지적하신 2가지는 범죄행위"라며 "성관련 범죄는 엄정하게 처리하도록 했고 내부 청렴도 문제도 고쳐야 할 것이 무엇인지 알아보고 노력하겠다"고 밝혔다. 이날 국정감사 추가 질의에서 정무부시장에 대한 지적도 이어졌다. 국회 행정안전 위원회 소속인 자유한국당 유민봉 의원은 "증인 명단을 늦게 봤는데 세종시 정무부시장이 해외출장 중이라고 했는데 이는 자연스럽지 못하다"며 "경기도에서도 부지사가 국감기간 중 해외 출장을 갔는데 세종시도 같다"고 꼬집었다. 그러면서 "(이해찬) 국회의원 보좌관이었던 정무 부시장도 자연스럽지 않은데 세종시의 국감 시기에 맞춰 해외출장을 간 것은 자연스럽지 못하고 부적절하다"고 비판했다.[33)]

5 – 3. 공직기강 확립 및 3대 비위 음주운전, 성추행, 금품수수 근절 위한 방안은?

% 정읍시, 공직기강 확립 및 3대 비위 음주운전, 성추행, 금품수수 근절 위한 확

대 간부회의 김인태 부시장 주재, 공직기강 확립과 3대 비위 근절을 위한 강력한 의지를 보여 시는 일부 공직자가 본분을 망각하고 음주운전, 성추행, 금품수수 등 3대 비위행위가 근절되지 않고 지속적으로 발생되어, 공무원의 명예를 심각하게 훼손하고 신뢰행정 실현을 저해하고 있다고 판단하여, 해이해진 공직기강을 바로 세워 시민으로부터 사랑받는 공직풍토 조성을 위해 강력한 혁신방안을 수립했다고 밝혔다. 이번 시책은 최근 사회적으로 공무원 범죄에 대한 처벌 강화의 목소리가 커지는 가운데 음주운전 뿐만 아니라 금품 및 향응수수 성비위로 물의를 일으킨 공무원에 대해 강도 높은 징계기준을 적용하여 책임을 물을 방침이다. 이와 관련, 시는 지난 9일 시청 5층 대회의실에서 김인태 부시장 주재로 국장 및 각 실과소 읍면동장이 참석한 가운데 공직기강 확립 및 3대 비위 근절을 위한 확대 간부회의를 개최했다. 회의에서는 비위행위 예방을 위한 인성, 청렴교육 강화와 3대 비위 행위자에 대한 강력한 징계처분 및 인사상 페널티 부여, 복리후생 제도 축소, 사회봉사 활동 명령, 공직비위 징계 현황 공개 등 직접적인 제재방안과 상급자 연대책임제 강화에 대해 전달했다. 시는 비위행위 예방과 공직자의 건전한 가치관 함양을 위해 전문 강사를 초청하여 공직기강 확립 교육과 청렴교육을 실시하고, 공직자 집합교육 시 비위예방 청렴교육 과정을 개설하는 한편 공직자 신규채용 시 인성검사를 실시하는 등 비위발생 예방을 위한 시책을 강화할 계획이다. 또한 3대 비위행위 적발 시 즉시 직위를 해제하고 징계처분을 최고 수위로 적용할 방침이며, 징계 처분자에 대해 징계수위에 따라 2~6개월까지 재활 용선별장 등 현장근무제를 실시한다. 연대책임 강화를 위해 부서 내 직원의 비위행위에 대하여 부서장의 문책도 실시한다. 3대 비위자의 승진제한 조치로는 승진제한 기간을 현재보다 12개월 추가연장, 팀장급의 보직부여 제한, 6급에서 9급까지 본청 전입제한의 페널티를 부여할 방침이다. 복리후생 제도의 조치로는 복지포인트 지급 제한과 공무 국외연수 배제, 6개월 이상 장기교육 대상자 선발 제외 등을 취한다. 아울러 비위 행위자에 대해 징계처분과는 별도로 아동복지, 노인복지, 장애인 복지시설 등에서 60시간의 사회봉사 활동을 명령하여 자기 성찰의 시간을 갖도록 함으로서 재발을 방지할 예정이다. 직원들의 경각심을 고취시키기 위해 공직비위 징계현황을 행정 내부망에 공개하고, 직원 고충민원 상담창구를 운영하여 비위의 내부고발을 강화하고 조직문화를 개선할 방침이다. 한편 시는 이번 공직기강 확립 및 3대 비위근

절 혁신방안의 시행으로 청렴하고 신뢰받는 공직사회 조성에 행정력을 집중할 계획이다.[34)]

5 – 4. 이화여대 전신 이화학당 건립자의 교육목표와 유관순

메리 F. 스크랜턴, Mary F. Scranton

"한국여성에게 교육하는 목적은, 미국여자의 머리 얼굴 옷을 흉내 내라고 가르치는 것이 아니고, **가장 한국적인 당당한 한국여성으로 가르치고자 하는 것이다.**" 스크랜턴 여사는 1886년 이화학당을 설립하여 한국에서 근대적인 여성 교육을 이끌었던 인물이다. 미국 감리회 해외 여선교회 소속의 선교사였던 여사는 1884년 52세 때 한국에 파견되어 1885년 서울에 도착했다. 서양인에 대한 편견과 의도적인 기피로 인하여 스크랜턴 여사의 초기 한국생활은 견디기 어려웠다. 그러나 여사는 오히려 적극적으로 한국의 현실 속으로 뛰어들어 한국 여성의 열악한 삶의 조건에 관심을 가지기 시작했다. 여기서 착안한 것이 여성에 대한 근대적 교육이었다.

...메리 F. 스크랜턴, Mary F. Scranton이 수개월을 신음하다가 작일 상오 8시경에 별세하였는데 명일 하오 1시에 장례식을 상동회당 안에서 거행하고, 2시에 양화진(楊花津)으로 발인하여 안장한다더라.'

◀ 서울시가 3 · 1절을 맞아 서울도서관(옛 서울시청) 건물 정면 외벽을 장식할 유관순 열사의 사진과 유언을 시연해 본 모습. 게시되는 문구는 유관순 열사의 유언 전문 중 일부이다. 유관순 열사는 고문으로 인한 장독(杖毒)으로 눈을 감기 전 "내 손톱이 빠져 나가고 내 귀와 코가 잘리고 내 손과 다리가 부러져도 그 고통은 이길 수 있사오나 나라를 잃어버린 그 고통만은 견딜 수가 없습니다. **나라에 바칠 목숨이 오직 하나밖에 없는 것만이 이 소녀의 유일한 슬픔입니다**"라는 유언을 남긴 것으로 알려져 있다. 함께 게시되는 사진은 유관순 열사가 3 · 1운동 당시 서대문 형무소에 투옥되었을 때 찍힌 것이다. 수감번호가 적힌 수의(囚衣)를 입었지만 당당한 표정으로 카메라를 응시하고 있다.[35)]

3.1 여성독립운동가들 100여 명 이상이 발굴 · 발견되었다.

5 – 5 ☑ 서울시장님 시급! 동물을 잡는 동물원? 서울동물원, 멸종 위기종 132마리나 폐사

서울동물원의 동물 관리 시스템에 문제, 수의사 숫자도 문제. 축사도 오래되어 노후된 것에 신경을 써야

지난해부터 경기도 과천의 서울동물원에서 국제 멸종위기종 동물이 130여 마리나 죽은 것으로 확인됐다. 죽은 동물 대다수가 질병과 부상이 사인死因으로 드러나 서울동물원의 동물 관리 시스템에 문제가 있는 것 아니냐는 지적이 나온다. 4일 본지가 정보공개 청구로 입수한 자료에 따르면, 작년 1월부터 올해 5월까지 서울동물원에서 폐사한 동물은 모두 286마리였다. 이 가운데 46%인 132마리는 국제 멸종위기종(CITES)종이었다. 특히 재규어(jaguar), 설표(snow leopard), 슬로로리스(slow loris) 등 국제 멸종위기종 1급(CITES Ⅰ)으로 분류되는 동물도 30마리나 포함됐다. 나머지 102마리는 2급(CITES Ⅱ) 멸종위기종이었다. '멸종위기에 처한 동 · 식물 교역에 관한 국제협약(CITES · Convention on Inter – national Trade in Endangered Species of Wild Fauna and Flora)'으로 보호되는 국제 멸종위기종은 크게 세 가지로 구분된다. 국제적으로 멸종위기에 처한 동식물은 1급(CITES Ⅰ), 멸종위기에 처할 우려가 있는 동식물이 2급(CITES Ⅱ), 보유 당사국인 보호조치 지정한 동식물은 3급(CITES Ⅲ)이다.[36)]

5 – 6 ☑ 문재인 대통령님, 서울시장님! 돈의문을 복원하시길! – 일제 극복의 의미뿐 아니라, 서울 도성의 유네스코 등재에도 필수 사항.

광화문 근처 도시재생 등으로 잡은 큰 예산으로 돈의문(서대문)을 복원하여, 서울 4대문을 제대로 만들기부터 하는 것이, 조정이 좀 복잡하더라도 바른 과정인 것 같은데, "일제가 철거한 세종대왕께서 만든 돈의문을 제대로 복원하시길 – 그 다음에 지금 추진하겠다는 〈돈의문 가상현실 복원〉도 하고 싶으면 덤으로 더 하세요. 문화재청 서울시 예산 충분 – 돈의문 현실적 문제 복잡한 여러 조정일 관리 그런 것 하라고 혈세를 냅니다. 청계천 복원에 비하면….

필자가 카페에 올린 글 참조 바람 : 일제가 절룩발이로 만든 서울 한양 도성 4

대문 중 – 돈의문(서대문)을 더 늦기 전에, 여기저기 돈 쓰지 말고 제대로 반듯하게 복원하라. 공무원은 발주만 하면 편한 –

〈가상현실 돈의문〉을 천 번 만들어도 원래 서대문(돈의문)의 복원 하나만 못하다. 가상현실 증강현실?이라는 말로 국민을 혼란시키지 말라. | 공무원 학자 국민 나부터만년 한국사랑 국가기강 바로/차옥덕http://cafe.daum.net/AcademyofKorCulture/Rvy7/46

5 – 7. 공무원 필수 시험문제 한국을 두 세 번 침략하고 죽이는 영일동맹(Anglo – Japanese Alliance)에 대해 예방적 차원에서 대비해야 할 것은?

1901년 일본은 만주에서 러시아의 단독지배를 인정하지 않고, 제국주의 열강과의 협조하에 한국 지배 뿐 아니라 중국 분할에도 참여하기로 결정했다. 일본과 영국은 교섭을 거쳐 1902년 1월 30일 영일동맹을 체결했다. 이에 대항해 러시아는 3월에 러시아 – 프랑스 공동선언을 발표했으나, 국제외교에서 수세에 몰렸다. 1904년 만주와 한반도에서 이권을 둘러싸고 일본이 영국무기로 일어난 러일전쟁은 일본의 승리로 끝났다. 전쟁 후인 1905년 7월 일본의 총리 가쓰라 다로와 미국의 육군장관 태프트는 '미국은 일본의 한국 지배를 승인한다'는 내용의 비밀협약을 맺었다. 이어 8월 12일 일본은 일본의 한국 지배를 외교적으로 보장하는 제 2차 영일동맹을 체결했다. 일본은 여러 제국주의 열강의 동의를 얻어 한국의 식민지화를 노골적으로 추진했다.

한국을 두 세 번 침략하고 죽이는 영일동맹 (Anglo – Japanese Alliance)[37)]

1902년(광무 6) 1월 30일 런던에서 영일동맹을 체결~ 2012년 영일 무기공동제작 동맹까지, 한국 침략이나 한국 패싱을 주도하려는 일본과 그 야욕에 편승하여 이익을 갈구하는 영국. 1899년(광무 3) 러시아는 경상남도 마산포馬山浦를 점령하고 대한제국에 조차를 요구했으나, 일본의 반발로 실패했다. 이어 1900년 6월 중국의 의화단義和團이 만주에서 러시아가 건설 중이던 동청철도東淸鐵道를 공격하자, 러시아는 자국이익의 보호를 명분으로 18만 명의 군대를 파병하여 주요 지역을 점령했다. 1901년 1월 러시아 공사 이주볼스키는 일본 외무대신 가토 다카아키[加藤高明]에게 한국을 열강의 보장 하에 중립화할 것을 제의했으나, 일본은 "만주는 러시아에,

한국은 일본에"라는 한만교환론으로 대응했다. 이에 러시아는 람스도르프 – 양유[揚儒] 밀약을 체결, 만주의 보호령화를 꾀했으나, 영국 · 일본 · 미국 · 이탈리아 · 오스트리아 등이 항의함으로써 밀약을 포기했다. 러시아의 남진에 불안을 느낀 영국은 1900년 독일 · 일본과 양쯔 강[揚子江] 협정을 체결하여 청淸의 영토보전과 문호개방을 강력히 요구했다. 그러나 독일과 프랑스는 만주지역에서 러시아의 기득권은 인정한다는 입장을 밝혔다. 그 결과 영국은 일본과 연결하여 동아시아에서 자국이익을 보호하는 것이 최선책이라고 판단했다. 한편 일본 내에서 이토 히로부미伊藤博文, 이노우에 가오루井上馨, 야마가타 아리토모山縣有朋 등 정치인들은 러시아의 만주 점령을 인정하는 대신 일본의 한국 점령을 인정 받기 위해 러시아와의 제휴를 주장했다. 반면 카쓰라 다로桂太郎, 가토 다카아키, 고무라 주타로小村壽太郎 등 외무 당국자들은 러시아의 만주 점령을 의심하면서 영국과의 제휴를 주장했다. 1901년에 일본의 입장은 만주에서 러시아의 단독지배를 인정하지 않고, 여타 제국주의 열강과의 협조하에 한국 지배뿐만 아니라 중국 분할에도 참가하는 것으로 굳어졌다. 그리하여 같은 해 12월 영국 주재 일본 공사 하야시林董와 영국 외무대신 랜스다운 간의 교섭을 거쳐 1902년(광무 6) 1월 30일 런던에서 영일동맹을 체결했다. 동맹은 전문 6개조로 되어 있는데, 주요내용은 ① 영 · 일 양국은 한 · 청 양국의 독립을 승인하고 영국은 청에, 일본은 한국에 각각 특수한 이익을 갖고 있으므로 제 3국으로부터 그 이익이 침해될 때는 필요한 조치를 취할 것, ② 영 · 일 양국 중 일국이 전항의 이익을 보호하기 위해 제 3국과 개전할 때 동맹국은 중립을 지킬 것, ③ 위의 경우에서 제 3국 혹은 여러 나라들이 일국에 대해 교전할 때 동맹국은 참전하여 공동 작전을 펴고 강화도 서로의 합의에 의해서 할 것, ④ 본 협약의 유효기간은 5년으로 할 것 등이었다. 영일동맹의 체결에 대항해 러시아는 '중국과 한국의 독립과 영토 보전'을 강조하면서 같은 해 3월 러시아 – 프랑스 공동선언을 발표했으나, 국제외교에서 크게 수세에 몰렸다. 1904년 만주와 한반도에서 이권을 둘러싸고 일어난 러일전쟁은 일본의 승리로 끝났다. 전쟁 후인 1905년 7월 일본의 총리 가쓰라 다로와 미국의 육군장관 태프트는 '미국은 일본의 한국 지배를 승인하며, 일본은 필리핀을 침략하지 않는다'는 내용의 비밀협약을 맺었다. 이어 같은 해 8월 12일 일본은 영국과 일본의 한국 지배를 외교적으로 보장하는 '제 2차 영일동맹'을 체결했다. 그 내용은 영국은 일본이 한국에서 가지는 정치상 · 경제상 · 군사상의 이익을 보장하며, 일본은 영국의 인도 지배 및 국경지역에서의 이익을 옹호하는 조치를 취할 것 등이었다. 이렇게 하여 여러 제국주의 열강의 동의를 얻어 일본은 한국의 식민지화를 노골적으로 추진해 갔다.

▶ 호전적인 영일동맹은 세계의 걱정거리이다. 춘천 맥국중도 문제도 같은 맥락 – 100년 전 조선침략, 현대 2012 무기공동제작 동맹 영국의 레고, 이번엔 영국이 앞장 일본이 배경 | 세계평화생명 지속방략 연구원

"한국 대법원의 일제 강제징용 배상 판결과 위안부 지원 화해 치유재단 해산으로 가속화된 한일 갈등이 '레이더 조준 진실 공방' 이후 최악"으로 치닫고 있다. 일본 방위성이 공개한 영상을 놓고 일본 내에서도 초계기의 대응을 문제 삼는 등 비판이 나오고 있지만 아베 총리는 언론과의 신년 대담에서도 "화기 관제 레이더의 조사(照射)는 위험한 행위로, 재발 방지책을 확실히 해 주기를 바란다"고 말하며 공세를 멈추지 않았다. 또 "강제징용 판결도 매우 이상했다"고 비판했다. 한일 관계가 냉각된 것을 전적으로 일본 탓이라고 할 수는 없지만 대한민국을 향해서는 '왜 그러나?' 싶을 정도로 이슈를 만들어 날을 세우고 있는 일본이다. 반면, 일본은 미국과 영국, 프랑스 등 소위 '해양 세력'으로 불리는 강대국들에게는 두 팔을 벌려 다가서고 있다. 우리가 북핵 문제에 집중하고 있는 사이 일본은 마당발 외교로 힘센 우군 확보에 열을 올리고 있는 것이다. 일본과 영국은 2012년 정상끼리 만나 '전략적 파트너십'을 맺고 안보 협력을 강화하기로 했다. 시진핑 주석이 막 집권하던 때였는데 중국의 위협에 공동 대응하자는 명분이었다. 센카쿠 열도(중국명: 댜오위다오)에 긴장감이 감돌았던 2014년, 두 나라는 또 정상회담을 하고 매년 양국 국방 · 외교장관이 만나는 2+2회의를 열기로 했다. 2015년 1월 런던에서 첫 2+2 회의가 열렸고 이듬해 회의에서는 남중국해 영유권에 대한 중국의 자제를 촉구하는 공동성명을 발표했다. 메이 총리의 방일 뒤 2017년 런던 3차 2+2회의에서 두 나라는 '글로벌 전략 파트너'로 관계를 격상했다. 미국을 축으로 한 간접 동맹 관계를 한 단계 끌어올리자는 내용으로 '실질적인 동맹'을 선포한 것으로 평가받았다. 일본과 영국. 두 나라의 관계 발전은 양국의 이해관계가 철저히 맞아 떨어진 결과였다. 브렉시트가 결정되기 전인 2015년 영국 정부는 '국가 안전보장 정책 목표'를 제시했는데 일본을 '아시아에서 가장 가까운 안보 파트너'로 규정했다. 브렉시트 이후 유럽을 뛰어넘는 글로벌 전략이 필요한 영국으로서도 해양진출은 필수이며 아시아 우군으로 일본을 택한 것이다.

초대 이즈모함과 현재 이즈모함 100여 년 전 일본은 당시 패권 국가였던 영국과 동맹을 맺어 그 힘으로 러시아를 격파한 뒤 근대 열강의 반열에 올랐고 그 과정에서 우리나라는 일제의 식민지가 됐다. 그때와 비교해 지금 일본은 영국보다 못할 게 없다. 경제력은 우위에 있고 해군력과 정보력은 영국과 함께 세계 최강 수준이다. 패권국인 미국의 힘이 다른 강대국들과 비교할 수 없을 정도로 강한 것도 100년 전 상황과는 다르다. 시리아 미군 철군 결정을 내린 뒤 트럼프 대통령은 노골적으로 "미국은 세계의 경찰 역할을 계속할 수 없다"고 말했다. 스미스 연구원이 제시한 '일본 재무장'의 요건이 갖춰지는 상황에서 일본은 자신의 힘을 키우면서 슬며시 '대륙세력 대 해양세력' 구도를 강화하는데 발 벗고 나서고 있다. 미국 눈에 거슬리지 않는 범위에서 아시아 패권을 거머쥐기 위한 걸까? 일본의 의도가 뭔지 따져보기에 앞서 이런 일본과 우리나라가 서로를 적국 대하듯 하는 지금 현실이 한편으로 걱정스럽다.

개헌안 제출을 앞두고 '레이더 공방'… '군사 대국화' 속도

안보 분야까지 번진 한일 갈등. 중심에는 아베 총리가 있다. 방위성을 앞세워 여론몰이에 나섰고 동영상 공개도 직접 지시한 것으로 전해졌다. 한국이 마치 일본의 위협인 것 마냥 황당하게 호들갑을 떤 의도는 뭘까? 아베 총리는 신년 대담에서 개헌을 언급하지는 않았다. 하지만 "국민의 이해와 논의가 깊어지는 것이 절대 필요하다. 남은 임기 몸과 마음을 다해 남은 과제에 도전해 나가겠다"며 야심을 감추지 않았다. 지난달 국회 폐회 후 기자회견에서는 "2020년 새 헌법을 시행하겠다는 목표는 지금도 변함이 없다"고 말했다. 집권 자민당은 2012년부터 평화헌법 9조 '국제 분쟁 해결 수단으로서 무력행사를 영구히 포기한다'는 내용을 수정해 일본을 '전쟁이 가능한 나라'로 바꾸겠다고 밝혀 왔다. '레이더 공방'은 일본 정치권에서도 아베 총리가 한반도 상황을 지지율 제고의 수단으로 삼았다는 지적을 불렀다. 북한의 도발은 일본에도 가장 큰 위협이다. 때문에 아무리 교착 상태라 하더라도 지금과 같은 북미 협상 국면은 개헌 여론에 불을 지펴야 하는 아베 총리로선 답답한 상황일 수 있다. 지난해 야당 반대 속에 제출이 무산된 헌법 개정안은 올해 정기 국회에 제출될 것으로 전망된다. 군사 대국화를 위한 밑 작업은 착착 진행되고 있다. 북핵 위협을 구실로 군사력을 키워 온 일본은 지난달 새 방위계획 대강을 승인했다. 눈에 띄는 점은 단거리 이륙과 수직 착륙 전투기를 운용할 수 있는 이즈모급 헬리콥터 탑재 호위함 2척을 개조할 방침을 명기한 것이다. 공격용 무기인 항공모함으로 전환한다는 얘기이다. '외부의 공격을 받을 때만 방위력을 행사한다'는 전수(專守)방위 원칙과 배치된다는 논란이 일고 있는 이유이다. 일본 해상 자위대의 전력은 이미 세계 2위 해군력으로 평가받는다. 일본은 향후 5년간 방위비도 사상 최대 규모인 27조 4,700억 엔(약 274조 원)을 쏟아부을 계획이다.[38]

"일본은 통일한국이 두려워 남북통일 · 북한개방을 원치 않아"[39]

■ '밀월 과시' 日 – 英, '동맹'으로 관계를 격상하나?

미국과 중국의 대결 속에 신新냉전으로 접어든 지금 한국은 중국 · 러시아 등 대륙 세력에 맞서는 미국 주도의 해양세력으로 분류된다. 일본도 마찬가지이다. 한국과 일본은 과거사에도 불구하고 한 · 미 동맹과 미 · 일 동맹의 교집합인 미국을 축으로 협력 관계를 유지해왔다. 논란 속에 군사비밀 정보보호 협정도 체결했다. 하지만 '레이더 공방'으로 인해 한일 관계는 마지막 보루인 군사 관계까지 내상을 입었다. 미국을 축으로 협력하는 국가 중 일본이 한국과는 다르게 공을 들이는 나라가 있다. 영국이다. 2017년 테리사 메이 영국 총리가 일본 해상자위대 요코스카 기지를 방문해 이즈모함에 올랐다. 오노데라 이쓰노리 방위상은 "초대 이즈모 함은 영국에서 건조돼 러일전쟁 때 운용됐다. 덕분에 러일전쟁에서 이길 수 있었다"고 말했다. 1902년 러시아의 위협에 맞서 결성했던 영 · 일동맹의 향수를 떠올리게 한 발언이다. 메이 총리는 "영국과 일본은 오랜 기간 국가 안보 수호를 위해 협력해온 좋은 친구"라고 화답했다.

日자위대 – 英육군 후지산 합동 훈련

양국은 합동 군사훈련에도 적극적이다. 지난달 22일 일본 혼슈 남쪽 해상과 하늘에서 일본은 미국은 물론 영국과 함께 연합 훈련을 했다. 영국 해군이 동북아 바다까지 진출한 것도 이례적인 일이었는데 영국 육군도 후지산 일대에서 육상 자위대와 훈련을 했다. 육상 자위대가 일본 영토에서 미국 외 나라 군대와 가진 최초의 연합 훈련이었다.[40]

5 – 8 ◘ 문대통령은 평양에서 10여 만 평양 시민을 맞대하고 처음으로 연설한 한국 대통령이다. 그 연설 중에 '민족'을 몇 번 언급했을까? 〈10번〉이다. 이걸 말하는 나의 숨은 저의는 〈용산은 민족역사공원으로!〉, 또 작금의 밀착된 영일관계를 볼 때 춘천 맥국중도는 더욱, 영국 식민지 개발본부인 영국성공회와 영국 왕실에 내어 줄 수 없으니 빠른 조처를 절대로 요청 드린다는 것. (항상 한국패싱을 노리며 영국 뒤에 일본이 유착해 있는 점을 잊지 맙시다)

문재인 정부는 역사적 큰 소명을 이루다. 판문점선언과 평양공동선언으로 연 분단이후 70여 년 만에 처음, 〈평양 – 백두산 평화통일 기원 남북행사〉를 이루다. 아! 이제 그 순간만이라도 한국인들이 남북을 걸어가는 평양과 백두산시대를 열었다! 3달 전에도 중국으로 돌아서 갔는데 1월 20~25일…문대통령 · 김정은 위원장이 남북 물꼬를 출산한지 3 · 7일 지나고, 이제 100일 아니면 1000일이라도 그 잔치는 축제이다. 온몸으로 느낄 수 있기를! 국제정치 역학 속에 힘들면서도 헤쳐나가는 팀들 저력 9216(2019년) 1월 이번 문정부 첫팀들 일들 열심히 한 열매! 민족왕래의 선물을 줄 수 있기를!

★ 한국도 세계 7번째 3050클럽 시대, 그 속?

실질적인 3050시대가 되려면 무엇을 보완해야 할까? 저출산, 높은 교육비, 저임금, 비싼 주거비 등 주변문제 – 젊은이들 혼인 합의보기도 힘들어, 선진유럽에 비하면 이제 시작인데 이리저리 이민들 많이 가려하고…

(3만불 인구 5천만 명이 되어야 들어가는 클럽)

우리나라가 2015년이면 국민소득 3만 달러와 인구 5천만 명을 갖춘 국가를 의미하는 '30 – 50 클럽'에 가입할 것으로 보입니다. 현재 이 기준을 넘는 국가는 미국과 영국 등 6개국 뿐입니다. [리포트] 올해 2만 8천 달러인 우리나라 1인당 국민소득이 내년에 3만 달러를 돌파할 예정입니다. 이에 따라 지난 2012년 인구 5천만 명을 넘었던 우리나라는 '20 – 50 클럽'에 가입한 지 3년 만에 '30 – 50 클럽'에 들어갑니다. '30 – 50 클럽' 국가는 1인당 국민소득이 3만 달러가 넘고 인구가 5

천만 명이 넘는 국가를 의미합니다. 국가 신용등급이 올라가 국가적 위상이 올라가는 효과도 누릴 수 있습니다. 현재 '30 - 50 클럽'은 미국과 영국, 독일 등 6개 국가가 가입돼 있습니다. 우리나라가 7번째입니다. 덴마크와 싱가포르 등은 1인당 소득이 4만 달러가 넘지만 인구가 적고, 중국과 인도 등은 인구는 많지만 소득이 적어 아직 '30 - 50 클럽' 기준을 넘지 못 했습니다.[41] 보완할 것은 많지만, 우선 주변이 좀 일 만들지 말아야 하루라도 마음 편할텐데, 제어가 다 되는 것은 아니고, 남북미 협상이라도 잘 이루어지길 노력해 봐야겠는데

청와대는 10일 경제협력개발기구(OECD)가 최근 세계 경제전망을 하향 조정하면서도 한국의 올해 경제성장률이 3050클럽 중에서 가장 높을 것으로 예측했다고 밝혔다. 청와대는 이날 페이스북 등 공식 소셜네트워크 서비스(SNS) 계정 등을 통해 "OECD는 최근 세계 경제 전망을 하향조정, 당초 연 2.8%와 연 2.9%로 제시했던 한국경제의 올해와 내년 성장률 전망치도 각 2.6%로 떨어졌다"며 이같이 밝혔다. 청와대는 다만 이런 가운데서도 3050클럽 중 한국의 경제성장률 전망이 상대적으로 나쁘지 않다고 밝혔다. 3050클럽은 인구 5천만 명 이상, 1인당 국민소득 3만 달러 이상인 국가를 말한다. 청와대는 "OECD에 따르면 우리나라의 2018년 경제성장률은 2.7%로 미국 다음으로 2위를 차지했다"며 "2019년에는 미국과 공동 1위, 2020년에는 3050클럽 국가 중 1위로 예측된다"고 밝혔다. 이날 청와대가 인용한 OECD 경제전망치 자료를 보면 2018년 성장률은 미국이 2.9%로 가장 높고, 한국이 2.7%로 그 뒤를 이었다. 같은 기간 3위를 차지한 프랑스는 1.5%, 일본은 0.7%로 6위를 차지했다. 올해는 한국과 미국의 성장률이 2.6%로 예측됐으며, 프랑스가 1.3%로 3위를 차지할 것으로 OECD는 전망했다. OECD는 2020년에 한국이 2.6%, 미국이 2.2%, 프랑스가 1.3%, 일본이 0.7%의 성장률을 기록할 것으로 내다봤다. 청와대는 "경제 상황에 어려움이 적지 않지만 성장이 체감되도록 계속 노력하겠다"고 밝혔다.[42] 외국자본 덕에 3050으로 부풀었다는 설?이 아니게 빨리 충족시키자. 원동력은 국민들이 각 자 제품과 서비스로.

5 - 9. 일제가 한국인 정체성을 말살하고 일제와 통합하려 민족종교부터 사이비로 탄압하였는데 70년이 지난 지금도 불문율처럼 계속?

문광부 종무과 임직원들 한국종교에 대한 인식 바르게 외래와 균형있게 구성하

자. 한국종교 무신교도 종교에 넣고 사제나 신도도 당연히 분류에 넣고 예산정책도 바르게. 그러지 못하니, 한국 정체성을 세울 자리인 광화문 중앙점에 카톨릭 시복 기념 철판을 박아놓고 한국 전통신앙은 불법화하는 상황을 어떻게 풀어야 할까? 어디에 어느 나라에 한국 우리를 예속 통합하려 하는 것일까?

5 – 10. 神께서 선택하여 걷게 되는 한국적인 신적인 삶이 주어진 무속인들을 위한 입법은 어떤 것이어야 할까? 서울 자유시민대학 연계도 고려해 볼 일

또 자신이 원하지 않는데 神께서 선택하여 걷게 되는 한국적인(거의 모든 세계 원주민 부족엔 그러한 사제들이 있다) 신적인 삶이 주어진 무속인들, 천손족이라 특히 한국에 많다. 국민이면 누구나 찾지 않는 사람이 없는 한국종교가 무교이고 그 사제가 무속인들로 여론형성에도 사실은 막강한 영향력이 있으나 조직이나 권력 쪽으로 별로 발휘하지 않는다. 해방 후 기독교(카톨릭포함)정부에 의해 그들은 종교 · 복지 · 교육 · 여성 · 문화 · 행정 등의 정책에서 사각지대에 있다.

70% 이상의 무종교인 한국인들! 실질적으로는 무종교가 아니다. 이 다양하고 많은 한국인을 상담하며 위로하고 문제를 해결해 주고 때로는 후원자의 역할을 하는 사람이 무속인이다. 상담자로나 신도에게 무속인들은 자신도 어려운데 물질적인 도움까지 주며 현실이나 체계나 법에 밝지 못해 수시로 당하기도 하며, 어렵게 사는 한국 종교인이다.

현재는 극소수 문화재에 속한 무속인들만 무형문화재 작은 단체로 무형문화재 정책 안에 넣고 지원이나 관리를 하고 있는 실정이라, 50만 명 이상에서 100만이 넘는 한국종교 무교인들과, 500만 이상 그 가족들이나 무시로 찾는 3,000만 신도도 때로 위험하게 방치되며 살고 있다. 이 현실을 매도하거나 무시말고 한국현실로 인정하고 이 눈치 저 눈치 외래종교의 눈치를 보지 말고 바른 대책을 세우자.

시급한 한국의 정체성이 있는 종교 인정 정책과 개선이 절실하다. 예) 몇 천년씩 무속행위를 해 온 인왕산 같은 곳에 "무속행위를 하면 불법"이라고 간판을 붙여두면 어쩌자는 것인가? 일본에 우리 무속에 뿌리를 두고 있는 '신도 신사 신앙기도 행위에 불법'이라 써 붙이면 어떤 일이 벌어질까? 한국무속인들은 착하다. 한국종교인이 한국식 기도법을 금기시하는 것부터 고치는 법이 필요하고, 많이 이용하는 기도터는 지정해 주고, 기타 전통문화 대학교같은 곳에 무교학과와 무속문화학과 신교학과 개설이 필요하다. 그럴 수 있기 위해 기본 종교입법이 절실하다. 여야 정부가 같이 해야 할 것이다.

5 – 11. 공무원 기업인 등 시험 5번 문제

조선조 경복궁 근정전 앞과 청와대 앞에는 왜 봉황이 서 있거나 중심에 있을까?

벽오동 심은 뜻은?처럼 봉황 심은 뜻은? 생각해 보자. 앞에 나서는 사람 속에서도 이런 봉황새 같은 이가 나타나면 천하가 평안해지니 이런 품성을 지닌 지도자가 나타나길 기대한다. 다시 말해 최고 통치자가 그런 품성을 지니길 국민이 요구하는 뜻일까? 아니면 봉황 같은 7덕을 지닌 공무원이 나타나 천하가 평온해질 수 있도록 최고 통치자 자신을 보좌하길 바라서 세운 것일까?

봉황은 오동나무가 아니면 깃들지 않고 대나무열매(죽실)가 아니면 먹지 않는다니 청렴하길 바라는 것일까? 적어도 자기에 대한 존엄성을 아는 자면, 자존심이 있으면 함부로 자기 원형을 부정하지 않는다. 공무원과 정치인 및 학자들이여! 한국은 무종교가 국민의 56.1%이다. 국내 사업 기획을 할 때 만년 역사 한국인과 그 문화의 지속과 근간의 힘, 전통의 힘을 믿어라!

5 – 12. 시험문제: 공무원에게 바른 제안을 국민이 기피하는 원인은 뭐라고 생각들 하시는지?

처음은 무조건 ... 때문에 안된다 거부 방어식으로 나가려 하는 것.= 박제된 사고와 화법: 철밥통적 발언과 사고에서 자유로워지기가 절실하다.

일에 성의와 정성 없는 행정 – 예산 없어 아무 일도 못할 것처럼 (있는 시설과 장비만으로도 할 수 있는 일 있는데 예산이 나올 때까지는 일하지 않는다)

일제 잔재를 그냥 두는 것 식민사관 ⇒ 없애기..아래 좁은 글자 보통식으로

전통문화 흔적도 없애기 일환들 행정 ⇒ 홍보판에 전통문화 특히 고고학 무속관련 성황당 등 생략과 흔적 제거

최고 통치자가 나라건국 기념일인 개천절 행사에 (다른 종교인의 눈치를 보느라) 참석하지 않는 비겁함.

동지날도 설날 떡국 대화정치하듯 ⇒ 전통문화 활성화 및 대화 기회 활용하기(국민들도 보고 배운다)

서양종교가 설치고 그에 예속되는 흔적들 ⇒ 제어하고 벗기기

결국 한국적인 얼과 한국다운 정책을 기획하고 펼치어 모두 잘사는 사람들의 대한민국을 만들자는 것이겠지…. 내 스스로에게 화답을 하며 썼다.

예) 서울남산, 정릉기도터, 거북기도터, 문경새재 산신당과 아씨당 등등은 많이들 기도하러 (유명한 마리아 성당 찾듯) 찾는데, 금지하고 있어 철망을 넘어 몰래 울타리 넘어가게 하거나, 한국종교라? 도로 표지가 제대로 친절히 안되어 있어 그냥 돌아오기가 일쑤이다. 외국 관광객들은 한국에 교회를 보러 오지 않는다. 한국적인 것을 보러 오는데 그런 곳은 자국에서 무시해 숨겨버리니 이게 합리적인 문화관광 정책일까? 한국은 자연유산 및 순수 전통문화는 다 없애니 이제 볼거리가 없어 안온다는데 정부가 결자해지를 해야 한다. 정부측에서 한국 정체성 찾기(국조전, 단군, 기도터 설치, 성황당 살리기 등등하는) 때마다 바력을 넣고 민원을 하며 갖은 수법으로 방해해 온 한국기독교도 책임이 크다.

5 – 13. 국무총리실 · 여성가족부 요즘 혼인한 젊은이들의 관심 분야는? 취업 소망의 순위 1위가 공무원인 이유는?

"내 직장에 어린이방이 있도록 하는게 절실하다. 출퇴근 시 시간을 맞추어 아이를 맡기고 찾으러 가느라고 허둥바둥 대고, 너무나 힘들어 둘째 아이는 생각도 못하겠다. 이렇게 양육이 직장 다니는 부모에게 힘들 줄 알았으면 한 아이도 안 낳았을 것이다." 저출산을 해결한다고 다른 데 돈을 쓰지 말고, 가까운 어린이집이나 보모를 늘리는 실질적인 일을 좀 빨리 해주는 게 급선무라 여긴다. – 서울시가 최근에야, 아이 맡길 곳 각 지역에 마련 〈우리아이 다 맡기세요〉 한다. 출퇴근 시 아이를 맡아 아이를 어린이집에 보내고 찾아주고 부모 귀가 시까지 밥 먹이고 거두어주기 할 믿을 만한 사람 보내주기(믿을만한 여자분), 갑자기 아이 맡길 곳 각 지역에 마련, 등의 획기적인 대책이 절실합니다" 한다. – 46세 택시기사님 말씀

밤 좀 늦게 딸네집에 귀가 시까지 손녀를 좀 봐주고 사위가 먼저 와서 택시 잡아줘서 타고 오면서 나눈 말인데 '어쩌면 이렇게 똑 부러지게 필요한 말을 하는지 속으로 놀랐다. 바로 절절히 당면한 문제였으니, 바로 시험문제 답 맞히듯 맞추었다.

5 – 14. 외교부 일본에 전범들과 같은 신사에 한 쪽에 갇혀 있는 한국인 영령, 조건없이 인도케 하라! 한국정부는 조속히 모셔 와라.

일본 전쟁 중에 죽었음에도 포로로 잡아두는 비인륜적 태도 – 이 일본의 강압의 바탕은 그 힘은 어디서?

진주기생 논개가 왜군 장군을 안고 죽었는데 일본은 그 논개마저 한 쪽에 같이 모신다 하니 그 속이 참으로 일본답다. – 일거삼득?(그 논개에게 죽어서도 왜군 살인에 대한 죄로 괴롭힘을 주는 것이고, 또 그것을 보러 가는 한국 관광객을 유치하고, 세계적으로는 일본이 포용성이 큰 인도주의 같고)

아베가 한국을 사랑할 수 있다면! 이라는 말이 성립할까? 때로 일본인 중에서는 한국문화를 사랑하는 사람들이 있기도 하다며 오랫동안 교류를 하는 분들도 있으나, 아베의 지지가 70%가 넘는 것을 보면, 일본인 대다수는 아베류이다. 할아버지 아베는 내심으론 찬란한 조선역사를 알고 칭송하였으나 그만큼 근대 이후 조선을 영원히 영원히 지배하고자 했다.

손자 아베도 적어도 할아버지 아베만큼은 찬란했던 과거라도 조선역사와 조선인을 아는 것일까? 알려고 해 보았을까?(하물며 한국인 중에도 국적이 어딘지 의심이 가는 행동을 하는 자들이 많으니) 손자인 한국 패싱형 아베를 원하는 것이 70%의 일본인 - 즉 대다수라 영원히 일본은 조선을 천적처럼 다루어 국제사회에서 패싱시키고? 싶어 하는 아베류로 나올 것이다. 재일 조선인을 혐오하는 자들도 많이 있다.

공존으로 가는 작은 길에 조그만 숫자라도 한국의 젊은 문화와 옛 무형문화를 깊이 사랑하는 한류 팬들도 있으나, 아마도 조상들의 연이나 DNA때문일 수도 있겠지만(한국 몽골 일본이 DNA가 거의 같다 하니) 원천적인 친연성과 이해와 기울어지는 일인도 있으나 조센징으로 증오하는 자들의 목소리가 더 크고 더 지배적이다. 아베가 한국을 사랑하기 전에 - 영원히 오지 않을 것이므로 아마도 한국이 아베를 사랑할 수 있는 날이 오게 되도록 한국국력을 높이 쌓으면 아베가 미국이나 영국 가서 아부하듯 할 것이기에 남북 한국인이 부지런히 큰 힘을 가진 국가를 만드는 것이 중요한 숙제로 여겨진다.

공무원들은 아래 아베의 말에 대하여 어떤 대처가 필요하다고 여기는가?

"대일본제국의 식민교육, 이것이야말로 조선인들이 서로 평생토록 이간질하며 노예적 삶을 살게할 것이다."

아베의 할아버지였던 조선총독부 아베 노부유키 총독이 조선을 떠나며 "우리는 패했지만 조선이 승리한 것은 아니다."

5 - 15. 공무원 전체 자기 노래춤 표정 등등 준비에도 지치는 어린 예능 아이돌의 한국인 정체성을 키우는 노력을, 교과서를 통해서나 학교에서 또 실제 대통령도 개천절에 참석하여 제대로 보여준 적이 있는가?

친일 역사나 역사인물 얼굴도 모른다고 크게 질타하는데, 나라 지도자라는 그대들은 어떠하신가? 현묘지도 '풍류'가 바탕인 한국인 'DNA', 사흘 밤낮을 음주가무하며 화백축제를 즐기던 예맥동이족이라, 노래방에서는 전국이 가수이다. 그래서 노래로 세계 1등을 하는지, 나의 동네에서 별명은 꽃집 할아버지께서 '역사'라고 부르셔서 '역사'이고, 멀리서 배달 오는 야채가게 아저씨는 '역사책'이 많

은 집이라고 '역사책'으로 명명하니, 나라는 사람은 '강남스타일'은 아니지만 샤이가 부른 '나팔바지' 노래에 신이 나고 좋아 같이 흥얼거리고 춤추며 고구려벽화의 나팔바지 원조를 내심 자랑한다. 그러나 너무 오랜 역사를 살아온 민족이라, 잃어버린 역사를 안 챙기면 다 빼앗기게 생겼으니, 이제 다들 기본적인 역사보존정신문화 지표 이 귀한 것들은 이제 좀 알고 삽시다. 당장 핵전쟁보다 더 무서울 수 있는 역사전쟁기인 것부터 알고 삽시다. 하여 한민족 만년역사 증명할 "환국"에 환인 7분, 환웅 18분, 단군 47분인 것부터 압시다.

이 한민족 역사의 시작 '환국'이 너무나 중요하니까, 일본은 '환국'글자를 '환인'으로 변조 · 왜곡 · 해석하는 방향으로 조치를 취했지만, 다행히 우리 재야학자들이 근간이 되어 제대로 찾는 노력이 강단사학자들의 질시 속에도 국민 다수의 환호 속에 몇 단체에 의해 확산 중에 있다.

5 – 16. 시험문제 7,000여 년 전부터 한글의 발전과 유래는?

한민족 및 이동국가에도 역사와 깨달음과 문화와 함께 하는데 설명해 보실까요? (한국 중국 인도 일본 등등 한글권)

제 1세 거발한 환웅께서 신지에게 녹도문을 창안하여 배달국역사 천부경 기록케 함 단군 제 3세 가륵단군께서 을보륵에게 원시한글 가림토(加臨多) 정음 38자 창제케 함 신라 설총의 이두 (신라 최치원 녹도문 천부경을 한자로 옮기다) 고려시대 조선시대 세종의 한글 개찬 오늘날 현대 한국어

5 – 17 ◘ 러시아 사학자 UM 부틴" 한국인 당신들은 어찌 자기네에 있는 고대역사도 없다고 하는지?

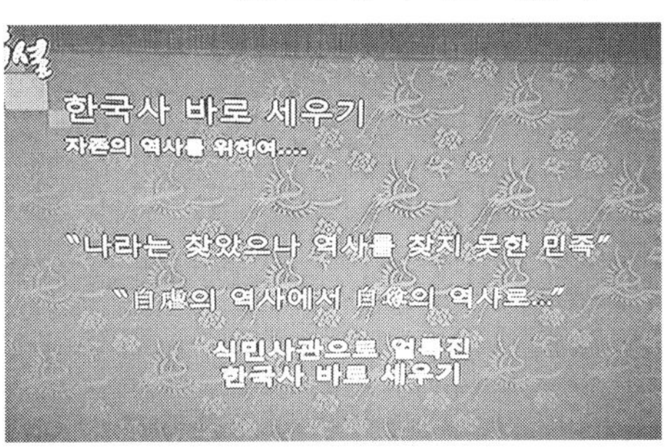

독립운동가 후손 대한독립운동총사 편찬위원장 김병기박사

5 – 18. 시험문제 태극기 문양 자체가 지니고 있는 의미와 외국에서 게양된 태극기는 국력?

한국의 태극기만 우주철학을 담고 있는 유일한 국기. 그 의미: 공명정대한 나라에 사는 대한사람을 천지일월이 보호해 준다. 태극기의 의미와 모양 – 태극기는 우주 만물이 생겨난 근본 원리인 태극의 이치를 본떠서 만들었다. 흰 바탕의 깃발 한가운데에 파란색과 빨간색으로 나타낸 태극 도형은 우주의 근본인 음과 양을 상징하며, 끝없는 계속을 나타낸다. 이는 곧 우리 민족의 창조성과 무궁한 발전을 뜻한다. 사방 대각선 위에 검은색으로 나타낸 건 · 곤 · 감 · 이의 4괘는 (乾 하늘 건), 坤 (땅 곤), 坎 (구덩이 감), 離 (떠날 리) /건은 '하늘', 곤은 '땅', 감은 '물', 이는 '불'을 상징. [참고] 건곤감리의 다른 의미 : 건(동쪽, 봄), 곤(서쪽, 여름), 감(북쪽, 겨울), 리(남쪽, 가을)

서로 마주 보고 있어 우리 민족의 평등사상을 의미한다. 이렇듯 태극기의 도형은 창조 · 발전 · 자유 · 평등 · 무궁의 뜻을 지니고 있다. 태극기의 바탕인 흰색은 깨끗하고 맑은 백의 민족을 상징하며, 모든 것을 포용한다는 뜻을 지니고 있다. 국기봉도 우리나라의 나라꽃인 무궁화 봉오리를 상징한다. 문화의 창조와 인류의 평화를 상징하는 태극기는 우리나라가 앞으로 나아갈 좌표인 동시에 '널리 사람을 이롭게 한다.'는 홍익인간을 나타낸 표현이다.

* 태극기를 만들 때에는 깃면은 흰색으로 하고 길이와 너비는 3과 2의 비례로 한다. 태극은 바탕을 중심으로 하여 지름이 바탕 너비의 2분의 1이 되게 원을 그리고 네 귀에 건 · 곤 · 감 · 리의 4괘가 그린다. 괘는 검정색으로 하고, 깃봉은 금색으로 한다. 깃대는 대나무 또는 쇠 등으로 만든다. 태극기를 그릴 때 헷갈리는 요소는 사괘, 태극 문양의 경계선과 위아래의 색 등이 있다. 쉽게 외워서 그리는 팁 중 하나는 사괘와 태극 문양의 경우에는 S를 왼쪽으로 90도 돌린 후, S를 쓰는 순서대로 3(건괘), 4(이괘), 5(감괘), 6(곤괘)를 그리면 된다. 태극 문양의 경계선 역시 S를 왼쪽으로 90도를 돌린 모양처럼 왼쪽이 아래로 볼록하고, 오른쪽이 위로 볼록하기 때문에 같이 외우면 된다. 소문자 n을 쓰는 순서로 줄 수가 늘어난다고 외워도 좋다. 또는 책 읽는 순서로 하나씩 외워도 된다. 물론 괘의 순서만 맞게 그린다고 태극기를 제대로 그렸다고 볼 수는 없고, 태극과 각 괘의 모양, 위치, 크기 등

이 전부 세밀한 규격이 있다. 다만, 괘를 대칭이 되도록 그려야 한다를 조건으로 그리기 시작하면 비교적 쉽게 외울 수 있다. "4괘의 위치 기억은?" "위아래 위위 아래" 태극의 위아래 색을 헷갈리는 이들도 있는데 정말 단순하지만 쉽게 외우는 방법으로 위는 태양, 아래는 바다라고 생각하면 더 이상 헷갈릴 일은 없다. 태극의 두 색을 나누는 경계선이 치우친 방향을 헷갈리는 이들도 있는데, 왼쪽 절반은 아래쪽으로 볼록하고, 오른쪽 절반은 위로 볼록하다. 애국가를 떠올리면 쉽다. '동해 물과 백두산이'에서 동해는 깊으니까 아래, 백두산은 높으니까 위.[43)]

5 - 19. 주변국들의 종교나 정치적 간자가 우리 지도자나 기업에 접근하여 흉계 계략. 요주의하지 않으면 망국은 시간문제이다. 욕심이 많은 왕의 흉계로, 침략할 나라로 정한 나라에 자기네 종교인을 보내 그 나라에 가서 놀이와 바둑과 시기에 맞지 않는 국력낭비와 그 왕의 정신을 빼놓아, 백성들의 원성을 사고 국력이 약해졌을 때 침략을 하여, 최고위 정치지도자인 왕은 죽이고 백성들도 문화역사의 삶터도 다 파괴시켜 나라가 망한 예가 어디 옛만 있으랴! 백제 개로왕에 고구려가 승려 도침을 보내 백제를 멸망케 한 예가 그것이다. 백제는 한성 하남에 있다가 충남 부여로 이동하게 된다. (남부여로 개명). 고구려 장수왕이 백제 개로왕에 불교승려 도침을 보내어 행한 야만적 전략행위였다. 근대도 지금도 비일비재하니 정치지도자들은 정신 바짝 차리지 않고 휘둘리면 생각지도 않은 곳에서 누수현상이 일어나, 그간 모든 노력을 기울인 것이 다 허사가 될 수 있다. 경제정책에도 유태자본이 그런 기능을 할 수도 있다.

5 - 20. 국회고위층들은 망발을 삼가고 도덕성을 중시

국회는 대통령이 손발을 비비며 마음 몸 부르트게 일하는데 손 놓고 보고만 있지 말고, 어차피 준비해 둬야 할 일이니, 이때 발의준비 위원회라도 만들어, 법이라도 준비해서, 언젠가 올 김정은 위원장이 오면 선물로 만들어 놓도록 준비들 하자. 준비위원회를 만들 때 제안자인 나도 개인이나 시민단체 대표로 넣어야 된다. 15만~20만 평양시민 앞에 문대통령이 북한은 이제 핵을 포기하여 평화 운운하는 선언에 지도자부부와 시민 전부가 한 목소리로 크게 동의하는 손뼉치기가 쉬웠겠는가? 그때의 김정은 위원장과 부인의 표정을 다시 보라! 시민들을 향한 예비 준비는 미리 있었겠지만. 김정은 위원장과 지도층 군부가 때로 광포한 시민이 문재인대통령 및 김정은 위원장 등 몇 사람의 선함이 나비효과를 발휘해, 세계 개벽을 일으킨 것이다. 양쪽 국민들이 신뢰해 주면 서로 응당한 상대방에 대한 신뢰가 뒤따라야 장차 용산민족역사공원 안에 예정인 미국대사관 2만 4천 여 평을 이제 북한영사관도 일부 공유케 마음과 법을 준비해 두자. **문대통령 대선 공약 '광화문 역사문화거리 조정 작업' 계획을 거두어 들인 대통령과 유위원장 결정과 발표는 용기와 탁월한 결단이고 예산절략이고 시기적절하다.**

5 – 21. "광화문 찬가"를 누가 이렇게 나라사랑에 이쁜 마음을! 광화문에 가면 한국의 활기차고 밝은 미래가 보인다.

(생존을 향한 극한의 의미 전달이 잘 되게 정부 디자인 방향을 완성도 높게 지원 등: 역동적이고 소통하려는 대소 항의 시위도 디자인 관광상품으로!)

'삭'(맥) 한글 앉음돌 극진한 디자인, 구석탱이 "대한민국!맥"어보, 작은 기와 안내소, 정부홍보:평화 새로운 미래(평양남북정상회담)전망 느끼게, 옛 역사 흔적들: '삼군부'터부터 두루 찾아보기!아이디어. 빗물저장 꽃밭: 지구를 구하자! 무궁화 삼천리 시작, 행복한 만남의 '맥' 혹은 코뿔소, 물길 역사 기록(한국, 서울 역사축소 근세조선 시대부터라 수정 필요하지만), 뜻있는 행사들: 일본 강제징용 선조님들 유해 조국에 귀국 추모제에 진혼굿에 사랑한다는 붉은 장미꽃 다발과 사랑화환, 한복축제, 세종대왕 탄신 600주년...갑질에 죽도록 상처받은 노동자의 탄원들, 정치적으로 촛불모임, 또 당연히 다른 입장을 가진 다양한 환호성..앞으로 일년은 그게 환성이든 환호이든 함성이든..대한에서의 사람다운 삶을 향한 피가 터지는 노력에 관심과 귀 기울이기 정치사회문화 경제구조는 조금씩이나마 점차 나아지고 있으니….

우리 한국역사에서 광화문! "운삼사성환 환오칠일 묘연만왕만래"
그리고… 그리고… 앞으로 광화문에선 무슨 일이 일어날지 사뭇 기대된다.

5 – 22. 대한민국! 붉은 악마 한복축제

무엇이 사실이든 자오지(치우) 천왕은 고대 중원에서는 전신戰神이나 군신軍神, 또는 병주兵主로 추앙되고 있었다. 특히 치우의 능에서 붉은 연기같은 것이 깃발처럼 휘날리면, 반드시 전쟁이 일어날 조짐으로 믿었다. 〈사기〉 봉선서에 의하면 한나라를 세운 유방(劉邦)은 전쟁에 나아가기에 앞서 언제나 치우에게 제를 올린 다음에 출전하였다고 하며, 그 후 한나라를 세운 뒤에는 자오지(치우) 환웅의 사당까지 세웠다고 한다. 그러나 우리나라에서의 자오지(치우) 천왕은 신화시대인 그 때 뿐 아니라, 고구려 백제 신라 세나라 역대 왕릉 모두에 도깨비상의 모습으로 조각되고 있었다. 그리고 오랫동안 전설 속에 무시되고 제외되어 잠자고 있었다.

중국 호남성의 치우천황 동상

그러다가 1999년 자오지(치우) 천황은[44] 다시 우리 앞에 깨어나 나타나기 시작했다. 바로 붉은 악마의 캐릭터로…. 붉은 악마는 당시 회원이던 한 축구 디자이너의 권고로 1999년 치우천왕을 공식 캐릭터로 정했다. 그리고 그해 3월 29일 한국 – 브라질 전이 열린 잠실경기장에 가로 4m, 세로 3m의 대형 치우천왕 깃발이 첫선을 보였다. 이날 한국은 한국 축구역사상 처음으로 히바우두가 뛴 세계 최강 브라질을 1 대 0으로 물리쳤다. 4,500년 만에 깨어난 치우천왕이 '불패의 신화'를 또 한 번 보여준 것이었는지 모른다. 그리고 붉은 악마는 이후, 경기에 앞서 애국가가 울릴 때는 대형 태극기를 펼치고, 한국 팀이 골을 넣으면 치우천왕기를 펼치는 것이 공식화되었다. 그리고 자오지(치우 - 는 중국이 14대 환웅 자오지 천황을 동이의 수장으로 여긴 시절, 중원의 시조 천황으로 여긴 헌원과의 오랜 전쟁에 지쳐, 그 복수로 자오지를 치우라고 안좋은 글자만 골라 쓴 이름 '蚩尤 치=어리석고 못난 벌레, 우=더욱 어리석은 자라는 뜻을 가진 중국의 중화주의 산물) 천왕이 등장한 이후, 처음 맞은 월드컵에서 한국팀은 4강 신화를 창조해 내었다.

김연아의 발이 부르터 넘쳐 터지도록 마음을 잡아주던 대상을 받은 후 인사는 "하늘이 도우신 덕분입니다." 한길을 지극히 열혈로 가다보니 마음도 툭 터졌고 머리도 툭 터졌다.

5 - 23 ▼ 이 시대권력의 구도대로? 한국 신 · 구 기독교판, 한국 카톨릭의 영악한 이중성

광화문 바로 앞엔 '카톨릭 시복 표지판', 인사동 순화궁 자리엔 '감리교 태화복지재단' 이율곡이 살던 집터도 '승동교회'..계속 잠식되고 있다. 만년역사 대한민국은 기독교가 국교 아니다.

한국 카톨릭의 영악한 이중성의 한 예) "한국에서 카톨릭인으로서 우리 민족의 구원자로 추앙할 만한 인물이 있을까" 단연 안중근(1879~1910)이다. 그러나 그는 한국 카톨릭으로부터 버림받은 존재였다. 그가 더 큰 살상을 저지르지 못하게 한다는 명분으로 이토 히로부미를 처단했을 때 조선 카톨릭 교구장이던 프랑스인 뮈텔 주교(1854~1933)는 안중근을 살인자라며, 신자임도 부인하고 사제의 면회도 방해했다. 그러나 안중근은 사형 직전 장남 분도(베네딕도)를 사제로 만들어 달라고 유언했다. 뮈텔 주교의 배신에 안중근은 믿음으로 응답한 것이다.

뮈텔의 배신은 이것으로 끝나지 않았다. 안중근의 사촌동생 안명근의 고해성사를 받은 빌렘 신부의 정보를 일본 총독부 아카시 장군에게 밀고했다. 이로 인해 신민회 회원 600명 등 독립운동가들이 일망타진됐다.

9년 뒤 3 · 1 독립운동에 여타 모든 종교가 앞장 섰지만 카톨릭만 빠졌다. 뮈텔은 전 국민이 부른 만세를 함께 불렀다고 해서 신학교 학생들을 퇴학시켰다.

안중근 100주기인 2010년 명동성당에서 열린 안중근의 추도 미사에서 카톨릭은 안중근의 신자 자격을 복권시켰다. 쓰면 뱉고 달면 삼켰다는 소리를 들을 만하다. 하지만 그조차 다 삼키지 못했다. 미사를 집전한 정진석 추기경은 "뮈텔 주교가 최선의 선택을 했다"고 옹호했다.

다음달 프란치스코 교황이 방한한다. 16일 서울 광화문에서 조선 말 순교자 123위를 포함한 124위 시복식을 집전한다. 광화문은 무더위에 무방비인 아스팔트 위인데다 경호도 어렵다는 우려에도 염수정 추기경이 밀어붙였다고 한다. 순교 터들이 광화문과 가깝다는 게 이유이다. 순교 시대를 보면 김대건과 황사영 등 초기 카톨릭 지도자들은 프랑스 군함이 조선 정부를 제압해서라도 신앙의 자유를 얻기를 바랐다. 그것이 더 큰 박해를 초래했다. 염 추기경은 조선의 상징인 광화문이야말로 150여 년 전 조선의 국가적 박해에 희생된 순교자들을 기리고, 지금의 카톨릭이 당시 노론 못지 않은 기득권을 갖게 됐음을 선포할 적임지라고 생각했을지 모른다. 그렇다면 묻을 수밖에 없다. 120년 전 동학 30여 만 명이 죽어갈 때, 안중근이 사형당할 때, 3·1운동으로 5만 여 명이 검거되고 7500여 명이 살해당할 때, 일제강점기 학살과 고문, 인체실험, 위안부 동원, 징병, 수탈로 동포들이 신음할 때, 다른 종교인들이 동포와 함께하며 숱한 고난을 겪을 때 카톨릭은 어디에 있었는가. 처참한 집단학살까지 당하며 평등의 새바람을 바란다던 초기 선구자의 명분은 어디로 갔던가. 자발적으로 서학을 받아들인 자생종교라는 자부심대로 고난 받는 민중 속으로 들어갔어야 할 카톨릭은 어디를 바라보았던가. 일제와 기득권자가 아니라 피울음 울던 동포를 껴안은 카톨릭이 이 땅에 있었던가.

한국 카톨릭은 광화문에서 순교자들을 현양하는 것 이상으로 먼저 안중근과 한민족 동포에게 참회해야 마땅하다. 그나마 1970년 이후 지학순 주교와 그 뒤를 이은 정의구현사제단 사제들, 민주화를 지지한 김수환 추기경, 약자들과 함께 산 두봉·정일우 등 선교사들, 밀양과 강정과 용산과 광화문 등에서 약자들을 껴안고, 함께 매 맞고 운 사제·수도자들이 없었다면 어쩔 뻔했는가. 그러나 정·염 두 추기경은 한국 카톨릭을 민초의 현장 속에 투신시키는 사제·수도자들을 멀리하고 박해했다. 그들까지 내쳐버리고 무슨 면목으로 동포들 앞에 서려는 것인가.[45] 우리나라에 발을 디딘 최초의 신부는 임진왜란 당시 왜군을 따라온 스페인 예수회 소속 세스페데스(Cespedes,G.) 신부라 한다. 이후 일부 왕래가 있었으나 1784년(정조8년) 이승훈이 북경에서 영세를 받고 귀국하여 이벽, 정약전 등과 같이 신앙 활동을 하니 비로소 교회가 들어서고 활동을 하게 되었다. 이후 100여 년간 대소 박해가 발생했으니 신해박해, 신유박해, 황사영 백서 박해사건, 기해박해 그리고 8천여 명의 천주교도가 처형된 병인박해 사건이 대표적 사건이다. 프란치스코 카톨릭 교황께서 다음달 14일부터 18일까지 방한하며, 같은 달 16일에 광화문광장에서 124위 시복을 봉행한다고 한다. 시복식(諡福式, beatification)은 "카톨릭에서 성덕이 높은 이가 선종善終하면 일정한 심사를 거쳐 성인聖人의 전 단계인 복자福者로 추대하는 것"이라 사전은 설명하고 있다. 순수한 종교 내부의 행사가 분명하다. 8월에 있을 교황의 광화문 시복식 행사장 전경을 잠시 상상해 본다. 광화문광장에 청와대 뒷산인 북악산을 배경으로 장엄한 단상이 설치되고 미국대통령 방한 이상의 공식경호가 전개될 것이다. 경호실 인력은 물론 수많은 정 · 사복 경찰이 배치될 것이고, 그 외 병력동원도 충분히 예상된다. 교황 요한 바오로 2세가 방한했던 1984년 5월 여의도 행사 시 내 · 외부 참여군중 분리선 경비를 헌병들이 맡은 사실이 있다.

신원조회를 마친 초청 인사(예상 20여 만 명)에 한하여 신원확인 절차와 고정 금속탐지대를 거쳐서 공식행사장에 입장이 허용될 것이다. 이 공식행사장 인근에는 경찰 경호선과 완충지대가 설치되어서 경찰관 등이 경호와 경비임무를 수행할 것이다. 완충지역 외부에는 교황과 이 행사를 관람하려는 수많은 시민들이 자리하게 될 것으로 추측된다. 서울의 중심 광화문 광장 주변일대의 교통 차단과 인근의 건물 창문은 봉쇄되고 곳곳에 경호 및 경비 인력이 배치될 것이다. 교황의 방한에 대한 최상의 경호와 당연한 경비 및 의전일 것이나, 어찌되었든 시복식이라는 특정 종교계의 순수한 내부의식에 국가가 경호와 경비를 하게 되는 형국이 된다. 필자의 의문과 문제의 제기는 순수 종교의식을 왜 광화문광장에서 해야 하는지와 정부가 이를 공식 허가하고 순수 종교의식에 국가 공권력에 의한 경호와 경비를 해야 하는지에 대한 이유를 이해할 수 없기 때문이다. 그런데 이에 대한 답을 〈2014 프란치스코 교황 한국 방문〉공식 사이트에서 그나마 찾을 수 있었다. 이 사이트 내 "교황 프란치스코 방한 일정" 중 시복식 행사의 소개를 보면, "8월 16일에는 교황이 한국 천주교 순교자인 윤지충 바오로와 동료 123위 시복 미사를 집전한다. 시복식을 지역교회를 찾아 교황이 주례하는 것은 매우 이례적인 일이다. 초기 한국

교회의 중추적인 인물들이 시복되는 이날 미사는 수도 서울의 중심인 광화문 앞에서 진행된다. 광화문은 인근에 천주교 신앙 선조들이 옥고를 치렀던 형조 터, 우포도청 터, 의금부 터 등이 위치해 순교로 희생된 천주교 신자들의 피와 땀, 눈물이 배어있는 역사적 장소이기도 하다. 시복 미사에는 천주교 신자 20여 만 명이 참석할 예정이다. 교황청 · 정부 · 한국 천주교회는 교황 경호 및 시복식 참석자들의 안전문제에 대해 긴밀히 협의해 나가고 있다." "시복의 역사적 순교자적 의미"를 설명에서 일부를 소개하면, "교황께서 주재하시는 시복식 미사가 경복궁 앞 광화문 광장으로부터 서울광장에 이르는 도심의 한 복판에서 봉헌되는 것에는 특별한 의미가 있다. 국가의 상징로이기도 한 이곳은 조선시대 정부의 주요한 기관들이 위치해 있었다."

"이런 의미에서 시복식을 대한민국의 중심인 서울 '광화문 광장'에서 거행하게 된 것은 우연이 아니라고 생각한다. '보편적 형제애'를 내외적으로 구현할 수 있기 때문이다. '광화문 광장'이 새로운 '아레오파고'(사도 17,16 – 34)가 되기를 희망한다." 이 문장들이 왜 광화문 광장인지를 잘 설명하고 있다. 대한민국에서 종교의 자유는 헌법에 보장돼 있으나 순수한 종교의식은 종교건물이나 그 테두리 내에서 행하는 것을 원칙으로 하고 있다. 물론 부처님 오신날이나 성탄일에 거리행진 등 문화적 행사를 하기도 하나 수계식 등 순수한 종교 내부적 의식은 실내에서 내부 인사들이 모여서 하는 것이 상례이다. 간혹 평화 기원이나 통일 염원 등 민족적 숙업과 관련된 종교행사가 임진각 평화누리 공원 같은 곳에서 이루어지기도 한다.

그러나 종교를 떠나 우리 역사와 국민들에게 있어서 광화문 광장이 갖는 상징과 의미는 매우 특별하다. 단지 지나간 역사의 한 장소가 아니라, 현재도 엄연한 대한민국 수도 서울의 심장부이다. 설왕설래 그 처음 설치과정에 얽힌 이야기야 어떻든 한국인에게 가장 사랑받는 세종대왕과 이순신 장군의 동상이 이곳에 위치한 이유이고, 한 해의 마지막과 시작을 알리는 국가적 공식행사가 이곳에서 열리는 이유이기도 하다. 이러한 곳에서 구태여 특정 종교의 내밀한 의식을, 박해와 순교의 역사에 기반한 그 어떠한 심리에서 봉행해야 하는지 의문이 든다.

서울시의 광화문 사용 조례 제 1조(목적)은 "이 조례는 시민의 건전한 여가선용과 문화활동 등을 위한 광화문 광장의 사용 및 관리에 필요한 사항을 규정함을 목적으로 한다."라 정하고 있다. 거듭 문제의 제기의 요지는 조선 역사의 중심지이며, 대한민국의 수도로써 정치, 경제, 외교 등의 중심지인 광화문 광장에서 순수 종교행사를 봉행해야만 하는가이다. 만일 이 시복식을 기화로 금년 가을에 광화문 광장에서 불교계가 수계식을 하거나 호국의 상징인 서산대사, 사명대사, 만해 스님과 임진왜란 당시 전사한 승군에 대한 천도의식을 봉행하고자 하니 허가해 달라 하면 어찌할 것인가?

안전문제도 무시할 수 없다. 청와대가 지척인 곳에서(예상 인원) 100만 명 상당의 인파가 운집하고 장시간 대규모 행사가 진행된다. 경호의 까다로움은 물론이고, 만의 하나 안전사고가 발생한다면 그 파장은 매우 클 것이다.

종교박해가 끔찍한 인권유린을 동반한 것이고, 또 그에 따른 순교가 해당 종교인들에게는 숭앙과 존경, 영광이 되겠지만, 객관적으로는 논란이 있는 것도 사실이다. 예를 들어 황사영 백서같은 경우, 백서를 통해 단지 박해의 실상만 전한 게 아니라 "청나라 황제에게 청하여 조선도 서양인 선교사를 받아들이도록 강요할 것을 요청하였고, 아니면 조선을 청나라의 한 성省으로 편입시켜 감독하게 하거나, 서양의 배 수백 척과 군대 5만~6만 명을 조선에 보내어 신앙의 자유를 허용하도록 조정을 굴복하게 하는 방안 등을 제시"한 내용이어서 두고두고 논란이 되어 왔다. 세월호 참사로 나라 전체가 장기간 상중인 것과 마찬가지인 상태이다. 참사 규명을 위한 국정조사조차 순조롭게 전개되지 못하고 있다. 이러한 상황에서 천주교인들에겐 어찌 보면 영광이겠지만, 다양한 종교를 가진 다른 국민들에게는 위화감을 조성할 여지가 분명한 대규모 종교행사가 대한민국의 심장부에서 열린다. 여러 종교 단체 수장들이 교황 방문을 환영하는 메시지를 발표하고 있는데, 마치 '국가적 행사'를 연상시키는 광화문광장의 이 시복식까지도 과연 진심으로 환영하는지 묻고 싶다. 꼭 광화문광장이어야 했을까? 정부는 반드시 허가를 해야만 했나? 국민의식에 반한다는 생각을 떨칠 수 없다. [46]

5 – 24 ◘ 컴퓨터 편집실도 역사의식을 수정할 것:

'애민'치면 '愛民'은 컴퓨터 한자에 있는데 '개천'은 컴퓨터 한자에 안 나온다.

신세대의 어린 한 스타가 안중근의사 얼굴을 모르는 듯 – 어쩌면 노래와 춤하느라 정신이 없고 나이도 어리니 – , 세계에서 유일하게 개천절이 있는 대한민국은 천손 특색으로 개천절이 있는 것인데 – 대한민국 건국 이후 대통령들이 기독인이 많아서 참석 못하는 모양인데(한국인 통계 무교가 56%이다. 그 56%가 조직적으로 힘을 쓰면? 만년역사 대한민국은 기독교가 국교 아니다. 공산주의 북한도 단군릉을 새로 개축해 크게 세워두고 개천절은 한다) '개천, 개천절'은 (돈을 벌어야 하는 한국이니) 한국만이 할 수 있는 10월 상달의 큰 관광개발 상품이다. 한국은 천손나라의 상징이 개천절이다.

5 – 25. 〈대한민국 대통령은 대한민국 통치수반 대통령으로서의 임무로 개천절에 참석하는 것이 그 책무를 다하는 것이〉 기독교 때문에 못간다고 생각하는데 어떠신지? 나라가 개천한지 5396년(2019) 개천절에 대통령이 식장에 반듯하게 참석하는 것이 국가의 기강을 세우는데 평양 가는 일만큼 큰 일이다. 정부가 그러하니 국민들도 개천절 국경일에 별 관심 없는 모양이고 개탄할 일이다.

10월 한 달 개천축제를 경제가 힘든 道들이 연합해서 하기를 제안한다. 춘천 중도 레고를 불법 허가한 것, 문화재청장 직권이나 대통령 직권으로 즉각 취소하고, 前대통령들이 영국초청을 다녀온 후 유발한 문제들이니, 강원도에 직간접 정리하고, 평창올림픽 경험도 있으니 그 시설 활용하여 해마다 일년치 관광수입 올리게 개천제를 올리는 태백산도 있는 강원도와, 충청북도가 생활권이 많이 연계되어 있으니 개천제 축제도 같이하기를 제안드린다! 북한이 10여 년간 평양서 남북공동개천절을 열어왔으니 이제부터는 더욱 활성화할 수 있을 것이다.

1. 우리가 물이라면 새암이 있고 우리가 나무라면 뿌리가 있다. 이 나라 한아바님은 환웅이시니. 이 나라 한아바님은 환웅이시니
2. 백두산 높은 터에 부자요 부부성인의 자취 따라 하늘이 텼다. 이 날이 시월 상달에 초사흘이니. 이 날이 시월 상달에 초사흘이니
3. 오래다 멀다 해도 줄기는 하나 다시 필 단목잎에 삼천리 곱다 잘 받아 빛내오리다 맹세하노니 잘 받아 빛내오리다 맹세하노니

⊙ **세계 유일한 개천절에 한국대통령이 참석하는 날 비로소 한국은 주권국이 되고, 그 대통령은 한국인이 진정 믿을 수 있는 사람이 된다.** 세계 유일의 분단국이었기에 오늘날 북한의 핵으로 이제 남북한은 세계에 모르는 사람이 없다. 3정상의 마음으로 이룬 두 정상의 백두산은 7대 지위리 환인(지금 자료까지는 7분 이름을 찾았다) 거발한 1대 환웅(18분의 환웅 이름을 찾았다)께서 애

민애지愛民愛地하는 큰 뜻이 있어 檀市開天한 곳이라 그 큰 연못은 '천지'라는 이름을 유일하게 얻었다. (한라산은 하얀 빛 백을 얻어 백록담) 의미를 몰라서 대한민국 대통령이 세계에서 유일하게 갖고는 개천절에 참석하지 못하니, 국경일도 무시하고 모르고 그 무엇에 갇혀 사는 불쌍한 분이다. 이제부터는 국경일 개천절에 한국의 대통령으로서 당당히 바로 참석해서,(기독교인이 성토해도 그건 19%의 한국민이고, 때로는 강대국의 오만이다. 생존상 받아들였던 자기가 믿는 서양종교에 대한 독선이다.) 한국의 정체성을 세계에 당당히 드러내야 한다. 대통령도 안 찾는 개천절이니 컴퓨터에도 '개천'이 안 나온다. 그런 마음을 고쳐야 매사가 바르게 된다.

5 – 26. 광복기념 의식노래

정인보 작, 윤용하 작곡, 바장조의 음계, 4분의 4박자, 전체 16마디로 구성된 전형적인 두 토막 형식 A(aa') B(bc)의 곡이다. 2연 8행의 정형시에 1절과 2절로 나누어 곡을 붙였다.

선율은 밝고 희망에 차 있으며 행진곡 분위기의 힘 있는 곡이다. 광복절은 1945년 우리나라가 일본으로부터 광복된 것을 기념하고 1948년 대한민국 정부 수립을 경축하는 날로 1949년 10월 1일 제정된 – 국경일에 관한 법률 – 에 따라 제정되었다. 매년 8월 15일 경축행사를 개최하고 광복을 기념한다.

광복절 노래 1절, 2절 가사는 다음과 같다.[47]

흙 다시 만져보자 바닷물도 춤을 춘다
기어이 보시려던 어른님 벗님 어찌하리
이날이 사십 년 뜨거운 피 엉긴 자취니
길이길이 지키세 길이길이 지키세

꿈엔들 잊을 건가 지난 일을 잊을 건가
다 같이 복을 심어 잘 가꿔 길러 하늘 닿게
세계의 보람될 거룩한 빛 예서 나리니
힘써 힘써 나가세 힘써 힘써 나가세

7대 지위리 환인께서 지구에서는 제일 높은 지역에서 더 넓고 물이 있고 어느 정도 안전한 천산 삼위태백(돈황) 정상 아래 하늘과 땅과 사람들이 소통이 잘 될 곳에, 환웅에게 각 기능을 다 체득한 3,000명의 핵랑 텡그리계들과 무리를 이루어 신시 배달국을 개천하게 하신 곳이다. 그 예측대로 세계교역로의 실크로드 시장이 형성되었다.

남측 대통령께 평양에서 '민족'을 10번이나 외칠 수 있도록 장을 만들어 준 김정은 측과, 문대통령께서는 바로 전까지도 적국처럼 덤비던 15만 평양 청중에게 지도자의 큰 도량과 연설기술로 잘 소화해서 하나로를 멋지게 내품고 끌어안아 민족 하나로의 완성도를 완벽하게 끌어올리는 데 일단 큰 공을 세웠다. 연설한 문대통령! 그날 백두산 천지가 하늘의 미소를 보냈고 그것을 닮고 담은 문대통령의 미소, 김정은의 환한 웃음, 그 주위의 오랜만의 큰 숨을 쉬는 편안한 미소! 물 의례는 세계로 우주로 나비효과 발휘되어 온 세계가 한번 더 하나로를 느끼게 한 성공한 세기적 의례이다. 북두칠성 민족 그 누구가 기뻐하지 않겠는가! 하늘에서도 우주인들도 사람들의 마음씀과 몸씀에 놀래서 우레같은 박수를 다시금 보냈을 것이다. 제발 도와주소서! 보이지 않았던 트럼프의 한 미소도, 저승에서 김일성장군과 김대중 노무현대통령도 크게 응원하셨을 것이다. 이를 땅의 사람들에게 알려주는 이가 巫님들 텡그리 나라에서 동네마다 지정하여 세금까지 내어온 당골네 만신들이다.

⊙ 이젠 盡人事待人命진인사 대인명이라고.

옛부터 음양이 조화를 이루어야 한다고 가르쳤는데 김정숙 영부인께서 공개적으로 동참하신 것, 북한의 이설주 위원장 부인께서 함께 하도록 이끈 것은 참으로 다행이다. 문재인대통령의 "우리민족은 5천년을 함께 살고 70년을 따로 살았다." 는 말은 국민들의 마음에 크게 다가왔다. 핵없는 평화 안정 시대의 자리를 제공해준 김정은 위원장도 대단하다! 김정은 위원장도 우리 서울에서 연설하시도록! 문대통령은 기독지식인이라도, 다행히 지구 나이가 4,000년이라는 어느 기독교 교수 정치인후보자의 그 수준을 훨씬 넘어선 것같아 실로 다행이다.

5 – 27 ★ 막힌 곳부터 같이 찾도록 "터놓고"(라포)가 성립되야 풀 방법도 술술 집단지성으로!

이 간절함: 마음을 합하려고 뛰어들 다니고, 물을 합하고, 손을 합하고, 미소와 웃음을 합하고, 한 방향을 향해 손뼉을 합하고 그 간절함. 크고 밝게 하나의 한으로 살아낼려고 발버둥치는 한민족의 시간들!

평양시민은 북한 600만대 핸드폰 시대에 문재인 대통령께서는 '민족'을 10번이나 강조! 문 대통령 겸손과 민주의 리더쉽은 '크고 푸른 미래한국 깃발': 시민들께 감사 표시로 90도 각도로 3번이나 인사, 환영을 나온 인파에 악수, 대중식당에서 식사하는 친근하고 자상한 모습 – 북한 주민들이 자주 보지 못한 어쩌면 한 번도 보지 못한 최고지도자의 웃는 따뜻한 모습일 것이다.

개벽 7장면 : 김정은 부부가 처음으로 편하게 부부간에 잠시나마 민주적인 대화하는 모습도 보여주다. 북한 아이들 색동옷에 시민들 많은 기립 박수, 다음엔 태극기도! 남한에서는 태극기, 한반도기 들었는데….

5 – 28. 서울시 · 용산마포구청장 고향! 추석! 항상 그립고 애리다 – 김춘강 국무! 밤섬 실향민의 恨 무형문화재 '밤섬 부군당 도당굿'으로 달래다.

용산마포 강변북로 임진각로엔 계속 한강이 이어져 있어 생태공원이 잘 조성되어 있다. 용산마포지역엔 부군당도 많다. 줄줄이 연결해 〈용산마포 부군당 올레길〉로 조성해도 한국 관광자원 볼거리 부족들 보완하련만 – 생각거리 흥거리 옛거리 자원을 잠재우거나 없애는데 오히려 힘쓰는 것 같아, 나라 필요한 것과 거꾸로 가는 정책들이다. 각 지자체가 새마을 사업으로 파괴한 것들 다시 흔적 찾아 볼거리를 복원하면 관광거리도 좀 나아질 것이다. 강가에서 용왕님과 조상 사해동포 신에게 기도하는 모습은 외국인에겐 신선한 한국의 토속적 모습일 것이다.

"청명한 하늘에 따가운 햇살, 이따금 불어오는 시원한 바람이 늦여름과 초가을의 문턱에 있음을 알려주는 계절. 추석 명절을 1주일 앞둔 29일 오전 한강 망원 선착장에 나이가 지긋한 어르신들이 삼삼오오 모여들었다. 이날 마포구와 마포문화원이 마련한 '밤섬 실향민 고향방문 행사'에 참여하기 위해 모인 옛 밤섬과 인근 지역의 주민들이었다. 밤섬은 1960년대 후반까지만 해도 주민 450여 명이 선박 수리와 농업, 상업을 하며 오손도손 살아가던 아름다운 섬이었다. 와우산에서 바라보면 밤처럼 생긴 섬에 맑은 모래사장이 아름다워 율도명사(栗島明沙)라고 불렸으며, 마포 8경의 하나로 꼽혔다. 하지만 1968년 박정희 군사정권이 한강개발과 여의도 건설을 위해 섬을 폭파하면서 당시 62가구 443명의 주민들은 마포구 창전동 와우산 기슭으로 집단 이주되는 운명을 겪었다. 그들은 와우산에서 사라진 고향을 바라보며 허전함을 달래야 했다. 세월이 흐르면서 상류에서 내려온 바위와 모래, 자갈이 한켜한켜 쌓여 다시 섬이 만들어졌다. 지금은 24만㎡, 약 7만 3100평의 거대한 섬이 되었고, 사람이 떠나간 자리엔 흰뺨 검둥오리, 알락할미새, 중백대로, 왜가리 등의 동물이 서식하고 있다.

실향민과 인근 주민 300여 명을 태운 예인선이 물살을 가르며 양화대교와 당산철교를 지나 밤섬으로 접근했다. 멋대로 자란 갈대와 버드나무, 갯버들이 무성한 밤섬이 나타났다. 섬은 생각보다 컸고 숲도 무척 우거져 있었다. 사람들은 낮은 탄식을 터트렸다. 행사는 기념식에 이어 실향민들의 귀향제, 밤섬과 주민들의 안녕을 기원하는 전통굿 '밤섬 부군당 도당굿'으로 이어졌다. 마포 토박이인 박홍섭 마포구청장은 "어린 시절 밤섬으로 놀러와 모래밭에서 뒹굴고 싸우던 기억이 생생하다"며 "1998년부터 추석맞이 고향방문 행사를 격년제로 하다가 이제는 매년 실시해 마포의 문화로 자리 잡았다"고 그 의미를 부여했다. 이 행사를 주관한 최병길 마포문화원장은 "서운함과 애틋함, 추억이 쌓이듯이 상류의 퇴적물이 쌓여 다시 섬이 만들어졌다"며... **"호롱불에 한강 물을 마시며 지냈지만 한 동네 사람들이 모두 형제처럼 지냈다"고 회고했다...점차 박자가 빨라지기 시작한 밤섬 부군당굿의 꽹과리와 북소리가 나무가 무성한 숲으로 퍼졌다. 이 굿은 60년대 말까지 밤섬에서 행해지던 전통굿으로 당주는 김춘강 서울시 무형문화재로도 지정돼 있다. 그 굿소리만큼이나 애잔함이 가득한 특별한 고향방문의 행사였다.**[48)]

5 – 29. 국무총리실 · 청와대 왜 젊은이들 이민가려할까?

쉽게 말해 혼인하고 집 마련하고 아이 키우고 직장 다니기 힘드니까이다. 세계 10위 우리보다, 선진국에서 취업되면 근로시간도 적고, 임금이 더 높으니까. 북유럽이나 서유럽 쪽에서 일자리를 잡는다면 같은 경력으로도 더 적은 근무시간(9시 출근, 5시 퇴근도 많다고 할 정도에, 제도상으로만 있는 게 아닌 실제로 최소 3주 이상의 정부에서 의무적으로 이행해야 하는 유급휴가+사내에서 별도로 주는 유급휴가로 최소 1.5배에서 2배 이상은 더 받을 수 있으면서 저녁 있는 삶을 살 수 있다. 당연히 사람의 심리가 똑같은 일이라도 돈은 조금이라도 더 벌고 싶고 일은 조금이라도 덜 하고 싶다. 급여를 받아보면 분명히 그 적응의 어려움 이상의 가치를 보답받게 된다. 급여, 근무시간뿐만이 아니라 노동에 대한 방식도 보다 더 합리적이며 상식에 근거해서 하려고 하며 단순히 급여일만 해도 (한국의 경우 월 단위인데) 서구권은 격주 단위이다. 떼 먹이거나 연체될 낌새가 있으면 월 단위보다 조기에 판단할 수 있으며 2주 빨리 받으니 더 좋을수 밖에 없다. 그 외에도 식사시간을 근무시간 내에 포함하며, 퇴근시간 이후 상사 먼저 퇴근해도 눈치보지 않으며, 출산휴가나 유연 근무제도가 보편화되어 있어 노동자에게 유리할 수밖에 없다. 다만, ①해외취업이라는 게 웬만해서는 비자를 받은 이후에 일을 시작하기 때문에 가서 일을 구하는 것이 아니라 본토에서 미리 구해놓고 가야 되는 구조이다. 애초에 학력, 경력, 언어가 안 되면 비자 자체를 안 준다.[49)] ②속말에 '이민 간 자식은 내 자식이 아니다.'라는 말이 있다. 부모가 입원해도 제대로 문병을 한 번 못 온다. 부모는 자식이 항상 보고 싶은데. 이민 안가도 되는 한국을 만들기 위해 앞에서 뒤에서 뛰는 사람들이 많을 것이다.

5 – 30 ☗ 문화재청 · 오세훈 前 서울시장 환인 환웅 단군전 없애기? 남한에 공식적인 정부가 만든 중국의 한국고대역사 자르기 역사공정들에 대응할 수 있는 일만년 역사 증명할 〈환인 환웅 단군전〉은 어디 있는가?

오세훈 前 서울시장은 이명박 기독교 장로 대통령 때 서울시장을 했다. 그때 오래 전부터 남산에 있던 '대종교 환인환웅 단군굴'을 없애버렸다. 서울 남산에 중국 제갈량 모시는 사당은 있는데, 환단 삼성 사당을 없애다니! 내게도 삼성 사당인 단군굴 주인이 긴급 구호 요청이 와서 보존을 요청하러 남산관리센터로 가서 대표담당자도 만나기도 했는데도…. 윗 상부 강력한 지시로 서울시청 내 등산회대표 이종상 토지국장이 같이 가서 보존에 대해 말도 제대로 못 꺼내게 윽박지르더니, 바로 며칠 내에 잔디로 덮어버렸고, 얼마후 조금 있다 둥둥섬 문제 등으로 스스로도 시장직을 그만두었다. 이 대한민국은 기독교 국가(기독교 신도 19.7%)가 아님을 한 번 더 인식하길 바란다. 서울 남산에 환인환웅 단군전 – 중국 3조당 처럼, 또 북한 삼성단처럼, 제대로 세우시길! 유학자들도 공산주의자들도 모신 단군전을! 공산주의 그들보다 더욱 자기조상을 파괴하는 것은 무엇 때문일까?

청와대 정수리에 해당하는 북악산의 옛 북악 여신당을 복원하여, 〈감옥을 가지 않는 대통령들〉이 나오게 하여 한국대통령의 미래도 행복되게 기원하자. 관광자원은 물론이고.

– 근세 조선시대 설익은 얼뜨기 유학자 한 정치인이 유교적 주장으로 〈북악여신당〉을 없앤 사람이 바로 죽어 없어지는 벌을 받았으니, 복원하는자는 바로 복을 받으리라. 9216(2019)[50] 남산 와룡당 내에 물 내려오는 길에 아주 조그만 터에 단군을 모셨는데 비만 오면 물난리를 겪는다. 이러고도 국가기강? 또 복받겠는가? 와룡은 중국 제갈량이다. 속말로 서울시 문화재로 되어 있는 모양이다.

5 – 31 ◘ 일본 동경 옆으로 이민간 '고려(고마)산'과 '고구려 고마신사'

! 고구려 맥인 선조들은 나라의 변괴로 일본땅으로 가서도 맥과 의례 잘 전승 – 출세하는 신사 고구려 고마신사, 재일교포가 세운 한

국 '백의 민족 기념상'과 '한국 무연고 령상'이 있는 일본 고려산(단군, 광개토호태왕, 신사임당까지)

▼ 허마사당: 일본 오사카부[大阪府] 야오시[八尾市]에 있는 사당. 제사를 드리는 제신祭神으로는 춘천 맥국 우두산의 스사노오노미코토素盞鳴尊 · 고려왕영신高麗王靈神 · 우두천왕(소시머리 牛頭天王) · 고마대신許麻大神을 모시고 있다. 이 지역의 옛 명칭은 가와치국 시부카와군 고마향河內國澁川郡巨麻鄕이었다. 그러나 여기에서 '거마巨麻'라 함은 고려를 가리키는 차자借字이다. 이 경우 고려는 고구려를 의미한다. 즉, 일본에서는 고구려를 '코마'라고 발음하는데, 그 차자로서는 거마巨麻 · 거마巨摩 · 허마許麻 · 박狛 · 고려高麗 · 구駒라고 표기하였던 것이다. 이 신사가 위치한 지역은 고구려에서 이주한 고구려인들의 마을이었다. 실제로 『신찬성씨록新撰姓氏錄』이라는 9세기의 문헌에 의하면 오코마무라치大狛連와 고마비토狛人라는 고구려계통의 *맥 씨족이 이곳에 정착하여 살았던 것으로 되어 있다. 그러므로 이 신사는 이들에 의하여 건립되었으며, 제신 – 소시머리 즉 스사노오미코도 등 그들의 수호신과 족장을 모셨을 것으로 추정된다.[51)]

5 – 32 ☗ 행정자치부가 떳떳한 한국인과 지도자가 되게 우리 한국의 큰 혼을 불어 넣고, 역사관광자원도 살려가자.

음력 5월 2일은 국조 단군왕검 성탄절!

어천절(제삿날)은 음력 3월 15일

"내가 단군왕검의 탄강일을 알고 살 줄이야 몰랐지요. 아니, 그런 게 문제가 되는지도 모르고 살았지요. 부처님 오신 날은 4월 8일, 초파일이라 하며 할매들도 아이들도 빨간날임을 다 아는데. 예수 탄신일은 성탄절이라 불리며 12월 25일인걸 모르는게 더 이상할 정도인데... 부처님이나 예수님이나.. 대한민국 분들도 아닌데. 우리 조상님도 아닌데 이케 잘 압니다. 아니, 공자 탄신일도 전국 향교에서 매년 제를 지내지요. 심지어 공자 탄신일에는 군수도, 시장도 참석을 하는데··· 도대체 이 나라는 뭐하는 나라인가 말입니다."

예수님 탄신일과 부처님 탄신일〈네이버 이미지 펌〉

진주향교, 김해향교 공자님 탄신일 제 봉행〈네이버 이미지 펌〉

“현재 대한민국에는 공식적인 국조전이 제대로 없지요. 소소하게 있으나, 정부에서 크게 지원하지 않고 교육도 미미하니 활동도 적을 수 밖에요. 그러니 국민들이 모르고 삽니다. 저도 모르고 살았고, 모르고 살아도 별 문제 없는 줄 알았지요. 당장에 내가 밥 먹고 사는데, 뭐 큰 문제는 없는 것 같긴 합니다. 그런데 역사를 잊은 민족에겐 미래가 없다고 신채호 선생이 그랬다지요. 우리의 미래 등을 생각할 때는 역사가 중요하다는 것이죠. 국조 단군왕검의 탄신일은 알지도 못하는 상황이니. 잘하는 짓입니까? ”

사직동 국조전

충북 영동 국조전

"예전 염무현 서울시장이 단군성전(국조전)을 세운다고 했는데, 반대에 부딪혀 성사를 못했다는 이야기를 구전으로 들었는데요. 누가 반대했을까요? 어느 종교치고 자기네 종교는 상을 만들지 않나요? 마리아 예수 상이 미신이나 우상숭배가 아닙니다. 그렇듯 한국의 환인 환웅 단군상도 역사인물이고 미신이 아닙니다. 이순신 장군 동상과 세종대왕상과 다를 바가 없습니다. 종교를 초월하여, 국조로서 거발한 환웅과 중시조 단군왕검이 바로 서기를 바랍니다. 일본에는 일본 창세신을 모시는 신궁들이 많은데, 종교와 사상을 초월해 국민들이 창세신이든 조상신이든 그 분들께 예를 드리는 문화로 키워가는 것은 여러 모로 유익할 것 같습니다." [52]

☗ 교과서를 통해 보는 단군왕검의 역사적 기록

삼국유사와 동국통감의 기록에 따르면, 단군왕검이 고조선을 **건국하였다고 한다.**(기원전 2333)
[고등학교 국사] 2006년판

↓

삼국유사와 동국통감의 기록에 따르면, 단군왕검이 고조선을 건국하였다. (기원전 2333)
[고등학교 국사] 2007년판

대통령이 되면 국립 현충원에 참배를 갑니다. 꼭 대통령이 아니어도 중요한 일이 있을 때 현충원 참배 모습은 심심찮게 봅니다. 문재인 대통령도 당선 후 참배하였었구요. 이 나라를 지켜준 분들께 참배가 당연합니다. 그럼 이 나라를 세우신 분께는 참배를 안하나요? 국조에 대한 참배 문화가 없음이 참 안타깝습니다...

문대통령님은 부모님께 인사는 잘 하시던데!

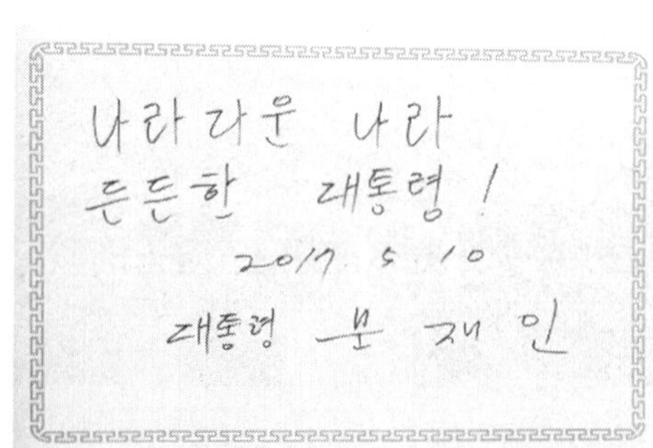

안파견 환인 거발한 환웅 단군왕검께서 " 문재인 한국 우리 대통령~~ 화이팅"

몰랐으면 모를까. 이제 개천절과 단군왕검 탄강일을 알았으니 늘 참석하여 축하하며 지냅시다. 국조의 축복 가득한 하루 되십시요. [53]

조선시대 궁을 중심으로 왼쪽은 종묘, 오른 쪽은 사직이 원칙이라 사직단이 있는 지역은 성역이었는데 일제가 공원화하여 신성함을 약화시키고, 나중엔 신사를 지었다. 해방 후 그 자리에 한 무속인이 작은 땅을 사서 기증하여 단군성전을 지었다. 그런데 한때 단군은 곰과 호랑이에 대한 단순한 표면적 해석으로 단군신화에 머물러 있었다. 그러다 노무현 대통령 정부 시절 신화가 아닌 역사로 교과서에 제대로 등재되었다. 사직공원 단군성전은 규모가 작아서, 사실 한참 아쉽다. 부산 사직단 터도 '(김)대"건성당'이 차지하였다.★ 9215(4350 2018)년 단군왕검 탄신제 – 거발한 환웅님과 안파견 환인 탄신일은 이제부터라도 찾아 내어 보자. 한국인들의 진정한 성탄절은 환인환웅 단군 72분 중 생일을 아는 분 탄신일!

대한민국 정부 수립 이후 1949년에 강화도에서 개최하는 개천절 행사에 국무총리 등 장관들이 참여하는 법안까지 만들어졌는데 1950년 6.25전쟁으로 인해 시행이 안됐다...

* 강화군 숭조회, 4387주년 국조 단군왕검 탄신제 봉행 성대히 개최

(사)숭조회(회장 윤희선)은 27일 오전 10시 인천시 강화군 마니산 상설무대에서 '4387주년 국조 단군왕검 탄신제' 봉행 행사를 이상복 강화군수, 윤재상 강화군의장, 유천호 전 강화군수, 안영수 인천시의원..김영기 단군단 대표 등 지역주민 200여 명이 참석한 가운데 성대하게 개최했다. 매년 음력 5월 2일이면 (사)숭조회 주관으로 마니산에서 탄신제를 봉행하고 있으며 올해로 4387주년을 맞는 이번 단군

탄신제에는 식전행사로 덕신고등학교의 모듬 북 공연과 특히 이날 이경수 강화 역사문화연구소 연구원의 '역사 특강'에서는 대한민국 정부 수립 이후 1949년에 강화도에서 개최하는 개천절 행사에 국무총리 등 장관들이 참여하는 법안까지 만들어졌는데 1950년 6.25전쟁으로 인해 시행이 안됐다는 충격적 발표로 이날 행사에 참석한 사람들은 한동안 술렁거렸다. 서울에서 내려온 K씨는 "강화군수는 과거 강화유수로서 고려 · 조선시대 수도 이외의 옛 도읍지나 국왕의 행궁이 있던 곳 및 군사적인 요지에 두었던 유수부의 관직으로 지금은 행정구역상 인천광역시의 하나의 군에 불과하지만, 조선시대에는 정 2품의 관직으로 지방관직이 아닌 중앙관직으로 현재 장관급이라 할 수가 있다. 강화군수의 이런 역사적 의미를 되새겨볼 때.. 現 강화군수의 드러난 행보를 보면 '역사의식'이 없어보인다"고 전했다. … 숭조회는 지난 1982년도에 단군의 건국이념과 개천사상을 숭모 선양하고 민족정신의 고양과 조국의 평화적 남북통일 및 향토문화 향상을 도모하기 위해 설립됐으며 고故 윤철상 삼량학원 이사장이 설립을 주도했고, 1985년 강화도 마니산에 국조 단군성전을 세워야 한다는 신문광고를 낼만큼 홍익정신을 알리는 데 앞장서 온 단체이다. 현재는 고故 윤철상 삼량학원 이사장의 아들인 윤희선 회장이 매년 5월 단군왕검 탄신제와 10월 개천절 행사를 개최하고 있다. 인천시 강화군 마니산은 몇 천년 전부터 신령한 참성단 터가 있어서인지, 왕검단군 세 아드님들께서 참성단을 세웠고, 그를 기리는 행사가 계속 이어져온 듯 환기 9214년 단기 4350(2017)년 5월 27일 오전 10시에 마니산 상설무대에서 사단법인 숭조회(이사장 윤희선)의 주관으로 국조 단군왕검의 탄신제를 봉행[54] 강화군은 매년 음력 5월 2일이면 (사)숭조회 주관으로 마니산에서 탄신제를 봉행하고 있으며, 가뭄 해소 등 온 국민의 행복과 안전을 염원해 왔다. 이 날 행사는 식전행사로 덕신고등학교의 모듬 북 공연과 단군의 의미를 주제로 한 현장 특강이 있을 예정이며, 행사 후에는 관광객을 위한 음복례가 치러진다. 한편, 최근 젊은 층을 중심으로 뿌리 찾기가 유행인 가운데 '홍익인간'의 단군사상이 주목을 끌고 있다. '25시'의 작가로 알려진 게오르규는 31년 전인 1986년 프랑스의 한 언론과의 인터뷰에서 단군의 통치이념에 대해 지구상에서 가장 완벽한 법률이라고[55]

5 – 33 ★ 나는 어쩌다 행운으로, 여성으로 강화 개천절 행사에서 고천문도 읽고, 참성단에서도 개천제 공동시연도 했다. '민족회의' 덕분

2002년 나는 이 강화 개천제에서 여성으로서는 유일하게 고천문을 올리게 되었다. 소리가 하늘에 닿을 정도로 쾌청해서 무서울 정도였다고 명지대 송준희 교수는 얘기했다. 전국에서 많은 국민이 참배를 올린다. 참성단 제수를 떠는 우물을 일제가 패망하여 가기 전에 철저히 물이 마르게 해두어 계속 물이 나오지 않았는데, 벌써 70여 년이 지났는데 그대로 방치하는 것은 우리의 정신을 어떻게 봐야 할까? 과학이 발전할대로 발전했는데 물을 나오게 하는 일은 국가기강을 세우려는 자세와 정성의 문제일 것이다. 어느 해는 참성단에서 민족회의와 같이 기원제를 올렸다. 민족회의는 간도 찾기 등 여러 다양한 일들을 해온 비영리 민간단체이다.

5 – 34. 총리실은 국가기강을 바로 잡게 한국 전통종교 무신교(신앙하되 비조직적으로 친자연적)를 종교로 바로 규정하고,

각 종교예산과 사용실태의 전수조사를 기반으로 한국 종교정책을 다시 세울 것. 산하에 한국인의 얼을 잘못되게 분탕질한 외래종교의 적폐와 갑질을 찾아내어 바로 잡고, 한국 정신역사 종교산업 전체적으로 문광부 · 교육부를 주무로 연합으로 ① 〈이승만 정부 이래 70여 년간 지금까지 외압이나 스스로 알아서 자원이나 편향된 외래종교 지원정책 백서〉 만들고, ① 문광부 종무과 직원들 종교별 균형 있게, 한국인으로서 한국얼과 한류문화의 근원을 찾고 바르게 균형 바로잡아라.

예로) ① 전국 〈성황당 올레길 지도〉를 만들고 관광상품화 계도를 지원하라. 성황당에서 가까운 곳에 주막도 처음에는 지원하라. (동네 유휴 노동력이나 협동조합 활용하게 – '국밥집' '주막'도 좋고)

① 한국 종교 항목 속에는 만년 한국 종교 (무)신교도 넣어야 되는지 안되는지 잘 분별해 보라. 외래와 포크를 쓰는 서양빵만 종교이고, 아니면 숟가락으로 떠먹는 밥은 주식도 종교도 아닌가? 무종교가 국민 56.1%라는 점을 항목으로 잡을 때 염두에 두라. **기가 막히게도 자기네 종교는 종교항목에서 뺀 유일한 나라가 한국이**

다. 만년역사와 함께 해온 (무)신교를 부정하다 못해 종교항목에서 뺀 나라. 기독교인 불교인의 눈치를 보다가. 대통령과 국회사무총장이 국민 7.9%뿐인 카톨릭임을 자랑하는 넌센스의 나라. 요 몇 년간 나라꼴이 기강이 이상하게 되었다. ① 광화문 중앙 바닥과 종로 한복판에 카톨릭 광고판을, 대원군을 비롯한 동학 한국인의 자존심은 무시하고 그 심장에 철판을 박다니!

비조직적이고 남의 종교를 배척하지 않고 다 수용하는 게 무속이고 신교이다. 한국인 치고 무속인 찾지 않는 집안이 없다. 기독교도 우리 〈하느님〉을 찾고 부르니 괜찮고, 불교도 한국 토속신인 산신을 모시고 또 상제 하느님 미륵불을 모시니 – 단지 원래 환웅전에 외래종교로 들어온 부처를 모시는 것 그 또한 석가모니 부처가 동이족 네팔사람이니 괜찮고, 도교 역시 중국 화하족 중심의 시조 황제 헌원이 역시 같은 맥족(동이족)조상에서 나왔으니 한국인이 어느 정도 다 수용할 수 있다. 그래서 기독교는 목숨을 걸고 〈여호와God〉를 〈여호와 하느님〉 또는 〈하나님〉으로 그냥 부르니 괜찮다. 그들 외래종교라는 불교 기독교 유교 도교의 뿌리가 신교이니 괜찮다. 하지만 그 뿌리인 어머니를 배척하고 모욕을 주고 무시하고 제외하는 자기부정의 정신행위여서는 안된다는 것이다. 자기 부정은 거짓말과, 자기 뿌리인 조상과 부모님에게 불효를 조장하는 것이고 그것은 병적인 개인과 사회와 국가를 불러 일으켜, 개인이나 국가 위기시에는 존망마저도 가늠할 수 없게 즉 뿌리 없는 나무, 뿌리 없는 풀 신세가 된다.

5 – 35 ◘ 행자부 국가 기강법?안착시키도록. 먼저 정하고 국민 홍보도 절실. – 100년 된 서양 외래문화 철칙에 절대 의존보다는, 유연성을 가지는 태도 바람직한 시대왔다.

북한의 민족공유 부분을 참고로 보자. 이제 나라에 필수적인 사항들 태극기 · 애국가 · 개천절 대통령 참석 · 한국 종교 종사 관련 건물 복원 · 무신교(일본 신도의 뿌리) 무사제 지원 및 교육제도 확립법 등등 기본 원칙을 확실히 하자. 터놓고 해야 남북 백두산 개산도 보존도 통일도 한국인 안정도 도덕성 회복도 일류 국민으로 일등 나라로, 세계평화도 이루어진다.

⊙ 개인 간 터놓고가 국가간 터놓고로 세계가 터놓고로!

문대통령께서 김정은 위원장께 백두산에 가기를 소망한 것은 한국 금수강산의 한국적 총체적 의미와 저력을 믿는 자세! 김정은이 수용한 것은 한민족 세계 인류 평화 생존 장도의 성공이 불가역적으로 담보된 것이다. 자족을 모르고 탐욕과 부덕과 현대사회 인권의식의 상향조정 수준을 파악 못하는 공무원들에게 참조 요망한다.

★ 한국 대통령이 참석해야 할 한국이라는 나라문을 천산 삼위태백과 백두태백에서 환웅께서 여신 나라 생일인 '개천제' 백두산도 환한 마음으로 문재인 대통령과 김정은 위원장을 반기다. 대통령이 필히 참석해야 하는 개천제는 등산가들이 봄에 첫발을 개산제에 동참하는것보다 중요하다. 산을 무서워하며 좋아하는 등산애호가들은 봄에 처음 산이 문을 열어줄 때, 개산제, 개토제에 자진해서 참석들하여 산과 하늘의 가호를 빌고 겸손과 조심을 맹세하기 위해 하듯이, 국가 기강을 세우는 최고의 일이다. 아베가 2차대전의 일본 전범들이 있는 야스쿠니 신사 참배는 주변 나라가 반대 하지만 참배하는 것은 자기네 전통이고, 그런 배짱과 뚝심은 있으니 국민은 믿어줘서 3선을 한다.

★ 남북공동 개천제를 남한 북한 교차로 하자.

민족의 영산인 백두산 참배 트레킹 문재인 대통령의 공개적 소원 빌기는 총체적인 민족평화 공존통일 최고의 의례이고 방략이다. 천지인이 모두 박수! 3지연(3 세번 만에 한국 대통령 북한 방문 제대로 성공하다) 문재인과 김정은은, 아무도 걷지 않은 경천동지할 세기적 대사건의 주인공!이 되었다. 이어지도록 다들 기원하자.

단군들은 개천제를 지내실 때 참성단에서 지내시어 살아계셨을 때는 남한의 마니산 천제암 공터에서 머무시고, 돌아가셨을 때는 북한 평양 단군릉에 머무시다. 그러하니 앞으로 남북공동 개천제는 남한 북한 교차로 하자.

5 – 36 ☗ 현대에 주목받는『환단고기』桓檀古記 요즘 시중 상생방송을 듣고 역사공부 삼매경

삼성기 상권 - - - - - - 신라고승 김안함로 ,

삼성기 하권 - - - - - - 고려말 원동중 (원천석)

두문동 72현 중 1분=원천석은 고려말 충신 조선 태종 스승, 원천석 친구

=복애거사 범장, 차원부 두문동 72현 중 1분

북부여기 - - - - - - 고려말 이암 (문하시중 - 영의정)

단군세기 - - - - - - 이기 (이암의 제자)

태백일사 - - - - - - 이맥 (좌의정 . 이암의 4세손)

위 책 삼성기 상하, 북부여기 단군세기 태백일사 등 1천 2백년 동안 써서 내려 온 책들을 모두 합친 책 이름을 1911년 계연수가 "환단고기" 로 정하고 세상에 『환단고기』 30권을 발표하면서 조선사회에 알려졌다. 이후 홍범도 의병장, 오동진 장군이 사비를 들여 『환단고기』 桓檀古記를 출판하여 전파시키다. 그 뒤 계연수는 금강산 단굴암에서 30만 권을 편찬하였는데, 아는 사람의 신고로 일본 경찰에 의해 손과 발이 잘리고 죽임을 당하는 것을 숨어서 본 제자가 이유립이다. 이유립은 강화도마니산으로 피신하여 〈단단학회〉를 만들어 후학에게 환단고기의 정신을 가르치고 환단고기의 역사와 『환단고기』 책과 정신을 계승토록 수련장까지 열었다.

★ 『환단고기』 내용 중 특기할 사항

중국의 최초 국가인 하나라 **황제 헌원은 배달국 14대 환웅인 자오지 천왕 (치우천왕)을 76번 공격했으나 모두 졌**고, 탁록전투에서 자오지 천왕에게 잡혀 신하가 되었으나, 자오지는 헌원을 황무지 땅인 양쯔강으로 가서 근신하고 살아라고 보내버림 . 그 당시 환웅을 " 천자 " 라고 했다. 환인 환국 , 환웅 배달국 , 4천여 년 전 중국사람 백가가 쓴 책 『산해경』, 사마천이 쓴 책 『구당서』, 사마의가 쓴 『신당서』에는 영토를 놓고 치우천왕과 헌원의 싸움이 기록되어 있다.

환웅 배달국 년도 1565+2333+2019 = 배기 5917(2019)

환인 : 환국 재위기간 3301년 7대, 영토 남북 5만리, 동서 2만리 12개 제후국 지배함

환웅 : 배달국 재위 기간 1565년 17대, 9개의 구이족 지배함⇄전북부안서 "환웅" "구룡연" 석상 그래서 나왔을까?

단군 : 조선의 재위 기간 2096년 47대, 9개의 제후국 시라 예족 맥족 북부여 동부여 고구려 남옥저 북옥저 평양성은 광개토태왕 장수왕 때, 오늘 날 중국 북경 동쪽 창현에 있었다, 그 후대에 당나라와 싸움에 뺏겨서 현재 평양에 성을 쌓았는데 이름을 그대로 옮겨와 평양성임.

이암의 손자, 이맥은 세종대왕에게 자신의 할아버지가 쓴『삼성기』바쳤다. 세종대왕은 단군세기를 보고 가림토 문자를 발견하여, 신미대사에게 훈민정음을 만들게 하였다. 1910년 경술국치를 당하여, 조선총독부가 설치되어 초대총독으로 '데라우치'가 된다. 그는 조선의 옛 역사를 말살하고 조작하기로 하고 , 일본 경찰들을 시켜서 조선팔도를 14개월 동안 뒤져서 〈조선의 상고사〉를 찾아 내어 20만 권 이상의 책을 남산에서 불살라 버린다. 조선 상고사 - - - - - 환인 환웅 단군 부여 고구려

일본의 사학자 3명이 조선의 옛 역사를 보고 깜짝 놀라서 데라우치에게 보고했고, 환인 환웅 단군 부여 고구려 역사를 말살하기로 하고, 단군을 신화로 조직적이고 체계적으로 역사를 조작했다. 왜 (일본) 는 백제보다 3백년 전에 생긴 나라라고 조작했으며, 조선 선조들의 나라는 나라다운 나라가 없었고, 대륙을 한 번도 진출 못하고 중국의 속국이었으니 이제 일본의 속국됨은 당연한 귀결이라고 〈조선사 편수회〉를 만들어 조작했다. 서울대 고려대 사학과가 그것을 이어받아 지금까지 그 인맥으로 한국사를 식민사관으로 좌지우지한다. 바로 잡는데 아베 할배 말대로 백년도 더 걸릴지도 모른다.

5 – 37. 총리실 · 행자부에 성폭력범을 철저히 벌한다. 경찰교육 확실히! 신고 출동 정리가 미비하면 엄벌.

〈실종 학대 방기 등 위기 아이 구출 통합적인 하나의 시스템〉. 글을 쓰는 중에도 네번이나 신고했는데도 철저하지 못해 4명 사망 사고 뉴스.

급한 것이 국민의 목숨부터 구하는, '예측되는 예방구축체계 갖추기'이다. 위기 부모를 위한 국가의 배려 구조(양육 도우미 절실), 〈위기 아이 구출 통합적인 하나의 시스템: 폭력 살해 사건예방 원스톱 응급 조치팀〉 만들어 확실한 안전망 구축. – 전국 동사무소 복지과에서 위기 가능성의 가정을 전수조사한 기본자료 구축 연계 마음이 확실히 있는 실질적인 전문가들과 협의하여 안전 조직망을 구축하자. 이혼도장을 찍으러 동사무소에 오면 힘든 부나 모, 아이들 양육까지 맡아하는 부나 모 – 어려운 환경으로 보이면, 동사무소가 자동으로 연락하여 국가가 자동적으로 아이를 보호하는 구조로 나가자.

총리실에서는, 강력한 응징 제도로 남성성 폭력 갑질 규제 및 적극적인 피해자

지원, 뒷받침이 아닌 앞당김을 〈실종 학대 방기 등 위기 아이 구출 통합적인 하나의 시스템〉으로 이끌어내야 한다.

오랜 역사 속 가부장제 폭력의 악랄한 산물인 남성의 성에 대한 고무 및 강조 생활규범 탈피 홍보. 학대와 폭력 성폭력으로 살해당하거나, 심신에 깊은 상처받은 우리 자녀들부터 구해야 한다.

"영구제명 성범죄 범위 확대" … 체육계 대책 발표 문체부, 체육계 성폭력 가해자 징계확대…해외취업도 막는다

"평창 직전까지 범행" … 심석희 '성폭력 고소' 용기낸 이유는/ 5년 전 조재범 이전 코치도 … '제자 성추행'으로 퇴출/조재범, 폭행 사건 후 반성은 않고 중국에서 지도자 준비

[앵커]: 조재범 전 코치는 5년 전 전임 코치가 물러난 뒤를 이어서 국가대표 코치가 됐습니다. 그런데 그 전임 코치도 당시에 제자를 성추행했었다는 사실이 밝혀지면서 물러난 것이었습니다. 그리고 그 후임으로 들어선 조재범 코치의 희생양이 바로 심석희 선수였습니다. 백수진 기자가 전해드립니다. 5년 전에도, 소치올림픽을 1달 앞두고 쇼트트랙 대표팀 코치가 퇴출됐습니다. 제자를 성추행한 사실이 뒤늦게 밝혀졌기 때문입니다. 그 빈자리를 채운 사람이 조재범 코치였습니다. 4년이 흘러, 평창올림픽을 한 달을 앞두고 대표팀의 심석희 선수는 "조 코치의 폭행을 견딜 수 없다"며 선수촌을 뛰쳐나갔습니다. 그리고 조재범이 4년에 걸쳐 상습적으로 성폭행을 했다는 주장이 이어졌습니다. 폭행, 협박, 그리고 성폭행의 사슬이 반복됐다는 것입니다. 심석희 폭행 혐의로 구속된 조재범은 그동안 11차례 반성문을 제출하고 과거 제자들에게 합의도 부탁했습니다. 경찰 조사 과정에서 폭행 피해를 진술한 또 다른 3명과 합의했고, 심지어 심 선수에게도 합의를 요구했습니다. 일부 피해자들과 합의는 1심에서 내려진 징역 10월의 판결에도 영향을 미쳤습니다. 이처럼 형량 줄이기에 나선 조씨의 모습은 심석희에게는 두려움으로 다가왔습니다. 훈련장과 각종 국제대회에서 다시 마주칠지도 모른다는 공포입니다. 실제로 조씨는 폭행으로 대표팀 코치직에서 물러난 뒤 중국에서 지도자 생활을 준비했습니다. 반성 대신 억울하다며 재기를 노리는 과정에 심석희는 앞으로 있을 고통으로부터 자신을 지키기 위해 또다른 고통을 드러내야만 했습니다.

AFP통신을 비롯해 외신들은 "한국 스포츠에 폭력이 만연했다"며 심석희의 성폭행 피해를 보도했습니다.(영상디자인 : 오은솔) 관련기사 빙상연맹, 14일 관리위원회 회의 … 조재범 사태 논의 외신들, 심석희 성폭행 주장 보도 … "한국 스포츠계 폭력 만연" 문체부 노태강차관 "영구제명 성범죄 범위 확대" … 체육계 대책 발표 문체부, 체육계 성폭력 가해자 징계확대 … 해외취업도 막는다. 쇼트트랙 심석희 "조재범 코치 상습 성폭행" 추가 고소[56]

◘ 정부 : 법 · 관리의 허점으로 더 깊은 상처와 살해로 큰 범죄: 강력한 법 보완이 시급히 절실

- 〈아동학대 살해 방조한 국가의 미비한 법〉 4살 아이에 대해 동네주민의 학대신고를 받고도 못살렸다. 법적 구출 시스템을 구축 못했기에 주민신고로 동사무소 직원이 만나러 갔으나 폭력 어머니의 거절로 4살 아이를 못 보고, 다음 날 아이가 죽었다. – 폭력 부모를 거부해도 법으로 강제 구출해 낼 수 있게 시급히 개정 보완해야 한다.
- 문체부 – 스포츠계, 교회, 성폭력 성추행이 만연한데도 조사를 제대로 못해 상처 더 깊게 지속 〈성폭력 갑질 만연: 목사, '천사 의사', 정치인 도지사, 국가대표 코치: 왜들 이러시나요?〉
- 국가대표 코치: 조재범 측 "심석희 성폭행 주장은 사실무근" 외신들, 심석희 성폭행 주장 보도. "한국 스포츠계 폭력 만연"
- 정치인 도지사 '비서 성폭행' 안희정 2심 마무리..검, 무죄를 뒤집을 카드 있나
- 목사: 아동 성범죄 무심한 교단..소속 목사 범죄 · 행적조차 몰라

  '유죄' 목사 79명 중 21명 활동..교회는 '성범죄 성역'?

  "평창 직전까지 범행"…심석희 '성폭력 고소' 용기낸 이유는
- 소외 아동 돌본 '천사 의사'의 두 얼굴…10여 년간 성폭행

심석희 변호인 "선수촌서 피해..국가책임 짊어야"

법무법인 세종 임상혁 변호사 – "심 선수 아버지, 충격으로 약물 치료 중 통제된 시스템에 선수 몰아 넣고 범죄엔 나 몰라라. 교육강화 · 영구제명 사후엔 너무 늦고 의미도 없어 선수들 대들어 봤자 손해이다 인식..대한체육회 방관만, 아버지는

충격과 분노에 약물에 의존해 간신히 버텨. 국민들 모두 나서서 심석희 선수 용기 응원 해야"

"국가가 책임 느껴야" "신고센터 없어서 이렇게 됐나요. 교육을 강화하고 영구제명하면 뭐해요. 사후엔 이미 늦어요. (국가가) 근본적으로 자기 책임이라고 절실하게 느껴야 해요. (지금까지) 도마뱀 꼬리를 자르면 된다는 식으로 무책임하게 빠지고, 당사자의 개인 비리로 남겨둬 여기까지 온 겁니다."[57] 임상혁(50) 변호사는 쇼트트랙 국가대표 심석희(22) 선수가 고등학교 2학년 때부터 조재범 코치한테 성폭행당한 사실을 두고 '국가의 부재'를 얘기했다. 임 변호사는 "법률적으로 관리감독의 문제가 있다. 국가대표 선수는 국가의 대표이고, 국가가 필요해서 국제대회에 내보낸다. 좋은 성적을 요구하며 통제된 시스템에 선수를 넣어두고는 그 안에서 벌어지는 범죄에 난 모른다고 빠진다. 이것은 개인의 문제가 아니다. 국가부터 나의 문제라고 인식하지 않으면 근절될 수 없다"고 강조했다.

임 변호사는 심석희 선수의 변호인을 지난해 여름 처음 맡았다. 2018 평창 겨울올림픽을 앞두고 충북 진천선수촌에서 벌어진 조재범 코치의 심석희 선수 폭행사건이 법정 다툼에 들어가면서 심석희 선수 쪽에서도 조력이 필요했기 때문이다. 1심 재판부는 지난해 9월 상습상해 등 혐의로 조재범 코치한테 징역 10개월을 선고하면서 법정 구속했다. 초 · 중등 학교를 다니는 두 아들의 아버지이기도 한 임 변호사는 "심석희 선수의 폭행 내용을 알고 자식을 둔 부모의 입장에서 남의 일 같지 않았다. 학부모는 심석희나 김연아를 보면서 선수의 꿈도 키우고, 지도자한테 맡긴다. 그런데 성폭력까지 당했다는 사실을 들으면서 이게 사실인가 의심했다. 심석희 선수의 말을 못 믿는 게 아니라 과연 2019년 대한민국에서 가능한 일인가 충격을 받았다"고 했다.

심석희 선수는 평생의 아픈 상처인 성폭행 피해에 대해 말하지 않았다. 조재범 전 코치와 법정공방을 하면서도 굳게 입을 다물고 있었다. 그러나 구속된 조 전 코치가 자기 잘못을 인정하지 않고 모면하려고 하자 용기를 냈다. 임 변호사는 "2심 과정에서 조 코치가 합의서를 제출하는 등 자칫 폭력 문제가 집행유예로 끝날 수도 있다는 판단이 들었다. 우리 쪽에서도 얻어낼 것을 얻어내면서 합의할 것을 고민하기도 했다. 그때 심 선수가 아버지한테 성폭행 사실을 털어 놨다"고 말했다. 평생 딸 뒷바라지를 해온 아버지의 충격도 엄청났다. 임 변호사는 "오랫동안 딸을 지원해 온 아버지도 이런 사실을 알게 된 뒤 굉장히 충격을 받고 분노했다. 현재 스트레스 때문에 약물을 복용하면서 버티고 있다"고 전했다. 임 변호사는 곧바로 심 선수의 성폭행 피해 고백 이후 여성 변호사를 배치해 심 선수와 일대일 심층 면담을 진행했고, 주말까지 밤샘 작업을 하면서 12월 성폭력 사건에 대해 추가 고소를 할 수 있었다.

임 변호사는 이 부분에서 심석희 선수의 용기를 칭찬했다. 그는 "폭행 사건만으로 재판이 진행될 때 자칫 경미한 사건으로 끝날 수도 있었다. 심 선수도 피해자의 입장에서 '어떻게 할까' '경기력 향상을 위한 매로 생각하는 사람도 있을 텐데' '내가 예민하게 반응하는 것 아니야' 등으로 생각했다면 묻혔을 것이다. 그러나 심 선수는 단호했다. 정말 대단한 결심이고 큰 용기"라고 했다.

지금까지 지도자 폭력이나 성폭행 문제가 터지면 최종적으로 피해를 보는 쪽은 선수가 많았다. 2015년 국가대표 루지의 권 아무개 선수는 상습 폭행을 해 온 코치에 대해 손해배상 소송을 해 승소했다. 하지만 1년 단위로 뽑는 국가대표 선발전에 대비할 수 없었고, 결국 꿈에 그리던 대표팀에 들어갈 수 없었다. 임 변호사는 "고소를 하고 소송까지 가도 판결문은 의미가 없다. 선수는 대들어봤자 손해라는 인식이 퍼져 있다. 그때도 연맹에서는 선수를 전혀 보호하지 않았다. 대한체육회도 방관하기는 마찬가지이다. 구조의 문제라기보다 개인 문제로 치부한다"고 비판했다. 쇼트트랙을 비롯한 빙상종목은 대개 개인코치가 선수를 지도한다. 선수와 지도자의 관계는 이해가 상충하지 않으면 평생을 간다. 심석희 선수는 초등학교 1학년 때부터 조재범 코치의 지도를 받았고, 중학교 시절부터 전국을 석권했다. 그러나 승리의 기쁨 대신 기억하고 싶지도 않은 악몽 같은 기억이 더 무겁게 쌓였다. 심석희 선수 법률대리인을 맡은 임상혁 법무법인 세종 변호사가 9일 오후 서울 중구 법무법인 세종 사무실에서 〈한겨레〉와 인터뷰를 하고 있다.[58]

임 변호사는 이날 문화체육관광부 긴급 기자회견에서 노태강 차관이 성폭력 가해자 영구제명 등 새로울 것 없는 대책을 내놓은 것에 대해서도 **"알맹이가 하나도 없다. 무책임하다. 문제가 발생하기 전에 막지 않고 사고가 터진 후에는 아무 소용 없다"**고 강도 높게 비판했다. 이어 "피해 장소가 국가가 직접 관리감독하는 선수촌 여자 라커룸, 대학교 라커룸에서 발생했다. 만약 정말 내 책임이라고 생각하면 불 꺼진 방에 찾아가 살펴보는 관심이 필요했다. 과연 그것이 남의 일인가. 이번 일을 계기로 관리감독의 법적 책임이 어디까지 있는지, 상급 위치에 있는 사람들이 어디까지 책임을 져야 하는지 살펴봐야 한다"고 주장했다. 또 "사건이 불거지면 이것이 빨리 사라지길 바라는 사람들이 있다. 책임에서 벗어나기 위해서이다. 그런 사람이 다 없어져야 이런 문제가 해결된다"고 덧붙였다.

심석희 선수는 현재 2월 월드컵과 대표선발전을 준비하면서 태릉선수촌에서 훈련하고 있다. 대한 빙상경기 연맹 관계자는 "심석희의 표정이 이전보다 훨씬 밝아졌다. 훈련도 열심히 하고 있다"고 전했다. 임 변호사는 "여성으로서 견뎌야 할 추가적인 피해와 가해자의 보복, 가족들을 생각해 이 사실을 혼자서 감내해 왔다. 그 신체적, 정신적 피해는 너무 막대하다. 하지만 이제 많은 사람들의 격려와 응원이 힘이 되고 있다"고 밝혔다. 심석희 선수의 건강한 부활은 큰 의미가 있다. 선수 생활도 더 해야 한다. 임 변호사는 "심 선수가 더 좋은 경기력을 발휘하기 위해서는 국민들의 역할이 필요하다. 심 선수를 지지하고 성원해 능력있는 선수들이 자신의 역량을 발휘할 수 있게 북돋아 주어야 한다"고 말했다. [59)]

5 – 38 ◘ 예측되는 위기국민 폭력살해 〈사건예방 원스톱 응급조치팀〉 가동케 지금 바로 여기서

당장 조치할 것: 바들바들 떨다 맞아 죽어가는 학대받는 아이들과 폭력 피해여성들! (사후 약방문 이제 그만) 동사무소 공무원들이 연계해 철저히 파악하면 예상되고,(특히 어린 여성 이혼신고시 자녀문제는 바로 법적 보호 조치케) 주시 중인데다 상황이 심상찮거나, 누군가 신고하면 바로 〈폭력살해 사건예방 원스톱 응급조치팀〉미리 만들고, 가동하여 구출후 추후 결제(거짓 신고에 출동했다해도 문제시않을 것 119도 마찬가지) – 확실하게 사전 법적구출 조치부터 긴급히 마련합시다." 한국이 3050 선진국으로 실속있게 가는 길입니다! 신고해서 신고받고 경찰이 왔다가도 그냥 가면, 구해야 할 공권력 경찰 자체가 피해자를 두 번 죽이는 일입니다: 아동학대 성폭력 등 폭력과 추행엔 강력한 적극적 대처와 응징하는 제도 시급히 마련, 남성성 폭력에 예상되는, 생존형 학대에 적극적인 피해자 구출 법적 지원 뒷받침과 앞당김 먼저, 가부장제 폭력의 악랄한 산물인, 남성의 언어폭력 및 性에 대한 고무 및 강조도 확실하고 엄중한 처벌안 마련할 것을 요구한다.

5 - 39 ☗ 수사 중 자살해도 사건을 끝까지 수사토록 법을 개정하자.

자살공화국을 면하기 위해서나, 살아서 명예회복의 기회를 주려면 이번 개헌 때 죽음과 관계없이 어떤 조사도 지속 집행으로 수정 요망

자살과 타살을 방지하고, 자살공화국을 면하기 위해서도 자살 대신 형벌이나 반성 후 살아서 공헌을 할 기회를 주려면 이번 개헌 때 죽음(공소권없음)과 관계없이 어떤 조사도 지속되는 것으로 법의 수정이 요망된다. 노무현 대통령의 자살이나 노회찬 정의당대표의 자살이나 현재 법이(죽으면 공소권..) 이들을 이런 길로 유도한다고도 생각된다. 살아서나 죽어서나 수사를 받고 형을 받는 일은 정치인으로 한국법을 존중하는 태도이고, 공인이 법을 존중하는 것이 대한민국 조국을 생각하는 일이다.

밝힐 것은 밝히고 그럴 수밖에 없는 현실이 있다면, 이 계기에 고치도록 나서는 것이 용기있는 삶이다. 자살했다고 그 죄를 모두 덮어버리거나 모두 용서하는 일은 시대착오적이고 잘못된 것이고 죽음으로 몰아가는 일이다.

법 수사와 집행은 죽어도 그대로 진행되어야 마땅하다. 단지 집행에 몸이 없는 것만 다를 따름이다. - 자살은 오히려 자신의 상황이나 이유를 변명할 기회를 잃고, 비겁한 일로 치부되도록 법을 고쳐야 한다. 그것이 자살 방조나 찬미를 방지하는 일이기도 하다. 자살이나 타살 죽음은 수사에 아무 영향을 미치지 못한다 라는 인식을 갖도록 특검도 이번 기회부터 그 선례의 일부라도 남기도록 해야 한다. 죽었다고 해서 그대로 덮으면 안 된다. 국민에게 특히 젊은이들나 어린이들에게 이런 유명 정치인이나 최진실 오누이같은 대중 인기인들의 자살은 어떤 부정적 영향을 미치는지를 전문가들과 상의해서 이번 개헌에는 꼭 고치는 것이 생명존중이다. 생명보다 명예? 죽었다고 명예가 지켜지는 것은 아니다. 단지 수사기간 동안, 혹은 살아 생전에 그 불명예를 일시나마 안고 사는 것이다. 그것도 공인으로 보여줘야 할 자신의 실수를 인정하고 반성하는 당당한 용기고 애국심이다. 항상 공적으로 뭔가 기대하던 사람의 그런 비보를 듣게 되면 마음이 많이 아프다.

어제 뉴스에 비보를 듣고 오늘도 일어나자 마자 계속 마음이 아리기 때문에 더욱 수정하기를 주장한다. 더 이상 한국의 인재를 - 자살타살 죽으면? 공소권 없음?

– 그런 몰시대적 법으로 인해 어떤 실수로 잃게 해서는 안 된다.

사람은 누군가는 어딘가 다 헛점이 있어 신이 아니고 사람이다. 그 누가 완벽하게 청렴한가? 이 정치 풍토에서. 선거자금이나 홍보 제도 등을 보완하고 바꾸어야지. 바꾸지 않으면 지금 이 시간도 그 누군가는 주위의 압박으로 또 자살이나 타살을 강요받을 수도 있다.

그런 몰시대적인 '공소권 없음' 법은 근대 조선조 외적의 침입에 본의 아니게 강압적으로 강간당한 여성에게 은장도를 쥐어주는 것이나 마찬가지이다. 주변이 너로 인해 불명예의 피해를 공동으로 당하지 않게 너는 죽어라이다.

다시금 이번 개헌 때 죽음(공소권 없음)과 관계없이 어떤 조사도 지속 집행되는 것으로 수정할 것을 요망한다. 9215(2018)년 7월 24丁巳일

5 – 40 ☗ 기재부 관련 부처

(외래종교에 경도된 관행에 젖은 자들로는 안된다. 문광부 종무국)는 국회 예산, 교육부 예산 – 의원별 당별 종교별 지역별 등으로 분석 공개 발표하라. 각 부처는 전통종교 보존 대책을 세우라. 전통 기도터 복원과 기도 보장(쓰레기처리, 촛불 관리 등 계도는 필요하나, 폐쇄나 무시나 불법화는, 우리가 우리것을 무시 배제하는 일본식민사관적 전근대적 사고 관행)

5 – 41 ☢ 내가 흥이 나려면 나는 한국인인데 무엇부터 알고 해야 하나?

대통령도, 교육부장관도, 역사학자들도, 가르치는 선생님들도 부모님들도 모르는 환국 환인 7분[60], 환웅 18분, 단군 47분으로 72분이시다. 머리꽝!!! 박사도 양심 선언: 우리는 각 1분씩인 줄 알고 살았으니 – 72분! 환인의 부인 이름도 황영, 막지…자료가 더 찾아지면 세부적인 것들이 나올 것이다. 지금껏 알려진 것이라도 역사의 빈 공백을 채워 넣자. 지금부터라도 얼빠진 민족이 아니라 이제 정신차려 바로 가르치자.

5 – 42. 시험문제 한국의 대표적 관광상품과 역사적 중심인물?

⊙ 한국은 국가홍보 모든 것의 중심핵과 역사에 중심을 어느 분으로 할 것인가?

환국 건국은 9216(2019)년이 되었고, 거발한 제 1대 환웅께서 보다 조직적인 '천

자' 나라로 등극한 개천도 5914년이 되었고, 왕검 단군께서 '조선'으로 새 기운을 여신 지도 올해로 2333+2019=4352년이다. 일제 때 반만년 5천년 역사 운운은 이미 환웅시대를 넣고 있고, 박정희 대통령 때도 단기 4293(2333+1960) - 4303(1970)년까지 사용했는데, 미국의 지원금을 받으려 미국 기독교의 요청과 압력으로 서기(예수 탄생과 상관도 없는 나라가 뜬금없이 2333년이나 늦은 예수 탄생)를 사용하게 되었다.

10세기 통일신라와 唐대의 대석학 최치원 선생께서 (어린 나이의 12세에 당으로 유학을 가서 공부하고 거기서 벼슬살이) "조국에 와 보니, 유교 불교 선도교가 융합된 玄妙之道가 있다"고 한 바로 그것이 신교이다. 그 신교는 모든 종교의 근원이라 뻗어나간 종교들의 총체이다. 바로 하늘의 뜻을 받아 사람과 땅을 일구어 가는 삶 자체를 말한다.

1882년에야 일본이 만든 단어인 인위적인 조직과 경전과 신도를 요구하는 '종교'라는 단어보다 7,000년이나 앞선, 지도자나 일반 백성 삶의 축, 행동 지침 등으로 별도의 조직이나 신도나 경전을 필요로 하는 것이 아니다. 하늘로부터 받은 천서인 천부경, 참전계경, 삼일신고를 축으로 기도하며 기도를 받아내린 것을 온 백성이 삶에서 그대로 실천하는 사람 삶 바로 자연의 이치가 스며든 것이다. 일본은 이것을 배워 자신의 나라에 이익 되는 신도로 변형시키며 일부 형식은 원형보존 계승하고 있다. 집집마다 신을 극진히 모시며 마을마다 마을 신사, 조상 무덤, 태어나면서부터 신사에 의존해 국민종교가 국가종교가 신도이며 90% 이상 동시에 불교도 80%, 기독교는 1%도 안 된다. 19세기에 서양에 의존하면서도 자기 고유의 것은 살려나간 일본 지도자들과 국민이 한편 존경스럽고 부럽다. 일본은 이 신도와 신도적 삶 자체를 전국 마을 관광자원화하는데 성공했다. 신사만 보러 다녀도 몇 달이 걸린다. 각 집과 고을이 팔만 만신을 모셨으니, 집집이, 골목골목이 볼거리고 깨끗하고 신성스럽기까지 하다. 화산폭발과 대홍수에 지진에 쓰나미에도(원전 폭발) 온 국민이 의연히 견뎌 나가는 일본의 저력이 어디서 나오는지 알 수 있는 대목이다. 일본은 주민부터 의식주 문화 농경생활 등 일체를 가야 백제 신라 고구려의 도움을 많이 받아 형성된 나라라 형제자매의 나라이다. 가족끼리도 다툼과 갈등이 많은 사회이니 국가간의 갈등은 당연하다. 터키가 한국과 형제의 나라라 친히 여기듯 주변국과의 화합 상생적 외교의 노력과 기술과 협치는 필수적으로 요청된다. 한국 입장에선 여러 분야 공유부분이 많은 중국도 마찬가지이다. 일제는 한국인의 정체성을 말살하여 일제와 통합하려 민족종교부터 왜곡 탄압하였다. 일본은 조선을 식민지화하면서 자기네 일본 신사를 조선의 전국 마을마다 10만여 개를 지어 전 조선인이 신사에 참배하는 일본화 즉 황국 신민화를 하려, 한민족과 한양 조선의 남산 국사당과 국조단군 숭조의 상징인 〈남산 단군전〉부터 없앴다. 이명박 대통령 시절 오세훈 서울시장도 남산에 대종교 단군굴을 갈아엎고 잔디를 깔아버렸다. 그 두 사람은 지금 신세가 비슷하다. 역사찾기시대 우리의 삼국유사에 나오는 귀하고 귀한 자료 '환국' 그 역사 9215년 이젠 우리는 1대 안파견 환인을 중심으로 우리의 역사와 상징을 찾아야 한다. 신단수 웅상, 불교 대웅전 웅상이 계시던 곳 점령. 일제시대에도 강화도 비롯 〈민족독립 정신문화 진영〉에선 〈안파견 제 1대 환인 거발한 제 1대 환웅 제 1대 왕검 단군〉 등을 다들 모셨다. 미신이라는 누명을 쓰면서도. 만년 전통의 우리 무형문화 속에 구비나 문자의 전승을 통해 유유히 골골히 흐르고 있다.

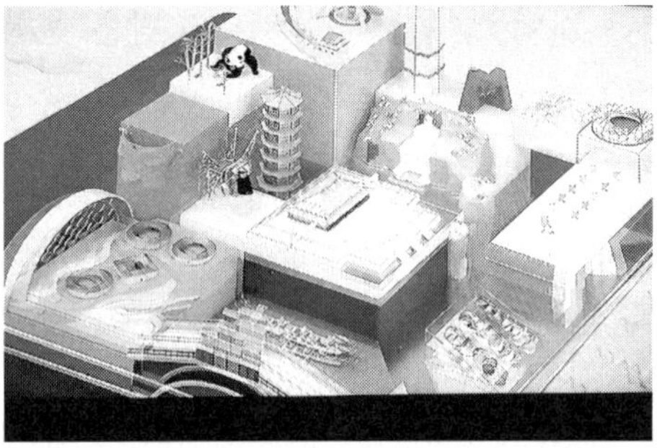

중국 공영방송 중화 TV는 자금성을 중심에 두고 , 황하의 백탑, 운남성 석불, 팬지곰 등 각 지역 대표적인 관광자원을 국가홍보의 로고로 대대적으로 관광홍보에 효율적으로 활용한다. 동양의 환웅 천황상이 무슨 연유인지(도굴 내지 도둑질) 뜯어다가 독일 베를린 박물관에 있다. 돈황석굴의 주요유물이 뜯겨져 영국박물관에 간 과정과 같을 것이다. 마을마다 있는 당산나무 신단수 성황당도 웅상신앙이다.

5 – 43 ⊙ 문광부 한국민의 56.1%는 무종교(+불교 17%)= 하늘 천심과 인간 자연 본성을 믿는 종교 아닌 종교 하늘과 자연과의 소통대로 삶= 하늘을 믿는 신교와 하늘자손(천손) 신앙의 증표 '상투'

통계청이 2016년 6월 발표한 2015년 각 종교별 신자수의 발표에 의하면 대한민국 국민 56.1%가 무종교+ 불교 15.5% = 72.6%+원불교 0.2% 유교 0.2% 천도교 0.1% 기타 0.3%(총 0.8%)= 73.4% 한국 전통종교에 배타적인 종교= 26.6% (개신교 19.7% 카톨릭 7.9%)

한국은 종교지향적인 정서가 매우 강한 나라로 꼽힌다. 그런데 통계청의 조사는 종교단체의 가입 여부만 확인하기 때문에, 전통적인 무속종교와 다양한 종교적 성향을 지닌 경우가 반영되지 않았을 가능성이 높다.(일제가 미신이라며 비하한 것을 믿고 있어 다들 솔직한 자신의 믿음을 숨기거나 거짓말하게 해왔으니까) 예를 들어, 무속신앙류 외 도교적 점치는 것, 유교적 제사나 조상을 믿는 경우 등이 그렇다. 이와 관련 무신교계는 조사 이전의 종교 분류 항목에서 배제된 한국적 주체성과 정확성에 대해 즉 (무)신교 배제에 문제 제기를 하고 있는 상황이다. 이 점은 일본 정부가 – 국가종교로서 일본신화의 아마테라스 오미가미를 主神으로 모신 '神道'가 한국 신교에 뿌리를 두고 있고, 친서양적 외교를 해왔음에도 – 일본국민의 90%를 넘고 자신들의 전통신앙에 정직하고 당당한 것은 일본국의 정책에 기반하고 있어, 국가기강이나 국가의 종교정책면에서 韓日이 완전히 상치되어 부끄러운 측면이다.

6 – 1☢ 이순신의 다양한 한국적 제례 의례들에 대해 아는대로 기술해 보실까요?

이순신의 『난중일기』에서 장군께서 직접 행한 많은 의례를 크게 나눠 보면 다음처럼 정리할 수 있다.

(2권 이순신 의례장 참조)

자연공경 보은: 24절후 의례

효: 조상제사 의례, 충: 왕족 제사 의례

기강질서: 군대의 자오지 환웅(치우) 제사 의례

청계천 물 흐르 곳 서울과 한강 지키시는 14대 자오지 환웅(치우) 사진제공 허주산

6 – 12. 이순신의 의례 중 둑기 치우천왕기(좌둑기)에 제사 지내다.

좌둑기에 중심을 보면 위에서 바라보고 심판하고 관여하는 유일신이 표현되어 있다. 삼태극을 보는 한 시각으로 〈하늘 지상 지하세계〉의 3태극으로 볼 수 있다. 하늘 땅 지하 3, 부모 자식 3, 상중하 3, 음 중간 양 3, 머리 몸통 다리 3

좌둑기 둘레 8괘 – 삶이나 전쟁에서나 8괘진을 친다.

한류의 근원과 본질은 무엇이라 생각하시나?

한국인이 가진 최고의 인적 정신적 자세가 자원이고 국보國寶인 것이 바로 '우리 한민족'그 자체이다

한류, 개천 · 홍익 · 굿 – 판소리 '잔치'란 단어가 있는 유일한 민족은 누구일까? 잔치란 기쁜 일이나 축하할 일 따위가 있을 때, 음식을 차려 놓고 여러 사람이 모여 즐기는 일하늘(천손)의 본성은 편함 착함 평화 생명존중 진심. 天중심 천손사상

인의예지신 자기수련이 예 의례 제사는 한국의 얼을 지키는 일종의 자기 찾기의 수련으로 한국의 진정한 지략의 힘은 거기서 나온다. 예)이 책 2권에서 이순신장군 임진왜란 격퇴일기인『난중일기』의례 분석분을 보라.

한나라나 가문의 상징은 바로 그 나라 그 가문을 대표하는 부호만이 아닌 부호이다. '욱일기'라는 한 제국주의 상징에 불과한(실은 불과한 것이 아니고 되새기라는 마음을 잊지 말고 확고히 더 힘차게 하라는 경종을 울려주는 힘의 근원이다.) 깃발에 연연하는(깃발이 의미하는 것을 잊지 않겠다는 각오) 일본과 거부하는 아시아, 깃발? 상징의 그 힘은 지속과 더욱 강하게 특히 그것이 침략적 상징인 경우 파괴력은 더욱 확대된다. 그 욱일기 부호의 상징 속에는 공격 자부심 포부 일체감 자랑 저돌적 공격의 승리. 전쟁도발…. 그 모든 자기들만이 가진 고유한 능동적 진취적 생산적 힘, 필요 절실한 무언의 선언이 상징적으로 함축되어 들어 있다. 깃발은 가장 강력한 몸짓언어에 속한다.

촛불을 켜라! 촛불은 하늘의 태양을 땅에 내리려 조심스레 모셔 온 것이다. 다시 말해 땅의 태양이다. 사람들은 일단 태양을 숭배 경배하게 되어 있고 따뜻한 햇빛 자연의 대표적 상징이며 생명 보존에 필수인 핵심 기능체로 경건해진다. 사람이 촛불을 켬으로서 그 촛불을 밝히는 자는 잠시라도 태양을 만든 자와 같은 지위를 대신한다. 그러므로 제사 때 촛불은 제주 내지 그 집단의 어르신이 켠다. 촛불이 켜진 순간 인간이 하늘땅 인간 삼재의 기운을 소통시키는 것이다. 즉 유일신을 청배하는 것이다.

6 - 2. 문광부 세종대왕의 지구적 업적 훈민정음의 천지인 창제 바탕과 성웅 이순신의 제례가 미신인가?

가장 한국적인 의와 예와 인과 지혜智 믿을 信을 보여준 장군으로 기록되는 본바탕이 된다. 자연 인간 본성에 마음 대기, 귀 기울이기 음양오행, 천문, 24절후 징후 조짐 의례들

자연의 이치를 미리 아는 지혜로서 땅에서의 사람 생존 도구 소유. 천문을 알아내기, 달력과 일기예보는 국가 최고의 권력이었다. 이순신의 울돌목 승리, 제갈량의 동남풍 - 모두 자연 순환 법칙을 지켜보고 알아내기에서 오는 지혜였다. 일생

지켜봐 온 그 지역민 촌로들에 탐문하여 알아챈 것에 귀 기울이는 태도, 탐문 정보수 – 구비문학 조사도 마찬가지. 믿음 규율, 법을 지킴, 종교: 지켜주는 존재에 대한 신뢰감 일치감에서 오는 보호 속에 안정, 기장으로부터 해소감, 느슨함 편한 '한숨'을 쉼, 소속감, 안정, 평온, 순종하는 순간만은 갈등으로부터 벗어남, 등등에서 오는 마음 편함, 암송 찬양 경배소리에서 오는 울림 파동과 몸정신의 살아남

자연 이치의 지혜에 일치되는 삶, 철을 아는 삶 이치에 순응 내지 극복하는 공경 의례: 이순신장군 난세의 고통을 참고 견디며 이룬 불멸의 혼과 이어야 할 맥 = 의와 의례?

이순신 : 사회통합 한국인으로의 정체성 확인 완전한 인간됨을 향한 한국식 의례 철저히 하는 한국인으로 살며, 자신과 나라를 지키다. 세상을 구하는 영웅의 기개도, 이순신장군처럼 전쟁중에도 심신을 다스리는 의례를 보며, 예가 충효의지신의 근본임을 다시금 인식하고 평정심을 다시 찾고 힘을 얻는다. 적에게도, 협상국에도 일단 할 수 있는 예를 다하라. 지진 홍수 화산폭발에도 자연에 예를 다한다. 미래의 후손을 위한 자연 배려로 감사하며 극복하는 하와이나 일본의 국민 주민 국민들은 남북대타협에서 우선 좀 경제적 손해를 보더라도 조용히 참아내야 바둑 두는 사람 기수냐, 제국의 바둑돌이냐 남북은 서로 끝까지 믿어라 제국의 바둑돌로 추락하는 조국에서 예속적 대우를 보기 싫다 떠나기보다, 띄엄띄엄 하나라도 밝히고, 더불어 외상후 스트레스나 컴플렉스를 우선 자기가 치유하고, 자존감을 회복하고 조국과 함께 인생 후반전과 연장전 그리고 인생 3모작 제 5차 정신산업 시대 천손 나라를 제대로 세우는 경영에 힘찬 풀무질을 하자. 조국을 위해 전체 공무원을 위해 한국 국민을 대신해 쓰는 일종의 현대판 상소문에 답변을 하는 겸손함은 독자들로부터 받을 것 같다! 나는 왜 해방 한국의 겉으론 시혜를 베푼 서양종교의 숨은 의도를 살피고, 편향 전도된 사고나 일의 틀을 극복하고, 한류문화 근원 – 즉 한국다운 만년 종교 한국 무속과 그 문화를 더 잘 살펴 일본신도처럼 국가가 잘 키워 얼도 찾고 한류 나라의 자존심도 찾고 국민들이 자기와 조상을 부정하지 않게라는 말을 바로 하지 못하는 것일까? 비겁하게. 다함께 썩을 수 없다. (한민족은 맥족이다. 그 맥국이 있었던 나라 춘천 중도를 말아 먹으려는 – 영국과 일본이 제

2의 현대판 한국에 식민지 제국 말이 좋아 연방 - 건설하려는 의도를 읽지 못한 - 내부의 최문순과 여야 정치인을 비롯한 정치 야합세력과 영일 무기공동제작 동맹에 맞서며 외치고 있는 구호이기도 하다. 권력을 잡고 있으니 알아서들 하시라. 한국은 백의 종군하는 의병정신과 실천이 나라를 구하는 나라이기도 하다)

⦿ 의례 천제 제사에는 무욕(한없이 주는 것) 생명 소생 자생력 정화 통합 등의 의미를 내포하는 기본이 천지인 소통도구! 하늘과 공기와 같은 물 정안수이다. 수우미양가에서 빼어날 수이다.

6 - 3 ★ 오늘 나 여기서 하는 생활의례를 하루 걸러 스스로 '혼자 잔치상' 내게 대접하는 분위기로!

시작은 나를 먼저 스스로 대접하기 다음 ⇔

나의 감사 기념식= 나를 위한 꽃잎 한송이 기도 및 법도와 절제와 통합과 미소의 고사 체화로 심화도 함께 사그러들다

하늘 땅 사람 특히 이 카톡방 식구들께서 추석이라 보내주신 송편과 선물을 잘 받고 행복합니다. 엊그제 한 선물을 가지고 온 꼬마에겐 - 흥부 놀부를 아느냐고 하니 안다고 해서 옥상 텃밭에서 키운 박 한 덩이를 따 가게 했더니 일기에 쓴다며 좋아했습니다. 먹을 만한 크기는 두 개인데 하나는 노력 봉사를 해주는 올케가 달라 해서 따 가라고 하고. 저는 저녁에 하얀 박꽃만 봐도 행복합니다. 씨는 많이 얻어 내년엔 동네에 모종을 다 나눠 박꽃마을로 만들고 싶네요. 내년에 안 되면 그 다음해 한 두어 집어서 하다 보면 언젠가는 저녁해가질 무렵에 별꽃처럼 빛나는 박꽃을 보고 누구는 참 아름답다 할 것이고 - 누구는 밝은 나라 환한 환국도 더 좋아하겠지요! 끊임없이 생각하고 공부하고 그것으로 조그만 실천도 하는 자족하는 삶!을 무술년 한가위에 그려 봅니다. 보내주신 송편들은 솔잎을 구해 따뜻하게 쪄 나눠먹겠습니다. 그림의 떡이라도 배가 부르고 향기롭습니다. 송편 솔잎도 처음에는 시장 동네에서 사든지 얻어다가 우리집 책상 위에 말려 둔 것, 세상에 옥상 텃밭 작은 화분에도 소나무가 있는 것을! 바깥에서만 찾다니!

6 – 4. 한국이나 중국의 드라마나, 가정, 직장 행사 등에 있어 의례를 아는대로 열거해 보세요

의례란? 어떤 행사를 치르는 법식이나 정해진 방식에 따라 치르는 행사이다. 공식 행사에서는 반드시 의례를 행한다. 현대에 이르러 편의성을 중시하게 되면서 의례가 점점 간략화되고 있으나 여러 모로 효율적이다.예) 개업잔치, 작은 성취도 박수로 웃음으로 덕담으로 물 한 잔 축하 잔치, 기우제, 왕실 제사, 팔관회, 작은 고사. 작은 회사는 물론 새 출발 새 마음 합심을 위해, 또 대기업 대한항공 같은 곳도 새 비행기 출행 전엔 고사를 지낸다. 초등학교 축구장에서 애들이 공을 잘 차거나 막아냈을 때도 서로 아무도 손뼉을 안쳐서 내가 손뼉을 쳐 주었더니 고맙습니다라는 인사를 나중에 받다.

★ 일상의 물 의례나 동양 태양절 태양신 물 의례나 효율성이 있다. 어떤 마음이나 신앙(딱딱한 욕망의 밥그릇에 담은 종교)의 의례든지 의례는 사람에게 예와 절도와 법도 속에 사람으로서의 평정심을 찾게 한다. 맑은 물 투어, 한여름 물놀이 – 물사례 쏘아주기 놀이, 무교인 천수물 쳐주기, 물세례 물은 바로 생명의 원천이니 적당히 맞아도, 마셔도 기분 좋다. 폭포나 바다 강 계곡을 찾는 이유 우물을 한참 들여다 보는 이유, 목욕을 자주 하는 이유가 다 통한다. 꽃에 물주기 어항 물갈기도. 목타는 사람 물 나눠주기, 아프리카 어린이에 물 봉사!

6 – 5. 한민족 꼬리 까오리족, 한민족 지역에서 발견되는 고리 문양들 상관성 있다.

환국이나 신시배달 단군조선 이양 후인지, 손성태 교수에 따르면 아메리카에 사는 잉카족은 자기네 먼 선조 때부터 아사달(아스단, 아스달 – '달'은 '땅'이다. 예: 양달, 음달)에서 이주해 왔다고 한다. 아스텍 우리민족 또 아메리카에서 발견되는 '고리' 기호가 새겨진 모든 유물이나 유적은 언제나 우리말 지명이나 우리민족 고유의 풍습과 함께 발견된다고 한다. 이 사실은 아메리카 원주민이 우리민족의 후예이고, 그들이 남긴 고리 기호는 우리민족 '고리족'의 상징이라는 것을 말해 준다. 그것을 11세기 송나라때 도교사상가였던 진단陳慱이 처음 그렸다고 잘못 알리는 것을 그대로 믿고 수용하는 우리 학자들은 즉각 수정해야 한다. 체면과 권위를 따져 계속 잘못된 것을 고집하면 언젠가는 다 드러나는데, 하루라도 빨리 인정할 것은 인정하고 수정하여 광명을 찾는 게 낫고,[61] 공자께서도 자신이 동이족임을 인정하는 게 더 편하실 것이다.

⊙ **동서양 :** 명절 및 제사와 의례는 사람에게 예와 절도와 법도를 가르치고 그것을 가르쳐주는 이가 마을의 사제들 당골 당고리 텡그리 고리이다. 우리는 고리 고려 구리 까오리 코리core 코리 여기에 '아'라는 땅(달)을 의미하는 접미어가 붙으면 코리아corea 한국이다. 문을 여는 것도 문고리, 웃옷도 저고리이다. 반짇고리….코리가 잘 잡는 고기가 고래이다. 반구대의 고래가 내 가슴에서 펄펄 뛴다.

6 – 6. 한머리땅('한반도'는 일제식민사관에서 부친 이름)은 삼면이 바다이고 산이고 계곡 강이다:

무엇보다 물과 함께 사는 일이 중요하다. 기도도 정안수부터 떠 놓고 한다. 하여 전설은 용궁 용왕의 나라이고, 한국은 용궁이야기가 많고 따라서 효녀 심청전도 이야기로 설화로 연극 판소리로 수가 많다. 현재는 〈용왕이 도우시다〉: 드라마까지 한다. 무신교 신당이나 집안에 가면 어김없이 물을 떠 올려두고 있다. 태국 인도 등도 마찬가지이다.

⊙ **금수강산풍해錦繡江山豊海 금수강산에 풍족한 바다까지 이다.**

의례 천제 제사에는 무욕(한없이 주는 것) 생명 소생 자생력 정화 통합 등의 의미를 내포하는 기본이 천지인 소통도구! 하늘과 공기와 같은 물 정안수이고 사람 중에 정안수가 샤먼 당골네 무님이다. 대표적인 분이 박혁거세의 딸인 공주 아소공주 국무國巫이다. 당골네는 항상 미소로 살려준다. 소생시키기에 끊임없는 압박에도 인류탄생 이후 동굴에서부터 인자하고 따뜻한 약손 할머니께서 따뜻한 말부터 먼저 건네주고 약손으로 다독거리고 기도와 의례로 먹여 소생시키기에 항상 영구히 자생력이 있다. 하여 천손은 자연의 맥을 이어 사람의 맥도 살리는 천손 중의 천손으로 의인이 나서 이끌고 금수강산 풍해가 도와 은혜롭게 살아 남았다.

6－7★ 하늘에서는 의례와 의례를 행하는 태도에 맞는 기후변화가 따른다. 기우제, 지우제 등의 이론이기도 하다. (세종시절 장영실 등의 『천문유초』)

천손 천제지자가 세운 나라 홍익인간 太一인간 군자의 나라 동방예의지국 조선이라서. 선순환 마음챙김 하늘 '천체 우주를 연구하고 그 울안의 인간을 보기를, 해를 닮고 자연 특히 별의 이치를 공부하는 사람들' 등 별 비 등 자연의 변화는 하늘의 메시지(⇐천문유초)

백수문 천자문에서 天은 地는 사람人은? 동양 어느 고대시기까지는 전쟁도 인의예지신에 벗어나지 않는 정도를 지키며 했다. 또 그에 어긋나면 따르지를 않았고 인정해 주지를 않았다.

하, 은 주는 요하 쪽에서 내려 온 동이족의 후예들이다. 은나라 귀족 기자가 나라를 다스리는 천도를 알려준 것을 공자가 정리한 것이다 '홍범구주洪範九疇'=공자의 서경에 기록되어 있다.『홍범』은 은나라 주왕이 폭정을 하여 주周나라 무왕武王이 은을 멸한 다음에 은나라의 귀족이었던 기자箕子에게 나라를 다스리는 천도를 묻고 기자가 답한 것을 기록한 것이다. 이때 기자가 무왕에게 천하를 다스리는 요체로서 전해준 것이 하늘이 우왕에게 내려주었다는 대법大法인 '홍범구주洪範九疇'였다고 한다.

『홍범』은 아홉 가지 조목으로 되어 있어서 구주九疇라고 하는데 그 구주의 첫 번째가 바로 오행이다. 그리고 가장 근본적인 조목으로 삼아서 구주 중에 유일하게 오행만이 용처用處가 없다. 구주는 다음과 같다.

1. 오행 : (五行 － 수화목금토)
2. 공경히 행하는데 : 오사(五事 － 태도와 말하고, 보고, 듣고, 생각하는 것).
3. 농사에 쓰는 : 팔정八政
4. 협력하는데 쓰는 : 오기(五紀 － 세歲, 일日, 월月, 성신星辰, 역수歷數)
5. 인극을 세우는 : 황극皇極
6. 치도를 세우는 : 삼덕三德
7. 의혹을 분별하는 : 계의啓意
8. 생각하는 : 서징(瑞徵 － 비 오는 것, 맑은 것, 따뜻한 것, 추운 것, 바람 부는 것)

9. 선을 권하는 : 오복五福, 악을 벌하는 : 육극六剋

오행은 구주의 첫 번째에 나오며 구주 즉 아홉 가지의 근본이 되어 있다. 『홍범』의 내용으로 보면 오행의 개념이 하나이라 시대인 우왕禹王에 까지 거슬러 올라가는 것 같지만 『홍범』은 후대의 전국시대에 개작된 것으로 보는 것이 학계의 정설이다. 어쨌건 『홍범』을 오행설의 기원으로 보는 데는 무리가 없다. 『홍범』에 나오는 오행의 개념은 '상도常道' 즉 언제나 지켜야 할 변하지 않는 도리. 인간이 잊어선 안되는 것이 상도이다. 줄어들고 자라나는 이치와 차고 기우는 변화는 곧 조화의 상도이다.

『홍범』의 본문에 『옛날에 곤이 둑을 막아 홍수를 다스리려고 하므로 오행이 어지러워졌다고 한다. 그래서 상제가 노하여 홍범구주를 주지 않으므로 상도가 베풀어지지 않았다. 곤이 죽은 이후에 우왕이 그의 사업을 대신하니 하늘이 우왕에게 홍범구주를 주셨으며 이때부터 상도가 다시 베풀어지게 되었다』는 대목이 있다. 이에서 볼 때 아마 곤이란 왕은 치수治水를 우격다짐으로 무리하게 하지 않았나 싶고 반면에 우왕은 현명하고 합리적인 홍수대책을 편 것으로 보인다. 오행설의 기원이 『홍범』이고 홍범구주의 근본을 오행이라고 볼 때 오행은 바로 '상도를 이루게 하는 것'이라고 할 수 있다. 무엇이 상도를 이루는 것인가 하면 '물의 다스림'이라는 유추가 가능하다. 즉 고대 중국인들은 치수를 상도의 으뜸으로 보았던 것이다. 물을 잘 다스리는데서 오행의 순조로운 질서가 유지되고 그에서 천하의 상도가 이루어진다고 본 것이다. 따라서 고대의 오행이론에서는 수水가 제일 먼저 나온다. 수화목금토의 순서이다. 구주에 대하여 설명한 『홍범』의 원문은 다음과 같다.

첫 번째 오행五行의 대목이다. "오행의 첫 번째는 수水이고, 두 번째는 화火이며, 세 번째는 목木이고, 네 번째는 금金이고, 다섯 번째는 토土이다. 수는 아래로 젖어들고, 화는 위로 타오르며, 목은 휘어지거나 곧은 것이고, 금은 마음대로 구부릴 수 있고, 토는 곡식을 생산할 수 있다. 아래로 젖어드는 수는 짠맛을 내고, 위로 타오르는 불은 쓴맛을 내며, 휘어지거나 곧은 목은 신맛을 띠고, 마음대로 구부러지는 금은 매운 맛을 내고, 곡식을 생산해내는 토는 단맛을 띤다." 오행에 대한 맛의 배정은 오늘까지도 『홍범』의 기술에 그대로 따르고 있다. 그런데, 『홍범』에는 오행을 근본으로 삼아 첫 번째 조목으로 내세우고 있지만 나머지 여덟 가지의 조목은 다섯으로 나누지 않았다.

『홍범』에서 다섯으로 나눈 것은 오행五行, 오사五事, 오기五紀, 오복五福, 서징瑞徵의 다섯 가지이고 팔정八政, 삼덕三德, 황극皇極, 육극六剋 등은 다섯이 아닌 수로 이루어진 것이다. 『홍범』당시만 해도 세상의 모든 것을 다섯으로 나누어 오행에 집어넣는다는 관념은 희박했던 것으로 보이고 그런 오행 배정이 유행했던 것은 훗날의 진한시대이다.

오행에 다섯 가지의 맛을 각기 대응시킨 당시의 논리는 『상서정의尙書正義』에 의하면 다음과 같다.

"물의 정의는 본래 단 것이지만 오랫동안 땅 속에 젖어들어 있으면 변하여 소금이 된다. 소금의 맛은 짜다. 불의 성질은 위로 타오르는 것인데 물건을 태우면 탄내가 난다. 탄내는 쓴 기운이다. 나무는 열매를 맺는다. 그 맛은 대개 시다. 쇠가 불에 녹을 때는 비릿한 냄새가 난다. 그 맛이 매운 것과 비슷하기 때문에 매운 맛의 기운이 금이다. 단 맛은 모든 곡식에서 나온다. 곡식은 땅이 생산하는 것이기 때문에 단맛이 토의 맛이 된다."

사물을 오행에 배정하는 논리는 대개 이와 비슷한 맥락의 것들이다. 그러나 『홍범』의 오행을 오늘날의 음양오행설과 같다고 보기에는 무리가 따른다. 『홍범』의 오행에는 아직 서로 상응하는 기운으로서의 개념이 없는 것이다. 세상을 이루고 있는 기본적인 물질 요소를 오재五材로 본 고대의 관념이 조금 더 구체화된 정도이다. 체계화된 학설로서의 오행설을 처음 주창한 사람은 전국시대의 추연騶衍이다. 추자騶子라고도 부르는 이 사람이 주장한 오덕 종시설五德終始說에서부터 오행설이 시작되었다는 것은 의심의 여지가 없다. 추자의 오덕 종시설을 소개하기 전에 먼저 당시의 학계와 문화 사조를 일람해 볼 필요가 있다. 왜냐하면 공자와 추자가 살았던 춘추전국 시대의 학문과 문화의 판도를 이해하지 않고서는 오덕 종시설을 이해하기 어렵기 때문이다. 오행설이 나타나기 시작한 것은 서주西周 시대이며 오행설이 학문의 주류로 크게 유행하는 것은 전국시대 후기에서 한대漢代에 이르는 시기이다. 앞서 설명한 것처럼 은의 주왕이 달기를 총애하여 크게 탕음하고 정사를 돌보지 않으므로 주나라의 무왕이 천벌을 대신 행한다는 명분으로 궐기하여 은을 멸하게 된다. 은은 황화의 하류유역에서 그 발상지로 보이는 대규모의 유적이 발굴되어 존재가 증명된 왕조이다. 은허가 발굴된 것은 1923년부터 35년에 이르는 시기였는데 이 발굴로 해서 종래의 중국사는 근본적인 수정을 피할 수 없게 되었다. 중국의 신석기 시대를 대표하는 유물이 채색도기彩色陶器로서 중국의 고대 문화를 통칭해서 채도문화彩陶文化라고 해왔던 것이다. 채색도기의 발굴지를 따라서 점을 찍어 이어보면 중앙아시아 쪽 감숙성에서 시작되어 점차 황하 부근으로 동남쪽 방향을 그리면서 남하해서 산서성 중부와 하남성 서북부, 섬서성 북부와 낙양 일대에 이르고 있다. 이 채도문화는 이란을 경유해서 바빌론, 메소포타미아와 동부 유럽에까지 파급되고 있다.

분포의 연대순으로 볼 때 채도문화는 중앙아시아에서 발원된 것이며 천산 남쪽의 교통로를 통해서 중국의 중부와 남부로 전해졌음을 알 수 있다. 채도문화의 연대는 기원전 3000년~4000년경으로 중국의 입장에서 보면 서방에서 전래된 문화이다.

6 – 8 ◒ 천손에 가능한 지혜롭고 실리적 통찰들; 오감 · 오방 · 오행 · 오색 · 오늘

인류문화 유산으로 유네스코에 등재된 『동의보감』에 보면 인체를 '소우주'라 하여 인체의 각 부분은 자연과 밀접한 관계가 있다 오행五行, 오방五方이라 말하는 것들이 우리 신체의 각 부분을 나타낸다.

부족한 기능의 몸의 부위 색깔과 같은 음식을 먹어라는 한민족 인류의 지혜. 천손이라 가능한 통찰들: 『동의보감』에 보면 인체를 '소우주'라 하여 인체의 각 부분은 자연과 밀접한 관계가 있다. 흔히 오행五行, 오방五方이라 말하는 것들이 우리 신체의 각 부분을 나타낸다. 간은 나무木, 심장은 불火, 위는 흙土, 폐는 쇠金, 신장은 물水과 관련이 있지요. 또 각각의 기관은 오색五色인 청靑, 적赤, 황黃, 백白, 흑黑과 관련이 있고, 오색 음식과 기능으로는

간木은 푸른색靑 : 간은 체중의 약 3%를 차지하는 인체 최대의 장기로 분비배출, 생합성, 해독, 조혈 및 해독 응고에 관한 기능을 하지요. 나무의 기운인 간에는 푸른색 녹채류인 브로콜리, 깻잎, 미나리 등 엽록소가 풍부하고 조혈과 해독작용이 뛰어난 식품들이 좋답니다. 골다공증이나 빈혈이 염려되면 깻잎, 브로콜리 등을 많이.

심장火은 붉은색赤 : 성인의 심장 무게는 350~400g으로, 하루 평균 10만 번 정도의 박동으로 온몸에 혈액을 공급하는 혈액 발전소이지요. 심장은 불의 성질을 지

녔으며 빨간 고추, 토마토, 사과, 홍당무, 빨간 피망 등 붉은색 계통의 음식물이 좋습니다. 특히 고추의 매운 맛을 내는 캡사이신은 암에 대한 저항력을 높여주고 비만을 예방해 주는 효과. 익혀 먹는 게 좋은 토마토에 들어 있는 성분인 리코펜은 유방암 등 암을 억제하는 효과가 크다.

위土는 노란색黃 : 위는 소화를 담당하는 장기로 비위가 약한 사람은 소화 기능이 약하고 입냄새나 구토 증세가 나타난다. 얼굴빛이 너무 누런 기운을 띤다면 당뇨, 위장장애 등이 있는지 점검해 볼 것. 흙의 기운인 위의 기능을 강화해 줄 황색 음식에는 어떤 것이 있을까? 된장, 늙은 호박, 꿀, 바나나, 닭죽 같은 음식

폐金는 흰색白 : 폐는 호흡을 통해 공기 중의 산소를 받아들이고 몸속의 이산화탄소를 배출하는 우리 몸에 꼭 필요한 장기랍니다. 폐는 대장, 코와 같은 기관지와 연관이 있어서 폐질환이 있으면 얼굴이 창백하지요. 감기나 천식 등 폐질환이 있는 사람은 흰색인 마늘, 도라지, 배즙 등과 양파, 갈치 같은 흰살 생선류 등.

신장水은 검은색黑 : 물의 기운은 신장, 방광, 귀. 뼈와 상관이 있습니다. 신장 기능이 나쁜 사람들은 얼굴빛이 검고 추위도 잘 탑니다. 신장은 후천적인 관리가 중요한 장기입니다. 검은색 음식물에는 안토시아닌이라는 성분이 들어 있는데 항산화 작용, 노화지연 작용, 망막 색소의 재생을 도와 눈을 좋게 하는 그야말로 팔방미인 격의 식품이랍니다. 검은깨, 검은콩, 해산물, 블루베리, 건포도, 가지, 포도, 석이버섯 등이 좋다.

◒ 오방색 : 1. 동쪽 · 파랑색 · 나무 2. 남쪽 · 빨강색 · 불 3. 중앙 · 노랑색 · 흙 4. 서쪽 · 하얀색 · 쇠 5. 북쪽 · 검정 · 물 이렇게, 방향과 색상, 그리고 특정한 물질로 짝을 이루고 있다.따라서 이것을 동시에 표현한 오방색은 모든 것이 고루 있다는 뜻이기에 '복'을 의미하는 것으로서 액운 회피와 무병장수를 기원하는 '오방낭'이 대표적인 예라고 알려져 있다. 이렇게, 동양의 사상체계를 함축해서 내포하고 있는 다섯 가지 색상의 조합을 오방색이라고 합니다. 즉 우주와 인간의 질서를 상징하고 있는데 이 오방색을 다 하나로 모아 조화롭게 가지고 있으면 심오한 우주의 복을 받는다는 뜻으로 이해하면 될 것 같다. 오행 생식 음식법도 오방색과 같이 뿌리 줄기 잎 열매를 고루 섭취하게 하는 것도 마찬가지인 것 같다. 그러니까 알 수 없는 신비의 우주로부터 내려오는 복을 받기 위해서 오방색, 즉 음양오행이

조화를 이루게하여 복을 받는다고 믿고 있는 사람들이 지니게 될 것 같은데, 그렇기 때문에 한복의 저고리나 보자기, 방석이나 침구류에도 자주 볼 수 있는 색상이라고 할 수 있겠다. 인간의 五感에 따라 오방색은 자연스럽다.

6 – 9. 의례를 올리는 사제가 王인 시대에 울산 반구대의 암각화를 새기듯, 고암 정병례는 참척동에서 도를 닦듯 세종대왕과 한글 새김을 하다.

옛 지구의 사람들 같은 분위기에 잠깐씩 잠기다. 그 후예 새김박물관 고암 정병례 장인 서울 도심의 삼청동에서도, 미국에서도 한글 중심의 암각화를 새긴다. 탁견 통찰력이 뛰어나 암각화 속의 사제나 세종대왕께서 나리신 것 같이 보이는 때가 있다.

새겨 보고 새겨 들어야 할 한류의 핵 한글 새김: 하늘에 새겨지고 땅에 컴퓨터에 새겨진 한글 하늘에 새김 – 사람 네 마음에, 내 마음에 세기다 보니 예술로 새겨지더라. 그러다 보니 사람도 예술이 되더라! 그 뜻을 새기려 이제 〈새김예술 박물관〉을 준비하고 있다. 고암 정병례 선생, 한글사랑이 그득하다 보니 세종대왕상이 그를 닮았는지, 그가 닮아가는지 심상치 않다. 말 없이 잘 따르는 두 아들 제자는 집현전의 학자들 후신 같은 느낌을 받곤 한다. 새김예술이란 한글 한복 민화 암각화 그야말로 한류의 특성을 종합하여 새김기법으로 탄생한 과거와 현재 미래를 잇는 한국의 정신과 색깔을 드리운 예술이자 역사이자 문화이다. 그곳에 잠깐 있다 보면, 울산 반구대의 암각화를 만들다 온 먼 지구의 사람들 같은 분위기에 잠깐씩 잠기다 깨어서 걸어 나온다. 판소리도 마음이라는 판에 새기는 소리이다. 만년 그 이전부터 돌에 벽에 새김을 해 온 사람의 발자취에 마냥 마음길이 가는 것은 두 손을 가진 사람 속에 만물의 영장이라는 그 DNA가 있어서 일까?

6 – 10. 경남 울산시 망부석=만고충신 박제상의 부인과 딸, 박제상 문신 =한국 고대역사 모계시대 마고 이후 역사 『부도지』로 남겨주다.

박제상은 살신성인한 신라의 충신이고 사랑받는 남편과 어버이였고 한국 고대역사책을 쓰셨기에 완벽한 사람이었다. 왜의 신하되기를 거부해 왜에서 참살당하다.(그 곳을 찾아 가서 묻고 생각하고 또 생각해 보고 싶다) 박제상은 관우보다 더욱 세계적인 인물이다.

7 – 1 ⊙ 고구려(고려,고마)는 아직도 9216(2019)년에도 천손임을 증명하듯 일본에서 존재한다

천제지자 추모(주몽, 5세기 초의 고구려 광개토호태왕 비문에서 언급하듯)의 후손들

2019 – 1300=719년간 일본내 고려군高麗郡(고마군, 고려마을)을 만들어 고려신사도 고구려왕도 왕비도 계승하며 실존한다. 성씨도 다들'고려씨=고마씨'를 쓰고 혼인도 고려씨끼리 하고, 다른 씨족과 하면 성씨를 바꾸어야 한다. (고이즈미... 등등) 고집하여 고구려를 삶에, 역사에 새겨 넣지 않는다.

기회가 닿는대로 한국에 고마 신사의 고구려왕과 왕비를 초대해 발전한 고구려를 보여주고 그들이 지닌 그 정신을 모든 한국민과 교감하고 싶다.

7 – 2. 광개토호태왕께서 28수 별자리를 기반으로 고구려 고분벽화들을 만든 듯

세종대왕도 28수 별자리를 기반으로 훈민정음 초성 28자를 만들었다. 훈민정음 초성 28자에서 사라진 4자를 다시 찾아야 현대 한글로도 더욱 활발한 쓰임새를 가질 수 있다. 일본 고분에서도 고구려 고분과 유사하게 사신도를 고분 내에 그려 둔 곳도 있다.

7 – 3. 왕검단군 "언덕 하나하나를 다 먹고 살게 해 두었으니 풍족하게 살아라"

광개토태왕 "시조왕과 선왕묘는 특별히 원근에 사는 舊民(옛동족)이 묘를 지키고 청소도 깨끗이 하도록 특별히 잘 가르치라. 터를 바꿔버리거나 묘를 초라하게 해놓을지 내가 만년쯤 뒤에 묘를 지키는 자들을 어떻게 알리?" "내 사후에도 제일 믿을 사람은 옛 우리 사람, 한예韓濊족이니라. 적당한 때에 한예에서 220가를 취하여 두고 혹 그들이 릉 관리법을 알지 못하거든, 바로 다시 옛 동족 110가를 취하여, 신구 수묘자와 합하여 국연 300 도합 330가를 두고, 자신의 조상과 시조와 선왕 이후까지, 묘에 석비를 세우고, 수묘인과 연호들은 순서가 다르지 않게 할 것이고 수고에 치사하라.('광개토태왕 유훈' 중에서)

한국인의 정체성·즉 한류의 본질

환단 어르신들께서 남겨주신 한국인다운 정체성의 핵심은'홍익' ·신인합일적' 태일' 인간이다. 천심은 곧 민심, 천벌을 아는 천손족이라 그 정체성도 이치와 자연 섭리에 밝아 하늘 뜻에 따르는 인간이다. 하늘은 공평무사하고 바르고 자애로와 우주 사람 그 모두를 지속적으로 살린다.

조식(남명)은 한국 사람다움의 정체성에서"의義"와 충忠을 더 중요시했다. 평소 호국할 실천 정신 교육 통해 나라를 지키도록. 임진왜란 당시 활약한 남명의 문인, 제자 곽재우 같이 오늘날 한국의 정체성을 지닌 구국 대원은?

차옥덕이 새 구리시장의 문의에 대답함

'경기도 구리는 광개토태왕을 브랜드화하는데, "구리시민이라면 어디가도 믿을 수 있는(의가 없이 어떻게 신이 서겠는가 의를 바탕으로 한 믿을 信) 사람들이라는 말이 나오게" "신뢰받는 시민성 쌓기에 방점을 두어 신의를 아는 시민의 인성발달을 돕는 풍토 조성과 선도가 미래까지 푸는 정책 – 유물과 유적 정신에서 현재와 미래에 필요한 자양분을 찾아 계승하는 보존은, 조강지처적 사랑형태 "힘 들때라도 함께하고 찾아 갈 그 지방 구리! 심어내면 모두 살리는 살림정책이 될 것이다"

왕건 태조 "성질이 다르니 다른 나라를 흉내내려 하지 마라"=사대예속적 모방 탈피, 한류의 독창성을 살려가기로 살길 찾기.

7 – 4 ★ 원호처 미국 뉴욕주 의회가 3월 1일을 유관순의 날로 지정하는 결의안을 채택

뉴욕주 상하원 의원들은 현지 시각으로 15일 3.1운동의 역사적 의미를 되새기고 유관순 열사가 보여준 불굴의 정신을 기리기 위한 결의안을 만장일치로 채택했습니다.

결의안을 발의한 론 킴 한국계 하원의원은 3월 1일과 유관순이 세계에서 얼마나 중요한 일을 했다는 것을 뉴욕주가 인정한 것이라고 평가했습니다. 뉴욕주 의회는 3.1운동의 의미를 주 의회 차원에서 공감한다는 뜻을 담은 결의안을 문재인 대통령에게 전달하기로 했습니다. 뉴욕 한인회는 오는 3월 1일 맨해튼에서 기념식과 함께 만세 운동을 재현하기로 했습니다. 3 · 1운동이 100주년을 맞은 뜻깊은 올해 미국 뉴욕주에서 '유관순의 날'이 지정됐습니다. 이제 매해 3월 1일이 기념이 되게 됐는데요. 자유와 평화를 위해 싸운 여성 인권 영웅을 전세계에 알리게 될 것으로 보입니다.[62] [뉴욕주 상원 임시의장 : 결의안이 채택됐습니다.] 장내에 박수와 환호가 울려 퍼집니다. 올해 3월 1일을 '유관순의 날'로 지정하는 결의안이 채택된 것입니다. 뉴욕주의 상하원 의원들이 100년전 3 · 1 운동의 역사적 의미에 공감하며 결의안 채택에 찬성했습니다. 주 하원에서는 론 킴 한국계 의원과 에드워드 브라운스타인 의원이, 주 상원에서는 토비 앤 스타비스키와 존 리우 의원이 각각 발의했습니다. 하원에서는 전원 합의 형태로 표결없이 통과됐고, 상원에서는 간단한 구두로 채택됐습니다. [존 리우/뉴욕주 상원 의원 : 유관순이라는 이름이 지난 100년간 한국의 상징적인 존재였다는 사실을 뉴욕주가 인지하고 있다는 게 중요합니다.] 결의안 채택이 추진된다는 사실에 일본 정부의 로비스트들이 훼방을 놓기도 했습니다. [김민선/뉴욕 한인회장 : 워싱턴 DC 일본 로비스트들이 우리 하원 의원들 사무실과 저희 한인회에 항의 전화를 했습니다.] 그러나 절대 포기하지 않는 유관순 열사의 저항정신은 세계인이 기억해야 할 인권에 대한 문제라고 설득해 나갔습니다. [론 킴/뉴욕주 하원 의원 : 일본과 한국에서 무슨 일이 있었는지 우리가 아는데 누구를 악한으로 만들려는 게 아닙니다. 전세계 젊은이들이 유관순 리더십을 배워야 합니다.] 유관순 열사의 정신이 한국과 아시아를 넘어 미국에 뿌리를 내린 전세계 이민자들의 DNA로 거듭나는 계기가 마련됐습니다.

7 – 5. 까오리계(까오리 고려 코리아) 외교 네트워크 외교부에 전담반 물론 있지요?

한류 네트워크=한민족 네트워크=한단 네트워크, 텡그리(단군) 네트워크=멕이(까오리 · 고려 · 코리아) 네트워크

*앵글로 색슨(54개 연방) · 유태인 · 무슬림 · 중국인(화교) · 게르만 · 슬라브 네트워크+

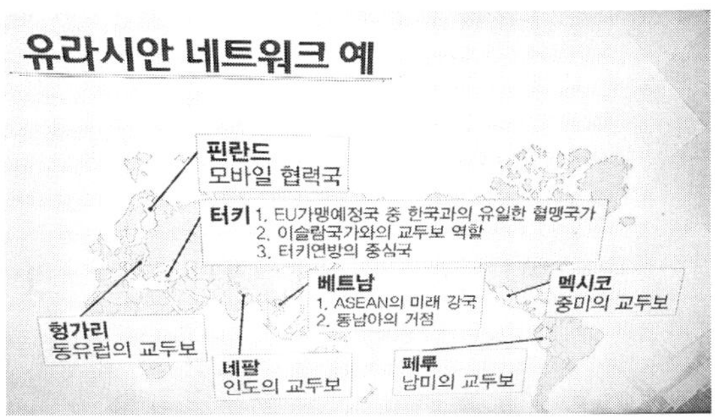

삼태극적 선순환

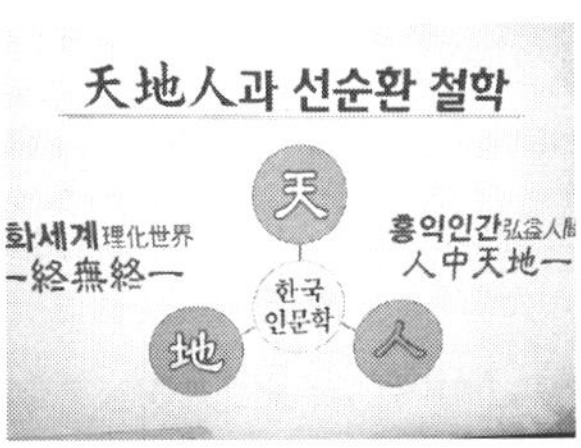

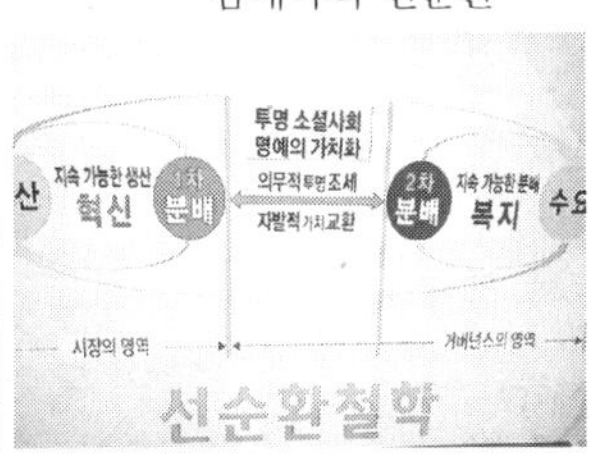

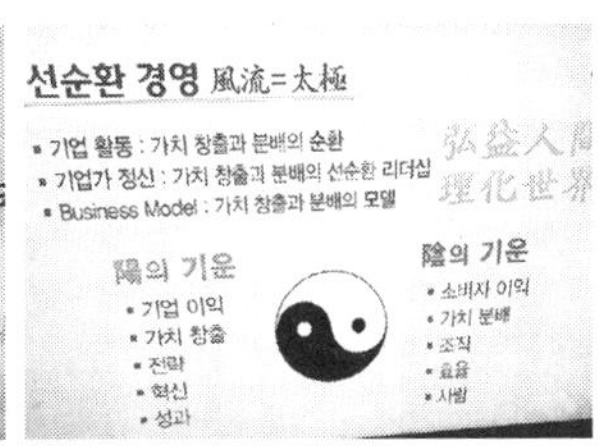

63)

거버넌스(협치 체계): '거버넌스'라는 용어는 정부의 의미의 변화, 또는 공적인 업무의 수행방법의 변화를 지칭한다. '정부(government)'는 공식적인 권위에 근거한 활동을 지칭하는 반면, '거버넌스'는 공유된 목적에 의해 일어나는 활동을 의미한다. 이러한 논리에 근거하여 최근에는 '정부 없는 거버넌스(governance without government)' 또는 '정부에서 거버넌스로(from government to governance)'로 표현하기도 한다. 거버넌스의 가장 중요한 특징은 중앙정부, 지방정부, 정치적, 사회적 단체, NGO, 민간 조직 등의 다양한 구성원들로 이루어진 네트워크를 강조한다는 사실이다. 다양한 참여자로 구성된 네트워크 상황은 참여자들이 상호독립적이라는 것을 의미한다. 그러나 모든 구성요소들이 상호독립적

이라는 것이 모든 참여자가 동등하다는 것을 의미하는 것은 아니다. 특히 정부는 전통적 정부처럼 우월한 것도 아니고, 항상 동등한 입장도 아니다. 즉 정부는 기본적으로 동등한 입장에서 전체 네트워크를 관리하는 조정자의 입장에 있다고 하여야 할 것이다. 그리고 이러한 네트워크의 연결성도 순수시장 메커니즘보다는 종속적이지만, 계층적인 전통적 조직보다는 덜 종속적이다. 이러한 네트워크 구조의 영향으로 정부와 사회의 역할분담의 균형점이 이동하고 있다. 즉 전통적인 하향적이고 집권적인 조향에서…. 사회의 자기조향 능력(self – steering capacity)이 강조되고, 공동규제(co – regulation), 공동조향(co – steering), 공동생산, 공동지도(co – guidance)가 강조되는 방향으로 이동되고 있다.[64)]

7 – 6. 외교부 · 동북아역사재단 한민족 역사 네트워크 작업도!

개방적 역동적 진취적 〈한민족 네트워크를 다지고 선순환적 상생 활용 사업〉 5세기 중앙아시아 실크로드 국가와 신라의 흔적 쌍둥이 보검, 백제 해상항로 바둑판 금동대향로, 고구려 흉노 아틸라 – 3대 가륵 단군께서 흉노의 왕 임명, 고려는 복식부기 장부할만큼의 상업교류 김씨 시조는 무열왕릉 비에 새겨져 있는 단군 제후국 흉노 휴도왕의 아들 김일제이다. 흉노는 야만족이 아닌 중국보다 선진국이었다.

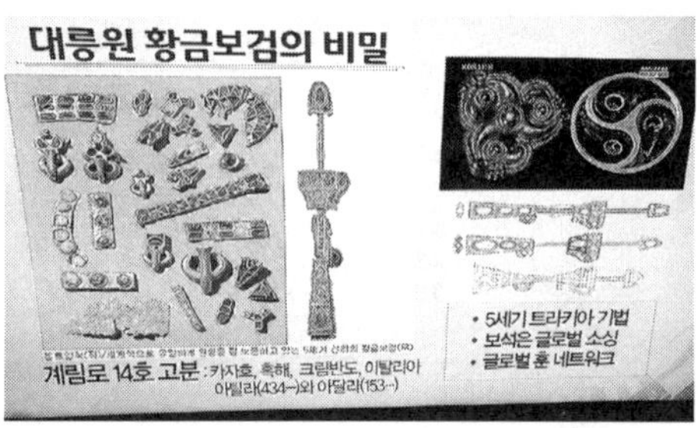

9세기

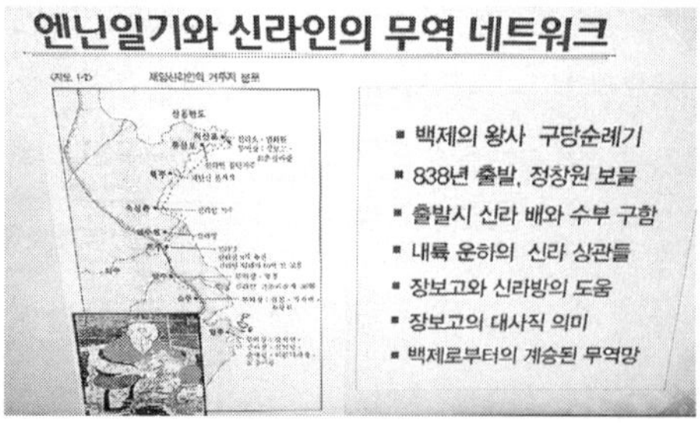

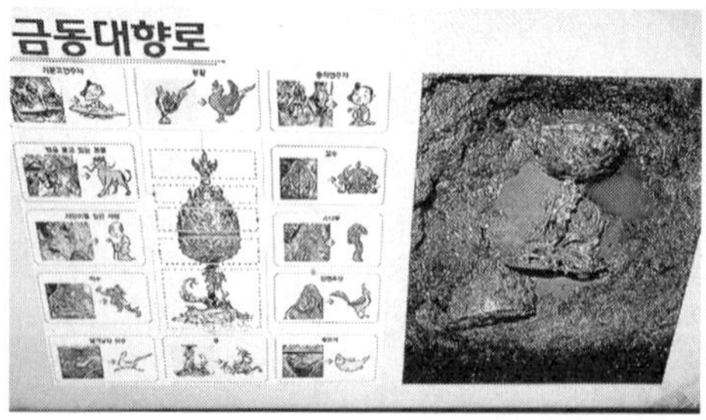

7세기 초 의 백제

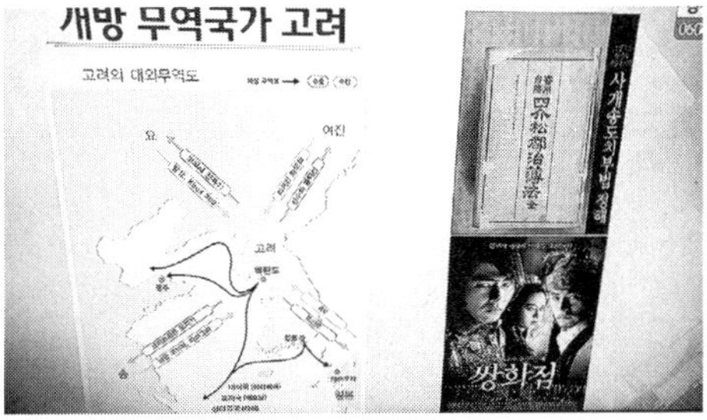

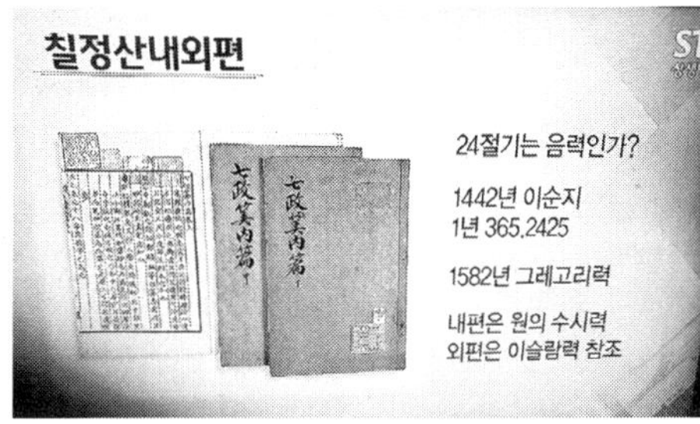

[65] 근세조선초 - 칠정산내외편= 1442년 세종때 이순지(+정인지), 1년 365,2425 원의 수시력 외편은 이슬람력 참조

7 - 7. 3세 단군께서 흉노왕을 봉하다.

〈단군세기〉에 "3대 가륵 단군이 B.C.E. 2177년 열양의 욕살 색정에게 명하여 약수弱水로 옮기게 하고 그 땅에 왕을 봉하니 그가 흉노의 조상이 되었다." 3대 가륵 난군께서 흉노왕을 봉하셨다. 흉노는 조신의 제후국입니다. 한나라 무제의 처조카인 장수 곽거병은 18살 때 위청의 부장으로 흉노와의 전쟁에서 큰 전공을 세우고 21살 때인 B.C.E. 121년 표기장군에 임명되어 다시 흉노와의 전쟁에 참전해 롱서隴西에서 흉노를 대파하는 혁혁한 전과를 올리게 됩니다. 휴도왕休屠王과 혼사왕渾邪王이 계속 한나라에게 패배하자, 선우가 두 왕을 송환해 죄를 물으려 했습니다. 혼사왕은 목숨이 위태로움을 느껴 휴도왕에게 같이 한나라에 투항하자고 제의했습니다. 휴도왕이 반대하자 혼사왕은 휴도왕을 살해하고 휴도왕의 부인과 두 아들을 한나라 장수 곽거병에게 포로로 넘겨주고 투항하였습니다.

7 - 8. 4세 오사구 단군이 동생을 초대 왕으로 임명한 흉노의 휴도왕의 장남 김일제: 신라 김씨 및 세계 모든 김씨의 조상이 되다

나이 14살에 한 무제의 포로로 잡혀온 흉노 휴도왕의 왕자는, 처음에는 장안 궁안에 있는 마구간에서 말 키우는 노비로 있다가 한 무제의 눈에 띄어 마구간을 감독하는 마감馬監으로 임명되었으며, 이어 시중, 부마도위, 광록대부라는 벼슬에까지 오르게 된다. 망하라가 한 무제를 암살하려는 것을 막아낸 공으로 김金의 성을 받다. 김일제는 거기장군(투후)이 되고, 아버지 휴도왕이 금인金人을 가지고 하늘에 제사를 지냈기에 김일제에게 김씨 성을 하사했다. 김은 금金을 뜻한다.[66]

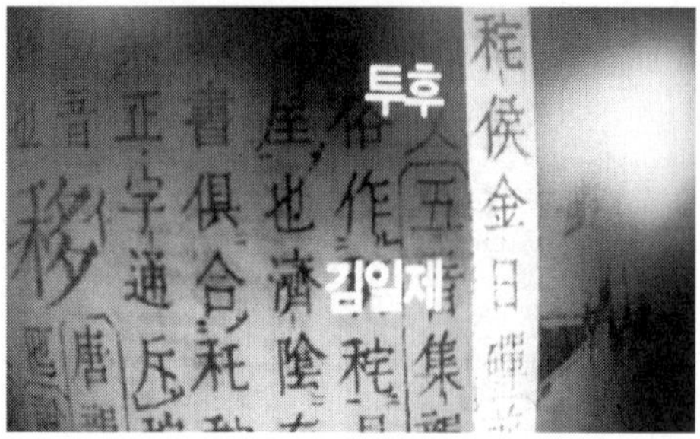

7 – 9. 문광부 직녀성과 견우성의 만남 기념 칠석제 중국정부의 유네스코 등재에 대처를

한국 연인의 날(만남의 날) – 해외 한민족, 북한도 같이 – 중국이 한국보다 늦게 시작한 칠석제를 독자적으로 유네스코에 등재하려고 크게 준비를 몇 년간 해왔으므로, 한국정부의 대처가 필요하다.

◀청계천 칠석제에 이성재 경신연합 회장님.
시청앞 개천제 때 송신비 국무

◀남산 칠석제에 소서노 어라하를 위해
헌성한 김영순 만신과 호재국 문화원장

가뭄에 비오면 감사하며 중국이 아리랑과 칠석제를 유네스코에 등재한다는 정보를 듣고, 청계천에서 칠석제 3일간 민간단체가 지원금 없이 간도 크게 시행했다. 빚은 소장했던 나에게는 귀한 역사 골동품 백제금동 대향로 모사품 등과 생활비 및 비상금 등으로 조금씩 다 갚았다. 이성재 천신교(경신연합회)회장님도 자비로 출연하고 비를 맞으며 날카로운 작두 위에서 국태민안 공수까지 주셨다. 송신비 무교내학 추신위원, 심영순 · 호재국 소서노 기념사업회 이사님들, 솟대 만들기 체험. 어디서나 잘 어울리게 하는 강강수월래로 멋들어지게 한판 놀아, 몇 달간의 돈 걱정과 준비의 고단함이 싹 가셨다. 다시금 다들 감사드린다.

청계천 실석제때 학생 및 외국인들과 강강수월래

故 김금화선생님의 청계천 칠석제

한국도교학회장 김금화선생님 노중평선생님 강영자 교수 차옥덕박사 외 다수 동남아 미국 교수들의 관심이 높았다

서울청계천에서 우리 동이족의 동이 위에 서서 칠석맞이 굿

칠석제 때 칠석 전통상 차림 시연 보여주다 – 한국제례문화연구원

평양 덕흥리 고분내
직녀견우 벽화 광개태왕시 A.D.408년

7 – 10 여성부 · 종로구 한국문화의 토속적 원형에 대한 인식을 가졌으면!

삼신할미나 칠성의 기운을 받아 아니면 돌아가신 조상님의 기도 덕으로, 생명(임신)을 기원 잉태할 때부터, 자연이나 개인 신앙이나 생활 체험적 배움에 기초한다.

이렇게 임신을 바라는 간절한 마음에 기자 신앙이 많이 생겼다. 서울 인왕산에 선바위와 선바위 정안수를 올리는 샘인 용궁은 한국 기자 신앙의 대표적인 곳이다. 외국인들도 기도터에 앉거나 서서 기도나 고사를 지내는 모습을 구경 하러 많이 찾는다. 종로구는 재래시장 특구 지원 계도하는 것처럼 이곳을 〈한국 전통신앙 특구〉로 법적 장치를 해서 한국인 정체성 및 문화관광 특구로 활성화하길 바란다. 선바위는 한국이 지구 나이 45억년 전에 생긴 수명과 같이하는 곳이고 이 신앙은 한강변 구석기[67] 전후가 될 것이다.

임신 후 태교, 탄생 후 3일, 탄생 후 첫 7일 즉 초이레, 14일째를 두이레, 세이레는 3 · 7일, 백일, 돌 등 이렇게 생명사랑의 의례를 무척이나 존중하는 미풍양속은 한국의 역사가 즉 지혜가 깊은 나라임을 말해주는 것이다. 3 · 7일간 세이레 기간

동안은 금줄을 쳐서 가족이나 이웃주민의 출입을 삼가며, 특히 부정한 곳에 다녀온 사람은 출입을 절대 금한다(이 기간은 또한 산모의 조리기간이기도 하다.) 과학적으로는 아이와 산모 둘 다 병에 취약한 상태이기에 외부 인사나 일들을 피하는 것이다. 보통 아이가 출생한 뒤 7일째를 초이레, 14일째를 두이레, 21일째를 세이레 동안 외부인과의 접촉은 금줄로 피하지만 내부적으로는 매번 그에 타당한 행사를 치룬다. 긴 역사 기간의 지혜가 축적된 풍습으로 다음과 같이한다.(과학적으로 말하지 않아서이지 과학성이 밑거름이 되고 있다) 삼태극적 선순환적 사고가 바탕: 천지인 삼신 · 삼태극 · 삼족오로 · 삼일신생 항상 만들어 지려고 하는 어떤 미지의 것(삶에 기대 희망 여분을 주는 부분)=곡옥(석기시대 옥기시대 생명 상징), 태아, 어린 콩나물싹 모양이 같다.

7 – 11. 한국 태교 출산 몸조리 양육 컨텐츠!

외국인들은 한국인들이 이렇게 한다는 것만 알이도 신기하게 필지도 1960년대까지만 해도 어린 시절 어머니께서 내 동생이 애기를 낳을 때부터 외할머님은 편하게 낳게 해달라고 삼신상 차려 놓고 손을 비비며 기도하는 것 등등을 보았다. 애기를 낳고 나서는 대문에 금줄을 치셨다. 초이레(1×7일째)는 새벽에 삼신三神에게 흰밥과 미역국을 올린 뒤 산모가 먹으며, 아기에게는 새옷을 입히되 한쪽 손을 자유롭게 해준다. 강원도 지방에서는 시아버지가 아기를 첫 대면하는 날이기도 하다. 두이레(2×7)도 새벽에 삼신에게 흰밥과 미역국을 올리고 나서 산모가 먹는다. 아기는 새옷으로 갈아 입히고 두 손을 자유롭게 해준다. 세이레(3×7)는 새벽에 삼신에게 흰밥과 미역국을 올리고 나서 잠시 후 산모가 먹으며, 금줄을 내리고 비로소 이웃사람들의 출입을 허용한다. 집안 형편에 따라서 수수경단 · 백설기 등의 음식을 장만하고 일가친척과 손님을 청하여 대접하기도 한다. 일가친척이나 마을사람들은 실 · 돈을 가지고 와서 아기를 대면하며, 외가에서는 할머니가 찰떡 · 시루떡 · 누비포대기 · 핫저고리를 해오기도 한다. 외국인들은 한국인들이 이렇게 한다는 것만 알아도 신기하게 여긴다.

7 – 12. 출산 후 의례 한류 컨텐츠

1주, 2주, 3주 – "3,7일" "100일" "돌" 의례

삼신할머니의 축복으로 탄생하고 무탈하게 출산한 아이도, 산모도, 심신이 어느 정도 출산 전과 같이 회복 안착되기 시작한다.

눈을 맞추어 보기 시작하고, 기어다니기에서 돌 전후에 걷기 시작하여 똘똘하니 – 이젠 사람이 되었다. 그 이후로도 지속되는 삼신과 어머니의 무한한 희생과 봉사의 정신이 들어있는 (우리의 삼신을 모시듯) 생명. 어린 생명 싹은, 물을 주고 젖을 주고 밥을 주고 웃음을 주고 말을 가르쳐 주며 깊은 사랑을 주며 따뜻하게 아껴주는 느낌을 받으며, 배려가 깊은 정다운 사랑의 마음 씨앗과 착한 베품의 본성적 품성을 전달 받는다. 아이는 또 그와 같은 사랑의 천사로 큰다.

7 – 13. 24절기, 미담과 덕담과 절기음식을 하는 사대 명절

1. 설날 – 음력 정월 초하룻날, 2 한식 – 동지부터 105일째 되는 날, 3 단오 – 음력 5월 5일, 4.추석 – 우리나라의 대표적 명절 가운데 하나로 음력 8월 15일 등이 있다. 새해 시작을 온 가족이 덕담잔치를 나누며 설빔을 해주고 떡국잔치와 함께 새해 설계를 하는 설날 그리고 자연과 조상께 감사하는 한가위 즉 보름달 같이 풍성하게 되기를 비는 추석이 있다. 일상에서 매번 잔치 자 붙여보기 유익하다.

- 오천년 겨레의 울력으로 심고 내려온 즉 힘도 나누어서 일하는 품앗이 (품앗이는 잔치다)가 있다.
- 슬픔과 기쁨을 서로 나누는 공동체 일체감과 화목과 상조를 위한 각종 모임인 회가 있다. 여기에는 운동을 위한 회와 취미를 위한 회나 먹는 것을 위한 회나 등산을 위한 회나 관혼상제를 위한 상조회나 등등 무수히 많은 회가 있다
- 삼라만상에 온 정을 쏟아 돌을 다듬으면 생명의 미륵이 깃들게 하며 나무를 다듬으면 숨소리가 들리게 하며 흙을 빚어 우리의 정을 심어주는 섬세한 손놀림은 바로 우리네 솜씨가 있다.
- 예술의 멋을 내는 여유로움과 예술의 묵향 같은 인품으로 번져 있는 글씨가 있다.
- 고매한 꽃잎과 같은 아름다움의 물굽이 같은 선율로 선녀를 무색케 하는 우리의 풍요롭고 우아하고 감미로운 천사의 자태에 세계가 동경하는 우리의 맵씨

가 있다 .

- 우리에게 홍익인간弘益人間을 주셨으니 영원히 우리를 지키는 성직자이니 이보다 더 큰 신앙이 어디에 있겠는가 즉 환인환웅 단군신앙을 모시는 삼신전을 주시었다. 즉 삼신전을 곧 삼신각 삼성각 산신각을 주시었다.
- 울타리가 없고 대문을 잠그지 않는 멋
- 양심을 먹고 사는 멋
- 자식이 잘 되라고 빌며 남의 권익과 사랑과 행복엔 티끌이라도 낄 새라 좋은 길로 가라고 빌어주는 멋
- 돌잔치 회갑 칠순 팔순 등 풍성하게 먹고 마시며 놀며 축하해 주는 멋
- 생명이 있는 모든 식물과 동물과 사람에게 비는 무척 오래된 나무나 큰 바위와 그리고 훌륭한 사람에게 잘 되게 비는 멋이 홍익인간의 멋이며 한(韓=桓) 멋이며 우리 한류의 풍류 씨앗이다. 아름다운 자연에 흐르는 맑은 물 금수강산에 술과 노래는 삶을 즐길 줄 아는 멋과 흥과 신명을 살리는 넉넉한 멋을 지닌 민족이다.

* 우리의 좋은 문화가 이보다도 더 많이 있다. 누가 우리의 문화를 빨리 빨리 라는 말을 만들었는지는 모르지만 우리의 훌륭한 문화를 모르는 처사이며 이 또한 우리나라의 문화와 역사가 왜곡되어 내려온 처사이다. 우리의 아리랑 문화는 세계에서 가장 위대한 끈기와 인내를 가진 나라로 응축된다. 이러한 아리랑 한류문화가 끈끈이 전통문화로 이어왔기 때문에 현재 우리나라가 이어가고 있다고 본다. 이제는 우리의 좋은 문화를 더욱 공부하고 갈고 닦읍시다

7 – 14. 터키 항구에서 만난 예맥(YEMEKLER)

고대 역사 이래 한국과 형제나라인 터키 항구변 식당 '예맥YEMEK(ER)'이 예맥족 음식을 만들고 있다. 내가 일부러 예맥을 시켜 먹어도 맛이 낯설지 않아 맛있게 먹고 재삼 감탄했다. 오래된 동굴에선 부엌 조리대를 뜻하는 '부뚜막'PUTUMAK 이란 이름도 남아 있어 더 기절할 뻔했다.

8 - 1. 교육부 교과서엔 환인천황과 환웅님들이 언제쯤이나 나올까? 다 빼앗기고 나서야.

7대 환인, 18대 환웅, 47대 한검을 알아야! - 상생방송 덕분에 이제 5~6세 아이들도 주일학교에 다니듯 배워서 잘 아는 세상이 되어가다.

안파견 환인/거발한 한웅/ 왕검 한검 현대에 와서 중국 한족이 자기네 始祖라며 중국 시조로 칭하는 3대 제왕 중에 제 1롱은 태호복희씨라며 중국이 그렇게 말하고! 있는 우리 맥족 또 다른 환웅으로서 붉은 악마의 상징이 된 분은 누구실까요? 태호복희씨는 한민족인 제 4대 태우의 환웅의 12번째 막내아들이라 나오는데 바로 태극기의 태극과 혼인과 고기잡는 법 등 일상생활의 편리와 이치를 일깨우신 분이다. 태호복희씨의 여동생 이름이 여와이고, 요즘은 대개가 그 여와에서 기독교 여호아가 나갔다고도 한다. 자오지(치우) 천황, 염제신농 황제 헌원 중에 잘 기억해 보세요.

8 - 2 ★ 개혁위[68] 균'均'이란 생사를 넘나드는 무서운 의미 실천자들: 276년만의 均들.

균'均'=고르다 조화를 이루다 평평하게 하다

	친교류 나라	근대적 이상향	죽게 한 사람의 변	죽인 방법	역사적 평가
허균許筠 1569~1618 (49세)	청나라	홍길동전	역모의심 - 이이첨(광해군 때) - 반역죄	6屍 - 6개로 나눠, 6개 지역에	실제 삶에 이상향을 한글로 소설로 쓴 최고의 천재
김옥균金玉均, 1851~94 (43세)	일본	갑신정변 (삼일천하)	일본 의존 위험시 - 홍종우가 상해서 저격(고종 사주) - 반역죄	시신 한국에 온 후 6屍 - 6개로 나눠, 6개 지역에	

사회가 혼란한 것을 보니 이 시대 한국도 혁명이 필요한 정도일까? 유사 이래 제일 잘 산다는데 '내로남불'은 더 회자되지 않도록, 적폐청산하는 방법도 지혜

허균 조선시대 반역과 이단의 상징 – 서얼 차별

교산(蛟山) 허균(許筠, 1569~1618)은 명문가의 자제로 시대와 충돌하는 계급에 속한 이들의 벗이 되어 홍길동전을 쓰고, 서얼들 및 하층민들과 교류하며 분명히 시대를 비판적으로 인식하고 진솔히 대항했으니 평균자들에 대한 반역아로, 편의적당주의자들에겐 이단이었다. 그를 단적으로 표현하면 한 세기에 날까 말까한 천재적 시인이요 문사이자 최초로 자신이 중시한 하층여성 계급들이 읽을 수 있고 한글만이 묘사할 수 있는 감성적이고 다양한 무늬의 한글로 최초로 이상향 소설을 쓴 창의적 모험적 작가였으며, 또한 유불선儒佛仙에 두루 통해 지식과 몸으로 부딪히며 시대의 편의주의에 저항하고 인식을 심신으로 실천한 천재 모험가이다.

김옥균과 일본을 대하는 한국인의 태도 점검 필요하다.

김옥균(金玉均, 1851~94) 혁명가 또는 진보적 정치가, 개혁파의 지도자라고 부른다. 개화와 개혁을 주장하다 그의 삶과 행동을 두고 이렇게 다양하게 부르는 것은 그의 활동영역이 그만큼 폭넓었기 때문이다. 조선을 속국으로 생각하는 청나라의 내정 간섭을 치욕적이라고 비판했다. 청나라가 무력으로 들어와 있으므로 군사가 거의 없는 개화파는, 성공한 일본의 개혁가군, 신생국처럼, 서양 섭취적 삶의 혁명을 꾀해 성공한 일본의 힘의 도움을 받아 조선의 개혁을 꾀하고자 했다. 이 부분에서 일본의 도움을 받아 하려 했으니, 우리는 단연 잘못했다고 지적할 수 있고 한국인들은 다들 그렇게 평가한다.

김옥균은 조선의 근대화와 개화사상을 주장했던 조선 말기 급진개화파의 불운한 지도자이다. 박규수의 사랑방에 드나들며 개화사상을 배웠고 개화파를 조직했다. 1884년 청 · 프 전쟁에서 청군의 패배가 지속되자 때를 틈타 1884년 12월 4일 우정국 낙성연을 계기로 갑신정변을 일으켰다. 문벌의 폐지, 인민평등 등 근대 사상을 기초로 하여 낡은 왕정을 뒤엎으려 하였다.

이 때의 사대주의란 정확하게는 사대 교린주의事大交隣主義이다. 이성계가 조선을 건국하며 국시로 삼은 사대 교린주의는 쉽게 말해서 중국은 땅덩어리도 크고 인구도 많고 하여 조선이 중국과 싸워서 이길 자신이 없으니 마음 편하게 중국을 임금의 나라로 대접하며 살고, 일본은 땅덩어리나 인구면에서 조선과 비슷하니 친구처럼 지내자는 뜻이다.

조선 백성들이 이런 사상에 오랫동안 젖어 살다 보니 임금의 나라인 중국의 사상이나 제도, 문물, 중국의 한국에 대한 정책 등에 대하여는 그것 자체를 감히 거스릴 수 없는 신성한 것으로 여기게 되었다. 그러다 보니 중국을 이겨야 할 경쟁 대상으로 보거나, 중국에 대하여 반론이나 비난을 할 생각을 못하고 중국이라는 나라의 존재 자체만으로 숭배의 대상으로 삼는 것이다.

*미국에 대해서 지금 우리가 그렇지 아니한가?

그 대신 일본은 한 단계 낮게 또래 수준으로 여기기 때문에 일본에 대하여는 비난도 마음대로 할 수 있다고 생각하거나, 일본과는 싸워서 무조건 이겨야 한다고 생각하거나, 일본은 무시해도 좋다고 생각하거나, 중국으로부터 경쟁자인 일본보다 더 많은 총애를 받으려는 생각에서 맹목적인 반일을 주장하는 풍조가 일반화되어 있었다. 그런 풍조가 일반화되다 보니 백성들 사이에서는 중국(*미국)을 치자거나 중국을 몰아내자고 하는 사람은 임금의 나라를 거스리는 반역자로 보거나 계란으로 바위를 치려는 무모한 짓을 하는 정신나간 놈이라고 하는 반면,

일본을 욕하거나 배일 주장을 하는 사람은 애국자 취급을 하거나 스스로 애국자인체 하는 풍조가 만연되어 있었다. 지금도 우리 주위에는 혼자 실컷 입에 개거품을 내며 한참 일본 욕을 하고 나서는 '나는 이런 애국자이니 나를 한 번 쳐다봐 달라'는 표정을 짓는 사람들이 있다. 그러면서도 자신이 사대 교린주의에 빠진 줄도 모르고 있다. 우리 나라 사람들이 반일을 주장하는 것을 보면 이성이 아니라 군중심리로 그런 주장을 한다. 옛날부터 우리가 일본을 이기겠다는 각오만큼 중국을 이기겠다는 각오로 살아 왔다면 우리 민족의 역사는 달라졌을 것이다.

분명히 일본은 우리가 이겨야 할 대상이다. 즉, 일본은 반일의 대상이 아니라 극일의 대상인 것이다. 그런데 일본을 이기려면 일본의 강점과 약점, 그리고 우리의 강점과 약점을 면밀히 분석하여 이길 수 있는 방법을 찾아야 하는 것이다. 그러나 일본의 강점에 대하여 이야기 하면 친일파이다 매국노이다 하며 비난을 하는 것이다. 일본에 대하여 욕만 하면 자연히 일본을 이길수 있는 것처럼 생각하며 말이다. 참으로 한심하고 우매한 백성들이다. 우리가 알아야 할 것은 우리가 이겨야 할 대상은 일본만이 아니고 중국 소련 미국 영국 로마 그 밖의 우리의 생존에 간섭하거나 우리의 발전을 방해하는 어떤 나라라도 그 대상이 된다는 것이다.

임오군란(1882년)의 직접적인 원인은 별기군과 구식군대의 차별대우와 당시 민

씨 정권의 부패로 인한 녹봉의 체불이지만 일본 교관을 죽이는 일로 확대된 것은 위에서 말한 일본만을 경쟁상대로 삼는 사대 교린주의 사상 때문이었다. 중국에 대해서는 무조건 복종을 해야 하고 일본에 대해서는 무조건 반대해야 애국자인 것처럼 생각하는 풍조 때문인 것이다. 임오군란이 일어날 때까지는 일본의 전투병이 조선에 파견된 일이 없었다. 단지 신식군대를 훈련시키는 교관만 파견된 상태였다. 일본 교관을 살해할 만큼 일본 군인들이 조선에 대하여 비리를 저지른 일이 없다. 그런데 반일을 주장하면 애국자라는 군중심리 때문에 반일을 주장하며 임오군란을 일으킨 구식군인들이 일본 교관을 살해한 것이다. 임오군란 후에 일본과 청나라 양국 군대가 조선에 들어 온다. 임오군란을 일으켰던 구식군대나 조선 백성들이 그 전에 청나라에 대해서 해꼬지한 일이 없다. 그런데 조선에 들어온 청나라 군사들의 행패는 이루 말할 수 없다. 보복을 하자면 자기들 교관이 살해당한 일본이 조선에 대해서 해야 하는데 아무런 피해도 입지 않은 청나라가 조선 백성들을 상대로 점령군 행세를 하며 살육행위를 한 것이다. 대원군을 청나라로 납치해 간 것뿐만이 아니라, 청나라 군사들이 백성들 집에 들어가 재물을 빼앗고 부녀자를 겁탈하는 일이 매일 계속되었다. 그 중 피해가 심한 곳은 왕십리와 이태원인데 임오군란을 일으켰던 구식군인들의 주된 거주지가 이곳이어서 청나라 군사들이 이곳에 들어가 200여 명의 백성들을 잡아가고 10여 명의 백성들을 죽였다. 이런 행패를 보면서도 청나라에게 대항 한 번 못하는 것이 조선의 백성들이다. 일본에 대해서는 그렇게 당당하게 대들던 백성들이 청나라 군사들의 행패에 대해서는 일언반구도 없이 꼼짝도 못하는 것, 이런 사대 교린주의에 빠진 백성들이 우매한 조선 백성들인 것이다. 이런 현상은 동학혁명 때도 나타난다. 우리나라 최초의 신문은 박영효가 일본의 후쿠자와 유키치의 건의를 받아들여 박문국에서 1883년에 발행한 한성순보이다. 이 한성순보가 창간 후 6개월도 안 되어 청나라의 압력으로 폐간되는데 그 사유는 이렇다. 광교 근처에서 약방을 경영하는 최택영이라는 사람에게 딸이 하나 있었는데 청나라 군사가 밤에 이 집에 침입해 이 딸을 겁탈하려다가 이를 제지하는 최택영 부부를 살해하고 딸까지 겁탈한 사건이 일어났다. 그런데 개화파의 기관지 역할을 하던 한성순보가 이를 보도하자 청나라에서 한성순보를 폐간하라고 압력을 넣었다. 당시 임오군란으로 충주로 피난 갔던 민비를 구해준 것이 청나라이고 민비와 앙숙관계에 있던 대원군을 청나라로 납치해 간 것도 청나라이니 민비 정권으로서는 청나라의 압력을 물리칠 힘이 없었다. 그저 국정의 대소사를 조선주재 청나라 영사 진수당과 청나라의 애숭이 장수 원세개를 원대인이라 칭하며 그의 지시에 따라 처리하고 있었다. 그러니 청나라의 압력에 따라 한성순보도 폐간한 것이다. 개화파들이 일본의 힘을 빌려 갑신정변을 일으킨 방법의 옳고 그름을 가리기 위하여 당시의 상황을 더 알아보자. 위에서 말한 것처럼 당시 집권 세력인 민비를 비롯한 사대파들은 국정의 대소사를 청나라의 지시에 따라 처리하고 있었기에 자주적인 경향을 띈 개화파들과 사사건건 마찰이 있었다.

한성순보의 폐간뿐 아니라, 근대식 군사를 양성하기 위하여 사관학교 설치를 주장하는 개화파들의 주장을 청나라가 허락을 하지 않는다는 이유로 민비가 반대하여 무산되었고, 심지어 사대파의 거두 민영익은 청나라보다 더 강한 러시아 보호국이 되자는 주장을 하여 김옥균과 대립하고 있었고, 대원군의 청나라 납치문제에 대하여도 개화파는 반대하여 사대당과 대립하고 있었으며, 재정난을 타개하기 위한 김옥균의 차관교섭 주장에 대하여 청나라에서 파견하여 사대당의 입장을 대변하던 묄렌도르프는 당오전, 당십전의 발행을 주장하여 개화파와 대립하고 있었다. 당시 청나라는 소공동 조선호텔 자리에 3,000명의 군사를 주둔시키고 있었는데 조선호텔의 자리라면 경복궁에서 바로 코앞에 있는 곳이다. 조선의 사대 관리들은 이러한 무력을 배경으로 하는 청나라의 말이라면 거절을 못하고 반개화, 반개혁적인 언동을 하고 있었고 개화파들은 그 반대의 입장에 있었던 것이다. 개화파들이 외세인 일본의 힘을 빌려서 개혁하려 한 것은 칭찬할 것이 못된다. 국내 문제를 해결하는데 외세를 끌어들였기 때문이다. 그러면 개화파들만의 힘으로 혁명을 성공할 가능성이 있었겠는가? 개화파들만의 힘으로 조선에 주둔하는 3,000명의 청나라 군사들을 물리치고 혁명에 성공할 수 있었겠는가? 내가 보기에는 불가능했다고 본다. 그러면 조선의 백성들이 들고 일어나 개화파에 합세하여 청나라 군사들과 대항하여 싸워 줄 수 있었을 것인가? 내가 보기엔 앞에서 든 청나라 군사들의 행패를 보고도 상국上國의 군사라고 하여 말 한마디 못하는 세태로 보아 그것도 불가능했다고 판단된다. 더구나 당시는 2차 수신사로 파견되었던 김홍집이 귀국하면서 가져온 황준헌의 〈조선책략〉의 내용을 트집잡아 이퇴계의 후손인 이만손이 만인소를 올린 것을 비롯하여 전국 유림들이 개화를 반대하며 들고 일어 나던 때이다. 당시 개화에 반대한 것은 유림들이 상소를 올렸으니 형식상은 유림들만 개화에 반대한 것 같지만 당시 분위기로 봐서 극히 일부의 선각자들을 제외하고는 거의 모든 백성들이 개화에 반대했다고 보는 것이 옳은 이야기일 것이다. 그러면 개화파들이 대화로써 개화의 필요성에 대하여 사대당을 설득하는 것이 가능했을 것인가? 당시 민비와 대원군과의 관계, 청나라와 일본과의 관계, 오직 조선이 소중화小中華임을 자랑으로 삼고 일본이나 서양이나 똑같은 오랑캐倭夷洋夷同夷論라고 생각하고 개화에 반대하는 무지몽매한 백성들의 인식을 종합하여 판단하건데 그것도 불가능했다고 본다. 그렇다면 개화파들이 선택할 수 있는 방법은 일본에 의지하여 무력으로 혁명하는 것 외에는 없을 것으로 본다. 다시 말하자면 이 방법이 칭찬할 것은 못되지만 당시 상황에서 달리 선택할 방법이 없었다는 것이다. 사대당이 끌어 들여온 외국 군대가 없는데도 개화파들이 일본군이라는 외세를 이용하여 혁명하려 했다면 그것은 분명히 개화파의 잘못이다. 변명의 여지가 없이 개화파가 잘못한 짓이다. 그런데 사대당이 청나라 군사를 끌어 들여왔으니까 잘못은 먼저 사대당에게 있는 것인데, 이런 식으로 잘못 끼운 첫 단추의 근원을 찾아 소급한다면 그 책임은 사대 교린주의를 국시로 취하여 외세를 자연스럽게 끌어 들여올 수 있도록 분위기를 조성한 이성계까지 거슬러 올라 가게 되지만, 그렇게 되면 논의가 산만해지므로 더 이상의 소급은 않겠다. (어떤 사람은 갑신정변도 개화파가 자신들의 집단이익을 위하여 일으킨 지배계급 사이의 권력투쟁이라고 하는데 이는 너무 역사를 지배계급과 피지배계급 사이의 투쟁으로만 보는 견해이고 과장된 비약이라 생각한다) 그러면 왜 갑신정변은 실패하여 김옥균은 실패한 개화사상가가 되고 후쿠자와 유키치는 성공한 개화사상가가 되었을까?

이 말은 왜 우리 나라는 개화를 못하고 제국주의의 밥이 되었고, 왜 일본은 개화에 성공하여 제국주의의 주인공 노릇을 하였을까 라는 질문과도 같은 말이다. 나는 그 원인을 조선민중의 무지와 편견, 우리 민족성의 장점보다는 단점이 강하게 표출되었기 때문이다. 조선의 개화파가 선택할 수 있는 방법이라고는 일본의 힘을 빌리는 수 밖에 없었다. 그런데 앞에서도 말했듯이 당시 조선에 주둔한 청나라 군사는 3,000명인데 개화파의 부탁에 의하여 임금이 거처하는 창덕궁을 수비하는 일본군은 200명이었다고 한다. 처음에 일본군은 일당백의 실력을 가졌기에 오합지졸인 청나라 군사 몇 천명정도는 문제도 아니니 혁명을 실행하라고 호언장담하던 일본 공사 다케조에도 청나라 군사가 인해전술로 물밀 듯이 포위해 오자 꼬리를 내리고 호위하던 창덕궁에서 철수하기 시작했다.

간사한 일본이 자신의 나라 일도 아닌데 목숨을 걸고 청나라 군사와 싸워 줄 이유가 없다고 판단한 것이다. 개화파 자체의 군사들이라야 호위 군사 약간 명이니 이 군사를 가지고 청나라 군사와 싸울 형편도 못되는 것이었다.

이때 조선의 백성들이 깨어 있기만 했더라면 개화파를 도와 청군과 대항했더라면 일본군도 이에 사기를 얻어 청군과 대항했을지도 모른다. 그렇다면 갑신정변은 성공했을 것이고 우리의 역사도 바뀌었을지도 모른다. 그런데 개화파를 돕기는 커녕 개화파들이 청군에 밀려 일본공사관으로 피신하자 이들을 향해 돌을 던진 것이다.

청나라 군사들의 온갖 행패에는 끽소리 하나 못하던 조선의 백성들이 조선의 개화를 위해 자신들이 타고난 신분상의 특권까지도 버리고 목숨 걸고 일하는데 이 들에게 돌을 던진 것이다. 개화파와 일본군에게 돌을 던진 조선의 백성들도 제 딴에는 애국한다는 마음에서 출발하였을 것이다. 그러나 그 애국심이라는 것이 청산해야 할 사대 교린주의의 바탕 위에서 출발했다는 점이 잘못된 것이다. 타도해야 할 대상은 일본뿐만 아니라 청국도 포함되는데 일본을 타도하자고 주장하면 애국자이고 청나라를 타도하자고 하면 반역자, 또라이라는 생각이 여기서도 개화파와 일본군에게 돌을 던지는 행동으로 표현된 것이다. 우리의 목표는 반일이 아니라 극일인 것이다. 극일을 하려면 일본의 장단점과 우리의 장단점을 면밀히 분석하여 이길 수 있는 길을 모색하여야 하는 것이다.

그런데 일본의 장점에 대하여 이야기하면 매국노이다 친일파이다 몰아치며 얘기 자체를 금기시하는 사람들이 있다. 이런 사람은 일본을 이기겠다는 의지도 전략도 없이 그저 일본에 대하여 욕을 하면 그것이 애국이고 자연히 일본을 이길 수 있다고 생각하는 것 같다. 이런 사람들은 사고 방식이 단순해서 그런 주장을 하는 것인데, 그것은 내가 우리 민족성의 단점의 하나로 지적한 '이성적 판단력의 부족' 때문이라고 나는 판단한다. 조선 백성들의 무지몽매와 이성적 판단력의 부족, 사대교린주의라는 우리 민족의 단점이 강하게 표출이 되어 개화파의 갑신정변은 실패한 것이다. 따라서 김옥균은 실패한 개화사상가가 된 것이다.

그리고 다시 한번 말하건대 우리가 이겨야 할 대상은 일본만이 아니라 미국 소련 중국 등 우리의 생존에 영향을 주는 모든 세력이고 우리는 이들을 이길 수 있다는 자신감[69] 을 가질 수 있는 일과 일 수준을 만들어야 한다는 것이다.

9 – 1 ☢ 용기와 모험 능력있는 知者 허균의 실사구국적 삶

정인지의 말대로, "배웠으면 실제 공사를 위해 쓰도록 해야지". 특히 구국적으로 나라와 국민을 위하는 일이면, 나은 것이 더 크게 확산될 것이다.

사실적 삶과 몇 수레의 책과 사상을 중국에 가서도(당시 강원도 및 부락의 부탁으로) 구해 오고 접한 수집해 오는 몇 수레 책 속에 바이블이 들어 있었다고 해서, 허균을 한국의 최초의 천주교인으로 밀어붙이는 것은 일부 천주교측의 어불성설이다. 거리낌 없이 생각하고 글을 쓰며 주체적으로 살아가는 용기 있는 천재라 시대의 기존 세력자에 충돌과 위해를 염려하지 않는다. 하여 조선왕조의 기조와 어긋나지만 민초의 이상향을 그려내기 위해 소설이라는 형태를 취해, 최초로 민초들의 한글로 써 내어 그 이름도 개혁실천이 가능한 자기같은 인재로 홍길동을 창조해 내어 절대적일 것 같은 왕의 실상도 신랄하게 느끼고 독립적이고 자주적인 인간의 삶이 어떤 것인가를 알게 해 준다. – 그게 바로 민초들의 자아인식이고 바로 반역으로 여기게 된다. 기득권자들에겐 반역이다. 홍길동 새로운 자아상과 사회상과 국가상! 의지할 인물과 지향해야 할 나라를 가공하여, 처참한 전란까지 겪은 백성, 특히 어려운 처지의 서민들에 지상낙원의 구체화로 삶에 희망을 불어 넣어 준다. 당연히 금상첨화로 그 내용은 시대극복으로 개혁적이고 양반중심 나라의 허에 반역으로 여겨질 화살을 쏜 것이다. 평등한 권리와 제도에의 접근을 창의성과 민본 애민사상, 그 시대 그 누구도 생각 못할 혁명 중의 혁명을 백성 내에 씨를 뿌린 것이다. 진실의 탐구와 시대의 한계에 몸부림의 자취 (다양한 학문을 수용하는 개방적 사고와 진취적이고 넓은 세상을 직접 심신으로 부딪히다) 허균의 선구적 사상 및 저술 연구와 삶의 일치 자세 비판적 지식이 겸비된 혁명아로 높이 평가할 수 있다. 진실과 진리를 갈구하는 발전하는 인류역사가 바라는 천년에 한 번 날까 말까한 지행 능력에 집안까지 받쳐주는, 다 가진 인물이 허균이다.

9 – 2 ☢ 역사문화학?

역사란? 인간의 욕망과, 시대적 사물의 자기존재가 드러남으로 자신과 자신, 개인과 국가, 국가와 국가 간의 끝없는 심신, 물질과 정신과의 투쟁사이다. 행복한? 생존의 역사는, 갈취를 기본으로 이루어지는 인간의 깊은 쾌락의 원리에 대항하는

약소한 집단의 고뇌, 그 잡히지 않으나 잡고싶고 잡아야 하는 무지개같은 이상향적 목적을 향해가는 공사의 축적된 발자취이다.

문화란 사회구성원들이 공유하고 있는 의미와 상징의 질서적인 체계로 푸는데, 나 차옥덕이 풀어보는 한국 문화란!

사람이 경탄 찬탄할 만하게 만든 일이나 형태로 같이 향유하고 공유할 수 있어 때로 돈도 되는 즐길거리이다. 보통 대중적 문화란 나 우리한테 편하고 쾌하고 신나고 믿을 만하고 배운 것을 쓰니 기쁨을 주는 사람으로서 누리는 특혜이다. 그 부유하는 대중의 층 밑에 가라 앉은 맑은 침전물같은, 고뇌를 통해 문화를 만드는 천상의 소리나는 올곧은 터와 사람 내음이 있어(한류) 문화를 더욱 칭송한다.

나 우리에게 맞아 편하다 쾌하다 나눌 만 하다. 감성적으로 가볍게는 황홀성 찬탄성 행복성 나아짐 편함, 쾌함, 나눔성, 함께 하고픔, 사랑성, 지성이나 지혜가 깔린 수준의 그 어떤 것을 사람에게 전달할 때 붙여 주는 찬란하고 귀한 심신 해방의 소통의 또 다른 이름이다. 결국 나의 DNA에 맞는 것이 나에게 편한 문화이다.

· 일반적으로 규정하는 문화 문명의 속성:

문화의 속성: 공유성, 학습성, 총체성, 축적성, 변동성

문명의 속성: 특수성, 보편성, 개별성, 전파성, 수용성

한국인은 제사에 익숙한 DNA를 가져서 사람과 사람, 사람과 자연, 사람과 먹거리, 여러 소리와 춤(우주 율려), 악기와 사람이 뒹구는 소통되는 잔치문화적인 것이 편하다. 일도 잔치를 열듯 열어 하면 웬만한 일은 다 풀린다. 마당에서 문밖에서 삽작에서 남새밭을 보며 우물가에서 냇가 갯가에 내어 놓고 산다. 물론 담도 없거나 낮으막하게 해방된 공간에서 사는 삶이다. 도둑을 염두에 두는 아파트의 폐쇄된 공간같은 삶은 문화나 소통의 진정한 공간으로 받아들이지 않는다. 편리한 공간으로 '그냥 그렇게 사니'로 받아들이는 것이다. 그래서 자연으로 돌아가고 이민을 간다. 이제 기존 아파트와 다른 형태의 주거구조가 환영받을 것이다.

문화란? 한 사회의 가치 체계 및 도덕 체계의 연원 설명

사람은(*동물도) 어릴 때부터 배운 각종 사회 원칙에 따라 일생을 살아가기에

인간은(*동물도) 문화적 규칙에 의해 제약을 받는다고 본다. 그리고 그 원리들은 일상생활에서의 선과 악을 구분 짓는 기준이라고 본다. 예를 들어 사람은 어릴 때부터나 성인이 되어서나 개신교인들은 그 종교를 신앙하지 않는 사람은 악의 사탄으로 규정한다. 개개인은 자신의 행동을 그 규칙에 및 원리에 따라 평가한다. 그 결과 사회구성원들의 행동은 그들의 도덕적(종교적) 가치에 의해 지배되며, 각자가 안정적이고 건전한 가치 체계를 습득하게 되면 질서정연한 사회를 이룩할 수 있게 된다고 믿는다. 도덕적 코드 혹은 민족적 윤리적 분위기(관습, 성격=에토스)는 한 시대와 장소의 문화적 산물이다.

클리포드 기어츠는, 문화란 사회구성원들이 공유하고 있는 의미와 상징의 질서 체계이다. 이 사상에 의하면 우리가 어떤 사물을 갖고자 하는 이유는 그 사물이 내포하고 있는 의미가 우리의 감정을 유발한다는 점에서 찾을 수 있다. 이러한 형태의 인간을 상징인, 인간을 상징을 만드는 생물이라고 부르기도 한다. 그래서 상징은 문화가 개인이나 집단의 행동 혹은 사상에 어떻게 영향을 미치느냐를 설명하는 중요한 수단이 된다.

인류학자 프란츠 보애스는, 모든 문화는 보편성과 특수성, 각 문화는 개인의 행동을 결정하는 강력한 통합체제로서 관습과 전통을 규정한다고 하였다. 그래서 문화는 감정과 관습을 통해 인간행동을 형성하며, 그 결과 반복되는 행동은 습관이 되면서 무의식적으로 진행된다는 것이다. [70]

9 – 3. 현대판 어아가! 조상과 그 문화 찬가!

"부모가 되어 살아보니 아이들 걱정뿐, 이제사 조상님들 덕분인 것을 더욱 알고 특히 제가 집안 종부가 되어 이렇게 고향을 지키고 잘 사니 늘 감사하지요."

▶ 수몰로 소멸되는 옛 건물들을 옮겨 땅이름과 함께 살려 치유와 옛 생활 철학의 터 기운을 물려주는 문화가 오래된 세계에는 다 있는 전통지킴이 어르신들. '이것을 지켜야겠다는 게 항상 머리에 박혀' 의성김씨 종손네 '지례' '지촌'이란 땅이름도 살린 종부의 조상찬가! 우리가 "안 남겼으면 영원히 없어지는 이름이 되거든요."

9 – 4▶ "여기는 우리나라 우리 땅입니다" "꽁초는 쓰레기통에"라도 지키는 게 애국 시작.

꽁초와의 전쟁에 – 그야말로 우리가 다 할 수 있는 실사구국적 좋은 자극입니다.

9 – 5. [조조에게서 배우는 사람 관리법 7가지]

1. 훌륭한 목수는 좋은 연장을 쓴다. 든 싸움의 시작과 끝은 사람이다. 싸움을 일으키는 것도 사람이요, 그 싸움을 끝내는 것도 사람이다. 특히, 재능을 갖춘 인재가 옆에 있다면 어떤 싸움도 두렵지 않을 것이다. 역사적으로 승자의 위

치에 오른 인물들은 하나같이 사람을 잘 부릴 줄 알았다. 천하대업에 뛰어든 조조는 마땅한 인물이 없었던 탓에 스스로 계획하고 행동했다. 이후 역사연구를 통해 인재등용의 중요성을 명확하게 이해했으며 남다른 감각으로 인재를 발탁하고 중용했다.

2. 세상이 곧 나의 스승이다. "품행이 바른 사람만이 실력을 갖춘 것은 아니다. 실력을 갖춘 사람만이 품행이 바른 것도 아니다. 인재를 등용하는데 그 사람의 도덕에만 얽매여 평가하지 말라."는 명령을 내린 조조는,"아침을 알리지 못한 닭도 지난 잘못을 메우고 다시 한 번 울고 싶은 법."이라는 속담을 인용하면서 품행이 좋지 못한 것은 잘못이지만 그것에 얽매여서는 안 되며, 잘못을 만회할 기회를 주어야 한다고 생각한 것이다. 과거에 얽매이지 않고 현재를 중시하는 조조의 태도 덕분에 많은 사람들이 그의 곁으로 구름떼처럼 몰려들었다.

3. 좋은 친구들을 사귀어라. 무릇 성공은 내 손으로 이루어지는 것이 가장 좋지만, 남의 도움을 받는다면 더 빨리 성공을 거머쥘 수도 있다. 특히 능력이 탁월할 뿐만 아니라 나를 위해 목숨까지 내놓을 정도로 충성하는 사람들을 거느렸다면 성공은 내 손안에 있는 셈이다. 조조와 함께 의병을 일으킨 사람들로는 하후돈, 하후연, 조인, 조홍, 조휴, 포신 등이 있다. 조조와는 혈연관계에 있거나 같은 고향 출신인 이들은 조조가 처음 세력을 잡았을 때 든든한 기반이 되어 주었다.

4. 귀중한 것일수록 얻기 어렵다. 1천 명의 병사는 얻기 쉽지만, 뛰어난 장수 한 명을 거두기란 쉽지 않다는 말이 있다. 혼란한 정국을 수습하고 천하를 통일하기 위해서는 많은 인재들의 활약이 중요했지만, 큰 뜻과 남다른 재능을 가진 인재들은 깊은 곳에 숨어 자신의 가치를 알아줄 주군을 기다렸다. 조조는 자신을 도와 천하를 제패할 이런 인재들을 찾는데 주력했고, 진심으로 그들을 대했다. 조정에 불만이 있어 은둔생활을 하고 있던 순욱은 조조가 지혜롭고 용맹하며 인재를 중용한다는 말을 듣고 조조에게 몸을 의탁하려고 일찍부터 생각하고 있었다. 그러나 조조가 어떻게 나올지 몰라 일부러 격문을 써서 조조의 반응을 떠보자, 조조는 곧바로 조인을 보내 순욱을 모셔오게 했다. 그리고 일부러 문을 닫아 걸고 나오지 않는 순욱에게 화가 난 조인이 시건방진

순욱을 죽여야 한다고 조조에게 건의하자, 조조는 오히려 조인을 꾸짖었다. 그날 이후로 조조는 매서운 추위에도 아랑곳하지 않고 매일같이 순욱을 찾아갔지만 그를 만날 수 없었다. 나중에는 순욱이 다리에 병이 있다는 핑계로 조조의 청을 사양하자, 몸소 좋은 말을 끌고 와 순욱을 부축해서 앉힌 다음 품에 안고 경복전으로 들어갔다. 모든 일에는 사람이 우선이다. 성공에도 사람이 우선이다. 사람을 경영하고 관리하기 위해서는 사람을 존중해야 한다.

5. 최고의 헤드헌터가 되라. 능력이 비범한 사람을 만나는 것은 성공으로 이끄는 나침반을 얻는 것과 같다. 조조는 특유의 카리스마로 천하의 인재들을 끌어들였다. 초야에 묻혀 있다가 조조에게 재능을 인정받아 등용된 인재들도 많았고 자진해서 찾아온 인재들도 많았다. 심지어는 억지로라도 자기 편으로 끌어들였는데, 제갈량과 견줄 만한 사마의는 체포하라는 칙서까지 내려 벼슬자리에 앉히기도 했다.

6. 소도 언덕이 있어야 비빈다. 큰 일을 하려면 남보다 지혜로워야 한다. 지혜를 얻을 수 있는 방법은 크게 두 가지가 있다. 첫 번째는 미래에 대한 고민과 연구를 통해 얻는 것이며, 두 번째는 현명한 사람들에게서 지혜를 구하는 것이다. 조조가 천하대업을 실현할 수 있었던 데에는 그 자신의 비범한 재능 외에 당대 최고의 '싱크탱크'의 도움이 있었다. 정치적으로 조조의 싱크탱크는 숙적들을 정치적으로 제거하는 데 혁혁한 공을 세웠다. 조조가 헌제를 허도로 모셔와 천자를 옆에 끼고 제후를 호령할 수 있었던 것은 책사들의 지략 덕분이다.

7. 틀 밖으로 나가라. 사람은 누구나 잘났고 못났음은 종이 한 장 차이 이다. 그러나 그 사람을 어떻게 활용하느냐에 따라 바라는 결과는 하늘과 땅 차이이다. 조조가 거느리던 책사들은 제갈량처럼 만사에 능하지는 않았지만 서로 머리를 맞대고 노력한 결과는 결코 그에 뒤처지지 않았다. 천하통일의 대업을 향해 조조가 내디딘 한 발 한 발은 조조뿐 아니라 책사들의 발자국이기도 했다. 정치적 포부가 남달리 컸던 조조는 인재들을 모아 천하를 거머쥐고자 했는데, 그 욕심이 얼마나 컸던지 자신의 라이벌인 유비와 손권마저 탐냈다고 한다.[71)]

9 – 6. 해양수산부 · 국방부가 알아서 해양자원과 전쟁 무기싸움 준비를 잘 하시나요?

사면이 바다인 거제에서 자란 문재인 대통령의 알찬 축사

도산 안창호함 진수식

문재인 대통령이 14일 오후 경남 거제시 두모동 대우조선해양에서 열린 도산 안창호 함 진수식에서 축사하고 있다. 도산 안창호 함은 우리나라 최초의 3,000톤급 잠수함으로 탄도 미사일을 탑재할 수 있는 최신예 함정이다.

〈축사 전문〉

『사랑하는 해군 장병 여러분, 대우조선해양 임직원과 내빈 여러분. 오늘 국내기술 최초로 건조된 3천t급 잠수함, '도산 안창호함'을 진수하게 되었습니다.

대한민국 대통령으로서 마음 든든하고 자랑스럽습니다. 우리나라가 처음 잠수함을 도입한 것은 1992년 독일에서 온 1천200t급 장보고함입니다. 이후 26년, 뼈를 깎는 연구개발로 설계 단계에서부터 건조에 이르기까지 우리 기술만으로 3천t급 국가잠수함 시대를 열었습니다. 불과 반세기 전만 해도 소총 한 자루 만들지 못했지만 이제 우리는 전투기, 전차, 잠수함과 같은 첨단 복합무기체계를 직접 개발하고 수출까지 하게 되었습니다. '도산 안창호함'의 진수는 대한민국 책임국방 의지와 역량을 보여주는 쾌거이자 국방산업 도약의 신호탄이 될 것입니다. 이곳 옥포는 4백여 년 전 임진왜란 당시 충무공 이순신 장군이 첫 승전보를 알린 옥포해전의 전쟁터입니다. 누구도 외침에 대비하지 않고 있을 때 이순신 장군은 거북선과 전함을 만들어 해군력을 키웠습니다. 유비무환 정신으로 풍전등화에 놓인 조국을 구했습니다. '도산 안창호함'은 안창호 선생의 애국정신을 기려 이름을 지었습니다. 안창호 선생은 "우리가 믿고 바랄 바는 오직 우리의 힘"이라 주장했습니다.

인재양성으로 민족의 미래를 준비하신 분입니다.

오늘 '도산 안창호함'이야 말로 이 시대의 거북선이며 우리 국방의 미래입니다. 잠수함사령부는 가족과 떨어져 좁은 공간, 빛 한 점 없는 수백 미터 깊고 어두운 해저에서 오직 국가안보와 해양주권 수호를 위한 사명감으로 묵묵히 임무를 수행하고 있습니다.

그동안 고생하신 해군 장병과 관계자 여러분, 대우조선해양 기술진과 노동자 여러분께 국군통수권자로서 경의를 표합니다. 국민께서도 큰 격려를 보내주시기 바랍니다. 존경하는 국민 여러분, 경남도민 여러분, 조선산업 관계자 여러분. 바다는 安保이고 경제이며 민생입니다. 우리나라는 바다를 통해 발전해 온 해양국가입니다. 현재 우리나라 수출입 상품 99.7%가 바다를 통하고 있습니다. 우리는 다시 해양강국으로 도약해야 합니다. 세계 1위 조선산업을 다시 일으켜 세워야 합니다. 이곳 거제도는 우리나라 조선산업의 중심지입니다. 거제에서부터 시작하겠습니다. 올해 들어 8월까지 우리나라 조선 수주량이 작년보다 101%, 두 배 이상 증가했습니다. 전 세계에서 발주된 초대형 유조선 38척 중 33척을 우리가 수주했고 세계조선 시장점유율도 42.4%로 늘어나 조선업 세계 1위를 다시 탈환했습니다. 새로운 도약의 계기를 마련했습니다. 실제 선박건조와 고용으로 이어지기까지는 시간이 걸리지만 우리 조선산업의 희망이 되살아나고 있는 것입니다. 2020년부터 국제해사기구(IMO)에서 발표한 선박 배출가스 환경규제가 발효됩니다.우리는 LNG를 연료로 사용하는 미래형 친환경 조선산업에서 세계 최고의 경쟁력을 갖고 있습니다. 2020년이면 선령 20년 이상인 선박 4만6천 여 척 중에 8천~9천 척의 교체가 예상됩니다. LNG 가스의 세계 물동량 역시 갈수록 늘어날 전망입니다.

현재 전 세계 LNG 생산시설을 감안하면 2022년까지 대형 LNG 운반선 60척 이상이 필요합니다. 이 분야에서도 우리의 경쟁력은 최고입니다. 앞으로 LNG 연료

선박과 LNG 운반선이 우리 조선산업의 새로운 활로가 될 것입니다. 정부는 더욱 박차를 가해 조선산업의 4차 산업혁명을 준비하고 있습니다. 자율운항 선박 개발은 물론이며 한국형 스마트야드 개발 등에 집중 투자할 것입니다. 이와 함께 조선산업의 혁신성장을 위해 금융지원과 내수창출을 늘려나갈 것입니다. 정부는 올 하반기에 군함 등 1조 5천억 원 규모의 공공선박을 발주했습니다. 내년에는 952억 원의 예산을 투입하여 중소형 조선소와 부품업체의 경쟁력 강화를 집중 지원할 계획입니다. 바다는 도전이자 미래를 향한 희망입니다. 조선강국, 해양강국으로 재도약은 거제 지역 경제에 새로운 활력을 일으키고 경남과 대한민국 경제를 살려낼 것입니다.

하지만 당장의 어려움이 문제입니다. 정부는 올해 4월 거제와 통영을 비롯한 7개 지역을 산업위기지역과 고용위기지역으로 지정하고, 1조2천억원 규모의 추경예산을 긴급 편성하여 지역경제 살리기와 대체 · 보완산업 육성을 지원하고 있습니다. 앞으로도 산업구조 조정지역의 어려운을 해소하기 위해 최선을 다하겠습니다. 함께 어려움을 이겨나가자는 격려의 말씀을 드립니다. 존경하는 국민 여러분, 해군 장병 여러분. 강한 해군력은 해양강국으로 가는 핵심입니다. 바다에서부터 어느 누구도 감히 넘보지 못할 철통같은 안보와 강한 힘으로 한반도 평화의 기틀을 세워야 합니다. 저는 3차 남북정상회담을 위해 다음 주 평양에 갑니다. 우리는 한반도의 비핵화와 항구적 평화체제 구축을 위한 위대한 여정을 시작했고 담대한 상상력으로 새로운 길을 만들어내고 있습니다. 그러나 평화는 결코 저절로 주어지지 않습니다.

평화는 우리 스스로 만들고 지켜내야 합니다. '힘을 통한 평화'는 우리 정부가 추구하는, 흔들림 없는 안보전략입니다. 강한 군, 강한 국방력이 함께 해야 평화로 가는 우리의 길은 멈추지 않을 것입니다.

강한 군대는 국방산업의 발전과 함께 국민의 무한한 신뢰에서 나옵니다. 국민은 국민을 위한 국민의 군대를 요구합니다. 이제 우리 군이 답할 차례입니다. 저는 대한민국 국군통수권자로서 차질 없는 개혁으로 국민의 요청에 적극 부응할 것을 명령합니다. 국방개혁의 주인공은 우리 군입니다. 자부심과 사명감으로 개혁을 완수해주길 바랍니다. 오늘 '도산 안창호함'이 강한 국방, 평화로운 대한민국의 미래를 향해 출항합니다. 한평생 독립운동에 헌신하고 민족정신을 일깨우는 데 앞장섰던 도산 안창호 선생의 얼을 가슴 깊이 새겨주길 바랍니다. 바다에서 대한민국 주권과 국가이익을 수호하는데 사명을 다해주길 바랍니다. 우리 국민의 평화와 번영의 염원이 '도산 안창호함'에 실려 있습니다. 이제 출발합시다. 감사합니다. [72]

9 − 7 ☀ 창조부서 정신머리와 아이디어가 있는 한국인들: 제 14대 자오지(치우) 환웅 얼 정신은 안동 고택에도 살려내고 있다.

▶ (제 1세) 단군의 이름은 왕검인데 혹은 성이 환씨桓氏라고 한다. 제 14대 자오지(치우) 환웅 월드컵 축구장에 이어 기와장에도 나들이

9 − 8 ▶ 일본 오사카에 있는 백제 의자왕 아들을 모신 신사

− 의자왕이 백제에서 망하기 전에 이미 왜에 와 있었던 왕자를 지금도 기리는 분들은 누구일까?

9 – 9 ⊙ 한국 국민성! 항일 자금지원을 위한 보천교 전국 600여 만 2/3 이상의 성인 국민

한국인은 국가위기 시 단합을 잘 한다. – 우리가 우리 국민성 긍정적으로!

국민모두 독립자금 군자금 마련을 위한 물산장려운동의 길라잡이: 보천교 조만식선생님. [73]

9 – 10 ⊙ 문광부 한국민은 국가위기 시에는 대통합 국민성과 의병의 활동으로 위기를 극복

제주 최초의 항일 독립운동은 전국 선도교(보천교) 차경석 교주(본부는 전북 정읍)가 제주 대흥사를 인수해 대흥사 주지로 들어가 벌인 선도교(신교) 항일 식민항쟁운동이다. 차경석의 – 조선의 성인 600만 명 이상이 거의 다 믿은 선도교의 실제 조직활동에는 차교주의 이모로 무님이신 고판례(차경석이 강증산에 소개하여 전도일로 강증산의 둘째 부인도 되다)의 신교적 노력과 덕성이 증산시대와 같이 많이 기여하여 증산시대보다 훨씬 더 교세나 모든 것이 크게 발전되었다. 시청각적으로 전달하게. 마침 김철수 교수의 특강이 보여 몇 장면을 싣는다. 일제는 민족종교를 유사종교로 분류하여 전근대적인 미신, 사교로 왜곡. 조선인은 1882년 일제에 의해 일제가 만든 '종교'라는 어휘를 처음으로 듣게 되고, 일제는 신도, 기독교 불교 외는 모두 사이비 종교로 규정하여 미신이라 비하. 그러면서도 보천교 차경석은 〈특1급 요시찰 인물〉로 지목되어 주변신도들까지 곤욕과 죽음까지 당면할 것으로 위협하여 차경석 교주를 죽게 한다. [74]

★ **나라를 지켜내는 역사적인 역할 모델들: 우리의 정신과 자세를 이 조상님들 처럼 하면 무시당하는 국민은 되지 않을 것이다.**

한민족의 낭가역사를 보면 환웅배달시대 제세 핵랑(3천 명), 단군조선에 와서는 국자랑, 북부여는 천왕랑, 고구려는 조의선인, 백제는 무절, 신라는 화랑이라 불렀다. 배달시대 제세 핵랑은 환인 천제로부터 받아 왔으니 환국시대도 아마 핵심적인 천인들이 몇 천은 되었기에 일부 받아 온 것으로 추정된다. 단군조선 경당에서 배우는 학생을 국자랑이라 하였다. 우주광명의 심법을 전해주는 공부수련방을 경당扃堂이라 한다.[75]

한민족 근거지 산동성과 그 앞바다

낭야대에는 진시황의 명으로 도가적 불로장생 약을 찾아 떠나는 서복을 배웅하는 진시황과 그의 업적이 각석되어있다.

9 – 11 ★ 인천시 · 문광부 · 강화군

단군이 강화 마니산에 세 아들에게 성을 쌓게 하고 이름을 '삼랑성'이라 했다『고려사』

단군이 머문 천제 암궁터도 마니산 참성단 아래 근처에 인천시 문화재로 지정되어 있다. 남북이 교류하면, 북한 단군릉이 무덤이라면 생전에 머문 곳으로 마니산 천제암이 등장할 수 있어 복원이 요청된다.

강화 삼랑성江華 三郎城은 인천광역시 강화군 길상면, 정족산에 위치하고 있는 성이다. 1964년 6월 10일 대한민국의 사적 제130호 삼랑성으로 지정되었다가, 2011년 7월 28일 '강화 삼랑성'으로 명칭이 변경되었다. 이 성이 만들어진 연대는 정확하지 않으나, 고려가 1259년 삼랑성 안에 궁궐을 만들었다고 하니 그 전에 이미 성이 있었음을 알 수 있다. 성곽이 쌓여져 있는 모습을 보면 보은의 삼년산성이나 경주의 명활산성처럼 삼국시대 성의 구조를 찾을 수 있으므로, 삼국시대에 만들어진 성으로 추측된다. 고려 때 보수공사가 있었던 것으로 보이며, 영조 15년(1739)에 성을 다시 쌓으면서 남문에 문루를 만들고 '종해루'라고 하였다. 조선 현종 1년(1660) 마니산의 사고에 보관되어 있던『조선왕조실록』을 성 안에 있는 정족산사고로 옮기고, 왕실의 족보를 보관하는 선원보각을 함께 지었다. 그러나 지금은 둘 다 없어지고 전등사만 남아 있다. 이곳은 고종 3년(1866)의 병인양요 때 동문과 남문으로 공격을 해오던 160여 명의 프랑스군을 무찌른 곳으로도 유명하다. **인천시와 강화군은 마니산 제천단 궁터 복원하시도록! 남북교류시 한민족 공동체 의식을 나눌 훌륭한 교류 터전 - 정거장 이름부터! 이어 참성단 우물의 복원도 필수. 정거장 이름이 몇 개 사이로 두 개나 있다. "문산리"와 "문산리 교회" - 그 중 하나는 기념물을 밝히고 "천제암 궁터 앞"으로 변경하는 것이 합법적이다.**

공무원들은 한국인임을 잊지 말고 자신감을 가져야 할 것이다. (이제부터는 한국 나라의 정체성과 기강을 세우는 일에) 교회나 성당이 압력을 넣으면 공개적으로 밝혀야 한다.

9 - 12 ◉ 서산시 지곡면 향토문화 연구자들이 칠지도 사철을 찾아내다.

백제가 일본에 전해준 칠지도 사철 지곡면 줄기찬 향토문화연구자들이 찾아 규명하다.

이은우 서산 향토문화연구회 동네 할아버지들께서 망태기를 들고 나서서, 동네인 서산 앞바다의 모래를 퍼서 칠지도의 그 사철을 찾아내 서울대에 의뢰 분석했더니 양이 너무 적다 하여 또 다시 동네앞 바다모래가 있는 시간대에 나가, 모두

바구니로 사철을 찾아낸 칠지도 사철 마을 서산 지곡. – 오순제 백제문화연구회 부회장께서 직접 만나 채록해서 전해 주다.[76] 칠지도 제작 야철지 기념비 추진위원회(위원장 박병석)는 7월 14일(목) 기념비가 세워진 서산시 지곡면 도성리 마을회관에서 '칠지도 제작 도장刀匠 추모제'를 가졌다. 이날 추모제는 계속되는 장맛비 속에서도 조만호 지곡면장, 김종길 지곡농협 조합장, 유충식 지곡문학 회장 등 지곡면의 각급 단체장과 도성리 주민 등 100여명이 추모제에 참석하여 국가적 유물 사업 추모제에 함께 했다.

'칠지도 제작 야철지 기념비'는 이미 지난해 지역주민들의 오랜 숙원사업이던 가로 1.6m 세로 0.4m 높이 2m 규모로 세워졌으며 기념비에는 칠지도의 모습을 형상화하고 칠지도가 일본으로 전해진 유래와 서산시 지곡면에서 칠지도가 만들어진 배경 등이 새겨져 있다.

9 – 13 ⊙ 오랜 역사민족의 하나라는 동질성에서 무의식적 결합

웅상(신단수 신앙)을 왜(일본)에 전해준 "가야(일본서기) 혹은 신라(고사기) 왕자가 일본 신도의 시초"

일본인의 정신을 지배하는 신도神道가 신라 초기 일본에 건너간 것으로 전해지는 신라 천일창天日槍 왕자에 의해 시작됐다는 주장이 제기됐다. 홍윤기 교수는 '동북아 고대사 공통분모 발굴'을 주제로 열리는 국학원 창립 10주년 기념 국제학술회의에서 '단군신도와 천일창 왕자의 태양신 신앙의 일본 전래연구'를 주제로 한 연구논문을 발표한다.

이 논문에서 홍 교수는 일본 게히신궁의 주신主神은 이사사와케 대신伊奢沙別大神으로 신라 천일창 왕자를 가리킨다면서 "천일창 왕자는 일본 왕실이 제사를 모시는 일본 국가 인격신人格神이 된 최초의 한국인 인간신"이라고 주장했다. '일본서기'에 따르면 천일창 왕자는 일본 제 11대 스이닌 천황 때 일본으로 건너갔으며 곰신熊神을 신주神主로 모신 제단인 곰신단과 붉은 옥 등을 스이닌 천황에게 전해줬다. 홍 교수는 천일창 왕자가(31년) 원시 채집 생활을 하던 일본 선주민들에게, 선진 벼농사 문화, 철제 제작 기술과 함께 곰신단을 통해 단군 천신天神 신앙의 문화를 전파했으며, 곰신단은 일본 신도神道의 시초가 됐다고 주장했다.[77)]

또 곰신단은 단군조선 단군 개국시대 웅족熊族의 귀공녀였던 단군 모친 웅녀의 신주단지로 짐작된다면서 "일본 천황의 신맞이迎神 축문에 나오는 '아지메阿知女' 여신은 웅녀신이 아닌가 한다"고 추정했다. '백산사상과 단군과 다이쵸'라는 연구논문을 발표하는 일본 리츠메이칸대의 혼고 마사쓰구 부총장도 "한반도와 가까운 호쿠리쿠에 있는 백산白山은 정상의 화산호수 등 백두산과 매우 닮아 있다"면서 고대 일본의 백산 신앙은 한반도계 도래인들의 신앙에 영향을 받아 성립됐으며 일본의 천손 강림 신화도 단군 신화의 영향을 받은 것으로 보인다고 추정했다. 몽골국립대학의 바야샤흐 잠스란 국제교류학장은 '몽골인과 유라시아 민족 간의 역사적 연대성'이란 연구논문에서 몽골의 게세르 신화와 단군 신화를 비교했다. 잠스란 학장은 게세르와 단군 모두 하늘로부터 지상으로 내려와 사람들을 도우려 했고, 지상의 인간과 결혼해 자손을 번창시키는 등 공통점을 찾아볼 수 있다고 지적했다.

임재해 안동대 교수는 '단군조선 건국 본풀이와 게세르 신화 비교로 본 한·몽 고대사의 접점 인식'이란 연구논문에서 "단군조선과 몽골은 지리적 영역과 시조의 혈연은 물론 언어와 생업, 문화가 어느 정도 동질성을 지녔으나 역사가 진전될수록 서로 이질화됐다"고 분석했다.[78)]

9 – 14 ☢ 입시공부로 인해 성장통에 도움될 진지한 책들을 이제야 보다.

토론과 논의로 주야로 닦은 실력으로 조선의 왕들을 이끈 충성스러운 학파들: 퇴계 〈성학십도〉와 문성공 율곡 이이의 〈성학집요〉

어린 선조 왕께서 주야로 공부하시는 것을 힘들어 하시니, 성군이 되는 공부를 시청각적으로 10폭 병풍으로 바친 퇴계 이황. 고향으로 낙향하며 젊은 율곡에게 이어줄 것을 부탁하여 성군을 만들게 한 〈성학집요〉 – 율곡은 도덕 마음공부의 연마와 정치가로서의 리더쉽 공부까지 담아낸 한국의 마음 거울『명심보감』– 최근 한국사회에 돌연변이처럼 나타나는 잔인한 아이들을 길러낸 부모와 매스컴과 사회, 그 모두의 인성교육에 도움될 것이다.

"둘째 아이가 초등 6학년이 되자 괜히 제가 마음이 급해집니다. 책과 친하지 않은 아이라서 내년에 중학생이 되는데도 아직 바탕 지식도 부족하고 자기가 좋아하는 책만 읽으려고 하는 책 편식이 심하구요. 다양한 책을 두루 읽으면서 아이의 식견도 넓히고 싶은데 어떻게 하면 아이가 거부감 없이 책을 받아들일까 고민하던 중 그동안 아이가 잘 봤던 책들을 떠올려 봤습니다. 아이가 제일 좋아하는 책은 뭐니뭐니 해도 Why? 시리즈 책인데요. 그동안 여러 Why? 시리즈 책을 접했는데 이제는 아이가 조금 어렵다고 느낄 수 있는 인문고전에 도전해 보면 어떨까 하는 생각이 들어서 아이에게 예림당에서 나온 Why? 성학십도 성학집요 : 이황 이이를 보여줬습니다. 아이는 책을 보더니 성학십도와 성학집요가 무슨 뜻인지 묻네요."

나도 초등학교 시절에 (한국에 TV가 막 나오던 시절이라도) 7남매 장녀(살림 밑천)로 무척 바쁘게 학교와 집을 왕복하며 – 집 심부름과 동생을 업어서 봐주기 등으로 – 살았는데도, 어머니께서 시장에 심부름을 시키시면, 얼른 뛰어가서 시장을 보고는 시간을 아낀 만큼 만화방에서 〈의사 까불이〉랑 〈동명성왕〉 등을 다음편이 나올 때마다 눈치껏 보러 다니며 재미 있어서 역사공부와 위인 흉내내기가 사회화 되었던 것 같다. 하여 애 어른처럼 동생들의 모범으로 살았다. 동생을 업고 책을 보는 나를 보시고 내 부모님이 큰딸이라도 공장이나 돈 벌러 안보내고, 나는 부산에서 서울로 유학까지 올 수 있었을 것이다. … "조선시대의 주자학 성리학 하면 다들 지겨운 사람들끼리 당파싸움이나 조장하여 나라가 임진난 등이 오고, 결국에는 식민지까지로 오게 되었다는 강의를 한 것 같다."로 책임 전가시키기와 무력한 조상님들로 낙인찍은 것의 책임은 누구에게 있을까?

어느 학부형(출판사를 하는)의 글이 인터넷에 있다. – "무엇보다도 〈성학십도〉나 〈성학집요〉의 내용이 많이 어려워서 원문을 보게 했다면, 아이는 아마도 전혀 모르는 외국어 책을 보는 것처럼 봤을텐데, 시청각적인 만화로, 또 우리 아이들과 비슷한 수준으로 보이는 꼼지와 엄지에게 설명하듯 어려운 내용을 쉽고 재미있게 알려주고 있어서, 아이가 쉽게 가까이 다가가고, 고전이라고 하면 예전에나 쓸모 있던 이야기 아니냐고 되물을 수 있지만, 고전을 통해 사람에 대한 깊은 성찰과 이해를 구할 수 있고 이런 책을 통해 생각을 키울 수 있는 시간이 되어서 우리 아이에게는 특별한 〈유익한 만화 독서시간〉이 되었습니다~"[79)]

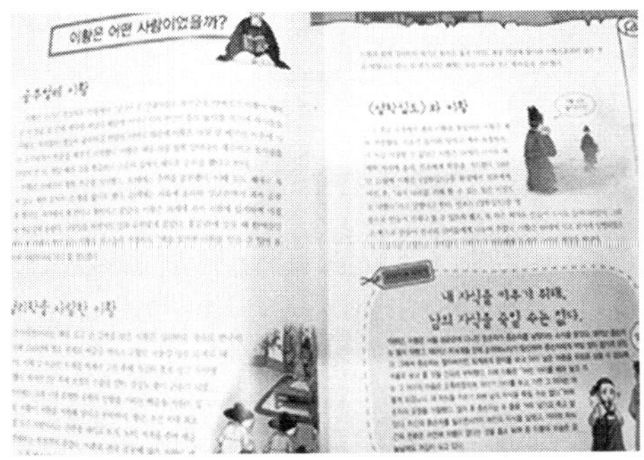

9 – 15. 교육부 세계 최초의 계시록: 환인시절 인간 지혜의 핵심 구심점

천부경(B.C.E. 5000년 경), **성경**(B.C.E. 5세기~B.C.E. 219~199), **코란**(610년 경)

81자로 구성된 천부경, 이 경전은 상경, 중경, 하경으로 크게 분류할 수 있다. 현생 인류 최초의 나라 환국시대부터 구전되어 내려오다 6천 여 년 전 환국 말기 거발한 환웅 천황께서 신지 혁덕에게 명하여 녹도문으로 천부경을 기록하게 하여 지구촌 인류가 그 큰 은덕을 입은 지 오래이다.

거발한 환웅 천황은 평소 땅의 무리들에 관심이 많은 터라 아버지 제 7대 지위리 환인의 도움으로 천부삼인을 받아 가지고 세상을 구제할 뜻을 품고 뜻을 펼치게 되어 개천하였다. 제세 핵랑군(전문가 집단) 3천 무리를 이끌고 환국의 수도 천산산맥 동쪽 땅에서 동방의 신성한 태양의 신시도시 밝달 신단수 백두산 천지못 아래 하늘의 주인 삼신상제님께서 정해주신 천평에서 하늘 광명을 고스란히 받은 완전한 전인의 환족들과 땅 광명을 고이 담은 어여쁜 심성을 지닌 웅족이 하나로 융합하게 하여 한민족을 탄생시켰으니 곧 배달겨레이고, 그 중심에 '천부경'과 '홍익인간 재세이화'라는 융합을 도모하고 핵심적인 구심점이 되는 정신체가 있었다.

기독교 율법서가 B.C.E. 5세기 이스라엘 사람들이 바빌론 포로생활에서 풀려나 돌아오던 때에 에즈라의 주도 아래 경전이 만들어졌다. 예언서가 경전이 된 것은 일반적으로는 시몬이 대제사장 직에 있던 때(B.C.E. 219~199)라고 본다. 성문서에 속하는 책들이 마지막으로 경전이 되기는 했지만 〈시편〉과 같은 책은 일찍부터 예언서와 함께 권위를 인정받았다. 90년 얌니아(Jamnia) 회의에서 히브리어 성서의 범위가 확정되었는데, 그동안 경전성 논란을 불러일으킨 〈에제키엘〉·〈잠언〉·〈아가〉·〈전도서〉·〈에스델〉 등이 이때 함께 경전이 되었다. 〈코란〉의 대부분의 판에는, 각 장의 제목과 함께 마다니야('메디나의')·메키야('메카의')라는 말이 있는데, 그것은 그 장이 마호메트에게 계시된 때가 메디나에서의 선교기간이었는지, 혹은 메카에서의 선교기간이었는지를 보여주는 것이다. 『코란』에 의하면 무함마드는 문맹자이다. 그는 글을 쓰거나 읽지를 못했다. 그런데도 무함마드는 알라의 계시에 의해 이를 외웠으며 그 추종자들이 『코란』을 기록했다. 기원 570년 경에 메카에서 태어난 마호메트는 610년경에 신의 계시를 받고, 유일신인 알라의 가르침을 아라비아 백성들에게 전해야. (예수와 나는 Jesus.com구약성서의 경전, 다음)

9 – 16 ☗ 조선 태조는 남산을 '목멱대왕'으로 – 목면신사(국사당) 복원 토록!

〈세종실록 지리지〉에서는 목멱신사가 도성의 남산 꼭대기에 있고 소사로 제사를 지냈다고 적었다. 목멱신사는 나라에서 제사를 지내는 사당이라 하여 '국사당'이라고도 했다. 그런데 남산의 국사당 건물은 일제시기에 조선 신궁이 강점하면서 헐려서 한 무속인이 인왕산 한 길옆으로 모셔 갔다. 청구도의 오부전도를 모면 남산의 제사처인 목멱단(옛식물원자리)도 표기했고 남산의 군사 경관으로 다섯 개의 봉수대 모습도 그려놓았다.

목멱산은 현재의 남산을 일컫고, 목멱신사木覓神祠에 대한 별칭은 흔히 국사당國師堂이라고 하였다. 목멱신사에 관한 기록은 『조선왕조실록』과 『동국여지승람東國輿地勝覽』·『오주연문장전산고五洲衍文長箋散稿』 등에 두루 보인다.

목멱산신을 모시게 된 내력은『태조실록』4년 조를 보면 알 수 있다. 태조가 이조에 명하여 남산을 봉하여 목멱대왕으로 삼은 뒤 경대부와 사서는 제사하지 못하게 하였다는 것이다. 또한,『동국여지승람』에 의하면 목멱신사는 목멱산 마루에 있어서 봄과 가을로 초제(醮祭)를 행하였다고 전한다.

『오주연문장전산고』에는 "경성 목멱산 잠두봉 국사당 음사京城 木覓山 蠶頭峰 國師堂 淫祀"라고 해서 비판한 바 있고, 목멱산신에게 제사를 베풀 때는 전사청典祀廳을 국사당이라고 했다는 것이다. 그곳에는 고려 공민왕, 본조 승 무학本朝 僧 無學, 고려 승 나옹懶翁, 서역 승 지공指空 등의 영상 및 기타 제신상을 걸어놓았다. 또 맹자상盲者像과 소녀상이 있는데 소녀상은 두신痘神이라 하여 신전에 지분 등을 베풀어 지나치게 설혹(褻惑 – *너저분)하였고, 기도 또한 성대히 베풀어 나라에서도 금하지 못하였다고 기록되어 있다. 목멱신사에서 배향되는 신격은 모두 무속에서 섬기는 신들이므로 무속신앙의 형태를 확인하게 된다.

목멱신사는 한마디로 나라에서 행하는 굿을 베풀던 사당이고, 산천제의 기능을 하던 곳이라 하겠다.『선조실록』에 의하면 나라에 대사가 있으면 반드시 산천에 제를 지냈다고 하였으니 목멱신사도 그러한 제를 지냈던 곳이다. 목멱신사에 주로 빌었던 내용은 나라를 지키고 복을 비는 수호기복, 왕가나 왕손의 병을 구원하자는 구병 등이 대부분이다. 고대로부터 지속되어온 산악신앙을 확인할 수 있는 증거이고, 그것이 조선시대에 이르러 신당의 형태로 드러난 것이 목멱신사이다. 이 신사는 1925년까지 본래 남산 팔각정이 있는 자리에 있었는데, 일제강점기 때 일본인들이 남산에 신궁神宮을 지으면서 목멱신사가 그들의 신궁보다 높이 있다고 하여 지금의 인왕산 국사당 자리로 옮기도록 강요했다. 때문에 남산의 당을 헐고 사당의 일부를 인왕산 서쪽으로 옮겨 조립해서 그 형태나 구조가 원형과 비슷하게 남게 되었다. 목멱신사가 훼철되고 사당의 일부가 이전된 후 인왕산 국사당이란 명칭으로 1973년 중요민속자료 제 28호로 지정되었고, 이곳의 무신도 28점은 이보다 앞서 1970년에 중요민속자료 17호로 지정된 바 있다.

서울의 민간신앙 (이재곤, 백산출판사, 1996) / 한국무교의 역사와 구조 (유동식, 연세대학교출판부, 1978)
「국사당」(장주근 ,『무형문화재조사보고서』16호, 문화재관리국 ,1965) / 「朝鮮巫俗考」(李能和 ,『啓明』19,1927)

9 – 17. 백성이 해적들에게 잡혀 외국에 노예로 팔려가는 것을 외면할 수 없었던 장보고 장군의 실사구국

청해진, 장도, 무역 1000년만에 태풍으로 목책이 드러나 삶도 유적도 복원되다.

장보고의 귀국 이유 : 당나라 군인으로 있다가, 어느 연유로 신라로 돌아온 뒤 신라 42대 흥덕왕에게 "중국이 우리나라 사람들을 자꾸 잡아가 노비로 삼으니 저에게 군사 1만을 주시면 제가 중국 해적들을 막겠다"라고 했고 흥덕왕은 즉석에서 이를 허락하고 대사大使라는 특별한 직함까지 내려주었다. 이에 장보고는 한반도 서남부 앞바다, 지금의 완도의 장좌리, 죽청리, 대야리, 그리고 부속 섬 장도에 청해진을 건설, 이를 기점으로 상권을 장악했다.

"옛 사람이 말하길 의로움을 보고도 움직이지 않으면 용기가 없는 것이라 했습니다. 난 비록 평범하고 미천하지만 당신의 명을 따르겠습니다."古人有言 見義不爲 無勇. 吾雖庸劣 唯命是從. 신무왕의 부탁을 받은 해상왕의 답변. 이후 장보고는 조정에 강한 영향을 휘두른다.

9 – 18. 교육부 · 학술진흥재단 한국주최 한국전통종교에 관한 폄훼에 대한 논문 발표

세계 종교학회에서 한국 주최측이 세계학자들에게 기독교의 한국 전통종교에 대한 파괴는 아예 생략해 버리라는 주문을 한 비학문적 태도에 접했을 때?

양심적인 학자들께! 이제 내 자신과 내 조국에 진실하고 헌신하여 존경을 받자! 종교학계에 가서도 나는 그런 비학문적 일을 하리라고는 생각지도 못했기에 몇 마디 해야 했다. (나는 다시 또 이런 일이 일어날까 우려해 밝히겠다. 유네스코 아태 유형문화유산 위원회가 주최했다.) 홍익인간 한국 교육정치 이념을 배제한 한국교육학 대가의 논문,

서양 기독교 중심의 종교관에 세뇌를 당해, (정확히 말해 기독교대학 근무와 이번 대회 주최자의 언질) 기독교가 해악을 미친 부분은 빼어 논문들이 절름발이가 된 한국무교에 미친 외래종교에 대한 논문을 발표한 한국 무교학회 회장을 맡고 있는 교수도 그런 언질에 해당하는 논문을 썼다가, 나는 토론자로서 "기독교 – 조상은 마귀이다 제사 지내지 말라 등과, 이명박 기독교 대통령의 한국민족 무형유산 말살 횡포 등등에 대한 부분 등이 눈감고 아옹 식으로 의도적으로 생략되었다"고 그런 논문 등에 일갈했다.

즉 한국 전통신앙 박해는 기독교가 제일 심한데, 기독교가 미친 한국 전통신앙 박해는 외국학자 및 한국학자들 모두가 왜들 안썼는가? 하는 나의 토론 지적에(사실 그것은 주최측의 주문이었다만) 교수는 비로소 양심의 논리로 사실 인정하는 반성을 공개적으로 했다. 즉 주최자의 지시에 따른 한국교수들의 기독교의 민족 무형유산 말살에 대해 생략하고 피해가는 비양심과 비학문적 태도에 대해 보완이 필요하다며 양심을 언급했다. – 반성을 공개적으로 받아냈으니 기쁘지 아니한가!라고 스스로 위로할 일이 아니었다. 하도 기가 차서 회의장을 들어가서 그 사람들 얼굴을 다시 보기가 싫었다. 답답함과 한숨 깜깜함과 분노와 한심함에, 같은 마음을 가진 몇 분들이 바깥에 나와 한숨들 쉬다가 진도 한 바퀴를 돌자고 제안하여 나갔다. 고려때 몽골침략에 맥을 놓고 이 나라를 내어 놓은 세력들에 대항하여 투쟁한 삼별초의 대장 배중손 장군의 사당을 찾아 간단한 의례를 하며 마음을 기디듬고 진도산 울금 막걸리를 음복하며, 한 회포로 마음을 일시나마 풀려했어도 – 이 옹벽 같은 저 세뇌와, 민족 무형유산의 보호에 월급 외에는 관심도 애정도 없는 기독교 장로가 대표로 무형유산일을 맡아, 월급은 혈세로 받고는 저 횡포와 뻔뻔함! 연관되는 어느 학회에서 종교 항목에 무교를 넣지 않는 관례들, 해방후 이승만과 미군정 하에서 기독교의 종교 독차지의 들러리에 필요한 아부 잘 하는 몇 외래 종교인들. 한국인의 정체성은 내몰라라 하는 물욕적 지배 탐욕! 기독교가 득세하는 문광부 종무과를 비롯한 한국의 도처에 이 문제들은 어떻게 풀어가나?

▶ 일본 제국주의적 학풍에 학문과 신앙의 맥도 못 챙기는 일본인 교수의 비학문적인 일본의 국가주의 논문 (한국 신교에 기원한 일본 신도 부분 연구들에 대한 언급을 끝까지 피해가려는)진도! 삶 속에 판소리 무가가 녹아나는 낙조 속의 그 아름다움도 이 상처를 잠시 달랠 뿐이다. 종교학도 기독교에 노예 식민사관 (기독교인들의 학교에서 생업한다고 지속?) 정치지도자는 자기종교 카톨릭에 예속! 표밭 의식. 바르게 처신하지 않아 나라 정체성 상실케!

학자도 자기 소속 학교 개신교에 예속! 바르게 처신하지 않아 나라신앙 정체성 상실케 하고, 한국 전통종교 무교인은 범법자 취급, 단군 신앙 민족종교도 미신화!

로 자신과 동시대인과 후손에 큰 죄를 짓고 있다. 생업 이유가 모든 것의 면죄부가 되지는 않는다.

9 – 19. 고구려 백제를 세우신 건국주 국모 "소서노 어라하"의 수명 장수를 비는 노래의 후렴

성주풀이에서, 어라하 만수를 어라 만수 에라 만수 대신이여! 할 때 '에라 만수'로 부르는 것은 가사 와전으로 잘못이니 민요 판소리계 및 무가 쪽에선 다들 고쳐야 한다. '어라하'는 백제어로 여왕을 뜻하는 말이다. 남자왕은 '어룩하'라 하였다. 어라하로 불린 백제여왕은 건국주 소서노 어라하뿐이다.

9 – 20. 정인지의 주역 풍수 사랑 80)

당시 전품田品을 심사하여 등급을 정하는 것은 부국富國의 요체이나 민원이 상존해 "누구도 이 일을 맡으려 하지 않으려 하니, 公은 대제학의 신분으로 "모름지기 학문이 있어 현실에 적용되지 않는다면 그 학문을 배워 무엇에 쓰려는 것이냐" 하며 실사구시實事求是를 몸소 실천하신 분이다. ..."학자는 송죽과 같아 선비로서 현실정치를 경원敬遠하여야 하지만, 정치가政治家는 노송老松과 같아 길손에게 비바람을 피하고 쉬어 갈 거처를 만들어야 한다." 는 가르침에서 公의 철학과 위대한 정치사상을 엿볼 수 있다. 그러나 세계와 특히 남북 미국, 중국, 러시아, 일본, 영국 등등의 사이에서, 한국의 역동적으로 다변화하는 급박한 현실은, 선비라도 여기저기서의 정보틀을 통한 앎을, 구국적으로 바르게 나서서 실천해야 하는 – 실사구국의 역사문화 정치경제를 보아야 하는 상황이다.

9 – 21. 미처 몰랐던 일상의 곶감 컨텐츠 – 나중에 드라마로도 나올 법해서 싣는다. 한국 한식 한류 드라마 〈대장금〉처럼

2010년 곶감의 고장 상주의 상징적인 고목 감나무를 경북도와 상주시가 국립산림과학원에 의뢰해서 조사를 해봤더니 우리나라에서 가장 오래된 접을 붙여 자란 나무였다고 한다. 소유주는 '쪼매난 농원' 김영주씨(77). 다른 농가처럼 3대째 곶감을 만들고 있다. 특히 하늘감나무 곶감은 특별한 대접을 받는다. 많을 때는 5천개도 달렸다. 지난해 10월 21일 2천 450개를 수확했다. 50일 말려 얻은 곶감은 전량 서울의 주요 백화점 등에 납품됐다. 30개들이 곶감을 27만원에 팔기도 했다. 외남면은 속리산이 서쪽에서 불어오는 습한 바람을 막아주면서 건조하고 찬바람이 많이 불게 만든다. 당연히 일교차가 커 맛있는 곶감이 만들어진다. 이 마을이 개벽하기 시작한 건 8년 전 마을형 곶감축제가 열리면서부터. 2015년에는 전국 첫 곶감테마공원까지 개장된다. 거기 가면 유달리 호랑이 모형이 많다. 일제강점기 마해송 등 여러 작가가 우는 아이의 울음을 뚝 그치게 만든 '곶감과 호랑이' 동화를 새롭게 스토리텔링했다. 상상력을 동원해 하늘감나무를 동화와 연결시켰다.

소은리에는 지금 40호가 옹기종기 모여산다. 초입의 곶감농원 등 10여 호가 집중적으로 곶감을 내다 판다. 한창 때는 45호가 곶감을 생산했다. 그러나 너무나 깊게 고령화되는 농가들. 묵히는 감나무가 적잖다. 곶감을 만들기 버거우면 땡감을 공판장에 20㎏(2만원선) 단위로 팔면 된다. 마을 초입에 자리잡은 곶감농원의 서상원 · 정혜원 부부를 만났다. 홈쇼핑, 할인마트 등이 등장하기 전 부부는 아침 일찍 트럭을 몰고 무작정 서울 도심 곳곳을 돌아다니면서 곶감을 팔았다. 물론 상주시 중앙시장 옆에 형성된 '곶감도가(都家)'에 가서 난전형태로 팔기도 했다.

9 – 22. 농림축산부가 위기를 기회로 만들어 내는 한국인의 저력과 성실, 헌신, 하나로 국민성

1990년대 중반 우루과이라운드(UR)로 농산물시장이 개방되고 지방자치제가 시작되면서, 새로운 소득 작목으로 부상, 산업화의 길을 걷게 , 광우병 등 미리 예방

곶감 유통은 오랫동안 상주 남문시장 곶감 도가에서 전담했다. 12곳 도가에 소속된 200여 명 안팎의 상인들이 곶감을 사고팔았다. 그랬던 곶감이 1990년대 중반 우루과이라운드(UR)로 농산물시장이 개방되고 지방자치제가 시작되면서 새로운 소득작목으로 부상, 산업화의 길을 걷게 됐다. 처마 밑에 주렁주렁 달려 가을풍경을 대표했던 곶감은 번듯한 첨단 건조장으로 옮겨졌다. 등시 생산농가와 곶감생산 농가가 각각 나눠진다. 연간 몇 백 동의 곶감을 생산하는 기업형 곶감 농가가 하나둘 나타나기 시작했다. 곶감 유통은 점차 '곶감 공판시대'로 건너간다. 1997년 상주 농협공판장에서 시작돼 지금은 상주원협과 남문시장, 유통센터 등으로 확산됐다. 상주 농협공판장만 해도 곶감철이면 하루 평균 5억원 안팎의 곶감이 거래됐다. … 고종시는 조선의 왕인 고종이 좋아한 감이라 한다. 고동시는 고동처럼 길쭉하여, 수시는 물이 많아 붙은 이름이다. 예천은 '은풍준시'로도 유명하다. 고동시와 달리 네 잎 클로버처럼 생긴 수종시를 손으로 직접 깎아 곶감을 만든다. 다른 곳은 모두 씨가 있는 곶감을 생산하는데 전북 진안군 정천면 학동과 마조마을은 씨 없는 곶감단지로 정평이 났다. 그럼 제주도에도 감나무가 있을까. 모두 감귤만 알고 있는데 감도 있다. 제주감은 제주의 옷으로 불리는 갈옷 염색재로 사용된다.[81]
상주가 중시하는 옛 조리책이 하나 있다. 바로 '시의전서是議全書'이다. 심환진이 상주군수로 부임한 1919년쯤 그곳의 반가에 소장되어 있던 조리책 하나를 빌려서 대구 인쇄합자회사에서 인쇄한 상주 군청의 편면괘지片面罫紙에 모필로 적어 놓은 것이다. 이 책은 며느리 홍정에게 전해진다. 이후 1970년대에 홍정의 조카인 탐구당 출판사 홍성우 대표를 통해 한양대학교 이성우 교수에게 전달되어 세상에 알려진다. 1981년에는 같은 대학의 이효지 교수가 '시의전서의 정리학적 고찰'에 관한 논문을 발표하였다. 시의전서는 상 · 하 2편 1책이며 상권에 226가지, 하권에 196가지로 총 422가지의 음식이 기록되어 있다. 시의전서가 우리에게 주는 중요성은 뭔가. 비빔밥의 옛 한자가 '골동반汨董飯', 한글 고어인 '부떡밥'이 최초로 등장하는 문헌이기 때문이다. '부떡밥'(비빔밥) 만드는 방법도 쓰여 있다. 밥을 정히 짓고, 고기는 재워 볶아 넣고, 간납(간과 천엽)을 부쳐 썰어 넣고, 각색 나무새(채소)도 볶아 넣고, 좋은 다시마로 튀각을 튀겨 부숴 놓는다. 고춧가루, 깨소금, 기름을 많이 넣어 비벼서 그릇에 담는다. 위에는 잡탕거리처럼 계란을 부쳐서 골패짝만큼 썰어 얹고, 완자는 고기를 다져 잘 재워 구슬만큼씩 비비어 밀가루 약간 묻혀 계란을 씌워 부쳐 얹는다. 비빔밥 상에 장국은 잡탕국으로 해서 쓴다. 음식연구가 노명희씨가 이끄는 〈사〉『시의전서』 전통음식 연구회는 2012 · 2013년 마을기업상을 받았다. 재차 전통음식 명품화 사업 일환으로 만든 시의전서 음식체험관인 '백강정'을 운영하고 있다. 예약해야 먹을 수 있다. 토박이가 좋아하는 탕이 있다. 함창읍 지하도 초입에 있는 '굴다리식당'이다. 곱창 등 네 가지 내장으로 만든 탕인데 점심 때는 앉을 자리가 없을 정도로 붐빈다. 소곡동 농가맛집 '두락'에 가면 뽕잎비빔밥, 임봉동 '산버섯식당'은 자연산 버섯 전문점, 안봉동 '들밥상'은 도림사 승려가 운영한다.

9 – 23. 서울 용산구청 오리온공장 앞 전자상가로 올라가는 고가 입구 안내석 3~4개 돌, 양쪽 페인트 칠을 좀 하고 남영역 큰가방용 엘리베이트 설치!

|공무원 학자 국민 나부터 만년한국사랑 기강 바로 차배옥덕|
2019.03.23. 23:55 http://cafe.daum.net/AcademyofKorCulture/Rvy7/49
(차는 아버지 성이고 배는 어머니 성입니다.)

1. ① 용산구청 문화과에 고가도로에 '일제 잔재인 욱천교 표지'가 남은 것을 지우시라고 설명했더니 어떻게 안보이게는 하셨던데,

② 하는 김에 기기디 붙이 있는 돌판들 몇 개 아닌네 유독 그 곳만 페인트칠이 다 벗겨져 근처 새 아파트들하고 비교가 되네요.

③ 오래되어 낡아 보기 싫던데 페인트칠도 좀 하시길 – 전자상가로 올라가는 고가 길인데. 마침 그 곳 가까운 곳에서 용산구청이 페인트공사도 하는 것 같으니 하는 김에 좀 하시길!

④ 남영역 앞의 지하철교 지하도에 미세먼지가 많이 쌓여 있으니 그것도 물청소를 한 번 하시길 (어디가 담당인지는 모르겠으나 연결 좀 하시길) 같은 지하도인데 역 건너 지하도는 청소를 안함 – 한 지하도에서 왼쪽은 하고 오른쪽은 안해 오른쪽은 먼지덩이 뭉치가 바람이 불면 토네이도처럼 날아다님.

⑤ 남영역 입구나 어디에도 계단에 승강기가 없어 한국인은 물론 외국인 여행객들 큰 가방을 들고 난감해 어쩔 줄 모르던데 역을 새로 짓는다는 말도 들었지만 빨리 못하면 큰 가방용 좁은 승강기라도 먼저 설치했으면 좋겠습니다.

9 – 24. 강릉시장 오죽헌 정문 기둥 왼쪽 안내지도에 있는 성황당을 그 성황당을 찾아가는 길 안내판 좀 몇 군데 붙여 주시길!(오죽헌에서 걸어서 갈 때)

오죽헌 정문 기둥 왼쪽에. 세계적으로 처음〈어머니의 길〉을 만들었다 자랑하는 지도판에 사모공원으로 가는 길 왼쪽에 백교옆 〈성황당〉도 그려져 있고, 그 지역 사모공원표지석 안에도 터 기부자가 '옛날에 핸다리(백교)와 〈성황당〉앞길을 어머니와 걷던' 장면을 떠 올리며 글을 써 두었다. 그 성황당을 찾아 나섰는데, 표지판이나 안내판이 전혀 없어, 찾다가 당일 저녁때 못 찾아, 바로 옆 한옥촌은 올림픽 조직위원들이 머물러 안 된다고 하여 주문진에 가서 하루 묵고 다음날인 오늘 종일 본격적으로 찾아 나섰다.

그려진 성황당은 찾고 보니 어제 긴가민가하던 곳이었다.

그 신성라인 50m미터 지점에는 권력과 이해당사자가 있는 강릉김씨 한옥(100년 정도 된)은 두 채가 따로따로 문화재로 지정되어 있었고. … 올해 한국의 무형문화강조 지역이 강원도라고 강원 농악전수관은 홍보하고 있었다.

이리저리 주목받는 그 중심이 강릉일진대,

오죽헌 공원 관내라 할 만한 성황당만 정책적으로 푸대접하는 이유가 무엇일까?

_ 무형문화의 중심은 신앙문화이다. 어찌 농악과 공예뿐이랴.

_ 유사 이전 후부터 특히 구석기가 있는 풍족한 삶의 환경이 천혜로 주어졌다고 자랑하는 강원도, 또 하늘이 내린 땅이라 운운하는 강원도 강릉 정도이면, 하늘과 하느님 믿는 한국인의 정신세계에 가장 중추가 되고 따라 한류문화의 원 뿌리 문화를 놓쳐서는 안 된다.

_ 한국에 들어온지 얼마 안된 외래 특히 서양 것들이 역사공원을 운운하며 영토와 정신계를 잠식하여 우리 것이 배제되거나 파괴되고 있다고 그곳 촌로들도 인식하고 지탄하던데…. 한국문화 정책관들은 왜 이리 마음도 얼도 근시안이고 사시들인지 쉽게 말해 그곳도 사대, 민사관에 젖어 우리 조상들의 것은 미신? 외래 것들은 우리, 나의 DNA에 뿌리두지 않은 것이라 뿌리 없는 그것에 매여 거기에 연연하는 자들은 우선은 편할지 모르나 속은 허깨비놀음만 하다가 가는 것이다.

강릉 박물관과 강릉 민속박물관이 지척에 있는 성황당도 내팽겨쳐 놓는다면 우리것에 대접이 어느 정도인지? 정신들이 어떤 정도인지?

나는 볼 때마다 당할 때마다 기가 막힌다...특히 사임당 아버지와 사임당과 율곡과 그 후학들의 영향이 미치는 오죽헌 동네마저? 어머니가 돌아가시고 금강산으로 들어간 율곡에게 물어보자!

금강산에 가며 한양에 가며 어머니랑 들려 기원하던 성황당을 무시하고 그냥 지나치며 살았던지?

지금도 영험하고 신령스럽다며 논 한 복판에 잘 모시고 있는 동네분들에게 물어보자. 근처에 절이고 교회가 있어도, 그들이 일상 삶속에서 마냥 믿는 것은 정녕 미신인지? 그것이 미신이라면 나는 미신을 아름답고 힘이 있고 진솔하고 청정한 것이라 여긴다.

조직하기를 강요하지도 않고, 믿으라고 강요하지 않고 돈을 달라고 미사여구로 강요하지 않아도 스스로 믿고 삶의 중추가 되는 것 - 그것이야말로 인간의 깊은 심연의 신앙의 참된 원형이라 믿는다.

무형문화 어쩌구 하는 조직도 꽤나 있고 유지하면서 혈세도 쓰는 것을 알고 있다.

그런데 얼빠진 지난 나선화(정유라계) 문화재청은 문화재위원회에서 있던 무형문화재위원회도 없애버렸다. 서양 것들은 한국 것을 미신이라 외쳐댔고, 국민들이 생명을 바쳐 받은 베트남 월급을 착취해서 사욕으로 숨긴 박 정권은 60년대 새마을사업 한다고 우리 성황당들 미친 사람 널뛰듯 거의 파괴했다. 이제 새마을 사업은 물질 만능과 기독교 숭상의 사대풍에서 벗어나 정신문화 개벽시대 새로운 국면의 새마을터 기반으로 개벽시대 홍익 새정신 우주하늘 공경시대의 정신문화를 찾는 사업 아닌 운동으로 접어들어야 다같이 살아난다. 새마을운동을 본받으려는 외국들이 있다 하였다. 우리가 해 보니 자국의 얼을 지키는 운동을 하면서 병행하는 새정신 새마을사업이 더 필요하다는 것, 이 점을 강조한 새마을 교육 수출로 나중에 욕먹지 않게 가르쳐줘야 할 것이다.

- 학계나 문화정치계서 기득권을 가진 자들은 무형문화학회라는 조직을 만들었다고 떠들었다. 오랜 기간 기득권을 쥔 그들이 학계에서 문화재계에서 움직이

면서도 이거 하나도 제대로 바로 못잡고 부끄러운 줄 모르며 기득권에 희희낙낙 하고 있어 화도 나고 무엇을 더 기대할까 싶어 안간다.그들이 진정 해야 할 일은 하지 않고 무엇이 무서워서인지? 변죽도 못 건드리고 말 잔치나 하고들 있어 화가 나서 안 간다는 것이다. 그들의 종교는 그들이 소속한 대학의 종교들이고 거기에 충성하고 개신교계 유네스코 무형문화 위원회에 아부하느라 논문까지 제대로 못 쓰는 작태가 한심하고 비루한 짓들을 하고 있어 솔직히 구역질이 나 못가는 것이다.

– 집에 들어가면 1박 2일 비워서 집일이 기다리고 있을 것이라, 집 입구의 큰 길에 서서 몇 자를 적으니, 강릉 민속박물관 직원들도 애정을 가지면 보일 것이니 제대로 하실 것. 오죽헌의 정문 기둥에 그려진 성황당 바로 100미터 지점인데 안내판 하나 없어 이틀간 수소문하며 찾았다. 관련 당사자들은 근처 꼼꼼히 답사하셔서(근처 성황당 한 곳은 남겨 두었다) 해당 장소 앞에 표지판을 세우고, 나 외에도 오래된 성황당 찾아 주변마을에 물어 보는 이들이 많았으니 그냥 돌아갔다 하니 길안내 표지판도 붙이길 바라고, 장차는 적어도 올해 무형문화 도시 강원도부터라도 잘 찾아서 하길 기대해 본다. (다음은 다른 지역들도 하나씩 도보로 찾아가 볼 것이다.) 문화 관련 각 관청들도 마찬가지이다. 무형문화 특히 정신 신앙문화는 한국인에게는 너무나 오랜 역사에 공기같이 여겨 박대하고 배척하고 배제하려 하지만 보이지 않는 신선한 정신과 물질 국민성 등등 융합산업이고 의식 무의식적 지주이다. 공기도 사서 마신다. 우리 정신의 뿌리를 외국 것들이 시키는 대로 무시해선 안된다. 관련해서도 성황당은 강릉 민속박물관 직선거리 100미터 지점에만도 두 군데 있다. 우선 이 두 곳이라도 사임당과 어린 율곡이 한양에 가는 길목에 있던 성황당.. 만이라도. 관에서도 지켜보자. 더 뼈아픈 질타는. 두어 달 후 다시 돌아보고 다시 언급하겠다. 최근의 절과 교회 천주교회 안내 간판들은 난무한데_누구 하나 권력 있는자 들이나 기득권층에서 이 문화는 보호하자고 나서는 사람이 없어서? 이제 잃어버린 정신들, 얼도 좀 찾아서 일을 좀 제대로들 찾아 하자!

– 나는 노래하라고 하면 부르는 노래가 "연분홍 치마가 봄 바람에"이다. 나뿐 아니라 온 국민의 깊은 정서속에 뿌리 내린 성황당들."연분홍 치마가 봄 바람에…. 성황당 길"은 왜 이리 찾기 힘들꼬? 필요해서 연락주면 내가 찾은 것들

알려줄 것이다. 나는 월급 받고 일 하는 사람이 아니니 나의 지적 일당들?은 줘야 한다. 그게 존심 상하고 싫으면 직접들 제대로 하시길! 당부드린다"춘천 중도에도 성황당 당산나무가 있어 한 해에 몇 번 제 올렸었다."최근까지 살았던 분들이 증언하였다. 그것도 찾아주길 부탁한다. [82)]

9 - 25. 상주 한글본을 가진 배 선생님께

배 선생님, 저도 어머니께서 배씨라 차배옥덕이라고 쓰기도 합니다. 돌아가신 어머님과 외가가 도와서 그런지 살면서 배씨들의 도움과 응원을 많이 받았답니다. 좋은 나라 민족 기강을 살리는 일 하라고 강화도 단군할아버지께서 머무시던 마니산 땅 만평을 제가 쓴다면 기증하시겠다는 분도 배씨입니다. 이 사진에 나오는 효자비와 현모문도 저희 시집 허씨네 집안에서 국립민속박물관에 기증하다시피 한 것입니다. 국립 민속박물관이 한국식 건축에서도 약간 벗어나 있고, 있을 자리가 아니라 장차 이사를 간다고 합니다만, 민속박물관에 가면 들어가는 맨 입구 오른쪽에 예쁘게 단장시켜서 전시를 하니 참으로 기분이 좋습니다. 기증을 해놓고 우리집 손녀랑 할아버지가 웃으며 손을 잡고 나누는 이 시간은 아마도 조손이 삶 속에 가장 행복한 시간일 것입니다. 국립박물관장도 배기동 교수님으로 배씨입니다. 아무쪼록 한 자리를 만들 테니 좀 아쉽더라도 훈민정음 보존과 미덕을 세우는 의미에서 양보를 서로 좀 하셔서, 이 기회에 배 선생님도 귀한 소장본을 국가에 국민에 대한민국에 내어 놓으시면 큰 걱정을 덜겠습니다. 연락주시면 상주로 내려가겠습니다. 아무쪼록 여름 우기가 또 오고 지진도 가끔 일어나는데 빠른 시일내에 뵙기를 간절히 당부드립니다. 국립박물관에서는 가장 좋은 자리에 선생님의 최고 귀중품이며 재산이며 얼굴인 상주본 훈민정음이 아니라 〈배익기본 훈민정음〉으로 잘 손질해서 선생님의 이름과 함께 자리잡아 앉히도록 할 것이고, 당연히 사랑하는 작품을 항상 보시고 싶으면 보실 수 있도록 특별회원권도 박물관장님께 또는 원하시면 대통령께라도 당연히 받아드리겠습니다. 고르지 못한 날씨에 건강하시고 빠른 연락 주시길 두 손 모아 앙망하옵니다.

– 차배옥덕 올림

9 – 26. 서울시장 서울동물원에서 사육한 국제 멸종위기종(CITES) 1급 동물 말레이곰 죽다.[83)]

서울동물원에서 폐사한 멸종위기 동물 132마리 중 '늙어서' 죽은 동물은 12마리(9%)뿐이었다. 그 중 자연사로 분류된 동물은 말레이곰(CITES Ⅰ) 암컷 1마리와 검둥이원숭이(CITES Ⅱ) 수컷 1마리가 전부였다. 나머지 91%에 달하는 동물은 '투쟁으로 인한 외상', '야생동물에 의한 피식', '세균감염', '뇌출혈' 등 부상과 질병 때문에 죽은 것으로 나타났다.

국제적으로 보호받는 희귀 동물들이 질병과 부상으로 폐사하는 일이 빈번한 것에 대해 서울동물원 측은 낡은 시설과 인력 · 예산 부족을 이유로 꼽고 있다. 동물원 관계자는 "대부분 동물 우리가 30여년 전에 지어진 것이어서 생태환경 조성에 어려움이 있다"며 "시설 개선 문제는 예산과 밀접한 문제라 어쩔 수 없는 측면이 있다"고 말했다. 동물원 규모에 비해 수의사 수가 지나치게 적다는 지적도 있다. 올해 5월 기준 서울동물원이 사육하는 동물은 총 3063마리인데 수의사는 모두 12명이다. 이 중에서 행정 · 관리직 수의사를 빼면 진료 · 병리 · 방역 업무를 담당하는 수의사는 6명뿐이다. 수의사 1명이 동물 510마리씩 맡아 진료 · 관리하는 셈이다. 동물보호 전문단체 '동물을 위한 행동'의 전채은 대표는 "동물 질환은 예방이 중요한데 서울동물원은 수의사 수가 턱없이 부족해 징후를 살피거나 제대로 진료하기가 어렵다"고 말했다. 실제로 지난해 서울동물원의 동물 폐사율은 5.4%이지만 민간 기업이 운영하는 대형 동물원은 폐사율이 1% 정도였다. 국제 멸종위기종 동물이 아니더라도 서울동물원에서 폐사하는 동물이 민간 동물원보다 5배 정도 많다는 것이다. 서울동물원 병리 · 방역팀 이현호 팀장은 **"인력이 적다 보니 예방차원에서 동물들의 폐사를 미리 대처하기는 어려운 게 사실"이라고 말했다.**

9 – 27. 실사구국 한국 역사문화학

씨줄은 주체적으로 역사적 식민성을 벗어 자주성 확립 수익구조성 건지기

날줄은 인생을 길게 보고 인성적 의인예지신 확립

선순환 바탕 깔기

권근의 (권학사목)은 조선 초기 유학제조儒學提調를 겸하고 있던 대제학 권근權近이 태종에게 건의한 과거제 개선 및 학술진흥책이다. 1407년(태종 7) 8개 조항으로 작성하였으며, 권근의 『양촌집陽村集』 상서류上書類에 '문과文科를 논하는 서書'라는 제목으로 수록되어 있다. 그 내용은,

① 문과 초장初場에서 실시하는 강론講論은 공부하는 자가 자칫 외는 데만 힘써 의리義理의 오묘한 뜻과 문장의 법에 대하여는 소홀하기 쉬우므로 이를 의의(疑義:필답)로 대체할 것,

② 중장中場의 고부古賦는 초학初學의 선비에게는 무리이고 실용에 도움이 되지 않으므로 이를 논論 표表 판判의 시험으로 대체할 것,

③ 한문과 이문吏文은 사대事大에 중요하므로 이를 정과正科로 삼을 것,

④ 예문관의 직관直館 이상은 조선 사람의 시문 찬집에 힘써, 이를 전서全書로 만들 것,

⑤ 관각館閣의 관원과 한량문신閑良文臣으로 장래가 촉망되는 자는 매일 예문관에 모여 서로 강마講磨하게 하고 학문과 글을 짓는 정도에 따라 임용과 천거에 반영할 것,

⑥ 유학제조는 매월 한 차례씩 3관館 관원들의 경서읽기 등 면학 정도를 점검하여 이를 인사고과에 반영할 것,

⑦ 서울과 지방의 교수관은 생도들에게 반드시 『소학』을 익힌 다음에 다른 경서를 배우도록 할 것,

⑧ 지방의 유관儒官으로서 개인적으로 서재를 두고 후학을 가르치는 자는 함부

로 다른 고을의 교수로 정하지 말 것 등이다.

권학사목에 제시된 건의사항들은, 과거제도 개선과 학사행정에 크게 반영되어, 조선 초기 교육정책에 큰 영향을 끼쳤다. [84)]

◘ 나라의 기강이나, 자기의 기강을 세우는데 필수적인 지침이 되는 준칙을 담은 글들

예禮와 법法灋

▲ 灋 = 물 수氵 + 해태 치廌 + 갈 거去

예자금어장연지전禮者禁於將然之前 이법자금어이연지후而法者禁於已然之後【대학연의大學衍義】

예라는 것은 장차 발생하기 전에 금하는 것이고, 법이라는 것은 이미 발생한 뒤에 금하는 것이다. 예금미연禮禁未然 법시이연灋施已然【사기史記 태사공자서太史公自序】

예금미연지전禮禁未然之前 : 예는 일이 발생하기 전에 막는 것이고

법시이연지후灋施已然之後 : 법은 사건이 발생한 뒤에 적용하는 것이다.

율설대법律設大法 예순인정禮順人情【후한서後漢書 탁무전卓茂傳】

율설대법律設大法 리순인정理順人情【유림외사儒林外史 第六回】

법률은 국가의 큰 법도法度를 설정함이고, 예는 인정에 의해 정해진 것이다.

도덕道德과 법法

– 도道 : 마땅히 지켜야 할 법도法度. 法道

– 덕德 : 마음이 올바르고 인도人道에 합당한 일. 도道를 보충하는 힘.

법法은 예禮로써도 안 될 때 나오는 마지막 통제수단이다.

따라서 법法은 적을수록 좋다.

법치法治 · 법도法度. 法道

이법치국以法治國 거조이이의擧措而已矣【노자老子 17】

법치法治란 법률의 허용하는 것만 행하게 하는 것이다.

일민지궤막여법一民之軌莫如法【한비자韓非子 유도有度】

백성의 궤도軌道를 일통一統하는 것으로 법률만한 것이 없다.

법자法者 천하지정식야天下之程式也 만사지의표야萬事之儀表也

【관자管子 명법해明法解】

법은 천하의 방정식이고, 만사의 모범이며 기준이다.

자묵자왈子墨子曰 : 스승子이신 묵자 왈

천하종사자天下從事者 불가이무법의不可以無法儀【묵자墨子 법의法儀】

천하 종사자는 법도가 없을 수 없다.

無法儀而其事能成者 無有也 : 법 없이 그의 일을 이룰 수 있는 사람은 없다.

雖至士之爲將相者 皆有法 : 비록 선비로서 장상이 된 사람에게도 모두 법도는 지켜야한다.

雖至百工從事者 亦皆有法 : 비록 백공百工 종사자에게도 또한 모두 법도가 있다.

...피상적인 학문으로써 스승이 되기에는 부족하다. [85]

우리는 어려울 때도 예禮의 맥을 찾아 지키고 이어 온 동방예의지국 예맥禮脈족이다. 추모(주몽)의 첫 부인도 예의 예 禮씨 부인으로 쓴다. - 중국이 폄하한 글자 더러울 예'穢'와 동물 '貊'으로 지금 쓰고 있는 '예맥穢貊'족이 아니다. 디더욱 한국을 동이'東夷 - 동쪽 오랑캐'라고 하는 것은 중국 중심의 중화주의에서 중국 사방 주변을 모두 오랑캐로 보는 비평화적 주변모독적 단어 선택이다. 앞으로는 한국인도 주체적으로 우리 스스로를 원래대로 '예맥禮脈족으로' 써야 할 것이다. 그래야 우리도 중국을 '땟놈'으로 쓰지 않을 것이 일본이 쓴 '조센징'을 우리 스스로 '조선인'으로 쓰고, 또 일본인을 '왜놈'이라 하지 않고 '일본인'이라 하는 것과 같다. 한자는 뜻글자만 아니고 소리도 중요하다. 특히 한국어와 한자와의 상호관계를 잘 아는 한국인의 입장에서. 한국인은 예맥족이다. 그 한자를 찾아 앉힐 때 공자께서 어디에 속하고 싶어도 속하지 못한 어려운 상황에서 주변국으로 보는 동북쪽의 예맥족에게 좋은 뜻을 담아주기에는 눈치가 보였을 것이다. 하여 강하고 힘들고 버거운 예맥에 대해 '예'는 이 '穢'자로 貊자는 흰 백이 들어간 이 동물 貊자로 찾아 썼다. 이에 대해 혹자는 은나라 출신 공자가, 주나라를 돕는데 주나라는 외부 적의 침략으로 수도를 옮기는 등 곤란을 당하기도 하고, 예맥 사람들에 나쁘게 인상 지우므로써, 주나라 및 춘추전국의 왕과 제후들에 아부하는 심리에서, 예맥에 대해 (실은 같은 군자국 종족이기도 하면서) 혐오심을 발동해서 그런 글자를 선택한 것이라는 비판도 있다.

이로 보아 원래부터 예맥濊貊의 글자가 아니었음을 알 수 있다. 동방예의지국, '공자 자신이 가장 살고 싶은 군자국"으로 언급했던 공자께서 의도적인 실수를 하신 것이다. 그들은 동이 사람이고 확실히 자랑하듯 밝혔다. 공자는『예기』하편에서 '소련과 대련은 거상을 잘 하였는데 그 부루 단군 때의 중신인' 춘추전국시대 북쪽의 이족들의 강성함으로 곤욕을 치루었다. (진시황은 이들 때문에 급기야는 만리장성을 쌓아야 했을 정도로).[86] 광개토태왕은 자신의 무덤을 '韓穢'족에게 또는 옛 자기 동족(*맥족)에게 맡기고 섭섭지 않게 잘 대하라고 아들 장수왕에게 유언했다.

공자가 중국 화하족 입장에서 濊貊이라 택해 썼는데 – 실상은 더러운 동물같은 족 예맥穢貉이라는 뜻이다. 한국 족 중에 차옥덕은 다시금 원래 예맥족이 부르던 자기들 주체적인 소리 예자의 한자를 '禮' 자로, '맥' 소리의 한자를 본래대로 이 '脈'자로 찾아 앉힌다. 나라이름에 濊貊보다 오히려 더 합리적인 선택이다. 주체적인 어느 나라가 자기나라 이름에 더러울 예濊나 똥예穢자를 붙이겠는가? 우리민족은 예맥이라 부르고 한자가 꼭 필요하면 스스로는 禮脈으로 썼을 것이다. 더러운 쪽은 오히려 사막과 깨끗하고 맑은 물이 귀한 '중국 땟놈'이다. 한국이 '중국을 땟놈' 또 자기들이 스스로 더러운 땟놈 나라 즉 한자로 穢國으로 써지 않아야 하듯, 중국도 우리를 穢貉 뜻을 가진 濊貊, 혹은 '동쪽 오랑캐'東夷로 써지 않아야 했다. 다른 부족명도 마찬가지로 오랑캐로 쓰지 않는 시각이었으면 중국은 훨씬 빨리 귀한 생명을 덜 죽이고 평화로운 중원과 아시아 문명과 문화를 이루었을 것이다.

사실 이 동물 맥貊은 태초부터 있어 온 역사적인 화석동물로서 물과 뭍을 넘나들어 사자마저도 극복할 정도로 살아남는 끈기있고 강한 생명력과, 적대시하는 사람됨됨이를 훤하게 알아보고 주인을 지키는 명견名犬과 같은 神獸라 상징성은 괜찮다. 중국은 공산주의를 벗어나면서 20세기에도 다시금 우리 한국에 와서 공자의 유교의 제사 의례와 예법을 배워갔으니 참 역설적이다. 공자도 2,000여 년 후를 어떻게 알았겠는가! 공자도 다시금 현실에 눈이 어두워 같은 동족을 외적으로만 여길 수밖에 없는 상황이라 하더라도(여기저기 나라에 안착하고 싶어했으나 모두 수포로 돌아가 노나라로 돌아와야 했고[87] 삶도 불행스러웠다) 예맥을 비하시킨 실수를 한 것을 새삼 후회하실 것이다... 하여 주체적인 사고가 가능한 우리, 아니 나 차옥덕은 '예맥' 字를 '예'는 동방예의지국의 '禮', 맥은 생명의 핵 · 혈맥 · 줄기 "

맥脈" 바로 이 '脈' 자로 되찾아 바르게 살린다. 2,500년이 지난 지금이지만 늦지 않았다. 한국은 이제 3,050그룹에 속하고, 여러 모로 세계적 주목국가이다. 脈이 제대로 뛰면 홍익이 살아나, 한류 맥류가 살아나고 나아가 세계가 모두가 살아난다. 맥이곳(멕시코)을 지키고 고구려와 백제를 지금도 지키는 혈족들이 세계에 퍼져 한국을 기대해 준다. 지도자들도 이에 부응하려 충실히 노력 중이다. 명실상부하게 군자국 동방예의지국, 동방의 등불, 우리는 어려울 때도 〈禮의 脈을 찾아 지키고 이어 온 이 예맥禮脈〉족인 것이다. 나 차옥덕은 이러한 일련의 형태들을 "언어의 정치학"이라 명명하고, 이는 주체적인 입장이나 시각이 뚜렷할 때만 보고·찾고·할 수 있는 "실사구국의 한국역사문화학"의 일례로 든다. 주체적인 확산을 간절히 기대한다.

까마득한 날에 하늘이 처음 열리고 어디 닭 우는 소리 들렸으랴
모든 산맥들이 바다를 연모해 휘달릴 때도 차마 이곳을 범하진 못하였으리라
끊임없는 광음(光陰)을 부지런한 계절이 피어선 지고 큰 강물이 비로소 길을 열었다
지금 눈 내리고 매화 향기 홀로 아득하니 내 여기 가난한 노래의 씨를 뿌려라
다시 천고(千古)의 뒤에 백마 타고 오는 초인이 있어 이 광야에서 목놓아 부르게 하리라

– 광야廣野 이육사

역양에서 자라난 오동나무는 응달에서 몇 해를 견디었느냐
다행히 이름난 장인을 만나,
베어내서 거문고가 만들어졌네 줄을 골라 시르렁 한곡조 타나
세상에는 알아들을 사람이 없네
이래서 광릉산[88] 묘한 곡조가 못내는 전치 않고 말았나보다

- 견흥 16세기 허난설헌

"아아! 후세의 사람으로 과연, 이 글을 읽는 사람이 있을는지?
그리고 내 언니를 알 수 있을 사람이 있을는지 모르겠다

- 19세기 서울용산구 원효로3가 세계 최초의 여성시단
삼호정시단 김금원 글의 의미를 아는 동생 김경춘 [89]

제2장 @

춘천 맥국중도의 한국역사를 지킬 최고 유적을 파괴하는 영국의 레고가 중도에서 물러나고, 한국을 겨냥한 2012 영일 무기공동제작 동맹을 해체하라.

—영국 레고의 주인인 영국 왕실과 영국 성공회는 세계 우방으로 돌아오라.

곳곳에 이렇게 나라 역사를 지킬 유적유물이 쌓여 있고
– 9200여 점 출토

2012년 제18대 대선 때 문재인 오영식 주승용 정청래
의원 등: 대장부일언 중천금 · 일심이 천심!

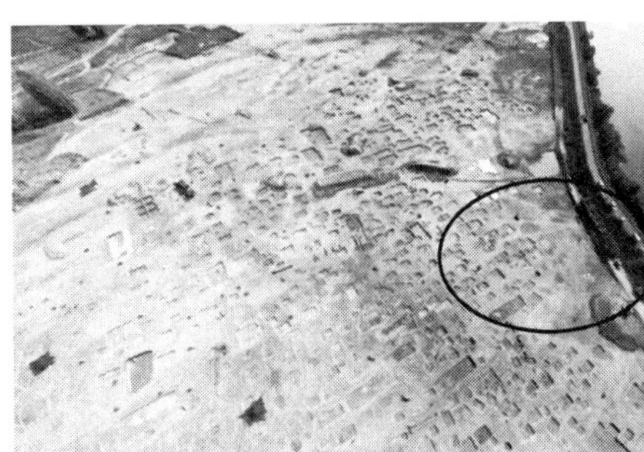

중도 내부 404m환호, 중도 외곽 환호(3.2㎞이상)
아시아 최대 환호

우선 선사 유물과 유적이 많은 중도에 외국기업이 들어오게 하는 자체가 벌써 기가 막혀 뜻 있는 국민과 국회의원들의 혀를 차게 한다. 역사전쟁기에 지대한 우리의 무기가 될 춘천 맥국중도에 레고는 한국문화 영토주권의 포기이고, 영일의 무기공동제작 동맹을 볼 때도 인도식 한국식민화의 시도라 큰 화근이고 큰 재앙이다. 영국(아첨 전략으로 잘 따먹는 일본이 뒤에 바짝 붙어 있다)이 동인도회사로 인도 진입 100년 후 인도를 식민화한 전철을 밟는다. 영국 레고의 실제 주인 영국 왕실과 영국 성공회는 식민지(미화된 어휘 연방) 침략의 척후병이다. 現 대통령이나 문화재청장 직권으로, 유물유적 때문에(前 대통령 시 불법 허가한 것을 취소하고) 허가 취소하여 유네스코에 등재하여 역사전쟁을 대처하는 게 나라다운 수순이다!

한국식민화의 시도인 중도유적지 및 역사파괴: 춘천 맥국중도를 영국 레고로 눌러 파괴할 수 없다.

2011~2016년 중도에서는 이번 레고 사업의 사전 유물유적 조사 5년간 선사무덤이 165기나 발굴되었다. 그 중 149기는 석기시대 무덤인 세골장 양식 고인돌로 조성되어 인류사에 유례가 없는 大유적임을 증명했다. 또한 이곳에서 40여 기의 적석무덤도 3열로 배치된 채로 발굴되었는데 이도 유례가 없는 것으로 고고학계에 큰 충격을 주었고, 1612기의 거주지 터가 하중도에서만 발굴되어 청동기시대와 철기시대까지 춘천에 거대한 도시국가 맥국이 존재했음을 명백히 중거하여, 그 중

1266기가 선사시대 집터로 유례없는 강변마을로 학계에 주목을 모으고 있어, 이 모두가, 경주보다 유적유물이 더욱 집약적으로 발굴되어 보존의 가치가 세계적으로도 더 높게 평가받는다. 문화재청이 공개하지 않으나 청동검이 일찍이 45개나 출토되었다면 그야말로 중도는 왕 중 왕들의 무덤 지역으로 세계사적이다. 따라서 더욱 원형을 보존하여 유네스코에 등재하여야 한다. 중국도 예맥문화로 인정하는 내몽골 현 중국 신석기 홍산문화와도 상관성이 깊으니, 역사전쟁에 가시적인 대응물임은 물론 세계사를 다시 쓸 수 있고, 관광자원으로도 충분히 레고보다 더 질이 높은 세계의 한국문화재로 국민의 자존심 지킴은 물론, 합법적인 수익구조면에서도 더 경쟁력까지 가지므로, 영국 레고는 중도 외 다른 지역에서 하도록 필히 조정해야 한다.

문제는 중도맥국을 왜 보존해야 하는가? – 중국태도 및 신석기 홍산 환단 맥국유적과의 관계, 각 대통령들의 중도 레고에 대한 국가기강적 태도, 선사유적에 대한 평가 태도 – 유적유물 발굴 연혁, 레고 한국상륙 연혁과 100년 후 앞날 향한 중도 보존대책과, 중도 2011년에 시작해 놓고 2012년 영일 무기공동제작 동맹을 맺은 영국에 대한 제재나 거부방법? 등을 살펴 보려 한다. 즉 이 장에서는 구체적으로 국가기강 문제에 있어서 한국 역대 대통령의 역사전쟁과 영일동맹 침략 위기에 대한 통찰 수준 =중국의 역사침략과 인식 못한 공무원들과 주변, 인류초기 부족국가 예맥족인 한국족에 있어 맥국의 중요성과 가치 인식, 영국왕실 및 영국성공회의 중도 침략의 전략사, 중도맥국 유적 발굴 연혁과 2018년 중도 유물유적 발굴 결과, 중도유물 내몽골(현재 중국령) 홍산유물과의 연계성 및 가치와 의미, 일본에 있어 맥국 중도의 의미 – 강원도 춘천시 맥국유적 파괴, 국가기강보다 의로운 국민기강 시민단체 중도 보존 및 항 영일 독립운동 약사와 미래지향적 대처방법 등을 간략히 살펴 본다.

한국정치 형편이 아니 5년 직접 선거의 대통령 집권제 하에서 불분명한 삼권분립과 공무원들의 주체성 없는 보신주의 행정이 만연한 상태라 대통령의 의지가 좌지우지하는 것이 지금까지의 현실이다. 이에 먼저 역사전쟁기에 역대 대통령의 최소한의 역사문화 인식과 정체성과 기강을 지키려는 반듯한 의지부터 살펴 본다.

1. 한국 역대대통령들의 국가기강 척도

역사전쟁과 영일동맹 침략 위기에 대한 통찰 수준

중국과 영국일본 공동무기제작 동맹과 더불어 역사침략을 인식하지 못한 한국 대통령들과 의원 정치인 공무원들과 주변 – 미래가 우려된다. 역대 한국 대통령들의 국가기강과 역사침략과 영일동맹 문제인식의 수준을 알 수 있다 2004년 경기도 이천에 덴마크가 레고공장을 설립 이후 덴마크는 한국에 레고 주제 공원까지 만들려고 2000억 투자까지 준비하고 김영삼 대통령까지 만났으나 거절당했었다.

레고사업과 역대 한국 대통령들

김영삼대통령 (이천 수도권 수질보호법에 의해) 반대 김대중(독재기간 중 감옥에서 영국대학에 체류)

노무현(영국여왕이 초청) 중간 -

이광재지사 선거법 하차

이명박(영국에 가려 했으나 불발) 찬성 - 최문순지사①

박근혜(영국 초청 환대) 적극 찬성 직접 밀어 붙이기

– 최문순 지사②

문재인대통령 – 대통령이 되기 전 모습(반대)과 현재?

– 최문순지사③

- 민주당 강원도의회 100% 찬성. 2019, 3월 현재.

2012년 18대 대선 때 문재인 오영식주승용 정청래 의원 – 대장부일언이 중천금, 일심이 곧 천심

5년간 고생하는 춘천맥국중도유적지보존전국협의회동지

2012년 제 18대 대선 때 문재인 오영식 주승용 정청래 의원 등 중도 방문 레고 항의! 그때의 다문 입 철통 중천금같은 관심과 의기는 어디로 가셨나요? 이제 유물 2만 여 점이 나왔으니, 그것을 기준으로 허가취소하여 유적지는 보존하여 유네스코에 등재하여 세계 수학 여행지로 삼는 결단을 내립시다. 춘천은 사실 남의 나라 장난감 컨텐츠가 아니라도 그 자체가 많이 가지고 있습니다. "땅을 파면 유물이 나온다"는 춘천! 아예 고고학 도시로 그 전체를 유네스코에 등재할 수도 있겠습니다. 소위 강대국 약탈국들, 그 "약탈국들이 구차하고 뻔뻔한 자기변명을 더 이상 늘어놓지 않게 하려면, 똑똑해져야 할 것 같습니다. 그렇지 않으면 자기 것을 빼앗기고도 '니들이 얼마나 무지했는지 알아?'라는 손가락질을 후손들이 두고두고 받게 될 것이니까요."

① 2013년 영국 레고의 실제 주인인 영국 여왕이 취임 첫 해인 박근혜 대통령을 국빈으로 초청했다. 영국여왕 초청은 정치인들이 일년에 한 명이라 영광으로 여긴다.

② 영국방문 후 귀국 3~4일 만에 임명한지 7개월도 채 안된 변 문화재청장을, 바로 정유라 게이트로 연결된 이화여대 사람 나선화로 급히 교체한다.

③ 얼마 후 방문한 시진핑 부부의 방한 때 조윤선과 나선화는 같이 일한다.

④ 그후 바로 매장문화재 위원회를 소집하고 작당을 한 결과 당시도 유물의 숱한 발굴로 91.77점수로 보호받는 중도가 절대 불가한(75점이면 개발 불가하다) 것을 허가토록 조정한다.

⑤ 공청회 전날에 JTBC 방송에서 물높이 조작을 방영하였다.오동철 춘천문화 연구회 사무국장 발견 제보

⑥ 나는 감사원에 소청심사를 내었다.

⑦ 기공식 후에 요식행위로 관변단체를 대동하여 한 공청회 세미나에서

⑧ 선사유적지 중도에 레고사업을 허가한 심정보 문화재위원장은 한국 레고가 의암호 물높이와 고인돌 높이를 거꾸로 조작 작성하여,

⑨ "중도는 기존 보존 점수도 91점 이상이라 절대 심사대상부터 안되고 개발은 생각도 못하는데도[90] **물높이가 잘못 기록되었는지를 몰라서 고인돌이 물에 잠길까봐 허가했다"**는 심정보 매장문화재 위원장에게

⑩ 나는 토론 좌장이 심정보에게만 발표시간을 주고 참석자들에겐 질의발표 시간을 주지 않아 항의해서 청중들이 내게 발표할 시간을 주라고 소리를 치니 마이크를 주었다. **나는 "잘못된 수치 때문에 허가했다면 잘못된 것을 알았으면 바로 허가 취소하는 것이 일의 순서이니 양심선언하고 허가취소하기를 바란다"고 공개적으로 질타했더니**

⑪ 문화재 청담당 발표자는 나가버리고, 공청회 청중들은 나에게 크게 환호했다.

★ 영국 초청을 다녀온 여야 대통령에 따라 여야 국회의원 전원 대통령과 당과 강원도지사의 눈치를 보느라 함구무언 – 언론도

유일하게 국회문광체육 위원장 유성엽 의원의 절규, "야만이 벌어지고 있는 야만의 현장…." 장정숙 의원 최근 합세

한편 춘천 중도문제는 유적유물도 중요하지만, 2011년 중도맥국에 레고를 계약한 영국은 맥국에 지대한 인연과 관심을 가진 일본과 2012년 〈영국일본 무기공동제작 동맹〉으로 한국을 2차 식민화하려는 획책을 꾸미고 있다. 1900년대 영일동맹으로 당시는 일본이 앞장서고 영국은 전략과 무기제공으로, 대한제국을 멸망시켰다. 하여 한국은 이미 혹독한 36년간 식민지를 당했는데도 – 또 정신을 못차리

고, 그 때의 호전적인 전쟁국 때의 전쟁광적인 수준이나 한국무시 침탈야욕에 있어 별반 다르지 않는 日英을 불러들이는 것은, 중요한 국가안보 보존문제이기도 한데 그것을 잊고, 영일이 그 화근을 다시 또 불러일으키는 것은 지대한 실수로 큰 문제가 된다. 제국주의와 정치적 야망의 욕심과 물신주의 망령에 허우적거리는 대한민국 정치지도자, 역사문화 전쟁기에 큰 국고를 들여 발굴해 놓고 오히려 묻고 있고, 그 위에 외국 식민지대국인 영국에 내 놓는 것은 이익의 여하를 따질 일이 아니다.[91]

국가가 제 역할을 못할 때 존재 의미는 사라진다.

춘천 중도 유적, 구석기부터 고대사회까지 역사가 쌓인 곳….

유성엽 의원의 절규, "야만이 벌어지고 있는 야만의 현장…." 장정숙 의원 "지금이라도 유네스코 등재 가능한데…." 이상준교수 최무장교수 홍가희교수 정구현교수 강상원박사 배병호교수 이강식교수 오재성회장 박정진논설위원 임재해교수 노중평교수 반재원박사 외 민간단체장 발표자님들과 동참한 뜻있는 국민여러분들 정말 고맙습니다.

국가권력이 나라재산에 대해 해야 할 일이 무엇인가? 공공의 가치가 있는 것은 개인이 나서기 전에 공권력으로 상징되는 국가가 나서서 지키는 것이 국가존재이유이다.

그런데 우리나라에서 만큼은 이런 일반상식이 작동이 안 된다. 오히려 거꾸로 작동한다. 언제부터인가 국가가 왜 존재하는지 배신감과 분노에 휩싸일 때가 한 두 번이 아니다. 멀리는 임진왜란에서부터 가까이는 세월호 참사이다. 임진왜란은 공권력이 나라를 지킨 것이라기보다는 의병들이 나라를 지켰다고 해도 지나치지 않을 만큼 지대했다. 이순신의 활약도 사실은 국가지원을 받은 것이 아니라 자급자족으로 이루어진 것이다. 이렇게 나라구하기에 모든 것을 바쳤다면 국가가 사후 보상을 해야 한다. 이것도 상식이다. 그런데 임진왜란 이후 벌어지는 상황을 보면 뭐하러 싸웠나 하는 분노가 밀려온다. 이순신은 스스로 자살하듯 몰렸고, 홍의장군으로 유명한 의병장, 곽재우는 역적으로 몰려 결국 산으로 숨어버렸다. 세월호 참사는 또 어떤가. 국가는 오히려 참사를 덮기에 바빴다. 반면에 민간잠수사나 어부들이 두 팔을 걷어붙이고 구조에 나서는 형국이었다. 나중에는 갖은 핑계를 대고 이것도 못하게 막았다. 심지어 당시 해군참모총장이 해군함정을 동원해서 구조에 나섰다가 정권 눈 밖에 나 방산비리로 누명을 씌워 고초를 겪기까지 했다.

보존을 위한 한 모임의 글을 보면 춘천 중도유적은 집중적으로 나온 주거지, 일열 고인돌과 같이 우리뿐 만아니라 세계적으로도 유례를 찾기 어려운 희귀한 역사문화유산이다. 그런데 이 유적을 국가가 앞장서서 파괴하고 있다. 이곳에 영국 장난감 회사를 유치하면 강원도의 재정수입이 늘 것이라는 것이 이유이다. 영국 레고 회사는 투자금 한 푼도 들이지 않고 레고라는 회사 이름의 유명세만 갖고 들어왔다고 한다. 공개하라고 해도 비밀이 있어 공개 못한다고 버틴다. 이에 대한 법적 제재도 필요하다. 국민의 알 권리에 속한다. 우리가 돈을 다 대서 시설을 지어 줄테니 너희는 그냥 들어오기만 하라는 것이다. 레고라는 유명회사가 들어서면 이 유명세를 보고 사방에서 사람들이 몰려와 돈을 풀 것으로 기대하고 있는 것이다. 이에 대하여 민간에서 조직과 단체를 만들어 거세게 반대하고 나섰다. 보존해야 할 국가는 오히려 파괴하고 있고 이것을 국민이 막고 있는 것이다. 사업이 본격적으로 벌어지던 지난 2015년부터 뜻있는 시민들이 힘을 모아 법적투쟁, 거리투쟁을 벌이고 있다. 지난 서기 2015년 2월과 2016. 02. 23. 국회도서관 대강당, 헌정기념관 대강당에서는 춘천 맥국 중도유적지 보존 전국협의회 차옥덕 상임대표가 사재를 털어 감사원 소청을 하고, 춘천 중도유적 보존 궐기대회를 가졌다. 이날 대회는 각계각층의 학자들이 모여 세계적 석학들이 세계사를 다시 쓴다. 라는 주제로 참여하여 춘천 중도유적 보존의 필요성을 역설했다. 여러 공연과 다짐도 있었다. 이후 춘천 중도유적 보존을 위한 시민단체들의 투쟁이 끊임없이 이어지고 있다.

2. 국회의원들과 중도맥국:

유성엽 · 장정숙 · 도종환 의원 – 장관의 발언들

그런데 지난 서기 2017. 06. 14. 도종환 문화체육관광부 장관 청문회에서 의미있는 발언들이 쏟아져 나와 희망?을 주고 있고, 춘천 중도유적의 가치와 중요성을 인식하고 있는 국회의원들이 도종환 당시 문체부후보자에게 장관이 되면 주무장관으로서 중도유적 보존 방안을 강구하라고 다그친 것이다. 다음은 의원들의 발언과 도종환 장관의 답변이다.

장정숙 의원 : "도는 지금 당장이라도 유네스코에 등재할 수 있는데" 엉뚱하게도 "강원도는 중도를 3천 2백억에 팔고 2천억을 대출받아서 사업을 하고 있다. 중도

섬을 민간에 매각해서 사업이 진행되면 문화재 보존이 되지 않는 것 아니냐, 2011년에 레고와 협약을 맺은 것으로 나온다. 그런데 1980~1984년 국립 중앙박물관 고고학과에서 이미 조사한 바 있다. 선사 유적지로 확인되었는데, 주거지, 적석총, 지석묘, 유적이 발견되었다. 그렇게 이미 국립중앙박물관에서 조사와 검증이 끝났는데 어떻게 이 자리를 파괴하고 영국 레고와 사업협약을 맺는지 도저히 이해가 안 간다. 그 뿐만 아니라 매장문화재 평가회의도 했다. 8차 회의까지 거쳐서 평가점수가 91.77점이다. 이는 원형보존 기준 평점을 넘어서는 것이다. 그런데 거기에 대한 배려 없고 사업이 진행 중이다. 춘천중도의 역사적 가치는 지금 당장 세계문화유산으로 등록해도 손색이 없다. 고인돌도 101기가 발견되었다. 고인돌로 유네스코에 등재된 강화도는 70기 밖에 없어도 등재했다. 현재 진행 중인 개발 사업에 대해서 신중해야 하는 것 아니냐, 어떻게 생각하는가."

도종환 장관 후보자 : "의원님 의견에 동의한다. 저도 의정활동하며 내내 제대로 보전하는 문제를 제기했다. 또한 공사도 제대로 하는 지 우려스럽다. 투자를 하려고 하는 것인지도 의심스럽다."

장정숙 의원 : "레고랜드 개발이 완전 복마전과 같은 상황이다. 이미 예견된 일이었다. 추진 핵심인물인 춘천시 부시장이 지난 5월에 정치자금법 위반 뇌물죄로 5년 구형을 받았다. 강원도 전 정책 특보도 징역 3년에 추징금을 선고받았다. 레고엘엘 개발의 전 대표 민 아무개 씨도 정치자금법 위반으로 지금 고소된 상황이다. 춘천 중도가 단순한 유적보존을 넘어서 역사문화 자원으로 활용될 수 있도록 해야 된다. **중국 홍산문화 유구 보전 사례를 보면 발굴해서 이렇게 유리돔 형태로 감싸서 보존을 하고 있다. 중국처럼 단순한 문화공원보다는 우리는 역사적 교육적 가치를 가질 수 있는 방법**을 강구해야 한다. 후보생각은 어떤가."

도종환 장관 후보자 : "저도 중국 사례를 보았다. 어떻게 하면 보존하면서 이런 시설들을 만들어 나갈 것인지 고민을 하고 있다."

장정숙 의원 : 이 사업을 진행시키는 것은 신중에 신중을 기하여야 하고 이것은 우리나라의 굉장히 큰 자산이기 때문에 강원도 측과 협의해서 역사적으로 보존할 가치가 있는 것은 사명감을 가지고 꼭 지켜줄 것을 부탁드린다."

유성엽 국회교육문화체육위 위원장 : "방금 장정숙 의원의 질의를 저도 잘 들었다. 그거 **특단의 조치가 필요한 것 아니겠는가. 지금 뭐 진행되고 있기 때문에 손**

대기가 어렵다고 하는데, 중국은 여기보다 더 질이 떨어지는 적석 고인돌에 대해서 돔까지 설치해서 보호하고 있지 않는가. 그런데 여기 중도는 고인돌만도 160기가 집중 발견이 되었다. 아시아적으로 가장 큰 대환호도 있고 1,400여 취락지역도 드러나 있고, **이 정도가 되면 사업공사를 전면 중단시키고 이것을 문화재로 지정해서 세계문화유산 등재를 하면서 역사유적 선사유적 탐방 체험공원 공간으로 이걸 만들어 가야 한다.**

그런데 몇 번 문화재청에 그동안에도 우리가 확인을 해보았는데, **강원도 지사가 문화재청에 문화재 지정이나 등록 신청을 안 하는 데 어떻게 문화재청장이 하느냐 한다.(나선화 당시 문화재청장)** 그러나 **지금 법을 보면 직권지정이 가능하도록 되어있다. 법에 시행규칙에 자치단체장이나 이해관계자나 소유자가 시행규칙에 마련되어 있는 것뿐이다. 법에는 문화재 위원회의 심의를 거쳐가지고 지정이 가능하다.** 문화재청장이나 중앙정부에서 이것은 직무유기이고 태만이다."

유성엽위원장 : "지금 야만이 벌어지고 있는 야만의 현상이다. 지금 춘천 하중도는 누구보다도 이 문제에 대해서 의원 시절에 저와 같은 방향에서 문제의식을 가지고 의정활동을 해주시고 또 직접 지적도 해주셨기 때문에, 장관에 취임하시면 먼 나라의 미래를 보아야 한다. 저번에 트럼프의 말을 통해서 드러났는데 시진핑이 대한민국이 한 때 중국의 일부였다. 이렇게까지 망언들이 나오고 있지 않느냐. 이런 문제들을 아주 심각하니 받아들여서 우리 영토가 한반도 이남만이 아니라 광활하게 중국으로까지 번져 있었다는 것, 이런 부분까지 연결 입증할 수 있는 그런 문화유적이기 때문에 이 문제에 대해서는 아주 단호한 결정이 필요하다. **뭐 진행이 되고 있고 벌어져 가지고 어떻게 할 수 없다는 식으로 이렇게 안일하게 가서는 안되고, 특단의 고민과 결단을 반드시 촉구합니다."**

도종환 장관 후보자 : "예, 알겠습니다."

이 날 청문회에서 돋보인 것은 질의한 의원보다 이 청문회를 중간자 입장에서 이끌어가는 교육문화위원회 위원장인 유성엽 의원의 발언이다. 당장 사업취소하고 보존 조치할 것을 강력하게 촉구하고 있다. 장의원도 "지금 당장이라도 유네스코에 등재할 수 있는 유적지를 왜 파괴하느냐." 유성엽 의원 발언을 보면 이 분야에 대해서 상당한 전문지식과 관심을 축적하고 있다. 또한 춘천 중도유적의 가치를 충분히 소화하고 있는 것으로 보인다. '야만이 벌어지고 있는 야만의 현장'이라는 말

속에서 유성엽 의원의 절박한 심정이 드러난다. 상당히 절제된 음색이었지만 절규에 가까웠다. 이날 유성엽 의원은 중요한 대목에서는 방점을 주어 눌러서 말했다.

중도유적에서는 대환호 시설이 드러났는데 이는 일본유적과도 비교된다. 그동안 일본은 환호시설이 중국에서 왔다고 하여 자신들의 유적이 중국이 원산지라고 했는데 이제 그 같은 견해가 모두 수정되어야 할 판이다. 중국의 관련유적도 우리에게서 전파된 것으로 보아야 한다는 관련학자의 주장도 나오고 있을 정도이다. 그만큼 춘천 중도유적은 동아시아 시원 역사를 가늠할 수 있는 표지 유적이라고 할 수 있다. 레고를 유치했을 때 들어오는 돈과 역사문화유적으로 개발해서 몰려오는 탐방객이 뿌리는 돈과 어느 쪽이 더 많을 것인가? 돈이 문제라면 최소한 이것도 따져보고 사업추진 여부를 결정해도 늦지 않을 것이다. 식민사관이 지배하는 주류역사학계에서 춘천 중도유적을 보전하라고 성명서 한 장 발표하지 않았다. 오히려 중도유적 보전을 외치는 도종환 장관을 임명하지 말라는 성명서만 내놓았다. 또한 저들은 강 건너 불구경하듯 하고 있는데 반해 저들이 유사, 사이비 역사라고 비난하는 재야 민족사학계에서 보존에 발 벗고 나서고 있다. 언제까지 문제의 중심에 있는 주체는 팔짱을 끼고 있고, 주변부로 취급하는 민간단체에서 발 벗고 나서는 주객이 전도된 역사를 반복할 것인가. 우리에게 선진국적 정책관리는 먼 나라 얘길까?

3. 인류 초기국가 부족 예맥족인 한국족에 있어 중도맥국 중요성

맥국 춘천중도는 우리 예맥족 맥국의 최고 중요히 여기는 신성한 의례 도시이고 현재 중국 홍산의 신석기 환웅시대 문화와 같아 중국이 단절시키려는 우리고대사와 연계가 됨에도 의미가 크다.

한민족은 만년 전후부터 인류의 중요 맥으로의 인식을 가지고 '맥국'이란 이름을 지닌 깨달은 천손족으로, '맥국'의 중심민족이고, 또 신수 맥貊은 한민족 예맥족의 국가 상징동물이다

☗ 경기 북부 강원도와 연결된 한강변 구석기인들 땅이 연계된(소양강까지 낚시오면서) 춘천 맥국중도는 안오고, 모두 동굴이나 움집이나 나무집에서 TV 보고 있었을까? 맥국중도 주변 임진강 연천 등과 중도 근처의 좌우까지가 구석기 유적이거나 전기 신석기로 구석기에 가까운데 – 특히 발표자 심재연교

수가 있는 봉의산 내 성심 한림대학은 구석기 신석기 동굴묘가 있는 곳에 학교를 세웠다. 학교 구내에 신석기 묘가 있다. 그럼에도 중도맥국지역의 시대를 판명해야 할 중요 시점에, 맥국 지역내 그 교수가 겨우 철기시대(원삼국)나 운운하고 있어 식민사관에서 많이 보이는 한국사 시대 축소로 보일까 하여 보완이 필요해 교수들 학술발표장에서 답답해 한마디 했다.[92]

강원 중도 레고랜드 개발을 위한 제 2차 발굴지에서 철기시대로 추정되는 환호 3기가 발견된 것으로 알려져 귀추가 주목되고 있다. 21일 국회 문화체육관광위원회 도종환 의원이 문화재청으로부터 제출받은 전문가 검토회의 자료를 분석한 결과, 춘천 중도에서 철기시대로 추정되는 대규모 환호가 발견된 것으로 확인됐다. 이번에 발굴된 환호는 3열로 조성돼 있으며 전문가 검토회의 자료에서는 중도 안쪽으로부터 동쪽의 강 쪽으로 환호1, 환호2, 환호3으로 지정했다.[93] 중도의 윗길 맥국로로 따라 발산리쪽을 쭉 따라 가면 철원 임진강변 구석기 유적들을 만난다. 일찌기 중도 주변도 구석기 유적지가 때때로 언급되었다. "중도에서 구석기 선각화가 지표에서 발견됐다." [94] 고 안동대학교 임세권교수는 증거물 책을 제시하고 있다. 이는 중도에도 중도의 오른쪽 왼쪽 지역처럼 구석기 시대부터 인류가 살았다는 구체적 증거이다.

어제를 담아 내일에 전합니다

문 화 재 청

수신 수신자 참조

(경유)

제목 '춘천 중도 LEGOLAND KOREA Project A~E구역 내 유적' 전문가 검토회의 결과에 따른 조치사항 통보

1. 발굴제도과-12943(2015.11.10.)와 관련입니다.

2. '춘천 중도 LEGOLAND KOREA Project A~E구역 내 유적' 발굴조사와 관련하여 전문가 검토회의를 실시하고, 그 결과 및 조치사항을 다음과 같이 알려드리니 2015.11.17.(화)까지 사업시행자 의견을 제출하여 주시기 바랍니다.

가. 검토회의 결과

o 완료지역

- 청동기시대 주거지, 구상유구 등은 복토하여 보존하되, 구체적 복토방법은 발굴기관과 시행자가 검토 논의하여 문화재위원회에 보고 후 심의를 받을 것

o 구상유구 및 청동촉 등

- 한옆 시굴조사구간에서 확인된 구상유구의 추가 조사 여부는 별도 검토
- 청동촉의 자료는 한반도 청동기시대 연구의 획기적 자료인바, 추후 검토 필요

o 환호 유적

- 원삼국시대 환호는 동절기에 대비하여 복토·보호하고 향후 발굴에 대비할 것
- 환호의 경우 3열의 관계가 중요하며 연대의 하한이 고구려 횡혈식 석곽묘와도 연결가능한지 검토 필요
- 환호는 지금까지 알려진 여타지역 사례에 비추어 중심취락과 밀접한 연관이 있으므로 본 환호취락은 춘천지역 유력 정치체의 중심읍락일 가능성이 높음

나. 조치사항

- 조사 완료지역(청동기시대 주거지, 구상유구 등) 복토방법 제출
- 원삼국시대 환호는 동절기에 대비하여 복토·보호하고 향후 발굴에 대비할 것
- 한옆 시굴조사구간에서 확인된 구상유구의 추가 발굴 조사할 것

다. 향후조치

- 조사 완료 지역에 대한 구체적 복토방법 및 시굴조사결과 확인된 유구에 대한 추가조사 여부 등에 대하여 「발굴조사의 방법 및 절차에 관한 규정」 제21조(보존조치의 결정 및 지시)에 따라 건설공사 시행자 또는 관할 지방자치단체의 장이 제출한 의견을 토대로 문화재위원회 심[illegible].

NEWSIS

"본 환호취락은 춘천지역 유력 정치체의 중심 읍락일 가능성이 높음"

춘천 중도에서 발견된 환호는 일부만 발견됐음에도 길이가 800m에 이르고 3열로 조성됐다. 더욱 주목할 점은 철기시대로 추정되는 대규모 환호가 발견된 것으로 환호와 환호 사이 이격 지대에서 환호 관련시설로 보이는 주혈구멍도 발견돼 학계의 비상한 관심을 모을 것으로 보인다. 지난해에 이어 올해 또 다시 초대형 환호 유적과 금 귀걸이 등 중요한 유적과 유물이 연이어 발굴되면서 레고랜드 사업의 전면 재검토가 필요하다는 주장이 더욱 거세게 제기될 것으로 보인다.

이와 관련 문화재청은 환호의 발견에 대해 발표를 하지 않고 있으며 이는 현재 발굴이 진행중인 관계로 전체 규모를 파악할 수 없는 때문으로 발표했다.

4. 춘천 역사문화 연구회와 중도

물 높이의 조작을 처음 고발한 춘천 역사문화 연구회 오동철 국장과 관계자는 "이미 3,000여 년 전에 계급사회가 형성되었음을 알려주는 주거지를 둘러싼 대형 청동기 환호가 지난해 발굴된데 이어 원삼국(철기)시대의 초대형 환호까지 발견되면서 중도가 우리나라 고대 유적의 보고임을 확실하게 증명해 준다"고 말했다.

한편 환호環濠는 마을을 방어하기 위해 시설된 도랑으로 마을이나 왕궁의 주위를 둘러싸고 타원형이나 장방형, 사각형등으로 조성됐으며 중도에서 발굴된 청동기 환호는 국내 최대의 길이로 사각형에 가깝게 조성됐다

5. 맥, 맥이, 맥족 맥국 맥적 춘천맥국 [95)]

맥→韓濊 고구려 광개토태왕 '한예'족이 부족하면 우리 옛족(=맥족이다)에게 내 무덤을 맡겨라.

맥족 고구려를 일본에서 1,500여 년을 더 이어오고 있는 고구려 왕족과 고구려 민들은 자신들의 성을 고마씨로, 또 혼인도 그들 내로만 하며 맥족 고구려 전통을 이어오고 있다. 이들도 자기네 신사나 건물 앞에 수호신격으로 '맥'을 세우는데, '고마이루'라 하고, 이 때 '고마'는 한자로는 박狛은 이리를 닮은 것이고, '貊맥'은 화석동물이라 하니 그 역사가 우리처럼 초창기이다. 그 맥의 역할은, 사람을 알아보며 제 주인과 집을 지키는 개犬을 써서 '맥견貊犬'이라 한다. 맥이 뛰지 않으면 사람이 살 수 없고, 맥국 중도의 혈은 세계적 최고로 따라서 세계의 신성한 명당이고, 일찍부터 세계적으로 이를 아는 자는 모두 탐을 내고, 맥국중도는 집중적으로 경주보다 유물유적이 나오고 그 성격이 요하 홍산 것과 같아 역사를 자르고자 하는 중국의 역사전쟁에, 우리는 말없이도 그것만 잘 지켜도 한민족에게는 최고의 역사지켜주는 최후 보루적인 보물이다.

"춘천 우두(소시머리)산의 牛首(소시머리) 팽오 비가 있었다"(1907년 미국인 헐버트) – "9년 동안 홍수를 당해서 팽오에게 높은 산과 큰 강을 정리하게 하고 우수牛首에 이르러 백성들이 살 터전을 정했다.(이종휘 1731~1797, 『수산집修山集』「東史本紀」)[96)]

자기네 생활도구나 역사적 유물이 희소한 유럽은 일찍이 16~7세기부터 아시아 아프리카 세계제국을 침략하고 약탈했다. 왕과 왕족들부터 직접 나서거나 모험가들을 내세워 약탈이나 횡령을 유도하여 재화와 부를 갈구했다. 영국 엘리자베스 여왕이나 빅토리아 여왕도 그 누구보다 약탈 유도에 앞장섰다. 귀족들은 그에 투자했고 몇 천배의 이익에 탐닉하여 갈취에 동행했다. 따라서 그만큼 재화가 세계 어디에 있는지에 대한 연구나 집착이나 탐험에도 투자했다. 일찍이 먹이가 된 아시아에서 사실상 한국 고대문화인 〈삼위태백 돈황〉지역의 고대유물들도 – 혜초스님의 신라 왕오천축국전도 거기에서 나왔다 – 영국모험가이며 학자인 스타일에 의

해 껌값으로 영국으로 거의 모두 도둑당했다. 조선도 예외없이 유럽왕과 귀족들과 탐험가와 카톨릭 신부들에 의해, 특히 그 분야에서 독보적일 정도로 앞선 영국과 결탁하여 영국의 무기로 16세기 임진왜란을 일으키고, 그 전후 간자들을 통해 조선의 유물유적을 은밀히 탐문탐사하고, 유물 갈취는 물론 아예 조선 도자기공 납치와 임진왜란이 '도자기전쟁'이라는 이름을 갖게까지 했다. …

6. 유럽의 야욕과 중도맥국

특히 춘천중도는 1800년대 말에 즈음하여 영어판으로 고대선사 문화유적지로 유럽에 알려졌다. 영국 스톤헨지의 세계적 위상과 가치에 위기를 느낀 영국이 가만히 있을 리 없고, 탐문과 과학적 조사는 더욱 은밀히 이루어졌다. 강원도 고인돌 곁의 영국인 유해도 이를 증명하는 한 예가 될 것이라고 믿어진다. 1900년대 초는 일본의 아부적 외교와 유학이 더욱 굳건한 영일동맹으로 이어지고 영국무기와 영국식 세계 식민지화 전략을 배우고 유도 받아, 일본이 앞상서서 소선을 침략하여 수탈했다. 영국은 그때 영국 해군함정으로 영국성공회 신부들이 강화도로 올라와 강화도를 영국성공회의 밭으로 만들어 놓았다.

이재理財를 특히 밝힌 이명박 소망교회 기독교장로 대통령 시절인 2011년 사실상 영국 레고의 주인인 영국여왕과 영국성공회는, 자신들의 자랑 스톤헨지를 능가하는, 한국의 중도맥국 유적이 보존되는 것을 두고 볼 수 없었고 그 잠재된 재화에 탐이 나고 강원도 및 춘천시 정치인 및 공무원들은 돈과 뇌물에 눈이 멀어, 한국인 공복으로서의 중심과 비판력을 잃고 부화뇌동하여, 한국역사에 큰 오점을 찍는 한민족 최고 신성지역 중도에 영국식민지 앞잡이적 영국 정부기업(영국여왕과 영국성공회가 주인인) 레고에 내어 놓으려는 역적에 가까운 실수를 하게 된다. 이명박 정권, 이명박 장로 대통령, 즉 기독교 대통령을 숭배하던 대기업 목사들, 대형교회 목사들은 이명박 장로를 기회로 삼아 기독교를 국교로 삼기를 간절히 꿈꿨다. (하여 서울시를 하나님께 봉헌하고 조계사의 절 주차장 이름도 바꾸는 해프닝을 벌였으니 안보이는 곳에서의 기독교 중심적 장난은 이루 헤아릴 수 없을 것이라 언제 국가예산 집행에 종교별 구체적인 분석이 필요하다.) 이는 기적을 행하던 예수를 이용해 권력을 누리려 했던 불순한 예수의 제자들과 다름이 없다. 정치목사는 실패한다. 개인의 종교를 돈벌이 중심으로 하는 대통령도 반드시 실패한다.

그 음흉한 속을 숨기려 하지도 않고 (그만큼 한국정치 지도자들은 무시당할 만한 수준을 내보인 것이다) 영일은 2012년 일본과 무기공동제작 동맹까지 맺고, 박근혜대통령과 강원도청과 춘천시청 공무원들을 매수하고, 중도유적은 파괴하고(때로 끝없이 나오는 만년 유물은 도둑질할 예정까지?), 본국보다 축소된 영국여왕 왕궁까지 지을 계획을 세우고, 한국을 영국이 아편전쟁을 일으켜 그 승전의 대가로 100년간 차지하고 있던 홍콩을 할 수 없이 중국에 반납하게 된 후 홍콩 대신, 강원도부터 제 54번째 영연방화하려 일단 레고기업부터 춘천에 보낸 것이다.

고구려를 일본에서 1,500여 년을 더 이어오고 있는 고구려 왕족과 고구려 양민들은 자신들의 성을 고마씨로, 또 혼인도 그들 내로만 하며 고구려 전통을 이어오고 있다. 이들도 자기네 신사나 건물 앞에 수호신격으로 '맥'을 세우는데, '고마이누'라 하고, 이때 '고마'는 한자로는 '狛'박이고 – 박은 '貊맥'과 서로 통하고, 그 맥의 역할은, 사람을 알아보며 제 주인과 집을 지키는 개犬을 붙여 '狛犬' 혹은 '맥견貊犬'이라고도 한다. 맥족이 단군조선과 고구려를 세워 고려는 고구려와 통하므로 고려개, 고구려개, 즉 맥견이라 해도 아무 문제가 없다.

맥이 뛰지 않으면 사람이 살 수 없고, 맥국 중도의 혈은 세계적 최고이므로 세계의 가장 신성한 명당이고, 일찍부터 세계적으로 이를 아는 자는 모두 탐을 내고, 맥국 중도는 집중적으로 경주보다 유물유적이 나온 한민족에게는 최고의 보물이다.

자기네 생활도구나 역사적 유물이 희소한 유럽은 일찍이 16~7세기부터 아시아 아프리카 세계제국을 침략하고 약탈했다. 왕과 왕족들부터 직접 나서거나 모험가들을 내세워 약탈이나 횡령을 유도하여 재화와 부를 갈구했다. 영국 엘리자베스 여왕이나 그 이전의 빅토리아 여왕은 그 누구보다 왕실이 귀족과 합세하여 약탈재물 유도에 앞장섰다. 귀족들은 그에 투자했고 몇 천배의 이익에 탐익하여 갈취에 동행했다. 따라서 그만큼 재화가 세계 어디에 있는지에 대한 연구나 집착이나 재물 탐험에 몰두한 것이다. 일찍이 이들의 먹이로 보인 아시아에서 사실상 한국 고대 문화인 〈삼위태백 돈황〉 지역의 고대유물들도 – 혜초스님의 신라 왕오천축국전도 거기서 나왔다 – 영국모험가 스타인과 프랑스의 펠리오에 의해 은화 몇 냥으로 영국과 프랑스로 거의 모두 날치기 당했다. 이후 미국과 일본도 유물 소매치기에 합세했다. [97] 조선에도 예외없이 유럽왕과 귀족들과 탐험가와 카톨릭 신부들에 의해, 특히 그 분야에서 독보적일 정도로 앞선 영국과 결탁하여 영국의 무기로 16세기 임진왜란을 일으키고, 그 전후 간자들을 통해 조선의 유물유적을 은밀히 탐문탐사하고, 유물 갈취는 물론 아예 조선 도자기공 납치와 임진왜란이 '도자기전쟁'이라는 이름을 갖게까지 했다. …

①특히 **춘천 맥국중도는 1800년대 말에 이미 영어판으로 고대 선사문화 유적지로 유럽에 알려졌다.** ②영국 스톤헨지의 세계적 위상과 가치에 위기를 느낀 영국이 가만히 있을 리 없고, 막의 고굴인 돈황 막고굴에서 일찌기 영국인 스타인이 엄청난 자료와 유물을 영국으로 실어갔다. 엿값만 주고. 하여 영국은 맥국에 대한 은밀한 연구가 깊다. ③강원도 고인돌 곁의 영국인 유해도 이를 증명하는 한 예가 될 것이라고 믿어진다. ④1900년대 초는 일본의 아부적 외교와 유학이 더욱 굳건한 영일동맹으로 이어지고 영국무기와 영국식 세계 식민지화 전략을 배우고 유도를 받아, 일본이 앞장서서 조선을 침략하여 수탈했다. ⑤**영국은 그때 영국 해군함정으로 영국성공회 신부들이 강화도로 올라와 지금은 강화도를 정치적으로도 영역적으로도 완전히 영국성공회 밭으로 만들어놓았다.** ⑥김영삼 대통령 시절부터 한국에 레고공장을 하고 있던 덴마크가 경기도 이천에 레고공원을 당시 2000억을 직접 투자 하려 했으나 수질문제로 못하고 있었는데, ⑦개인 理財를 특히 밝힌 이명박 장로 대통령 시절인 2011년 사실상의 영국 레고 주인인 영국여왕과 영국성공회는, 자신들의 자랑 스톤헨지를 능가하는, 한국의 중도맥국 유적이 보존되는 것을 두고 볼 수 없었고, ⑧그 잠재된 재화에 탐이 나고 강원도 및 춘천시 정치인 및 공무원들은 돈과 뇌물에 눈이 멀어, 한국인 공복으로서의 중심과 비판력을 잃고 부화뇌동하여, 한국역사에 큰 오점을 찍는다. 한민족 최고 신성지역 중도에 영국식민지의 앞잡이처럼 영국 정부기업(영국여왕과 영국성공회가 주인인) 레고에 내어놓으려는 역적에 가까운 실수를 하게 된다.

영일은 그 음흉한 속을 숨기려 하지도 않고 (그만큼 한국의 정치지도자들은 무시당할만한 수준을 내보인 것이다), 영일은 2012년 일본과 무기공동제작 동맹까지 맺고, 박근혜 대통령과 강원도청과 춘천시청 공무원들을 매수하고, 중도유적은 파괴하고(때로 끝없이 나오는 만년 유물은 도둑질할 예정까지?), 본국보다는 축소된 영국여왕의 왕궁까지 지을 계획을 세우고, 한국을 영국이 아편전쟁을 일으켜 그 승전의 댓가로 100년간 차지하고 있던 홍콩을 할 수 없이 중국에 반납하게 된 후 홍콩 대신, 강원도부터 제 54번 째 영연방화하려 일단 레고기업부터 춘천에 보낸 음모인 것이다.

영국(비롯 당시 제국주의적 색채를 띠고 덤비던 네덜란드 프랑스 스웨덴 등등)은 1900년대 이미 춘천 중도에서 고대사 유물이 나온다는 것을 영어 소식지를 통해 알게 되었다. 역설적이게도 한국의 역사적 가치들을 알려 독립을 돕겠다던 의로운 사람들이 알린 영어 소식지를 보고, 그들은 그 역사적 실타래의 탈취를 100년간 꿈꾼 것이다.

1997년 아편을 중국인에 팔다가 못팔게 하자 영국이 일으킨 전쟁에서 무기와 전략 좋은 영국이 이겨 중국으로부터 100년간 뺏은 홍콩을 중국에 할 수 없이 반납하게 되자, 영국 54개 연방식민지에 이은 극동의 식민지로 한국을 겨냥한다. 영국 레고의 주인인 영국여왕과 영국성공회, 영국은 찬스 활용, 노무현 대통령이 탄핵 운운되던 가장 어려운 시절.

2004년 노무현 대통령을 영국여왕이 국빈으로 초청(탄핵에 찬성한 조중동은 기사로 내주지도 않음, 영국여왕 초청은 정치인으로도 영광으로 인정하는 관례)

2012년 영일무기공동제작 동맹을 맺고 중도개척을 시작한다. (1900년 전후 영일동맹을 맺고 영국전략과 무기로 대한제국을 멸망시키고 36년간 한국식민화 전철 있음)

2014년 부정선거 당선무효 운운될 때 박근혜 대통령 초청해서 레고를 로비한다.

7. 영국왕실 및 영국성공회 중도침략 전략과 인도식민화식 강원도 · 춘천 식민화 전략

① 2004년 경기도 이천에 덴마크가 레고공장을 설립한 이후 덴마크는 한국에 레고 주제공원까지 만들려고 2,000억 투자까지 준비하고

② 김영삼 대통령까지 만났으나 거절당했었다.

③ 그런데 영국은 외교적으로 나서서 돈 하나 안들이고 레고공원을 유치하려고, 한국대통령들을 초대하여 로비로 해결하려 하였다.

④ 이명박 때는 4대강 사업에 대한 사전 유적조사를 2011년에 했는데 중요유물과 유적이 발굴되었다.

⑤ 영국여왕의 호화 접대에 박근혜대통령이 걸렸다. 게다가 강원도 최문순은 도지사 자리에 연연하여 재당선을 바라는 시점에서, 영국이 오히려 애타게 기

다리는데, 박근혜와 최문순이 급해서 불법으로 한국이 불리하게 아주 불공정한 조건으로 계약을 해준다. 시간 버티기 싸움에 졌고, 영국에 역이용당했다. "영국은 맨손으로 불법으로 레고하러 들어오려다 유물 9,000여 점과 시민단체에 딱 걸렸다."

이렇게 박근혜정권과 강원도지사는 – 영국은 인도에 동인도회사로 들어가 100년 만에 영국인 총독을 임명해 버린 듯한 식민지구조를 만들었는데, 오히려 춘천 중도 고대유적지를 100년간 무상임대 등등으로 불평등계약을 했다. 중도는 스스로를 지키려는 듯 사전 유적조사에서 유물유적이 9,200여 점 이상을 내어놓았다. 유물만으로도 허가 취소사항이 된다. 現대통령이나 문화재청장은 허가를 바로 취소하라. 퇴보하지 말고. 1982년도에는 중도에서 나온 말무덤 2기 발굴로도 '강원도 시도 기념물'로 선사문화 지구로 지정했다.

% 1982년도 결정 = 춘천 중도 적석총: 말무덤, 중도 적석총 春川中島積石塚시대

선사/신석기 – 철기 문화재 지정 강원도 시도기념물 제 19호 건립시기 성격 무덤, 고분군, 유적 면적: 2기, 360㎡

소재지: 강원도 춘천시 중도동 595 – 1 역사/선사문화

강원도 춘천시 중도동 중도中島에 있는 초기 철기시대의 돌무지 무덤[積石塚]. 1976년 6월 17일 강원도 기념물 제 32호로 지정되었다. 수량은 2기이며 면적은 360㎡이다. 중도 동남쪽 모서리 부분의 낮은 구릉에 쌍분雙墳으로 이루어져 있다. 원래 어느 장군의 말을 묻었다고 하여 '말무덤'이라고도 불리어 왔는데, 1981년 강원대학교 박물관에서 그 중 1기를 발굴 조사함으로써 무덤의 내부구조와 축조방법이 밝혀졌다. 무덤은 시신을 덧널木槨에 넣어 안치한 것으로 주변과 위로 자갈돌이 질서 있게 쌓아 올려지면서 사이사이에 진흙이 메워져 무너지지 않도록 되어 있다. 크기는 직경 14m, 둘레 44m, 높이 5m이다. 출토된 유물로는 무덤의 주변에서 토기조각의 다량이 수습되었고, 무덤 내부에서는 청동으로 만든 귀걸이, 작은 쇠손칼鐵刀子, 쇠화살촉鐵鏃, 덩이쇠鐵鋌 등을 비롯해 완전한 모습의 토기 2점과 700여 점의 토기조각 등이 출토되었다. 토기는 두드림 무늬打捺文를 시문한 회색의 경질토기가 주류를 이루고 있다. 중도의 돌무지 무덤은 만주와 압록강 부근의 고구려 계통의 돌무지 무덤과 비슷한 형식을 보여주고 있다.

고구려 돌무지 무덤의 일반적 형식은 우선 땅 위에 냇돌을 방형으로 깔고 그 중심부에 동서로 긴 편평부를 만들어 널木棺을 놓고 그 위에 단을 만들어 돌을 덮은 것이다. 중도의 돌무지 무덤은 돌을 사용하여 축대를 쌓아 붕괴를 방지하였으며 그 내부에는 모래를 다져 넣었다. 내곽의 바닥면은 납작한 강돌을 깔아 편평하게 유지하였으며 쇠목 · 거물쇠의 존재로 보아 널을 사용하였던 사실에서 알 수 있다. 무덤의 주인공은 1~2세기경 춘천 일대의 지배계급으로 추정된다. 특히 출토유물 가운데 검은색 곧은 입항아리[直口壺직구호]의 경우 춘천지역의 세력집단과 한강 하류의 백제와의 관계를 파악할 수 있는 중요한 유물로 평가된다.[98]

중도에 2018년(3년간) 9,000여 점 발굴에는 말무덤 2기가 아닌 사람 그것도 왕족 수준 이상 고고학적 가치가 있는 무덤 200여 기(165기 + 40여 기) 이상이 나왔는데 그에 타당한 대책을 세워야 할 것인데, 영일 무기공동제작과 더불어 시작한 영일의 저의가 분명한 영국기업에 분탕질하게 (그 뒤엔 한국 패싱과 침략을 호시탐탐 노리는 일본이 있다.) 한국의 보물 땅을 아니 한국의 역사를 내어놓는다니, 이제 어떻게 해야 할까?

8. 2018년 중도 유물유적의 발굴 결과

★ 9216점, 2018년 1월 문화재청 춘천 중도의 레고 관련 유적출토 유물 현황

중도에 옛 주거지 1612채가 하나도 같은 형태나 모양이 아니고 다양하다. 그 한 곳 한 곳을 보며, 저 우리 조상님들은 각 집마다 몇 천년간 그 분들은 어떻게 음식을 해 먹고 옷을 만들고 아이와 이웃과 살며, 어떤 꿈과 사랑과 애환의 삶을 사셨을까?

2018년 1월 문화재청 춘천 중도 레고관련 유적출토 유물 현황 9125점 외 대형환호 3200m · 404㎖(춘천)중도 보존 점수 100점 이상 무조건 유네스코 등재

2011년부터 (2010년부터 계획 추정) 춘천 하중도의 관광개발사업을 시작하면서 2012년엔 일본과 영일 무기공동제작 동맹을 맺은 영일의 의도는 어디에 있을까를 곰곰이 새겨봐 대응해야 한다.[99]

2018년 1월 문화재청 춘천 중도 레고 관련 유적

연번	허가번호	조 사 명	조사기관	출토유물			현단계	비고
				건	점	박스		
1	2011–0720	춘천 하중도 관광개발사업부지 내 B구역	강원고고문화연구원	16	16		국가귀속	
2	2011–0721	춘천 하중도 관광개발사업부지 내 A구역	예맥문화재연구원					유물없음
3	2013–0390	춘천 중도 LEGOLAND KOREA Project A구역 내 유적	한강문화재연구원		1,365			
4	2013–0391	춘천 중도 LEGOLAND KOREA Project B구역 내 유적	한백문화재연구원	955	955			
5	2013–0392	춘천 중도 LEGOLAND KOREA Project C구역 내 유적	예맥문화재연구원	1,072	1,072	4		
6	2013–0393	춘천 중도 LEGOLAND KOREA Project D구역 내 유적	고려문화재연구원	3,513	3,513			
7	2013–0394	춘천 중도 LEGOLAND KOREA Project E구역 내 유적	한얼문화유산연구원	1,328	1,334			
8	2015–1288	춘천 중도 순환도로부지 내 유적	강원문화재연구소	150	130	20		
9	2016–0395	춘천 중도 LEGOLAND KOREA Project F구역 내 유적	강원문화재연구소	28	28			
10	2016–0470	춘천 중도 LEGOLAND KOREA Project G – 1 구역 내 유적	예맥문화재연구원	38	38	3		
11	2016–0471	춘천 중도 LEGOLAND KOREA Project G – 2 구역 내 유적	강원문화재연구소	84	80	4		
12	2016–0472	춘천 중도 LEGOLAND KOREA Project G – 3 구역 내 유적	국토문화재연구원	37	40	2		
13	2016–1196	춘천 중도 LEGOLAND KOREA Project D – 5 구역 내 유적	고려문화재연구원					유물없음

연번	허가번호	조 사 명	조사기관	출토유물			현 단계	비고
				건	점	박스		
14	2016 – 1197	춘천 중도 LEGOLAND KOREA Project B – 5 구역 내 유적	한백문화재연구원	4	4			
15	2016 – 1309	춘천 중도 LEGOLAND KOREA Project H구역 내 유적	한백문화재연구원	303	306	3		
			국토문화재연구원	218	225	4		
			고려문화재연구원	20	225	3		
계				7,766	9,126	43		

출토 유물 현황

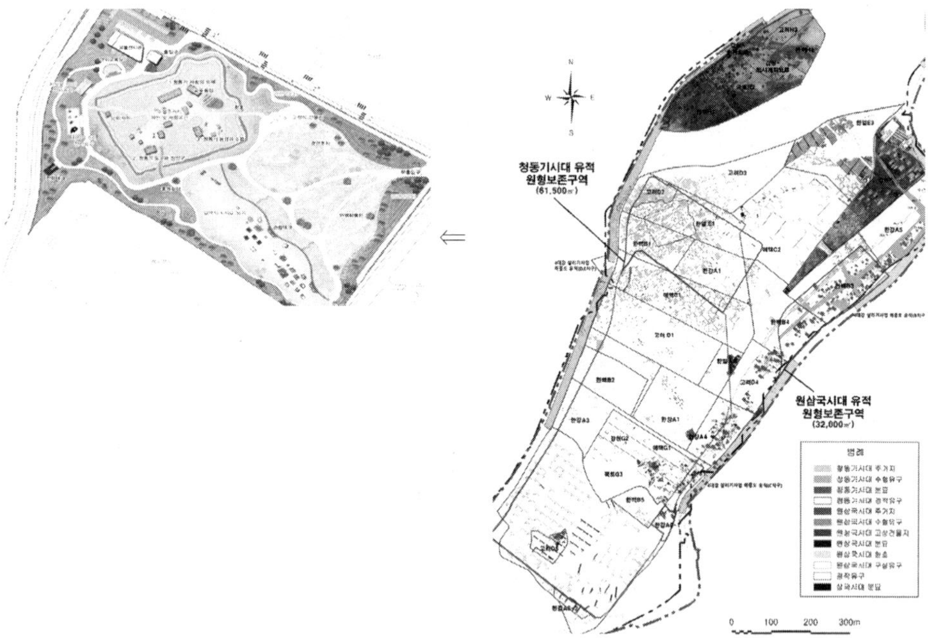

청동기시대 유적원형 보존구역 확대사진

9. 중도맥국 유물(평창 하리 여왕묘 포함) 내몽골(현재 중국령) 홍산유물과의 연계성 및 가치와 의미= 맥족에서(광개토태왕비에서 우리 옛족)→ 韓 · 濊(깊을, 물많은 예)족→ 고구려로 통합

춘천 맥국중도의 유물은 원래 예맥지역인 내몽골 홍산(현재 중국) 문화재와 같다. 홍산의 원방각 천단은 중도맥국에서 쇄골장 양식 고인돌 165기 그 각각에 "홍산 원방각 천단"이 다 축약해 들어있을 정도로 맥족으로서의 동족성 즉 역사연결성을 갖는다. 이는 중국이 홍산문명과 그 역사를 동이의 것으로 여기다가 이제는 자신들의 것으로 홍보하는 역사문명 침략에 제동을 걸 수 있는 한국의 중요 유물들이라는 점을 간과해서는 안된다는 얘기이다.

중국은 현재 홍산문화 후기의 우하량牛河梁 유적 발굴에 기초하여 요하문명의 개념을 정립하고 이집트문명보다 앞선 세계에서 가장 오랜 중국 문명이 요하문명이라고 홍보하고 있다.

– 고려 성; 진황도 북쪽 – 만리장성 안쪽에 있는 고려 성이라 현지인들이 불리는 성, 주변 산 위에 파수대가 있고 고조선 성인지, 고구려 성인지 발해 성인지 알 수 없다. 중국 언론에서 고려 성이라 발표한 바 있고 또 벌을 치는 조선족이 살고 있다.

– 동산취東山嘴 – 喀喇沁左翼제단 ; 동산취 유적지는 지금의 요령 각라심喀喇沁 좌익 몽고족.. 옥거북玉口,옥촉玉鐲, 갈고리 구름형 옥패勾云形玉珮, 요하유역의 제사 중심 – 종교의 전파. 홍산문화 만기晩期에 종교 유적지는 보편적으로 존재하는데, 별도로 중소형의 제사 유적지들이 있어, 규모는 우하량만은 하지 못하나 단, 상호간에 동일한 특징을 갖고 있다. 이들은 모두 제단이 유사한 제사건축 형식을 하고 있다. 즉 원방각의 동이족 형태를 고스란히 띠고 있다는 사실이다. 또 한 가지 주목할 만한 사실은 제단 부근에 시체를 묻은 묘장이 있다는 사실이다. 특유의 유물은 제사용 진흙 채도 통형기筒亨器 등 특수한 도기와 동물류 그릇, 옥벽玉璧 등이다.

– 우하량 유적지 ; 소떼를 몰고 다니는 나루건널목? 중국 고고학회 이사장인 궈따쉰郭大順은 〈우하량 유적지 고고발굴 보고〉에서 '우하량 적석총 제 16지점에서

발견된 옥풍(玉風. 봉황), 옥인玉人 등을 비롯해 각종 제단과 묘, 이들의 배치는 베이징의 천단天壇 및 명나라 황제를 모신 13릉과 비슷해 '예禮'의 원형을 찾아볼 수 있다." 그는 "중국의 전통 사학가들은 황하 유역을 중국 문명의 요람으로 봤다"며 "그러나 홍산문화에서 발견되는 유물과 유적은 중국 문명의 중심지가 결코(필자: 아니다 라고 바른말을 하지 않고, 이곳도 중국문명이다 라고 다음과 같이 발언하고 있다) 한 곳이 아님을 보여 준다. 요하유역은 중국 문명 발상지 가운데 하나"라고 강조했다.

적석총, 석관묘, 빗살무늬 토기. 우하량에 있는 적석총 – 기원전 3500년의 유적. 대형 제단과 적석총, 여신묘 및 여신상의 존재는 이 문화가 상당 수준의 계급분화가 진행되어 이미 씨족 사회를 넘어섰으며, 국가 형성 초기단계에 이르렀다는 것을 보여준다. 우하량牛河梁 지역에서 발굴된 '여왕국'에 주목한다.

강원도 평창 하리에서도 최근 2,500여 년전 여신묘가 발견되었다. 그런데 한국(강원도 평창군)은 정작 그 땅에다 아파트를 지으려 하고 있다. – 문화재청은 빨리 서둘러 복원해 둬야 한다.

기원전 2,500년경으로 추정되는 이 지역 유물들은 단군조선 등 우리 유적과 일맥상통하는 부분이 많기 때문이다. 중국 문명에서는 찾아볼 수 없는 적석총 고분군이 수십 개 산재해 있는데다 여신묘에서는 곰의 턱뼈가 발견되기도 했다. 적석총은 요동반도와 한반도 곳곳에서 발견되는 우리 한국 민족의 장묘 형식이라는 점에서 우하량의 여신은 혹시 단군신화에 나오는 웅녀가 아닐까. 기이하게도 발굴된 유물들의 연대가 단군왕검이 단군조선을 세웠다는 기원전 2,333년과 비슷한 시기이다.

중국 내몽고 사회과학원 고고학 연구소의 곽치중 연구원이 '우하량 유적에 나타난 여왕국의 실체'를, 중국 대련대학교 한국학 연구원 부원장인 유병호 교수가 '요하 유역에서 생장 발전한 문명의 현재적 의의'를 발표했는데 유 교수는 "단군조선의 정확한 위치가 아직 밝혀지지 않고 있지만 우하량 등 요하문명을 보면 한민족의 선조가 적어도 이들과 같은 문화권이었던 것이 틀림없다."면서 또 "요하 고대문명에 대한 발굴은 한국 사학계에 한민족의 기원을 재조명할 수 있는 기회를 제공했다."면서 "단언할 수는 없지만 곧 한민족의 기원과 요하 고대문명의 관계가 밝혀질 것으로 본다."고 덧붙였다. '우하량유적 박물관'을 건립 중이다. (이 글 발표 후 10여 년 후에 완성되었다.)

– 능원 북릉과 대형 적석총 ; 이 지역 최대의 적석총과 능원시 북쪽의 북능. (자료나 사진이 없으며 꼭 찾아간다고 보장할 수는 없다. 출입가능 여부를 확인 중이다.)

6일 – 적봉시 박물관과 적산; 홍산문명의 중심지. 1935년 내몽골 적봉시 홍산후紅山後 유적 발굴부터 50년간 발굴자료가 증가해 왔고 시기별로 보면 적봉의 홍산후가 전기단계에 속하는데 다양한 종류의 세석기細石器가 발달하였고 타제석기打製石器, 석마반石磨盤, 석마봉石磨棒과 발형기鉢形器, 통형관直腹罐의 비교적 단순한 토기의 구성을 보이는데 홍산후를 비롯하여 서수천西水泉, 지주산蜘蛛山, 내몽골 오한기 사릉산四稜山과 삼도만자三道灣子 등이 있다. 홍산문명紅山文明은 신석기 말기까지 지속된 신석기문화로 B.C.E. 5000년까지 소급되고 있다. 박물관에 "단군조선 동검"비파형동검)이 전시되어 있고 단군조선 시대를 '초원 청동기문명'이라 한다. / 참고 – (1978년)내몽고 적봉시 피림좌기 석빙자촌에서 수습된, 西晉대의 夫餘 인장, 청동제의 정방형 고리는 馬紐. 印文은 "晋夫餘率善佰長"인데 기왕에 알려진 晋高句驪率善邑長(2顆)/晋率善貊佰長/晋率善穢佰長으로 보면 서진은 고구려와 예맥, 부여에게 모두 인장을 사여한 것이 된다. (이곳의 당나귀 고기가 맛 있다.)

– 흥륭와문화 유적지 ; 소하서문화(小河西文化: B.C.E. 6500~흥륭와문화(興隆洼文化: B.C.E. 6200~B.C.E. 5500) 등은 동북아 전체에서 뿐만이 아니라 세계적으로도 이른 시기의 신석기 유적들이 발견되고 있다. 이런 신석기문화를 바탕으로 국가 단계에 이미 진입했다고 판단하고 있는 홍산문화(紅山文化: B.C.E. 4000/3500 ~B.C.E. 2500)가 꽃 피게 된다. 최근 중국학자들은 요하 일대의 신석기문화를 모두 광의의 '홍산문화'라고 일컫기도 한다. 신용하교수 글 – '단군조선'의 건국은 한강 신석기문화(한족, 왕 배출)와 요하 신석기문화(맥족, 왕비 배출), 대동강 신석기문화(수도 설정)의 세 강의 신석기문화를 통합해서 한 단계 더 높인 동북아시아 최초의 고대국가 건국이었다고 볼 수 있다. 단군조선은 이 지역 최초의 고대국가였으므로 빠른 속도로 만주 요동 · 요서지방으로 영역이 확대되었다. 이에 따라 수도도 '강동'에서 요하 부근 개평현 험독(險瀆 · 검터)으로 천도하였다. 또한 3경 5부三京五部제를 실시해서 지금의 중국 요령성 조양(朝陽 · 아사달),

영평부의 조선현(아사나, 고죽국) 내몽고 자치주의 적봉赤峰(붉달, 밝달)을 부수도로 하여, 넓은 지역을 5개 구역(부)으로 나누어서 그 안에 포함된 부족들을 직접 간접으로 통치하였다. 그리고 이 통치지역에 공통의 '아사달(단군조선)문명'을 창조하여 발전시켰다.

중국 측이 최근 동북공정의 일환으로 요서 · 요동지방의 고고 유물을 발굴하다가 신석기시대 맥족문화의 발전에 경악하고 있다. 우실하 교수와 심백강, 복기대 씨의 저서 및 답사보고서를 종합하면, 이른바 소하서小河西문화, 흥륭와興隆洼 문화, 사해査海문화, 부하富河문화, 조보구趙寶構문화, 홍산紅山문화, 소하연小河沿문화 등의 발굴, 특히 홍산문화 후기의 우하량牛河梁 유적 발굴에 기초하여 요하문명의 개념을 정립하고 이집트문명보다 앞선 세계에서 가장 오랜 중국 문명이 요하문명이라고 홍보하고 있다고 한다.

% 2006년 발로 글로 뛰는 역사지리 인문학자 故 이형석박사의 답사 글 속에서도 홍산과 단군조선의 관계가 있음을 밝히는 글들이 아래에 옮겨져 있다. 새벽부터 뛰어 다니시던 이박사께서 살아 계셨으면 춘천 중도의 맥국 보존에 깊이 뛰어들어 맥족의 이모저모를 밝히는 일에 나와 함께 적극적으로 같이 일을 하셨을 것이라, 이런 글을 보며 새삼 아쉬움을 금치 못하겠다.

10 ◒ 3세 단군 가륵 재위 45년 경자 2년(B.C.E. 2181년), 아직 풍속이 하나 같지 않았다.

지방마다 말이 서로 다르고 형상으로 뜻을 나타내는 참글(고대의 상형문자)이 있다 해도 열 집이 사는 마을에도 말이 통하지 않는 경우가 많고 백리가 되는 땅의 나라에서도 글을 서로 이해하기 어려웠다. 이에 삼랑 을보륵에게 명하여 정음 38자(세종실록에 의하면 10월 초, 친히 말글 28자를 정하시니 그 글자는 옛 전자를 모방하였다"라고 되어 있으니 한글은 세종대왕 때 만들어진 것이 아니라 옛글을 다듬은 것이라 볼 수 있다.)를 만들어 이를 가림토(가림은 사물을 분별한다는 뜻이고 토는 토를 단다는 말로 사물에 이름을 붙인다 라고 해석할 수 있다. (이것을 미루어 볼 때 교착어임을 알 수 있다.)라 하니 그 글은 다음과 같다.

11. 신축 3년(B.C.E. 2180), 신지인 고을에게 명하여 배달유기를 편수케 하였다.

갑진 6년(B.C.E. 2177), 열양의 욕살 색정에게 명하여 약수로 옮기게 하고 종신토록 그곳에만 있도록 하다가, 뒤에 이를 용서하시고 곧 그 땅에 봉하니 그가 흉노의 조상이 되었다. 병오 8년(B.C.E. 2175), 강거가 반란을 일으켰다. 신채호는 이를 지백특(티벳지방이라 생각됨)이라 한다. 단군 조상들의 역사적 무대는 한반도를 비롯하여 왜까지 더 큰 지역을 수용하였다.

12. 춘천 맥국과 일본과의 관련

3세 단군 가륵 "무신 10년(B.C.E. 2173)에는 한반도 두지주의 예읍이 반란을 일으키니 여수기에게 명하여 그 추장 소시모리(고대 일본역사에 자주 등장하는 인물)를 베게 하였다. 이때부터 그 땅을 일러서 소시모리라 하다가 지금은 이름이 바뀌어서 우수국이 되었다. 그 후손에 협야노(일명 협야후 배폐명이라 한다. 일본의 고대사에 등장하는 인물로서 일본 말로는 니기하야히모노데루라 한다.)라는 자가 있었는데 바다로 도망쳐 삼도(일본열도)에 웅거하며 스스로 천왕이라 칭했다. 계미 45년(B.C.E. 2138), 9월 단제가 붕어하시니 태자 오사구가 즉위했다. 맥국 왕궁터가 있는 발산리 왕궁터에서 환히 보이는 앞 남산이 우두산이다. 여기서 춘천 '예읍' 지역은 '예맥'족의 맥국을 뜻한다.

13. 중국은 요서 · 요동지방의 고고 유물 발굴 중 신석기시대 맥족문화의 발전에 경악

소하서문화小河西文化 (B.C.E. 7000 ~ B.C.E. 6500)

흥륭와문화興隆洼文化(B.C.E. 6200 ~ B.C.E. 5500)

등은 동북아 전체에서 뿐만이 아니라 세계적으로도 이른 시기의 신석기 유적들이 발견되고 있다. 이런 신석기문화를 바탕으로 국가 단계에 이미 진입했다고 판단하고 있는 홍산문화(紅山文化: B.C.E. 4000/3500 ~B.C.E. 2500)가 꽃 피게 된다. 최근 중국학자들은 요하 일대의 신석기문화를 모두 광의의 '홍산문화'라고 일컫기도 한다.

신용하교수 글 – '단군조선'의 건국은 한강 신석기문화(한족, 왕 배출)와 요하 신석기문화(맥족, 왕비 배출), 대동강 신석기문화(수도 설정)의 세 강의 신석기문화를 통합해서 한 단계 더 높인 동북아시아 최초의 고대국가 건국이었다고 볼 수 있다. 단군조선은 이 지역 최초의 고대국가였으므로 빠른 속도로 만주 요동 · 요서지방으로 영역이 확대되었다. 이에 따라 수도도 '강동'에서 요하 부근 개평현 험독(險瀆 · 검터)으로 천도하였다. 또한 3경 5부三京五部제를 실시해서 지금의 중국 요령성 조양(朝陽 · 아사달), 영평부의 조선현(아사나, 고죽국) 내몽고 자치주의 적봉(赤峰 · 붉달, 밝달)을 부수도로 하여, 넓은 지역을 5개 구역(부)으로 나누어서 그 안에 포함된 부족들을 직접 간접으로 통치하였다. 그리고 이 통치지역에 공통의 '아사달(단군조선)문명'을 창조하여 발전시켰다.

중국 측이 최근 동북공정의 일환으로 요서 · 요동지방의 고고 유물을 발굴하다가 신석기시대 맥족문화의 발전에 경악하고 있다. 우실하 교수와 심백강, 복기대 씨의 저서 및 답사보고서를 종합하면, 이른바 소하서小河西문화, 흥륭와興隆洼문화, 사해査海문화, 부하富河문화, 조보구趙寶構문화, 홍산紅山문화, 소하연小河沿문화 등의 발굴, 특히 홍산문화 후기의 우하량牛河梁 유적 발굴에 기초하여 요하문명의 개념을 정립하고, 이집트문명보다 앞선 세계에서 가장 오랜 중국문명이 요하문명이라고 홍보하고 있다고 한다.

– 오한기 역사박물관 ; 자도대 서북쪽의 오한기에 소하연小河沿유적이 있는데, 특징은 하가점과 다르게 채도적 기하문 토기가 도입되고 부호글자가 시작하는 것이다. 여기서 나타난 두 글자는 田, 卍자 등의 갑골문과 비슷한 고체古體이다. 호두구胡頭溝 서북쪽 조가보趙家堡에서 발굴된 채문도기에는 녹수신수鹿首神獸, 저두룡猪頭龍, 오수신금烏首神禽, 우각거수牛角巨獸 등 4가지 영물이 그려져 있다. 단제의 단군조선은 47대 2096년(B.C.E. 2333~238년) 동안 존속했던 고대국가이며 맥족의 환국桓國을 계승하고 B.C.E. 2333년에 백악산白岳山 아사달에 조선朝鮮을 개국. 요녕성 대릉하의 부신시 자도대紫都臺에는 호두구 유지胡頭溝遺地와 남량석성南梁石城이 있고 자도대에 평정산平頂山 석성石城 유지가 있다.

자도대가 바로 단군조선(단제) 최초의 도읍지이다.

– 하가점 하층문화 ; 70여 개의 성이 발견되는 등 완전한 국가형태를 띠고 있으며 발굴된 인골은 인류학적으로 볼 때도 고 동북인古東北人에 속한다는 것. "단군

의 고조선 건국 연대가 기원전 2333년이라고 하는데 하가점 하층문화는 연대가 일치하고 출토 유물도 단군 신화의 내용과 맞아떨어진다"며 "하나라 문화인 이리두二理頭 문화가 기원전 2100년 가량인 것과 비교하면 시기상으로도 더 앞선다" 했다.

7일 – 조양시 박물관 ; 세계 최초의 조상새 발굴로 유명한 조양 조류박물관이 있음.

– 조양 봉황산; 朝陽 – 아사달. 『삼국유사』에 '위서魏書에 이르되 지금으로부터 2,000년 전에 단군檀君 왕검이 있어, 도읍을 아사달阿斯達에 정하고 나라를 개창하여 조선朝鮮이라 하니 고(高 · 중국 요임금)와 같은 시기(기원전 24세기)'라 하였다. 이병도 박사의 지적과 같이 '조선'은 '아사달(아침 땅 · 아사는 아침, 달은 산 · 땅)'의 한자 번역이다. '아사달'은 순수한 단군조선말 나라이름이었다. 이 중국 고문헌은 기원전 24세기경 단군조선(아사달)이 건국되었음을 명료하게 기록하고 있다. 중국 역사가들은 외국 역사를 깎아내리는 악습이 있으므로, 만일 의심한다면 "단군조선 건국 시기가 중국 요임금 시대인 기원전 24세기보다 더 이전일 가능성도 있다"하였다.

– 능해시 대릉하 ; 단군조선의 최초 발상지가 한반도가 아니라 중원 대륙의 요서 대릉하 유역임을 사료를 통해 밝혀내 주목을 끈다. 재야 역사학자인 심백강씨는 〈황하에서 한라까지〉에서 심씨는 요하문명이라는 바탕하에 홍산문화를 이끈 주축이 동이족이며, 동이족은 바로 한韓민족이라고 주장한다. 그는 "한국 고대사 연구의 분수령인 낙랑군도 대릉하 유역에 위치했다. 조선이라는 이름을 사용하기 싫어했던 한 무제가 요서 지역의 상부와 하부를 흐르는 두 강의 이름인 요락수의 '낙'자와 백랑수의 '랑'자를 결합해 만든 낙랑군이란 지명을 지었다"고 말한다. 이를 〈사고전서〉와 중국 사회과학원이 발간한〈중국역사 지도집〉의 서한 시기, 지명 등에서 확인했다.

"8일 – 진행궁 유적지 ; 진시황의 행궁터로 발굴 복원 중. 시간이 나면 답사하고자 함.

– 서복 입해구선처徐福入海求仙處 ; 진시황의 불로초 사자 서복(徐福 – 徐市; 서불, 서시)이 3천(1천) 동남동녀를 거느리고 삼신산(봉래, 영주, 방장)으로 떠났다고 하는 곳. 청도 남쪽 낭야대를 출발, 북쪽으로 와서 떠나는 까닭은? 그러나 이

설이 많음.

– 산해관 ; 만리장성의 동쪽 끝 관문, 중국 지도에는 명나라 장성 표시를 평양까지 이어 놓는 왜곡을 해놓았다. 바다로 들어가는 끄트머리가 노룡두老龍頭이다. 시간이 나면 – 인천행 出 9일 – 13;00 인천 도착 〈정리/ 이형석〉"

14 ☑ 문화재청이 제정한 '문화재 현상 변경 기준안'에 의하면 지정문화재 보호구역으로부터 300m 내에는 역사문화 환경 보존지역으로 설정돼 있어 어떠한 시설도 할 수 없다.

하중도에서 발굴된 거대한 거주지터 집약군은 중도에 수천 명 이상이 살던 도시국가가 있었음을 인정하게 했다. 한편 문화재청이 제정한 '문화재 현상 변경 기준안'에 의하면 지정문화재 보호구역으로부터 300m 내에는 역사문화 환경 보존지역으로 설정돼 있어 어떠한 시설도 할 수 없도록 돼 있지만, 강원도 지정문화재인 '강원도 기념물 제 19호 중도 적석총 유적'으로부터 300m 이내에 있는 지석묘를 이전하는 행위는 문화재 보호 규정에 어긋난다고 한다. 특히 중도에는 강원도 지정문화재인 '적석총' 주변 300m 이내에 개발이 금지됐는데, 이 적석총보다 훨씬 더 중요한 유적이 대량으로 발굴된 주변 지역을 개발한다면 과연 올바른 법 집행인지 여부를 강력히 따진다는 강경 입장이다.

이와 관련 관계자는 이들 단체의 행동을 예의주시하면서 대응방안을 세운다는 입장이지만, 최문순 강원지사 역점 추진하는 사업인 만큼 향후 결과에 대한 이목이 집중되고 있다. [100]

15 ◘ 세계 고대사의 실타래 뭉치 같은 맥국중도 한국의 의로운 민간단체는 영국(일본)과 백년전쟁을 계획할 것이다.

문제는 영국의 여야 대통령이 '영국여왕 국빈초청 환대'라는 거시적인 정치적 뇌물로, 한국 여야의 힘 있는 국회의원과 언론이 못 움직이고 학자들은 공적인 지원금 때문에 눈에 찍혀서 금전으로 손해 볼 일에는 불참이라 안 움직이고 오히려 영국측을 두둔한다는 것이다. (영국에서 배울 점은 국가적 이익사업은 100년간 차분히 준비한다는 것이다. 근대 영국 빅토리아 여왕은 재임시도 아이를 직접 10여 명 많이 낳아서 유럽 여러 나라와 혼인동맹을 맺어, 유럽을 영국중심으로 하나로 사업을 했고 성공하는 식이다! 그럼에도 불구하고 현대에 와서 영국이 경제적으로 불리할 때는 가차 없이 브렉시트로 유럽연합에서 빠져나갔다. 닭 쫓던 개가 되는 신세) 세계 54개 나라를 침략하여 연방이란 미명으로 지배하고 있는 미망적 실력을 가진 막강한 영국+한국 여야 언론: 민간단체 거의 개인 차옥덕 박사(5년간, 약간의 인적 재능기부와 차비 일부 정도 총 30여 만원 도움은 민간단체 개인들로터 받았음. 밝히는 이유는 어딘가로부터 관변단체가 돈을 받아 나눴다는데, 나까지 그런 부정한 돈 받았느냐는 질문들이 있어서. 뜻있는 분들을 실망시키지 않으려고 언급한다. 최근에 중도 보존 목적으로 법적 대응하는 김종문 · 정철 황인식 공동대표가 움직이고 있다. 후원의 폭도 차츰 넓히고 있고, 대를이어 100년 계획을 세우고 점차 운동원의 폭과 깊이를 넓힐 것이다. 초기에 돈과 야합하던 자들도 사과하고 다시 〈중도맥국 운동권〉으로 들어오고 있다.

◘ 맥국중도 한 · 영(일) 백년전쟁 계획안을 민관이 같이 세우자

맥국중도를 지키는 나라 한국이 세계 일등 국가가 된다. 영국은 역사가 짧으나 여러 가지 백년계획에 익숙한 나라이다. 한국도 이제 숨쉬는 기간을 늘리자.

16 ◘ 〈백년 이상을 준비한 영국의 프로젝트들〉에 맞서는 준비를

영국 빅토리아 여왕 - 재위기간에도 아이를 9명이나 낳아서 유럽과 혼인연맹 계획을 연합 도모하다.

영국의 인도 식민화도 백년동안 준비

영국 중국의 홍콩도 백년동안 조차

영국 · 프랑스 의백년전쟁 1337~1453

도로가 끝나는 지점에서 〈팔러멘트 광장〉을 만날 수 있다. 이곳에는 영국의 방호벽, 불독이라 불리던 윈스턴 처칠의 상이 지팡이를 짚은 채 서 있다. 유럽 대륙에서 히틀러와 외로운 투쟁을 하며, 수많은 명연설로서 영국 국민들을 일치단결하게 만들고 미국의 참전을 이끌어 내어 끝끝내 2차 세계대전을 승리로 이끈 영국의 영웅이다.

그리고 이 팔러멘트 광장 주변으로는 영국뿐 아니라 다른 나라의 위인들도 찾아볼 수 있다. 가장 먼저 찾은 것이 바로 이, 넬슨 만델라 상. 젊었을 때 이곳 영국에서 공부를 하고 있을 시절, 이곳 영국에서는 흑인도 백인과 똑같이 줄을 서서 차례를 기다리는데 충격을 받고 고국에 돌아가 흑백 평등운동에 매진하여 결국 남아프리카공화국 대통령에 오르고, 노벨평화상까지 수상한 인물이다. [101]

선사시대부터 이상향의 명당인 중도맥국 – 그래서 외국도 탐을 내겠지요?만

'한반도 선사유적의 보고' 춘천 중도 유적지

춘천 하중도 유적지에는 1,612기의 거주지 집터 유적이 발견됐다. 상중도에서 발굴될 것까지 포함하면 수천의 집터가 더 존재할 것으로 예상되고, 거주한 인구도 수만 명을 상회하며 한 나라의 존재를 문화재청도 인정하였다. 제일 가까운 나라는 청동기 이전부터 존재한 것으로 여겨지는 '맥국'이다. 중도 옆의 도로 이름은 〈맥국로〉이다. 이러한 맥의 여신묘 문화는 끊이지 않는 한국의 마고문화를 증명하기도 한다.

17. 중도맥국 보존 민간단체 활동

고대 홍산근처에는 맥족이 계속 산포하고 있었다.

% 아래 사진 맨 오른쪽에 필자 차옥덕은, 레고개발 중도유적지 원형파괴에 항의하는 춘천 중도맥국 유적지보존 전국협의회 상임대표로서 참석하였다. 2016년. 이날은 유성엽 국회의원(국회교육문화관광 위원장), 김진태 의원, 문화재청 담당국장, 강원도 담당 등등에 레고 측에서 나와 개발설계 계획을 발표하는 시간 중에, 고인돌 집단지 위에 주차장을 짓는다는 안을 듣고 (몇 기만 다른 곳으로 이전 나머지는 도로 매장) 항의들 하고, 이어 현장 방문 때 항의를 하는 장면입니다. 이날 바로 공개적으로 신문에다 국비 860억원이나 투입하여 만든 다리를 레고다리 운운하는 새누리당 춘천시 김진태 의원에게 비판적 질의와 항의내용의 발표 전달 이후 '춘천대교'로 명명되었다.

춘천 하중도 유적지 일부에서, 최근 3년간 1m만 팠는데도 165기의 적석무덤(돌무지 무덤)이 발굴됐다. 이는 고인돌에 앞서는 선사인들의 매장지로 죽은 자의 시체를 풍장하였다가 뼈만 추려 다시 묻은 쇄골장으로 추정된다.

▲ 춘천 중도보존을 위한 전국협의회 민간단체들 이젠 역할 분담 법적 대응!도 2015년 1월 5일 차옥덕 본인의 중도건 첫 감사원 감사신청에 이어 2018년 위 사진.

▲ 대림건설 앞에서 시위 현장⇒그 다음은 영국대사관과 영국성공회(영국 레고의 주인이 여왕과 성공회니) 앞에서 차옥덕 혼자 하다시피 3달간을 했다.

18. 진인사대천명 盡人事待天命 아니고 ⇒ 진 민간 사 대 문광장관 명? 진 진인사 文대통령 명?

"단군이래 최대 투기사업"이라면서 "한반도 선사유적의 보고인 춘천 중도를 훼손하면서까지 사업을 강행해 온 최문순 도지사 후보와 관련자들은 법의 심판을 받아야 한다"고 질타했다. 앞서 시민단체들은 지난 1월 31일 최 후보와 관련자들을 문화재보호법 위반, 업무상 배임, 지방재정법 위반, 특정 경제범죄 가중 처벌법 위반, 매장문화재 보호법 위반 등의 혐의로 서울 중앙지검에 고발(제1031호, 2018 – 01 – 31)한 상태이다. 춘천 중도에는 수년 전 발굴 당시 선사인들이 남긴 160여 기의 돌무지 무덤과 1,612호의 주거지 집터 유적과 다수의 유구와 청동 도끼와 비파형 동검과 청동거울 등 수많은 유물, 유구들이 발굴되었으나 지금은 모두 매몰되거나 장소가 이전돼 거의 원형 회복이 어려울 정도로 파괴된 상태로 알려졌다. 한편 인류시원 문명학회 고문인 경희대 진용옥 명예교수(76세)는 "동방 해륙문명과 인류시원 문명의 발상지 추적" 강연에서 "춘천 중도유적은 요하문명과 연관된 한반도에서 발견된 선사시대 최대 유적지로 동방 해륙문명의 잔해일 수 있다"면서 "1만 8,000년 전 최후 빙하기에 황해는 지구상에서 오직 두 곳의 초원으로 뒤덮인 인류의 낙원이었고, 이곳에서 인류 최초의 신석기 시원 문명이 탄생하여 요하와 중앙아시아를 거쳐 서양으로 퍼져 나갔다"는 가설을 제시해 눈길을 끌었다.

그는 이어 "춘천 중도유적지는 내몽골 현재는 중국의 요하문명과 유물 · 유적이 동일하므로, 기원전 8,000여 년 전까지 비정할 수 있다"며 "중도유적지를 보존하여 제대로 연구한다면 중국의 역사침략을 막고 대한민국의 상고사를 지킬 수 있을 뿐만 아니라 영국의 스톤헨지(BC4?)와 중국의 진시황릉(BC3)보다 앞서기에, 동아시아 최대의 선사문명 관광지로 우뚝 세울 수 있다"고 주장했다.

춘천 맥국의 중도식 토기(춘천박물관, 2018년 6월 22일) 1m만 팠는데도 유물이 9,200여 점이나 나왔는데 그 위에 영국 레고회사(영국은 인도 홍콩 등 세계 54개국 식민지화한 동인도회사랑 같은 역할, 뒤에는 일본 자위대가 있다. 대한제국은 영일동맹으로 영국이 일본에 전략과 무기를 제공한 것이다)를 짓는다 하니 망연자실해서, 유물도 얼이 있는 사람도 다들 목숨을 걸고 발버둥친다. 경제정치 문화권력 역사권력들이 이면적으로는 매수나 강압으로 식민지, 정치영토 착취권력으로 비화

19 ◘ 춘천중도 발굴 및 연구 연혁

▲ 춘천 레고랜드가 중도에 유치되기 전에 이미 중도에 거대한 선사유적지가 있음이 확인되었다. [102)]

유럽에서의 움직임

① ▪ 1907년 헐버트 "춘천은 고조선유적" 관련지역이다. (그의 의도는 한국의 귀한 문화적 자산을 알려 한국이 인정받게 하기 위해서였다는데…본의 아니게 유럽인에게 한국이 값 나가는 유물을 도적질할 타격이 되기도 했다. 영국의 수상 처칠도 한국 고대역사의 진가를 알게 되었다. 이때부터 중도는 영국의 세계고대사 점령 식민지대상의 명단에 오르고 다들 자기들의 욕심으로 움직인 것이다. 기다리고 있던 누구 입에 중도를 갖다 바친 격이 되었다.

② ▪ 1915년 : 근대에 춘천 중도유적에 대해 조사한 사람은 1915년 일본의 고고인류학자인 도리이 류조였다. 영일은 이런 정보를 공유했다. 식민지 경영을 위해 조선의 구석구석을 조사하던 도리이는 소양강변 춘천 천전리(샘밭)에서 10기에 가까운 고인돌과 돌무지 무덤(적석총)을 확인했다. 유럽이 중도를 바라보며 100년 간의 준비 끝에

③ 맨 먼저 덴마크 수상이 먼저 또 덴마크 여왕도 다녀가고, 이천에 레고공장부터 세운다.

④ 영국여왕 내외가 탐색차 여왕이 남편을 사업파트너로 하고 두 분이 먼저 한국을 방문해서 가치를 탐색해 본다. 방문 후 20년간 탐색 준비

⑤ 다음에 영국 레고의 주인인 영국여왕과 영국성공회가 100년 만에, 영국여왕이 초청하는 것으로, 대통령으로서 위기감을 느끼는 순간들에 노무현 대통령 박근혜 대통령을 (여야대통령이 된다) 차례로 국빈 초청하고 접대하여, 국가적인 전략으로 박대통령 때는 국가요원과 연방대표들도 모두를 총동원시켜 대대적으로 환대 한다.

⑥ 실제로 박근혜는 영국에서 귀국 한 후 바로 영국식민지의 전초기업인 동인도회사의 다른 이름인 영국 레고를 중도에 하기로 100년 무상임대 조건도 아닌 조건으로, 강원도지사를 통해 매국적인 결행을 한 것이다. 하여 처칠의 경고 "한민족이 역를 찾으면 세상을 다스린다"는 말을 상쇄해 버리려 한 것이다.

20 ◘ 춘천 중도유적에 대해 조사한 국내 연구자와 단체

(■1915년 : 근대에 춘천 중도유적에 대해 조사한 사람은 1915년 일본의 고고인류학자인 도리이 류조였다. 식민지 경영을 위해 조선의 구석구석을 조사하던 도리이는 소양강변 춘천 천전리(샘밭)에서 10기에 가까운 고인돌과 돌무지 무덤(적석총)을 확인했다.)

▲(1967년 의암댐 건설)

■1971년 소양강댐 건설공사로 수몰된 춘성군 북산면 배평리, 추전리, 대곡리 등에서도 고인돌의 자취가 보였다.

■1977년 국립박물관 이건무와 이백규 – 무문토기편 발견하고 경질 무문토기는 '중도식 토기'라 명명(중도에서 안정적으로 확인된 기원전 후~3세기 사이의 표지유물) 중도는 원래 섬이 아니고 나지막한 산이었다. 의암댐 건설로 아래 부분이 물에 잠기어 섬처럼 보일 뿐이다. 금강산~통천~회양~양구를 돌아 온 북한강과 설악산~인제~현리를 통해 흘러 들어 온 소양강이 만나는 곳이다. 댐 때문에 댐 호수의 수위 변동이 심해 강변 쪽은 물줄기가 급격히 변하는 바

람에 수위조정 때마다 급속도로 깎이는 일이 반복되어 강변쪽이 3m 가량이나 깎여 있는 것을 목격했다(이건무).

이때부터 중도 뿐 아니라 춘천의 북한강 유역 역시 각광을 받기 시작했다.

구석기~신석기~청동기~초기삼국시대 흔적들이 쏟아지는 유적의 보고로 각광을 받게 된다.

- 1980년 국립박물관의 중도 집자리 발굴(3200년 전 청동기시대쯤)

  이기환: "집자리의 발굴 이후 그 중에서도 중도는 핵심지역으로 이후 건드리면 터질 수 있는 유적의 화약고처럼 인식되었다."
- 강원대학 1981년과 1983년 발굴 조사
- 백제문화연구회 한종섭회장: 2005년 맥국 조사

  2010년 이명박 시절 4대강 사업 사전 유적 발굴조사
- 2011 사전 유적조사 시작

  (2012 영일 무기공동제작 동맹)

2013년 11월 중도 내에 레고랜드의 조성 부지에서 무려 1400여 기의 유적과 수천점에 달하는 유물이 발견되었다. 2014년 7월 29일 중간조사 결과 발표회를 통해 엄청난 청동기 유적이 보고되었다.

문화재청 매장문화재 분과위원회 13차(2013) 회의록 - 청동기 시대 유구 발견. 고인돌 101기, 집터 917 + 바닥 높은 집터 9기 = 926, 구덩이 355기, 비파형동검 1개, 청동도끼(집터에서), 청동기시대 토기, 석기,

짐승이나 적의 침입으로부터 마을을 보호하는 둘레 404m 도랑(환호), 농사를 지었음을 알려주는 경작 유구까지도 확인되었다.

(도표 1 참조 - 한강, 한맥, 예맥, 고려, 한얼 발굴조사 5기관)

(도표 2)

21 ◘ 중도 레고의 기공식과 한 달쯤 후 관변단체에 주도케 해 급작스레 벌인 공청회 그 가운데서도 우실하 · 이형구 교수 보존대책 발표

영국대사 네덜란드대사(덴마크가 레고 원조) 참석

2014년 11월 28일 레고랜드 기공식

2014년 12월 23일 국학원 및 모 관변 시민단체 급작스런 간담회

2015년 1월 6일 국학원 및 박사모 단체 주최: 춘천 중도고조선 유적지 공청회

개발측 관계자 총출연한 관제 공청회: 중도보존 1차학술 발표회 - 개발보다 보존을 주장한 우실하교수가 중국의 보존사례를 설명하고 있다.

이렇게 최대규모의 지석묘가 발견된 점과 남쪽 부지 48기는 열을 맞추어 조성된 경우가 지금까지 없어, 역사문화 인류학적으로 또 고고학적으로도 크게 각광을 받아 왔고, (국립박물관 등의 보고서만도 5권 이상) 의미 있는 최대의 청동기 대규모의 유적과 유물이 발견되었으면 유네스코 등재로 가는 게 마땅한데도 불구하고.

- 문화재청은 유적의 보존을 완벽하게 담보하지 못하는 상태에서, 또 의암댐 물과 고인돌의 높이 수치 조작으로, 조건부 승인이라는 도저히 있을 수 없는 과

실을 범하였다. 이는

1) 우리나라 최대의 청동기 유적이 파괴될 위기를 자초하여 아래의 연구나 평가에 자료를 유실시킬 크나큰 국가적 손실을 자초하였다. 동시에 현대 한국과 한국인의 역사문화 가치에 대한 인식 수준의 저하를 초래하여, 국가에 대한 신뢰를 떨어뜨리고, 국격과 국민들의 정체성과 자존심과 애국심을 크게 훼손시키고, 외국의 한국역사문화 침탈 방어에도 큰 손실과 국력낭비를 가져오게 하였다.

① 둥근 바닥 바리모양 토기는 신석기 시대에서 청동기 시대로 넘어오는 전환기를 보여주는 중요한 유물로 평가된다. 이는 우리민족이 같은 지역에서 신석기와 청동기문화를 이루며 살았음을 증명하는 중요한 유적으로 시베리아~몽골, 만주를 거쳐 한반도에 정착했다는 시베리아 기원설을 반박하는 중요한 역사자료인 것이다(문화재청 7월 28일자 보도자료)

② 같은 중도부지 미발굴 지역에서 나타나는 것으로 알려진 철기유적들과 연관지어 중도지역이 고도의 징치집단이 수천 년간 경영하고 유지된 한반도 내의 최고의 유적임을 증명하고 있으며

③ 한반도 인류기원의 근거를 정립하고

④ 비파형동검이 발굴된 40호 주거지(47평형)는 대형의 장방형 건물로 지도자의 죽지일 것으로 추정되며, 청동도끼가 발굴된 37호 주거지도 40호 주거지와 인접하여 환호안의 대규모 주거지와 연관되어 정치세력의 중앙지도부가 있었을 개연성을 추측하게도 한다.

⑤ 북한강 유역의 화천 용암리와 거례리의 유적 그리고 가평 달전리에서 발견되는 대규모 철기유적과 연관지어 선사인들의 이동경로와 정치세력화의 과정을 밝혀내는 중요한 사료가 될 터이다.

⑥ 1,400여 유적이 중도 1/10에서 나왔으니, 아직 발굴치 못한 9/10에서 나올 수 있는 유물에 대한 도난이나 훼손의 국가적 정신적 국민적 상처 손실액 등등

이와같은 중차대한 의미를 지닌 춘천중도의 유적을 대다수 파괴하는 개발을 하는 경우, 문화재청은 문화재헌장 “선대와 후대가 공유해야 할 문화유산을 후손에게 온전히 물려주어야 한다”는 정신에도 위배하는 반문화재적 폭력이며 반인류학적 무지의 결과이며 민족역사 계승정신과 문화를 파괴하는 반역적이고 식민사관적 행위이다.

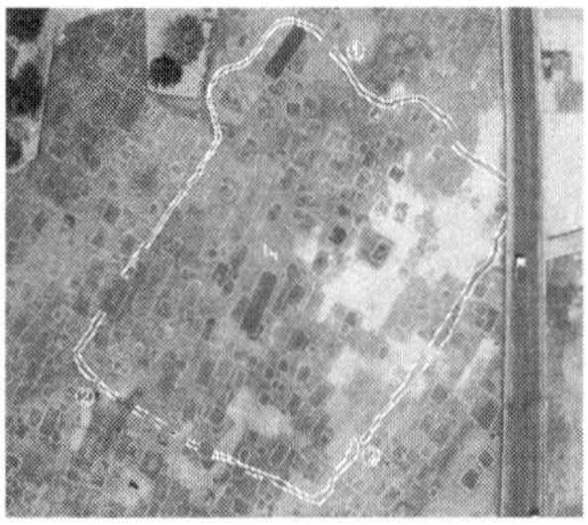

1612개 주거지들 선사 주거지가 1266기나 되니 세계사적이다.
동북아에서 발굴된 선사시대의 환호들은 대부분 주거지를 중심으로 둥글게 조성되었다.
(부산대 박물관의 검단리 환호 유적사진)

▲ 춘천 하중도의 거주지 터 1,620여개의 집약군 안에는 전체 둘레 약 404m(내부 면적 1만㎡)에 이르는 네모난 대형 환호環濠가 발굴되었다. 그 안에도 집이 160여 기가 보여진다.

22 ◘ 세계 학계에서 고유명사를 얻은 〈중도식 토기〉도 어마어마하다.

대환호大環濠는 중도를 다스리던 수장이 머물던 곳으로 예상된다. 중도의 환호가 방어에 유리한 원형이 아니라 네모난 이유는 아마도 중도의 거대한 거주지 터 집약군 안에 위치하여, 전방 후원분처럼 의례공간일 수 있다는 것이다.

춘천박물관 중도식 토기

세계사를 다시 써야 한다. 중도맥국에 살던 신석기 인류의 수가 최소 만 수천에 달했던 '맥국'이라는 나라가 있었다.

1980년도에 국립중앙박물관 이어 강원대학 유적조사, 2010년 이명박 정부 시기 중도에 실시된 4대강 사업과 관련한 발굴조사에서 중도에는 전 지역에서 청동기시대의 거주지 터들이 확인되었다.

한 가구를 5인으로 치고 1,400여 기, 917기를 계산하면 7,000명이 나오고 1600 가구를 치면 1만에 가깝게 나온다. 그 숫자만으로도 역사를 다시 써야 하는데, 1968년 이전 하중도와 상중도가 하나로 붙어있었음을 감안하면 중도맥국에 살던 인류의 수는 최소 만 수천에 달했을 것으로 추정된다.

세계사를 다시 써야 한다. 춘천 중도에 신석기에 그당시 국가가 존재할만큼 유물 유적이 집중적으로 출토되어 국가존재를 인정하지 않을 수 없다(문화재청)=중도바로 옆엔 현재 '맥국로' 라는 길이름이 붙어 있다.

중도 주변도 거의 유물유적 조사로 신석기와 구석기로 알려져 있다.

23. 중국의 보존 대책 – 유네스코 등재로 가고 있다.

중국 진시황릉 지하 보존대책 건물

▲ 중국 진시황릉 보존 돔 - 춘천중도도 이렇게 못할까?

24. "한민족이 역사를 찾으면 세상을 다스린다"

영국수상이며 정치가 처칠[103] 이 2차 대전 후 랜버그에서 연설하면서 "유대민족은 땅을 찾으면 세상을 지배하고 한민족이 역사를 찾으면 세상을 다스린다"고 한 예언자의 말을 인용하였다.

이스라엘이 땅을 찾고 나서부터 세상을 지배하는 것을 보고, 한민족이 역사를 찾는 것을 막아야 한다고 생각하고, 영국은 우리보다 더 한국의 우리 역사를 연구하였다. 그 결과 춘천중도를 찾아내었다.

이제 중도는 한국과 영국의 한판 승부이다.[104]

우리나라(일본) 주요 환호 유적				
지 역	총 길이	시대	발굴 년도/ 특징	처리 결과
울주 검단동 유적	약 300m	청동기	1975년/ 우리나라 최초로 발굴.	국가 사적으로 지정
울산 천상리 유적		청동기	1999년/ 마을유적으로 규모는 크지 않음.	
창원 서상동 유적	약 200m	청동기	넓이가 최대 10미터로 국내 최대.	경상남도 기념물지정
부여 송국리 유적	목책사용	청동기	환호보다는 목책을 사용하여 방어수단으로 활용.	국가 사적으로 지정
대구 동천동 유적	약 200m	청동기	1997년/ 규모는 60여 가구가 살았던 관계로 크지 않음.	보존조치
진주 대평리 유적	약 320m	청동기	1975년/ 청동기유적으로는 초기 발굴 사례.	수몰됨, 박물관 건립
홍성 석택리 유적	약 400m	원삼국 (철기)	2011년/ 원삼국 환호취락으로는 최대규모. 도로개설 중지 후 터널 공법으로 변경하여 보존.	국가사적 추진
춘천 중도	403m	청동기	2014년/ 내부 대형주거지 100여기, 청동 단검, 청동도끼 출토(국내2번째).	복토후 개발
춘천 중도	한 면만 800m 3열 식	원삼국 (철기)	한 면만 800미터로 전체는 최소 2km넘을 것으로 판단되는 국내최대 예상. 목책을 보조수단으로 사용했던 것으로 추정되는 주혈 흔적.	?
일본 요시노가리	최대 1km이상	야요이 시대	1986년부터 5년간 발굴.	국가사적, 유적공원조성 (단지내 버스운행)

25 ■ 공식 공청회 이전에 사전 간담회식의 모임에서 음모를 느끼고 놀라, 나는 일단 감사원에 감사 요청 – 차옥덕

서둘러 박근혜대통령이 임명한 감사원장이라는 한계를 알면서도 일단 감사원에 소청심사를 내었다. JTBC방송에서 물높이 조작? 문제가 있다고 하는 바람에 더 힘입어 일단 소청이 받아졌다. 이 관변단체 공청회에서 나는 한참 잘못된 토론 발표와 개발 쪽으로 찬성하는 방향을 보고 반론을 제시하려 손을 들었으나, 좌장인 세종대 최교수는 기회를 주지 않으려 허가한 문화재위원장만 시간을 질질 끌게 주었으나, 관중들이 나에게 시간을 줘라고 소리를 지르고 항의하자 마지못해 시간을 주었다. 개발을 찬성하는 쪽으로 허가하고 동조 언급한 자들에게는, 물높이가 잘못된 것을 모르고 허가 안 해야 할 곳을 허가했으면 이제 알았으면 허가 취소하도록 요구하며 양심선언하기를 촉구했다. 전날 감사원에 소청심사를 올린 것도 우선 말했다. 인터넷 방송분에서는 가장 중요한 핵심을 찌르고 관중들이 환호한 나의 이름은 처음 얼마간은 올라 있다가 나중엔 토론자나 질의자의 여럿 이름 중에서 빼어버려서 웃었다. (마로니에 방송분에서) 누구의 사주로 차옥덕 이름만 뺀 것일까? 박근영이 와서 몇 마디 별 의미 없는 소리를 했다. 며칠 후 처음에 나도 그런 단체인줄 모르고 같이 공동 대표하여 보존하자고 해서 했다가, 며칠 후 모임에서 박근영씨도 공동대표로 들어온다고 하길래 탈퇴했다. 이형구 교수, 우실하 교수 등 발표자 몇 분도 나처럼 보존하는 줄 알고 발표하러 온 것 같았다.

한편 '춘천시민문화연대' 오동철 사무총장은 초기에 물높이 조작도 실제 현장에서 조사하여 밝히는 중요 역할을 하였다. 경제성도 잘 따졌다. 춘천시민을 위해 내세우는 지역경제 활성화 명목도 사기성이 농후하다는 것이다. 강원도와 개발주관사인 엘엘개발의 그동안 추이를 살펴보면 개발주체들이 주장하는 바의 레고랜드 테마파크를 개발하는 사업이 아니라 막대한 세금을 투자하여 특혜를 준 민간 부동산 개발이라는 의심을 지울 수 없다고 했다.

나는 처음 항의 시는 일단 불법허가라, 문화재청이나 문화재위원이 허가만으로 취소하게 되므로, 자금 등은 문제시하지 않았다. (레고랜드 테마파크 건설을 위한 소요자금 내역 표 3 생략) 부정 등이 드러나 벌을 받기도 했는데 대표적인 것은 강원도지사 선거캠프 사무총장이 레고회사로부터 돈을 많이 받아 그것으로 실형을 받았다. 전 레고이사였던 사람을 춘천시 부시장(춘천 중도맥국 유적지보존 전국협의회 다음까페 글 참조 요망)으로 임명하여 부정뇌물 수수사건 등도 많다. … 결과는 박근혜 정부하에서 감사원 결과는 뻔했다. 결과는 물높이는 잘못되었으나 조작으로는 볼 수 없고 식의 면죄부 주기와 이후 감사결과들에도 부정한 공무원들 및 레고담당자에게는 솜방망이 처벌에 그쳤다.

26. 전문 고고학계의 중도에 대한 입장

◀이형구교수 : 이 완벽한 세트의 청동기 마을 유적을 보고는 "마치 역사 시대의 궁성 같은 세계적인 유적"이라고 감탄사를 연발했다.

◈ 단군조선 동검(비파형동검)과 청동도끼는 단군조선시대의 대표 유물이고, 남한지역 집터에서 처음 확인되는 유물임.

■ 2014년 12월: 비파형동검 1개 추가 발견(고인돌에서)

◀이기환 : 고고학적인 의미는 대단했다. 우선 강원도 지역에서 고인돌이 이처럼

무더기로 발굴된 것은 처음이었다. 게다가 집자리에서 '둥근 바닥 바리모양 토기(원저심발형 토기)'와 '덧띠새김 무늬토기(각목돌 대문토기)'가 확인되었다. 이것들은 유적의 최고 연대가 초기 청동기시대(기원전 14~12세기)임을 알려주는 지표 유물이다. 다른 고인돌과 달리 3열로 40여 개씩 길게 조성되어 있고 마을 공간 안에도 다수 분포되어 있다. 많은 돌을 이용해서 원형 혹은 장방형의 묘역을 조성하고는 그 중심에 시신을 안치한 돌널무덤을 설치하고 그 위에 상석을 올린 소박한 형태의 고인돌이다. 지하의 무덤방위를 바로 뚜껑으로 덮는다 해서 '개석식 고인돌'이라 한다. **그 가운데는 5~6세 어린아이가 구부린 자세로 석관에 묻힌 아주 작은 고인돌도 보였다. – 아이 고인돌 유골은 어디로?**집자리 규모가 요즈음 아파트 평수와 같은 26평형, 38평, 47평형에다 화덕자리가 한가운데 조성되어 있고, 4줄로 연결된 통나무가 불에 탄 그 형태 그대로 고스란히 남아 있어 경악했다.

청동기 초기 이후, 즉 기원전 11~9세기 사이의 흔적이 보이지 않는다. (주변 마을로 이사?) 반면 중도의 건너편인 현암리와 천전리, 신매리에서는 그런 공백기가 보이지 않는다.

◀김아관 고려문화재 연구원 조사연구실장 : "초기 청동기시대의 유구와 유물도 있지만, 청동기 중기(기원전 9~6세기)의 집터가 다수 확인된다."

◀이영문 동북아지석묘 연구소장 : 한반도에만 고인돌이 4만기 정도가 될 만큼 고인돌의 천국입니다. 그러나 고인돌의 90% 가까이가 탁자식이나 바둑판식이 아니라 중도에서 발견된 것같은 고인돌들이라 할 수 있습니다. (엄청난 규모의 탁자식이나 바둑판식 고인돌은 시신매장용이라기보다는 제사용이나 랜드마크 같은 마을의 상징물일 가능성이 짙다.

◀정연우 예맥문화재 연구원장 : "지금까지 140여 차례 조사된 춘천에서 확인된 유적만 1,400만m^2(425만평)나 됩니다. 발굴되지 않은 지역을 합친다면 어마어마한 규모이지요."

◀최종래 한강문화재 연구원 부장 : 산이 가파르고 계곡이 깊은 강원도의 경우 북한강이나 남한강을 따라 생긴 그다지 넓지 않은 충적대지에 사람들이 옹기종기 모여 살 수 밖에 없었을 겁니다. 그러니 좁은 강 유역에 사람들이 밀집해 살았을 것입니다. 그것이 북한강 유역에서 그나마 넓은 충적대지라 할 수 있

는 춘천이 선사인들의 고향으로 지목될 수밖에 없었던 이유이다.

▲중도 주변과 위 샘골, 아래 양구나 홍천에도 고인돌이 흩어져 있다.

한참 하류인 한강하류 강화앞 기수면(강과 바다가 합수되는곳)보다 훨씬 군사적으로 안정된 곳이 한강상류이다. 한강상류는 한강하류에서 올라가자면 한참 걸리는 강과 산이 깊은 강원도 춘천 중도쪽 충적대지가 안전한 생활권이다. 중도 고인돌 및 유물의 최고연대가 초기 청동기시대(기원전 14~12세기)임을 알려주는 지표유물이다. 한강 하류인 강화도 고인돌 추정연대와 거의 같다. 강화도 유지들은 고려산 등에 아직도 쌓여 있는 고인돌과 그 쌓인 먼지 두께를 보면 만 년도 더 된 것이 있다고 말한다. 같은 물길을 따라 이동하며 살 수 있는 사람들의 역사문화 교류는 흔한 일이고, 앞으로 한반도 인류기원의 근거로, 하나의 한강문화권으로의 연구도 절실하다.

▲ 9천여 점이나 발굴 춘천 하중도 얼빠진 놀이공원 계획지의 일부 1m 발굴에서만도 대형방어 환호와 사각 의례환호, 일열 고인돌 스톤헨지보다 엄청난 인류유적| (춘천)중도 보존점수 100점 이상 무조건 유네스코 등재

춘천 맥국 하중도, 얼빠진 정치몰이배들의 놀이공원 사업계획지 일부 1m깊이만 발굴에서만도 한국 고대역사를 지켜낼 청동기시대 대형 방어 환호와 사각 의례환호, 세계적으로 희귀한 일열 적석 고인돌 비롯 200여 기 이상의 고인돌, 청동기이후 주거지 1,612여 이상, 그 외 청동기, 중도식 토기, 철기 유물 등등 - 스톤헨지보다 시기상으로나 유적 유물로나 엄청난 보물들이다. 단장을 잘 해 줄 주인을 잘 만나면. 그 덕에 춘천과 강원도는, “죽은 자들이 산자를 살리는” 형국에, 감사하게 될 것이다. 문화재청도 학자들도 중도에 국가 존재를 인정했는데도, 못난 후손들이 조상님들께서 귀한 보물로 밥상을 차려 줘도, 어떻게 먹을 지를 엄두를 못내고들 있다. 유네스코 등재를 적극 추진합시다 - 강원도와 춘천시가 먼저 주인의식 가지시고, 적폐를 벗어나는 문화재청과 - 강화도 등은 고인돌 160여 기만 가지고도 유네스코 등재했다.

27 ★ 금(金)으로 된 상을 모시어 얻게 된 금金→김金씨의 탄생 미담: 자국 보호로 주변 정리 침략 포로로 잡아오다 · 용서 · 지피지기 · 생명의 은인 · 상대에 대한 지식으로 · 금씨 사성 · 보은= 만고에 큰 성씨로 한국을 장악 · 세계로 뻗치다.

한 무제가 어느날 한나라가 B.C.E. 102년 투항케 하여 포로로 잡아 온 흉노의 한사내가 신하들에 의해 마부로 정해져 일하는 것을, 우연히 보았는데 범상치 않아 누구인가 물어보니 흉노왕자라 이리저리 측근으로 두었다. 이 포로 왕자가 (자기를 포로로 잡아 온) 한 무제의 목숨을 구해준다. 이에 상으로 성씨를 받게 되는데, 흉노족이 금으로 만든 상으로 하늘에 제사지내는 '金人 祭天之胤' (胤윤:혈통 핏줄 맏아들)이라 하여 金씨 성과 '투후'라는 벼슬을 준다. 금씨에 '일제'도 '천고일제'처럼 큰 왕이라는 뜻도 된다. 그야말로 이 김씨는 한 무제가 이름을 준 대로 그는 만고에 세계 김씨의 시조로 큰 왕이 된 것이다. 세계의 김씨는 모두 김일제가 뿌린 씨들이다.

박씨 차씨 0씨의 씨는 대대로 뿌리 내리는 씨앗 – 즉 씨를 내내 흩뿌리라는 의미이다. 김씨는 한국인 중에서 가장 많은 성씨이다.

맥은 땅에서 맥씨를 잘 뿌리도록 긴 성기로 오줌을 마구 흩뿌리고, 민들레는 바람에 날리게 씨앗을 흩뿌려, 보는 자들에게 해방과 자유로움을 마음에 심어주고 세계로 마음껏 뻗는다.

금金이나=김金이나 한자가 같고, "소리는 달라도 뜻은 서로 통하는 부분이 있어, 소리와 뜻을 중히 보도록 하는 법칙"이 잘 적용된 글자이다.

스키타이→흉노(단군조선의 왼팔: 한무제)

28 ★ 차옥덕, 춘천의 봄내 맥국중도 대교에 '레고'다리 운운 적극 반대로 '레고'를 탈락시키다.

춘천시에서 중도맥국 다리이름 짓기를 한다 하니 인터넷 춘천시에 썼다.

예를 들어 〈중도맥국 보물다리, 춘천 맥빛다리, 춘천 맥국다리 등등〉에 대해 함부로 비하하지 말라. 이 다리를 건너 중도로 들어가면 나라를 하나 만납니다. 맥국입니다. 바로 춘천 여러분의 도로이름에 있는 맥국로의 그 맥국이요. (정신이 혼미하여 영국 여왕궁을 지으려 허가했던 그 문화재청 시대에도 중도유물이 나오는 것을 보고, 한 나라의 존재를 인정했는데, 왜 그 귀한 자산을 매장합니까? – 한국 돈으로 지으며 외국기업 이름은 얼른 붙여주더니, 여러분의 조상나라 이름은 왜 못 붙이고 안 붙이려 합니까? 쉽게 말해 식민지 노예의 거지 근성입니다. 이런 얼빠진 자들에게 욕을 못해서 안하는 것 아닙니다. 쉽게 이름을 짓자면 〈춘천맥국 세계문화다리〉입니다 - 작명비 안 받을게요. 〈춘천 레고다리〉가 아니고.

세계적 학명인 '중도식 토기'와 다양하고 희귀한 적석 고인돌을 만나는 〈중도맥국 보물다리, 춘천 맥빛다리, 춘천맥국다리는 한국을 침략하는 적국의 다리가 되고 싶지 않고, 얼빠진 놀이꾼들을 실어나르는 다리가 되고 싶지 않아서 조금 기다리고 있어요. 조금 있다 최고의 보물다리로 역할할 것입니다. 기다려 주세요. 흙속에 묻힌 보물인지 모르고 서로 밀치고 있네요.

환희와 만남의 축복으로 세계적인 축제의 황금다리도 될 수 있다. 얼이 있고 맥이 살아 뛰는 맥족들이 나서고, 중도맥국이라는 유물 그 가치를 사랑하고 제대로 알아주는 지인을 잘 만나, 춘천시내 적극적으로 파괴한 맥국 유적과 함께 살아날 때 비로소 중도맥국과 함께 환하고 귀하게 환생한 듯 춘천은 강원도를 비롯해 한반도를 살리고 세계를 축복할 것이다. 춘천 시민들과 도민, 국민들은, 지금이라도 중도의 지척인 발산리에 있는 〈맥국 터 비〉, 우두산에 단군시대 〈팽오 비〉를 세운 의롭고 앞을 내다보는 이들의 정신과 실천을 이어, 맥국 왕궁터도 복원하여, 역사도 지키고 맥족 자부심도 살리시며 관광자원화하시고, 후손에게 부끄럽지 않게 처신합시다. - 도울게요. 춘천 맥국중도다리는, 맥족의 맥을 잇고 살리는 세계 속의 한국 중도명물, 세계 맥(메기족 - 멕시코 이상까지) 인류, 남북 만남의 보물다리도 될 것인데 그 가치를 아직 모르시고, 못 읽어내시겠지요.

마음이 빨리 역사봄내 맥빛과 같이 밝게 뛰시길.

"누가 이 맥빛 다리(여인을)를 모르시나요?"

"춘천 맥빛다리"로 하시면 저절로 높게 홍보될텐데 - 아무 사랑의 마음이나 맥빛 흔적도 없는 애물 '춘천대교'로? 우리 스스로 우리 만년 맥역사 중도를 비하시키네요. 다행히 한국의 세금이나 일부 한국 땅을 판 돈인 858억짜리 다리이름에서 침략영국의 레고를 뺏으니 무식한 역적은 면하겠고 천만다행이네요.

환국기원 9,215년(예수 탄생 기원 2018년) 2월 5일

환인 7분, 환웅 18분, 단군 47분 천황님들 72분과 나의 가까운 조상님들께 감사드리며 맥국 춘천중도 유적유물을 보존하여 유네스코에 등재해서 제국주의 세계인들도 춘천시와 강원도 한국과 세계인의 발자취를 고요히 새겨 인류가 하나로 평화롭게 될 수 있게 하길 기원드립니다.

%추신: 위 처음 앞부분 글을 쓰고 난 다음, 글을 읽지 못하고 못한 분들로부터, 전화 몇 통을 같은 건으로 받았다.

영국인 남자와 결혼하여 미국에 사는 한 교포의 어머님으로부터 전화를 받은 내가 아는 분이 먼저 전화해 왔다. “중도가 어떻게 되냐고?” 중도모임엔 한 번도 안 나와 내 마음은 멀리 살고 있었는데…, 자기도 전화를 받고 전화한다고 “자기가 아는 전주 할머님께서, 자기 딸이 2017년도 초에, 영국 남편의 고향인 영국에 시집 가족들의 모임에 갔는데, 자기들끼리 모여 웃으며 얘기하는 중, 한국의 귀한 유적지 중도유적지에 박근혜 대통령이라는 자가 무식하게 자기네 영국여왕의 별장을 지어주고 같이 오가며 놀며 살라고 하는 어리석고 무식한 짓꺼리 한다”는 얘기를 마구 비웃으며 하는 것을 옆에서 들으며 “한국인으로 너무 창피하고, 대통령이라는 자가 그럴 수 있는가” 하고 분노하여, 한국 어머니에게 전화를 한 것을 몇 번이고 전해주었다. 다음날인 어제(2월 4일)는 그 어머니 팔순 할머님로부터 직접 전화가 와서 또 전해주셨다. “중도유적지 어떻게 되느냐고? – 그 00대통령이 바뀌었는데, 새 문재인대통령은 뭐하냐고? – 역시 피는 물보다 진하다고 영국남편과 살아도 한국인이라. 차박사님 수고하셨고 역사에 남는 절대 필요한 일을 하셨다.” “중도가 앞으로 어떻게 되는지 딸에게 전화해야 한다고 또 물으셔서….” 내가 답하길 : 영국여왕 궁을 짓는 설계는 우리 항의시위 중 문화재위원회에서 일부 바꾼 위원들이 막았다는 소리를 전해 들었으나, 아직 그 문화재위원회 최고 책임자나 부책임자 또 문화재청 유네스코 위원장이 이명박 박근혜 대통령 수하 학자?들로 구성되어 있어(중도 우리 역사를 파괴하는 레고를 기획실행한 전 문화재청장이 그렇게 구성해 놓고 퇴임해서), 질서있게 개선 개혁은 난감하나, 새 대통령이 잘 할 것이라고 일단 안심은 시켰으나…. 문대통령 혼자서 다 할 수 있겠는가?

문대통령이 취임하고 첫 청와대 앞 항의집회를 하며, 탄원서를 "춘천맥국 중도는 인류문화유산 유네스코로" (물론 중도에 레고는 절대 반대하고) 건으로 내가 올리고, 영국대사관 앞 서울시청 앞 대로에 100여 일간 여러 눈치를 보며 그 현수막도 올렸다.

"다 함게 썩을 수 없다"

"세계사와 한국사를 다시 쓴다"

(2015년 3월 6일에 국회에서 내가 주최가 되어 직접 학술대회를 열며 직접 만든 홍보물이다 - 여전히 유효하다 - 중도 유네스코로! 세계석학들 중도맥국 유적으로 새 역사 새 세계사를 쓸 수 있다. 지도자들 용기가 지역경제도 활성화.)

내가 한 4년 여간 미친 듯 중도맥국을 사랑하느라고 길에서 살다 보니, 어느날은 갑자기 기가 막혀 응급실에 가기도 하고 병원 계속 드나들며, 일하니, 사람들은 나보고 "춘천에 사는 춘천사람이냐"고 묻는다. 중도에 속상한 이 일이 터지기 전에는 나는 춘천에 특강하러 몇 번 간 것 밖에 없었다. 레고의 주인이 식민지 전문가 영국 여왕과 영국성공회이고 그 영국은 일본과 동맹하여 근대조선을 식민화했고, 한국을 2012년 영국과 일본이 무기공동제작 동맹을 또 맺고 2017년 초에는 한국상공 시험비행까지 하는 등(공무원 및 관련 인사의 매수는 기본으로) 한국의 제 2차

식민화를 위한 전초기지를 춘천에 까는 일이기에 더욱 발벗고 나선 것이다. 종균이 자랄 부정적인 모든 부패와 야합, 미군 공군기지 이전 터 23만평까지 – 중도유적지 위에 영국여왕 궁의 설계까지 문화재청에 들이밀 수 있을 정도로 부패와 불의의 요소들을 갖추고 있었다. 그러기에….

"나는 30년 전에 이화대학원에서 허난설헌을 깊이 사랑하는 논문을 쓴 인연으로, 강원도청의 초청으로 춘천 여성지도자를 위한 강의를 몇 차례 한 인연뿐이지만…." 정치판을 보면 도지사 및 주변 정치인들, 유네스코 등재로, 결자해지가 그들에게 최상일 것이다. 관련 기업들은 강원도 춘천시의 다른 일에 연계하고, 소중한 일을 할 다리는 858억을 들이게 해 놓았으니 (훗날에는 박근혜 정부의 저의는 반역적이었지만 다행히 내가 뒤집은 덕으로, 가장 큰 치적 아닌 치적이 될 것이다). 강원도민과 춘천시민들이 미래를 보면서 적극적으로 맥국을 지키면 머지 않아 살판 날 것이고, 다들 야합했던 것이 좀 덜 부끄러울 것이다. 레고의 원흉인 영국 대사관과 영국성공회 본관 앞 서울시청 데로번에서 거의 1인 항의시위를 100여 일산하며, 식자층이나 협잡꾼 사람들의 얇은 이기적 계산적 마음을 많이 보고 상처도 많이 입었다. 그러나 나라나 사람이나 "맥이 끊어지면 죽는다." 특히 맥족인 우리에게 – 춘천 맥국의 존재는 생명같은 것이다.

다행히? 나는, 1900년대 전후부터 고대유물이 나왔고 1980년대 국립박물관에서 중도발굴 보고서까지 여러 권을 쓰고 출판할 정도로 나와 선사 관광지였던 점 등을 보았는데 – 식민지 앞잡이 영국기업이 동인도회사로 인도식민지처럼 밀고들어간 수법을 알고 있었다. 그런데 우리 유적의 파괴 개발 이상의 침략 수법을, 우리 정부와 관료들을 내세워 획책하고 야합하는 영국과, 문화재청 관주도의 공청회(일은 먼저 벌여 적폐적 전략으로 첫 삽부터 화려하게 펴 놓는 기공식까지 해놓고, 요식행위상 필요하니) 국회서 중도를 보호하는 학술세미나를 한다 하여 야바위꾼인줄 모르고 적극 홍보하길래 갔더니, 막판 결론으로 돌아가는 것이 파괴행위를 하는 요식행위로, 심정보 문화재청 매장문화재 위원이고 허가심사 위원장과 최정필 교수가 좌장으로 방청객을 기만하였다. 나는 하도 기가 막혀, 고고학 원로 최정필 교수가 사회권을 가지고 ("대통령이 하라는 대"라는 말로 마이크 든채 공식적으로 시작하면서, 무슨 반대냐 식으로) 자기들 짜고치는 편?끼리 개발 전 당시도 보존점수가 92점이나 되는 (9,000점이나 나온 지금은 거의 보존점수가 1,000점이 넘을 것이다) 중도 파괴를 허가한 심정보 중심으로 연장 발언까지 하게 하고 (두 교수들은 후학과 제자들을 보기에 부끄러울 것이다), 반대할 방청객에겐 발언권을 주지 않으려는 상황에서 발언권을 방청객들의 비호아래 함께 뺏다시피 하여, 반대 성토발언을 했고, 만장의 청중들이 나를 격려했고 동참했다. 그 시간 전후, 나는 사태의 심각성을 알고 누군가 책임지고 일을 빨리 추진하지 않으면 서두르는 악의 축에 나라망신에 나라가 또 영일의 식민지가 될 것 같아, 스스로 춘천 중도 유네스코 등재추진 위원장을 스스로에게 주며, 스스로 채찍으로 삼고 바로 전날 감사원에 감사신청을 낸 것을 다행으로 여기며 매진했다.

29 ☗ 이제 춘천시청 강원도민과 춘천시민이 앞장서서 중도맥국 유네스코 등재로 이끌어라.

춘천에 거주하는 윤태순(68 · 남)씨 역시 "춘천 주민의 입장에서 중도에 관광객을 끌어 들이고 상권을 활성화시키기 위해 테마파크 등의 시설은 간절히 필요하다"며 "굳이 레고랜드가 아니어도 좋으니 춘천 상권을 활성화시킬 만한 호재가 생기기를 바란다"고 말했다.

강원도 레고사업 지휘 최고책임자도 그 사무총장이 선거자금법 위반으로 유죄로 되었는데, 그 선거 당사자는? 당연한 것 아닌가! 또 먹고 사는 길만 생각하며 감옥가는 정치꾼들과 같이 야합하는 강원도민 춘천시민으로 어정쩡거려 부끄러운 꼴이 되지 말자. 춘천시청도 땅을 판돈을 딴 데 쓰지 말고, 맥국 유적지 복원하는 일부터 쓰고 교육 수학여행이나 관광수입으로 또 좋은 일을 하게끔 하고 우선은 858억 춘천 맥국 빛다리도 춘천 맥국로 중도 맥국도 살리고, 나라역사도 살리고 – 국민 존심도 좀 살리자. (인도를 식민지배할 때 영국 동인도회사부터 밀어 넣었다. 영국은 중국인들에게 아편을 팔았고 전쟁을 벌여 홍콩 100년을 조차했다. … 영국 옥시, 영국 레고, 영국 일본 무기공동제작 동맹. 영일 한국항공 시험비행 춘천역 앞 미국공군기지는 뭐 좀 지어놓는다 해도 항상 공군 기지화될 수 있다 – 공무원들과 시민도민들 역사문화 국제 국내정치 공부를 좀 하자!)

평창올림픽도 이제 바로 끝나면 6월 선거가 눈앞이다. 주목해 보고 정 안 되면 저지운동한 내가, 우리가 또 나설 것이다.

30. 춘천시나 시민들은 우선 아주 큰 일이지만 작은 일부터! 80년대 중반 까지도 우두산 입구에 깨어져 방치되어 있던 〈팽오 비〉부터 찾아라!

못 찾으면 본 사람들의 증언을 듣고 복원사업회를 만들자. 같이 하겠다. 팽오는 초기 단군조선의 신하 직책이다. 4300년 전. 춘천 일원의 홍수를 잡도록 해 준 팽오 벼슬을 가지신 분이다.

중도 3000여 년에 집중하고 홍보를 운운하는 자들은, 식민사관파들에 물이 젖어 나라역사를 축소하고 중도위상을 깎아내리고 맥국을 매장하려는, 깨어나게 해야 할 대상들이다. 지구를 4000년 역사로 보는 골수 기독교 어떤 공학자의 정신수준과 다르지 않다.

31 ☗ 한국 고고학 학자 발굴단체들, 중도에 대한 태도 한국인인지 의심 갈 몸과 돈사림

보존을 위한 인군을 얻으려 고고학회를 가보니, 안빙에 불났는네, 옆방에서 외국노래나 부르는 꼴이었고, 정신은 말짱 잿밥에만 가 있었다. 중도유물을 직접 발굴하고 그 보고서 책을 쓴 前 문화재청장까지 지낸 고고학자부터, 중도 파괴가 눈앞에 있는 긴박한 상황일 때는 아무 말도 벙긋하지 않다가, 이제사 뭐뭐 한다고들 나서니, 참으로 우습다.

언제 한국이 식충이 같은 식자층들이나 협잡 야바위꾼들로 만년 환국 역사문화 명맥을 유지해왔던가? 어느 단체가 관변단체 노릇해 주고 돈을 일부 받은 모양인데, 내가 그 야바위꾼들을 법적으로 문제삼지 않고 내버려둔다고 나까지 정부로부터 돈 받은 것을 나누는데 같이 했느냐고 오해하는 사람들도 있었으나, 매일 변하는 여야 정부언론 정치꾼들의 중도파괴에 신경을 쓰고 싸우느라 여력도 없고 (영국여왕은 노무현과 박근혜 양 쪽을 다 국빈 초대하는 작전 수법을 썼기에 여야 국회의원들이 다들 못 나섰고 안 나섰다. 그 중에 유일무이하게 국민당 유성엽 의원께서 가장 외로운 싸움을 할 때, 거들어 주셔서 고마움을 잊지 못한다. 그것이 한국민, 국회의원으로서 자신의 사명으로 여기고 있었기에 가능하다.)

나와 일하는 내 상황을 모르고, 자기들 마음대로 자기들 같은 줄 알고 비난하는 자들에겐, 자신의 적을 앞에 두고 자기들끼리 싸우게 하는 적폐적 수법에 말려들고 싶지도 않고 거기에 쓸 여력도 없어 오해도 뒤에서 모략도 내버려두고, 원흉 영국대사관과 영국성공회 앞 항의에 집중하고, 제 정신을 가진 정치인들과 학자들을 찾아보았으나, 실망만 했다. 중도 얘기를 한다는 세미나에 바쁜 중에도 매번 갔다. 발표학자들과 매장문화재 위원회측은 중도역사의 축소에 소위 식민사관과 관변 지원금 타기와 자기들 파벌 이익에 집중해 있었기에, **매번 가서 지적할 수 밖에 없었고, 어떤 학자는 급기야 마지막 비판질의 때는 사과도 했다. (2017년 가을 한성백제 박물관 한강지역 학술세미나에서)**

문화재청의 중도 최종 발굴통계를 이제사 보게 되어, 보물 중도맥국을 바르게 알고, 나라가 부끄럽지 않고, 중도맥국이, 그 유적유물의 의미들이 크게 세계로 제대로 펼쳐 나가기 위한 마무리를 위해, 바로 공유한다. 제대로 맥국중도를 살리지 않으면, 평창올림픽(세계적 한국적 의미가 있는 특히 이번 계기)이 끝나고 나면 또 나설 수밖에…. 제발 담당자님들! 사고의 전환으로 환골탈태하셔서, 그런 일이 발생하지 않기를 – 적폐청산하려는 촛불 새 정부에도 제일 첫 번째로, 중도를 파괴하지 말고 유네스코로 가자는, 탄원서를 비를 맞으며 청와대 앞에서 올렸고, 만인이 보는 가운데 내가 직접 그 쪽에서 나온 담당자에게 전달했다. "한국 만년역사를 지킬 맥국중도 유네스코로" – 솔선 처리하시길 간절히 당부드린다. 오늘도 내가 지은 다리이름에 대해 이름 전문가 교수님께 자문을 구하러 간다. – 나는 이런 중도 일로 누구나 정부측에 몰래 돈을 받은 적이 없으니 헛소리는 말아주시길. 회원들이 움직이며 민족회의 모임에서 중도현황 특강을 부탁하길래 강의료로 1만원에서 몇 만원까지 총 27만원을 받았고, 그 외는 자비로 했다. 넉넉해서가 아니고 매일 현황 글을 쓰고 찾아 보고 항의시위하기 위한 홍보물 작성과 같이 할 사람 연락하기에, 돈을 얻으러 다닐 시간도 여력도 없어서이고, 해야 할 이런 일 외에는 일체 내게 돈을 쓰지 않기에 가능하였다. 지금도 그러하다. 고마운? 아니 얼이 있는 석학 수준의 학자들 몇 분께서 짧은 시간의 나의 취지 설명에도 국회세미나 발표 2번에 각기 동참해 주신 것이고 진행을 도운 분들이다. 물론 밥은 내가 샀지만.

32. 춘천 맥국중도 몇 년간 발굴한 조사단체들과 대표 이름들(다른 도표에 있음)을 기억하자

연번	허가번호	조 사 명	조사기관	출토유물			현 단계	비고
				건	점	박스		
1	2011 – 0720	춘천 하중도 관광개발사업부지 내 B구역	강원고고문화연구원	16	16		국가귀속	
2	2011 – 0721	춘천 하중도 관광개발사업부지 내 A구역	예맥문화재연구원					유물없음
3	2013 – 0390	춘천 중도 LEGOLAND KOREA Project A구역 내 유적	한강문화재연구원		1,365			
4	2013 – 0391	춘천 중도 LEGOLAND KOREA Project B구역 내 유적	한백문화재연구원	955	955			
5	2013 – 0392	춘천 중도 LEGOLAND KOREA Project C구역 내 유적	예맥문화재연구원	1,072	1,072	4		
6	2013 – 0393	춘천 중도 LEGOLAND KOREA Project D구역 내 유적	고려문화재연구원	3,513	3,513			
7	2013 – 0394	춘천 중도 LEGOLAND KOREA Project E구역 내 유적	한얼문화유산연구원	1,328	1,334			
8	2015 – 1288	춘천 중도 순환도로부지 내 유적	강원문화재연구소	150	130	20		
9	2016 – 0395	춘천 중도 LEGOLAND KOREA Project F구역 내 유적	강원문화재연구소	28	28			
10	2016 – 0470	춘천 중도 LEGOLAND KOREA Project G – 1구역 내 유적	예맥문화재연구원	38	38	3		
11	2016 – 0471	춘천 중도 LEGOLAND KOREA Project G – 2구역 내 유적	강원문화재연구소	84	80	4		

연번	허가번호	조 사 명	조사기관	출토유물			현단계	비고
				건	점	박스		
12	2016 – 0472	춘천 중도 LEGOLAND KOREA Project G – 3 구역 내 유적	국토문화재연구원	37	40	2		
13	2016 – 1196	춘천 중도 LEGOLAND KOREA Project D – 5 구역 내 유적	고려문화재연구원					유물없음
14	2016 – 1197	춘천 중도 LEGOLAND KOREA Project B – 5 구역 내 유적	한백문화재연구원	4	4			
15	2016 – 1309	춘천 중도 LEGOLAND KOREA Project H구역 내 유적	한백문화재연구원	303	306	3		
			국토문화재연구원	218	225	4		
			고려문화재연구원	20	225	3		
계				7,766	9,126	43		

33★ 춘천시 중도…인류의 보물 묻힌 '한국판 스톤헨지'

유적 · 유물 출토 후 공사 중단… "개발 방향을 바꿔 역사 테마파크를 조성해야"

전 세계 어린이들로부터 많은 사랑을 받아 온 블록 형태의 장난감 '레고'는 테마파크로도 유명하다. 이른바 '레고랜드'로 불리는 테마파크에는 세계 각국의 유명 건축물들을 형상화한 레고 작품들이 전시돼 있다. 현재 덴마크를 비롯해 영국, 미국, 일본 등 총 7개국, 8곳의 레고랜드가 존재한다. 레고랜드를 운영하는 회사는 영국의 멀린 엔터테인먼트이다. 지난 2011년 한국에서도 레고랜드의 조성 움직임이 생겨났다. 하지만 사업은 얼마 안 가서 제동이 걸렸다. 사업 예정지에서 고대 유물이 발견됐기 때문이다. 이런 가운데 최근 시민단체를 중심으로 다른 방식의 개발을 추진해야 한다는 목소리가 불거져 나와 주목된다. 역사 테마파크가 대안으로 거론되고 있다. 스카이데일리가 레고랜드 조성 예정지인 춘천 중도의 개발 상황과 앞으로의 활용 방안 등에 대해 취재했다.

▲ 강원도 춘천시 중도 레고랜드 예정 부지에서 신석기시대부터 삼국시대 초기에 해당하는 시기의 유물들이 발굴됐다. 현재 사업은 중단된 상태이다. 이에 시민단체를 중심으로 다른 방식으로 개발을 추진해야 한다는 목소리가 일고 있다. 사진은 춘천역과 중도를 연결하는 미개통 다리[105]이며 레고랜드 건설 예정지인 강원 춘천시 중도에 역사 테마파크 건립을 추진해야 한다는 주장이 제기됐다. 선사시대부터 삼국시대까지의 유적 · 유물 등이 대거 발견된 이곳을 해외 유명 유적지인 영국의 스톤헨지나 프랑스의 카르낙 유적처럼 보존해 역사 테마파크를 조성해야 한다는 주장이다. 문화재청 및 지자체 등에 따르면 강원도와 레고랜드 운영사인 멀린 엔터테인먼트가 공동으로 추진할 계획이었던 레고랜드 조성 사업은 지난 2011년 발표됐다. 강원 춘천시 중도 106만 8000㎡(약 32만평) 부지에 사업비 5011억원을 투자해 놀이공원 등을 조성한다는 계획이다. 강원도는 레고랜드가 조성되면 연간 200만명의 관광객이 방문해 관광수입 효과 5조원, 지방세수 연평균 44억원의 경제효과가 발생할 것으로 봤다. 레고랜드 개발 예정지인 중도는 상중도와 하중도로 나뉘어져 있는데, 이 중 하중도가 우선 개발지역으로 선택됐다. 강원도는 멀린 엔터테인먼트 그룹을 비롯해 현대건설 등 7개 기관과 투자합의 각서를 체결하고 지난 2014년 본격적인 굴착공사에 돌입했지만 얼마 되지 않아 공사가 중단됐다. 사업 예정부지에서 고대유물이 쏟아져 나온 까닭이다.

34 ▲ 신석기시대부터 삼국시대까지 인류의 보물 대량 묻힌 춘천시 중도

경기도 연천 전곡리 선사유적지는 지난 1978년 세상에 모습을 드러냈다. 이후 수차례에 거쳐 발굴조사가 실시됐고, 그 과정에서 일대 지역은 전 국민이 찾는 테마파크로 발돋움했다.[106]

춘천 맥국중도는 전문가 및 관련업계 등에 따르면 레고랜드 조성사업은 시작 전부터 잡음이 무성했다. 이미 1980년부터 춘천 중도에 고대유물이 묻혀 있다는 사실이 공공연하게 나돌았기 때문이다. 국립중앙박물관과 강원대박물관 등은 중도에서 삼국시대 초기 주거지와 돌무지무덤, 청동제 귀고리, 쇠칼, 쇠화살촉 등의 유물을 발굴하는데 성공했다. 전문가들은 중도에 발굴되지 않은 고대유물이 묻혀 있을 가능성이 높다고 입을 모은다. 상황이 이런데도 강원도는 유적발굴에 아랑곳 않고 레고랜드 사업을 추진하면서 학계 및 시민단체와 대립을 이어나가고 있다. 문화재청의 발굴 작업이 본격화된 시기도 이때부터이다. 문화재청에 따르면 지난 2013년 10월부터 지난해 10월까지 진행된 발굴조사 결과 청동기 시대과 삼국시대 초기의 도랑 겸 마을 경계시설인 환호環濠 2기와 주거지 1,495기, 고인돌 150기, 농경 유적 등 약 9,200여점 유적이 확인됐다.

특히 관심을 끈 유적은 둘레 404m, 내부 면적 약 9000㎡의 청동기시대 사각형 환호이다. 이는 한반도에서 확인된 최초의 청동기시대 사각형 환호로, 이전까지 발굴된 환호는 모두 원형이었다. 춘천 중도 유적지는 세계유산 등재가 유력시되는 충남 부여 송국리 유적지에 버금간다는 평가를 받고 있다. 학계에서는 이번 발굴을 통해 삼국시대 초기 춘천 지역에 강력한 세력이 존재했을 것으로 보고 있다. 이건무 전 문화재청장은 “중도는 기원전 13세기부터 기원전 12세기 사이인 신석기시대에 조성된 유적부터 삼국시대 초기에 조성된 유적까지 다양한 시기의 유적이 다량 발견됐다”며 “유적의 밀집도가 높다는 점에서도 매우 중요하다”고 설명했다. 최병현 숭실대 명예교수는 “청동기시대 사각형 환호와 원삼국시대 취락 유적은 이제 국내 고고학계에서 핵심적 위치를 점하게 됐다”며 “사회가 발전하면 취락 규모가 커지고 구성이 정밀해지는데 중도는 사회의 발전도가 높은 유적이다”고 평가했다.

35 ☗ “중도 유적지에 영국 스톤헨지에 버금가는 고대유적 테마파크를 조성해야”

영국의 스톤헨지와 프랑스의 카르냑 유적에는 매년 100만~500만 명의 관광객이 찾는다. 이들 유적지 인근 지역은 상당한 관광수입을 올리는 것으로 전해진다. 중도에서 역사적 가치를 지닌 선사시대 유적 · 유물이 대량 발굴되자 중도를 다른 방식으로 개발해야 한다는 주장에 힘이 실리고 있다. 레고랜드 대신 유적지를 보존하면서 관광 수익을 올릴 수 있는 고대유적 테마파크 조성이 대표적이다. 국내에서 역사유적지로 관광 수익을 올리는 곳으로는 경기 연천군 전곡리의 선사유적지가 있다. 해외에서는 영국 윌트셔주 솔즈베리 평원에 위치한 스톤헨지와 프랑스

브레타뉴주의 카르냑 유적 등이 꼽힌다. '스톤헨지'는 기원전 25세기에서 14세기 사이에 지어진 것으로 추정되는 원형으로 늘어선 돌기둥이다. (필자주: 근대에 설치했다는 설도 있다) 지난 1986년 유네스코 세계유산으로 등재됐다. 전 세계의 대표적인 선사시대 유적으로 손꼽힌다. 한 해 평균 이곳을 찾는 관광객 수는 무려 100만 명에 달한다. 스톤헨지의 최소 입장료가 17.5파운드(약 2만 6000원)이라는 점을 고려하면 입장료로만 매년 260억 원을 벌어들이는 셈이다. 관광객을 대상으로 하는 상권이 형성되면서 이 지역의 주민들이 벌어들이는 수익은 상당한 것으로 알려졌다. 프랑스 브레타뉴주州의 카르냑 유적에는 일정 간격으로 질서정연하게 들어선 거석들이 여기저기 놓여 있다. 한국과는 형태가 다른 고인돌도 곳곳에 자리하고 있다. 카르냑의 거석 유적은 신석기 시대인 기원전 5세기경에 형성된 것으로 추정된다. 지금은 매년 500만 명의 관광객을 몰리는 브레타뉴주의 효자 관광 상품이다. 입장료는 없지만 마을에 형성된 상권에서 벌어들이는 관광수입이 적지 않은 것으로 전해진다.

한국에서는 경기 연천군 전곡리 선사유적지가 한 해 수만 명의 관광객이 몰리는 유명관광지로 꼽힌다. 전곡리 선사유적지는 30만 년 전 인류가 남긴 구석기 시대의 흔적을 볼 수 있는 곳이다. 1978년 발견 당시 전 세계 고고학계를 놀라게 한 곳이기도 하다. **별다른 특산물이 없던 연천군은 전곡리 선사유적지를 테마로 다양한 관광 상품을 개발해 적지 않은 관광수익을 벌어들이고 있다.**

전문가들은 중도를 개발하려면 역사 테마파크가 적합하다고 입을 모은다. 유적을 보존하고 지역경제의 발전을 도모할 수 있는 지혜를 모아야 한다는 주장이다. 문화재 관련 한 시민단체 관계자는 "중도는 인류가 남긴 소중한 유산을 지키면서도 지역 주민들에게도 유익한 역사 테마파크로 개발돼야 한다"고 목소리를 높였다. 이와 관련, 강원도청 관계자는 "만일 레고랜드가 정상적으로 지어지더라도 중도에서 출토된 문화재를 연구하기 위해 박물관을 건설할 계획이었다"며 "구체적인 방법에 대해서는 더 검토해볼 예정이다"고 말했다.[107)]

36. 춘천 중도맥국 보존 역량껏으로 뭉친 카톡방 – 애국 애 문애생 200여 명 공동체

내가 만든 이 방은 항상 중도보존이 최상위이다.

" 〈공지〉 긴급사안입니다~

대한의 애국시민 의인들은 긴급 공유를 바랍니다~^!?

오는 12월 14일(금)은 강원도의회가 춘천 – 중도 개발권을 엘엘개발에서 영국 멀린사로 넘기는 것을 최종 승인하는 날입니다. 중도를 멀린사에 파는 것이 아닙니다. 강원도가 유적지를 파괴하고 레고랜드를 지을 수 있도록 **부지를 만들어 주느라 1,300억의 빚을 졌는데 그 빚을 갚을 돈을 마련하느라고 800억에 개발권마저 넘기겠다는 것입니다. 레고랜드 부지는 이미 100년 무상임대로 주기로 선계약돼 있는 것이고, 개발권마저도 500억의 빚만 남긴 채 떠넘기겠다고 하고 있으니. 땅을 주고. 권리도 주고. 빚도 지고….**

이 무슨 짱구 짓이랍니까? **거기다가 200만 명의 입장객이 안 되면 강원도는 수익금을 한 푼도 못 받는다는 계약도 했다니 장사가 잘 돼서 200만 명이 넘고 지분을 받을 수 있다고 쳐도, 쓰레기 청소비 밖에 안 되는 13%만 받기로 계약을 해 놓은 상태라니….** 불공정 노예계약도 이런 계약은 없을 겁니다.

땅을 공짜로 줘…. 개발권도 넘겨줘…. 유적지는 파괴 돼…. 빚은 수백억 져…강원도는 이 뭔 짓을 한 거죠?

유적지를 파괴하고 100년 뒤에 플라스틱 놀이터를 폐기처분할 일만 떠안은 것이 아닌가요? 이런 불평등계약을 차치하고라도 개발권이든 중도 땅이든 **영국계 멀린사로 넘어간 뒤에는 향후 100년 동안 우리는 아무 권리도 주장할 수가 없게 됩니다.**

멀린사에 넘기는 것을 최종 승인하기로 한 2018년 12월 14일(금)은 우리가 어떻게 해 볼 수 있는 마지막 날입니다. **공무원들과, 강원도의원들이 자신들의 영달을 위해 중도를 빚만 지고 말아먹는 일을,** 우리가 할 수 있는 모든 수단을 써서 막아야 합니다. 춘천 중도는 공무원들, 도의원들 몇 명만의 땅이 아닙니다. 국유지든 도유지이든 시유지이든 선사유적지는 우리 국민 모두의 것입니다.

강원도 공무원, 도의원 몇 명이 팔아먹어도 되는 땅이 아닙니다. 인류의 시원도시이자 인류의 성지가 될 선사유적지를 파괴하고, 이제는 그것도 모자라 춘천 중도를 통째로 영국 멀린사로 넘긴다는 강원도의 동의요구안을 강원도의회가 14일(금) 승인하려고 하는데, 이 일을 어찌한단 말입니까? 영국 멀린사로 춘천 중도가 넘어간 뒤에는 땅을 치고 후회해도 돌아오지 못합니다. 중도 선사유적지와 유물들을 보존하고 복원하면, 우리는 춘천 중도를 세계적인 관광지로 만들 수 있습니다.

우리 함께 강원도의회로 갑시다.

2018년 12월 14일(금)은 우리가 어떻게 해 볼 수 있는, 정말 마지막 날입니다. 여러분! 어떻게 하시렵니까?

이미 전국의 많은 시민사회단체가 마지막 항전의 결의로 강원도청의 의회 앞으로 집결할 것을 선언하였습니다. 아직 참여의사를 밝히지 못한 단체는 각자 단체별로 각 단체의 주장을 만장 피켓 등에 적어서 오시면 됩니다.

2018년 12월 14일 · 금요일 · 11시 · 강원도청앞"~ 춘천중도 지킴이 ~

37☗춘천 레고랜드 옆에 선사유적 테마파크 생긴다 2018 - 12 - 05 21:24 엘엘개발, 2020년 12월 이전 완공 계획. 지석묘·환호 등 복원 '청동기 마을' 재현

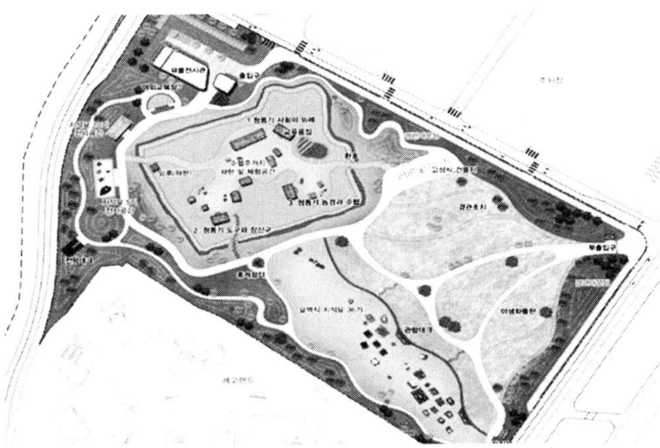

레고랜드의 테마파크 예정지인 중도에 선사유적 테마파크도 함께 들어선다. 엘엘개발 제공

레고랜드 테마파크가 들어설 예정인 강원 춘천 중도에 선사유적을 주제로 한 테마파크가 생긴다.

춘천 중도 관광지 개발 시행사인 엘엘개발은 중도 문화재보존구역 11만㎡ 규모의 터에 100억 원을 들여 '중도 선사유적 테마파크'를 짓기로 했다고 5일 밝혔다.

엘엘개발은 레고랜드를 짓기 위해 2013년 4월부터 매장문화재 발굴을 시작해 2017년 10월 발굴을 끝냈다. 이 기간 중도에선 기원전 13세기~12세기 청동기시대부터 원삼국 시대까지 다양한 시기 유적이 대량으로 발굴돼 충남 부여 송국리 유적에 버금가는 청동기시대 유적지로 평가받았다. 이 탓에 2014년 제동이 걸렸지만 격론 끝에 당시 문화재위원회가 유적 이전 보존을 조건부로 승인하면서 강원도는 레고랜드 테마파크 조성사업을 계속 추진할 수 있게 됐다. 하지만 여전히 지역 시민사회 단체 등을 중심으로 개발지 내의 유적지를 보존해야 한다는 주장이 이어지고 있다. 엘엘개발은 중도 선사유적 테마파크를 짓기 위해 문화재 전문가 자문위원회와 시 · 도 학예연구사 등이 참여하는 행정지원 협의체를 꾸려 지난 6월부터 설계를 시작했다. 이 회사는 중도에서 발굴된 지석묘와 환호 등을 복원해 중도 선사유적 테마파크에 청동기 마을을 재현할 계획이다. 또 청동기 시대의 들판도 조성하고 중도만의 역사를 학습하고 체험할 수 있는 전시관도 짓기로 했다. 전시관에선 중도에서 발굴된 유물도 만날 수 있다. 엘엘개발은 내년 상반기 중에 문화재청 설계심의를 마치고 레고랜드 테마파크 개장(2021년 7월)보다 이른 2020년 12월 이전에 완공할 계획이다. 이 회사 관계자는 "레고랜드 옆에 중도 선사유적 테마파크가 완공되면 춘천에 또 하나의 열린 문화 휴식공간이 생기게 된다. 관광객 유치뿐 아니라 선사유적 보존을 통한 역사 체험과 교육의 공간으로 의미가 있다"고 말했다.

영국은 일본과 무기공동제작 동맹하고 춘천중도 레고 시작(중도 맞은 편에 미군 공군기지 공터까지 있어 제 2의 한국 식민화의 아지트가 된다). 또 영국은 자국의 스톤헨지에는 관광객마저 몇 백미터 떨어져 보도록 조치를 하면서, 일만 여점 이상 나온 한국 고대의 귀한 유적유물 위에는 뛰어 놀게 하는 신성모독을 저지르고도 우방인가?

38✵ 현재 중국 최고 시대 흥륭와 옥귀걸이는 강원도 고성에서 출토된 옥귀걸이와 같다.

1만년 전의 옥귀걸이입니다. 옥은 대단히 단단한 돌인데 그 돌을 깎아서 저렇게 귀걸이를 만들었습니다. 무려 1만년 전에. 그 때 사람들이 어떻게 옥을 깎아서 저런 귀걸이를 만들었는지 아직도 미스테리.

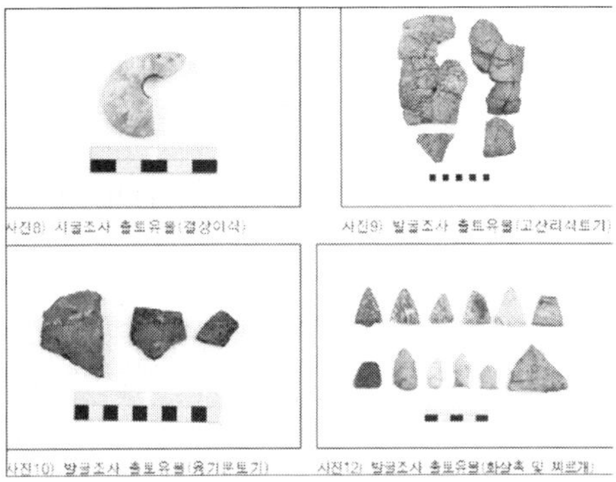

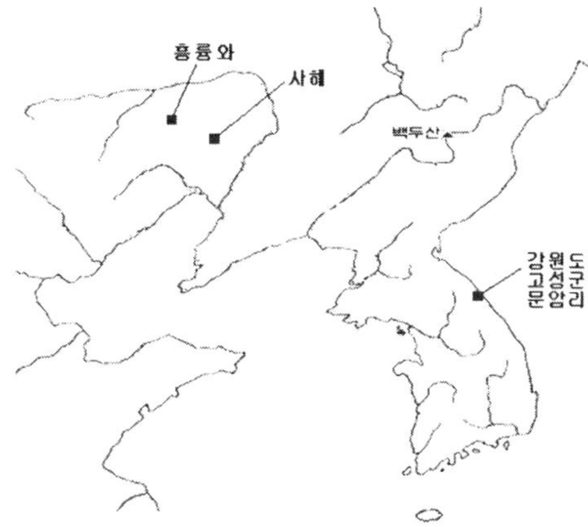

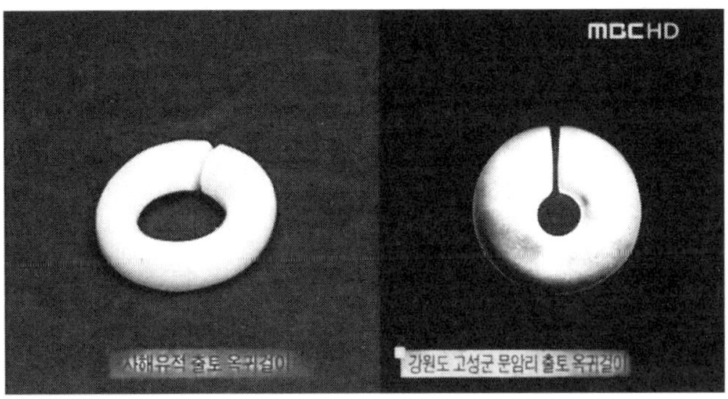

108)

강원도 고성군과 만주(요서)지역의 옥귀걸이들인데 둘 다 8천년 전 것들입니다. 이번에 발견된 제주 옥귀걸이보다 2천년 늦은 것들. 이런 고대 옥玉제품들은 [한반도 – 만주(요서포함)]에서 발견되는데 중국 대륙에서는 발견되지 않고 있습니다. 중국 옛 사서에서도 고대의 한국이 옥玉을 귀하게 여겼다는 기록이 나오는데 유물로도 실증 되고 있다 하겠습니다. 곡옥금관까지 있는 한국!

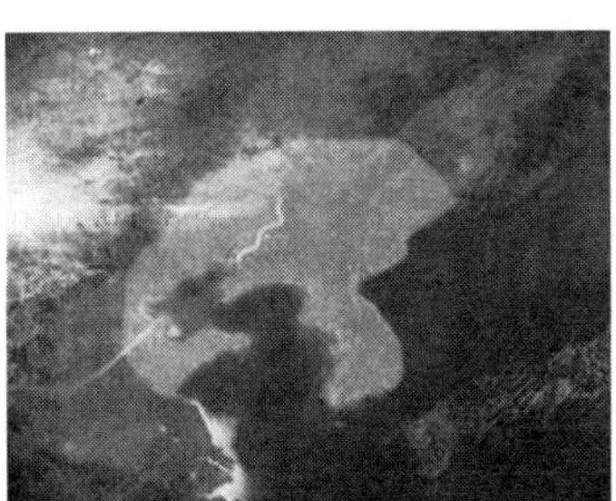

부산 가덕도 8천년 전 유물들 발견

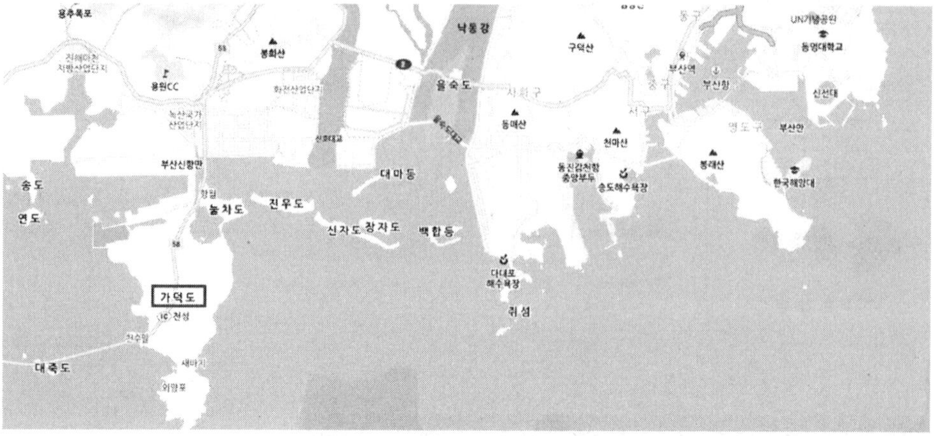

위 지도[109]에서 보이듯이 부산에 [가덕도]라는 섬이 있습니다. 여기서 이번에 8천년전 유물들이 발견되었습니다.

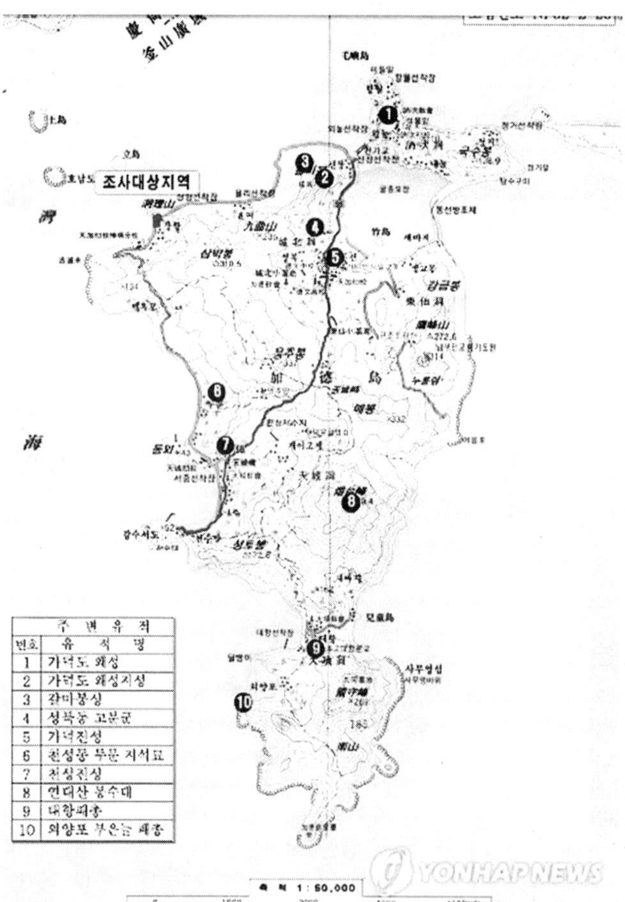

위에 [조사대상지역]이라 표시해 놓은 곳이 보이네요.[110] 약 8천년 전 무렵 신석기시대 초기에 만든 공동묘지가 부산 신항 예정의 일부인 가덕도에서 발견됐다.

한국에서 8천년 전에 이미 흑요석을 썼다는 것이 증명되었습니다. 흑요석을 깨면 [아주 날카로운 칼]이 됩니다. 갈아서 만드는 것이 아니라 [깨서] 만듭니다. 예를 들어 유리나 사기그릇을 깨면 날카로운 부분이 나오죠. 그런 부분을 칼로 쓰는 겁니다. 고대에 고기 등을 자를 때 아주 유용한 것이 [흑요석]이었습니다. 위의 것들은 주로 큰 흑요석을 깨서 날카로운 칼을 만들고 난 후의 '부스러기'들로 보입니다.

사진은 이곳 출토 흑요석.[111]

약 8천년 전 무렵 신석기시대 초기에 만든 공동묘지가 부산 신항 예정이 일부인 가덕도에서 발견됐다. 사진은 이곳 출토 옥제품.[112]

가덕도에서 신석기 돌무지 시설 무더기 확인[113]

부산 신항 예정지 배후. "불땐자리 아닌 듯"[114]

부산 신항 건설이 추진 중인 가덕도에서 신석기시대 집석시설 27기가 무더기로 확인됐다. 이런 집석시설은 보통은 불땐 자리로 보지만 그 기능에 의문을 자아내고 있다. 사진은 집석 유구 8호의 집석 상태(왼쪽)와 그것을 제거한 상태(오른쪽).

아시아 최초 사람 발자국이 화석 제주에서 발견된 2만년전 사람과 코끼리(매머드)와 커다란 새 발자국[115] 제주도 서귀포 해변에서 여러 동물들의 발자국과 사람의 발자국이 발견되었습니다.

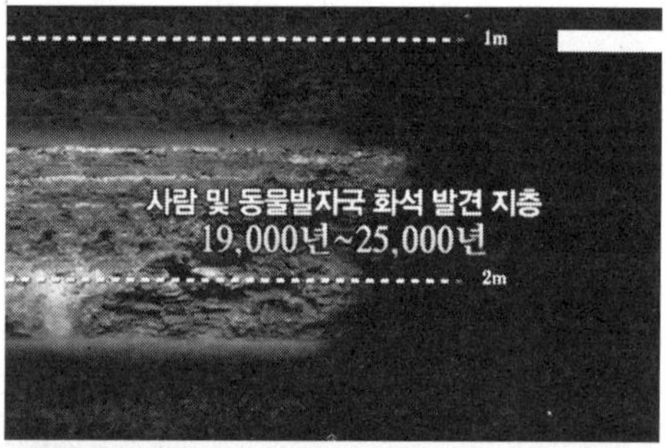

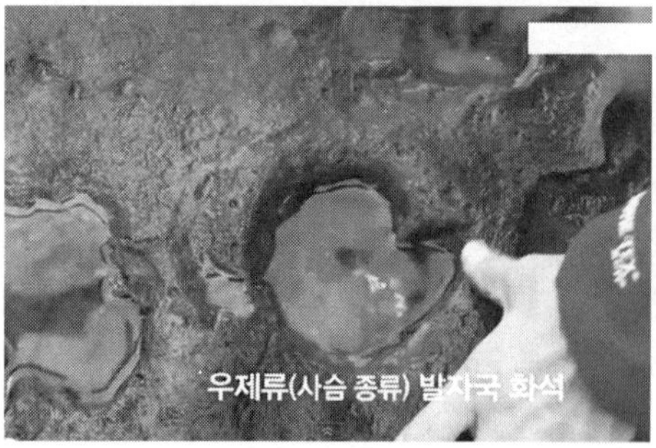

이 발자국들은 약 2만년 전의 것입니다.

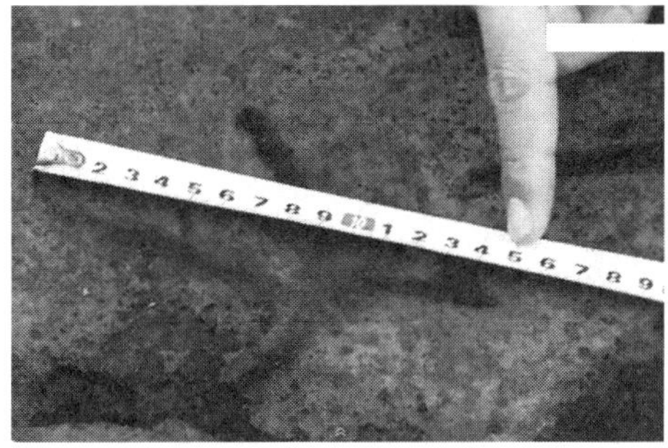

새 발자국이 큰 건 무려 15센티, 당시 한국에 아주 커다란 새가 살았다는 얘기

40센티의 매머드 발자국 발견

1~15 센티 크기의 다양한 새 발자국 발견

2만년 전 당시의 한국에 살았던 코끼리(매머드)는 사실은 위 모습과는 좀 달랐을 겁니다. 당시에도 한국은 온대지방이었는데 위 모습은 한대지방의 코끼리(매머드)로 보이네요. 시베리아에서 한대지방의 코끼리(매머드)가 거의 원형대로 발견되기 때문에 그 형상대로 복원한 것 같은데 온대의 코끼리(매머드)와 한대의 코끼리(매머드)는 다를 수밖에 없겠죠. 앞으로 예를 들어 황해(서해)의 바닷속 땅 밑에서 당시의 온대 코끼리(매머드)가 발굴될 수 있다 생각합니다. 당시 제주도에 매머드가 살았다는 얘기인데요. 매머드는 코끼리의 일종이라 할 수 있겠죠.

곰의 경우도 열대지방 곰도 있고 온대지방 곰도 있고 – 불곰 등. 한대지방 곰도 있듯이 – 백곰 코끼리도 예전에는 온대, 한대지방에 살던 코끼리들이 있었고 그 코끼리들을 매머드라 부른다는 얘기이죠. 매머드 – 온대, 한대지방 코끼리들 예전에는 한국 땅에도 많은 코끼리(매머드)들이 살았다는 얘기이죠.

사람발자국 화석도 발견 – 아시아에선 제주도가 처음

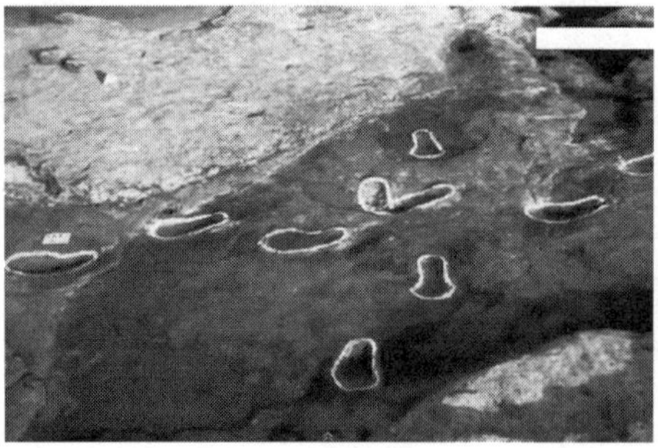

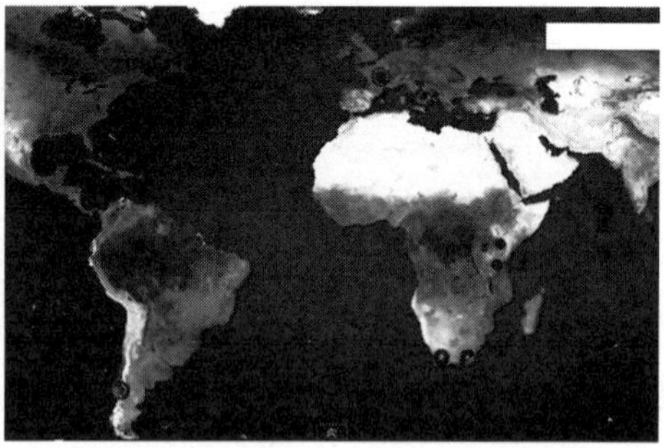

사람발자국 화석은 전세계에서 단지 7군데에서만 발견이 보고된 희귀한 것.

116)

117)

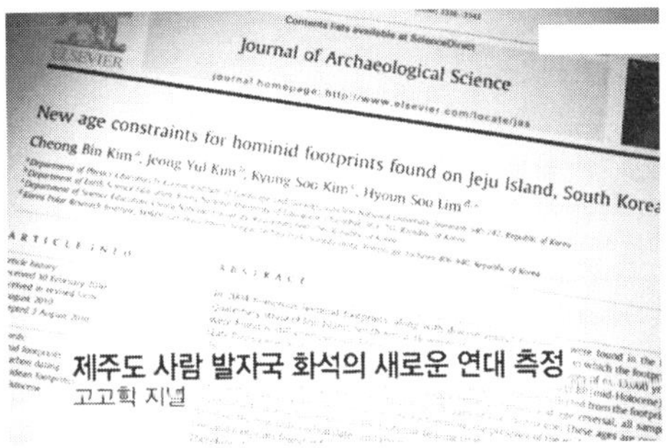

사진은 이들 묘역에서 출토된 각종 토기류.[118)]

약 8천년 전 무렵 신석기시대 초기에 만든 공동묘지가 부산 신항 예정이 일부인 가덕도에서 발견됐다. 이를 입증하듯 이곳에서는 26구에 달하는 인골이 무더기로 확인됐다. 8천년 전에 만들어진 토기의 일부들입니다. 온전한 것들이 아니라 파편들이지만 아름답습니다. 저러한 토기문명이 계승되어 후에 고려청자, 조선백자를 탄생시키죠. 그런데 위 기사에서 [신석기시대 초기]라 한 것은 '인류에 약 1만년 전 이른바 [신석기 혁명]이라는 현상이 일어나서 신석기 시대로 접어들었다.'는 '현 고고학계 주류의 통설' 때문에 저렇게 표현한 것인데 그 통설은 한국에 있어서는 맞지 않습니다.

39 ☀ 요즈음도 내몽골 홍산문화권에 사는 예맥족의 주민은 한국적 민속을 지키고 있다.

한국에서는 놀랍게도 무려 [2만년 전 신석기]도 이미 여러 개가 발견되었습니다.

* 요즈음도 내몽골에 사는 주민은 한국적 민속을 지키고 있다.

즉, ① 음식을 먹기 전에 한국인이 옛부터 해 온 고시리를 하는데 3대 환인이 고시리 이름을 부르는 간단한 의례이다. 이 분들이 농사일을 가르치고 펼쳐 먹거리 해결을 하셔서 감사로 항상 먹기 전에 그 분을 위한다는 것이다. 한국인의 '고시리' 전통을 전승하는 것이다.

② 온돌을 놓아 활용한다

③ 손님에게 정답게 먹거리를 제공하는 것이며 웃음이며 선물이며 잠자기 등 모두 친절히 하는 태도는 한국민속이다.

④ 가족을 중시한다.

⑤ 신농의 후예로서 한국 한의학처럼 몽골의 사막을 찾아다니며 의료행위를 해 준다. (몽골의사 :몽의 蒙醫)

⑥ 순대를 먹는 것

⑦ 소는 소중한 존재로, 우리와 같이 배고플 때 고기로 먹는 것과, 유목사회의 난로나 취사에 절대적인 소 똥 연료부분으로나 추운 지역 유목민들에게 무엇 하나도 버릴 것 없는 소중한 존재이다. 중국의 현황은 부여족이 아닌 '예맥족'으로 변경하였다.

40. 용산민족역사공원을 탐방하기 전에 읽어야 할 부분들 춘천 맥국 중도와 한국인의 북방 DNA 부정하려는 중국의 음모에 관한 논문들 발췌

9,000년 전 시작된 한민족의 북방 역사, 중국 역사로 편입 시작

먼 북방의 땅에, 시간 속에 사라졌다가 수천 년이 흐른 오늘날 기지개를 켜며 존재를 알리는 문명이 있다. B.C.E. 7000년 전의 유물로 세계의 주목을 받고 있는 내몽고內蒙古 자치구의 요하문화이다. 그 문화의 후예들은 사서의 시대엔 '예 · 맥'이란 이름으로 북방사에 깊은 기록을 남긴다. 그들은 한반도의 선민족들이다. 요하문화는 고조선과 북방민족의 선조 문명, 한민족 북방 DNA의 원형이다. 중국이 이 역사를 자기 것으로 가져가려 한다. 소위 '탐원探源공정'은 요하문화를 중국문화로 단정한다. 동북공정이 고구려 · 발해사를 왜곡한 정도라면 탐원공정은 한민족의 근본 조상을 중화 민족화한다. 역사를 뺏긴 민족의 정체성은 표류한다. 우리 몸에 흐르는 북방 DNA가 탐원공정을 막는 방패이다. 멀리 고대에서 '사서에 나오

는 최초의 한민족'인 맥족이 출현하는 시대를 거쳐 현대에 이르기까지 한민족에 흐르는 북방 DNA를 알아본다.

"늑대는 바람을 따라 움직인다." 북방 속담이다. 바람을 가르며 초원을 뛰는 늑대는 북방 민족의 자유롭고 강인한 열정, 혼의 상징이다. "초원에선 평온함 뒤에 평온함이 없고 위험 뒤에는 또 다른 위험이 있다"고 한다. 신바람과 피와 눈물의 땅이다. 우리 문화의 원형은 그 땅에서 시작됐다. 잊혀졌던 그 북방 DNA의 원형을 뜻밖에 비디오 아티스트 백남준(2006년 사망)이 부활시켰다. 1963년 독일의 파르나스 갤러리에서 개최된 '음악의 전시 - 전자 텔레비전'은 비디오 아트라는 새로운 예술세계를 선보이는 자리. 그는 이 전시회에서 피가 뚝뚝 떨어지는 소머리를 내걸며 "짐은 곧 황색 공포(yellow peril)"라고 했다. 즉 '오늘날의 예술은 백남준의 명령에 복종하라'는 메시지였다. 황색 공포는 칭기즈칸을 상징했다.

백남준은 생전 "내 예술세계의 출발은 북방문화 원형"이라고 여러 번 말했다. 아예 로세타 - 돌 비석을 패러디한 '고속도로로 가는 열쇠(95년)'에 "나는 내 핏속에 흐르는 시베리안 - 몽골리안 요소를 좋아한다"고 새겼다. 북방문화 원형에서 출발한 그는 꾸준히 세계 통합제국을 건설한 칭기즈칸과 통합되었다.

백남준이 몰두한 북방 DNA는 인류사에 빛을 남긴 존귀한 이념의 원천이다.

역대 북방 민족들은 사상적으로 '만물은 모두 존중해야 한다'는 자연법적 인식체계, 정치적으로 '직접 참여주의를 통한 권력 분립', 경제적으로 '교역 중시의 철학'을 만들어 냈다. '널리 인간 세계를 이롭게 한다'는 '홍익인간의 꿈'이다. 이로 인해 역사상 처음으로 "문화에는 우열이 없고 오직 차이만 있을 뿐"이라는 거란제국이 등장했고, "조화와 융합을 통한 혼혈 잡종문화"의 이상을 추구한 대몽골 제국이 건국되었다. 또 단군조선 및 흉노 이래 역대 북방 제국들의 길도 북방 DNA에 대한 검증과 실현과 좌절의 역사였다. 우리는 고구려의 멸망 이래 고난을 겪었지만 결국 우리 몸속에 흐르는 북방 DNA로 인해 오늘의 번영을 일궈냈다.

지금은 한민족 9000년 역사상 가장 번영한 시대이다. 이를 유지하려면 북방 DNA의 지혜가 필요하다. '교역 중시' 지혜는 오늘날 해외 진출과 교역을 위해서도 필요하다. 세계를 넓게 다녔던 북방 선조들의 밝은 눈이 필요하다. 그러나 많은 지식인이 우리에겐 그런 종합전략이 없음을 지적한다. 북방DNA가 쓴 역사는 우리의 국혼이 돼야 한다.

그런데 새롭게 발견되는 고대의 문화, 한반도의 선조들이 만들었음이 뚜렷한 북방문화를 중국이 가로채고 있다. 요서문화 · 홍산문화에는 웅녀가 있고 환웅이 있고 단군조선이 있다.

탐원공정은 '현재 중국 땅에 있는 문화는 무조건 중국문화'라는 논리로 역사를 비튼다. 동북공정 시대보다 훨씬 커진 대국 중국은 한민족의 역사를 송두리째 가져가고 있다. 뿌리 없는 민족은 역사의 부평초이다. 잠든 북방 DNA의 영혼 – 홍익인간을 불러내 국가의 이념을 넘어 21세기 인류의 이념으로 제시해야 한다. 북방 DNA의 부활이 기대되는 시대이다. [119)]

41. 북방 DNA를 간직한 홍산문화, 중국역사가 되면 단군은 중국인

동북공정에서 한 발 더 나간 탐원공정

지난 8월 8일, 중국 내몽고 자치구의 적봉 박물관이 거대하게 신축돼 개관됐다. 박물관의 중앙 벽면엔 거대한 옥저룡玉猪龍이 상징처럼 박혀 있다. 얼굴이 돼지 형상인 옥으로 만든 용. 홍산문화를 대표하는 옥기 중의 하나이다. 내몽고에는 박물관 신축과 개관, 확장이 유행처럼 번진다. 적봉시 인근의 오한기敖漢旗 · 임서林西박물관은 신축을 마치고 올해 후반기에 이전한다. 극십극등기克什克騰旗 역사박물관과 파림좌기巴林左旗의 요상경遼上京 박물관은 몇 해 전 신축해 개관됐다. 요하를 중심으로 발견된 고고학적 성과, 즉 홍산문화를 정점으로 하는 요하문명을 집중 전시한다. 매년 해오던 요하문명 현지답사를 올해는 8월 5~14일 사이에 했다. 요하문명의 주요 거점인 조양시 골동품 거리 벽면에는 흥미로운 문구가 있다. "중화문명의 1000년 역사를 보려면 북경을, 3000년 역사를 보려면 서안을, 5000년 역사를 보려면 조양을 보라." 요하문명은 명실상부한 중화문명의 기원지로 자리를 잡아 간다. 중국 땅에서 발견된 고고학적 성과를 집중 전시하는 데는 문제가 없어 보인다. 그러나 그렇지 않다. 고구려 · 발해사를 왜곡해 심각한 역사 전쟁을 일으킨 동북공정보다 더 심각한 '중화문명 탐원공정中華文明探源工程'이 주도하는 새로운 역사관이 자리하고 있기 때문이다.

1982년 중국 내몽고 자치구의 적봉시 오한기 보국토향 흥륭와촌에서 옥 귀걸이를 비롯해 수십 점의 옥기가 발굴됐다. 기원전 6200년 전의 것. 엄청난 발견이었다. 흥륭와문화라는 이름이 붙었다. 한참 뒤인 2004년 7월 24~28일 적봉에서 열린 제 1회 홍산문화 국제학술 연토회에선 이 옥 귀걸이가 '세계에서 가장 오래된 옥 귀걸이'이자 '중국 옥문화의 기원'이라고 발표됐다. 같은 해 요녕성 서부 의무려산 동쪽의 부신 몽고족 자치현에서는 일곱 차례에 걸친 발굴 끝에 돌로 쌓은 용 형상물인 석소룡이 발견되었다. 발굴은 계속됐다.

8000년 전 치아 수술도 해: 1987년에는 내몽고 적봉시에서 서북쪽으로 조금 떨어진 오한기 소하서촌에선 요서 지역의 역사지도를 바꾸는 발굴이 이뤄졌다. 반땅굴식 주거 유적에서 기원전 7000년께의 '흙으로 만든 얼굴상(陶塑人面像)'이 발굴됐다. 동북아 최초의 것이었다. 유적지는 '소하서문화'로 명명됐다. 요하문명이 토해내는 놀라운 유물은 끝이 없었다. 가장 오래된 '복골(점치는 뼈)'이 발견된 부하문화(기원전 5200~5000년), 최초의 봉황 모양 토기가 발견된 조보구문화(기원전 5000~4400년)가 있다. 절정은 홍산문화였다.

2010년 8월 8일 개관된 중국 내몽고 자치구의 적봉박물관. 황하문명보다 오래된 39요하 · 홍산문화 39를 중국 문화의 기원으로 선전하기 위한 것이다. 그리니 이 문명은 한반도 선조 민족이 건설한 문명이다. 단군조선의 뿌리 문명이기도 하다. 중국 내에서도 39요하 문명=중국 문화 39를 비판하는 의견이 많다. 1979년 5월 요녕성 조양시에 있는 객라심좌익 몽고족 자치현의 동산취촌 뒷산 정상에서 대형 제단인 동산취 유적이 발견됐다. 주변 발굴이 계속됐고 1986년 7월 신화통신은 건평과 능원의 경계 지역에서 기원전 3500년까지 올라가는 대형제단 · 여신묘 · 적석총이 모두 모여 있는 거대한 '우하량 유적'이 발견됐다는 뉴스를 타전했다. 중국 민족이 3황 5제의 신화시대로 여겼던 기원전 3500년경에 초기 국가단계 수준을 보여주는 대규모 유적이 발굴된 것이다. 우하량 유적 이전 중국은 기원전 4000년께의 황하 유역 앙소문화와 양자강 하류의 기원전 5000년께 하도모 문화를 중화문명의 2대 원류지로 삼고 있었다.

최근에도 요하문명 지역에서는 새로운 유적과 유물이 발견된다. 2001~2003년까지 재발굴된 흥륭와문화 유적에서는 놀라운 사실들이 속속 더 나온다. 2008년 2월 20일에는 2003년 흥륭구 유적에서 출토된 인골에서 인공 치아 수술 흔적을 발견했다고 공식 발표했다. 2010년 8월 31일 신화통신은 또 다른 놀라운 소식을 전했다. 2003년 흥륭구유적에서 발견된 1500여 알의 탄화된 기장과 조(90% 기장, 10% 조)가 '세계 최초의 인공재배 기장과 조'라는 것이다.

세계적 권위의 캐나다 토론토대의 탄소 – 14 연대 측정 결과 7700~8000년 전의 것이고, 이는 중유럽에서 발견된 것보다 2000~2700년 앞섰다. 이 지역이 북방 한작旱作농업의 기원지 혹은 그중 하나가 된 것이다. 중국은 이를 '세계 중요 농업문화 유산'으로 등재 신청하기로 했다. 요서 지역에서 기원전 7000년으로 올라가는 소하서문화가 발견되고 계속 고고학적 성과가 나와 요하 유역 일대를 '요하문명'으로 명명하고 중화문명의 3대 원류로 잡고 있다. 요하문명을 세계에서 가장 오래된 문명 가운데 하나로 부각시키고 있다.

문제는 한민족 문화의 원류와도 깊은 관련성이 있는 요하문명을 '중화민족의 시조인 황제의 영역'이고 '중화문명의 실질적인 기원지'로 단정하고 선전하고 있다는 점이다. 새롭게 발견된 요하문명을 동북아의 시원 문명으로 놓아두는 것이 아니라 '중화민족의 것'으로 독점하는 것이다. 홍산문화로 대표되는 요하문명은 빗살무늬 토기를 사용한 한민족의 선조인 북방민족의 특성을 그대로 담고 있다. 요하문명의 주인공이 사용한 '빗살무늬 토기'는 '시베리아 남단 – 만주 – 한반도 – 일본'으로 이어지는 북방 문화 계통으로 황하문명에는 없는 것이다. 다롄대학의 한 교수도 "(이 지역의) 평저 통형관은 동북삼성, 내몽고 동남부, 흑룡강 하류 및 한반도 동북구와 서북부 지역에서 발견된다…모두 동방의 전통문화에서 기원했다"고 했다.

흥륭와문화의 상징인 옥 귀걸이도 같은 형태가 동 시대의 한반도에서 출토됐다. 강원도 고성군 문암리 패총이 그것이다. 황하 · 양자강 유역의 것보다 1000년 이상 앞선 흥륭와문화 옥 귀걸이의 놀라운 점은 사용된 옥에 있다. 압록강변 수암 지역의 옥을 450㎞를 옮겨와 가공한 것이다. 이는 기원전 6000년께 요서 · 요동 · 한반도 북부가 동일 문화권이었음을 보여준다.

홍산문화의 우하량 여신묘 제단터에는 희생으로 사용된 곰의 아래턱 뼈가 발견됐고 여신상 옆에서는 흙으로 만든 실물 크기의 곰상이 발견됐다. 옥으로 만든 곰룡, 즉 옥웅룡玉熊龍도 다수 발견됐다. 그러나 홍산문화의 곰토템은 지역이나 시기적으로 단군신화의 웅녀와 연결될 가능성이 높다. 한민족 문화의 원류일 수 있는 것이다.

또 골복은 부여 · 가야 · 삼한 등 북방 전통을 뿌리로 한 예 · 맥족의 나라의 것이다. 『삼국지』 위지 동이전' 부여조에도 '부여 사람이 골복을 사용했다'고 기록했다. 변한과 가야에서는 삼한시대까지도 골복이 발견된다. 이 지역의 청동기시대 비파형 동검도 황하문명에는 없고 북방민족들이 사용한 검이다. 홍산문화의 계단식 적석총들은 고구려 · 백제 · 일본으로 이어지는 것으로 중원 지역에서는 보이지 않는 것이다. 청동기시대인 하가점 하층문화에서부터 보이는 '치(雉:석성에서 돌출된 부분)를 갖춘 석성'도 고구려에서 부활한다. 이 역시 고구려 이전까지 중원지역에서 보이지 않는 것이다. 요컨대 요하문명은 한반도 선민족先民族과 밀접한 연관을 갖고 있는 것이다.

42. "중국에 사는 민족의 역사는 중국사" 중국 주장

중국은 그러나 탐원공정을 통해 요하문명을 황제의 영역으로 만드는 것에 몰두하고 있다. 2004년 7월 24~28일 적봉에서 열린 제 1회 홍산 문화학술 연토회의 1분과 주제는 '요하문화와 중국 문명의 기원에 대한 연구' 이다. 2010년 8월 10~12일 적봉학원(우리의 대학)에서 개최된 '제 5회 홍산문화 고봉논단'에선 "요하문명은 중화문명의 발상지"라고 주장하는 논문들이 내서 발표됐다. 올해는 '발굴 홍산문화, 전파 중화문명'이라는 주제로 "사회 전반에 홍산문화를 광범위하게 알리고" "홍산문화를 선전, 보급, 전파"하는 것을 목적으로 개최됐다.

요하문명의 상징물도 중국화하고 있다. 홍산문화 유적지가 밀집한 내몽고의 적봉시, 옹우특기, 오한기, 요녕성의 능원시, 건평현 조양시 등의 상징을 몇 해 전부터 홍산문화의 상징인 옥저룡玉猪龍 · 옥웅룡玉熊龍으로 교체했다. 적봉 텔레비전(1TV - 3TV) 상징도 옥저룡이다. 2004년 12월 14~31일 '오천년 이전의 문명' 6부작의 마지막은 '홍산문화는 중화문명의 시발지' 편이었다. 이런 작업에는 '현재 중국 영토에 사는 민족은 중화민족. 그들의 역사도 중국사'라는 논리가 깔려 있다. '56개 민족을 하나의 단일한 중화민족'으로 묶는 '통일적 다민족 국가론'이 바탕 이론이다. 오늘의 중국에 맞춰 원시사까지 중국화한 것이다. 이는 '하상주 단대공정(夏商周斷代工程: 1996~2000)'→'동북공정(2002~2007)' → '중화문명 탐원공정(2003~)' →'국사수정 공정(2005~2015)'으로 이어지는 논리이다. 국사수정 공정은 이런 일련의 역사 관련 국가 공정의 완결판이다. 지금까지의 연구 결과들을 토대로 중국사를 전체적으로 수정하는 것이다. 2005~2007년 기초자료 수집을 마쳤다. 2007년부터 본격 수정을 시작해 2015년 완료를 목표로 중국의 정사正史인 25사를 대대적으로 수정해 재편찬 중이다. 서준徐俊 국사수정 공정 공작위원회 주임을 중심으로 200여 명의 학자, 전문가가 참가한다. 올해 7월 11일에는 상해에서 '제 4차 점교본 24사와『청사고』수찬 공작회의'가 열렸다. 요하문명 · 홍산문화를 '중화민족의 시조인 황제의 땅' '중화문명의 기원지'로 정리하면 고구려 · 발해사를 왜곡하는 정도의 '동북공정'을 넘어 한민족의 근본이 뿌리째 없어진다. 고조선의 배경인 홍산문화를 신화적 인물 황제의 문화로 만들면 단군 · 웅녀와 여기서 나온 고조선 · 고구려 이하 한국사는 자동적으로 중국사로 편입된다. (이 논리로 하면) 예맥족, 부여족, 주몽, 해모수 등 이곳에서 활동한 고대 한민족의 선조들은 황제의 후예가 된다. 그 결과 한국의 역사, 문화 전체가 중국의 방계 역사 · 문화로 전락한다. '탐원공정'의 상고사 왜곡이 갖는 심각성이 여기에 있다.

요하 일대 소하서문화/ 흥륭와문화를 중화문명의 기원지로

1980년대 이후에 요하 일대에서 하모도문화보다 이르고 앞선 문명을 자랑하는 신석기 유적들이 대량으로 발굴되기 시작하였다. 이 지역의 소하서문화(小河西文化: B.C.E. 6500~), 흥륭와문화(興隆洼文化: B.C.E. 6200~B.C.E. 5500) 등은 동북아 전체에서 뿐만이 아니라 세계적으로도 이른 시기의 신석기 유적들이 발견되고 있다. 이런 신석기문화를 바탕으로 국가 단계에 이미 진입했다고 판단하고 있는 홍산문화(紅山文化: B.C.E. 4000/3500~B.C.E. 2500)가 꽃 피게 된다. 최근 중국학자들은 요하 일대의 신석기문화를 모두 광의의 '홍산문화'라고 일컫기도 한다. 요하일대의 여러 신석기문화 유적에 대해서는 뒤에서 상론하기로 한다. 결론부터 이야기하면 요하 일대의 신석기문화는 황하나 장강 지역보다도 빠르고 앞선 것이었다. 하상주 단대공정, 중화문명 탐원공정, 동북공정 등 역사관련 공정들을 통해서 중국은 이 요하 일대에서 중화문명이 발생했다고 보기 시작했다. 곧 중화문명이 요하 지역에서 시작되었다는 것이다. 이것이 '요하문명론'이다.

43. 전통적으로 요하 일대는 만리장성 밖으로, 중국의 사서에서는 그동안 문명화된 중화민족이 아닌 야만적인 북적北狄과 동이東夷의 거주지였다.

그러나 현대 고고학은 요하 일대의 신석기문화가 중원의 것보다 훨씬 앞서고 발달되었다는 것을 보여주고 있다. 중국으로서는 여러 이유로 이 요하 지역을 놓칠 수 없게 된 것이다.

첫째, 만일 요하 일대의 신석기문화를 북적과 동이의 문화권으로 보면, 야만족이라고 비하하던 이들이 전통적인 중화민족보다 앞선 문명을 지닌 집단이 되는 것이다. 이런 까닭에 중국은 중화문명 탐원공정을 통해서 요하 일대뿐만이 아니라 동북 만주 일대의 모든 소수민족을 '중화민족'의 일원으로 끌어들이고 있다. 곧 북방의 모든 소수민족은 황제족의 후예라는 논리를 개발하고 있다. 신화시대를 역사화하려는 중국의 입장에서 보면 단군, 웅녀, 주몽을 비롯한 모든 동북 만주지역의 소수민족은 자연히 황제족의 후예가 되는 것이다.

둘째, 많은 중국학자들은 요하 일대에서 남하한 이들이 상商나라를 세웠다고 보아 왔고, 요하 일대의 주도세력은 예 · 맥 계열이라고 보아 왔다. 이 예 · 맥 계열의 민족들은 후대의 부여, 고구려로 이어지는 것이다. 그런데 요하 유역의 신석기문명이 중원보다 앞선다는 것이 드러나면 중국문명은 요하문명의 지류나 방계 문명으로 전락할 수밖에 없는 상황인 것이다. 이런 까닭에 중국은 중화문명의 기원을 요하 일대로 옮기려고 하고 있는 것이다.

44. 요하 지역 주요 신석기문화 - 중도와 연관

그렇다면 동아시아 고대사를 송두리째 중국의 역사로 편입하려는 중국의 '요하문명론'은 진정으로 그것을 뒷받침할 만한 고고학적 물증이 있는 것일까? 우리가 주목해야 하는 것은 요하 일대를 세계에서 가장 오래된 '요하문명'으로 세우려는 중국의 입장을 뒷받침할 만한 고고학적 유물들이 계속해서 발견되고 있다는 것이다. '요하문명'이 세계에서 가장 오래된 신석기문명이라는 것을 뒷받침할 고고학적 유물들이 최근에도 계속해서 발굴되고 있다. 그러나 문제는 이 '요하문명'의 주도세력을 신화적인 인물인 황제족의 후예로 보고, 이들 모두를 고대로부터 중화민족의 일원이었다고 보는 역사해석의 시각이다. 이런 문제점에 대해서는 뒤에서 다시 상론하기로 하고, 여기에서는 먼저 요하 일대의 주요 신석기문화를 이른 시기부터 간략하게 정리하기로 한다.

1) 소하서문화(小河西文化: B.C.E. 6500~): '동북아시아 최초의 신석기문화 유적'

2004년 7월 24일부터 홍산문화의 중심도시인 적봉시赤峰市 적봉학원(우리나라

의 대학: 필자주)에서 열린 〈제 1회 홍산문화 국제학술 연토회〉에서 중요한 논문이 발표되었다. 중국의 류국상刘国祥은 이 학술발표회에서, 1987년 내몽고에서 발견된 '소하서문화 유적'이 기원전 6500년까지 올라가는 '동북아시아에서 가장 오래된 신석기 유적'이라는 연구 논문을 발표하였다. 内蒙古新闻网 2004 - 08 - 26 13:58 (来源 : 新华网) 기존에 동북아시아에서 가장 오래된 신석기 유적은 뒤에 보게 될 흥륭와문화(B.C.E. 6200~)였다. 소하서문화가 기존의 흥륭와문화보다 약 300년이 앞선다는 것이다. 황하 유역의 앙소문화, 장강(=양자강) 하류의 하모도문화보다 1500년 이상 앞서는 신석기문화가 요하 일대에서 계속 발견되고 있는 것이다. 소하서문화에 대한 것은 2004년에 처음 발표된 것이어서 아직 사람들이 잘 모르고 있다.

2) 흥륭와문화(興隆洼文化: B.C.E. 6200~5500): '화하 제일촌(華夏第一村)' 발굴

적봉시赤峰市 오한치敖汉旗 보국토향宝国吐乡 인근의 흥륭와문화는 기원전 6200년까지 올라가는 신석기문화 유적이다. 앞서 설명한 소하서문화가 발견되고 이것이 기원전 6500년까지 올라간다는 것이 밝혀지기 전까지는 흥륭와문화가 동북아시아에서 가장 오래된 신석기 유적이었다. 흥륭와문화는 1982년에 발견되어 1996년에 국가급문물 보호단위가 되었으며, 2001년 5월부터 대대적인 발굴이 진행되고 있다. 이 발굴을 통해서 현재까지 1000여개의 방 유적지, 회갱灰坑 30개가 발굴되었다.

흥륭와문화가 동북아시아에서 가장 오래된 신석기 유적이라는 명예는 소하서문화에 내주었지만, 그래도 중요한 것은 흥륭와문화에서, (1) '세계 최초의 옥(玉) 귀걸이'가 발굴되었고, (2) 현재의 중국 국경 내에서 가장 규모가 크고 오래된 신석기 집단 주거지인 '중화원고 제일촌中華遠古第一村', 혹은 '화하 제일촌華夏第一村'이 발굴되었기 때문이다.

특히 흥륭와문화에서 발굴된 세계 최초의 옥 귀걸이에 사용된 옥은 심양시에서도 동쪽으로 3시간이나 떨어져 있는 요녕성(한국의 맥족 동이족 지역) 수암岫岩에서 나오는 '수암옥'임이 밝혀졌다. 이것은 흥륭와문화 시대인 기원전 6000년경에 이미 만주 벌판 서쪽과 동쪽이 교류하고 있었다는 것을 입증하는 중요한 유물이다.

이것은 요하 일대의 신석기를 주도한 세력이 예 · 맥족과 연결된 사람들이었다는 것을 보여주는 것이기도 한 것이다.

3) 사해문화(査海文化: B.C.E. 5600~)

사해문화는 요녕성 서부 의무려산 동쪽의 부신阜新 몽고족 자치현에서 1982년에 발견되었다. 1982년 이후 현재까지 7차례의 고고발굴이 이루어졌고, 발굴 면적 7,600평방미터, 방 유적지 30여 곳, 도기가 200여 점이 발굴되었다. 유적지 전체는 3만 평방미터에 이른다.

특히 사해유적에서는, (1) 돌로 쌓은 용 형상물인 석소룡石塑龙과 도기 파편의 부조 용 문양이 발굴되어 '중화 제일용中華第一龍'이라 불리며, (2) 흥륭와에서 세계 최초의 옥 귀걸이가 발견되기 전까지는 세계에서 가장 오래된 '세계 제일옥世界第一玉'이 발견된 지역이며, (3) 흥륭와에서 '중화 제일촌中華第一村'이 발견되기 전까지 '요하 제일촌遼河第一村'으로 불리던 집단 주거지가 발견된 중요 유적지이다.

사해유지 박물관(査海遺址博物館)

1) '세계 제일옥(世界第一玉)' 발굴(1982)

사해유적에서는 20여 점의 옥기(비수, 도끼, 관옥, 구슬, 귀걸이, 화살촉 등)가 발견되었다. 이것은 사해문화보다 조금 앞서는 흥륭와문화(興隆洼文化: B.C.E. 6200~)에서 '세계 최초의 옥玉 귀걸이'가 발굴되기 이전까지 세계에서 가장 오래된 옥으로 판명되었던 것이다.

2) '중화 제일용(中華第一龍)'의 발굴(1982)

사해문화 유적지에서 1982년에 발굴된 용 형상물은, (1) 기원전 5600년 경의 것으로 돌을 쌓아 용 형상물을 만든 석소룡石塑龙 혹은 파소룡摆塑龙, (2) 기원전 5600년경 용 형상의 부조浮彫가 남아 있는 용문도편龍紋陶片 등이다. 이 석소룡은 길이 20미터, 넓이 1~2미터에 이르는 엄청난 크기를 자랑한다. 이를 통해서 중국학자들은 요하일대가 '용문화'의 기원지라는 것을 공식화하기에 이른다.

3) '요하 제일촌(遼河第一村)'의 발굴(1982)

사해문화 유적지에서는 앞서 살펴본 흥륭와문화의 '중화 제일촌中華第一村'이 발굴되기 이전까지는 '요하 제일촌遼河第一村'으로 불렸다.

4) 조보구문화(赵宝沟文化: B.C.E. 5000~): '중화 제일봉中華第一鳳'의 발굴

조부구문화는 적봉시 오한치敖汉旗의 고가와포향高家窝铺乡 조보구촌赵宝抅村에서 발견된 신석기문화이다. 9만 평방미터의 유적지에서 방 유적지와 회갱이 140여 개가 발굴되었다. 이 조보구문화가 주목받는 것은 중국인들에 의해서 '중화 제일봉中華第一鳳'으로 명명된 최초의 봉황 모양의 토기가 나왔다는 것이다. 동북아시아 최초의 집단 주거지와 중국인들이 신성시하는 용과 봉황의 원형이 모두 요하 유역에서 발굴된 것이다.

5) 홍산문화(B.C.E. 4000/3500~B.C.E. 2500): '중화 제일용中華第一龍'의 발굴

홍산문화는 기원전 4000년 혹은 3500년까지 올라가는 신석기문화로, 내몽고와 요녕성의 접경지역인 적봉赤峰, 조양朝陽, 능원陵源, 객나喀喇, 건평建平 등을 중심으로 유적지들이 분포한다.

1971년 내몽고 적봉시 북부의 옹우특치翁牛特旗에서 중국에서 가장 오래된 용 모양의 옥기가 발견되었다. 이것은 1982년에 푸신阜新의 사해문화(査海文化: B.C.E. 5600~) 유적지에서는 돌로 쌓아 만든 용 형상물이 발견되기 전까지 학자들은 이것을 '중화 제일용中華第一龍'이라고 명명하였었다. 중국인들은 스스로를 '용의 자손龍的傳人'이라고 일컫는다. 적봉에서 '중화 제일용'이 발견된 이후로 적봉은 '용의 고향龍的故鄕'으로 불리고 있다.

결국 오랜 역사를 통해서 중국과 중화민족을 상징하는 각종 상징들이 모두 요하 일대의 신석기 시대 유적지에서 발굴된 것이다. 곧, (1) 8000여 년 전의 흥륭와문화에서 발굴된 '화하 제일촌華夏第一村', (2) 7600여 년 전의 사해문화에서 발굴된 '중화 제일용中華第一龍', (3) 7000여 년 전의 조보구문화에서 발굴된 '중화 제일봉中華第一鳳', (3) 6000~5500여 년 전의 홍산문화에서 발굴된 '중화 제일용中華第一龍'이 모두 요하 일대에서 나온 것이다.

이 거대한 요하문명을 동이와 북적 그리고 예 · 맥족의 문명으로 볼 경우 중국은 대단히 심각한 정체성 위기를 겪게 될 것이다. 이런 위기 상황에 대한 대응 논리가 바로 중화문명 탐원공정, 동북공정을 통해서 그 최종적인 모습을 드러내고 있는 '요하문명론'인 것이다.

결국, 요하문명론의 핵심은 이 요하문명의 주도 세력이 황제 집단이고, 이후 동북 만주 일대에서 일어난 모든 민족을 중화민족의 일원으로 재편성하고, 이들이 일구어온 모든 역사를 중국사에 편입시키는 것이라고 〈세계를 놀라게 한 우하량 유적지 : 홍산문화는 이미 '초기 국가 단계'에 진입〉

오늘날 통칭되는 '홍산문화'라는 것은 1955년 12월 출판된 윤달의 『중국 신석기 시대』에서 정식으로 명명된 것이다. 그는 이 책에 「적봉 홍산 후의 신석기시대 유적에 대하여红于赤峰红山后的新石器时代遡址」라는 장이 있는데, 이 글에서 홍산문화가 정식으로 명명되었던 것이다. 그러나 1980년 이후에 세계를 놀라게 한 유적들이 발견되면서 다시 고고학계의 중심적인 논제로 떠올랐다.

세계를 놀라게 한 것은 홍신문화 우하량 유적시의 발견이었고, 그 이후로 지금까지도 엄청난 유적지들이 계속해서 발견, 발굴되고 있다. 우하량 유적지의 발굴은 세계 문명사를 다시 쓰게 하는 엄청난 것이고, 최근에도 계속 새로운 발견과 발굴이 이어지고 있다. 중국은 이 우하량 유적지를 세계문화 유산에 등록하려고 많은 준비를 하고 있다.

45. 최근 중국학자들의 연구에 의하면 홍산문화 우하량 유적은, 거대한 규모의 제단壇, 여신전廟, 적석총塚 3위일체의 거대 유적을 갖춘 신석기문화로 이미 '초기 국가 단계'에 진입했다고 보고 있다.

필자도 이런 견해를 수용한다. 이것이 절대로 과장이 아니라는 것을 이제 하나하나 살펴보기로 한다.

1) 우하량 유적의 발견과 특징

1979년 5월 요녕성 조양시朝阳市 객나심좌익의 몽고족 자치현(喀喇沁左翼 蒙古族自治县: 현재는 喀喇顯) 동산취촌东山嘴村 뒷산 정상에서 대형 제단 유적인 '동산취 유적'이 발견되었다. 1983년부터 1985년에 걸쳐 동산취 유적에서 50km 정도 떨어진 능원凌源縣과 건평建平縣의 경계 지역인 우하량촌牛河梁村에서 대대적인 발굴되기 시작하였다. 1986년 7월 24일 신화사 통신은 우하량 유적에서 기원전 3500년까지 올라가는 대형제단大型祭壇, 여신묘女神廟, 적석총군積石塚郡이 발굴되었다는 소식을 전했다. 고고학자들은 여러 발굴 결과들을 토대로 우하량 유적이 이미 모든 국가 단계의 조건을 다 갖춘 문명사회였다고 발표하기에 이른다. 중화문명 예제禮制의 기원, 더 나아가 중화문명의 기원이 이곳에서 출발한다고 보기 시작한 것이다. 이들 유적은 B.C.E. 3500년까지 올라가는 신석기시대의 것이었다. 그러나 이 유적지는 놀랍게도 이미 B.C.E. 3500년 당시에, (1) 계급이 분화되고, (2) 사회적 분업이 이루어지고 있었으며, (3) 이미 초기 국가 단계에 진입한 것을 보여주는 놀라운 유적이었다.

기존에 3황 5제의 신화시대를 운운하던 기원전 3500년에 이미 초기 국가 단계의 대규모 유적이 발견되었으니 놀랄 수밖에 없었다. 중국에서는 황하 유역의 하夏나라에서 시작해서 상商나라와 주周나라로 이어지는 고대 국가 단계를 설정했었다. 우하량 유적지의 발견은 이런 정설을 완전히 무너뜨리는 것이었다. 우하량 유적지가 발견되기 전에 중국은 황하유역 앙소문화 지역을 중화문명의 시발점이자 중화문명의 고향이라고 보아 왔었다. 1973년 장강 하류에서 앙소문화보다 이른 시기의 하모도문화가 발견되면서 중화문명의 시발점을 하모도문화로 보고, 앙소문화와 하모도문화 지역을 중화문명의 2대 원류지로 보아 왔었다. 우하량 유적이 발견되고 나서 중국은 앙소문화, 하모도문화, 홍산문화를 중국 문명의 3대 원류로 보고 있다. 이 세 곳 가운데 중화문명의 시발점을 홍산문화로 보고 있으며, 요하 일대를 세계에서 가장 오래된 '요하문명'으로 새롭게 부각시키고 있다.

홍산문화 우하량 유적은 이보다 앞선, (1) '동북아시아 최초의 신석기 유적'이 발굴된 소하서문화(小河西文化: B.C.E. 6500~), (2) '화하 제일촌華夏第一村'이 발굴된 흥륭와문화(興隆洼文化: B.C.E. 6200~B.C.E. 5500), (3) '중화 제일용中華第一龍'이 발굴된 '사해문화(査海文化: B.C.E. 5600~), (4) '중화 제일봉中華第一鳳'이 발굴된 조보구문화(赵宝拘文化: B.C.E. 5000~) 등을 지속적으로 계승 발전시켜 온 것이다. 결국 우하량 유적은 '홍산문화의 꽃' 이라고 할 수 있다.

2) 우하량 제 2지점 제단祭壇 유적지

우하량 유적지가 발굴된 지역을 상세히 알아보기 위해 먼저 유적 분포도를 보자. 아래 지도에서 철로와 도로로 연결된 오른쪽 위쪽으로 가면 건평현建平顯이고 왼쪽 아래로 내려가면 능원현凌源縣이다. 이 두 현의 경계 지역에 우하량 유적지가 분포한다. 먼저 아래 지도에는 제단 유적을 기록하고 있지 않지만 고고 공작참考古工作站에서 동남쪽에 있는 것이 우하량 제 2지점으로 원형과 방형의 제단이 있는 유적지이다. 참조) 이 제단 유적도 모두 적석총의 형태로 건축되었기 때문에 모두 적석총으로 표기를 했을 뿐이다. 이 제단의 유적을 상세히 보면 아래와 같다.

3원 구조로 된 거대한 원형圓形 제단과 방형方形 제단터가 발굴되었다. 발굴 조사 시에 그린 조사 보고서의 그림을 보면 더욱 명확하게 보인다.

우리가 주목해서 보아야 하는 것은 .. 중문과 영문으로 번역해 놓은 부분은 분명하게 "약 5500년 전에 국가가 되기 위한 모든 조건들(all conditions to be a state)을 갖추고 있는 우하량 홍산문화 유적지."라고 소개하고 있다. 이것은 우하량 제 2지점의 제단, 신전, 적석총 등 각종 유적지를 통해서 홍산문화가 지금으로부터 5500년 전인 기원전 3500년경에 이미 국가 추형(雛形: 원형, 모델)으로서의 모든 조건을 갖추고 있었다는 것을 밝히고 있는 것이다.

5500年前具有國家雛形的原始社會遺址 – 牛河梁紅山文化遺址.

이 우하량 제 2지점은 현재까지 일반인에게 유일하게 공개되는 곳이다. 직경이 20~30m에 이르는 거대한 제단과 적석총들이 현재도 인근에서 계속해서 발견되고 있다. 중국학자들은 우하량 제 2지점에서 발견된 원형과 방형의 제단 유적을 '천원지방天圓地方' 사상의 원형이자 북경 천단 구조의 원형이라고 보고 있다. 우하량 제단 유적과 아래의 북경 천단구조를 비교해서 보면 이런 논의가 과장이 아니라는 것을 알 수 있을 것이다. 우하량 제 2지점에서는 원형과 방형 제단 외에도 많은 옥기들도 발굴되었고 인골도 발굴되었다... 이 옥저룡들은 모두 1971년 옹우특기에서 발굴된 '중화 제일용'의 다양한 변형이라고 보고 있다...홍산문화 지역에서 발견되는 **옥기들은 대부분 적석묘의 중앙에 있는 석관묘에서 출토**되는 것이다. 시신의 각 부위에는 많은 옥기들이 발굴되는데... **이미 신분이 나뉘어 있음을 알 수 있고, 샤머니즘의 이차장 습속을 볼 수 있다.**

3) 우하량 제 2지점 여신묘女神廟 유적지

여신묘 유적에서는 거대한 신전터가 발굴되었고, 여기에서는 실제 사람 크기의 흙으로 만든 여신이 발굴되었다. 여신묘 유적지는 우하량 제 2지점의 북쪽 산 중턱에 있다. 여신의 두상에서 눈동자는 둥근 옥을 사용하여 표현하였다.

4) 지금도 새롭게 발견되고 있는 거대 적석총 유적지 현재도 홍산문화 각 지역에 대한 발굴조사가 대규모로 진행 중이며, 거대한 적석총들이 속속 발견 · 발굴되고 있다. 2006년 6월에도 또 다른 거대 적석총군이 발견되었다...2006년 6월 10일 CC TV의 보도에 의하면 내몽고 적봉시 오한기敖汉旗 사가자 초모산四家子草帽山 유적지에서 5500년 전 적석총군이 새롭게 발견되었다. 이 홍산문화 지역에서는 청동기 시대로 가면 기원전 24~15세기의 적봉 일대의 하가점 하층문화下家店下層文化, 기원전 14~7세기의 하가점 상층문화, 기원전 14세기~서주 무렵의 조양시朝陽市의 위영자문화魏營子文化 등이 등장한다. 특히 홍산문화를 계승하고 있는 후속문화인 하가점 하층문화와 하가점 상층문화는 이 지역에서 발원한 단군조선과 밀접하게 연결되어 있다.[120]

46 ☗ 7년 표류를 끝내고 '춘천 레고랜드'는 2021년에 문을 연다?

국내 최초의 글로벌 테마파크로 주목받고 있는 레고랜드 코리아가 오는 2021년 7월 강원 춘천에서 문을 열고 본격적인 운영에 들어간다.

강원도는 지난해 12월 17일 영국 멀린 그룹과 레고랜드 코리아를 멀린이 직접 투자 개발하는 내용의 총괄 개발 협약(MDA)을 체결함에 따라 오는 3월 중 테마파크 착공에 들어간다고 11일 밝혔다.

올해 상반기 중 문화재청의 설계심의를 마치고 레고랜드 코리아 개장(2021년 7월)에 앞서 2020년 12월 완공이 목표이다.

강원 춘천 시내와 레고랜드 코리아의 사업부지인 중도를 연결하는 춘천대교. 10일 춘천대교 건너편 레고랜드 코리아 사업부지에서는 오는 3월 테마파크 착공을 목표로 기초공사가 진행 중이다.

왼쪽 아래 작은 사진은 레고랜드 코리아 완공 시 정문의 모습을 표현한 이미지 합성 모습. 강원도청 제공

– 강원도, 英 멀린그룹과 총괄 개발 협약 체결 – 사업비 5270억…3월 중 착공 의암호 중도 106만㎡ 부지에 테마파크 · 휴양형 리조트 건설' 춘천 스마트 장난감(토이)도시'와 연계 레고랜드 등 4100명 고용창출 문화재 보존구역에 '선사공

원' 지석묘 포함 청동기 마을 재현

국내 최초의 글로벌 테마파크로 주목받고 있는 레고랜드 코리아가 오는 2021년 7월 강원 춘천에서 문을 열고 본격적인 운영에 들어간다. 강원도는 지난해 12월 17일 영국 멀린 그룹과 레고랜드 코리아를 멀린이 직접 투자 개발하는 내용의 총괄개발 협약(MDA)을 체결함에 따라 오는 3월 중 테마파크 착공에 들어간다고 11일 밝혔다. 총 사업비는 5,270억 원으로 멀린이 4,470억 원, 강원도가 설립한 엘엘개발㈜이 800억 원을 투입해 2021년 7월 개장을 목표로 하고 있다.

◇레고랜드 코리아 = 춘천 의암호에 자리 잡은 중도(106만㎡)에 복합 테마파크, 휴양형 리조트, 상가시설 등을 갖추는 대형 프로젝트이다. 강원도는 지난 2011년 9월 처음 사업계획을 발표했으나 공사비 확보에 어려움을 겪으며 7년 넘게 사업이 표류했다. 강원도는 레고랜드의 테마파크 공사를 시작하면 주변 토지를 매각해 공사비를 지급하겠다는 계획이었다. 하지만 사실상 외상 공사를 강요하는 셈이어서 시공사 선정에 어려움을 겪은 것이 사업 지연의 원인이었다. 이로 인해 국비와 지방비 등 850억 원을 들여 준공한 레고랜드 진입 교량(춘천대교)이 지난해 7월 개통했지만, 아직 제 역할을 하지 못하고 있다. 이번 MDA 계약으로 멀린이 공사비를 직접 투자, 개발하게 됨에 따라 자금 문제를 일시에 해결하는 등 사업이 속도를 내게 됐다. 멀린은 MDA에 앞서 지난해 11월 5일 이사회에서 춘천에 4,470억 원을 투자하는 신규 계획을 의결했다. 멀린은 4개 대륙, 25개국에서 8개의 레고랜드를 비롯해 124개의 관광명소를 운영하는 글로벌 기업이다. 레고랜드 코리아에는 테마파크와 함께 호텔을 신축하고 워터파크를 비롯한 놀이시설을 조성해 세계 최고 수준의 테마파크로 개발할 계획이다. 강원도는 공사 기간 3조 6,881억 원의 경제 유발효과와 2만 5612명의 일자리 창출을 기대하고 있다. 완공 후에는 레고랜드 코리아 1,800명, 주변 시설 2,300명 등 총 4,100명의 상시고용을 창출할 수 있을 전망이다. 강원도와 춘천시는 테마파크 주변을 호수와 빛, 숲이 어우러지는 수변 특화 지역으로 개발하고 의암호에는 유람선을 띄우는 등 자연 친화형 테마공원으로 개발해 연간 관광객 500만 명을 유치한다는 전략이다. 문재인 대통령 공약인 '춘천 스마트 토이(Smart Toy) 도시 조성' 사업을 레고랜드와 연계해 파급 효과를 높이기로 했다.

◇ 테마파크 주변에 선사 유적공원 조성 = 레고랜드 코리아의 조성 사업은 2013년 사업 부지인 중도에서 선사시대 유물이 나와 제동이 걸리기도 했다. 당시 문화재청 산하 문화재위원회가 격론 끝에 유적 이전 보존을 조건부로 승인해 사업을 지속할 수 있었다. 중도 선사 유적은 기원전 13~12세기 조기(早期) 청동기 시대부터 철기까지 다양한 시기 유적을 다량 포함해 경주보다 더 밀집된 유적유물, 충남 부여 송국리 유적에 버금가는 청동기 시대 유적으로 평가받았다. 시민사회단체 등을 중심으로 개발지 내의 유적지를 보존해야 한다는 주장이 이어지고 있는 이유이다. 이에 따라 엘엘개발㈜은 중도 문화재의 보존구역 11만㎡ 내에 100억 원을 들여 '중도 선사 유적 테마파크'를 조성한다. 올해 상반기 중 문화재청 설계심의를 마치고 레고랜드 코리아의 개장(2021년 7월)에 앞서 2020년 12월 완공이 목표이다. 선사 유적 테마파크는 문화유적과 체험공원이 조화 · 공존하는 형태이다. 설계에는 공원 내 지석묘와 환호 등의 재현 및 복원, 중도 청동기 마을과 청동기 시대 들판 경관 등의 재현이 포함된다. 이를 위해 지난해 6월 문화재 전문가의 자문위원회와 시도 학예연구사가 참여하는 행정지원협의체도 구성, 운영 중이다.[121)]

레고랜드는 복합 휴양 리조트, 판매시설, 유적공원과 제방 등을 활용한 조경 특화를 통해 자연 친화형 공원 등을 갖춘 복합 테마파크이다. 강원도와 멀린 엔터테인먼트가 공동 추진한 레고랜드는 2015년 개업을 예정으로 지난 2014년 공사에 돌입했다. 하지만 공사 중 고대 유물이 발견되면서 보존을 이유로 일부 환경단체들이 개발을 반대해 공사가 중단됐다. 레고랜드 공사를 보류한 지 4년만에 강원도는 지난 13일 멀린사와 실행 협약(MDA)을 맺고 2021년 개장을 추진하면서 도의회에 '동의'를 요청했다.

멀린사가 조성사업에 직접 투자하고, 테마파크 건설을 책임지는 내용이 담긴 상생 협력 합의서와 더불어 이번에 서명한 실행 협약은 멀린사가 시행하는 테마파크 조성사업에 강원도가 800억 원의 자금을 내고, 해당 사업의 지분을 확보해 수익률을 배분한다는 내용이 담겼다. 또한 지난 5월 양측이 체결한 상생 협력 합의서의 협약 및 계약을 폐기한다는 조항이 포함됐다.

47. 의로운 국민기강: 시민단체 중도 보존 및 항 영일 독립운동 약사와 미래지향적 대처방법

"파면 나오는 춘천시 전체"를 유적 올레길과 유적 살림촌을 만들어 춘천시 전체를 유네스코에 등재하자!

시민단체의 첫 번째 가시적 항의는 필자가 2014년 1월 6일, 관 주도의 요식적 국회 학술세미나에서 문제제기를 강하게 한 것이다. 공식적 서류상으로 첫 번째는 그 전 며칠간 준비하여 관 주도의 학술세미나 전날 감사원에 감사소청을 제기한 것이다.

"춘천 중도 레고랜드는 안된다"···중도문화 연대, 걷기대회 개최

중도 걷기대회 포스터.

강원 춘천시 중도문화 연대는 24일 오전 10시부터 중도 춘천대교 앞에서 예술과 함께 하는 중도 걷기대회를 진행한다고 22일 밝혔다. 이번 행사는 마임이스트 유진규, 이태건, 노재철, 전형근 작가, 서양화가 임근우 교수, 최기순 사진작가, 시민 등이 참여할 예정이다.

행사는 강원도가 중도에 추진하고 있는 레고랜드 사업으로 인해 청동기 주거유적 등 문화재가 훼손되고 있음을 알리기 위해 마련됐다. 연대 관계자는 "춘천의 오늘을 있게 한 선조들에게 죄를 고백하고 지켜온 역사 문화유산을 후대에 전달하지 못한 책임을 통감한다"며 "자기반성과 성찰에 더해 작은 목소리라도 꾸준히 전달할 것이다"고 말했다. 한편 강원도는 지난 14일 레고랜드 조성사업 변경 동의안을 도의회에 요청했다. 해당 안건은 멀린사가 레고랜드 사업 직접 투자를 위한 실행협약서(MDA)가 담긴 것으로 통과되면 내년 상반기쯤 본 공사에 들어갈 전망이다. 안건은 29일 도의회 경제건설 위원회에서 심사할 예정이다.

48 ☗ 춘천시 중도 청동기 유물 일부 이전 관련 감사청구 감사 결과

2015. 9. 9. - 2015년에 결과 보도 - 2015년 1월 5일 필자 차옥덕이, 우선 레고를 서두르는 박근혜 정부 시대 감사원이지만, 감사원에 감사소청하여, 시간이라도 우선 잡아 보존을 준비해 보자고 올린 감사소청이고 결과 보도입니다. 당시는 일부 유물만 발굴한 시간이었고, 9천 200여 점의 유물도 나오지 않을 때입니다. 문정부는 박정부 때와는 다른 확실한 태도를 기대합니다. 중도 맥국은 유네스코로 등재하고 레고는 길 건너의 공지에 하는 것으로, 또 근처 맥국유적지는 복원하고 3가지를 다하는 방식이면, 과거와 현대가 어우러지는 유네스코 도시도 가능하겠습니다. 유적과 관련한 불(탈)법 사례 감사청구

1. 허위 수위 자료에 의한 유적 훼손

의암호 수위와 관련하여 한수원의 공식발표인 71.5m를 배제하고 인위적으로 근거가 없는 72m로 제시하여 이전되지 않아도 되는 지석묘를 이전하게 만든 의혹. 이와 관련하여 1월 7일 국회 헌정기념관에서 개최된 중도 고조선 유적 보존 학술세미나에 참가한 문화재청 발굴제도과 김계식 과장은 의암호 만수위가 지석묘 훼손에 영향을 주지 않는다는 주장이 제기되자 중도 전체 둘레에 해발 약 76미터의

제방이 축조된 사실을 밝히지 않은 채 의암호의 백년빈도 홍수위인 73.36m를 제시하며 마치 유적이 홍수기에는 물에 잠기는 것처럼 호도함. 이 주장이 설득력을 가지려면 의암호 완공 이후인 1976년 이후 한 번이라도 의암호의 만수, 홍수위가 있었을 것이고 유적은 물에 잠긴 흔적이나 훼손된 흔적이 나타나야 함.

2. 허위 측량 자료에 근거한 유적 훼손 의혹

레고랜드 테마파크 부지의 발굴 유적과 관련하여 조건부 개발 승인 근거로 제시된 지석묘의 해발 고도와 환호의 해발고도 유구의 해발 고도의 측정에 있어 평균치를 제시하지 않고 작위적으로 해발 고도를 제시하여 조건부 승인이라는 부정한 이득을 취하려 한 정황이 있음. 2014년 9월 3일 매장문화재 분과위원회에 사업자가 제시하였다는 보고서에는 수혈 및 주거지의 높이는 72.70m, 환호는 72.30m, 지석묘는 71.50m로 표기하였는데 이 수치가 어느 부분을 근거로 하였는지 제시되지 않았으며 평균값의 여부도 언급이 없음. 수혈과 유구 수만도 1300여 기에 달하고 환호의 연장도 404m에 이르므로 어느곳을 기준으로 삼느냐에 따라 수치는 크게 달라지며 1월 5일 JTBC 보도에서 허위에 의한 유적훼손이라는 보도가 나가자 문화재청이 2호 지석묘를 예로 들며 매장부가 지하 2m까지 내려가므로 훼손될 수 밖에 없다는 주장을 하였지만 검증 작업에 들어가자 이는 허위사실이었음을 문화재청이 밝힘. 추가 문제가 제기되자 지석묘의 해발 고도와 관련하여 가장 낮은 위치에 있는 35호 지석묘의 해발 고도라고 밝혀 환호와 수혈, 주거지 등과의 평균값이 아닌 특정한 목적으로 지석묘의 해발고도를 작위적으로 보고하여 매장문화재 분과위원회의 결정에 이르게 한 위계의 의혹이 있음.

3. 〈중도 맥국터에서 청동검은 몇 개가 나왔을까?〉 45개나! 중요 유물인 비파형 청동검을 발굴하고도 이를 보고하지 않고 은폐한 의혹

2014년 12월 5일 발굴되었다는 비파형 청동검을 보고하지 않고 은폐하려 한 의혹이 있으며 이는 사실로 들어남. 2월 13일 국회 동북아 역사특위에서 도종환의원은 문화재청 나선화청장에게 레고랜드 부지의 이전 대상 지석묘에서 비파형 청동검의 손잡이 부분이 발굴되었다는 설이 있는데 알고 있느냐고 물었고, 나선화 청장은 동행한 김계식 부이사관에게 확인 후 없다고 보고하였으나 분명히 발굴되었다는 구체적인 근거가 있다는 도종환의원의 추가질의에 따라 강원도청에 확인 결과 비파형 청동검의 발굴사실이 있다고 확인됨. 이와 관련하여 은폐의혹이 제기되는 이유는 도종환 의원의 요구에 따라 문화재청이 2015년 1월 13일에 제출한 자료에 따르면 비파형 청동검의 발굴사실은 표시 없이 이전 대상 지석묘에서 60점의 유물이 발굴되었다는 보고서를 제출하여 2014년 12월 5일 발굴된 비파형 청동검을 은폐한 의혹이 있음.

4. 동절기 유적 보존조치의 미비와 위계에 의한 유적 훼손과 이를 은폐한 의혹

2014년 10월 15일 약식 보고서를 제출한 이후 발굴된 유적의 보존조치를 하지 않아 동절기 결빙과 해빙으로 인한 유적의 훼손 사실이 1월 초 복수 이상의 언론보도를 통해 알려졌으며 사업시행자와 발굴기관은 답변을 통해 3D 스캔을 완료하지 못한 상태에서 갑자기(12월 10일부터 3일간) 눈이 내리고 기온이 급강하하여 유적의 보존 조치를 하지 못하였다고 하였으나 2015년 1월 20일 도종환 의원에게 제출된 자료에는 2014년 12월 4일 환호와 주거지는 전반적인 3D 스캔작업이 완료되어 도면화 작업이라는 답변을 하여 유적 보존 조치를 할 시간적 여유가 있었는데도 이를 방치하여 훼손되게 한 의혹이 있으며 위계에 의한 훼손 사실의 정당성을 주장한 의혹도 있음.

이와 관련하여 유적의 훼손 의혹이 제기되자 2015년 1월13일 문화재청이 발굴제도과 352 (2015. 1. 13.)문서에 의하여 보존 조치를 강구하라고 지시하면서 현재 노출된 유적에 대하여 ① 비닐 ② 보온덮개 ③ 우장막 순서로 복토 전 임시보호조치를 하고 복토를 진행할 때는 이를 걷어내고 절차에 따라 복토를 진행하도록 지시를 하였는데 이를 이행하지 않은 의혹이 있음.(첨부사진 참고)

5. 이전 대상 지석묘의 임시조치를 규정대로 하지 않은 의혹

이전 대상 지석묘의 임시보관 조치와 관련하여 문화재청의 지시를 이행하지 않은 의혹이 있음. (발굴제도과 2015 - 352 2015.1.13. 문서)에 의하면 임시 이전 대상 지석묘의 보존 조치와 관련하여 임시 가설물을 설치하여 보호하라고 지시하였지만 이를 이행하지 않은 의혹이 있음.

6. 3D 스캔작업의 정확성이 담보되기 어려운 의혹

대다수 발굴전문가들에 따르면 3D 스캔작업은 정밀하고 정확성이 요구되는 작업이며 시간도 오래 걸리는 작업으로 1,200기가 넘는 유적을 두 달도 안되는 기간에 작업한다는 것은 불가능하다고 하며 만일 이 작업을 완료하였다면 부실한 작업을 하였다고 밖에 볼 수 없다고 주장함. 이에 대한 검증과 의혹 해소가 요구됨. "첨부" 근거 자료 (사진)

7. 동절기 유적 보존조치의 미비와 위계에 의한 유적 훼손과 이를 은폐한 의혹 (1월 4일)

동절기 결빙과 해빙의 반복으로 유적이 훼손됨	동절기 결빙과 해빙의 반복으로 유적이 훼손됨
대부분의 유적의 동절기 보호조치가 없음	대부분의 유적의 동절기 보호소지가 없음
유적 일부에만 보호조치를 함.	유적의 원형이 사라질 만큼 훼손이 이루어짐
지시에 의한 절차를 무시하고 붕소포로만 보존조치를 한 의혹이 있음	중장비를 동원하여 복토를 진행하여 땅속의 유적이 훼손되었을 우려가 큼

8. 이전 대상 지석묘의 임시 조치를 규정대로 하지 않은 의혹 근거 사진 자료

임시 가설물 없이 비닐 등으로만 보관 처리함

▣ 한국 DNA 고향 춘천 중도: 문대통령이나 문화재청장이 법에 의한 직권으로 적폐청산자들, 문화재청 불법허가, 영국 레고를 취소토록: 영일 무기공동제작 동맹과 함께 이루어지는 춘천 영국 레고 1900년대 영일동맹 식민화 재탕은 좌시못할 매국! 맥국중도는 한민족의 시원적 고향: 구석기 신석기 전후 주거지 1,612채 포함 유적유물 9200여 점+3200m.404m 아시아적 대환호들 절대 원형 보존해서 유네스코 등재로 지역경제도 활성화! 하여 이제는 "문화재청의 결정 자체가 위법하다고 보이기에, 그 자체를 취소시키는 그런 행정소송"을 해야 하고, "국가가 일단 허가를 내 준 것" "허가기간이 넘으면 자동 허가 취소"되니….

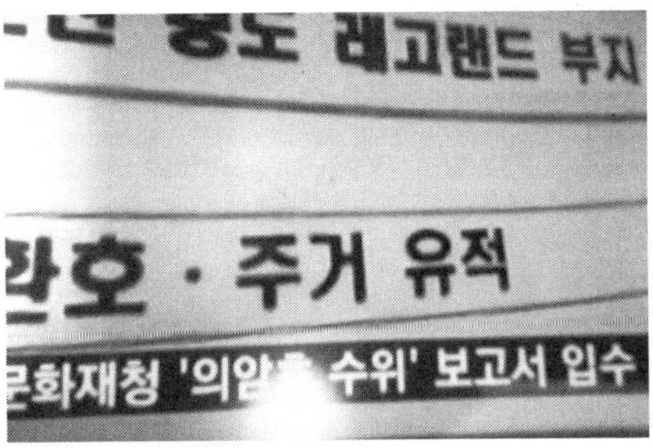

중도에서는 무덤이 165기나 발굴되었다. 그 중 149기는 석기시대 무덤인 세골장 양식으로 조성되어 인류사에 유례가 없는 대 유적이다. 또한 본 곳에서 40여 기의 적석무덤이 3열로 배치된 채로 발굴되었는데 이도 유례가 없는 것으로 고고학계에서도 큰 충격을 주었고, 1612기의 거주지 터가 하중도에서만 발굴되어 청동기시대와 철기시대까지도 추천에 거대한 도시국가 맥국이 존재했음이 명백히 증명되며, 그 중 1,266기가 선사시대 집터로 유례없는 한강변 마을로 학계에 주목을 모으고 있어, 이 모두가, 경주보다 유적유물이 더욱 집약적으로 발굴되어 보존의 가치가 세계적으로도 높게 평가를 받아 더욱 원형보존으로 역사전쟁에 대응은 물론 세계사를 다시 쓸 수 있고 관광자원으로도 충분히 레고보다 더 질 높은 한국문화재로 국민의 자존심 함양은 물론 합법적인 수익구조면에서도 더 경쟁력까지 가지므로 영국 레고는 다른 곳에서 하도록 조정해야 한다.

49 ☗ 감사원의 미적지근한 태도: 춘천시 중도 청동기 유물 일부 이전 관련 감사청구 감사 결과 / 감사 이야기

2015. 9. 9. 16:23~2015년에 결과 보도 – 2015년 1월 5일 필자 본인이 우선 레고를 서두르는 박근혜정부 시대지만, 감사원에 감사소청하여, 시간이라도 우선 잡아보자고 올린 결과 보도입니다. 당시는 일부 유물만 발굴한 시간이었고, 9천 200여 점 유물도 나오지 않을 때입니다. 문 정부는 박정부 때완 다른 확실한 태도를 기대합니다.

〈환단만년 참정의 실천단〉, 소청대표: 법인 한국여성향토문화연구원장, 차옥덕 2015년 1월 5일 "춘천 중도 고조선문화 유적지 파괴저지 관련 감사 소청"에 대한 감사결과 전문 (7월 17일자, 22일 받다)

감사청구 사항 감사결과
(강원도 춘천시 중도 고조선 문화유적지 파괴 저지 관련)

1. 청구이유(수많은 청동기 유물 출토된 중도 보존의지 없이 사업 진행..)에 대한 감사 결과

○ 강원도에서 "레고랜드 테마파크 조성사업"을 위해 2011년 10월 「매장문화재 보호 및 조사에 관한 법률」(이하 "매장문화재법"이라한다)에 따라 문화재청에 춘천시 하중도에 대한 시굴조사를 신청하였는바
 – 시굴 결과, 하중도의 대부분 지역에서 신석기문화층, 청동기시대 주거지, 수혈유구, 지석묘, 원삼국시대 경작유구 등이 확인되었습니다.

○ 이에 따라, 사업시행자인 주식회사 엘엘개발에서 문화재청에 2013년 4월 정밀 발굴조사 허가 신청하여 발굴한 결과
 – 청동기시대 대규모 생활 · 분묘 복합유적 및 환호 · 주거지 · 지석묘 등의 유물을 확인하였습니다.

○ 발굴된 매장문화재가 역사적 · 예술적 또는 학술적 가치가 큰 경우 매장문화재법 및 같은 법 시행령에 따라 문화재위원회의 심의를 거쳐 보존조치를 결정하도록 되어 있어
 – 문화재청 발굴 유적 문화재위원회에서 2014년 9월 26일, 하중도 발굴유

적 보존방안을 최종 승인하였습니다.⇨ 강원도에서 "레고랜드 테마파크 조성 사업"추진과정에서 문화재청으로부터 문화재보존 방안을 승인 받는 등 적법하게 관련절차를 이행하고 있으므로 위법 · 부당하다고 볼 수 있는 사항이 없어 「공익사항에 관한 감사원 감사청구 처리에 관한 규정」제13조에 따라 종결 처리하였습니다.

2. 청구이유(원형보존 평균값 74.31을 상회하는 91.77의 평가값을 받은 춘천 중도 유적 이전 복원)에 대한 감사 결과 문화재위원들이「발굴조사의 방법 및 절차 등에 관한 규정」 제20조 관련 별표2 평가등급별 가중치 및 보존조치 판단 기준값에 따라 춘천시 중도에서 발굴된 매장문화재를 평가하여 원형보존 평균값 74.31을 상회하는 91.77의 평가값을 주었습니다.

 – 그런데 현재 문화재 평가값을 도출하기 위한 평가항목에는 매장문화재의 가치, 보존상태, 활용성 등 해당 유적의 문화재적 가치판단 항목만 있어

– 문화재위원회의 문화재 보존조치 관련 심의에서는 평가값만 아니라 개발사업의 경제성이나 지역경제에 미치는 영향 등에 대한 사항도 고려하고 있습니다. ⇨ 이에, 문화재청장에게 매장문화재 보존조치 결정을 위한 심의 시 객관적인 심의가 이뤄질 수 있도록 매장문화재 평가 항목에 문화재적 가치판단 뿐만 아니라 개발사업의 경제성 등을 평가할 수 있는 항목도 포함하는 등 매장문화재 평가 항목을 합리적으로 개선하는 방안을 마련하도록 통보하였습니다.※매장문화재 평가값이 91.77인 춘천시 중도발굴 유적지의 경우원칙적으로 원형보전하는 것으로 결정되었으며, 일부 지석묘에 대해서만 관리상의 문제, 문화재 활용방안 등을 고려하여 이전 결정을 한 것입니다.

3. 청구이유(오류가 있는 심의자료를 근거로 허가..)에 대한 감사결과○ 문화재위원회의 심의자료에 기재된 의암댐 만수위 및 지석묘 해발고도 오류와 관련하여

 – 사업 시행자의 보고 내용상 만수위는 72m인 반면, 국토교통부의 수자원 관리정보 시스템상 의암호 상시 만수위는 71.5m이고, 고인돌의 해발고도는 72.5m로 상시 만수위보다 1m 높습니다.

 – 이 같은 지석묘군의 해발고도 측정오류는 발굴조사시 기준점으로 삼은 TBM(Temporary Bench Mark)의 오류로 인한 것으로, 해당 조사기관에서

이에 대한 오류를 알지 못한 채 2015년 1월 5일까지 사용하고 있었습니다.

– 위 수치의 오류에 대하여 인위적으로 조작하였다는 정황을 발견하기 어려우나, 문화재청에서는 물의를 일으킨 데 대해 해당 조사기관에 주의 촉구하는 등의 처분을 검토하고 있습니다.

○ 문화재위원회에서 지석묘 활용방안 등 보존 조치에 관한 심의를 하면서 원형보존 및 이전 복원 등 보존방안을 비교 검토한 것과 관련하여

– 지석묘가 현재 위치에서 노출될 경우 지석묘 외의 지반이 2.61m 높아지는 상황에서 집중호우 시 침수될 우려가 있고, 지반 방수처리에 어려움이 있어

– 지석묘의 일부를 이전 복원하여 전시하는 방안으로 결정한 것입니다⇨심의자료에 일부 오류가 있었던 것은 사실이나 고의성을 발견하기 어렵고, 문화재위원회에서 지석묘를 복토하여 원형 보존하지 않고 일부를 이전 복원하는 것으로 결정한 것은 문화재로서의 가치가 높은 지석묘를 전시 활용하여 사회적으로 공유하고자 한 것으로 사업시행자에 특혜를 주었다고 보기 어렵습니다.

4. 청구이유(유구보호조치)에 대한 감사결과

○ 매장문화재법 제 11조의 규정에 따르면 문화재청에서 사업시행자 등에 발굴허가를 할 경우 허가의 내용을 정하거나 필요한 사항

– 지시할 수 있도록 되어 있습니다.

– 이에 따라 문화재청에서는 발굴허가를 하면서 관련규정 준수와 발굴조사가 1년 이상 중지될 경우 유적 · 유구에 대한 주변정리 및 원상복구 · 복토 등의 안전, 보호 대책을 이행하도록 하고, 이를 위반할 경우 허가취소 등의 조치를 할 것을 허가조건으로 명시하고 있습니다.

– 그러나 1년 미만으로 발굴조사가 중단될 경우에 대하여는 보호대책 및 처벌 등에 대한 구체적인 방안이 없어

– 춘천시 중도 발굴유적지의 경우 2014. 12. 5 동절기로 인한 발굴 및 3D 스캔 중지 기간 중 조사기관에서 노출된 유적에 대한 적절한 보호조치 등을 마련하지 않아 유적지의 일부가 훼손되었습니다.⇨이에, 문화재청장에게 발굴이 일시적으로 중단된 매장문화재에 대한 적정한 보호대책을 마련하도록 통보하였습니다.

50. 이 감사원의 결과를 받아보고 나는 좀 더 강력한 논의가 절실해 〈대한민국 다같이 썩을 수 없다〉고 제 2차 국회세미나를 열었다.

1900년대 초부터 중도에서는 선사유적이 나와 주변의 구석기 신석기 유적과 함께 선사유적으로 보존되었었다. 하중도는 1968년 박정희 정부가 의암댐을 만들기 전 상중도와 북춘천으로 연결된 반도였다. 2011년 9월 1일 하중도에 영국계 위락시설인 레고랜드가 유치된 이후 2011년 10월 31일부터 강원도는 2013년 10월 14일부터는 5개 발굴기관이 참여하는 대대적인 발굴을 레고랜드 부지에서 실시하였다. 발굴은 2017년까지도 지속되었다. 2014년 7월 28일 보도된 바로 하중도에는 3km가 넘는 거주지터 집약군과 전체 둘레 약 404m에 이르는 대형 환호(環濠 · 마을 주변에 도랑을 파서 돌리는 시설물)가 발굴되었다. 2015년, 2016년, 2017년 최종 발표는 9,200여 점이다. 중도 오른쪽 면 전체 4km가 넘는 그야말로 아시아 최고의 대형환호가 발견되었다.

51. 춘천 레고랜드 부지 내의 중도 유적지에서 건축 폐기물 추가발견.. 춘천검찰 수사 중

춘천레고랜드 시행사 엘엘개발이 중도유적지에 대량의 건축폐기물을 매립했을 가능성이 있다. 대한민국을 대표하는 선사 유적지인 춘천 중도에 건설 중인 춘천레고랜드 부지에서 건축폐기물이 추가로 발견되어 문화재청에 신고됐다.

◀ 춘천레고랜드 공사현장인 중도유적지 에서 불법매립된 폐 콘크리트 배관 등 건축폐기물이 추가로 발견됐다.(사진: 춘천 중도 선사유적지 보존본부)

춘천 중도 선사유적지 보존본부(대표 김종문 이하 중도본부)에 따르면 9월 30일 중도유적지 남단에서 커다란 폐콘크리트 배관 등 건축 폐기물들이 매립됐음이 확인됐다. 위치는 2018년 8월 12일 대량의 건축 폐기물이 발견된 춘천 레고랜드 남단 침사지 공사현장에서 100m가량 떨어진 수로이다.

▲ 2018년 8월 12일 중도유적지 내 춘천 레고랜드 남단 침사지(좌)에서 건축 폐기물이 발견됐고 9월 30일 침사지에서 100m 가량 떨어진 수로(우)에서도 커다란 폐콘크리트 배관 등 건축폐기물이 매립됐음이 확인됐다.

김종문대표는 "해당 구역은 8월까지도 비닐에 덮혀 건축 폐기물이 매립됐음을 알 수 없었다."며 "하늘이 도우셨는지 8월과 9월에 집중호우들로 비닐이 벗겨지고 수로의 흙이 침식되어 불법 매립된 건축 폐기물들이 모습을 드러냈다"고 했다. 중도본부는 9월 30일(일)에 수로에서 커다란 폐콘크리트 배관이 매립됐음을 확인하여 월요일인 10월 1일에 문화재청 발굴제도과 담당직원에게 구두로 신고하고 10월 4일 문서(춘천 중도 선사유적지 보존본부 대외협력팀 - 027)로 신고했다고 한다.

문화재청은 2018년 8월 13일 중도본부로부터 건축 폐기물 매립이 신고되자 현장점검도 없이 건축 폐기물 매립을 한 혐의를 받고 있는 춘천 레고랜드 시행사 엘엘개발에 통보하여 폐기물들을 제거토록 했다. 시행사 엘엘개발은 중도유적에 건축 폐기물 매립은 없었다는 입장이다. 문화재청 발굴제도과는 8월 12일에 폐기물들이 발견된 침사지가 유물유적이 발굴되지 않은 곳에 설치되어 건축 폐기물 매립이 문화재청 소관이 아니라는 입장이다. 그런데 침사지에서 100m나 떨어진 곳에서도 건축 폐기물들이 발견됐다. 침사지를 포함한 수백m에 달하는 넓은 지역에 건축 폐기물들이 매립됐을 가능성이 보인다.

중도유적지는 1977년부터 반달 돌칼과 돌도끼 등이 발굴되어 고고학계에서 보물섬으로 인식되었다. 그러다 1981년 국립중앙박물관과 여러 기관의 지표조사 및 발굴조사를 통해 석기시대부터 철기시대에 이르기까지 다양한 유적이 분포하고 있음이 밝혀졌다. 2011년 이명박 정부가 경제논리를 내세워 영국 레고랜드를 유치한 이후 2017년까지 하중도에서만 3,000여 기의 유구와 160여기의 적석무덤 등 9천 여 점이 발굴되어, 인류사에 경주보다 유물유적이 밀집한 특별한 유적지로 밝혀졌다.

중도본부는 2018년 9월 4일 서초구 서울중앙지법에서 춘천 하중도에 건설 중인 레고랜드 테마파크 부지에 대량의 건축 폐기물을 매립한 혐의로 시행사 엘엘개발, 강원도, 현대건설, 문화재청, (재)한강문화재 연구원 등을 고발(서울 중앙지검 2018형 제 75299호) 했다. 관련하여 9월 14일에는 춘천 지방법원에 춘천 레고랜드 테마파크공사를 중지시키기 위한 가처분 신청(2018 카합90)도 접수했다. 현행 법인 매장문화재 보호법은 매장문화재가 유존하는 지역의 훼손을 엄격히 금지하고 있다. 춘천 레고렌드 사업자들이 중도유적지에 건축 폐기물을 대량으로 매립했다면 언제 누가 얼마의 양을 매립했는지 철저히 밝히고 관련자들이 응분의 처벌을 받도록 해야 할 것이다. 건축 폐기물 매립의 진상이 밝혀지면 춘천 레고랜드 사업의 중단은 불가피할 전망이다.[122]

춘천 레고랜드 테마파크 시행사 엘엘개발이 춘천 중도유적지에 대량의 건축 폐기물을 매립했음이 드러났다.

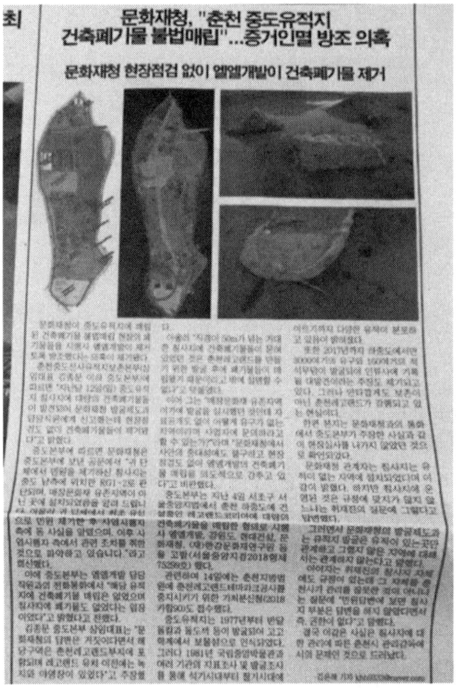
문화재청, "춘천 중도유적지 건축폐기물 불법매립"...증거인멸 방조 의혹

문화재청 현장점검 없이 엘엘개발이 건축폐기물 제거

%"현 시점에서 '시원도시'를 만들라고 하는 운동은 자칫 문화재청이 추친중인 ' 중도 선사 유적 테마파크'를 지원하는 영향을 주어, 레고랜드 사업을 지지하는 활동이 될 수 있습니다. 현 시점에서는 춘천 레고랜드 반대와 중도유적지 보존에 집중해야 합니다. 800억 위법투자 중지에 집중해서 레고랜드 공사를 중지시키는 게 답입니다."

민간단체들 청사 앞 춘천 레고랜드 800억 투자 백지화 요구

= 27일 오전 정부 서울청사 앞에서 춘천 중도 선사유적지 보존본부 관계자들이 기자회견을 열고 정부 측에 강원도 춘천 레고랜드 관련 투자 백지화를 요구하고 있다. [123]

9216(2019)년 3월 중도 원형보존 시민단체 제안들: 도의회 경건위 표결에서는 개발주체 변경 동의안 처리(계약 불평등 재확인…사업 안정성 검토 미비는 지적) 수년째 제자리 걸음을 하고 있는 춘천 레고랜드 사업이 레고랜드 운영사 멀린사

의 주도로 이뤄지게 됐다. 강원도의회 경제건설 위원회는 3일 강원도가 제출한 '레고랜드 코리아 조성사업 강원도 권리 의무변경 동의안'을 격론 끝에 통과시켰다. 동의안은 기존 (주)엘엘개발이 직접 추진하던 춘천 레고랜드 코리아 조성사업을 멀린으로 사업 주체를 변경하는 게 핵심이다.

여기에 테마파크 사업비용 예상액 2,600억원 가운데 멀린이 1,800억원을, 엘엘개발이 강원도가 지급보증한 대출금 2,050억원 가운데 800억원을 투자하는 권리 의무도 담겼다.

심사 과정에서는 경건위 의원 상당수가 춘천 레고랜드 사업의 한계와 우려를 나타냈다.

박상수 의원은 "300억원 이상 채무 부담행위나 투자할 때는 행안부 투자 심사를 받게 돼 있는데, 추가 투자 800억원에 대해서는 이런 사전 절차 이행을 안했기 때문에 잘못됐다고 판단된다"며 "행안부 유권 해석을 받은 뒤 심의가 이뤄져야 한다"고 주장했다. 본협약(UA)상 주요 권리의무 변경사항을 담은 레고랜드 코리아 총괄개발협약(MDA)의 제한된 정보 공개에 대한 질타도 이어졌다.

강원도가 의원들의 요청으로 MDA 원문 공개를 멀린에 요청했지만 비밀 조항이 있어 제한된 공개만 가능하다는 답변을 받은 것으로 전해졌다.

신영재 의원은 "모든 계약은 투명하게 진행돼야 하는데 멀린사의 눈치를 보고, 공개 요청을 물어보고 그나마 공개도 못하는게 안타깝다"고 지적했다.

조성호 의원은 "(레고랜드 사업은) 믿음이 없는 사업이다. 첫 단추부터 도민들과 의회에 믿음을 확실하게 줬는가"라고 반문한 뒤 "MDA를 검토해 봤지만 원하는 자료도 주지 않고, 무엇을 심의하고 토론하고 동의안을 통과시켜 달라는지 집행부의 대처가 안일하다"고 비판했다. 조 의원은 "서로 양보한 흔적이 보이지만 불합리한 계약이라 본다"며 "임대기간을 축소하든, 수익률을 받는 구조를 개선하든 조금이나마 강원도에 불합리한 부분을 개선했어야 한다"고 덧붙였다. 의원들은 경제 파급효과의 현실성과 레고랜드 주변 자체 상권 개발에 따른 춘천 기존 상권과의 갈등도 고민해야 한다는 의견도 냈다.

하지만 표결 결과는 도의회 경건위 출석 의원 8명 가운데 민주당 의원 6명 찬성, 자유한국당 의원 2명 반대로 동의안은 통과됐다. 정만호 강원도 경제부지사가 출석해 "계약 내용부실과 합리적이지 못한 대응, 시행사 불투명 경영 등으로 성과를 내지 못했다"며 사과한 뒤 사업 재구조화를 통해 사업 성공을 자신한데 대해 다수 민주당 의원들이 힘을 실었다.

이날 표결에 참여한 한 민주당 의원은 "검토 시간도 부족했지만 검토 자료와 정보도 부실한 상황이라 판단을 내리기에 어려움이 있었다"고 토로했다.

우여곡절 끝에 최문순 강원도정의 현안 사업 중 하나였던 춘천 레고랜드 사업은 출구를 찾게 됐지만, 강원도의회의 입지는 또 한 번 좁아지게 되는 부담도 안게 됐다.

도의회 사회문화 위원회는 최근 정부의 부정적인 입장이 여전하고, 도민들의 여론이 결집되지 않은 2021년 동계아시안 남북 공동개최 유치 동의안을 통과시켜 '거수기' 논란을 빚고 있다. 이런 분위기 속에 심사 과정에서 여러 문제점이 지적된 춘천 레고랜드 사업 재구조화에도 힘을 실어주면서 강원 도의회의 판단을 정파적으로 해석하는 시각도 당분간 이어질 전망이다. 강원도는 동의안이 강원 도의회 본회의를 통과하면 관련 절차에 착수해 2019년부터 사업을 시작, 2021년 7월 레고랜드를 개장한다는 계획

51⚜ 춘천법원의 민간단체에 대한 야유 비슷한 태도 – 춘천 레고랜드 공사중지 가처분 재판 최종 심리

- 사건: 2018 카합87 가처분
- 일시: 2019년 3월 4일(월) 오후 4시
- 장소: 춘천지방법원 201호 법정
- 채권자: 춘천 중도 선사유적지 보존본부
- 채무자: 강원 중도개발 공사(구 엘엘개발)

※시행사 엘엘개발은 지난 수년 동안 중도유적지를 위법하게 훼손했습니다. 그럼에도 정부는 중도유적지 훼손에 눈을 감고 레고랜드의 공사를 지속하도록 했습니다. 이번 재판에서 재판부는 엘엘개발이 위법하게 중도를 훼손했으므로 공사를 중지시키든 아니면 그럼에도 공사를 지속하게 하든 선택해야 합니다.

52★ 3·1 100주년 서울시청 옆 춘천 중도 운동

▲ 임순화, 현혜진, 최정자 공동대표님들은 처음부터 지금껏 열심히 중도 보존을 위해 애쓰다.

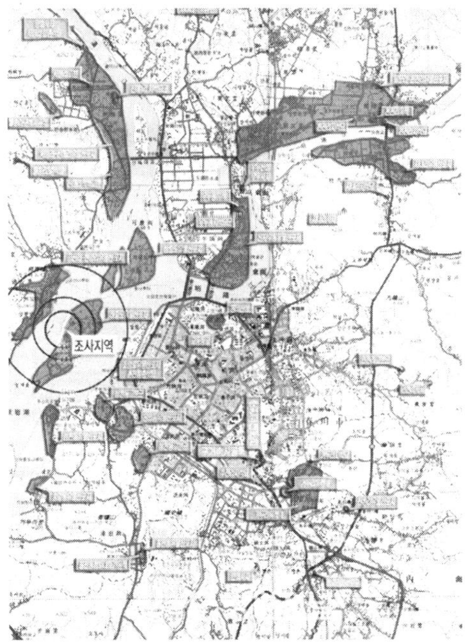

▲ 춘천 중도 주변 유적 5만분의 1 분포 현황도(자료제공=한강문화재연구소)

53 ☑ 중도 레고는 한민족 역사 지우기 및 세계적인 중도 유적유물 도굴 영 · 일의 침략 야욕과 정치꾼과 부동산업자와의 결탁의 폐물

춘천 레고랜드 공사중지 가처분 재판 최종 심리를 마치고

2019년 3월 4일(월) 오후 4시
춘천 지방법원 201호 법정건물 앞에서

저 뒤에 있는 제 2의 도읍지 삼악산 맥국산성에서도 부르시지만 시간 땜에 다음에 인사가겠습니다. 죄송합니다.

하중도만 165기 무덤(그 중 149기는 석기시대)과 40여 개 3종 행렬 적석 무덤, 1,612기 주거지(그 중 1,266채가 선사시대 집)터라, 나는 천지와 동서남북과 사람들에게 끝까지 보존에의 응원 부탁의 절을 했다.

앞두루(중도) 맥국

중도! 아득한 선사시대 사람들! 돌아가셨어도 영혼이 있음을 믿었다. 이제 드러내실 때가 되어 드러나시기로 하셨나보다. 덜 떨어진 직계 후손들로는 850억 다리 하나 안 놓을 것이라. 일단 둘레둘레 둘러 먼나라 해적단 후손들도 끌어 넣으셨나보다. 그들에겐 없는 것이니 한참 욕심을 낼 거라.. 다리는 우리 돈으로 우리가 놓았으니 이제 물러가거라! 선사시대 여기 집들은 영혼의 집을 만들고 관리하고 제사를 지내는 사제들과 그 부속의 일을 하는 사람들이 살았을 것이다. 집마다 다 크기도 방향도 다르니 분명 맥(해)을 향해 무덤을 향해 마고님의 마작산을 향해 맥 왕궁의 맥둑의 앞뜰이라 '앞두루'(앞뜰 중도)에서 마고할매의 마적산 애린 마음 바라보니 전생 어딘가 쯤에 마치 내가 이 곳 맥국의 한 여왕이었을 것같은 느낌이 든다. 평창 하리여왕이라 혼자서도 그 곳을 찾아냈을까!

54. 레고랜드 반대를 공연하는 마임이스트 유진규, 그가 거리에 나선 이유

유진규 마임이스트는 "많은 이들이 경제논리에 가리어 레고랜드보다 더 중요한 가치들을 보지 못하고 있다"고 말했다.[사진=천막사진관]

2011년 강원도가 처음 사업 플랜을 발표한 이후 7년 넘게 답보상태였던 춘천 레고랜드 건립 사업. 최근 영국 멀린사(레고랜드 운영사)가 50억원의 사업자금을 내놓으면서 멈춰 있던 사업이 탄력을 받고 있다. 하지만 넘어야 할 산은 숱하다. 이 사업의 경제적 창출 효과가 있는지, 유물이 가득했던 현 부지에 레고랜드를 짓는 게 타당한지도 결론나지 않았다. 마임이스트 유진규(67)씨가 춘천 중도에서 여전히 레고랜드 건립을 반대하는 것도 이 때문이다.'레고랜드' 혹은 '중도'라는 글귀가 적힌 검은 천으로 눈을 가린 한 남자가 손을 더듬거리며 한발 한발 힘겹게 걸음을 내디뎠다. 한겨울 찬바람이 얇은 의상 안으로 파고 든다. 게다가 맨발. 한참 추위에 떨며 걷기를 한 후에야 그는 옷을 챙겨 입었다. 돈을 받고 하는 공연이 아니다. 레고랜드가 들어설 중도中島(강원도 춘천의 섬)의 건설부지에서 마임이스트 유진규씨가 지난 겨울 펼친 퍼포먼스이다. 그는 2015년부터 이 퍼포먼스를 매월 이어오고 있다. 퍼포먼스 형태는 조금씩 다르지만 기본 주제는 '레고랜드 건립 반대'이다. 그는 국내 마임예술계 1세대이자 최정상의 마임이스트로 꼽힌다. 1989년부터 해마다 5월이면 펼쳐지는 춘천 마임축제를 처음 개최한 사람도 그이다. 국제적 명성도 높다. 말하자면 그리 아쉬울 것 없는 유명 예술인이 찬바람을 마다 않고 황무지를 걷는 퍼포먼스를 펼치고 있는 셈이다.

한겨울 진정성 있는 공연의 의미

그는 이렇게 말했다. "중도에 레고랜드를 건립하려는 이들이 경제논리를 앞세워 인간의 삶에서 가장 중요한 게 무엇인지 깨닫지 못하도록 사람들의 눈을 가리고 있다. 예술가로서 그런 사실을 사람들에게 알리고 싶었다." 더스쿠프(The SCOOP)가 그를 만났다.

✚ 중도에 건립될 레고랜드를 반대하는 이유가 뭔가.

"이유는 크게 두 가지이다."

✚ 첫째는 뭔가.

"역사 유물을 보전하는 게 더 가치 있는 일이라고 보기 때문이다. 1980년대 중도에선 청동기와 철기시대 유물이 발굴됐다. 강원도가 2011년 9월 대형 복합 테마파크 조성 프로젝트를 발표한 이후인 2014년엔 더 많은 선사시대 유물이 발굴돼 국내 최대 규모의 선사시대 유적지라는 게 알려졌다. 일부 유적은 발굴하고, 나머지는 흙으로 다시 덮어 그 위에 레고랜드를 만들겠다는 게 강원도의 생각이다. 그게 과연 좋은 건지 의문이다."

✚ 강원도는 경제적 효과가 크다는 입장인 것 같은데.

"그렇다. 강원도 측은 공사 기간에만 3조원이 넘는 경제 유발효과와 더불어 2만 5,000여 개의 일자리가 창출될 것이라고 말한다. 완공 후엔 4,100명의 상시 일자리가 마련될 거라는 전망도 있다. 하지만 검증이 쉽지 않다."

✚ 그렇게 보는 이유가 뭔가.

"레고랜드를 반대하는 두번째 이유이기도 한데, 그건 레고랜드 건립을 추진하는 과정이 대부분 '깜깜이'로 진행되고 있어서 이다. **당연히 강원도가 주장하는 경제효과도 신뢰하기 어렵지 않겠는가."**

✚ 근거가 있나.

"가장 중요한 건 강원도가 멀린사(레고랜드 운영사)와 어떤 내용으로 계약을 했느냐 이다. 춘천 시민이 내용을 알아야 정말 레고랜드의 건립을 통해 춘천 시민들이 득을 보는지, 득을 본다면 그 효과가 얼마나 되는지, 강원도가 주장하는 내용이 맞는지 등을 따져볼 것 아닌가. 그런데 정보를 내놓으라고 해도 비밀준수사항 같은 게 있어서 안 된다고 버틴다. 또한 멀린사 홈페이지엔 전세계에서 건립을 진행

중인 레고랜드를 홍보하는 지도가 있다. 협의가 진행 중인 중국의 레고랜드도 나와 있는데, 정작 춘천은 없다. 뭔가 일이 매끄럽지 않다는 증거가 아니겠나."

레고랜드 깜깜이 플랜은 괜찮나

✚ 그 정도라면 유적이 대규모로 발굴됐을 때 문제를 제기할 만했을 텐데.

"그렇지 않았다. **문화재청은 나서서 개발을 막아도 모자랄 판에 오히려 사업을 승인해 줬다(보존방안을 제시한 조건부).** 그 과정에서 주민공청회도 열지 않았다. 최소한의 절차조차 무시한 사업이다."

✚ 그렇다고 해도 춘천 시민은 레고랜드의 건립을 환영하는 분위기가 아닌가. 빨리 지어지길 바라는 이들도 있는 것 같고. "맞다. 레고랜드가 생기고 많은 이들이 중도를 찾아 오면 지역경제가 좋아질 가능성이 높은 건 사실이다. 하지만 그 이면도 생각해 봐야 한다."

✚ 어떤 이면을 말하는 건가.

"레고랜드가 지어지면 내부와 그 주변에 다양한 상가들이 입점하는 것으로 알고 있다. 사람들이 춘천까지 오지 않고 레고랜드 주변에만 머물다 갈 가능성도 있다는 얘기이다. 그렇게 되면 기존의 춘천 시내의 상권에선 기대했던 경제효과를 누리지 못할 수도 있지 않나. 정책을 펼 때는 그런 가능성을 모두 열어두고 다방면으로 대책을 세워가면서 추진해야 하는 것 아닌가."

유진규씨의 주장은 나름 일리가 있다. 레고랜드 주변이 활성화한다면 관광객들은 굳이 춘천으로 발걸음을 옮기지 않을 가능성이 높다. 춘천 시내와 레고랜드가 들어설 중도는 자동차로 10여 분이면 간다. 하지만 고속도로와 기찻길이 북한강을 끼고 춘천 시내 외곽을 돌아간다. 춘천 시내를 들르지 않고도 중도로 곧장 빠질 수 있다.

✚ 기우일 수도 있지 않나.

"춘천 상인들이 레고랜드의 건립에 대한 환영 플래카드를 내걸려 했을 때 시민단체에서 '레고랜드 주변에 상권이 생길 것이다. 춘천과는 무관하다'는 식의 얘기를 한 적이 있다. 장사하는 사람들인데 얼마나 이해타산에 밝겠나. 얘기를 듣자마자 분개하더라. 기우가 아니라는 얘기 이다. **레고랜드에 대규모의 상가들이 들어간다는 걸 몰랐기 때문에 찬성한 것이었다."**

✚ 정확한 정보를 공유하고, 투명한 과정을 거친다면 춘천 시민이 그렇게까지 환

영하진 않을 것이라는 말인가.

"그렇다."

✚ 객관적 평가를 통해 경제적 효과가 분명해진다면 입장을 바꿀텐가.

"경제논리보다 유적지 보전이 더 중요하다는 내 생각은 변함이 없을 것이다. 각자의 생각은 다를 수 있고, 누구도 강요해선 안 된다. 물론 경제논리를 가치 없다고 생각하지도 않는다. 청년 일자리를 더 만드는 게 가치 없는 일도 아니다. 이럴 때 할 수 있는 건 하나이다."

박근혜 탄핵 때부터 현장에서 퍼포먼스

✚ 그게 뭔가.

"설득과 토론을 통해 과연 우리에게 무엇이 더 유용한지를 따져 보는 거다. 전제는 투명하게 공유된 정보가 있어야 한다는 것이다. 그런데도 경제논리를 따라가는 게 맞다면 인정해야 하지 않겠나. 그때는 문화재를 얼마나 안전하게 유지하느냐에 초점을 맞추는 게 옳은 선택일지 모른다. 거듭 강조하지만 지금껏 이런 논의가 한 번도 진행되지 않았다는 것이다. 그러니 한동안 중도에서 발굴된 유물들을 처리할 수가 없어 검은 비닐에 싸서 방치해 두는 상황이 벌어진 것이다."

유진규씨는 매월 넷 째 주 토요일 중도에서 레고랜드 건립을 반대하는 퍼포먼스를 벌인다.[사진=유진규 제공]

✚ 그래서 사람들의 눈을 막고 있는 검은 천을 걷어내야 한다고 주장하는 것인가.

"그렇다. 그래야 다른 방법도 고민할 수 있다. 하지만 **레고랜드 건립을 주장하는 사람들은 길이 하나밖에 없고, 모로 가든 그 길로 가야 한다고 주장한다.** 그러니 나머지는 부수적인 게 될 수밖에 없다. 소중한 유물을 지키면서도 경제효과를 유발할 방법이 정말 없을까. 난 그렇지 않을 거라 생각한다. 1%의 사람들이 99%의 눈을 가리지만 않는다면 대안은 있다. 1%의 사람들이 내는 아이디어보다 99%의 사람들이 내는 아이디어가 훨씬 다양하기도 하다."

✚ 주제를 조금 바꿔 보자. 레고랜드의 건립 얘기는 2012년부터 나왔고, 행위예술은 2015년부터 한 것으로 안다. 뒤늦게 활동한 이유는 무엇인가. "무대 밖 현장에서 예술 활동을 한 게 얼마 되지 않았다. '박근혜 탄핵'을 외치는 촛불집회에 참여한 게 현장 예술활동의 시작이었다."

✚ 무대 밖으로 나온 계기가 무엇인가.

"당시 문화계 블랙리스트까지 나오는 걸 보면서 이 시대를 살아가는 예술가로서 무엇을 해야 하는지를 깊이 고민하게 됐다. 그 결과, 시대를 아우르지 못하는 반쪽짜리 예술을 하고 있다고 느꼈다. 이후 살고 있는 지역에서 비상식적인 행태가 벌어지니까 또 현장 퍼포먼스를 하게 됐다. 아마 **촛불집회 때 무대 밖으로 나오지 않았다면 춘천에서의 레고랜드 건립 반대 퍼포먼스도 안 했을지 모르겠다."**

✚ 퍼포먼스는 언제까지 할 것인가.

"사실 레고랜드 건립 얘기가 나왔을 때부터 문제 제기를 하지 못해 마음의 짐이 있다. 문제가 아직 안 풀린 상황이니 해결이 될 때까지는 각종 퍼포먼스를 계속 할 것이다."

✚ 계획한 활동이 있나.

"중도는 개발 얘기가 나오기 전부터 춘천 시민의 추억이 있는 유원지였다. 다양한 문화전시 등을 통해 그것을 알려주고 싶다. 중도 걷기와 인간 띠잇기를 통해 중도를 감싸 안는 활동도 진행 중이다." [124)]

55. "춘천 레고랜드 중단, 관련자 문책하라"

춘천 시민사회단체 "착공 지연, 혈세 낭비 명백"...관련자 고발, 책임자 처벌 국민운동 시사

최문순 강원도정의 춘천권 핵심 시책인 춘천 레고랜드의 사업과 관련한 반발이 잦아들지 않고 있다. **깨어 있는 춘천시민, 춘천 시민사회 단체 네트워크, 강원 시민단체 연대회의, 중도문화 연대, 중도보존을 원하는 예술인들, 제 · 정당 연합 대책위 등**은 16일 강원도청 광장에서 기자 회견을 열어 레고랜드 사업 중단과 관련자 문책을 촉구했다. 이들은 기자 회견문을 통해 "지난해 12월 14일 레고랜드 권리변경 동의안이 강원 도의회에서 통과되자 강원도는 보도자료를 통해 '멀린 총 5천 270억 투자계획 초기투자 3천억원(LLD 800억 포함)'이라고 멀린이 마치 5천 270억원을 투자하는 것처럼 도민을 기만했다"고 주장했다. 이어 "강원도가 투자하는 800억원이 왜 멀린의 투자로 둔갑하는지, 2천 200억원을 직접 투자한다는 멀린은 왜 한 푼도 투자하지 않고 강원도에 800억원을 요구하는지, 협약에 명시된 자회사가 왜 본사로 호도되는지, 자회사 대표의 사인이 없이 왜 본사 이사가 사인을 하는지, 더 이상 궁금하지도 않다. **사실이 아님을 우리는 믿고 있기 때문이다.** 2012년 이후 7년 동안 이루 헤아릴 수도 없이 자행된 강원도와 엘엘개발의 거짓말로 증명되고 있기 때문"이라고 덧붙였다. 착공 시기와 관련해서도 불신을 나타냈다.

"지난 7년 동안 강원도와 엘엘개발은 사실상 세 번의 착공식과 수십 차례의 착공약속을 반복해 왔다. 이 와중에 도민의 혈세 2천 50억원은 허공에 사라졌다. 하루 이자 2천 500만원이 도민의 부담으로 돌아오고 있다"고 지적했다. "심지어 최문순 지사는 2018년 5월 28일 강원 도지사 후보 TV토론회에서 '레고랜드가 지난 5월 3일 착공했다. 현재 공사가 진행 중'이라고 분명히 밝혔다. 'STX 건설이 책임지고 준공을 한다. 부채가 전혀 없는 굴지의 건설회사'라고 추켜세우기도 했다"고 덧붙였다. 멀린사가 추진하는 호텔 건설도 문제를 삼았다. "강원도는 멀린사가 중도에 15층의 고층 호텔을 지을 수 있도록 건폐율 용적율을 최대 5배 이상 상향시키겠다고 한다. 시민들은 안되는 건폐율 용적율 상향이 멀린은 되는 특혜"라고 전했다. 시민단체들은 중도 개발 사업이 중단될 때까지 중도 캠핑의 날, 중도 걷기를 통한 국민 방문의 날 등 비폭력 저항운동을 전개하고 감사원 감사 결과에 따른 관련자 고발, 책임자 처벌을 위한 국민운동 돌입, 강원도와 엘엘개발의 행위에 대한 사법적 판단을 요구할 계획이다.[125)]

56 ⚜ 곰과 맥을 구별하지 못하는 것이 현실

2019년 3월 초 : 나는 국학원교수가 맥국 논문을 발표한다고 해서 반가워서 갔다가 곰과 맥을 구별하지 못하는 것을 보고, 발표 끝에 알려주고 나왔는데, 마치고 따라 나온 청중 몇 명의 물음에 답했더니 즉석에서 맥 모임이 만들어져 4월 28일에 맥을 안내하러 가기로 했다. 그 날로 잡은 이유는 중미 벨리즈에서 정한 "세계 맥 구하기 날" 이라 그 날을 얘기했다. 벨리즈가 맥을 자기 나라 동물로 지정해 나는 아니 우리는 이제 닭 쫓던 개처럼 되었다. 닭을 쫒지 않았을뿐 아니라 닭 모양도 닭의 의미도 모르고 있었으니 오히려 벨리즈 누군가가 (기특하고) 고맙기까지 하다.

57. 중도 맥국 보존운동을 분열시키는 자들과 늦게라도 새로 운동하겠다는 분들에 대하여 언젠가는 기록을 발표해야 할 것

9216(2019)년 3~4월: 중도운동하는 사람들을 돈으로 분열시키는 작업이 또 벌어지고 있다. 흔들리는 사람도 있으나, 그건 개인에 대해서도 역사의 평가는 존재

하는 것을 모르는 자의 어리석은 처신이다.

보존의 중요성을 늦게라도 알고 이 운동권에 새로 들어오는 사람도 있으니 크게 걱정 안한다.

단체가 대표를 바꿔 새로 만들어지니, 분열이라 강조해서 더 분열시키려는 사람도 있으나, 나는 각자 전문분야도 다르고 생업하며 운동하는 사람들의 능력상 시간상 역할을 쪼갠 분담으로 보기에 어느 곳이든 진정성 있게 보존운동하고, 초청하면 가서 보고 돕는다. 사회나 단체 지도자 생활 50년 그간의 경륜 덕이다.

9216(2019)년 현재 우리는 중도 맥국을 구하기 위한 또 하나의 큰 발걸음을 뛸 것이다. 역사전쟁기에 대응할 이순신의 배 12척과 같은 선사 유물 9216점 나온 하중도는 절대 훼손하면 안 된다. 영국대사관 앞에서 항의하자고 나는 20일 수요일에 그간의 과정을 중도보존의 한 모임에서 언급하고, 날짜를 정해 여러 단체에 평소는 각 재랑껏 역할분담은 하되 진체 항의 시위는 같이하사고 제안해 두었다.

중도를 지키는 일은 우리의 뿌리, 조상 부모 우리 조국의 혼 백을 지키는 일이다. 구한말에 영일동맹에 한 번 식민지를 당한 것만으로도 충분하다. "중도中島보존을 중도中途에 그만두면, 죽어서도 하늘 중도中途의 중천中天에서 헤맨다."

〈춘천 맥국 중도보존 전국협의회〉 상임대표 차옥덕

58 ❖ 갖은 고통 속에서도 한국 정체성을 잃지 않은 멕이곳(멕시코) 마야 우리 맥족의 '얼'

맥이곳의 맥이는 〈맥이, 나, 내, 얼 등 숱한 말과 생활문화 거의 다를 조국의 것으로 지켜왔다.〉
이젠 우리가 이 우리 맥이 겨레들에게 배워 우리 맥이 정체성을 지킬 차례이다.
서양식 기독교식으로 살다 보면 어느날엔가 한국 민족정체성을 다 잊고 허깨비만 남는다.
– 5세기 북위(유목민)가 정복했던 중원(농경민)에서 살아 남으려 중국 한족에 동화하는 정책을 쓰다가 몽땅 중국 한족화 해버려 결국엔 껍질만 남아 망하듯 – 한국도 지금 그런 경계에 와 있다.

맥과 맥이 – 맥족 맥이라 하다가, 5세기경부터 동이, 서이, 남이, 북이, 회이라 부르던 시절 맥족에게도 '맥이'라 했던 것 같다. 아메리카 대륙에서 가장 오래된 문명은 멕시코의 올메카(Olmeca) 문명이다. 한국 땅의 여기저기 고인돌과 똑같은 미국 일리노이(우리말 '이리 놔'에서 온 말이라 한다. 일리노이의 프랑스식 발음이 '이리놔'이기도 하다 하니 참 흥미롭다)주의 이 고인돌 주변에는 신라 경주의 왕릉처럼 큰 봉분의 인디언 무덤들이 매우 많이 남아 있다. 이 맥과 고리 이주민들은 봉분식과 고인돌을 고향에서처럼 병행한 것이다. 고인돌이나 봉분을 할 때 제일 많이 사용한 말 "돌 이리 놔", "흙 이리 놔" – '이리 놔'. 우리말 '이리 놔'로 만들어진 땅이름 '일리노이' 참으로 기묘하고 기가 막힌다.

탁자식 고인돌 – 한 예로, 세계문화유산으로 지정된 한국의 고창 죽림리의 고인돌과 똑같다. 민가 바로 옆에 아직도 남아 있다.

또 아메리카 대륙에서 가장 오래된 문명이 멕시코의 올메카(Olmeca) 문명이라는데 이 지명도 올 맥이라 여겨진다. 올은 모두를 뜻하는 올all에서 온 것일 수도 있겠고, 우리말 '얼'ool에서 온 것일 수도 있겠다. 멕시코 – 마야 의학서에 기록된 내용으로서, 마야 원주민들의 정신세계에 관련된 'ool' 즉 '얼'이라는 어휘에 대한 예리한 설명이 우리에게도 중요하니 옮긴다.

> 또 하나의 생기生氣는 'ool'(얼)이다. (이것은 나와들어에서의 토날이에 해당한다)
> 이것의 올바른 해석은 '생명의 바람' 또는 '생명의 공기'일 것이다.
> 'ool'은 숨쉬면서 몸안에 축적된다. 이것은 폐로 들어가서 심장에 도달하는데,
> 그곳이 이 기운이 머무는 곳이다. 이곳에서부터 그 생명력이 피를 통하여 몸 전체에 퍼진다...
> 'ool'은 가슴에 채워지지만, 머리에도 영향을 주어 의지를 불러 일으킨다.
> 'ool'은 따뜻하거나 뜨거운 에너지로서...그것은 꿈속에서 육체를 벗어나기도 한다.
> 'ool'은 육체가 죽으면 더운 바람처럼 대기 속으로 흩어져 없어진다.
> 스페인의 *침략으로 (마야에) 들어 온 기독교가 'ool'을 영혼과 혼동하여, 이러한 원주민들의 기본적 개념을 변질시켰다. 마야인들은 "이 힘은 단순히 육체를 떠나는 것이 아니다 – 당신은 그 힘을 밖으로 나타내야 한다. 무슨 말이냐면 사람은 'ool'을 건전한 상태로 유지하기 위하여 의식적으로 노력해야 한다는 것을 뜻한다" – 'ool'은 돌보지 않으면 육체를 떠나게 된다."고 말한다.

마야인(유카탄 반도에서 12세기 경에 꽃 피웠던 후기 마야문명은 멕이곳에서 11세기까지 발달했던 돌테가문명의 후예들 가운데 일부가 그곳으로 가서, 남쪽의 전기 마야문명 지역에서 이동해 온 마야인들과 함께 이룩한 문명이다.) 고유의 정신력과 관계되는 이 'ool'얼은 우리 한민족의 혼과 정신력에 대하여 말할 때 사용하는 어휘이다. 동시에 'ool'얼에 관한 위의 설명의 핵심내용은 'ool'은 생명력의 일종이며, 가슴에 채워지는 뜨거운 기운으로서 사람의 의지를 불태우게 하며, 몸안

에서 빠져 나오기도 하고, 영혼과는 다르게 그것을 밖으로 나타낼 수도 있으며, 건전하게 유지하기 위해서 노력해야 하고,' 얼가진 짓을 함으로써 생기가 돌아 얼을 돌보게 되는 것이다. 한민족은 얼을 가진 자들이 이 한 '얼'로 인해, 나라에 중요한 일이나 위기 때마다 전쟁이나 항거에 참여하고 궐기하며 생명을 바쳐 1/3 국민이 함께 독립운동도 한다. 그리하여 한민족은 영원히 지켜질 수 있다. 마야인들의 고유정신이라는 얼은 바로 우리민족 고유의 정신이자 혼을 뜻하는 얼이 분명하다. 얼의 모든 속성이 같고 발음도 같다. – 중국문화에서는 이런 것을 혼, 또는 기氣(중국어발음 치)라고 한다. – 한국어에서 '얼 빠진 놈', '얼이 나간 놈!'은 정신상태나 그로 인한 행동이 심각하게 나쁜 상태를 나타내는 상황에 쓰는 욕설이다.

스페인 왕실은 1521년 아스텍 제국을 침략한 직후, 학자이면서 카톨릭Catholic 신부였던 그들을 대거 멕이곳에 파견하여, – 군대가 그 원주민들을 대거 학살한 후 – 원주민의 전도와 정복과 식민지의 성공을 위해 여러 면을 조사하였다. 고구려 발해 등등에서 이주해 간 아메리카 원주민에게 너희들은 누구냐 하니 원주민들은 '우리들은 고리족과 맥이족'이라고 대답했다. 고리족이 먼저 그곳에 왔고, 맥이족은 나중에 왔다고 했다. (중국 고대문헌은 우리민족을 예맥족이라고 기록했다. 만주 대평원과 아무르강 유역에 살며 부여 – 고구려를 건국했던 우리 선조들은 고리족이었고, 예족이라고도 불리었다. 요동에 살며 단군조선을 건국했던 우리선조들은 맥족이었다. 맥족은 5세기 이후부터는 맥이족이라고 불리었다.

5세기는 동아시아에서는 중국이 대혼란 시대를 어느 정도 마무리하고 남북조로 나뉘어 대치했다. 한반도에서는 4세기의 소수림왕을 기반으로 광개토왕과 장수왕을 거치면서 고구려가 최전성기를 구가했고, 인도는 늘 그랬듯 여러 개의 소왕국으로 분열되어 있었다. 이 시기에는 아프리카나 아메리카 쪽에서도 유력한 강국은 출현하지 않아 전지구적으로 문명권이 다소 쇠퇴하거나 분열되어 있었다.

5세기 고구려 출신의 문소 황후와 아들 왕

5세기 동아시아의 각 나라는 외교 관계를 잘 유지하기 위해 자기 나라로 이주해 온 다른 나라 출신들을 우대하는 정책을 펼치기도 하였다. 장수왕 때에 가족과 함께 북위로 이주하여 황후가 된 고구려 여인이 있었는데, 바로 북위 효문제의 부인인 문소 황후이다. 문소 황후가 낳은 아들 원각은 효문제의 뒤를 이어 왕이 되었다. 위 · 촉 · 오 삼국으로 나눠진 혼란한 시대는 진나라의 통일로 끝났다. 그러나 흉노족의 우두머리였던 유연이란 자가 '한' 이라는 나라를 세워 진나라를 정복했다. 멸망한 진나라의 황족이 다시 진나라를 세워 동진이라 칭하면서 원래의 진나라는 서진으로 불리게 되었다.

59. 춘천중도는 중국이 옛부터 동이의 영역의 문화라 여기던 것을, 동북공정으로 중국령내 중국역사를 자신들의 역사로 확산하기를 시작한 이제와서는 자신들의 최고 오래된 문명이라고 주장하는 바로 그 홍산문명과 궤와 맥을 같이하기에 다시금 중요성이 강조된다.

60. 최근 중도 보존의 현주소

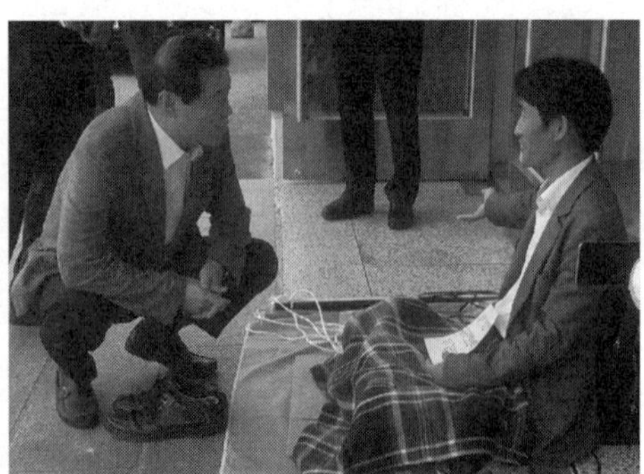

(2019년) 폭염의 날씨 임에도 절실하여 7월 24일 단식 농성 시작한 오동철위원장(춘천시민문화네트워크내 긴급한 보존대책 찾기)의 9일째, 건강을 염려하여 동참 방문한 "춘천중도맥국유적지보존전국협의회" 공동대표들 차옥덕 · 임순화 · 정철 외, 나명흠여사와 아드님 동참하다.

7월 11일 춘천중도본부 김종문대표 중도개발 반대하는 강원도청앞 항의 시위 등에 이어 7월 24일 춘천시민사회단체 네트워크 오동철 운영위원장이 강원도청 앞에서 레고랜드에 대한 무기한 단식 투쟁을 진행했다. 7월 23일부터 단식에 들어간 오동철 운영위원장은 "춘천시민사회단체 네트워크는 지난 5년간 레고랜드 문제에 대해 수없이 많은 문제를 지적해 왔다. 그동안 우리가 지적한 것은 투명한 사업과 도민의 이익이 전제되어야 한다는 것이었다"고 밝혔다. 이어 "우리의 요구는 수천년 우리의 역사가 담긴 중도가 아닌 다른 지역에 레고랜드를 건설하라는 것"이라고 전했다. 그는 "중도는 전 세계에서 유례가 없는 중요한 선사유적이며, 특히 강원도와 춘천의 역사정통성을 확인시켜 줄 중요한 퍼즐이라는게 전문가들의 의견"이라고 말했다. 또 "중도 레고랜드 사업은 다른 나라의 레고랜드와는 다르게 민간 부동산의 개발 사업이기 때문에 자기 이익을 챙기기에 혈안이 된 이들에게 밥상을 차려주고 아랫목까지 내어주는 것과 다르지 않다"고 설명했다. 그는 "최대 100년간 무상으로 땅을 내어주고, 부지조성 공사를 다 해 주고, 시설물 설치비의 57.8%를 대어주고 나서 강원도가 얻을 이익은 연간 최대 20억에 지나지 않을 것이다. 이는 도로 관리비 및 교량 유지비에도 미치지 못하는 금액일 것"이라고 주장했다. 오동철 운영위원장은 "강원도의회에 레고랜드 행정조사권 발동을 요구한다"며 "행정조사권이 발동될 때까지 무기한 단식을 이어나갈 것"이라고 말했다. 한편 이번 단식 투쟁에는 춘천시민사회단체 네트워크를 비롯해 강원시민사회연대회의, 춘천시민연대, 춘천환경운동연합, 민주노총강원지역본부 춘천지부, 춘천민예총, 정의당 강원도당, 강원 녹색당, 노동당 강원도당, 민중당 강원도당 등이 동참 춘천 레고랜드 사업의 중단을 요구하는 시민사회단체의 반발이 더욱 거세지고 있다. 춘천시민

사회단체 네트워크는 지난 23일부터 도청 앞 광장에 천막을 치고 무기한 단식농성에 돌입했다. 이들은 레고랜드 사업의 불공정한 계약 파기 및 도의회의 행정조사권 발동을 강력히 주장하고 있다. 춘천중도선사유적지보존본부도 24일 오후 도청 앞 광장에서 기자회견을 열고 춘천 레고랜드 사업 책임자 처벌 및 중도에 건설을 추진 중인 강원국제전시컨벤션센터 건립 중단을 요구한 후 정만호 경제부지사를 면담했다. 이들은 "중도가 자리잡은 의암호는 수천만 국민의 식수원으로 레고랜드와 국제전시컨벤션 센터 건립 시 대규모 토목공사로 오염물질이 고스란히 의암호로 유입될 수 있다"고 밝혔다. (춘천=뉴스1) 이찬우. 최기영기자 |2019-07-24일

강원도와 춘천시가 돈을 벌 목적으로, 제국주의적 야욕을 가진 제국인 영국과의 불공정 계약인 프라스틱 레고의 유치보다 다음을 적극 활용하세요. -강원도청 앞에서 춘천중도 파괴의 항의집회에서의 차옥덕박사(춘천중도맥국 유적지보존 전국협의회장) 발표문

1. 일본은 7월 한달간, 강원도 춘천 우두산이 본향인 소시머리(스사노오미꼬도)를 주신으로 모시는 일본 3대 축제인 "기온(祇園)축제"(일본은 2500 축제가 있다)로 유네스코등재를 하여 일본문화의 위상도 높이고, 관광수입도 크게 올리고 있다. 한국의 강릉 단오제와 비슷하다. 강원도 춘천시민들도 - 여러 유익한 이유로 한달 동안 맥국왕자라는 소시머리(스사노오)축제를 열기를 제안해 주고 싶다. 그러기 위해, 춘천맥국 중도와 춘천시 및 평창 등 강원도 일원 맥국유적지를 잘 보존하기를 간절히 바란다. 소시머리축제 "기온마쓰리(祇園祭)는 일본 교토부에서 열리는 축제이며, 일본의 무형민속문화재이다. 860년대부터 전염병을 퇴치하기 위해 기원제를 열었던 것이 유래가 되어 오늘날의 축제인 마쓰리(맞으리)로 자리를 잡게 되었다. 매년 7월 1일부터 31일까지 한 달 동안 하며, 16일 날에 하는 '요이야마'와 17일 날에 하는 '야마보코 순행'이 유명하다. 야마보코 순행은 야마보코가 모여 거리를 행진하는 것이다. 기온마쓰리의 상징인 야마보코는 높이 20m가 넘는 것이 있을 만큼 무거워 수레(다시)로 끈다."(나무위키)

2. 세계적인 게임산업에서 매출액과 수입 1위인 포켓몬스터의 주인공이 바로'맥貊'이고(제 3장 맥 참조), 맥의 후예로 슬리퍼를 주인공으로 하고 있다. 이 회사 중의 하나는 야스쿠니신사를 참배하고 있다.

제3장 ★

맥貊은 예맥족 한국의 상징인 화석동물로
서울대공원에도 살아 있고, 맥족은 환단 화석인류,
현재도 화석음식 '맥적'(불고기), 석기 및 청동기 문화유산
춘천중도는 맥국, 현대 맥국은 '멕이곳'(맥시코)
동북 3성의 연변은 지금도 예맥족이 많다.

(서울대공원에 전시된 말레이 맥과 남미 해골)

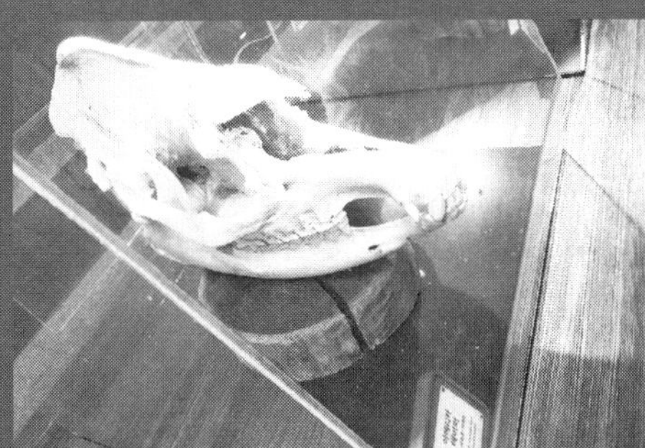

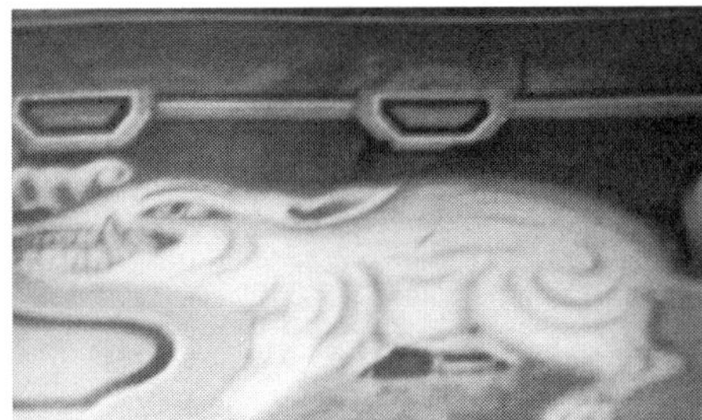

★ 맥脈: 혈맥 · 수로 · 줄기 · 연닮 · 잇닿음

한국 맥(특히 역사)이 다시 뛸 때 홍익세계가 살아난다. 지구에 맥같은 개천족 천손 맥족 – 맥족을 지키고 더불어 사는 화석동물 맥 – 먹이 매기와 민어 풀로 만든 화살 맥궁 – 맥국 '맥이곳'(원주민은 멕이곳이라 하고, 미국인류는 멕시코)이다.

우리 예맥족의 맥은 화석동물, 맥족은 화석인류, 현재도 화석음식' 맥적'(불고기)을 잘 먹고, 맥은 서울 대공원에 살아 있고, 석기 및 청동기 문화유산 춘천 중도 맥국은 '맥이곳'(맥시코)이란 이름으로 잘 지탱하고 있다.

이 장에서는 왜 이 시대에 맥인가? 중국이 일찍이 환국(맥족 · 동이족) 맥족문화 우리의 요서 · 요동지방의 신석기시대 맥족문화의 발전에 경악하며 동북 3성인 요녕성 · 길림성 · 흑룡상성 남부를 예맥족으로 규정했음에도 한국 고대사를 밀실하고 있는 것을 염두에 두고,

Ⅰ. 맥과 한국 맥보호 맥국 영역 Ⅱ. 맥문화 Ⅲ. 일본의 한국 모독 맥 장사와 대처방안을 살펴볼 것이다.

하여 맥국 춘천 중도 도읍지와 제천문화로 중국문명 탐험공정 막기, 한국 예맥족의 상징들: '맥貊' · '맥이' · '맥족' · '맥적' · 맥국[126] 이란? 맥 과 한국인 정체성 – 예맥족 한국인에게 맥은 무엇인가? 맥 치유예술 생활문화 '맥적'과 막걸리와 막춤. 일본인에게 맥과 맥국과 '맥의 후예로 설정'한 슬리퍼의 존재=잠자는 한국? 포켓몬스터? – 한국인 모욕을 슬리퍼로 대신하는 것에 대한 대처방안을 찾기위한 기본을 실사구국적 역사문화학으로 풀어본다.

1. 한국과 맥을 먼저 알고 한국의 맥 보호가 절실

한반도는 생명의 고향 강원도 남대천이 모천母川? 이 위대한 자연의 명령은 어디에서 비롯된 것일까. 알래스카에서부터 고향의 물냄새를 찾아서 시베리아에서 한반도로, 북반구에서 남반구로 야생동물들은 수만 년 동안 고향을 향해 집단 대이동을 해왔다. 특히 한반도는 철새에서부터 연어에 이르기까지 자연의 부름을 받

은 야생동물들이 사계절 내내 찾아오는 생명 네트워크의 중심지이다. 지구를 무대로 기적처럼 되풀이되는 동물들의 거대한 귀향 행렬. 이 위대한 자연의 명령은 어디에서 비롯된 것일까. 그래서 개천의 나라 천손의 나라가 한국이다.

자연의 순리대로 흐르는 물길을 따라, 때가 되면 강에서 태어나 바다에서 성장한 생명은 어김없이 고향인 모천母川으로 돌아온다. 봄이 되면 먼 바다로부터 황어와 은어, 열목어의 귀향 행렬이 이어지고, 가을이 깊어지면 북태평양을 떠돌던 연어들이 강원도 남대천을 찾아와 산란을 마치고 생을 마감한다... 연어의 놀라운 회귀본능에 관해선 아직 정확히 밝혀진 바가 없다. 다만, 고향의 물 냄새를 기억하고 그 기억에 의존해 1만 8000km를 헤엄쳐 오는 것으로 추정하고 있다. 아직 과학적으로 풀어내지 못한 미해결 과제로 남았지만 엄연히 우리 삶터 주변에서 벌어지고 있는 경이로운 여정이다.

바다에서부터 계곡까지 사투를 벌이며 역류하는 숭고한 본능. 수중보와 거센 물살, 낚시꾼 등 고향으로 돌아가는 길은 험난하지만, 기나긴 귀향길에서 일생을 바치는 이들의 처절한 몸짓은 계속된다. [127)]

1. 맥국이 있는 강원도, 그 남대천 주변의 강에서 많이 잡히는 머리가 맥처럼 미끈하게 생기고 어른 수염이 달린 물고기가 '맥이' 즉 '메기'이다.

울산반구대 암각화 내의 그림 오른쪽에 있는 빨간색 동물은 뒤로 빨간 긴줄이 있는 것이 맥인것 같다. - 맥은 생선도 많이 잡아 먹었다. 맥이 있는 곳을 따라가면 메기와 민어를 잡을 수 있다. 민어의 끈적한 부레로 풀을 만들어 맥궁을 쏘는 민족이 맥족이고 이후 고구려족이다. 삼국의 고구려부터 축소된 역사를 가르치고 배워와서 환인환웅 시대 맥족 맥국을 놓아버리고 제일 올라간 것이 고구려궁이라 관습적으로 잘못 언급한다. 강원도 앞바다에 많은 것이 바로 아래 바다나 강에 없을 리 없고 맥은 화석동물이라 여기저기 일찍부터 있어 온 영생동물이다. 동해바다 위아래 일찍이 어업이 발달했음을 울산 암각화도, 8,000년전 창녕 비봉리의 배도, 고고학적으로도 뒷받침한다. 민어에서 나온 풀로 고구려 때 궁을 만들었다면 왜 익숙한 고구려를 붙여 '고구려궁'이라 하지 않고 '맥궁'이라고 했겠는가. 맥족이 고구려 이전부터 같은 계열로 있어온 것을 증명한다.

신석기 말에서 청동기 시대 울산 암각화 속의 맥 ①②③ 같은 장면(생명력의 상징 – 성기가 긴 숫맥과 암맥의 교미)을 알기 쉽게 해석해 본 것이다.

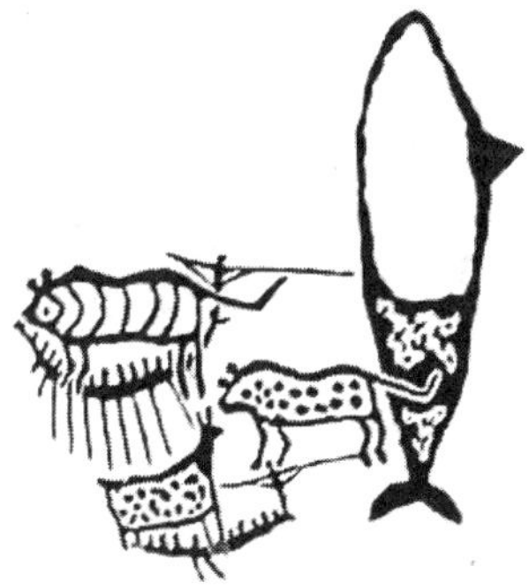

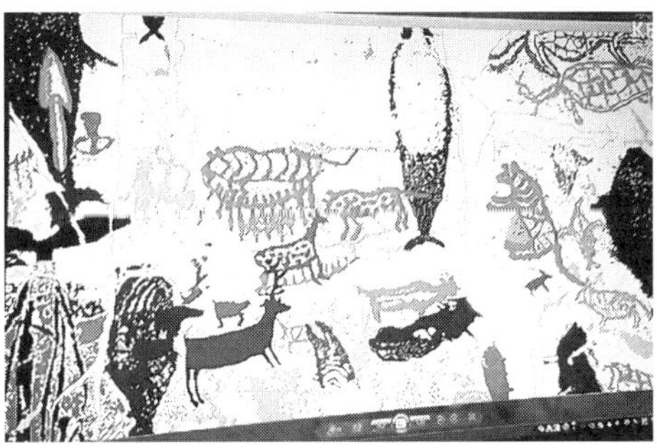

울산 반구대 암각화에서는 육지동물과 바다고기, 사냥하는 장면 등 총 75종 200여점 – 육지동물은 호랑이, 멧돼지, 사슴 45점, 호랑이는 함정에 빠진 모습과 새끼를 밴 호랑이의 모습, 사슴은 새끼를 거느리거나 밴 모습 등으로 표현. 바다고기는 작살 맞은 고래, 새끼를 배거나 데리고 다니는 고래의 모습 등으로 표현하였습니다. 사냥하는 장면은 탈을 쓴 무당, 짐승을 사냥하는 사냥꾼, 배를 타고 고래를 잡는 어부 등의 모습을 묘사하였으며, 그물이나 배의 모습도 표현. (향유고래, 참고래, 혹등고래 등 큰 고래 46마리 이상이 그려져 있다)...기법이 신석기 말에서 청동기시대에 제작... 사냥미술인 동시에 종교미술로서 선사시대 사람의 생활과 풍습을 알 수 있는 최고 걸작품 입니다. 암각화란 선사인들이 자신의 바램 – 사냥활동이 원활하게 또 사냥감이 풍성해지길 바라는 마음을 기원하며 커다란 바위 등 성스러운 장소에 새긴 그림을 말하는데, 전세계적으로 암각화는 북방문화권과 관련된 유적으로 우리 민족의 기원과 이동을 알려주는 자료입니다. 문화재청 외

2. 춘천 맥국 중도 한강문명 발해문명 맥국: 몇 겁의 인연이 있는 땅이라, 이리도 보고 또 보고

각인하려 할까! 발해 연안의 문명 영역과 우리 한민족의 밝음 박발 문화 '발'자 때문에 대진이라 하지 않고 그냥 발해를 쓴다. 맥국 관련지역은 '발산리'를 애용한다.

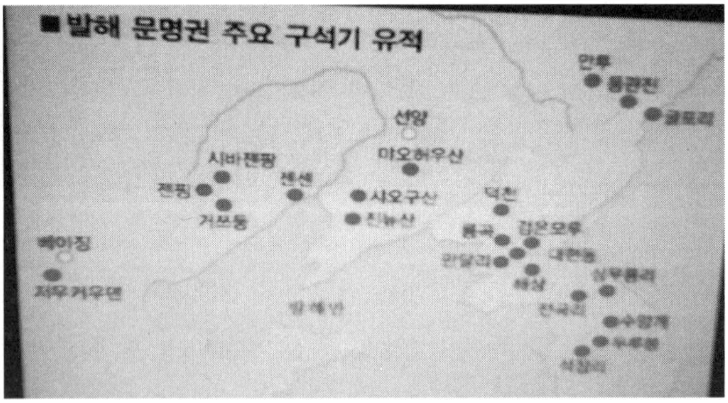

3. 1980년대 몇 회 경기도 전곡 구석기유적 축제에 학생들과 참여

한양대 인천대 학생들에게 강의 중인 때라 함께 가서 사진도 찍고, 들여다보며 생전 보고 느끼고 알지 못했던 터라, 놀라다 왔다. 특히 생활사였다. 전곡 한탄강 절벽 위 구석기식 옛 집에 갔는데, 구석기 화장실이 고양이처럼 볼일 보고 모래나 재로 덮는 것이 인상적이었다. 전곡 구석기유적 축제는 요즘 국립중앙박물관장 한양대 배기동교수께서 만든 우리 문화를 찾는 일에 매우 유익하고 성공한 작품이다. 이후 세계나 매스컴 시대 지역문화에 대한 관심과 관광산업화의 변화 추이도 있어 지역 특성 축제들이 많아졌다.

4. 터키의 "괴베클리 테페(Göbekli Tepe)"의 세계 가장 오래되었다는 종교 건축물 중의 맥

터키 아나톨리아 남동부 부근 괴베클리 테페는, 방사성 탄소 연대 측정에 의하면 시기가 기원전 10,000년~9,000년 경으로 추정되어, 현재까지 발견된 종교 건축물 중에서 가장 오래된 건축물이다. 괴베클리 테페가 만들어진 시기에 농경, 목축, 문자, 바퀴, 도자기 등 아무 것도 없었던 구석기 시기 돌로, 이토록 정교한 건축물을 만들 수 있다는게 너무나 믿기 힘들다. 구석기 돌칼 도끼로 이렇게 깎아 만들었을까? 괴베클리 테페의 특징으로는 돌로 만든 구조물과 기둥들이 있고, 그곳에는 내가 보기에 맥도 있다. 세계의 원시 화석동물인 '맥貊'과, 멧돼지, 늑대, 퓨마 혹은 사자 등 포식동물들의 모습이 여러 군데 새겨져 있다. 종교적 의미가 깊은 신전으로 본다고 한다.(이희수, 한국경제 2018.10.18)

아래 왼쪽 동물 벽화는 머리 얼굴통이 긴 것과 이빨 강조한 것과 얼굴 위에 약간 솟은 것 등과 숫맥의 고추가 완전히 맥이다. 이러다가 밤낮 맥국보존 신경 쓰다가 얻은 수확으로, 본의 아니게 차옥덕박사가 세계 '貊'의 권위자가 되겠네요. 맥은 화석동물인만큼 역사기 깊은 원시적 동물이다. 위 아래 동물 중 입과 얼굴이 미끈하고 길고 고추가 나와 있는 모습은 내가 살아 있는 맥을 본 것과 같다. 형제의 나라 터키에 살았던 우리 청동기 민족과 함께 했을 것은 추측해 볼 수 있다. 현대에 와서 맥은 잘 모르고, 맥과 가장 닮고 흔한 동물이 멧돼지니 멧돼지로 볼 수밖에. 특히 아래 왼쪽 동물 벽화는 머리 얼굴통이 긴 것과 이빨을 강조한 것과 얼굴 위에 약간 솟은 것 등과 숫맥의 음경 모양이 완전히 맥이다.

기둥과 구조물에 새겨진 맥(아래 왼쪽), 늑대, 퓨마 혹은 사자의 모습

5. 중국은 요서 · 요동지방의 신석기시대 맥족문화의 발전에 경악하며 한국 고대사를 말살

중국은 요서 · 요동지방의 신석기시대 맥족문화의 발전에 경악 철저히 봉쇄하거나 보존 유네스코, 관광지를 조성하고 중국역사로 수용하여 동양고대사의 패권을 차지하는 과정에서 한국 고대사를 말살하고 있다.

따라서 한국사의 근간인 맥족 · 맥국 연구를 통해 한국사의 중심을 바로 세우고, 중국의 문명 탐원공정을 막아낼 수 있는 절체절명의 기회로 삼아야 한다. 탐원공정探源工程은 중화인민 공화국이 2002년부터 2005년까지 중화인민 공화국이 실시한 통일적 다민족 국가론에 입각한 공정 연구의 일환으로, 정식 명칭은 중화문명 탐원공정(중국어 간체자: 中华文明探源工程, 정체자: 中華文明探源工程)이다. 중화민족과 주변국가 및 중국 소수민족의 시원을 연구하자는 것이 그 목표이다. 중화문명 탐원공정中華文明探源工程'은 2002년 11월부터 중국언론이 관심을 가지기 시작했고 2003년 6월부터 정식으로 개시됐다. 현재 산하 연구원들의 '예비연구'가 진행 중이며 하남성과 산서성 등 화하華夏족(본래 분류된 한족의 원류)의 중심활동 지역 4곳을 선정해 발굴작업이 진행 중이다. 이름에서도 목적이 보여지듯이 중화문명 탐원공정은 '중화 문명의 시원'을 찾는 공정으로 신화를 모두 역사시대로 만듦으로써 중국의 역사적 실체를 무려 1만년 전으로 끌어 올리려는 의도 하에서 진행되고 있다. 즉 황하문명보다 빠른 요하문명을 중국문명으로 둔갑시켜 이집트 문명보다도 훨씬 앞선 세계에서 가장 오래된 최고 수준의 문명으로 만들려는 의도가 읽혀지는 고도의 프로젝트이다. 국내 학계에서는 공정들을 시간적으로나 공간적으로 중국의 영역을 광범위하게 확장시키려는 프로젝트로 평가하고 있으며, 이미 중국은 경제 · 외교적으로 자신감을 얻으면서 강렬한 민족주의를 바탕으로 이제 문화적으로 '슈퍼 파워'가 되겠다는 목적을 세우고 있다는 반응을 보이기 시작했다. 학계에서는 중화문명 탐원공정은 중국의 시간적 영토를 확장하려는 것으로 평가하고 별도로 진행하고 있는 동북 · 서남 · 서북공정은 공간적 영토를 넓히려는 작업으로 바라보고 있다.

중국 측이 최근 탐원공정의 일환으로 요서 · 요동지방의 고고 유물을 발굴하다가 신석기시대 맥족문화의 발전에 경악하고 있다. 우실하 교수와 심백강, 복기대 씨의 저서 및 답사보고서를 종합하면, 이른바 소하서小河西문화, 흥륭와興隆洼문화, 사해査海문화, 부하富河문화, 조보구趙寶構문화, 홍산紅山문화, 소하연小河沿문화 등의 발굴, 특히 홍산문화 후기의 우하량牛河梁 유적 발굴에 기초하여 요하문명의 개념을 정립하고 이집트문명보다 앞선 세계에서 가장 오랜 중국 문명이 요하문명이라고 홍보하고 있다고 한다.

중국 측은 요하문명론의 지류가 장백산문화(백두산문화)라고 보지만, 요하문명과 백두산 문화는 공히 맥족계문화로 요서 · 요동 지역이 동북아 제천문화의 양대 중심이었다고 보았다. 특히 중국 측이 요하문명론 – 장백산 문화론을 구축해 가는 과정에서 백두산 일대의 맥족계 고제단이 속속 발굴, 장백산 문화론의 오류가 여실히 드러나지만, 중국 측은 그들의 오류를 인정하지 않고 고제단을 은폐하며, 오히려 만주족을 새롭게 제천문화의 중심으로 내세워 '만주족문화= 중국문화'로 몰아갔음도 분석하였다. 중국 요하문명론과 장백산 문화론을 동전의 양면으로 분석한 시각, 요하문명뿐 아니라 백두산문화까지 모두 맥족이 주도한 동북아 제천문화로 분석하였다. 중국의 탐원공정 동북공정에 대한 한국측의 근본적인 대응책이 미진한 현재의 시점에서 한민족 고유의 제천문화로서 탐원공정과 동북공정의 오류를 밝히고자 하였다. 백두산 일대의 선도 제천문화는 백두산 서편 통화지역에서 집중적으로 발굴된 고제단들에 전형적으로 나타나 있다. 하여 통화지역의 만발발자 고제단들을 중심으로 백두산 서편 맥족의 제천문화를 살펴보고, 이어 이러한 문화가 중도 맥국문화로 이어지는 면모를 고찰하였다.

중도 유적 발굴로 한국사의 새로운 연구대상 분야로 떠오른 맥국, 또 만주지역 고고학의 발달로 백두산 일대 맥족문화가 그려지기 시작하는 지금의 시점은 한국사의 근간인 맥족 · 맥국 연구를 통해 한국사의 중심을 바로 세우고, 중국의 탐원공정 · 동북공정을 막아낼 수 있는 절호의 기회임에 틀림없다. [128)]

6 ◘ 광개토호태왕비에 적힌 호태왕께서 자신의 묘를 맡기길 지적한 '한예족'(220가)과 그 이전 '옛 동족들'(110가)은 어느 족일까?

바로 맥족이다. 성씨를 알게 한 태호복희, 강태공, 신농씨, 노자, 공자는 어느 족인가?

'사람'(맥, 마오)답게 살게 하는 법을 가르친 태호복희씨, 신농씨, 맥족이고 후에 동이족이라 불린다. 조선 '쥬선'은 만주어로 보자면 '사람'을 뜻하는 단어로 女眞古肅愼國也 本高麗朱蒙之遺 여진은 옛 이름이 숙신이요 고구려 추모(주몽)의 후손이다 라고 되어있다. [129]

한머리땅(한반도)의 맥은 단군조선 삼한 중 마한[130]으로 보인다. 말갈(모허)족은 중국 상주시대에는 읍루, 전국시대에는 물길, 당나라 때에 말갈이라고 불리웠다. (읍루는 압록강의 옛 이름이다. 압록강 근처에 사는 민족이라는 뜻이고, 물길勿吉의 중국 발음은 wuji우지로 옥저(부족 국가시대의 국가)와 발음이 같고 뜻이 같다.) 예로부터 만주는 (단군)조선을 세운 예맥과 숙신肅愼(중국어로는 의미가 없는 음사일 뿐이다. 숙신ju shen '주션'이 올바르다)의 땅이다. 맥족인 (단군)조선이 망한 요동 그 자리의 일부분에 한사군이 설치되었고, 한사군이 없어지자 그 자리는 다시 조선의 예맥과 말갈靺鞨족(중국어 발음은 'mo hê)이 단군조선을 잇는 고구려를 세웠고, 고구려는 또 평소 친연했으나 한머리땅의 중심이었던 춘천 맥국이 외부 침략에 흩어지자 그 맥인들도 다시 합한다. 만주는 과거부터 중국 땅이었던 적이 없다. 중국이 지금에 와서 만주의 왕들을 자기들의 조상, 청왕조의 땅을 다 자기 땅이라고 우기는 그야말로 어불성설을 부르짖으려 만반의 준비를 갖추고 덤벼드는 데 역사의 흐름이 과연 그들 뜻대로만 가게 할지는 두고 볼 일이다. 역사는 한 번 내 자식으로 태어났으면 영원히 내 자식인 것과 같다. 뿌리가 같은 족이었으니(중국이 자기네 조상으로 내세우는 대표인물 황제 헌원의 그 웃대도 바로 우리와 공통이니) 더욱 걱정할 것은 없으나, 문제는 한머리땅 사람들이 그 역사가 내 자식임을 알고 지키려는 같은 토양과(특히 맥국 중도같은), 그에 대한 교육과 마음을 지키는 일이 더 중요한 것이다.

말갈은 맥족貊族'의 맥의 중국어 발음이 'mo' 그리고 중국 고대 문헌에서 '맥족'과 같은 의미로서 사용되어 온"貉,又作貊,亦称獩貉" 학족貉族의 '학貉'에 대한 중국어 발음이 바로 'he'로 매 맥족으로 생각하면 된다. 한국내 중국어 전문가들이 절대적으로 필요한 부분들이다.

한위 시기의 '말갈'의 발음도 '뫌갈'이 돼서 현 우리의 독음인 말갈과 비슷하다. 말갈/맥 등은 옛 중국어의 음가를 잘 보존하고 있는 객가어이다. **맥貊은 수당 시기 이전이나 현대의 광동어로는 mak[막], 수당 이전의 막한은 '마한'으로 통한다.** 현대의 북경어로는 mo[모어]로 발음한다.

7. 현대 중국 지역의 맥

지금은 만주지역을 중국문화에 포함하려는 중국정부의 역사고고학에의 관심으로 백두산 일대 맥족문화가 그려지기 시작한다. 소하연小河沿 유적이 있는데 특징은 하가점과 다르게 채도적 기하문 토기가 도입되고 부호글자가 시작하는 것이다. 여기서 나타난 두 글자는 田, 卍자 등의 갑골문과 비슷한 고체이다. 오한기 역사박물관 자도대 서북쪽의 오한기에 있다. 소하서문화(小河西文化: B.C.E. 6500~), 흥륭와문화(興隆洼文化: B.C.E. 6200~ B.C.E. 5500) 등은 동북아 전체에서 뿐만이 아니라 세계적으로도 이른 시기의 신석기 유적들이 발견되고 있다. 이런 신석기문화를 바탕으로 국가 단계에 이미 진입했다고 판단하고 있는 홍산문화(紅山文化:B.C.E. 4000/3500~B.C.E. 2500)가 꽃 피게 된다. 최근 중국학자들은 요하 일대의 신석기문화를 모두 광의의 '홍산문화'라고 일컫기도 한다. 신용하 교수 글 – '단군조선'의 건국은 한강 신석기문화(한족, 왕 배출)와 요하 신석기문화(맥족, 왕비 배출), 대농상 신석기문화(수도 설정)의 세 강의 신석기문화를 통합해서 한 단계 더 높인 동북아시아 최초의 고대국가 건국이었다고 볼 수 있다. 단군조선은 이 지역 최초의 고대국가였으므로 빠른 속도로 만주 요동 · 요서지방으로 영역이 확대되었다. 이에 따라 수도도 '강동'에서 요하 부근 개평현 험독(險瀆 · 검터)으로 천도하였다. 또한 3경 5부三京五部제를 실시해서 지금의 중국 요령성 조양(朝陽 · 아사달), 영평부의 조선현(아사나, 고죽국) 내몽고 자치주의 적봉赤峰(붉달, 밝달)을 부수도로 하여, 넓은 지역을 5개 구역(부)으로 나누어서 그 안에 포함된 부족들을 직접 간접으로 통치하였다. 그리고 이 통치지역에 공통의 '아사달(단군조선)문명'을 창조하여 발전시켰다.

중국 측이 최근 중국문명 탐원공정의 일환으로 요서 · 요동지방의 고고 유물을 발굴하다가 신석기시대 맥족문화의 발전에 경악하고 있다. 우실하 교수와 심백강, 복기대 씨의 저서 및 답사 보고서를 종합하면, 이른바 소하서小河西문화, 흥륭와興隆洼문화, 사해査海문화, 부하富河문화, 조보구趙寶構문화, 홍산紅山문화, 소하연小河沿문화 등의 발굴, 특히 홍산문화 후기의 우하량牛河梁 유적 발굴에 기초하여 요하문명의 개념을 정립하고 이집트문명보다 앞선 세계에서 가장 오랜 중국 문명이 요하문명이라고 홍보하고 있다고 한다.

8. 맥국 춘천 중도 도읍지와 제천문화로 중국문명 탐험공정을 막아 한국뿌리 지키기

중도의 "본 환호취락은 춘천 지역 유력 정치체의 중심 읍락"일 가능성이 높다. (문화재청)

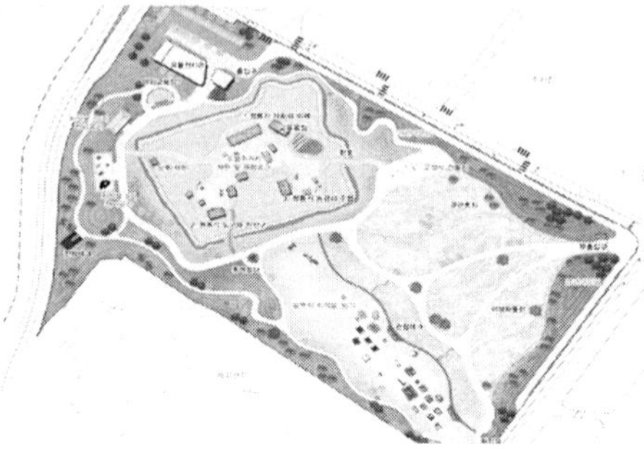

1) 하중도 전체가 환호로 맥국 도읍지이고, 그 안에 아래 그림 속의 404m 속 환호는 맥국 왕족 무덤 및 제사터로 나온 유물유적을 통해 신성구역으로 보인다. 165기 무덤 중 149기는 석기시대이고, 그와 같은 비례로 1612기 주거지 중 선사주거지가 1,266개이다. 선사시대가 이렇게 한 지역에 집중적인 것은 세계 유례상 드물다. 내가 잡은 첫 국회 학술대회 대주제가 **"중도 맥국유적으로 세계사를 다시 쓴다."**는 나의 통찰이 맞았다.

그리고 춘천역 맞은 편의 미군 공군기지 23만평 이전 터에 레고를 건설하여 두 마리 토끼를 다 잡으라는 나의 요구와 제안도 받아들여지는 것 같다.

☑ 맥국 중도(中島)는 강원도 춘천시 중도동에 위치한 2개의 섬이다. 상중도(북동쪽)와 하중도(남서쪽)가 있다. 하중도에는 중도 유원지라는 유원지가 있어 캠핑장 등의 시설이 존재했으나, 2011년부터 레고랜드 코리아의 조성사업으로 인해 문을 닫고 출입이 중단되었다. 그러나 공사를 진행 중이던 2014년 7월에 고인돌 101기 등 선사유적이 대량으로 발견되면서 공사 진행에 논란이 벌어지고 있다. 2017년에는 9,200여 점의 유물이 발굴되어, 한국 고대맥국 문화를 지키는 일에 필자를 비롯하여 민간단체가 5년간 지속적인 운동을 다방면으로 벌이고 있다. - 2장 맥국 중도 참조.

★ 현재 의암댐을 만들어 중도 포함 주변은 〈상중도 · 하중도 · 고슴도치섬 · 다람쥐섬 · 붕어섬〉이 있다. 물을 막지 않고 그냥 흐르게 하면 - 작은 산(섬이 아닌)들=땅=이 나타난다. - 그 곳에 레고?를 유도해내자는 기발한 제안도 한다. 본인

은 항의운동 시초부터 강원도는 "세 마리 토끼를 다 잡아라"라고 유물 집중지역인 하중도는 유네스코에 등재하고 꼭 필요하면 다른 곳에 레고를 할 것을 권유했다.

① 현재도 중도 주변 육지 오른쪽 도로에는 '맥국로'라는 도로표지판이 붙어 있다.

② 중도에는 한 나라가 존재했다고 나온 유물을 근거로 한 문화재청 보고가 나왔다. - 유물이 약 만 여 점이 나왔으니.(중도 유물도 1907년부터 알려져 - 유럽이 아시아 침략하여 문화재 도굴에 가깝게 훔쳐갔으니 그간 상당히 유실되었을 것을 추정한다)

③ 근처에 맥국이라는 나라 외에는 없었다. 그렇다면 댐으로 막지 않을 경우 중도도 발산리 맥국 왕궁터 및 맥둑 등과 '맥국'으로 이어져 있었을 것이 추정된다.

☀ 예맥 단군조선 초기에 흉노와 몽골에도 왕을 봉하다.

태조 이성계 때 지은 국사당에도 수경을 지은 곽박[132]선생을 모셨는데 일제하 강제 이진 후 지금까지도 인왕산 국사낭에서 모시고 있다. 수경은 후에 역도원(386~534)이 주를 달아 40권의 수경주로도 보완하였다. [133]후조선은 역성혁명으로 명나라의 눈치를 많이 봐 왔음인지, 아니면 그쪽에 영토가 겹쳐 있었든지 고려에 비해 상당히 중원 문화에 많이 익숙해 있다.

"가륵 3세 단군, 무신 10년(B.C.E. 2173)에는 한반도 두지주의 예읍이 반란을 일으키니 여수기에게 명하여 그 추장 소시모리(고대 일본역사에 자주 등장하는 인물)를 베게 하였다. 이때부터 그 땅을 일러서 소시모리라 하다가 지금은 이름이 바뀌어서 우수국이 되었다. 그 후손에 협야노(일명 협야후 배폐명이라 한다. 일본의 고대사에 등장하는 인물로서 일본 말로는 니기하야 히모노데루라 한다.)라는 자가 있었는데 바다로 도망쳐 삼도(일본열도)에 웅거하며 스스로 천왕이라 칭했다. 예읍은 독도와도 관계가 깊다. 계미 45년(B.C.E. 2138), 9월 단제에 붕어하시니 태자 오사구가 즉위했다."

4세 단군 오사구 재위 48년 갑신 원년(B.C.E. 2137), 황제의 동생 오사달을 몽골리한(몽골리한에서 '한'이라함은 임금이란 뜻이다.)으로 봉하다.

가륵 3세 단군 때 흉노왕도 봉했다. 춘천 맥국 왕궁터 앞 남산 우수국 예읍은 예맥이다. 지금도 맥국로이다. 우수국에 1988년까지도 제 1대 단군왕검 신하 홍수를 잘 관리하여 도움을 준 팽오에 대한 감사의 비 〈팽오의 비〉가 있었는 데 그때 도로를 정비하면서 없어졌다고 한다.

춘천 우두(소시머리)산의 牛首(소시머리)팽오 비가 있었다. (1907년 미국인 헐버트) "9년 동안 홍수를 당해서 팽오에게 높은 산과 큰 강을 정리하게 하고 우수牛首에 이르러 백성들이 살 터전을 정했다.(이종휘1731~1797, 『수산집修山集』「東史本紀」)

3세, 4세 단군 때 흉노왕 몽골왕 심지어 왜까지도 배폐명은 도망간 것이지만 가서는 왕이 된 단군조선 초기가 서쪽 흉노 북쪽 몽골 동쪽 한반도까지 광활한 지역을 관리했던 것을 알 수 있다.

맥국의 제천문화 – 신석기 맥국 춘천 중도의 대대적인 제천문화가 대표적인 것이 될 것이다.

정경희 교수는 최근에(2019, 3월 16일) '요하문명론 – 장백산 문화론'의 시각을 교정, 동북아 상고문화의 주체를 맥족(예맥족), 국가적 실체는 배달국 – 단군조선으로 보았다. 특히 문화내용 면에서는 선도문화 또는 선도 제천문화로 보았고 이것이 후대 한민족 고유의 제천문화인 동맹 · 영고 · 무천 등으로 이어졌다고 보았다. 나는 맥국 춘천중도에 대형 의례용 환호가 발굴된 것도 이와 맥을 같이 한다고 본다.

9. 맥, 맥이, 맥족, 맥국

천산 환국 환인 이후 환인의 터전에서 환웅은 근본적인 기틀을 잡아 전문직 3,000명의 핵랑을 얻어 삼위태백으로 나아가 배달국으로 (삼국유사) 차츰 요하를 배경으로 대수맥과 소수맥으로 자리를 잡는 동안 어느 정도 홍산근처의 지역에서 발달된 문명을 이룬 다음 기후와 인구증가 등으로 남하한다. 이 맥족이 맨 먼저 요령 일대에서 중원으로 가서 보다 발전된 문명을 전하니 바로 5대 태우의 환웅의 막내 왕자 태호복희씨와 공주 여와, 좀 후에 신농씨 · 헌원 등이다. 중원과는 달리 다른 곳 백두산 쪽으로, 또 더 살기가 나은 그 아래 한강쪽으로 내려가 구석기시대부터 살던 사람들과 어울려 안전한 충적지에 도읍을 정하고 생존하여 맥국을 형성한 쪽도 있으니 바로 맥국 춘천이고 유적지 집산지 중도는 그 도읍지와 신성한 의례공간에 속한다. 이렇게 맥족은 발달된 문명을 농경문화의 경제력을 기반으로 하던 예족을 흡수하여, 먼저 홍도를 사용하는 종족과 문화를 흡수하면서, 문화기반을 더 넓히고 우리 북방 한민족의 주류를 형성하였다고 본다. 따라서 예맥족은 배달국과 단군조선을 이룬 중심세력으로 추정된다. 배달국 그 전후부터 맥족은 동북아의 강대한 중심세력을 결집하여, 부여에 원래 살고 있던 종족 '예족'을 통합하여, 천산쪽인 요령성 서쪽에서 이동해 들어와 부여와 고구려를 건국하였다.[134] 1984년도 부터는 중국학자도 부여족이라 않고 예맥족을 앞에 둔다. 배달시대에서 단군왕검 시대에 와서는 아사달에 도읍을 세우고(지금의 송화강), 이때 비로소 나라이름을 '조선'이라 칭하시니, 삼한 고리 시라 고례 남북옥저 동북부여와 예와 맥 모두 그 관영을 통합한 영토로 나아갔다.[135]

맥이[136]는 주체적인 초기부터의 인간이나 동물에게는 생명 그 자체인 뛰어야 사는 혈맥 맥'脈'처럼 우리민족의 이름이고, 화하족의 시조로 치는 헌원 때 자오지(치우)환웅을 몇 십 차례 공략했다가 실패하고 후에 승리 한 후에는 어려웠던 주변 적들의 이름을, 자기네 입장에서 서쪽은 서쪽 오랑캐 "戎융"자 붙여 '西戎서융', 북쪽도 오랑캐 狄적 붙여 '北狄', 남쪽도 남방의 미개민족 '南蠻남만' 동쪽을 '동이'라 비하된 이름으로 부르고 기록도 그렇게 한다.

(한국은 괴롭히는 주변국을 땟놈, 왜놈, 양키 등으로 불렀다.) 중원의 입장에선 중원내부도 지긋지긋한 전쟁을 했는데 그 변두리도 때때로 침략을 하거나 전쟁을 해야 하니, 주변은 모두 오랑캐이고 도적으로 깍아내려야 전쟁명분도 서니, 남쪽은 더워 옷 의복 복식도 제대로 안 갖추니 문명을 모르는 야만인 '만'씩으로 본 것이다. 중원은 맥이(현대에는 맥이라는 단행본도 나와 있다. 박문기, 정신세계사)인 제 5대 환웅의 아들 태호복희씨 덕분에 문명된 삶을 만들어가기 시작한 줄 모르고, 그러나 현재 중국인들은 태호복희씨를 인문시조, 염제 신농도, 심지어 자기 시조 헌원과 엄청 싸운 자오지(치우) 환웅도 자기네 조상으로 모신다. – 여기에 더욱 문제가 있다. 맥 환웅시대까지도 이젠 자기네 땅에서 살았으니 자기네 역사로 친다 식이다. 이전에 전설로 여기거나 맥 · 동이의 것으로 치부하던 그 천산 요동 내몽골 만주 5천년~만년 옛 역사 모두 자기네 중국 것으로 가져가는 게 문제이다. 중국은 러시아의 분할 후 더욱, 2004년부터 정부 차원에서 박차를 가해 시작한 것이 〈중국문명 탐원공정〉이고 이제 세계에 가장 오랜 문화를 지닌 맥민족이 마치 자기네 역사인 양으로 홍보할 준비를 아이들 초등 유치원 교과서 과정까지 마쳤다. 양심적인 중국학자들 옛 자기네 문헌을 빌려서라도, 몇 분은 일본과 달리, 그 문화는 동이족 것이라 발표했지만 유치원 교과서부터 바꿔 놓았으니 큰 일이다. 한국이 그

수준을 능가해야 한국인 홍익역사가 산다. 하여 용산민족역사공원이 한국고대 민족역사 활성화의 대중적 중심이 되도록 해야 한다. 중원이 비로소 잠시라도 통일이 되어 진시황으로부터 중원중심의 중화사관이 성립하면서 주변 동서남북 민족을 더욱 모두 오랑캐로 본다. 중원을 통일하려고 힘들게 몇 대에 걸쳐 싸우고 고통받으며 통일한 진나라 입장에선 자기네 변경은 신경 쓰이고 가끔씩 침략을 하는 골치가 아프고 강한 외적이다. 그래서 힘들고 예산이 많이 들어가는 일이지만, 진시황이 네 곳의 오랑캐들 때문에 만리장성 등도 무리하게 만든 것 때문에 진나라도 30년밖에 못 버티고 분열되어 전쟁을 하게 되니, 중원 그 쪽 입장에선 사방은 제거해야 할 오랑캐이다. **만리장성 위 바로 북쪽이 예맥이다.** 중원이 조금씩 진정되어가면서 역사서들을 만들면서 사방을 모두 오랑캐로 비하시킨 이름을 만들어 붙이는데, 공자님께서도 당신의 책에 우리 예'맥'의 한자를 그 곳 제후들의 눈치를 보느라 예禮 字로 또 혈맥 · 뿌리 맥 脈자로 하지 못하고 더러울 예穢'貊'으로 붙이는데는 공자도 중원 입장에서 한몫 했다고 비판받기도 한다. 차옥덕 나는 그래서 동방예의지국 군자국 우리를 예禮 字 혈맥 · 뿌리 맥 脈자나 화석동물 貊, 예禮脈이나 예맥禮貊으로 쓴다. 예맥족 공자는 그래도 자기 속한 족이라, 도둑 야만인 오랑캐라 북적 남만 서융과 달리, 평소에 순하나 사나울 때는 사나운 신수로서 글자에 백의민족 흰 백이 들어가는 맥貊 자를 엄청 머리를 써서 골라서 썼다. 그래도 같은 뜻의 맥 한자 貉貘[137]貊 3 개 글자 중에서, 하얀 흰색 빛 해를 숭배하니 白백과 같은 소리인 백 '百' 자를 붙인 글자를 찾아낸 것이다(같은 동이족이라고). 공자는 산동성 쪽의 동이가 양순하고 어질은 仁자 맥족 홍익 군자국인 것을 알고 있었고, 그 仁에서, 공자 논의의 중요 핵인 어질'仁'을 가져온다.

예맥족의 상징들: '맥貊' · '맥적' · 막걸리 · 막조선 · 막고굴 · 막춤...[138]

10. 貊맥

그런데 맥은 원시시대부터의 긴 역사가 있는 화석동물로 외모도 공동조상이 가능한 다양한 형태이기에 "맥이라는 명칭은 2번의 환상종(용, 상상 기린, 해태 등 실제로는 존재하지 않는 상상 속의 생물을 뜻하는 용어)에서 유래되었다. 생김새를 묘사하자면 멧돼지 같은 크기에 코뿔소와 비슷한 체형을 가지고 코가 매우 짧은 코끼리 같은 코, 코끼리 같은 머리를 붙인 듯하다." 현재 네팔의 야생공원 코

뿔소 – 유네스코 등재 – "사진은 고맙지만 총은 쏘지 마세요"TV조선 9216(2019)년 4월 18일

맥도 이렇게 유유자적 물과 뭍을 누비다가
좁은 동물원에서 마른 풀에 과일만 먹고 살다가는...

맥은 물과 뭍 양쪽 생활을 하며 살았으니, 풀과 마른 풀을 먹는 반추동물같지 않게 적응이 어려울 때가 있다. 맥이 있는 물에 있는 물고기 매기 – 또 화석동물 맥과 유사하게 긴 역사를 가진 한국 화석민족으로 맥족에다 신수 신같은 동물 맥貊을 선택하여 붙인 것이 나쁘지 만은 않다. 장점이 더 많은 동물이다.

11. 남아메리카 테이퍼(맥) 서울대공원 해설도

9216(2019)년 2월초 방문 "원시 형태를 그대로 유지하고 있어 살아 있는 화석…. 남미의 원주민들은 자신들의 조상들이 테이퍼(tapir)로 환생했다고 믿고 있어 절대 죽이지 말고 신성시합니다."

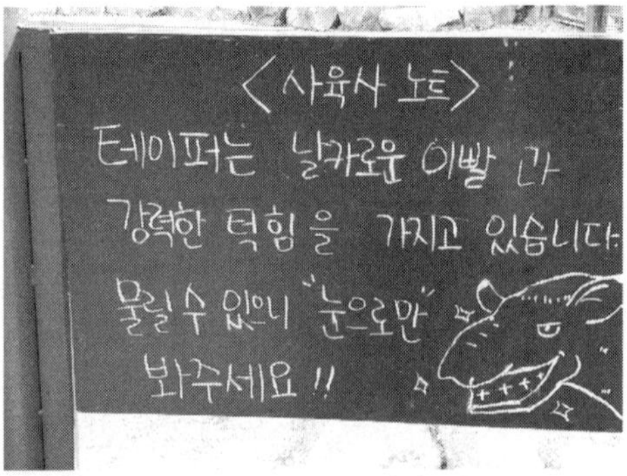

남미 숫맥(맞은 편 화초가 유리에 비쳐 마치 성기 주변에 작은 화환이 붙은 것 같다)에 성기가 지금 나오고 있는 중인데 다리 길이만 하거나 더 길기까지 하다.(서울대공원 남미관)

'마왕굴' 아래 길 이름은 '막계로'이고 나는 오늘 점심도시락에 돼지수육과 '마늘'을 된장에다 잘 찍어 맛있게 먹었다. '마늘'은 환웅 웅녀설화에도 등정하는 중요 식품이자 주술적인 약재이다. 막조선 · 마한 · 마늘 · 맥돌= 맷돌, 맥돼지=맷돼지

12 ⚜ 한국에서는 근래에 없어진? 말레이 맥(아래)
– 한국전통맥과 가장 비슷

말목 맥과 포유류로 평지나 습한 숲에서 생활하며 풀과 새싹 등의 식물을 섭식한다. 몸 색깔은 검은색과 흰색의 색이 명확 구분되어진다. 수마트라섬, 타이, 말레이반도 등지에 분포하며 밤에 활동하는 야행성이다.[139)]

분류	척추동물 〉포유강 〉말목 〉맥과
서식지	평지나 습한 숲
크기	약 2.4m
무게	약 230kg
식성	초식
임신기간	약 390~395일
멸종위기 등급	높은 위기

⊙ 이 공원에서도 맥과 "큰개미핥기를 지켜주세요."

그러고 보니 남미 관에 남미맥은 살아 있고, 아프리카 1관에 말레이 맥은 죽었네요.

암컷: 다른 동물들이나 그 새끼들과도 사이좋게 지내는 화석동물 맥

수컷

긴 성기가 화석동물이 될 수 있는 근거가 될까? 천년왕국 신라 지증왕과 경덕왕의 큰 성기 이야기가 생각났다.

스킨쉽도 잘하는 맥 수컷 3마리

소변을 누는 곳에 와서 한 발을 들고 누다
(대소변 장소를 알아서 한다)

맥 수컷과 많이 닮은 연적(신수 기린이라는데?)

수컷들도 생쥐를 그냥 내버려둔다. 공생할 친구로 여긴다.

암맥

맥 암컷은 수컷으로부터 분리되어, 다른 동물들과 함께 있으면서 먹이도 평화롭게 편하게 같이 잘 먹게 돌본다.

남미에는 '맥'이라는 동물도 활발하게 살아 있어 남미 테이퍼(tapir)로 불리고 있다. 한국에선 국립중앙 서울대공원에서도 안내명에 '맥貊'이라고 안쓰고 '테이퍼'나 '남미, 말레이시아 테이퍼' 로만 쓰니, 일반인들이 사진을 찍고 어디에 올려도 더욱 맥을 모른다. 일본은 우리 맥을 가지고 놀고 우리 한국을 모욕하며 즐긴다. 도대체 이 무슨 조화로 내가 맥을 지적할 때까지 이런 것일까?

윗입술과 코 때문에 코끼리 같은 느낌이 들며, 태국 전설에서 조물주가 동물들을 다 만들고 남은 찌꺼기로 만들었다고 한다. 노빈손 시리즈 2권에서도 조연 중 한 사람인 아마존 원주민 마쿠나이마가 '맥은 조물주가 코끼리의 코, 소의 몸, 돼지의 발을 뭉쳐 만든 동물이다'라고 얘기했는데 남미산 맥에는 해당하지 않으며, 말레이 맥에 대한 설화가 와전된 것이다. 일단 코끼리, 소, 돼지 세 가지 동물 모두 남미에 원래 서식하지 않는다.

1. 맥貊 생존의 위기 맞아 〈먹이를 제대로 주고 내 새끼를 낳게 해 달라〉 구호를 외친다.
1. 맥 멸실의 위급한 상황과 대책 절실

13. 서울시가 아직도 동물을 잡는 동물원? 수준이 모자라는 인력과 예산?

☑ 우선 아주 급히 풀어야 할 큰 문제가 레고의 허가 취소 외에 맥과 관련해서 셋이다.

1) 예맥족 한민족 상징인 맥이 서울대공원에 암맥이 한 마리뿐인데, 새끼를 낳을까 봐 숫놈들과 분리시켜 두고 있다. 내 생각엔 암맥을 한시라도 빨리 같이 기거하게 하여, 암놈이든 숫놈이든 더 낳게 해야 할 것인데. 게다가 맥은 임신 13개월에 딱 한 마리밖에 못 낳는다는데. – 사육공간이 없어서란다. 넓고 넓은 서울대공원은 예산도 많은 서울시 소속이다.
2) 말레이 맥이 네 마리가 있었다는데 – 현재 아프리카 1관의 자리가 바로 말레이 맥의 사육장이었다 한다.

14. 아주 귀여운 어린 맥 – 일상화를 도모하며

말레이 맥이 성체였을 때와 몸에 멋진 밤색의 줄이 있는 어린 맥 – 화가 신경희 씨에게 사진을 보여주며 '맥'과 우리 한국 맥족 관계를 설명하고 그려 보라고 부탁했다 [140)]

어린 맥의 가로줄은 6개월이 되면 없어진다.[141)] 줄이 다람쥐 줄이나 멧돼지 새끼 줄도 색깔이나 모양이 비슷하다. 멧돼지와 그 새끼들[142)]

15 ★ 우리 민족과 상관이 있는 중남미 옛 마야영역의 신생 벨리즈 공화국에서 먼저 〈4월 28일은 맥의 날〉로 정해서 활동을 한다.

어쩌면 상당히 자연스럽다. 이 주민들은 맥을 자신의 선조들이 환생한 것으로 믿고 보호하고 먹지 않는다. 마치 한국에 가까운 일본 이즈모 지역에서 달걀을 자기들의 선조(계림, 박씨)라고 먹지 않고 숭배하는 것처럼. 충무공 이순신 장군은 음력 3월 9일생인데, 이날이 양력으로 4월 28일이라 한다. 이 지도에서 맥시코 오른쪽 바로 아래 접경국이 신생국 벨리즈 공화국이다. 우연이 아니겠지. 영국이 중앙아메리카에서 유일하게 이 나라를 자기네 연방자치령으로 잡았다. 잉카와 마야. 영국은 아시아 극동에서는 강원도와 춘천을 또 찍어서 덤비고 있다.

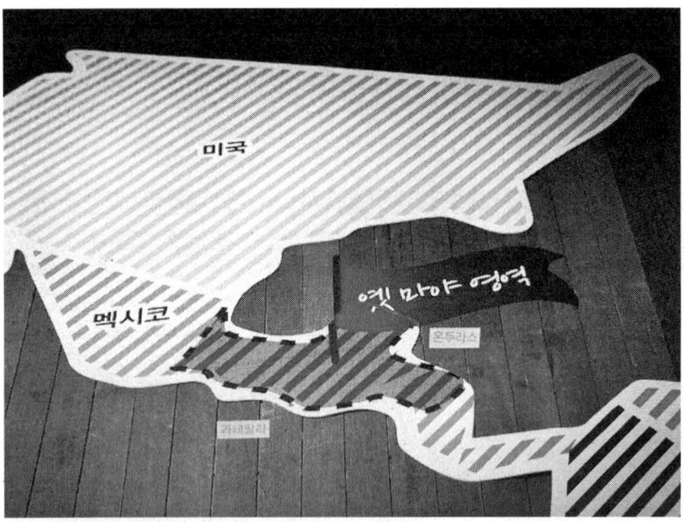

16. 서울동물원에서 사육한 국제 멸종위기종(CITES) 1급 동물 말레이곰.

조선일보DB - 2016.07. 서울동물원에서 폐사한 멸종위기 동물 132마리 중 '늙어서' 죽은 동물은 12마리(9%)뿐이었다. 그 중 자연사로 분류된 동물은 말레이곰(CITES Ⅰ) 암컷 1마리와 검둥이원숭이(CITES Ⅱ) 수컷 1마리가 전부였다. 나머지 91%에 달하는 동물은 '투쟁으로 인한 외상', '야생동물에 의한 피식', '세균감염', '뇌출혈' 등 부상과 질병 때문에 죽은 것으로 나타났다.

17. 서울대공원 맥 비롯 동물들의 멸종예방을 위한 노력 절실, 서울시장실에 항의할 차례

국제적으로 보호받는 희귀 동물들이 질병과 부상으로 폐사하는 일이 빈번한 데 대해 서울동물원 측은 낡은 시설과 인력 · 예산 부족을 이유로 꼽고 있다. 동물원 관계자는 "대부분 동물 우리가 30여 년 전에 지어진 것이어서 생태환경 조성에 어려움이 있다"며 "시설 개선 문제는 예산과 밀접한 문제라 어쩔 수 없는 측면이 있다"고 말했다. 동물원 규모에 비해 수의사 수가 지나치게 적다는 지적도 있다. 올해 5월 기준 서울동물원이 사육하는 동물은 총 3,063마리인데 수의사는 모두 12명이다. 이 중에서 행정 · 관리직 수의사를 빼면 진료 · 병리 · 방역 업무를 담당하는 수의사는 6명뿐이다. 수의사 1명이 동물 510마리씩 맡아 진료 · 관리하는 셈이다. 동물보호 전문단체 '동물을 위한 행동'의 전채은 대표는 "동물 질환은 예방이 중요한데 서울동물원은 수의사 수가 턱없이 부족해 징후를 살피거나 제대로 진료하기가 어렵다"고 말했다. 실제로 지난해 서울동물원의 동물 폐사율은 5.4%이지만 민간 기업이 운영하는 대형 동물원은 폐사율이 1% 정도였다. 국제 멸종위기종 동물이 아니더라도 서울동물원에서 폐사하는 동물이 민간 동물원보다 5배 정도 많다는 것이다. 서울동물원 병리 · 방역팀 이현호 팀장은 "인력이 적다 보니 예방차원에서 동물들의 폐사를 미리 대처하기는 어려운 게 사실"이라고 말했다.

/조선일보DB[143)]
한민족 한국은 어쩌다 나라의 상징 동물을 잃어버렸는가? 식민지 · 전쟁을 거치며? 20여 년 전쯤 서울대공원에 생존력이 강한 말레이 맥이 버젓이 4마리가 살아있었다는데(15년 전에 서울대공원에 입사한 사육담당자가 말레이 맥을 모른다 하니 그 이전에) –

18. 서울대공원 우리 4맥이 살던 곳을 아프리카 1관으로 변경했는데 언제 지었을까? 왜 어떻게 그 자리에서 살았다는 4마리 말레이 맥의 해골 1구가 남아 있는가?

그렇다면 무지막지하게 끔찍한 일이 벌어진 것일까? 창경궁 동물원을 옮겨온 서울대공원은 언제 누가 만들었는가? 일제가 창경궁을 훼손키 위해 궁안에 창경원동물원과 놀이시설을 세웠고 우리나라 최초의 동 · 식물원은 1909년 11월 1일 일제가 창경궁을 창경원으로 격하시키고, 문정전 등의 전각을 헐어 일본식으로 단장해 개장하게 되었다. 그 동물원과 놀이시설을 과천으로 이전하면서 1984년 5월 1일 개장과 동시에 동물원이 개원했고(서울동물원), "우리나라 최초의 동 · 식물원은 1909년 11월 1일 일제가 창경궁을 창경원으로 격하시키고, 문정전 등의 전각을 헐어 일본식으로 단장해 개장하게 되었다.

해방 이후에도 창경궁은 복원되지 못하다가, 1960년대 말 동 · 식물원을 이전하고 창경원을 창경궁으로 복원하자는 목소리가 높아졌다. 이후 창경궁 복원사업의 일환으로 창경궁의 동물원과 놀이시설이 경기도 과천으로 이전하게 되었고, 마침내 1984년 5월 1일 서울대공원이 문을 열었다. 공원의 총 부지 면적은 약 913만㎡이며, 이중 근린공원의 면적은 약 667만㎡, 기타 청계산 내 임야지역은 약 246만㎡에 달한다. 근린공원 면적 가운데 동 · 식물원의 면적은 약 242만㎡이다.

- 우리 토종 맥이 지내던 곳을 제 1 아프리카관으로? 지은 후 이 맥들이 죽어 토종 암맥 숫맥도 없어졌다. 동물원의 중앙 입구였는데 거기서 옮기는 그 수준의 정신으로 하대 관리한 탓 아닐까?

기린이 메인 동물이며, 그랜트 얼룩말, 겜스복, 워터벅같은 초식동물들을 볼 수 있다. 과거에는 그레이터 쿠두와 스프링복이 있었다. 국내에서 유일하게 워터벅을 볼 수 있다.

- 제 2 아프리카관: 국내에서 유일하게 피그미 하마를 볼 수 있으며, 하마, 바바리양, 흰오릭스, 미어캣, 타조가 있다. 과거에는 니알라를 볼 수 있었다.

• 제 3 아프리카관: 예전엔 구조 선정이 잘못되어 동물과 관람객 사이는 굉장히 멀긴 하지만, 이로 인해 하이에나나 치타 같은 동물들은 스트레스를 덜 받는다고 한다. 사자를 중심으로 치타, 점박이 하이에나 같은 육식동물과 일런드, 세이블 앤틸롭 같은 초식동물도 볼 수 있다. 과거에는 블레스복, 그레비 얼룩말, 로운 앤틸롭, 검은꼬리 누도 볼 수 있었다. 현재 보수공사에 들어가서 끝났다. 그리고 위의 병맛 같은 관람이 보수공사로 인해 호랑이처럼 가까이서 볼 수 있게 되었다. 국내에서 유일하게 세이블 앤틸롭을 볼 수 있다.

19 ⚜ 종種 보존 센터

이 국립 중앙동물원에 종種 보존센터가 있는데 우리 토종 맥들은 왜? 죽게 했을까?

이전에는 인공 포육실이였고, 다양한 아기동물들이 있었는데 언젠가부터 종 보존 센터로 변하고 멸종위기종에 관한 설명과 함께 멸종위기인 수달, 남생이, 두꺼비등을 안에서 키우고 있다. 그리고 새알도 부화기에 넣어 부화시키기도 한다.

서울대공원은 시민에게 바른 여가시간 사용과 보건 향상을 위한 휴식처를 제공하고, 동식물의 보존 전시를 통한 자연학습 공간을 제공하기 위해 설립되었다.

1. 1978년 10월 공사가 시작되어, 1984년 5월 개장과 동시에 동물원이 개원했고, 1985년 5월에는 식물원이 개원했다. 동 · 식물원과 부대시설은 시예산으로, 문화 · 위락 시설 등은 민간자본으로 개발되었다. 1986년 8월에는 국립현대미술관이, 1988년 5월에는 서울랜드가 문을 열었다.
2. 1992년 12월에는 동 · 식물 표본 전시관이 개관했다. 2009년 5월에는 서울대공원 동물원으로 불리던 명칭을 서울동물원으로 변경했고, 2015년 6월 서울대공원 식물원이 공립수목원으로 지정되었다.
3. **서울동물원은 동물원의 주요 기능인 전시 · 보전 · 교육 · 연구에 힘쓰고 있으며, 국제적 희귀종과 국내 멸종위기 동물의 보존과 번식을 위한 체계적이고 과학적인 연구를 병행하고 있다. 29개 동물사에 298종 3,041수를 보유하고 있으며, 국내에서는 유일하게 ISIS(국제종보전시스템) 및 IUDZG – WZO(세계동물원기구)의 정회원으로 인정받은 바 있다….** [144)]

20. 국내에서 토종 맥의 멸종과 그 해골

토종 맥이 우리나라서 살고 있는 터에 아프리카 1관으로 바꾼 것은 언제이며 이후 맥은 어떻게 사육 관리되어졌을까? 사육사는 누구였을까?

말레이 맥의 해골은 누가 어디서 만들었을까? 왜 죽었을까?

심층취재와 조사를 해야 할 '과거사 밝히기' 중요 문제이다.

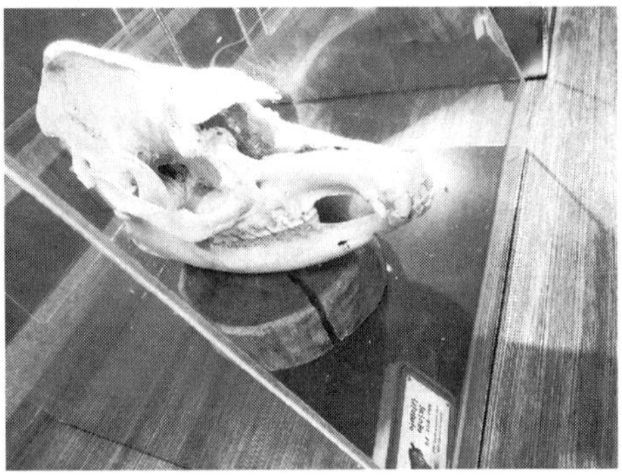

서울대공원에 전시된 말레이 맥과 남미맥 두개골

말레이 맥(Malayan tapir)이 우리 토종과 가장 유사한 종이라 한다. 말레이맥(Malayan tapir)은 맥 가운데 가장 몸집이 큰 종이다. 서울대공원에 생존해 사육되고 있는 전시 맥은 남아메리카 맥(South American tapir)이다.

21. 차옥덕 설명 = 맥은 원시 화석형태로 다양하게 갖추고 태어나는데 한 마디로 앞으로 생성될 짐승들의 '공동조상'으로 여러 모습을 다 가져서, 화석동물이라 차츰 다른 동물들이 그 모습을 하나씩 따간 것 같다.

기존 설명 = "뒤죽박죽 섞어놓은 모습인데" " 다른 동물 다 만들고 난 다음 만들었다"식이다.

이래봬도 계통상 말이나 코뿔소 등과 유사한 종으로 습하고 물이 많은 지역을 좋아하는 온순한 초식 동물이다. 기제목 가운데 팔라벨라 다음으로 가장 작은 종류다. 말레이시아 말레이 반도와 인도네시아 수마트라 섬, 태국, 미얀마 남부 지역 등 동남아시아에서 서식하는 말레이 맥 1종, 중앙아메리카와 남아메리카에 서식하는 베어드 맥과 산 맥, 남아메리카 맥 3종이 있다. 이후 작은 검은 맥이라는 종이 신종으로 분류되면서 총 5종이 되었다. 동남아시아에 분포하는 말레이 맥의 몸 무늬는 위 사진에서 보다시피 등, 엉덩이, 옆구리 등이 흰색이고 나머지는 검은색이라서 판다 같은 느낌이 난다.

22. 맥은 의외로 꽤 위험한 동물로, 턱 힘, 그러니까 무는 힘이 엄청나다.

외국의 한 동물원에서는 사육사가 암컷 맥에게 먹이를 주다가 팔을 심하게 물려 절단되는 사건이 있었을 정도이다. 중남미와 동남아시아 야생에서도 천적인 재규어나 퓨마, 안경곰, 호랑이, 표범, 승냥이가 맥을 사냥하다 물려서 사냥에 실패하고 도망치거나, 재수없게 치명상을 입고 사망하는 경우가 있다. 숫맥은 성장한 후 한 대개 이빨이 바깥으로 뻗어 나온다 한다.

맥은 몸길이에 비해 성기가 가장 크고 아름다운 포유류이기도 하다. 성기가 어림잡아서 자기 몸길이의 1/3 정도로 다리 길이랑 거의 같다. 때문에 이걸 움직여서 땅에 닿게 할 수 있다. 또한 기제목(奇蹄目, 발굽이 홀수인 동물. 한자어로 홀수를 기수(奇數)라고 한다)으로서는 특이하게도 앞발가락이 4개 즉 짝수이다.

23. 맥은 울음소리가 참 특이한데 들어보면 친척뻘이라 그런가 코뿔소와 우는 소리가 비슷하다.

오스트레일리아에 살던 유대류 중에는 맥을 닮은 유대류도 있었다. 학명은 팔로르케스테스 아자일(Palorchestes azael). 말레이시아 맥은 윗입술과 코 때문에 코끼리 같은 느낌이 들며 전설에서는 조물주가 동물들을 다 만들고 남은 찌꺼기로 만들었다고 할 정도로 다양한 동물 모습을 다 가져서 다양한 동물의 뿌리로 더욱 화석동물답다.

노빈손 시리즈 2권에서도 조연 중 하나인 아마존 원주민 마쿠나이마가 '맥은 조물주가 코끼리의 코, 소의 몸, 돼지의 발을 뭉쳐 만든 동물이다'라고 얘기하게 썼는데, 남미산 맥에는 해당하지 않으며, 말레이 맥에 대한 설화가 와전된 것이다. 일단 코끼리, 소, 돼지 세 가지 동물 모두 남미에 원래 서식하지 않는다.

그리고 다른 동물과 마찬가지로 새끼가 매우 귀여운데 어미, 아비 등 성체와는 다르게 줄무늬가 있다. 물론 성장하면서 줄무늬가 없어지고 어미와 비슷하게 갈색, 흑백색으로 바뀐다. 멧돼지와 비슷한 특징이다.

돼지 시豕, 돼지 돈豚, 맥貊= 벌레치豸+百 [힘쓸 맥, 일백 백] 한자 뜻 ① 일백 ② 힘쓰다 ③ 100 ④ 모든

앞 주둥이가 긴 멧돼지, 멧돼지 새끼들도 맥 새끼와 같이 줄무늬가 있고 성체가 되면 없어지니 맥과 같은 점이 이빨 견치가 강하고 센 점 등 여러가지이다. 멧돼지는 한자어로는 산저山猪·야저野猪라고 한다. 학명은 Sus scrofa coreanus HEUDE이다. 유라시아대륙 중부와 남부의 삼림에 살고 있다. 몸은 굵고 길며 사지는 비교적 짧아서 몸통과의 경계는 확실하지 않다. 주둥이는 현저하게 길며 원통형이다. 눈은 비교적 작고 이개(耳介)는 삼각형이다. 머리 위로부터 어깨와 배면에 걸쳐서 긴 털이 많이 나 있다. 체모體毛는 다색 또는 흑색인데, 늙을수록 털의 색채가 희끗희끗 백색을 띤 흑색 또는 다색의 모양으로 변화되어 간다. 어린 새끼는 담황색의 세로무늬가 있다. 성수成獸는 몸길이 113~150㎝, 꼬리 길이 10~23㎝, 귀 길이 8~12.5㎝, 뒷다리 길이 20~27㎝이며, 몸무게 50~280㎏이다. 멧돼지는 날카로운 견치犬齒를 가지고 있어 부상을 당하면 상대를 가리지 않고 용감하게 반격한다. 견치의 날카로움은 마치 날카로운 칼과 같아서 상당히 질긴 나무뿌리를 자르는 데에도 쓰이고 싸움을 할 때는 큰 무기가 된다. 만약 이빨에 한번 떠받히면 사냥개 같은 것은 뱃가죽이 찢어져서 내장이 쏟아져 나오며, 수렵가들도 가죽장화가 단번에 찢어지고 뼈가 노출될 만큼 큰 상처를 입게 된다. 늙은 수컷의 경우 상견치上犬齒가 12㎝나 주둥이 밖으로 쑥 나와 있는 것을 볼 수 있다.

남미관 입구 복도의 맥 벽화

24. 맥과 한국인 정체성 – 예맥족 한국인에게 맥은 무엇인가?

맥사랑 1=맥 알기 - 알아보니

맥은 풀을 먹는 반추형동물이 아니라고 한다.

맥 알고 구하기 자료조사 2

맥 구하기 실제 현장 3

맥을 키우는 담당자와 전화대화를 통해, 왜 (암)맥이 몇 년 전에 자연사했는지 원인 중의 하나를 찾았다 – 먹이문제도 있는 것을 알았다.

“오전은 주로 건초와 펠렛(건초와 비슷). 오후는 과일 및 건초와 펠렛 – 맥은 물과 뭍에 살며 물고기를 주로 먹는다는데...지금 주는 먹이 중에 물고기는 하나도 없다. “주로 여기 사정에 따라 융통성 있게 밥을 주고 있습니다.”

(?필자? 그래도 되는지 내심으로 걱정)했는데,

너 알아보니 “맥은 풀을 먹는 반추형동물이 아니라고” 되어 있는데 풀을 주로 먹인다니?...이거 큰일.

그래서 기후가 변하면 먹이로 인해 적응에 문제가 생긴다고 한다. 소가 4개의 위를 가지고 되새김질하는 동물로 널리 알려져 있는데 낙타, 사슴, 기린 또한 네 개의 위를 가지고 있네요. 낙타와 애기사슴과는 세 개이지만, 소와 염소, 양 등은 네 개의 위를 통해 풀을 완전히 소화시킨답니다. 되새김질하는 것을 반추라 하고 이런 소화 과정을 가진 동물을 반추 동물이라고 해요.

반추동물은 육식 동물들의 먹잇감이 되는 동물들이 많아서 활동하는 시간에는 얼른 먹이를 먹어 첫 번째 위에 모아 두었다가 적들이 보이지 않는 안전한 장소에서 천천히 되새김질하면서 소화시킨답니다. 위에서 소화뿐 아니라 맹장과 대장에서 발효시켜 후장 발효하는 동물들은 말, 코뿔소, 맥? 같은 말과 동물로 더 많이 먹어야 한대요. [145)]

[알라딘서재] 초식동물의 위기를 통해 배워가는 지식 에서는 **맥을 초식동물에 넣고 있으니, 점차 확인해 봐야 할 것이다.**

맥은 맥과에 딸린 포유동물이다. 몸집이 크고 생김새는 곰과 비슷하다. 코끝이 길고 꼬리는 짧으며 등은 위로 굽어져 있다. 말레이 맥 · 남아메리카 맥 · 산 맥 · 중앙아메리카 맥 등 4종이 알려져 있는데, 크게 말레이 맥과 나머지 3종을 합쳐 아메리카 맥으로 나뉜다. 말레이 맥은 몸길이가 2.4m이고, 털 색깔은 몸 앞쪽과 네 다리는 검은 갈색이며 그 외 부분은 회갈색이다. 밤에 나와 돌아다니며 나뭇잎 · 풀 · 과일 등을 먹는다. 새끼는 검은 갈색 바탕에 흰색의 가로줄 무늬가 있는데 태어난 지 반 년쯤 지나면 없어진다. 말레이 반도와 수마트라 등지에 분포한다. 아메리카 맥은 몸길이가 1.8m이고 몸 색깔은 갈색이나 귀 둘레는 흰색이다. 물가의 밀림에 살며 헤엄도 잘 친다. 씨앗 · 종려나무잎 · 과일 · 사탕수수 등을 먹는다. 서울대공원에 있는 맥은 남미, 아메리카 맥이라 씨앗 · 종려나무잎 · 과일 · 사탕수수 등을 먹는다. 유제류(발굽동물) 중에는 1개(말) or 3개(코뿔소, 맥)는 기제류, 반대로 반추동물(기린, 낙타, 영양)은 모두 짝수의 발가락을 가진다.

25. 서울동물원에서 1마리뿐인 암맥을 대하는 태도

1. 다음은 필자가 '맥'이 있는 서울대공원을 다녀 온 후, 담당자들에게 전화해서 나눈 대화 내용이다.

⊙ 맥 담당자에게

차박사 : 수고가 많으십니다. 바쁘신데 뭐 좀 여쭈어 보려고요.사단법인 한국여성향토문화연구원 차박사입니다.

담당자 : 네?

차박사 : 수고하십니다. 차옥덕박사라 합니다. 우리가 예맥족이라 맥을 찾아 연구하고 있는데, 그곳에 암맥 1마리와 숫맥 3마리 중 암맥을 옆방에 다른 작은 동물들과 함께 기거시키고 숫맥과는 분리시켜 두었는데 특별한 이유가 있습니까?

담당자 : 네 공간이 좁아 새끼를 키울 곳이 없어 번식은 막으려고 분리시켜 두었어요.

차박사 : 암맥이 다른 동물들과 잘 지내나요?

담당자 : 네

차박사 : 숫컷들도 다른 동물들과 잘 지내나요?

담당자 : 네 성격이 온순한 편이라 같이 잘들 지냅니다.

차박사 : 먹이는 하루에 몇 번?

담당자 : 두 번 줍니다. 오전과 오후 3~4시경 방사장에서 안으로 들어오면 오전은 주로 건초와 펠렛. 오후는 과일 및 건초와 펠렛, 주로 여기 사정에 따라 융통성 있게 밥을 주고 있습니다. (차 ?그래도 되는지 내심으로 걱정)

차박사 : 우리 맥의 모습이 팬더와 비슷하게 흰색과 회색으로 말레이시아 맥에 가깝다 하고, 또 어느 글을 보니 말레이시아 맥 4마리가 그곳에 있었다는데, 말레이시아 맥이 어떤 사유로 죽었는지 아시나요?

담당자 : 제가 여기 근무한지 15년이 되었는데 여기에 말레이시아 맥이 있었다는 것 몰랐는데요.

차박사 : 말레이시아 맥의 해골이 그 곳 아프리카 1관에 있습니다. 물론 남미 맥 해골도 있고요. 인터넷의 글중에도 그곳에 4마리가 있었나고 쓴 분도 있어, 확인해보려고요.

담당자 : 어디신데 그런 질문하시는지?

차박사 : 사단법인 한국여성향토문화연구원이고 우리가 예맥족이라 맥을 찾아 연구하고 보존하려는데, 우리 맥이 말레이시아 맥에 가깝다하여 왜 죽었는지? 그 사유를 보완하면 사육이 될 것인지? 잘 좀 알아보고 알리기 위해 책에도 쓰려고요.

담당자 : 그럼 기획과에 알아보셔야 되겠는데요.

차박사 : 네, 고맙습니다.

⊙ 동물기획과 담당자

앞부분은 동일

담당자 : 어디신데 그런 질문하시는지?

차박사 : 사단법인 한국여성향토문화연구원이고 우리가 예맥족이라 맥을 찾아 연구하고 보존하게 해보려고요,

담당자 : 남미 테이퍼를 말씀하시나요?

차박사 : 네. (대공원내 남미관의 맥 해설판에도 영어로 테이퍼로만 되어 있고 맥

으로 번역이 안되어 있어 일반 관람객들이 인터넷에 그곳 관람 사진을 올려두고도 이름은 다들 못쓰고 있다.) 옛날 우리 맥이 말레이시아 맥에 가깝다 하여 왜 죽었는지? 보완하면 될 것인지? 잘 좀 알아보려고요.

담당자 : 말레이시아 맥이 여기에 있었나요?

차박사 : 말레이시아 맥 해골이 그곳 아프리카 1관에 있습니다.(해골만 별도로 구입해 왔을 수도 있겠으나)(나중에 인터넷 기사 찾아보니, 암컷 한마리가 자연사 했다는 기록이 있어 그 암놈인지 모르겠다.)

담당자 : 남미 맥의 해골은 알고 있습니다.

차박사 : 실례지만 거기에 온지 얼마나 되세요?

담당자 : 4년입니다.

차박사 : 말레이시아 맥 두뇌 해골도 바로 맞은 편에 있습니다.

차박사 : 말레이시아 맥이 4마리나 언제? 왜 죽었는지?

담당자 : 찾아봐야 알겠는데요.

차박사 : 네 그럼 찾아보시고 연락주시기 바랍니다. 전화번호는… [146)]

까페글 : **서울시장님 - 예맥족인 한국인 상징인 신수 맥 - 그 중 암컷은 1마리만 살아 있는데 사육장이 좁아 새끼를 낳을까 봐 분리 수용한다 하니 서울시는 한시 빨리 대책을!**

2019.02.20.
15:12 http://cafe.daum.net/academykordestroy/jSy0/6

26. "예맥족인 우리 한국의 상징인 맥貊이 한국에 겨우 4마리뿐인데 – 그것도 암맥은 한 분! 뿐으로 서울대공원에 계신데, 이마저도 사육장이 좁아 새끼를 못 낳게 암수를 분리시켜 놓았다니 어찌하면 좋을까요?

"암맥은 임신한 지 13개월 만에 딱 한 마리만 낳는다는데, 서울시나 서울대공원 책임자가, 빨리 암맥이 새끼를 임신할 수 있게 암수 한 방에 같이 두고, 임신했을 때와 이후 낳았을 때 모자의 주거 음식 복지 예산과 관리 기술 등등의 대책을 세워 속히 실천해야 할 것이다.

임신 마음대로 할 수 있게 - 사고?친게 아니고 "재수가 있어서 나가서도 아이를 배어온다"는데 귀하신 분 임신하게 해주는 게 동물 맥이나 우리 맥족 한국의 정체성 회복에 큰 복이다. 맥은 화석동물로 인정받고 있는 만큼 한반도의 오래전 역사를 증명할 신수이기도 하다.

하여 서울대공원내 맥 – 숫자 자연스레 늘이게 합방하게 하고 원래 자생하다 기후 탓에 소멸했으나(혹시 한국내 다른 맥은 수소문해서 보존 확산하게 하고) 우리 한국 원래 맥과 가장 유사하다는 말레이시아 맥은 수입하고 해서 정체성 회복 및 우리 맥족의 마스코트를 맥으로 증강하자. 그러기 위해 우선 급히 서울시가 대처하고, 민관이 같이 협동팀을 꾸리자.

★ "세계 희귀 동물의 천국…, 동물복제 기술 강국 국가정책으로 관광연구 단지를 만들자"

세계 희귀 동물을 살펴보면 1위가 중국의 자이언트 팬더라고 한다. 멸종위기에 처한 동물로는 1) 붉은 박쥐 2) 검은 백조 3) 블루 타이거 4) 사불상 5) 사자개 6) 사향노루 7) 산양 8) 설표 9) 수달 10) 스리소니 11) 알바트로스 12) 에뮤 13) 여우 14) 오리너구리 15) 오카피 16) 우파루파 17) 구름표범 18) 은호 19) 백호 20) 천산갑 21) 콰가 22) 크림 고슴도치 23) 타이온(타이곤) 24) 금호 25) 늑대 26) 파랑새 27) 파튤라 달팽이 28) 대륙 사슴 29) 듀공 30) 딩고 31) 리와디돌고래 32) 라이거 33) 롤리 키드 34) 팬더 35) 맥 36) 페어리 펭귄 37) 표범 38) 하얀 캥거루 39) 하프물범 40) 호랑이 41) 황금박쥐 42) 메가마우스 43) 바다사자 44) 바바리 사자 45) 반달가슴곰 46) 백사자 47) 봉고 48) 흑표범 등등이다. 그 외에도 많다. 이미 없어진 동물도 많다. 특히 맘모스와 공룡은 생명과학자들의 관심사이다. 1) 동물복제연구 20년 계획, 이미 우리나라에서는 소, 돼지, 개, 늑대를 복제한 기술을 가지고 있으며 원숭이 복제는 시시하여 하지 않았다. 세계적으로 야생동물의 개체수가 급격히 줄어들고 있으며 앞으로 10년이 지나면 몇 종의 동물이 사라질지도 모르는 환경에 살고 있다. 과학자들의 고민은 없어져 가는 동물을 영원히 보존할 수 있는 방법을 찾고 있는 것이며 많은 연구를 하고 있는 실정이다. 환경으로 멸종한 동물 중에는 맘모스와 공룡도 있다. 그러나 공룡은 아직까지 빙하시대에 묻혀 있다는 보고가 없으나 맘모스 시체는 시베리아 동토에 아직까지 보존되어 있다는 것이 밝혀졌다. 러시아와 일본 과학자들이 복제를 위한 다각적인 연구를 시도했지만 성공하지는 못했다고 한다. 우리나라 연구팀에서도 맘모스의 난자를 이용한 연구의 시도가 3차례 정도 있었으나 실패한 경험을 가지고 있다. 열대 우림에 있는 동물도 앞으로 시간의 차이뿐이지 차차 멸종으로 다다를 것이다. 여기에 정부는 멸종동물의 개체수와 환경을 파악하여 전폭적인 연구단지를 만들고 체계적인 정책을 마련한다면 한국은 장차 희귀동물의 천국이 될 것이고 세계 관광명소로 될 것이다. 최소한 10년의 과정을 거쳐 20년 뒤에는 본격적인 복제 동물이 탄생되도록 하는 정책을 마련한다면 이로 인한 생명공학 부가산업은 상상을 초월하는 수입을 보장할 것이다. 2) 자연에 가까운 인공사육장 건설, 일단 복제연구가 이루어지면 동물의 사육환경에 맞는 인공시설을 갖추어야 한다. 여기에는 투명한 연구시설과 동물복제의 모습을 영상으로도 보여줄 수가 있으며 사육되는 희귀동물도 볼 수가 있기 때문에 많은 관심의 대상이 될 것이다. 자연과 인공시설이 잘 조화된 연구소와 사육장만으로도 세계인들의 시선을 끌 수가 있다고 본다. 3) 세계 관광명소로 수입창출, 동서남북 국토를 구분하여 동물 사육에 맞는 지역을 설정하고 시설을 하여 관광 벨트를 만들어야 한다. 심지어 북한과도 연계하여 산악과 날씨를 이용하는 것도 하나의 방법이 되겠다. 동물의 사육환경에 따라 지역도 다르게 되므로 자연히 관광코스가 정해지게 된다. 4) 부가산업육성, 부가산업의 육성 중에 가장 큰 것은 복제동물의 판매라고 본다. 가격을 논할 수는 없지만 어떤 산업보다 높은 가치를 가지고 있는 산업이다. 그리고 연구, 관광, 사육 등에 대한 산업도 성장할 것이기 때문에 부의 창출과 생명공학기술 고용인력의 확대는 더 많은 효과를 나타낼 것이다. 세계에서 가장 인정받는 생명공학의 대국이 될 수 있다. 중장기적인 계획으로 추진한다면 미래 잠재 성장이 가장 풍부할 것이다. 문제는 투자와 정책이다. 인재육성과 투자가치를 동시에 추구하는 정책이 따른다면 불가능하지도 않다는 것이 현재 우리 나라의 기술이다. 얼마만큼의 의지를 가지느냐에 따라 세계를 석권하느냐 아니면 탈락하느냐 뿐이다. [147)]

27. 제왕이 죽어서 지키는 보호 석수로서 맥 (해태, 기린으로 잘못 전해지는 듯 하다.)

제왕의 살아서 문양=황룡 봉황 기린

'황룡黃龍'은 제왕帝王의 권력과 위엄을 상징하는 최고의 동물이고, '봉황鳳凰과 기린麒麟'은 인仁과 덕德을 갖춘 성군聖君의 출현을 예고해 주는 동물이다. 황색의 용이 제왕을 상징하는 최고의 동물이라는 관념은 고대나 한국, 중국[148]의 문화와 세계관을 반영하고 있다고 할 수 있다. 제왕을 상징하는 최고의 색깔인 황색과 최고의 동물인 용이 결합하였으니, 제왕의 최고 권력과 권위를 과시하기에 이보다 더 훌륭한 동물은 없었을 것이다. 봉황은 성군聖君의 출현에 맞추어 세상에 모습을 드러내는 동물이다. 수컷을 봉鳳이라 하고, 암컷을 황凰이라고 한다. 예부터 봉황은 온갖 날짐승의 제왕帝王으로, 오동나무에만 둥지를 틀고 대나무 열매만을 먹는 영물靈物로 받들어져 왔다. 기린은, 몸은 사슴 같고, 꼬리는 소와 같고, 발굽과 갈기는 말과 같고, 이마는 이리와 같고, 머리에는 뿔이 달린 5색 빛깔을 띠고 있는 동물이다. 기麒는 수컷이고, 린麟은 암컷이다. 기린은 봉황처럼 태평성대를 이루는 성군이 세상에 나오면 모습을 드러내는 상서로운 짐승이다. 이 때문에 봉황과 기린은 존귀하고 어질며 성스러운 임금을 상징하는 대표적인 동물이 되었다. 물론 황룡과 봉황 그리고 이 기린은 모두 현실에는 존재하지 않는 상상 속의 동물이다. 어쨌든, 이 세 동물은 제왕의 권력과 권위 그리고 존귀함을 직접적으로 상징하는 동물로 여겨졌기 때문에, 제왕 혹은 그에 버금가는 권력자가 아닌 사람은 감히 사용할 수 없었다.

28 ☗ 맥 해태 사자류, 이 석수들은 왜 언제부터 한 · 중 · 일에서는 나라의 제일 중요한 곳을 다 지키고 서 있을까? 국회, 경복궁, 한강, 큰 건물들의 정면 입구에 해태의 화마 방지설 그 미신 때문에?

우리나라 국회앞에는 1975년 나라살림이 어려울 때 아주 싼 값에 국회 건축후(유명 설계자들도 선발되었어도 포기) 해태제과에서 해태 암수 2쌍씩 4마리를 각 두 마리씩 앞 뒷 정문에 기증했다. 이승만 정권 말엽에는 남산(백범광장 근처)에 국회의사당 신축 계획을 세우고 기초 공사까지 하였으나, 1961년 5.16 군사정변으로 무산되어, 12월에 취소 방침이 결정되었다. 당시 국회의사당의 위치로 남산이 선정된 이유 중 하나로는, 일제강점기 동안 그 곳에 거대한 남산 신사가 있었기 때문. 광복 이후 철거되어 깨끗하게 터가 닦여 있었으니 신축하기도 적당했다. 거기에다 옛 일본제국의 정신적 상징을 깔아 뭉개고 독립국가의 국회의사당을 세운다는 상징성도 있었고[149] 일제 남산신사의 자리엔 지금은 안중근기념관이 세워졌다.

돼지와 비슷하고 입과 이빨은 맥같은 신수 맥? 해태[150)]

29. 살아있는 화석동물 신수神獸 맥(貊 · 貘)의 한국내 이모저모

고종 순종 묘역의 맥

근세조선 고종과 명성황후의 홍릉 침전 앞 신수 맥(사자 표범도 잡는 강한 턱힘을 강조하고 있다) 조선인이 만든 것이다. 마지막 황제 순종의 유릉은 일제시대로 들어간 다음이라 일본인이 만들었는데 맥 모양에 차이가 난다.

경기도 남양주시 금곡동에 있는 근세조선 제 27대 마지막 황제 순종과 순명효황후 민씨(純明孝皇后閔氏) · 순정효황후 윤씨(純貞孝皇后尹氏)를 모신 유릉의 日人이 만든 맥

유릉은 조선 왕조 마지막 왕릉인 제 27대 순종(1874~1926)과 순명효황후 민씨(純明孝皇后閔氏) · 순정효황후 윤씨(純貞孝皇后尹氏)를 모신 곳이다. 유릉도 대한제국 제 2대 황제의 능으로 조성되었다. 순종은 고종과 명성황후 사이에서 태어났고 광무 1년(1897) 대한제국이 수립되면서 황태자가 되었으며 1907년 일제의 강요와 모략으로 고종이 물러나자 황제가 되었다. 순종은 일본의 꼭두각시로 변한 친일파들에 의해 전혀 힘을 쓰지 못하다가 1910년 8월 22일 총리대신 이완용의 주재로 열린 어전회의에서 한일병합 조약 조인을 거쳤는데 문제는 황제인(옥쇄)의 날인이었다. 순정효황후 윤씨(1894~1966)가 병풍 뒤에서 어전회의를 엿듣고 있다가 친일 성향의 대신들이 순종에게 한일병합 조약의 날인을 강요하자 옥새를 자신의 치마 속에 감추고 내주지 않았는데, 결국 큰아버지 윤덕영이 강제로 빼앗고 날인해 조선 왕조는 멸망한다. 순종은 이왕으로 강등되어 창덕궁에 거처하다가 1926년 사망했는데, 장례는 도쿄의 국내성에서 주관해 일본 국장으로 치러졌다. 그러나 황제장이 아니라 이 왕가가 진행하는 형식이었으며 장례 기간도 조선 왕조의 국상인 6개월이 아니라 한 달 반으로 짧게 했다. 순종의 하관일인 1926년 6월 10일은 만세 운동이 일어난 것으로 유명하다. 고종의 장례일에 3 · 1운동이 일어났듯 국부를 잃은 국민의 슬픈 감정이 독립 운동으로 결집되어 폭발했지만 대세에는 영향을 미치지 못했다. 순명효황후 민씨(1872~1904)는 여은부원군 민태호의 딸로 1897년 황태자비가 되었으나 순종 즉위 전에 사망해 지금의 서울 능동 어린이공원에 모셔졌다가 순종 사망 후 천장했다. 파평 윤씨 윤택영의 여식 순정효황후는 1904년 당시 황태자비였던 순명효황후 민씨가 사망하자 1906년에 13세의 나이에 동궁 계비로 책봉되었고, 1907년에 순종이 황제로 즉위함에 따라 황후가 되었다. 순종의 지위가 이왕으로 격하되었으므로 그녀도 이왕비가 되어 창덕궁 대조전에 머물렀으며 1926년 순종이 사망하자 대비로 불리며 창덕궁 낙선재로 거처를 옮겼다. 1950년 6 · 25전쟁이 일어나 인민군이 궁궐에 들이닥쳐 행패를 부리자 56세의 나이에도 크게 호통을 쳐서 내보냈다고 할 정도로 두려움을 모르는 여걸로 알려진다. 만년에 불교에 귀의해 슬픔을 달래다 1966년 72세로 창덕궁 석복헌에서 사망해 유릉에 순종과 합장되었다. 순종의 능묘는 현재도 많은 구설수가 있는 것으로 유명하다. 유릉이 명당이라는 사람도 있지만 풍수지리상 매우 나쁜 자리에 있다고 한다. 장남식 선생의 유릉에 대한 평은 다음과 같다. “유릉은 혈처가 아닌 내룡의 중간에 위치하고 있다. 『장서(葬書)』에서 말하는 장사를 지내서는 안 될 산 가운데 하나가 이와 같은 '과산(過山)'이다. 또한 혈처 앞이 낮은 언덕으로 되어 있어 흉지로 간주할 수밖에 없는 '역룡(逆龍)'에 해당한다." 조선 왕조를 일본에 빼앗기기는 했지만 그래도 황제로 불린 순종인데 왜 이러한 흉지에 안장했을까 하는 의문이 들기 마련이다. 이 부분에 관해 많은 사람이 이구동성으로 일제의 음모론을 펼친다. 흉지에 매장해 후손을 절손하고, 조선의 부흥을 꿈도 못 꾸게 하려는 일제의 음모라는 것이다. 누가 그런 음모를 꾸몄을까라는 질문에 김두규 박사는 일본 총독부의 음모 의지를 주된 바탕으로, 일제가 조선 황실의 후손이 번창하는 것을 막을 수도 있고, 당시 일본으로부터 후한 대접을 받고 있던 조선의 일부 대신이나 귀족 역시 한몫 했을 것이라는 설명이다. 풍수지리상 좋지 않은 곳에 장지를 선택한 것은 여러 집단의 묵계를 바탕으로 이루어졌다는 뜻이다. 길지이든 아니든 조선 왕조의 마지막 왕인 순종이 매장되어 있는 유릉은 유일한 동봉삼실 합장릉이다. 황제와 황후 2명의 현궁이 함께 있는 능으로, 이제까지 지켜졌던 우상좌하의 원칙에 따라 제일 왼편에 황제의 재궁이 있어야 하나 이곳은 다르다. 중앙 순종, 우측 순정효황후, 좌측 순명효황후의 재궁을 두어 기존의 원칙을 따르지 않았다. 이는 중국 황제 능의 제도를 따른 것으로 추정된다. 유릉은 능침, 침전, 홍살문 등이 직선형으로 배치된 홍릉과 달리 능침 공간과 제향 공간의 축이 각기 다르게 배치되었다. 그러나 홍릉과 같은 황제 능으로 조성되었으므로 홍릉에 비해 능역의 규모가 다소 좁지만 석물은 홍릉에 비해 사실적이다.

순종의 능역을 조성하는 산릉주감은 조선인이었지만 실무자는 도쿄대 교수이면서 메이지 신궁 등을 지은 일본인 건축가 이토 주타였다. 일본인들은 유릉의 석조물을 일본식으로 조각하기를 고집했다. 1927년 6월 24일자 『동아일보』에 유릉의 침전 앞 석물을 조성하는 과정을 기록한 기사가 실렸는데, 일제가 처음부터 조선의 전통 기술을 무시하고 문화를 짓밟으려 한 의도를 금방 파악할 수 있다.

"모형을 신라 시대부터 이어온 조선식에 근대 일본식을 가미한 절충식으로 한다고 했으나 그 후 이와 반대되는 순일본식으로 하자는 의견이 높아져 드디어 순일본식으로 해 짐승의 다리를 앙상하게 내어놓고 선을 일본식으로 하고…. 고종제의 황릉 앞 석물은 중국식을 가미한 것으로 졸렬하고 조선 말기의 작품으로 장래에 좋은 사실을 남기기 위해, 홍릉을 지척에 두고 전연 딴 취미의 석상을 만드는 것이란다." 외형적으로만 보면 이들 석물은 예리하고 사실적인 면이 강하게 나타난다. 그런데 이창환 교수는 이것은 유럽의 조각 기술을 도입해 석고로 본을 떠 만드는 새로운 기술을 시험해 본 결과라고 혹평했다. 서구의 검증되지 않은 기술을 시험적으로 도입하면서 일본 문화의 우수성을 강조하려는 의도적 행위인데, 조선이나 중국의 문화는 쇠퇴하고 일본의 문화가 앞서고 있음을 보여주려는 속셈이라는 것이다.

문 · 무인석은 현대적인 조각법을 인지한 조각가가 제작한 듯 정교하고 세밀하기는 하나 근거 없는 유럽인의 모습을 하고 있으며 표정도 없다. 문인석은 눈망울도 없다. 마치 앞 못 보는 사람을 표현한 것 같은 인상이다. 다른 것은 사실적으로 조각하면서 그렇게 조각한 의도가 무엇인지 궁금하다는 지적도 있다. 유릉의 문 · 무인석은 정교하기는 하나 유럽인의 모습을 하고 있다. 일자형의 침전 안에는 원색의 단청과 천정에 두 마리의 용이 그려진 용상이 화려한 무늬와 선명한 색감을 그대로 간직하고 있다. 유릉의 능역 내에는 두 기의 어정이 비교적 잘 남아 있지만 금천 주변의 어정은 둘레석만 남아 있다.

재실은 홍릉과는 달리 좌우 동형의 건물이 회랑으로 연결되어 있는데 황제 능답게 일반 왕릉에 비교해 매우 화려하다. 유릉의 비각 안 비석에는 비문이 전서체로 음각되어 있다.[151]

30 ☀ 영조 때 전북 전주 풍남문의 맥

맥 전체형태와 강한 이빨과 턱 강조

영조 때 수리하며 맥을 그린 것인지 몰라도… 태조 이성계 북방 흉노계 만주족 태조 이성계 때 지은 국사당에도 수경을 지은 곽박[152]선생을 모셨는데 일제하 강제 이전 후 지금까지도 인왕산 국사당에서 모시고 있다. 수경은 후에 역도원(386~534)이 주를 달아 40권의 수경주로 보완하였다.[153] 후조선은 역성혁명으로 명나라의 눈치를 많이 봐 왔음인지, 아니면 그쪽에 영토가 겹쳐 있었든지 고려에 비해 상당히 중원문화에 많이 익숙해 있다.

31. 신수神獸인 맥은 의로운 주인을 지키고 그 옆에서 주인에 맞서는 상대방을 알아보고 나쁜 사람이나 위협적인 동물에게는 아주 혹독하게 덤비고 이기는 최고의 무서운 동물이었다. 해태로 잘못 기록들 하고 있으나, 비슷하다. 기후 탓에 한반도에서 없어지는 바람에 더욱 생소한 짐승이 되었으나 우리 민족의 상징이고 삶의 일원이었다. 맥은 원래 입 아래입의 턱부분에 좀 길게 늘어진 수염뼈 같은 게 특징이다. 가끔 보면 그릴 때 위로 그리기도 한 것이 보인다.(박문기, 『맥이』표지)

32. 신수神獸 맥貊은 맥족 한국의 상징동물이다[154]

고구려를 일본에서 1,500여 년을 더 이어오고 있는 고구려왕족과 고구려민들은 자신들의 성을 고마씨로, 또 혼인도 그들 내로만 하며 고구려 전통을 이어오고 있다. 이들도 자기네 신사나 건물 앞에 수호신격으로 '맥'을 세우는데, '고마이누'라 하고, 이 때 '고마'는 한자로는 '貊맥'으로, 그 맥의 역할은, 사람을 알아보며 제 주인과 집을 지키는 개犬를 써서 '맥견貊犬'이라 한다. 맥이 뛰지 않으면 사람이 살 수 없고, 맥국 중도의 혈은 세계 최고이니 세계의 신성한 명당이고, 일찍부터 세계적으로 이를 아는 자는 모두 탐을 내고, 맥국 중도는 집중적으로 경주보다 유물유적이 나온 한민족에게는 최고의 보물이다.

자기네 생활도구나 역사적 유물이 희소한 유럽은 일찍이 16~7세기부터 아시아 아프리카 세계제국을 침략하고 약탈했다. 왕과 왕족들부터 직접 나서거나 모험가들을 내세워 약탈이나 횡령을 유도하여 재화와 부를 갈구했다. 영국 엘리자베스 여왕이나 빅토리아 여왕도 그 누구보다 약탈 유도에 앞장섰다. 귀족들은 그에 투자했고 몇 천배의 이익에 탐익하여 갈취에 동행했다. 따라서 그만큼 재화가 세계 어디 있는지에 대한 연구나 집착이나 탐험에도 투자했다. 일찍이 먹이가 된 아시아에서 사실상 한국 고대문화인 〈삼위태백 돈황〉지역의 고대유물들도 - 혜초스님의 신라 왕오천축국전도 거기서 나왔다 - 영국의 모험가이며 학자인 스타인에 의해 껌값으로 영국으로 거의 모두 도둑당했다. 조선도 예외없이 유럽왕과 귀족들과 탐험가와 카톨릭 신부들에 의해, 특히 그 분야에서 독보적일 정도로 앞선 영국과 결탁하여 영국무기로 16세기 임진왜란을 일으키고, 그 전후 간자들을 통해 조선의 유물유적을 은밀히 탐문탐사하고, 유물 갈취는 물론 아예 조선 도자기공의 납치와 임진왜란이 '도자기전쟁'이라는 이름을 갖게까지 했다... 특히 춘천 중도는 1800년대 말에 즈음하여 영어판으로 고대 선사문화 유적지로 유럽에 알려졌다. 영국 스톤헨지의 세계적 위상과 가치에 위기를 느낀 영국이 가만히 있을 리 없고, 탐문과 과학적 조사는 더욱 은밀히 이루어졌다. 강원도 고인돌 곁의 영국인 유해도 이를 증명하는 한 예가 될 것이라고 믿어진다. 1900년대 초는 일본의 아부적 외교와 유학이 더욱 굳건한 영일동맹으로 이어지고 영국무기와 영국식 세계 식민지화 전략을 배우고 유도받아, 일본이 앞장서서 조선을 침략하여 수탈했다. 영국은 그때 영국 해군함정으로 영국성공회 신부들이 강화도로 올라와 강화도를 영국성공회의 밭으로 만들어 놓았다.

이재理財를 특히 밝힌 이명박 대통령 시절인 2011년 사실상 영국 레고의 주인인 영국여왕과 영국성공회는, 자신들의 자랑인 스톤헨지를 능가하는, 한국의 중도 맥국유적이 보존되는 것을 두고 볼 수 없었고 그 잠재된 재화에 탐이 나고 강원도 및 춘천시 정치인 및 공무원들은 돈과 뇌물에 눈이 멀어, 한국인 공복으로서의 중심과 비판력을 잃고 부화뇌동하여, 한국역사에 큰 오점을 찍는 한민족 최고 신성지역 중도에 영국식민지 앞잡이적 영국 정부기업(영국여왕과 영국성공회가 주인인) 레고에 내어 놓으려는 역적에 가까운 실수를 하게 된다.

그 음흉한 속을 숨기려 하지도 않고 (그만큼 한국 정치지도자들은 무시당할 만한 수준을 내보인 것이다), 영일은 2012년 일본과 무기공동제작 동맹까지 맺고, 박근혜 대통령과 강원도청과 춘천시청 공무원들을 매수하고, 중도유적은 파괴하고 (때로 끝없이 나오는 만년 유물은 도둑질할 예정까지?), 본국보다는 축소된 영국여왕의 왕궁까지 지을 계획을 세우고, 한국을 영국이 아편전쟁을 일으켜 그 승전의 댓가로 100년간 차지하고 있던 홍콩을 할 수 없이 중국에 반납한 후 홍콩 대신에 강원도부터 제 54번째 영연방화하려 일단 레고기업부터 춘천에 보낸 것이다.

33 ☗ 현대 중국 장안(현 서안) 능 내 왕들의 정원 상림원의 서수瑞獸라 하는데 神獸 맥이다

"중원의 桑林(상림)이라는 곳에 살고 있던 封豨봉희라는 멧돼지는 긴 잇빨과 날카로운 발톱이 있고 소보다 힘이 센 맹수였다. 봉희는 농작물을 해칠 뿐 아니라 사람과 가축을 잡아 먹었다. 힘이 센 봉희라 할지라도 어찌 예의 神弓(신궁)을 당할 수 있겠는가? 예가 쏜 화살 몇 대가 봉희의 다리에 보기 좋게 꽂혔다. 다리에 화살이 꽂혀 죽지 않고 도망치지 못한채 예에게 사로잡히자 사람들은 크게 기뻐했다."[155] 멧돼지 이름이 있다는 것도 심상치 않다. 또 우리 동이족인 예족의 화살로 잡혔다는 것도 화살을 잘 쏜 우리 동이족 관련 설화이고, 동이족의 당시 주무대가 상당히 넓었음을 알 수 있게 한다. 맥은 원래 입 아래 입 턱부분에 좀 길게 늘어진 수염뼈 같은 게 특징이다. 가끔 보면 그릴 때 위로 그리기도 한 것이 보인다. 이름이 있는 것으로 보아 야생이 아닌 사람 곁을 지키던 신수 맥 같다.

34 ◘ **강원도 화천은 화천군 하남면 용화산 주변에 맥국의 성이 축성되었던 흔적**이 남아있어 오래전부터 부족국가의 한 곳이 있음을 알 수 있다. 맥국은 청동기 시대에 나타난 부족국가로 강원도 춘천 및 화천 등의 지역을 중심으로 발전한 국가이다. 춘천은 원래 대륙과 분리되기 이전엔 한머리땅의 중심지였다. 원래 맥은 예와 한과 더불어 우리 민족의 주 구성체로서, 중국 주나라 시대에 중국의 동북방 지역에 거주하였던 것으로 알려져 있다.

그러나 당시 어지러운 정세 속에서 한반도로 유입되었고, 이곳 맥국의 혈통은 고구려와 부여계통과 그 맥을 같이 하고 있는 것으로 알려져 있다. 그 이유는 고구려 초기에 맥과 고구려가 함께 사용되었기 때문이다. 이 맥국이 언제까지 이곳에 있었는지는 확실하지 않으나 '삼국사기'에 의하면 선덕여왕 6년에야 비로소 신라령인 우수주로 편입된 것으로 보아 상당히 오랜 기간 동안 이 지역의 맹주 역할을 자임한 것으로 보인다. 바로 이 맥국이 피난해 있던 용화산 주변에서는 화천 유촌리 고인돌이 발견되고 있다.

중도에서는 무덤이 165기나 발굴되었다. 그 중 149기는 석기시대 무덤인 세골장 양식으로 조성되어 인류사에 유례가 없는 대유적이다. 또한 본 곳에서 40여 기의 적석무덤이 3열로 배치된 채로 발굴되었는데 이도 유례가 없는 것으로 고고학계에서도 큰 충격을 주었고, 1612기의 거주지 터가 하중도에서만 발굴되어 청동기시대와 철기시대까지도 추천에 거대한 도시국가 맥국이 존재했음을 명백히 증거하여, 그 중 1266기가 선사시대 집터로 유례없는 한강변 마을로 학계에 주목을 모으고 있어, 이 모두가, 경주보다 유적유물이 더욱 집약적으로 발굴되어 보존의 가치가 세계적으로도 높게 평가를 받아 더욱 원형보존으로 역사전쟁에 대응은 물론 세계사를 다시 쓸 수 있고 관광자원으로도 충분히 레고보다 더 질높은 한국문화재로 국민의 자존심 함양은 물론 합법적인 수익구조면에서도 더 경쟁력까지 가지므로 영국 레고는 다른 곳에서 하도록 조정해야 한다.

II. 맥문화

35. 맥문화: 치유 · 예술 · 생활문화 '맥적'과 막걸리와 막춤

'맥적'과 막걸리와 막춤은 술과 춤을 좋아하는 맥족(동이족)에 잘 어울리는 코드들이다. 맥貊 맥貘과 막莫은 서로 소리로 동의어로도 쓰인다. 노래를 잘 부르니 그 소리와 흥에 춤이 나오니 삼일 밤낮을 술 마시고 춤 추고 노래하니 풍물소리가 그치지 아니하고 심신이 치유가 되니 선인이 나오더라. 기계시대가 되니 노래방으로 전국민이 가수가 되고, 그 주변부로 한류 가수가 여기저기에서 나온다. 한 이십 년이 한국의 막걸리 관광도 일어나니 또 더 마시더라. 허기와 노동현장과 신명판에 하나되는 한국 곡식에 한국 신의 술이더라. 막조선 · 막고 · 마고가른 술 막걸리는 가끔씩 막국수와 메기와 막적(맥적)을 먹는 힘으로 막살아야 하는 마한 막 · 맥족의 막춤을 출 수 있는 막역한 오랜 친구이다. 슬플 때나 기쁠 때나 영원한 막잔치의 동반자이다.

36 ★ 매일 같이 먹는 돼지구이, 제사 때 산적의 원래 이름이 '맥적貊炙' 이다. "양념한 고기 구이" 콩으로 만든 된장만 싸 가지고 다니면 된다.

제사를 잘 모시는 우리 한국인과, 또 DNA를 우리와 공유하는 세계인들이 매일 자주 먹다시피하는 양념한 돼지고기 구이나 볶음, 제사때 산적의 원래 이름이 '맥적貊炙'이다. 맥의 고기부침개이다. 맥적은 오늘날까지 생활에선 맥적을 사랑하며 연연히 계승하고 있음에도, 전쟁과 사대의 아래에 살다 외래의 것을 모방하다가 이름조차 잊고 살았다. 아직도 '맥적'이라는 이름을 잊고 계신 분들도 계셔서 천만다행이다.

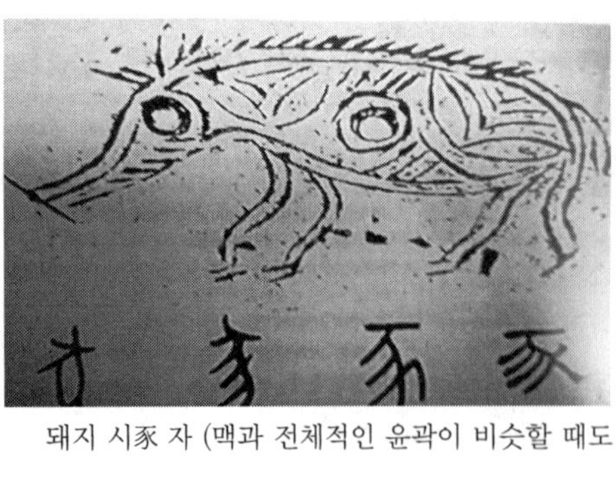

돼지 시豕 자 (맥과 전체적인 윤곽이 비슷할 때도 있다)

도농간에 어디서나 흔히 보이는, 한 동네 공동체적 삶, 상추는 독거 동네할머님이 손수 재배해 가지고 오신 것으로, 정을 나누고 이웃을 돌보는데 활용되는 것이 맥적이다. 잘 지내면 “가까운 이웃이 먼 친척보다 낫다. ”우리 한민족의 착한 나눔, 이웃 보살피기이다. “보살피기=보고 살펴 살리기, 살림, 보시= 보살의 정신 – 무형문화 굿 의례에서 제일 잘 드러난다. 굿은 같이 듣고 보고 울고 웃고 먹고 마시고 노래하기이다. 돼지는 생리적 특질이 사람과 비슷하다. 얼굴 보고 살피고 살리고 그게 홍익적 삶이고 그게 이웃을 불러 식사 대접하며 얘기 나누는 무의식적 우리 조상의 신교 의례행위 여러 잔치이다. 특히 제삿밥은 원래 다 불러 나눠 먹으며, 고인도 추모하고 위로도 받고 회포도 물고 어려운 난제 해결의 실마리도 서로 찾고 돕는 계기이다. 동네, 마을, 나라 의례때는 나라백성까지 – 서울 제기동 선농단 제사굿 때, 소를 잡아 오고가는 백성을 다 나눠 먹게 해서 선농탕 · 설농탕 · 설렁탕이 나왔다. 지금도 그 잔재가 남아 있다. 큰 일을 치루면 돼지나 소 한마리 잡아 같이 나눠 먹는다. 그 음식 나눔 속에 숱한 애환도 나눠진다.

37. 마늘: 일찍이 인류역사에 등장한 재래종 마늘, 단군설화에서도 사람이 되는데 필요한 약용식물로

나오는 것으로 보아 이집트에서 B.C.E. 2500년 전 피라미드 벽화에 나온다 하니 우리도 기록이 있으면 그럴 것이다. 마늘은 한기를 쫓고 각기병을 없애주는 약용 음식이다. 맥적이나 삼겹살을 먹는데도 고기 냄새를 없애 주고 소화를 돕기에 마늘은 늘상 필요하다. [156)]

38. 〈종전 평화 설렁탕 축제〉를 열고 싶다. 이 책을 읽은 이들은 다 오셔서 같이 – 춘천 중도 맥국터 유물 유적 없는 곳에서 조상님들도 흠향하시게 같이 하자.

부분 통일이라도 되면, 아니 누가 오셔서 평화의 종전시기만 와도, 빚을 내어서라도 가마솥 몇 개 걸어두고 〈종전 평화 설렁탕 축제〉를 열고 싶다. 이 책을 읽은 이들은 다 오셔서 자원봉사 – 아니 이 귀한 하늘의 것을 나눠 드리는 축복을 받으시라. 오셔서 막춤축제도 확산하자.

39. 춘천 맥문화: 막걸리와 막국수와 '메'밀 멧돼지 메기, 맥적 – 먹거리에 '막 맥 메'

앞으로 세계 어휘 연구도 하면 재미있겠다.

제사에 메를 떠 올리고 – 제사를 많이 지낸 맥족이니 맥족에서 나온 말이 가능하다. 메뚜기 메추라기 매미… 메기 : 메기의 한약명 중 종어宗魚라는 말은 민물고기 중에서 가장 맛이 좋다는 뜻으로 조선시대에 대궐과 고관에게 올리는 진상품으로 귀한 어종에 속한다.

맥적貊炙은 고구려 이전 맥족 시대부터 사냥 후 굽거나 미리 양념해 함께 나누던 돼지구이이다. 돼지고기 된장 산적이기도 하다. 맥+맥적, '양념고기구이'가 제사에는 '산적', 궁중음식으로는 '너비아니'로, 서민생활에서는 숫불구이, 불고기 등 한류음식으로 발전했다. 맥적은 화석음식으로 영원할 것이다.

40. '막춤' 잔치!로 환희의 나라로! 하니 즐겁게 생각나는 김정숙 영부인!

김여사님께서는 남편을 대통령으로 만드는 데도 '한국 막춤'과 노래로 특히 광주 국민을 밝고 기쁘게 해 준 한류 막춤의 大家가 되셨으니, 이제 한국 전국에서도 수시로 막춤을 추어 주셔서, 덜 권위적이고 감성적이고 소탈한 새로운 영부인 상도 만들고, 국민의 기분도 자주, 환하게 고양시켜 주길 바라고 싶다. '막춤은 일정한 형식이 없이 제 멋대로 막 추는 춤'이니, 그 당시 기분에 자연스런 내 몸과 마음 흐름에 따라 추는 춤이다. 막춤은 결국 나를 막 흔들어 균형잡게 하는 퍼포먼스 춤이다. 나도 해보니 〈갱년기 혼술〉보다 〈갱년기에는 막춤〉이 오십견에도 더 효과가 있는 것 같다. 동네들 주민센터도 춤교실이 인기이다. 자유롭게 짝없이도 혼자 출 수 있는 막춤은 오히려 권장할 사항이다. 큰 행사에 초대해 힘껏 마음껏 추어 국민 막춤으로! 우리 손녀가 "김 영부인! 에너지 짱!"이라고 유투브를 보고 춤이 편하고 좋아서 따라 한다. 그 자연스럽고 사랑스런 강한 에너지로 대통령도 힘이 날 것이다. 힘이 빠지고 딱딱하고 재미 없이 하는 듯한 '국민체조' 대신 내 신명에서 신이 나서 추는 "정숙이 영부인 막춤"으로 힘이 나고 재미있게 만듭시다. '사랑막춤 모임' 회원 1번으로 등록한다. 아무쪼록 대통령 임기 후에도 막춤으로 돈도 벌테니, 전 영부인들처럼 부정스런 돈문제의 전철은 밟지 않기를 강력히 권한다. 임기내내 조심해서 처신하시길 빌고 또 빈다. 한국과 한국민을 위해! 임기 전후도 가장 행복하고 국민에게도 에너지를 주어 영원히 사랑을 받는 신명 나는 에너지 막춤의 大家 영부인을 사랑합니다. 평화종전 한류 막춤 시대를! 인젠가는 북에도.

41. 맥적貊炙 – 양념한 불고기 '산적'이다.
"태시太始 이래로" 있어 온 화석음식인 맥적

맥적 – 구석기때부터 불을 사용하며, 그 이전부터 있어 온 제사 산적이다. 하늘천제 제사를 잘 지낸 맥국 환인 환웅 왕검 조선.

사실 맥적 불고기는 옛 부여와 고구려 사람들이 즐겨 먹었다고 전해지는 '맥적貊炙'에서 발전한 음식으로 알려져 있다. 최남선의 『古事通고사통』에 적힌 내용을 보면 다음과 같다. (중국 진나라 때의 책 『수신기 搜神記』를 보면)

"지금 태시太始 이래로 이민족의 음식인 강자羌煮와 맥적貊炙을 매우 귀하게 안다. 그래서 주요한 연회석에는 반드시 맥적을 내 놓는다. 이것은 바로 융적戎狄이 쳐들어 올 징조이다"라고 경계하였다는 이야기가 있다.

맥족에는 대맥大貊과 소맥小貊이 있었으며, 한대漢代에는 이것을 즐겨 맥적을 중심으로 차린 연회를 맥반貊盤이라 하였다. 강羌은 서북쪽의 유목민을 칭하는 것이고, **맥貊은 동북에 있는 초기인들과 부여인과 고구려인을 가리킨다.** 즉 강자羌煮는 몽골의 고기요리이고, 맥적貊炙은 우리 나라 북쪽에서 수렵생활을 하면서 개발한 고기요리이다.

『동국세시기』에는 **"서울 풍속에 화로에 숯불을 훨훨 피워 놓고 번철에다 조미한 쇠고기를 구우면서 화롯가에 둘러 앉아 먹는다"**라는 기록이 있다. **이것이 오늘날까지 전해지는 '너비아니'이다.** 여기에서 조미한 쇠고기에 대한 구체적인 내용은『산림경제』에서 찾아 볼 수 있다.『서원방 西原方』이란 책을 인용해서 적고 있는 내용은 다음과 같다.

"쇠고기를 썰어서 편을 만들고 이것을 칼등으로 두들겨 연하게 한 것을 대나무 꼬챙이에 꿰어서 유염油鹽으로 조미해서 유油가 충분히 스며들면 굽는다." 여기에서 유염이란 '간장'을 일컫는 말이다. 짠맛과 은근한 맛을 내는 조선간장으로 조미한 것이 오늘날 우리가 '너비아니'라고 부르는 200년 전 불고기의 정체였다. 그런데 오늘날 불고기를 재우는 방법은『산림경제』의 방법과는 크게 다르다. 쇠고기를 왜간장에 버무린 후 여기에 설탕과 양파, 파, 마늘, 배즙 등을 넣고 몇 시간 재우면 된다. 이것은 '맥적'이나 '너비아니'로 알려진『산림경제』에 나오는 불고기와는 완전히 다른 맛을 낸다. 너비아니 형태의 한국 불고기는 재일 교포들에 의해 일본에 소개되어 그것이 오늘날 불고기로 자리 잡았다. **1945년 전까지만 해도 일본에서는 전통적으로 쇠고기를 구워 먹는 음식이 없었다. 1945년 이후 재일 교포들이 생계를 해결하고자 식당을 하면서 이른바 '야키니쿠燒肉'를 팔기 시작했고, 이때부터 일본에서 불고기가 유통되었다.** 이것은 당시 일본 사회가 패전으로 먹을 것이 부족했던 사정에 더하여 육식을 미국문화의 상징으로 여긴 당시의 사회적 인식과 맞아 떨어진 것이다. 일본인들이 즐기는 맛의 핵심은 양념에 있다. 식당에서는 가정에서 도저히 흉내낼 수 없는 달콤한 맛의 불고기를 만들었다. 결국 가정에서도 식당에서 맛볼 수 있는 불고기를 맛볼 수 있도록 불고기 양념인 '다레'가 개발되었다. 이 양념은 일본의 전체 식품시장에서 간장과 미소 다음으로 큰 시장 규모라 한다. 현재 우리가 먹고 있는 불고기를 만들 때 들어가는 양념 가운데 단맛을 내는 것은 양조간장으로 불리는 왜간장 · 설탕 · 양파 · 글루타민산이라는 화학조미료이다. 이 원료들 가운데 양조간장과 글루타민산은 모두 일본에서 출발한 것들이다. 가공식품류와 화학조미료가 판치는 식품시장과 그에 따른 우리 일상 음식의 변화의 현실을 직시해야 할 때이다. 어차피 시대의 변화에 따라 사람들의 입맛은 바뀐다. **그 맛의 변화의 이면에는 불고기맛의 변화처럼 문화의 의미가 숨겨 있는 것이다. 또 급속한 사회변화의 시점에서 볼 때 그 문화적 의미란 단순한 문화접촉이나**

전파의 결과로 생긴 경우도 있지만 산업화 이후 맹목적인 서구문물의 숭배나 편리주의는 없었을까를 자문해 볼 때이다.

한국적 불고기인 너비아니를 새로이 개발하여 보면 어떨까 한다. 음식점을 경영하는 사람들은 한 번쯤 생각하여 볼 문제이다.[157] 너비아니 보다 '맥적'으로 하면 잃어버려지는 한국역사도 챙길 것 같다.

■ 전쟁신 자오지를 어리석은 치우라 낮춰 부른 그때부터 B.C.E. 2706~2598, 중국 중원 측에서 맥족 우리 민족을 동쪽 오랑캐 동이로 하칭한 듯 하다.

우리 맥족은 원래 넓은 아시아 대륙까지 뻗쳐 살던 예맥족 맥이[158]이다. 자오지(치우)환웅천황에게 몇 십 차례나 공격하여 실패한 헌원이 자오지를 비하하여 어리석을 '치우'라 하고, 그 이후 맥족을 동쪽 오랑캐 '동이'라 하였다. 이후 전쟁을 많이 치른 진시황으로부터 중원에 중화사관이 성립하면서 동서남북 모두 오랑캐나 도적이나 야만인이라 붙이며 우리 예맥에게도 '동이'라 확실히 비하하는 호칭으로 부르고 기재했다.

주나라(기원전 1046~ 기원전 776) 금석문(구리판)에 기록되어 있는 동이, 서이, 북이, 남이, 또 회의淮夷, 구이九夷에 夷도 오랑캐 夷로 쓰인 것이지, 화화족이 살던 황하를 중심으로 사방에 있는 외방적을 활을 잘 쏘는 족이라는 의미로 이를 붙여준 것이 아니다.

요하 근처의 대수맥 맥의 사람 태호복희 B.C.E. 3400년대로부터 소수맥의 맥사람인 신농 B.C.E. 3100, 치우환웅시대 황제 헌원, 주나라 문왕의 역사 및 지혜를 두루 포용시킨 공자 전후 B.C.E. 500에 집결된『주역』은 지혜의 삶을 위한 길라잡이 서책이다.『주역』에서 천제에는 소인배는 왕의 천제에 도움되는 일은 않고 참석하면 제 무리들로 만들어 역적의 기나 모으니 동참시키지 말라 하였다. 夷자 자체는 큰 활을 쏘는 글자가 들어 있으나, 서쪽 오랑캐 서융, 북쪽 오랑캐 북융, 북적, 남쪽은 야만인으로 남만, 동쪽도 오랑캐로 부른 것이 맞다. 공자가 썼기에 濊貊 글자처럼(더러울 예穢穢貊을 피하고 깊고 넓을 濊 , 나는 우리가 환단 천손이라

禮 곧 제사를 아는 우리 한국족이니 禮貊으로 쓴다 – 우리를 '동방예의지국' 또는 '군자국'에 맞기로는 이 글자 '예맥禮貊'족이다) 공자가 소속하고 싶어 찾아 다니던 중원 제후들의 눈치를 보아야 하니 오랑캐라고 해야 비위를 맞추는 것이니, 그래도 마침 활을 잘 쏘는 예맥족이고 하니, 큰 大에 활 弓자가 들어간 夷자를 찾아 쓴 모양이다. 선비의 6예 중에는 활을 잘 쏘는 것도 들어 있다.[159]

태조 이성계 때 지은 국사당에도 수경을 지은 곽박[160]선생을 모셨는데 일제하 강제 이전 후 지금까지도 인왕산 국사당에서 모시고 있다. 수경은 후에 역도원(386~534)이 주를 달아 40권의 수경주로도 보완하였다.[161] 후 이성계 조선은 역성혁명으로 명나라의 눈치를 많이 봐 왔음인지, 아니면 그 쪽에 영토가 겹쳐 있었든지 고려에 비해 상당히 중원 문화에 많이 익숙해 있다. 17세기 영조 때 호남 제일문 성문을 수리하며 맥을 그린 것인지 그 이전부터 그려져 있던 것인지 몰라도, 영조는 담비 비슷한 맥그림을 성의 지붕 아래에 남겼다. 현대에 와서는 단행본 이름도『맥이, 박문기, 정신세계사』라고 나와 있다.

42 ☀ 근세조선 천고일제 정조는 맥적, 수원갈비의 바탕도 깔아주다.

천년에 한 번 날 정조임금은 아버지 사도세자의 무덤을 인연으로 자주 수원 지역에 갔는데, 왕이 아예 수원사람들에게, 소 한 마리씩 나눠주고 새끼를 낳으면 그 때 한 마리를 나라가 돌려받는 정책을 세웠다. 애민하는 정치가도 백성도 그 옆 백성들도 시간적으로 넉넉한 마음, 여유를 가지고 지켜보고 한 것이다. 아버지와 나란히 묻힌 효자 정조와 아버지 사도세자의 융건릉. 이처럼 왕도 대통령도, 백성도 요즘 국민도, 덕과 인예의 넉넉함이 있어야 금수강산에 살 자격이 주어진다. 이 수원갈비는 원래 맥적의 원 모습 즉 야외에서 사냥하여 고기를 잡아 소금이나 된장으로 그냥 간해서 굽는 것이다. 원형을 유지한 것이다. 한민족 지역에서 간장은 재생 콩이나 재배콩이 인류 최초에 가까우니 간장 된장 역사도 그럴 것이다.

정조의 수원 근처 소돼지 시장 활성화 – 맥적貊炙(적炙:고기를 굽다)

서남암문을 지나 팔달산을 따라 성벽을 내려가면 화성의 남문인 팔달문이 나온다. 이 주변이 아직 복원이 안 된 곳으로 팔달문으로 내려가면 상가 단지와 마주치게 된다. 화성을 걸을 때 이쯤에서 점심을 해결하기에 좋은 지점이다. 수원의 대표적인 음식은 수원갈비이다. 수원갈비가 유명한 이유는 예전부터 수원에 큰 소시장이 있었기 때문이다. 그런데 이 소시장 역시 정조의 수원 프로젝트와 관련이 있다. 정조는 수원을 상공업의 신도시로 만들 생각이었지만, 수원의 자급자족을 위해 화성 외곽에 큰 둔전을 조성했다. 둔전屯田이란 군량미 등 관에 필요한 쌀과 곡식을 재배하는 농지이다. 정조는 수원 부근에 둔전을 조성해 수원 백성들에게 농사를 짓게 했다. 또 부근에 만석제, 축만제 등의 저수지를 만들어 농업용수로 사용하게 했으며, 농민들에게 씨앗과 소를 나누어주어 농사를 짓게 했다. 농사의 수확물은 농민과 국가나 나누고 지급된 소는 3년 뒤부터 한 마리씩 갚도록 했다고 한다. 이런 정조의 조치로 수원에는 소가 늘어났고 자연히 소시장이 활성화되어 이로 인해 소갈비인 수원갈비가 탄생되었다고 한다. 수원갈비는 정조의 백성 특히 수원 사람들에 대한 세심한 배려로 세상에 탄생된 것이다.

맥적貊炙은 고구려 이전 맥족시대부터 사냥 후에 굽거나 미리 양념해 함께 나누던 돼지구이이다. 돼지고기 된장 산적이기도 하다.

43 ☗ 왜 강원도와 춘천시는 우리(인류)역사의 원류인 맥국의 춘천 흔적을 지우려 할까?

기획부동산을 시켜 이제는 왜 맥국 춘천의 흔적을 아예 모두 없애려 할까?

박정희대통령 때 전기를 생산하느라 의암댐을 만들어 현재는 상중도(북동쪽)와 하중도(남서쪽)가 섬으로 나뉘어져 있다. 거기다 딸인 박근혜대통령 때 하중도에 이미 선사유적지로 결정 나 있었다. (중도 선사유원지라는 유원지가 있어 캠핑장 등의 시설이 존재했으나, 2011년부터 레고랜드 코리아의 조성사업으로 인해 문을 닫고 출입이 중단되었다. 그런데 영국은 2012년 영일 무기공동제작 동맹을 맺는다. 한국은 어떻게 해석해야 될까?) 이명박의 4대강 사업 때 조사에서도 의미있는 유물 유적이 많이 나왔다. 게다가 이번 공사를 진행하려고 사전 발굴조사 중이던 2014년 7월에 고인돌 101기 등 선사유물과 환호 등 유적이 대량으로 발견되었다. 공사를 그대로 진행해야 할까?

☑ 의암댐을 만들어 중도를 포함한 주변은 〈상중도 · 하중도 · 고슴도치섬 · 다람쥐섬 · 붕어섬 〉이 있다. 물을 막지 않고 그냥 흐르게 하면 – 작은 산(섬이 아닌)들=땅=이 나타난다. – 다시 만든 간척의 육지. 그 곳으로 레고?를 유도해 내자고 어떤 이는 – 영일 무기공동제작 동맹의 검은 속도 모르고 – 기발한 듯 제안을 한다.

① 현재도 중도 주변 육지 도로에 '맥국로'라는 도로표지판이 붙어 있다.

② 중도에는 한 나라가 존재했다고 나온 유물을 근거로 한 문화재청의 보고가 나왔다. – 유물이 약 만 여 점이 나왔다.(일부 유실했음에도)

③ 근처에 맥국이라는 나라 외는 없었다. 그렇다면 댐으로 막지 않을 경우 중도도 '맥국'이었다.

이런 역사적으로 하나뿐인 나라의 역사와 땅을 외국에다 기업하도록 내어 놓아 되겠는가? 이 황당한 현실에 물음과, 불법의 현장이 보도되거나 정황들이 인식되면서 더욱 분노로 바뀌었다.

왜 강원도와 춘천시는 오랜 역사부터 요하 맥국부터 이어지는 우리 (인류)역사의 원류인 맥국의 춘천 흔적을 기획부동산을 시켜 하나씩 모두 없애려 할까?

중국이 저지르는 한국의 만년역사 앗아가기의 탐원공정을 알면, 환인환웅 시대가 다 걸려 있는 맥국 중도를 보존할 당위성은 더욱 커진다. 홍산 관련 탐원공정까지 역사적인 전쟁의 승패를 좌우할 중요한 단서가 될 귀한 유물유적지의 역사와 땅을, 도굴을 잘하는 외국에다 기업하도록 내어 놓을 수 있겠는가? 100년을 계획하고 덤비는 영국외교행랑 강원도지사가 수시로 매일 점검 확인할 수 있겠는가?

애초에 이 맥국 중도는 임대나 기타 수입 등 금전문제 등과 관련해서 언급할 문제가 아니다. 게다가 수입도 없는 셈으로, 제대로 된 계약도 못한 불공정 갑질에 의한 노예계약이라니 – 더욱 황당한 선택과 결정의 현실에 왜? 누가? 어떻게 또 왜?라는 근본적인 물음에다, 불법의 현장이 보도되거나 정황들이 인식되면서 더욱 나를 비롯한 국민들의 분노가 가중되었다.

원래 덴마크[163]에서 시작한 레고에서, 영국 레고는 영국여왕과 영국성공회가 주인이고, 영국여왕과 성공회는 자국에서 입지가 불안했던 노무현대통령, 선거부정으로 몰리던 박근혜대통령을 영국을 비롯 유럽에 초청해 주면서, 귀국후 즉시 불법인줄 알면서도 레고사업을 대통령이 추진하게 유도한다. – 하여 귀국 4일만에 문화재청장부터 경질하고, 문화재위원회를 부실하게 열어 중도에 레고사업을 허가하게 유도했다. 그러니 개발사업이 안 되는 줄 뻔히 아는 상황이라 〈문화재청은 허가하는 준비과정부터, 문화재청 문화재 심의위원회의 구성부터, 사업에 주도적인 강원도지사 최문순과 레고랜드라는 회사〉 사업주체들과 함께 유물 물높이가 서류 조작을 통하여 허가하는 불법을 저질렀다. – "중도는 절대 허가해서는 안되는 곳인데 물높이 때문에 허가했다. 물높이가 잘못된 줄 모르고 허가했다"(심정보 매장문화재 중도심사위원장 말)

이 야만적인 역사의 실제 현장을 보며 한국이 왜 이러는가? 분노섞인 물음에서, 2장과 4장의 행동과 글은 시작되었다.

44. 중도中島는 강원도 춘천시 중도동에 위치한 한머리땅의 수도, 부끄러운 레고 축출하는 게 문화재청 강원도 문광부 적폐청산이고 해야 할 사명이다.

45. 2012년 18대 대선 때 문재인, 오영식, 주승용, 정청래 의원 등 중도 방문 레고를 항의! 그때의 굳게 다문 입만큼 강한 의기는 어디로 가셨나요?

이제 유물 만 여 점이 나왔으니, 그것을 기준이나 핑계로, 즉각 대통령이나 문화재청장이 문화재위원회를 열어 직권으로 허가 취소하여 유적지는 보존하여 유네스코 등재하여 세계 수학여행지로 삼는 결단을 내립시다. 〈누구 좀 거기 없어요? 청장은 폼으로 있나요?〉 춘천은 사실 남의 나라 컨텐츠가 아니라도 자체가 컨텐츠를 유무형으로 많이 가지고 있어 그것으로도 충분한 생각과 볼거리를 제공할 수 있습니다.

46. 신생국 벨리즈에서 먼저 〈4월 28일은 맥의 날〉로 정해서 활동을 한다.
충무공 이순신 장군은 음력 3월 9일생이며, 이 날이 양력으로 4월 28일이라 한다.

47 ☗ 그런데 왜 강원도와 춘천시는 오랜 6천년 환웅역사부터 요하부터 이어지는 우리 (인류)역사의 원류인 맥국의 흔적을 기획부동산을 시켜 하나씩 모두 없애려 할까? 동북아 최초 인류문화 집단 맥족이 요하주변에서 생활하며 점차 남하해서 한 쪽은 중원쪽으로 태호복희에서, 헌원에서는 화하족으로 이끌고, 다른 한 쪽은 만주로 한반도로 남하했다. 맥국의 생활권은 항일 독립항쟁 때도 강원도민들의 활동경로인 만주 시베리아로 이어져 있다. 발해의 멸망 후는 집단으로 대거 '기질'이라는 국무가 하늘의 계시를 받고 지휘하여 먼 나라 남미 '멕이곳(멕시코)'까지 이주한다. 미국측은 멕시코라 부르나, 그 곳 당사자들은 자신들의 나라를 '멕이곳'이라 한다. 바로 '맥이가 와서 머무는 곳'이라는 뜻을 가지고 있는 우리말 한국말이다. 남미에는 맥이라는 동물도 활발하게 살아 있고 남미 테이퍼로 불리고 있다.

48 ★ 대륙과 분리전에 같이 연결된 (서해) 황해도와 이어지는 전북 '부안' 땅은, 환웅 단군 상징 돌조각상 '벅수'와 '솟대'의 본향이다. – 환웅 · 단군상 부안 태인 허씨네서 나오다.(사진 중간)

사진 1: 우리땅에서 최초로 '명문'이 새겨진 벅수'로 알려진, – '서문안 짐대당산'(부안읍성)의 '벅수'〈上元周將軍〉. 1689년에 세워졌다. (2007, 황 준구 사진).
사진 2: '단군벅수'는 '전라북도 민속자료, 제 30호'이다. 우리땅에서 유일하게 '단군할아버지'의 모습을 하고 있는 돌조각상이다. (2001, 황 준구 사진).
사진 3: 우리나라를 대표하는 아름다운 '짐대'(솟대)로 알려진, '창북마을'의 '오방짐대', – '새마을운동'으로, 한 점만 남겨져 보존되고 있다. (2008, 황 준구 사진).

우리나라에서는 유일하게 단군 돌석상과 '절집당산'의 '벅수'가 보존되고 있는 〈우리 '민속문화'의 '보물창고'〉같은 곳이다. '부안'땅에는 12곳의 전통 '당산'들이 오밀조밀하게 모여 있다.

부안군 계화면 창북리, 5방짐대당산, / 부안군 계화면 궁안리, 머리낭자,(전북민속자료,제17호). / 부안군 부안읍 서외리, 서문안짐대당산,(중요민속자료, 제18호), / 부안군 부안읍 동중리, 동문안짐대당산,(중요민속자료, 제19호). / 부안군 부안읍 내뇨리, 돌모산짐대당산,(전북민속자료, 제19호), / 부안군 하서면 언독리, 섶못당산, / 부안군 백석면 죽림리, 공작당산,(전북민속자료, 제20호), / **부안군 보안면 월천리, 단군벅수**,(전북민속자료, 제30호), / 부안군 보안면 상입석리, 웃선돌,(전북민속자료, 제6호), / 부안군 보안면 우동리, 우실당산, / 부안군 위도면 대리, 원당벅수, / 그리고, **'내소사' 절집당산의 나무'법수'法首菩薩가 지금도 보호**

되어 남겨져 있다. 마을마다, – '민속문화재'로 등록된, '보물'들이 넘쳐 흐르는 '별천지'에서 누가 감히 '벅수'를 '장승'이라고 부르며, – '기고만장' 한가?. 우리 마을을 지켜주는 '수호신'은, '장승'이 아니라 '벅수'이다.

49. 그 많은 법수(法首 속어 벅수)는 〈참됨의 '우두머리'〉이며, – '제사장'祭司長을 뜻하는 '단군 할아버지'를 표현한 것, 곧 法首이다.

'불교'의 근본 경전華嚴經에도 '벅수'는 '法首菩薩'로 그려져 있다. **오늘날 '장승?'으로 표현된 조잡한 '조형물'들은, – 모두 하나같이 '입'을 찢어지게 벌리고, '하품'을 하고 있는 모양새로 세워져 있다. – 모두 '쓰레기'이다.** '그리스 로마'의 '판테온' Pantheon萬神殿에 모셔져 있는 '수호신'들은, – 모두 2,000여 년전에 만들어진 것들이다. 우리의 '벅수문화'와 비교하여, – 조목조목 따져볼 필요와 가치가 있다. 우리는 '입'으로만, – 찬란한 '역사'와 '전통문화'를 외치고 이야기하고 있다. 실제로는 남부끄럽고 창피하기만 한 '전설'과 '신화'를 가지고 있다. **그러나, – '부안' 땅의 '벅수'와 '솟대'들은 다르다. '부안'에서만 느낄 수 있는 독립되고 차별화된, 무엇인가?를 찾을 수 있는 곳이다. '만신당'萬神堂을 찾아온 느낌이다.** '호화찬란'하다. 매년 음력 정월 보름날이 제일 아름다울 때이다.[164]유무형문화 보고! **부안을 다시 귀하게 새롭게 조명해야 한다. "단군할배 법수 따라 걷기"에 동참하고 싶다.**

50. 맥족(예맥족)맥국의 영역 – 요하 홍산 몽골 러시아 – 멕이곳(멕시코 잉카 마야아즈텍지역) 만주 백두산 태국 등 동남아 · 일본 · 강원도 춘천 멕이곳(멕시코) 외 동북 3성 요녕성 · 길림성 · 흑룡강성 남부

〈'맥'의 중성 'ㅐ'의 발음이 어려워 '멕'이 되며, 종성 ㄱ도 발음이 힘들면, 일본어처럼 2음절로 된다. 예를 들어, 일본인들이 '섬'의 원래 발음 '셤'이 어려워 2음절인 '시마'로 바꾸어쓰는 것과, 사찰寺刹인 '뎔'을 2음절로 바꾸어 '데라'로 바꾸는 것과 같다. 이것을 적용했을 때 "맥곳(=맥이 있는/사는 곳)"을 "메기곳" "메기고" 가 스페인어 발음 '메히꼬'로 된다. 참고로 스페인 사람은 우리 발음 '기'를 '히'로 발음한다.〉[165] 스페인이 맥 지역 잉카를 식민지로 하였기에 이해에 도움된다.

나는 맥이라는 곳에서 온 원주민들이 자신들을 '맥'이라는 곳에서 온 사람 그들이 세운 나라라는 뜻으로 해석해 보았다. 장소를 나타내는 '곳'의 확장이 '나라'이다. 메카, 메디나, 예멘 등 "멕이 아스땅에서 왔다는 멕이코 잉카인 지역 벨리즈공화국 남미"까지도 살펴보고 싶다. 아프리카까지도 언급하는 손성태교수도 계신다. 차츰 하나씩 찾아가 보자. 6C경 사산왕조 페르시아와 비잔틴 제국의 대립으로 기존의 동서 교통로가 단절되었기 때문이다.

이슬람 이전의 중동

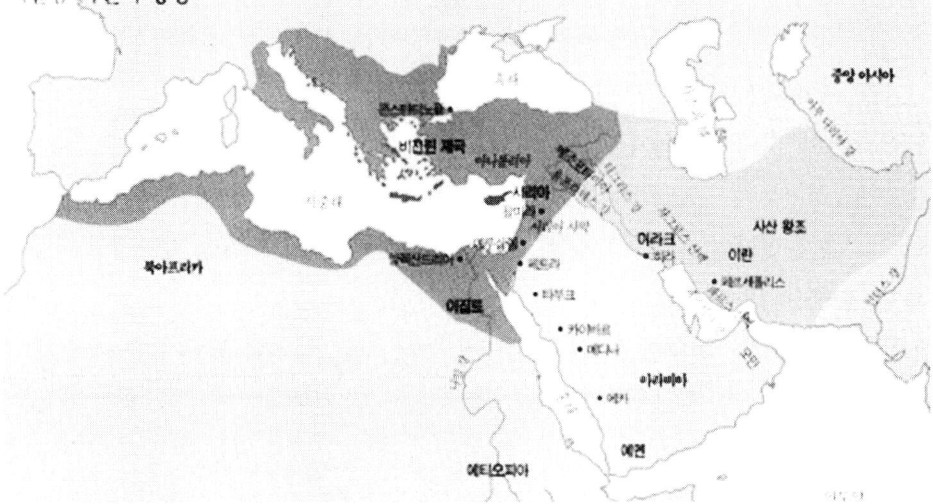

51. 러시아 동쪽으로 에벤키(예맥)족

한민족 시원지로 등장하기도 하는 흑해에서, 땅이 밀리고 물이 흘러 러시아 동쪽으로 에벤키(예맥)족, 고려인, 남쪽으로 가면 수메르 – 메소포타미아 유프라테스문명지, 서쪽으로 가면 오래전부터 형제의 나라인 터키, 오른쪽으로 가면 중앙아시아의 동, 북, 서가 다 연결되는데 남쪽 아라비아로, 북쪽 북극으로 캄차크, 알래스카에 못 갈 것도 없다. 한민족의 지표인 온돌의 구들이 나온다.

52 ☀ 환인 환웅 단군 관련 기록 우리민족의 기원은 중국의 천산天山 일대라는 문헌자료 '흠정 서역동문지'欽定西域同文志

학계의 비상한 관심을 모으고 있다. 이는 민족의 유래를 서역西域으로 확대한다. 중국 신강 위구르 자치구에서 한반도에 이르는 민족의 동진을 뒷받침하고 있어 향후 우리 학계의 중요 연구과제를 제시하고 있다. 박은용(76) 전 효성여대 교수(인문대 국문과)는 중국 청淸나라 건륭 28년(1763년)에 편찬된 지리서 '흠정 서역동문지'欽定西域同文志에서 단군설화의 태백산 위치를 규명할 수 있는 '삼위'三危에 대한 기록을 발견했다며 20일 이를 처음 공개했다. 흠정 서역동문지 4권卷之四 '천산 남북로 산명'天山南北路山名에 적힌 삼위에 대한 설명은 '古天山東盡境(山海經)三危山西三百五十里日天山…一統志天山一名白山自哈密東北境綿亘而西…' 등으로, 삼위산三危山의 위치와 삼위산이 곧 천산天山이며 이를 백산白山이라고도 한다는 사실을 '산해경'과 '대명일통지' 등의 고서를 인용해 기록하고 있다.

흠정 서역동문지는 박 전 교수가 30년 전 일본 도쿄대 객원교수 시절 우여곡절 끝에 입수한 지리서로 한자와 만주어, 몽골어, 아라비아어, 타밀어, 티베트문자 등으로 된 희귀본이며 '삼위'에 대한 기록을 남긴 현존 유일의 고서이다. '삼위'에 대한 이같은 문헌학적 입증은 단군신화의 태백산 위치 설명을 위한 결정적인 학술자료를 제시할 전망이다.

삼국유사 단군조선 조는 '환인이 아들의 뜻을 알고, 내려다 보니 삼위 태백이 가히 널리 인간을 이롭게 할만하다下視三危太伯可以弘益人間…란 기록을 남기고 있으나 지금까지 '삼위태백'三危太伯이란 글귀에 대한 설득력 있는 설명을 하지 못했던 게 우리 학계의 실정이다. 박 전 교수는 우리 학계가 민족의 기원신화에 나오는 '삼위'란 글자가 태백을 수식하는 관용어인지, 별도의 지명인지에 대한 학술적인 규명도 못하고 있다며 "천산 일대의 위구르족 등과 우리 민족은 인종적, 언어풍속학적으로 유사점도 많아 역사, 언어, 문화인류학계의 연구가 뒤따라야 할 것"이라고 말했다.[166] 맥국의 생활권은 항일 독립항쟁 때도 강원도민들의 활동 경로인 만주 시베리아로 이어져 있다. 발해 멸망 후는 집단으로 대거 '기질'이라는 국무가 하늘의 계시를 받고 동족을 지휘하여 먼나라 남미 '멕이곳(멕시코)'까지 이주한다. 그런데 그들이 도착하니 이미 자신들보다 먼저 그 이전에 우리들의 조상은 멕이곳 쪽에 왔었다는 것이다.[167] 미국 측은 멕시코라 부르나, 그 곳 사는 당사자들은 자신들의 나라를 지금도 '멕이곳'이라 한다. 바로 '맥이가 와서 머무는 곳'이라는 뜻을 가지고 있는 우리말 한국말이다. 미국 외 여러 나라가 자신들의 나라 '멕이곳'을 '맥시코'라 부르든지 말든지 자신들의 나라와 조상으로부터 받은 정체성을 오랜 기간 존중하고 지킨다. 인류 부족국가 초기에 화석국가 맥국의 영역은 요하근처에서 넓게 퍼져 갔다. 멕이곳의 사람들이 어디서 언제쯤 갔는지는 더욱 천착해 봐야겠지만, 일단 '메기곳'은 맥국의 후신이다.

53 ❖ 중앙아시아 환국 카자흐스탄 국장의 천마 중심에는 북극성

▲ 카자흐스탄 국장의 천마 와 북극성 – 유목과 별

▲ 카자흐스탄 랜드마크 영국인이 만들다 핀란드 랜드마크 지구축과 유사하다.

카자흐스탄 천산자락의 많은 봉분속에서 금으로 된 유물이 많이 나온다. 신라의 봉분이나 금 유물과 공통점이 많다. 그 숱한 봉분(신라식이 아닌 천산식)이 환국이나 배달 환웅의 묘와 연관성이 있어 보인다.

54 ❖ 2,500년 전 북극 핀란드 등 한국과 맥이 연결되어 있어 원주민 집과 맥적(땅바닥에서 하다 현대화된 것일 뿐이다)

천산 돈황의 옛 사람들 생활 모습

위는 천산문화권과 연결된다. 중국 측이 최근 동북공정의 일환으로 요서 · 요동지방의 고고 유물을 발굴하다가 신석기시대 맥족문화의 발전에 경악하고 있다. 우실하 교수와 심백강, 복기대 씨의 저서 및 답사보고서를 종합하면, 이른바 소하서小河西문화, 흥륭와興隆문화, 사해査海문화, 부하富河문화, 조보구趙寶構문화, 홍산紅山문화, 소하연小河沿문화 등의 발굴, 특히 홍산문화 후기의 우하량牛河梁

유적 발굴에 기초하여 요하문명의 개념을 정립하고 이집트문명보다 앞선 세계에서 가장 오랜 중국 문명이 요하문명 인을 홍보하고 있다고 한다.

소하서문화(小河西文化: B.C.E. 6500~), 흥륭와문화(興隆洼文化: B.C.E. 6200 ~ B.C.E. 5500) 등은 동북아 전체에서 뿐만이 아니라 세계적으로도 이른 시기의 신석기 유적들이 발견되고 있다. 이런 신석기문화를 바탕으로 국가 단계에 이미 진입했다고 판단하고 있는 홍산문화(紅山文化: B.C.E. 4000/3500~B.C.E. 2500)가 꽃 피게 된다. 최근 중국학자들은 요하 일대의 신석기문화를 모두 광의의 '홍산문화'라고 일컫기도 한다. 신용하교수 글 – '단군조선'의 건국은 한강 신석기문화(한족, 왕 배출)와 요하 신석기문화(맥족, 왕비 배출), 대동강 신석기문화(수도 설정)의 세 강의 신석기문화를 통합해서 한 단계 더 높인 동북아시아 최초의 고대국가 건국이었다고 볼 수 있다. 단군조선은 이 지역 최초의 고대국가였으므로 빠른 속도로 만주 요동 · 요서지방으로 영역이 확대되었다. 이에 따라 수도도 '강동'에서 요하 부근 개평현 험독(險瀆 · 검터)으로 천도하였다. 또한 3경 5부三京五部제를 실시해서 지금의 중국 요령성 조양(朝陽 · 아사달), 영평부의 조선현(아사나, 고죽국) 내몽고 자치주의 적봉赤峰(붉달, 밝달)을 부수도로 하여, 넓은 지역을 5개 구역(부)으로 나누어서 그 안에 포함된 부족들을 직접 간접으로 통치하였다. 그리고 이 통치지역에 공통의 '아사달(단군조선)문명'을 창조하여 발전시켰다.

55. '황룡黃龍'은 제왕帝王의 권력과 위엄을 상징하는 최고의 동물이고, '봉황鳳凰과 기린麒麟'은 인仁과 덕德을 갖춘 성군聖君의 출현을 예고해주는 동물이다. 황색黃色의 용龍이 제왕을 상징하는 최고의 동물이라는 관념은 고대나 한국 중국[168]의 문화와 세계관을 반영하고 있다고 할 수 있다. 제왕을 상징하는 최고의 색깔인 황색과 최고의 동물인 용이 결합하였으니, 제왕의 최고 권력과 권위를 과시하기에 이보다 더 훌륭한 동물은 없었을 것이다. 봉황鳳凰은 성군聖君의 출현에 맞추어 세상에 모습을 드러내는 동물이다. 중국에선 왕비나 황후의 상징으로 쓰인다. 황태자비는 문장이 황후에 비하여 작다. 수컷을 봉鳳이라고 하고, 암컷을 황凰이라고 한다. 예부터 봉황은 온갖 날짐승의 제왕帝王으로, 오동나무에만 둥지를 틀고 대나무 열매만을 먹는 영물靈物로 받들어져 왔다. 기린麒麟은, 몸

은 사슴 같고, 꼬리는 소와 같고, 발굽과 갈기는 말과 같고, 이마는 이리와 같고, 머리에는 뿔이 달린 5색五色 빛깔을 띠고 있는 동물이다. 기麒는 수컷이고, 린麟은 암컷이다. 기린은 봉황처럼 태평성대를 이루는 성군이 세상에 나오면 모습을 드러내는 상서로운 짐승이다. 이 때문에 봉황과 기린은 존귀하고 어질며 성스러운 임금을 상징하는 대표적인 동물이 되었다. 물론 황룡과 봉황 그리고 기린은 모두 현실에는 존재하지 않는 상상 속의 동물이다. 어쨌든, 이 세 동물은 제왕의 권력과 권위 그리고 존귀함을 직접적으로 상징하는 동물로 여겨졌기 때문에, 제왕 혹은 그에 버금가는 권력자가 아닌 사람은 감히 사용할 수 없었다.

56. 제왕의 살아서 문양: 황룡 봉황 기린
죽어서 지키는 보호석수: 맥, 해태, 사자, 말

☗ **맥 해태 사자류, 얘들은 왜 언제부터 한 · 중 · 일에서는 나라 제일 중요한 곳은 다 지키고 서 있을까?** 국회, 경복궁, 한강, 큰 건물 들 정면 입구에 해태의 화마 방지설 때문에? 우리나라 국회 앞에는 해태제과에서 해태를 기증했다. 그 때 장수 상징 '맥' 과자점에서 맥을 기증했다면 맥 해태에 대한 국민적 세계적 이해도나 판도가 달라졌을 것이다. 지금이라도 연구해 보자.

반면 역으로 야스쿠니신사를 참배하는 일본기업은 맥 컨텐츠를 활용(악인으로 악용)해 한국모욕과 돈벌이에 성공했다.

돼지 비슷한 신수 맥[169]일가? 맥이다.

⊙ 고종 사후도 일본이 계속 우리를 괴롭힐 줄 알았겠지 신수이니 – 잔뜩 화가 난 이빨 고종 명성황후의 영릉 석수로서 맥: 맥을 찾으며 그 억눌린 날들의 울분을 다시금!

고종과 명성황후 홍릉 침전 앞의 맥(나는 맥으로 본다)은 조선인이 제작한 것이고, 얼마 후 제작한 순종황제의 유릉 침전 앞의 맥(나는 맥으로 본다)은 일제하 일본인 최고 조각전문가가 제작한 것이라 한다.

근대 제국주의적 왜곡들, 처음부터 제대로 다시 검토해 보기 절실히 필요

김치, 된장, 한식, 한옥, 온돌 등등 한류 가치 재평가하듯
고고학적 유적유물에 대한 년대, 소속 등 왜곡 해석과 오도 바로 잡기.
역사, 문화 선정과 시기와 역할 왜곡 해석과 오도 바로 잡기.

Ⅰ. 외국학자들 잘못한 것: 근대강대국 마음대로 주장한 것들을 수정하자!

Ⅱ. 국내학자들 잘못한 것: "근원적 한국 것"을 "뭐든지 근대강대국 입맛대로 전파되어 온 것으로 주장해 온 설을, 원천적인 검증없이 답습해 온" 게으름과 실수를 만회하는 기회로 삼자!

Ⅲ. 사람다운 것에 하나인 문화의 슴 종교들, 그 근본으로 되돌아가 하나가 된다. → "근원적 한국 것"으로 고고학적 유적유물에 대한 년대, 소속 등 왜곡 해석과 오도

Ⅰ. 외국학자들이 잘못한 것: 근대강대국 마음대로 주장한 것들을 수정하자! 고고학기술과 재력, 군사외교력 등을 가진 근대강대국이 마음대로 책정한 것들을 수정하자.

1. 근대유럽 (특히 프랑스, 네덜란드, 영국) 이후부터 현대까지: 식민지 개척과 합작품, 전리품 착복의식과 투자에 대한 댓가로, 한 손에 바이블, 한 손에 칼

스페인, 포르투갈, 독일, 러시아, 로마바티칸, 이스라엘

① 프랑스는 얼마전까지 자신들의 조개무덤은 30만 년전으로 다른 세계 조개무덤은 1만년으로 추정하다가 최근 세계적인 연구 조사가 이어져, 세계 조개더미는 20만 년으로 소급 수정되었다. 19만년이나 소급되었다.(문화재청 자료)

* 네덜란드 학자가 조개더미의 가치를 인정하니 다음부터는 조개더미가 고고학적 가치를 갖다.

서양 유럽 특히 페니키아의 활과 맥족 고구려 맥궁과 이방인 유물 활 비교

맥(단군)조선 고(구)려 활, 이방인 활 – 페니키아 활 등 힘 비교해보자.

★ 맥궁

맥궁貊弓이라고 하여 시기를 늦게 잡아 고구려에서부터 사용된 활처럼 보인다. 고구려의 고분벽화 중 안악 3호분 행렬도를 보면 그 사람들 중 한 사람이 고리자루칼과 활을 들고 있는 모습을 볼 수 있는데, 이게 바로 맥궁으로 추정된다. 안악 1호분 수렵도와 덕흥리 고분에도 활의 모습이 보이고, 약수리 고분의 수렵도에서도 활이 보이며, 가장 유명한 것은 무용총 수렵도이다. 무용총 수렵도에는 당시 활의 모습이 굉장히 잘 나타나 있는데, 합성궁임이 육안으로도 확인할 수 있다. 가장 명확하게 알 수 있는 것은 맥궁인데, 이에 대한 기록은 다음과 같다.

좋은 활이 나오니, 소위 '맥궁'이라 한다. 出好弓, 所謂〈貊〉弓是也.

『삼국지』 권 30 「위서」 제 30 '오환선비동이전' 고구려조

이를 통하여 고구려에는 '맥궁'이라고 하는 유명한 활이 있었음을 알 수 있다.

『구당서』에서도실위에서 각궁(角弓)이 있다"

물길(말갈)에서도 각궁(角弓)의 기록이 보인다.

각궁의 길이는 삼척이요, 화살은 일척 이촌이며, 항시 칠팔월에 독약을 만들어서, 화살에 발라 금수를 사냥하는데, 맞으면 서서 죽는다. 독약이 강력하면 능히 사람을 죽일 수 있다.

角弓長三尺, 箭長尺二寸, 常以七八月造毒藥, 傅矢以射禽獸, 中者立死. 煮毒藥氣亦能殺人. 其父母春夏死

– 『북사』 권 94 「열전」 제 82 물길조

고구려 고분에서 소갈비뼈의 세 부분으로 나누어진 활이 출토된 적도 있다. 합성 만궁인 맥궁은 고구려 이전의 요하 옆 소수맥小水貊에서 생산한 활이라는 기록이 삼국지 위지 동이전에 있고, 중국에서 맥궁이라는 이름을 처음 사용했다. 합성궁인 맥궁은 만궁으로 중앙아시아와 동아시아 한반도 남단까지 널리 사용했다. 활의 전문가들의 말에 의하면, 북쪽 유목민이 맨 처음 합성궁인 각궁을 개발을 했다는 설 즉, 단군조선보다 선민인 맥족이 먼저 개발했다는 두 가지 설이 있다. 합성궁이며 맥궁인 각궁을 처음 개발한 민족은 단군조선 유민이 세운 고구려라는 추정은 한나라와 오나라 황제 등에게 고구려가 각궁인 맥궁을 선물로 보냈다는 기록으로 이를 뒷받침 하나, 맥궁은 맥인들이 처음 발명한 것이다. 고구려에서 처음 발명했으면 이름이 맥궁이 아니고 달랐을 것이다. 맥궁인 각궁을 쓰기 위해선 등자가 필요하다. 등자는 흉노에서 처음 만들어 고구려로 전수된 것으로 알려져 있다.

① 영국 우드(나무)헨지에서 스톤(돌)헨지로 발전시켜 주고, 영국 최초의 금제품 및 청동기 유물 등을 가져다 준 이방인 청년이 있은 덕분에, 영국 최고의 선사유적 스톤헨지가 완성되었다. 그는 우주인도, 페니키아인도 아니고 한반도인이다. 영국 스톤헨지의 근처에다 그 이방인 전문가를 묻어서 유물과 유골이 세상으로 나왔듯, 한국 강원도 정선 고인돌에서도 영국인 유골이 나오고 DNA가 나왔다. 한국 고인돌지역 강원도 정선에서 고인돌 속 유골에 영국인 DNA가 나오는 이유가 바로, 이 아래 미국 History 방송 화면 내용에서 유사하게 설명되고 있다. “선조들의 고향이 있는 북쪽으로 갔다고 한다” 그때 고인돌 지역으로 따라간 영국인(원래 한국에 살던 한국인)이 죽을 때까지 그곳에 살다가 고인돌에 묻힌 것이다.

★ 스톤헨지 쪽에서 나온 선사유물도 한국 선사시대의 것이랑 같다. 한국 상생방송 쪽에서도, 스톤헨지를 한국의 고인돌 민족이 가서 만들어 준 것이라는 설이, 서양에서도 내부적 외부적으로 인정되는 사진이라 캡처했다.

현재도 유럽은 영국 빅토리아여왕의 핏줄로 얽혀 있다. 3000년 전에 용감한 페니키아(모로코) 사람들은 아프리카 남쪽 밀림에 식민지를 만들 듯 그 전통을 물려받은 – 기원 5세기 카르타고의 한노(Hanno)가 아프리카 탐험 – 카르타고 사람들이 영국을 발견하였다.

% 페니키아 – 포루투갈 식민지 – 현재 모로코 유럽인들이 주로 관광을 온다. 스페인 이슬람에서 영토를 카톨릭왕 둘이 결혼하여 통일, 이사벨여왕(컬럼버스를 후원 – 신대륙 식민지권 확보), 그들의 외손자 카를로스 1세가 스페인 본국, 식민지, 독일(카를로스 5세로 불림), 네덜란드(부가 집중되어 있는) , 이탈리아령까지 "해가지지않는 나라" 스페인이 네덜란드에 과중한 세금을 부과하려 하자 1588년 영국이 네덜란드 도와(무적함대) 네덜란드 독립, 스페인 멸망. 스페인에서 영국이 해상권을 장악 – 프랑스가 스페인을 멸망시키고 스페인 식민지를 여기저기 나라에 나누어 주다. 요즈음 한국에도, 16세기 임진년 왜의 침략전쟁 전후부터~조선국 말에 식민지 제국주의 경향을 가진 나라들(영국, 네덜란드, 프랑스 등과 지나, 일본 등)이 연고권을 주장하려 하나씩 조선국 말에 똥파리 붙 듯 붙고 있다.

스톤헨지에서 멀찌감치 줄을 쳐놓고 일반관광객의 접근을 금지하며 철저히 보존하고 있다. 반면에 한국의 춘천맥국 중도에는 160여 기 적석고인돌과 1600여 기의 선사주거지 유적지에는 영국의 레고 놀이터를 만들려고 작당하고 있다.

▶ 영국은 동인도회사를 앞세워 인도를 식민화하는 등 세계의 곳곳을 식민화하여 "해가 지지 않는 나라"를 지향했고, 청나라 국민에 아편을 팔아 돈을 벌고자 했으나, 거절했던 청나라를 침범하여 이겨서 200년간 홍콩을 식민지로 삼았다. 1930년대 엘리자베스 여왕은 어린 시절이었으나 나치를 숭배하였다. 그 사진이 2015년에 폭로되자 자초지종은 내버려두고, 사진을 공개한 사람부터 응징하려 했다. 1997년 영국이 중국의 홍콩을 내어 놓아야 되는 시기를 즈음해, 영국은 레고랜드를 한국의 한강문화권인 경기도 이천에다 세우려 하다가 한국법(수도권)에 의해 실패하자, 청동기고조선 유물을 많이 포함하고 있는 춘천중도를 노린 것이다. 강화도도 영국 국교인 영국성공회가 장악하여(성공회대학이 민주화에 기여한 전리품으로) 그 오만함이 여러 웃지못할 넌센스를 일으키고 있다. 영국 성공회 교회나 성당이 그간의 주민조직과 재력과 인력을 담보로, 강화선거나 정책에 막대한 영향 행사하고 있다. 그와같은 권력을 강원도에서도 확보하려 2012년에는 영일 무기공동제작 동맹까지 맺고 한국을 노리고 놀리는 작당을 하고 있다. 그 외 영국성공회의 강화도에서의 갑질 횡포의 예를 보면

예) • 원래의 단군유적은 무시하거나 배제케 하고
• 여러 성공회건물 등을 기념물이나 문화재로 지정토록 로비하고
• 문화재 간판에 신부이름은 한국명으로, 한국신도 이름은 영국교회 세례명으로
• 성공회교회 홍보 도로 표지판은 쌍으로,
• 큰 도로 정거장 이름 성공회 성당이 몇 개씩 장악,
• 강화 전통종교인 단군숭조회 본건물까지 서울성공회가 1층에 세입....

◈ 로마 바티칸 나라; 카톨릭 염수정 대주교의 국회 내 신년기도(2016년 3월), 로마교황이 한국 방문을 오는 해에 염천교 천주교의 순교역사 공원을 지으려 하는 일에 염주교가 앞장서다. 천주교 역사공원들 – 성당 짓기가 역사인가? 용산전자상가 입구 당고개 역사공원 내 대형 성당 – 겉은 한국식으로 하니 속은 더욱 검겠지.

◈ 일본 SGI 문화센터 – 각 구별로 구청 부속 건물처럼 속이는 '문화센터'로, 우리 것은 부수고 자기들 것은 패전 후 도망간 후에 다시 차분히 종교단체로 한국에 잠입하여 첫 침략 때 못 이룬 10만 신사를 각 지역 구마다 SGI문화센터로 이름만 바꿔 마수를 다시금 펼치는 것이다. 맥의 후예로 주인공을 설정해 놓고 한국인에게 치욕을 가하는 포켓몬스터 사건은 더욱 가관이다. 여타 일제의 조선 문화침략 때문에 (조선사편수회 – 이병도, 이능화), 마음과 눈밝은 애국자들이 생명을 바치며 고생을 하고 있다. 반면 아직도 이병도 유족은 식민사학 저작권료로 일 년에 몇 백억씩 받아 식민패거리인 역사 식민사학을 계승하고 있다.

* 일본자위대 해체 UN헌법 제정 운동하자! 가까운 시일 내에 한국과 아시아와 세계를 다시 침략해 와, 옛날은 상상도 못할 갖은 잔인무도한 만행을 저지를 것이다.
* 일본이 파괴한 조선 환국의 역사문화를 다시 복원하자. '삼성당'부터..
* 성산출일봉→일제 성산일출봉으로 바꾸었음(日을 먼저)

원래대로 "성산출일봉"(해를 나왔다)←해를 나오게 하는 봉우리로 바로 돌려 놓자.

◈ 네덜란드 – 하멜이 무슨 목적으로 항해하다가 조선에 표류하였나? 조선에 하멜이 표류한 것이 그 무슨 위대한 업적이 된다고, 한국인 자신들의 조상 사당도 하나 못 지으면서, 돈 많은 나라의 달러 몇 푼 떨어지는 것을 얻으려고, 하멜기념관을 서울에까지 지으려 하나? – 식민지를 만들 나라나 외국 보물 자원들 찾으러?(훔치러 미리 선발대로) 다니다 표류한 것이 뭐 자랑할 만하다고.. 얼빠진 자들에게 경고함.

◈ 독일: 조선의 인쇄술을 보고 간 교황청 신부들이 준 정보로 구텐베르크 인쇄술을 알리면서, 자신들이 최초라고 기만하고 있다. 그곳에서 유학한 학자 아닌 학자들, 자신이 누군지 중심을 잃고 기독교에 쏠리어 불공정한 학문 아닌 학문을 하고 있다.

구텐베르크 시대 – 카톨릭 교황은? 교황청에서 조선에 보낸 사절단이 있었는지와 그 명단은? 중국 명나라에 사절단, 동양 조선국에 보낸 사절단 누구였나? – 교황청 공식질의 1430년 이후 1440년 – 같이 합작하여 도둑질 – 저작권

위에 언급한 외국인의 하수인 인 한국인, 다들 구한말처럼 가관이다. 이제 한국도 가까운 시일 내에 그들의 행적을 낱낱이 평가할 것이다. 프랑스 영국 유럽의 고인돌에 대해 그나마 양심있는 유럽 학자들은 자신들의 고인돌이 흑해 코카서스 지방에서 비롯되었다고 한다. – 즉 유럽의 백인종의 근원과 유럽 역사의 출발을 카프카스(코카서스) 지방에서 찾고 있다. 그런데 이렇게 줄기차게 코카서스 지방을 바라보는 또 다른 이유가, 유럽 왕족의 전통 속에는 항상 동쪽과 동방, 동양이 선망의 대상이었으며, 자신들의 뿌리 또한 동양이었다는 오래된 전설과 믿음 때문에 돌궤를 찾으나, 돌로 만든 관을 사용했던 종족은 오로지 동이족으로서, 요동과 산동, 남북한의 한반도, 큐슈, 오키나와에서만 발견된다. 코카서스 지방은 오늘날 흑해와 터어키 이란 러시아의 주변으로 우리 한국인의 원류 맥족이 살던 곳이다.

★ 밝고 착한 마음을 가진 젊은 미군 덕분에 한국 구석기 발굴 물꼬 트다.

1978년 한국 한강 구석기 돌을 발견해, 바로 한국담당자에게 알려준 것을 시작

으로...소위 제국주의적 선진 고고학 나라 학자들이 한국은 구석기가 없다고 하던 바로 그 한국에 구석기 유적이 200 여 곳이나 드러나, 한반도는 전체가 구석기문화권부터 사람이 살았음이 증명되었다. 그 시작은 1978년 젊은 미군 그렉 보웬(Bowen G.), 그는 미국대학에서 1년간 고고학을 배우다 군에 입대하여 한국에 온 학생 군인이었다. 고고학적 지식이 뛰어난 정치적인 유럽이나 일본의 고고학의 대가도 아니나, 마냥 맑고 밝아 보이는 마음에서, 반가워하며 바로 우리 정부측에 신고해 준 착한 한국의 은인이다. 미군인 그가 한국 아가씨와 한탄강을 산책하다 찾은 이 전곡구석기 유물 4점이, 일거에 한국 고대역사에 대한 유럽과 일본의 무시와 왜곡을 깨버렸다. 이후로 한국에서는 한반도 전체가 30만년 구석기 문화권이었음이 증명됐다. 큰 상을 주어야 할 착한 미군이었다. 이 미군은, 일찍이 고고학적 지식과 식민지 개척 야욕으로 한국에 구석기가 있었음을 알았으면서도 숨기고, 알려주지 않고, 일본 자국에서는 구석기유물이 없으면서도 몰래 프랑스에서 사다가 구석기를 조작하려다가 결국 탄로나 자살했던 일본학자들의 유지한 수준이 아니었다. 프랑스는 조선을 1846년부터 위협해 오다가, 병인양요(1866년)를 일으키면서 강화도의 우리 외규장각 보물들을 몽땅 훔쳐갔다. 1907년 영문판으로 미국인 헐버트가 춘천 유물이 선사시대 및 단군조선과 연결된다는 것 등 역사가 깊은 한반도임을 발표했었다.

(병인양요 – 프랑스 함대의 군사적 위협은 이미 1846년(헌종 12년)에 시작되었는데, 1866년(고종 3년, 丙寅年)에 프랑스 함대가 강화도(江華島)를 침범한 사건. 프랑스 극동함대 사령관 세실(Cecille) 해군 소령은 군함 3척을 거느리고..)

1998년 5월 5일 – 나는 한양대 안산캠퍼스에서 나의 수업을 듣는 학생들과 구석기축제장인 경기도 연천군 전곡을 가서. 체험하며 의미있는 시간들을 갖고 왔다. 보웬은 한강변에서 석기를 보자마자 신고했고 그 석기는 이어 서울대 고고학팀으로 옮겨져 오늘날 우리 역사에 구석기가 있었음이 판명되었다. 이어 전곡 부근에 박정희 대통령은 컨테이너 박스를 준비해 주어 우리 구석기발굴에 박차를 기하기도 했다. 기다렸다는 듯, 자신감을 가진 한국 고고학팀들은 연이어 구석기유물, 즉 한국, 한반도의 고대역사문화 인류를 찾아내는 쾌거를 이루고 있다. 전곡리에서 채집된 '아슐리안'(양면 가공석기)은 구석기 문명 범위를 아프리카, 유럽으로 한정한 모비우스의 학설을 일거에 깨버렸다. 이후로 전국 약 200여 곳에서 구석기 유적이 발굴되면서 한반도 전체가 구석기 문화권이었음이 증명됐다.

1960년대까지만 해도 한반도 역사에 구석기시대는 존재하지 않는 것으로 말하고 있었다. 고고학적 발굴, 실증사관 같은 현대적 연구방법이 본격화되지 않은 이유도 있지만, 한국의 문화를 무시하고 왜곡선전하는 일제의 식민사관이 가장 큰 이유였다. 아직도 외국이 알고 있는 한국은 이 일본의 식민사관에 의해 왜곡날조된 것들이다. 이 부분도 정부 담당팀의 조직적이고 체계적인 조사와 분석과 수정 작업이 절실하다.

한반도의 구석기시대 존재를 인정해 버리면 북방 – 한반도 – 일본에 이르는 문명 전파 경로를 인정해야 했기 때문이다. 이럴 경우 일본 그들의 국가적 자부심인 천황사상이나 선민(選民)의식이 뿌리째 흔들릴 수밖에 없고, 동북아권에서 수동적, 하위(下位) 문명으로서의 역사를 시인해야 했기 때문이다. 1978년 미군이 찾은 이 전곡구석기 유물들이 일거에 한국 고대역사에 대한 낭설과 무시를 깨버렸다. 이후로 전국 약 200여 곳에서 구석기 유적이 기다렸다는 듯이 발굴되면서 한반도 전체가 구석기 문화권이었음이 증명됐다.

◈ 마고의 후예인 한국 女神들의 향기를 그리며, 나는 우리 할머님, 그 여신들의 향기가 묻어나는 한국땅의 공룡발자국을 되밟으며, 또 구석기 간돌로 밀을 갈아보며. "나는 구석기가 있는 이 땅에 태어난 것을 무척이나 자랑스럽게 여긴다 (차옥덕, 『여신들의 향기』, 아세아문화사, 2000, 제1쪽~5쪽.)

57 ⚜ 서울대공원에 전시된 말레이 맥과 남미해골

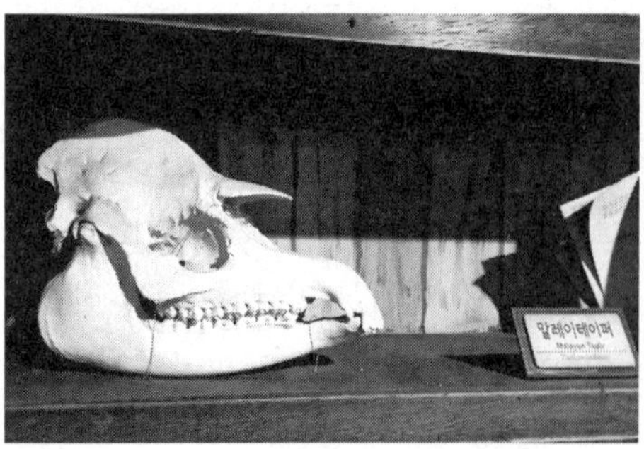

남아메리카 맥(South American tapir). 서울대공원에 전시된 종은 이 종이다.
말레이 맥(Malayan tapir). 맥 가운데 가장 몸집이 큰 종이다.

테이퍼, 또는 타피르(Tapir)라고도 하는 포유류 초식동물. 한자로는 貊 · 貘. 맥이라는 명칭은 2번의 환상종(용, 상상 기린, 해태 등 실제론 존재하지 않는 상상 속의 생물을 뜻하는 용어)에서 유래되었다. 생김새를 묘사하면 멧돼지 같은 크기에 코뿔소와 비슷한 체형을 가지고 코가 매우 짧은 코끼리 같은 머리를 붙인 듯한, 한마디로 짐승들을 뒤죽박죽 섞어 놓은 모습인데 이래봬도 계통상 말이나 코뿔소 등과 유사한 종으로 습하고 물이 많은 지역을 좋아하는 온순한 초식 동물이다. 기제목 가운데 팔라벨라 다음으로 가장 작은 종류이다.

말레이시아 말레이 반도와 인도네시아 수마트라 섬, 태국, 미얀마 남부 지역 등 동남아시아에서 서식하는 말레이 맥 1종, 중앙아메리카와 남아메리카에 서식하는 베어드 맥과 산 맥, 남아메리카 맥 3종이 있다. 이후 작은 검은 맥이라는 종이 신종으로 분류되면서 총 5종이 되었다.

동남아시아에 분포하는 말레이 맥의 몸 무늬는 위 사진에서 보다시피 등, 엉덩이, 옆구리 등이 흰색이고 나머지는 검은색이어서 판다 같은 느낌이 난다.

맥은 의외로 꽤 위험한 동물로, 턱 힘, 그러니까 무는 힘이 엄청나서 외국의 한 동물원에서는 사육사가 암컷 맥에게 먹이를 주다가 팔을 심하게 물려 절단되는 사건이 있었을 정도이다. 중남미와 동남아시아 야생에서도 천적인 재규어나 퓨마, 안경곰, 호랑이, 표범, 승냥이가 맥을 사냥하다 물려서 사냥에 실패하고 도망치거나, 재수없게 치명상을 입고 사망하는 경우가 있다.

숫맥은 몸길이에 비해 성기가 가장 길고 아름다운 포유류이기도 하다. 어림잡아서 자기 몸길이의 1/3 정도로 다리 길이랑 거의 같다. 때문에 이것을 움직여서 땅에 닿게 할 수 있다. 또한 기제목(奇蹄目, 발굽이 홀수인 동물. 한자어로 홀수를 기수 奇數라고 한다)으로서는 특이하게도 앞발가락이 4개 즉 짝수이다.

1.2. 울음소리가 참 깨는데 들어보면 안다. 친척뻘이라 그런지 코뿔소도 우는 소

리가 비슷하다. 오스트레일리아에 살던 유대류 중에는 맥을 닮은 유대류도 있었다. 학명은 팔로르케스테스 아자엘(Palorchestes azael).

윗입술과 코 때문에 코끼리 같은 느낌이 들며 전설에서는 조물주가 동물들을 다 만들고 남은 찌꺼기로 만들었다고 한다. 노빈손 시리즈 2권에서도 조연 중 하나인 아마존 원주민 마쿠나이마가 '맥은 조물주가 코끼리의 코, 소의 몸, 돼지의 발을 뭉쳐 만든 동물이다'라고 얘기했는데 남미산 맥에는 해당하지 않으며 말레이 맥에 대한 설화가 와전된 것이다. 일단 코끼리, 소, 돼지 세 가지 동물 모두 남미에 원래 서식하지 않는다.

그리고 다른 동물과 마찬가지로 새끼가 매우 귀여운데 어미, 아비 등 성체와는 다르게 멧돼지 새끼나 다람쥐와 같은 갈색줄을 가져 귀엽다. 줄무늬가 있다. 물론 성장하면서 줄무늬가 없어지고 어미와 비슷하게 갈색, 흑백색으로 바뀐다. 멧돼지와 비슷한 특징이다.

58. 남아메리카 맥(테이퍼) – 서울대공원 해설도 9216(2019)년 2월 초

"원시형태를 그대로 유지하고 있어 살아있는 화석…. 남미의 원주민들은 자신들의 조상들이 테이퍼로 환생했다고 믿고 있어 절대 죽이지 말고 신성시합니다."

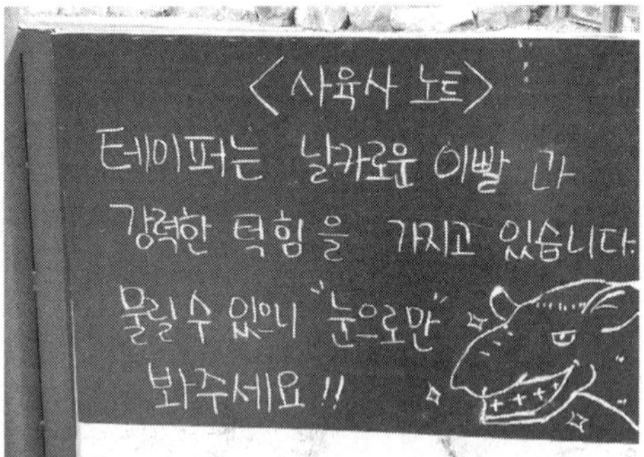

서울대공원의 숫맥 : 긴 성기로 오줌을 눌 때 넓게 뿌리는 것은 자기 힘을 강조하거나 영역 확보의 본능 같다,

59. 청계산 마왕굴 아래의 길이름은 '막계로'이다. 막계로 옆에 맥이 좁은 우리에 갇혀 살고 있다. 막조선 마한/ 맥돌= 맷돌, 맥돼지=맷돼지 말레이시아 맥(아래) – 한국전통맥과 가장 비슷

멕시코 옆의 중앙아메리카 벨리즈공화국은 맥을 자기 나라의 국가동물로 지정하고 4월 28일을 세계 맥의 날로 선정했다.

60 ⊙ "맥과 큰개미핥기를 지켜주세요."← 큰개미핥기도 지켜야 하지만 한국인에겐 맥을 시급히 구제해야 한다.

▲ 남미관 실내의 암맥

▲ 물가를 찾아 물고기(메기 연어 등)를 잡아먹는 맥

긴 성기가 화석동물이 될 수 있는 근거가 되는가. 천년왕국 신라 지증왕과 경덕왕의 큰 성기 이야기가 생각났다.

▲ 스킨쉽도 잘하는 맥 수컷 3마리

▲ 소변 누는 곳에 와서 한 발을 들고 누다
(대소변 장소를 알아서 한다)

▲사이좋게 지내는 화석동물 숫맥 친구들

수컷들도 생쥐를 그냥 내버려 둔다. 봐 준다. 아니고 공생할 친구로 여긴다.

맥 암컷은 수컷으로부터 분리되어, 다른 동물들과 함께 있으면서 먹이도 평화롭게 편하게 같이 잘 먹게 돌본다. 나도 7시간을 같이 지내며(비록 유리관 바깥에서이지만) 참! 서로 다정하게 지내는 친구들로 보였다.

몸이 부실한 작은 동물은 공격적인 다른 동물을 피해 맥 어미 곁에서 남은 먹이를 주워 먹고 있다. 어미 맥은 있는 자체로도 영향력을 미치니, 부실한(다른 동물이긴 하지만) 아이가 먹도록 가만히 지켜주고 있다. 원시시대부터 자신을 지킬 수 있어 생존해 온 자신의 무기는 강한 턱과 약한 동물에 인자함과 강인한 생명력으로 보인다. 암맥은 다소곳이 주는대로 먹이는 먹었으나 뭔가 할 말이 있는 듯 했다. 신수라 했으니 소통도 되련만! 많이 답답하고 괴로울 것이다, 그 마음 서울 시장님께 전해 줄께...

남미관의 암맥과 다른 동물 새끼들과 평안한 식사

61 ✷ 맥은 온순한 성격과 천연 자연 화석동물의 태생을 지녔다.

온순해서 동종은 물론 다른 동물들이나 다른 동물 새끼들과도 같이 잘 지낸다.

태생적으로 물과 뭍 양쪽에서 상황에 따라 살 수 있는 점도 안전하고 행복하다. "인간 외에 별 천적이 없다. 가끔 대형 고양잇과(사자 호랑이[171] 표범 재규어) 동물이 공격하면, 맥은 가까운 냇물로 뛰어들어 공격자가 지쳐 돌아갈 때까지 잠수하면 그만이다. 이 때 맥의 코는 잠수할 때 호흡기인 스노클 역할을 한다. 맥은 강과 웅덩이의 바닥에서 걷기를 좋아한다. 그러면 체온이 식을 뿐더러 물고기가 맥의 피부에 있는 기생충을 제거해 준다."

오늘날 동물학자들은 맥이 다른 기제목 동물과 충분히 다르다는 점에 동의한다. 화석동물 맥은 대형 포유동물 가운데 가장 적게 연구되었다. 우리는 녀석이 평생 해로하는지, 가족 집단이 어떻게 협동하는지, 어디에 자는 지도 모르며, 새의 울음을 닮은 녀석의 기이한 휘파람 소리가 무슨 기능을 하는지 모른다.

그러나 상황이 달라지는 중이다. 맥은 열대우림 생태계에서 중요한 존재이기 때문에 지역을 대표하는 보호종이 되었다. 맥은 숲바닥을 훑어 떨어진 과일을 먹고 더 높은 곳에서 나뭇가지와 양치식물을 먹을 수 있다. 손가락을 대신하는 코로 나뭇잎을 따 먹는다. 맥이 생존하려면 숲이 필요한 것과 마찬가지로, 숲에서 열매를 맺는 많은 식물의 씨앗은 맥의 소화관을 거쳐 퍼져 나간다. 맥을 보호하는 일은 열대우림을 보호하는 일이다.[172]

62 ★ 맥은 신수神獸로 한자로는, 맥 貊貘貉 막漠으로 서로 통한다. 맥은 지난 2000만 년 동안 거의 변하지 않은 한 포유동물 대가족 맥과貘科의 마지막 생존자이다. 한때 맥은 남극을 제외한 모든 대륙에서 발견되었지만 지금은 4종만 남아 있다. 3종은 중앙아메리카와 남아메리카에 살고, 나머지 한 종은 지구 반대편인 동남아시아에 산다…맥은 다부진 체구로 빽빽한 잡목을 헤치고 빠르게 이동하며 물속에서나 뭍에서나 한결같이 행복하다. **맥의 코는 멀리 잇는 먹이를 잡는 손이고 잠수할 때의 (수면에서 수중관찰을 오래할 수 있도록 호흡을 도와 주는 장치인) 스노클이며, 끊임없이 먹이와 섹스 상대를 찾는 후각기관이다. 그러나 기후가 서늘해지고 건조하게 변하자 숲은 풀밭으로 바뀌었다. 풀밭은, 근시이고 육지와 물을 오가며 과일을 먹는 동물보다 풀을 뜯는 반추동물에게 유리했다. 맥은 가장 가까운 친척인 말이나 코뿔소와 달리 이 변화에 적응하지 못했다. 그리하여 현재 남아 있는 4종의 맥은 모두 멸종 위기에 처했다.**

맥은 워낙 강하고 민첩해서 인간을 제외하면 천적은 얼마 없다. 맥을 위협하는 것은 서식지 파괴와 더불어 인간의 사냥이다. 한 해에 수백 마리가 기름진 음식을 원하는 사람들을 위해 밀렵된다.(맥 고기는 흔히 들소 고기로 둔갑하여 판매된다).[173]

63. "한자를 한글과 동근同根으로 보며, 한자의 소리도 의미로 중요시하는 입장에서 보면"[174] 맥貊貘貉막漠은 맥脈과도 통한다. 이는 예맥족인 한민족 입장에서 "맥을 이어라. 맥이 뛰어야 살 수 있다" 고 말하고 싶어 언급하는 것이다. 태생적으로 건들이지 않으면 안전하고 행복한 것을 아는 맥이다. 밀렵으로 살해당하는 맥도, 또 동물원의 맥도 함께 보존하는 운동이 시급하다.

64. 필자가 지니고 있는 옥맥玉貊, 중앙에 선인을 태우고 힘있는 강한 턱과 이빨을 강조한 것이 맥의 특징을 잘 드러낸 것 같아 수집하였다. 우리와 연결된 투르크족인 터키 쪽에 여행을 갔다가 터키 쪽에서 그리스 제우스 신전을 보고 그 다음 관광지에서 나는 자오지상으로 보면서 한편으로는 제우스상일지 모르겠다고 생각하며 사고, 터키에서 토기 한 점도 수집하여, 백두산을 다녀오며 사 온 화산석 곁에다 두었다.

(고려시대에 그린) 마고 그림과 다들 같이 있으니, 내 책상 앞 선반이 마치 14,000년 한국역사 – 마고부터 맥 환인 자오지(치우)환웅 백두태백(산)까지 – 내게는 많은 화두를 수시로 던진다.

65 ⊙ 사랑 받는 맥의 친구 – 옆나라 팬더는 중국에서 버터 쿠키 상자 포장 인물로까지! 윗사진 오른쪽 우리 맥의 처지를 생각해 보면 참으로 좌불안석이다.

66. 한반도 맥족 맥국의 영역들: 신앙인들은 옥황 천상상제가 곧 미륵이라 한다.

춘천 발산리 맥국 왕궁터 미륵사

춘천 삼악산 미륵당 – 미륵화신이라 여긴 궁예가 짓다

평창 발왕산 〈갓을 쓴 미륵상〉

양재 청계산 마왕굴 〈갓을 쓴 미륵상 미륵사〉

검포 김포 발산동(한성 서울 한양)〈갓을 쓴 미륵상〉

위대한 맥 시대: 자오지(치우)환웅과 헌원 탁록 전쟁 화하족 요순 우탕

67 ☀ 중도와 같은 시대 유적유물이 나오는 평창 평창읍 하리 여왕묘 (청동기 유적지를 돌아본 글들)

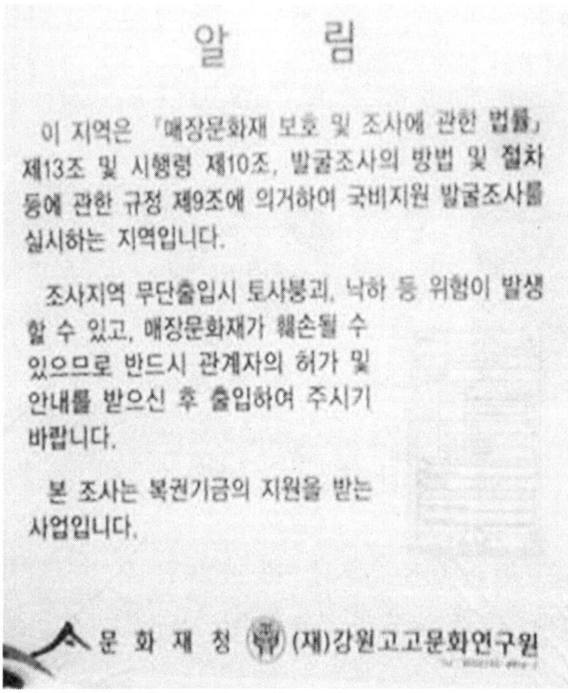

이 표지판 아랫줄이 "이 사업은 복권기금의 지원을 받은 사업입니다"의 이러한 문구가 나의 시선을 자극한다. 하지만 문화재 공사는 문화재 2급 기사 자격증만 올려 놓으면 일반 공사의 10배 이상의 공사비로 산정된다. 월정사 8각 9층 석탑이 국보라 그 난간석 공사도 문화재 공사비로 산정되기에 탑을 가려도 크기가 큰 2층 난간석은 그만큼 공사비도 10 곱하기로 커지는 것이다.

그것도 문화재 전문위원들의 심의가 통과되어야 하는 것인데. 해인사 뒷마당에 조그만 3층 석탑의 난간석을 그냥 그대로 베낀 것이다(월정사 중창 공사의 허구란 글에 있다). 문화재는 지적 소유권이 없는지 몰라도 부피가 클수록 공사비는 10곱으로 산정될 것이고….

또한, 얼마 전에 평창강 정비사업에 예산 확정이 되었다는데, 중앙부처에서 평창의 어느 후배가 최종 서명을 하였다. 그도 평창사람이라 최대한의 노력을 경주하였으리라. 그보다 20여 년 전 예술회관 건립엔 자금이 2~300억인데, 이를 배당받는 알려지지 않은 노력의 일화도 있듯이, 이번 평창 하리 청동기 유적을 문화재로 지역 유치엔 지역주민들이 이 많은 예산을 감당이란 차원보다는 평창인들의 의지가 첫 째인 것이다.

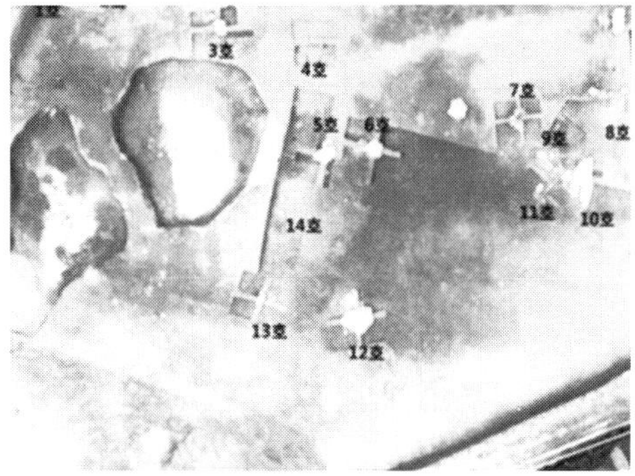

평창 하리 청동기유물의 발굴현장으로 왼쪽 위의 청색 포장을 들추니 호박돌 축벽의 매장지가 있으며, 그 위에 두께 8센티 이상의 연마된 듯한 민무늬의 편마암이 상판을 덮고 있었다. 도굴을 하는 호리꾼들은 古무덤 등을 찌르고 다니며 도굴을 하시난…, 분명히 명당같은 산세라면 봉분이 없는데도 찔러 보고 도굴해 버리는데, 이곳은 명당론 이전의 너무 오래된 무덤이라 골동품이 없다고 살아 남는 게 아니라 행여 상판이 덮고 있어 호리꾼이 찔러도 들어가지 않는 보호막에 유골이 지금껏 보존되고 있는 것은 아닐까? 발굴현장의 학예사의 말을 빌면 석실 위의 판돌을 크레인으로 들고 처음엔 유골이 하얀색이었는데, 공기중에 나오며 금방 검게 변하며 환골이 되더란 이야기이다. 나는 이 이야기를 들으며 뭔가 혼돈스러웠던 게 환골탈태란 묘에 물이 들거나 습기 등이 차서 뼈가 녹고 오래 고여서 검은색으로 변한 것을 통풍이 잘 되고 건조한 곳에 놓아 두면 검은 뼈에 기포처럼 성에가 끼듯 점차 하얀색으로 변하는 것을 환골탈태라 하는데 위의 하얀색이 검게 변한다고 환골일까? 한문의 의미나 사전적인 뜻으로는 그것도 환골일지는 모르지만, 그것은 역환골이라 생각한다. 즉, 석실의 두개골에서부터 다리까지 전신의 뼈가 2,500여년이 지난 지금에도 하얗게, 그리고 비파형 청동검도 부식되지 않고 완벽한 상태로 보존되고 있었는데 이 하얀 뼈가 밖으로 나와 햇볕을 보자 곧바로 검은색으로 변한 것은 그 석실이 천하의 명당이란 뜻이 아니겠는가?

68. 그럼, 과연 명당은 무엇일까?? 여기서 지관적인 명당론이 아닌 합리적 명당에 잠시 접근

옛날에 들은 이야기로 나의 먼 집안사람들이 조상 묘에 불만이 있어 이장을 결심하고 묘를 파는데 하얀 김이 휙 하며 빠져 올라 왔다고 한다. 앗차, 이곳이 명당이로구나 하고 재빠르게 틀어 막았으나 그 김은 금방 날아가서 허사였다. 그리곤 이제 이 묘는 명당 기운이 다 날아갔다고 아쉬워했을 것이라….

이러한 이야기에서 그 하얀 김은 신비가 아니라 지하의 찬 온도와 외부의 더운 공기가 만난 결로현상인 것이다. 그래서 날아간들 똑같은 값이 아니겠는가?

산세의 지층은 암반들이라 용이 내려오고 하지만 그 단단한 암반 속으로 용은 커녕 氣도 안 통할 듯하지 않는가??

온도에 영향을 받지 않는 이 암반 속에서 찬 온도를 만들며 (우리나라 온도는 여름 30도 겨울 영하 20도의) 50도 차이의 온도에도 영향을 받지 않을 냉장고같은 깊이 즉 천광시에 세 자 두치이니 혹은 닷자를 파 내려가는 의미는 적당한 냉장으로 차가워서 얼어 있지 않은, 그리고는 시신은 뼈만 남고 그 뼈는 항상 깨끗하게 유지될 온기를 명당이라 할 수 있을까?

좀 더 길면 엉터리 천기누설이라 꼬리 밟힐랴.

그만 그치며, 평창 하리 유적의 유골은 이렇게 깨끗이 있다가 공기로 나오게 되자 산화되며 일반적인 검은색으로 변화한 것은 역환골로 이곳이 2,500년 동안 명당자리였음을 시사하고 있는 것이다.

이는 두 말 할 것도 없이 최고의 명당자리이고 그 산하는 평창의 산과 들은 길지吉地라는 것이다.

높고 푸른 가을 하늘아래 평창 뜰을 휘어감는 산세와 맑은 내, 인심 좋은 평창은 나의 어린 시절 정서가 담겨 있는 곳으로 이곳, 해맑은 평창의 들녘이 이러한 대명당이었던 것이다. 이것이 정선 아리랑처럼 억지 논리라면 그 판단은 독자 여러분들의 생각에 맡기기로 한다.

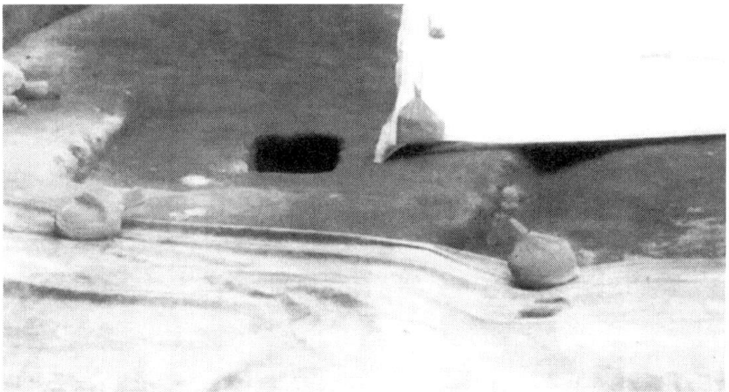

위의 사진에 50센티 정도의 검은 사각구멍이 한 기의 묘이다. 옆의 빨간 모래주머니 몇 개가 들어갈 공간이 한 기의 묘라 하니 이를 어떻게 받아들여야 하는가?

이 숙제에 고고학자들은 어떤 답인지는 모르겠으나 하장을 하고서 그 뼈를 추려 매장했을까??

아니면 풍장을 했을까?? 또한 순장의 풍습은 아닐까??

청동 검의 각부 명칭은

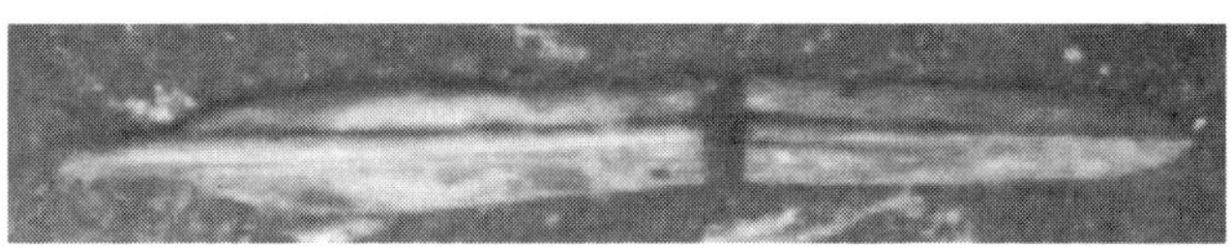

(상; 평창 하리유적 출토 당시의 석실내 비파형 청동경의 원래 보존 모습)

(하; 출토 후의 모습)

평창 하리 청동기 유적에서 발견된 비파형 청동검은 상당히 양호한 보존 상태이라 합니다. 여기서 비파형 청동기는 슴베에 칼자루를 끼우는 2단 형식으로 이는 고조선 청동검의 특징이며 또한 우아한 곡선의 비파형으로 이번 평창에서 출토된 청동검은 비파형에서 세형으로 넘어가는 비파형 말기의 청동검임을 위 사진에서 알 수 있다. 이 검은 꿩털 모양새처럼 중앙부에 등대라는 둥그런 마디를 볼 수 있는데, 이는 청동검의 구부럼 방지이기도 하지만 살생 시 뺄 때 진공에 기포 주입효과의 장치이기도 하다. 또한 검날 중앙부에 돌기는 적당한 깊이로 찌르도록 하는 표시로 장식성을 가지고 있다.

철은 용융점이 1,530도이지만 청동기는 1,030도이기에 화목의 화력으로 쉽게 녹일 수 있어 청동기시대가 도래되었다.

인터넷엔 철기 시대가 먼저 왔고 청동기 시대가 후발로 왔다는 이야기들은 없는데 그것은 초교 시절부터 배운 것이다. 철기는 제련법이 좀 쉬워 일찍 제련법을 발명 하지만 화목으로는 200도가 낮아 녹이기 힘들었고, 이런 이유로 청동기 시대가 먼저 왔었다.

청동기는 구리와 주석의 합금으로 철보다는 원석을 구하기가 좀 어려웠으며, 강도가 연하여 장삭용 등에 주로 사용되었으며 이후 세형동검 시대엔 복합적으로 철기시대가 도래된다.

초기의 철기시대는 세형동검 시기와 병행도 되는데 초기의 철기는 화목의 화력이 낮은 이유로 탄소 함유량이 적은 잡철을 만들어서 농경도구로 사용하지만 녹이 슬고 강도가 약하였다.

세형동검 이후 시기엔 철기문명이 도래되지만, 양질의 주철은 AD 1,000년경 중원의 작은 나라인 송나라 때 세계 철기의 3/4 이상을 생산하였는데 그들은 풍로를 발명하고 숯을 만들어 화력을 200도 더 올려 강질의 주철을 만들게 되었다.

(나의 글 "황사는 천재지변인가 인재인가??에서 보면 아마 역사책 수십 권을 뒤져도 없을 내용이 있다)[175]

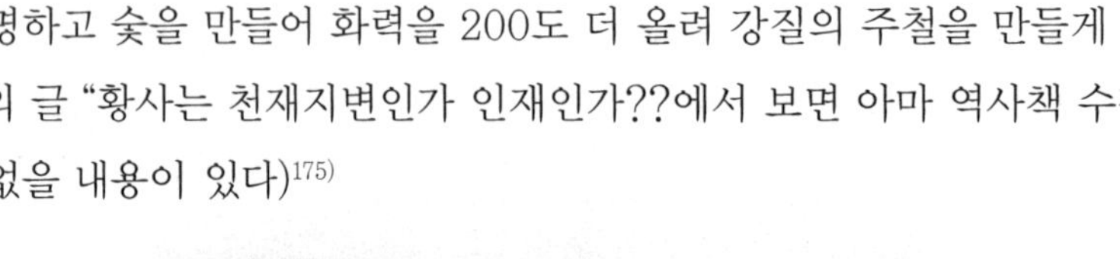

(비파형 동검)

(세형동검)

69 ☀ 예맥(태양신화의 계통의 국호): " 조선 땅에 나라를 세우고 조선의 餘俗여속을 익히고, 희화羲和라는 이름으로 부르고…"

광운『廣韻』을 상고해 보면..대체로 예穢자는 희화羲和의 '羲희'를 취해서 '해'와 관련이 있는 것 같다.[176] 貊은 '맥貉''학狢'과 통하고 '학狢'과 '학貈'이 같으며, 중국음으로 '허'hĕ가 되니 羲和의 화和에서 뜻을 취하고, 또한 '예穢' 자와 함께 그 뜻이 일치하는 것 같다. 주례 구학九狢의 소疎에 구학은 곧 구이인데 동방에 있다. 했으니 **학狢맥 자로서 동이의 대표적인 호칭으로 하였다.** 이로 미루어 보면, **학·맥貉은 해가 솟는 지방 민족의 명사가 되는 것이다.** 그러나 중국 사람은 예로부터 오만하여 (황제 헌원 때 부터) 자신들은 '화하華夏'[176-1]라 자칭하고, 다른 주변 민족에 대한 호칭은 반드시 '충虫' '치豸'의 변邊을 붙여서 만들었으니, 이제 '貊'맥, '貉(맥·학)' 두 글자만으로도 그 같은 사례를 입증하기에 족하다. 또『**동문유해同文類解**』에 **"속훈俗訓으로 담부(啖父, 담비)는 곧 학貉이다.** 학·맥貉은 미운(몹쓸) 짐승이므로 고려高麗를 (그렇게) 이름 지어 욕한다" 하였다. '학貉'은 담비이다. 담비도 사자 호랑이 멧돼지를 잡는다. … 세상에서 이르기를 음양학이 모두 희화에 바탕을 둔다고 하니 **예에서 성수를 살피는 일에 밝아서 년사는 미리 점친다** 함도 음양학일 뿐이다.[177] … 중원을 하나로 통일화하는 작업 중에 중원의 사방을 오랑캐로 규정하기 시작하면서 '동이' – 춘추전국시대 공자(BC 6)도 같이, 진의 동양 최초의 여황후 미열태후와 그녀의 둘째 남편 의거국의 적려는 북쪽 소수 민족왕, 진왕의 아버지이고 진시황의 할아버지 그 아들 진왕의 주변 토벌, 진왕의 손자 진시황[178] 중원 통일(진왕秦王:서기전259년~서기전210년)의 후, 바로 사방을 오랑캐로 규정하여 오랑캐를 방어할 만리장성을 무리해서라도 쌓는다. 그 한팀 동쪽은 '동이'로 불리는 시대로 확실히 진입〈동쪽=동이, 서쪽=서이 · 서융 , 남= 남만, 북=북융〉 한나라 유방 이후 그 후손 한무제의 흉노침략과 정복 후한, 위진 남북조, 수, 당은 무측천이 고구려를 멸망시킨 후 당나라도 (무)주나라로 바꿔버린다.

70. 한민족 同根 인디언들과 맥

① 많은 아메리카 인디언 부족은 은하수[179]를 '맥의 길'이라고 부른다.

실향민으로 얼마나 가슴 아픈 정황이고 아름다운 미학인가! 은하수=맥의 길

푸른하늘의 저 은하수를 따라가면 고향이 나오는데... 막상 그 고향 사람들은 맥 없이 잊고 사니... 부럽다. 우리가 잊지도 잃지도 말아야 할 것을 한참동안 잃고 잊고 살았지만 이제 부터라도 은하수를 보면 잃어버린 우리 조상을 다시금 떠 올려보자.

② 브라질 인디언 언어로 두껍다를 뜻하는 tapira는, 맥의 질긴 가죽을 뜻하기도하는 tapir 맥의 영어이름의 어원이다. 맥의 질긴 가죽과 여러 신체 부위는 지금도 심장병과 간질을 다스리는 민간요법에 쓰인다. (맥의 가죽으로 된 옷을 입고 다녀 맥족이란 이름을 붙였다 한다.)

③ 미국 초원의 인디언이 은하수를 '들소의 길'이라고 부르는 것과 비슷하다고 하겠다.

④ 태국에서 맥의 이름 '쁘솜 셋'은 혼합을 뜻한다.[180](필자: 셋은 한국어에서 3을 뜻한다)그 이름은 맥의 생김새가 각양각색인데 그것을 다른 모든 동물을 만들고 남은 조각을 모아서 맥을 만들었을 것이다는 이야기에서 유래했다. 맥은 앞발 하나에 발가락 4개씩 두 발이니 8개 발가락, 뒷발에는 3발가락씩이니 6개 총 14개 발가락. 맥은 덥고 습한 숲 속의 삶에 완벽하게 적응했다. (중국과 일본에서 맥의 이름은 '꿈도둑'을 뜻한다.)~하는데 언제 그렇게 만들었는지 찾아볼 것이다.

은하계銀河系가 강처럼 보인다고 하여 은하수 · 천하天河 · 천강天江 · 천황天潢 등으로 부른다. 우리나라에서는 은하수로 알려져 있으며, 중국에서는 한수漢水: 큰 강)가 하늘로 상천해서 된 것이라고 하고, 일본에서는 주로 천하 · 천한天漢이라고 한다. 이 성운에 대해서는 비교적 세계적으로 널리 신화화되어 있는데, 그리스신화에서는 여신 헤라의 젖이 내뿜어져 되었다고 하여 밀키웨이(milky way)라고 한다. 별의 무리가 구름처럼 보여서 성운이라는 은하수를 하늘에 있는 강으로 생각한 것은 다른 별들을 의인화된 인격신으로 보는 것과는 다른 것이다. 은하수는 칠월칠석 날 견우와 직녀가 만나야 하는데, 다리가 없어서 만날 수 없는 사연을 알고 까막까치들이 모두 하늘로 올라가 은하수에 다리를 놓아 두 연인을 만나게 했다는 견우 · 직녀의 신화를 통해서 우리들에게 널리 알려져 있다. 이 이야기는 중국 고대문헌에서도 보이며, 우리나라나 일본에서도 오늘날까지도 비교적 충실하게 원형을 지닌 채 전승되고 있다. 은하수를 주제로 한 이야기들의 일반적인 동기는 연인들이 강으로 인하여 만나기 어렵게 되었다는 것이다.... 생활과 분리된 연인관계는 사랑스러운 이야기로서 우리들에게 감동을 준다고 할 수 있다.

까막까치들이 은하수에 놓은 오작교烏鵲橋는「춘향전」속에 사랑의 다리로 등장하기도 한다. 또한, 무속신앙에서는 죽으면 은하수를 건너 저승으로 간다고 생각하여 죽은 이의 영혼을 은하수 밖으로 보내는 제사를 행하기도 한다. 이때 무녀가 입는 무복은 '몽두리'라고도 하고 '은하수 몽두리'라고도 한다.[181]

71 ◐ 맥족 초기의 영역들: 파미르 네팔 히말리야 천산 돈황 삼위태백→흑해 바이칼 흑룡강

72 ☀ 대수맥 소수맥 예맥 맥족과 맥적

맥족과 맥적 : 최남선의『古事通고사통』에 적힌 내용을 보면 다음과 같다.

한대漢代에는 맥적을 즐겨 맥적을 중심으로 차린 연회를 맥반貊盤이라 하였다.

강羌은 서북쪽의 유목민을 칭하는 것이고, 맥貊은 동북에 있는 부여인과 고구려인을 가리킨다.

… 중국 진나라 때의 책『수신기 搜神記』를 보면 "지금 태시太始 이래로 이민족의 음식인 강자羌煮와 맥적貊炙을 매우 귀하게 안다. 그래서 주요한 연회석에는 반드시 맥적을 내 놓는다. 이것은 바로 융적戎狄이 쳐들어올 징조이다"라고 경계하였다는 이야기가 있다. 맥족에는 대맥大貊과 소맥小貊이 있었다... 강자羌煮는 몽골의 고기요리이고, 맥적貊炙은 우리 나라 북쪽에서 수렵생활을 하면서 개발한 고기요리이다.

약 6,000여 년전 환웅시대 (필자:요하) 압록강 유역의 예맥족을 대수맥大水貊이라 하고, 졸본부락卒本部落을 소수맥이라 하였는데, 여기에서 고구려가 일어났다.

압록강의 지류支流 동가강 佟佳江에도 예맥濊貊[182]이 있었다.

73 ★

맥이 꽁꽁 숨어 있는 곳을 찾아: 맥 貊貘貉 막漠과 태극을 모를까?

삼한의 맥과 골뱅이 태극 무늬가 너무나 뚜렷하게 생동하고 있다. 위 맥은 삼한 진한시대 맥(장식품)이라 작아도 더욱 강한 입과 턱힘을 과시할 수 있게 했다.

74 ☗ 맥脈이 뛰어야 산다. 우리가 예 · 맥족이라는 데 어찌하여, 자기족의 상징인 신수神獸를 잃어버렸을까?

[183]

신경희 작가가 그려놓은 작품을 구경하라기에 쭉 보다가, 물고기에서 진화한 인류 초기 맥이 뛰는 맥인의 모습 같아 한참 들여다 보았더니 나에게 선물했다. 화가는 당신이 본 하나님을 그린 것 같았다. 기도 중에 하나님께서 '자기모습을 보면 무서울 것'이라 했다 한다.

영양초등학교에 설치되었던 단군상을 그 학교 교장이 단군상을 불태우는 어이없는 일이 발생[184]하는가 하면 신심으로 공력을 들여 세우시는 분들도 계신다.

전북 부안에서는 최고의 법수로 민간에서 사랑하며 받들고 있다. 님들이 아니 한국얼이 살아 있는 곳이다. 그쪽으로 시집을 간 것이 참으로 인연같고 행복하다. 숙제는 많아 보이지만 할 수 있는 데까지 맥처럼 행복하게 해 볼 것이다.

⊙ 前漢 말 정치가 '사마의'를 다룬 최고 인기 드라마 '사마의'에서 맥족

〈'맥족'이 즐겨 먹는 탕국〉 (한국 수제비국)같은 요리 같다. (〈사마의〉 179년~251년, 후한 말 직후 조조의 위나라 때 역사극)

시종이 조조와 맞수를 두는 최고의 권력자 사마의에게 '이건 강족과 맥족이 즐겨 먹는 당국을 응용한 요리인데...' 어려운 '2시진을 치대고 잡아 당겨야 하는데' – 반죽을 얘기하고 있다. 잘하면 "면이 차지고 부드러우면서 쫄깃쫄깃한 맛이 나죠" 역사극 컨텐츠에서 세밀한 일상적 부분들로 더욱 인기를 모았다.

75. 한반도 맥족 맥국의 영역들

춘천 발산리 맥국 왕궁터 미륵사

춘천 삼악산 미륵당 – 미륵화신이라 여긴 궁예가 짓다

평창 발왕산 〈갓을 쓴 미륵상〉

양재 청계산 마왕굴 〈갓을 쓴 미륵상 미륵사〉

검포김포 발산동(한성 서울 한양)〈갓을 쓴 미륵상〉

위대한 맥 시대: 자오지(치우)환웅과 헌원 탁록 전쟁 화하족 요순 우탕

신앙인들은 미륵은 곧 옥황 천상상제라 한다.

한자의 뜻과 소리도 서로 통한다.: 소는 소중한 존재로, 우리와 같이 배고플 때 고기로 먹는 것과, 유목사회의 난로나 취사에 절대적인 소 똥 연료부분으로나 추운 지역 유목민들에게 무엇 하나 버릴 것 없는 소중한 존재이다.

◘ 춘천 삼악산 맥국산성: 춘천 맥국이, 당과 연합해 통일을 꾀하려는 신라와 濊(강릉쪽)의 침략을 받은 후, 춘천 삼악산으로 피난간 폭포와 험준한 곳이고 맥국 산성이 남아 있다.

서쪽 성벽을 죽음을 무릅쓰고 겨우 올라 한 숨을 쉬고는 준비해 간 맑은 술과 막걸리로 막조선 조상님들과 마고산신 할머님께 고마움을 전했다. 절하며 발 잘못 디디지 않게, 미끄러지지 않으려 애썼다. 막 마고 연결된다. '마고'를 빨리 치면 '막'이 된다. 맥 · 멧돼지가 맥을 따는 소리로 하직하고는 맥의 혼을 찾아 하늘상에 올라가 맥의 소원도 대신한다.

춘천 봉의산 발산 우두산 그 이름자에 박힌 맥국

춘천의 원래 땅이름(지명)은 소머리이다. 소머리는 '쇠머리' '솟을모이'라고 부르기도 한다. 소머리는 마리 · 머리 · 마니와 같은 뿌리에서 나왔다. 한머리 땅이 대륙에서 분리되기 전에 춘천지역이 동쪽의 수도역할을 했다 하니 이해되는 명칭이다. 북쪽 백두산 서쪽 마니머리산 동쪽 소머리(춘천) 남쪽은? 다음 기회로 미룬다. 한머리 땅 남쪽의 역사가 대단해서, 백두산을 머리산, 두악頭嶽이라고 불렀고 강화도 마니산을 머리산으로 불렀다. 춘천의 우두산牛頭山을 소머리산, 쇠머리산, 솟을모이, 솟을뫼라고 부르는 이름과 연계된다.

봉의산은 봉으로 맥국 왕과 신하의 도를 뜻하여 결국 왕도라는 산 지명이다. 봉의산에는 구석기 신석기에 가까운 가족 왕족 무덤으로 추정되는 무덤이 아직도 있다. 물론 유해는 춘천박물관에서 소장하고 있다. 무덤도 성심여대(현 한림대)가 봉의산에다 학교를 지으며 많이 훼손했다. 발산도 밝은 성도로 잘 다스리라는 뜻이고, 우두산도 수장이나 왕자가 머무는 곳으로 맥국왕자 스사노오미꼬도가 여기 출신이라는 말이 나온다.

춘천지방을 소머리 고장이라고 부르던 원래 이름이 한자漢字로 표기되기 시작한 것은 우곡牛谷, 우곡성牛谷城에서 비롯된다. **우곡성의 지명은 『삼국사기』에 백제**

시조 온조왕 34년(16) 겨울 10월 초에 처음 사용되었다. 온조왕이 군사 5천명을 거느리고 우곡성을 쳤다고 했다. 온조왕 13년(BC 6) 가을 7월에 동쪽으로 주양走壤에 이르렀다고 했다. 이 주양의 지명도 지금의 춘천 지명으로 비정되고 있다. 우곡성은 우곡牛谷으로 불렀으며 소머리골, 소머리고장, 소모리성을 한자로 표기한 것으로 추측된다. 우수주牛首州의 지명은 신라 선덕왕 6년(637)에 한자로 표기한 이름이다. 소머리고을을 우수주로, 한자식의 표기는 우두주牛頭州라고 부르기도 했다. 우수주에는 우리나라 중부지역을 다스리는 군주軍主를 두었고 그 치소治所로 삼았다. 우수주 우두주는 문무왕 때 수약주首若州라 했고, 오근내烏根乃 · 조근내鳥根乃라고 부르기도 했다. 오근내, 조근내는 날아 다니는 새와 관련된 이름으로, 우리 민족 새鳥 신상을 상징한다. 새 신앙의 이름이 춘천 지명에 잔존해 있다. 춘천의 옛이름으로 맥국貊國이 있었다. 「삼국유사」 마한馬韓 조에는 「삼국사三國史」에 명주溟洲에는 옛 예국이 있었고 춘주春州에는 맥국이 있었다고 했다. 「춘주」는 전의 우수주이니 옛 맥국」이라고 한 것이 그것이다. 평북의 삭주朔洲와 평양성을 맥이라고도 했다는 용례를 예시하기도 했다. 우리나라 고대사는 단군조선檀君朝鮮 시대, 열국列國 시대, 사국四國시대, 삼국三國 시대로 전개된다. 춘천의 맥국을 정사에서는 논의가 확정되지 않았지만 열국시대 춘천 맥국의 존재가 부정되지는 않는다. 춘천지방에 산재해 있는 지석묘支石墓: 고인돌와 적석총積石塚이 열국시대 춘천 맥국의 역사를 밝혀 준다. 맥국의 이름은 춘천지방에 존재했던 고대국가 맥국의 지명화를 밝혀주는 유일한 증거이다. 삭주朔州라는 지명은 신라 경덕왕景德王 때였다. 삭주에는 총관總管, 혹은 도독都督을 지방관으로 두었다. 삭주에는 12군 27현이 속해 있었다. 12개 군은 양구군, 생천군(화천), 기성군(금화), 연성군(회양), 익성군(금성), 가평군, 삭정군(안변), 정천군(함남 덕원), 나제군(충북 제천), 금산군(경북 풍기), 내령군(경북 영주 봉화) 등이었다. 오늘날의 함경남도 남부, 경상북도 북부, 충청북도 북부를 총괄하는 행정 · 군사의 행정구역이었다. 행정구역 전체를 삭주라 했고, 치소治所가 있는 춘천을 삭주라고 불렀다. 춘주春州라고 고쳐 부른 것은 고려 태조 23년(904)이었다. 오늘날에도 춘천을 춘주라고 부르고 있는 것은 이때부터이고, 춘천의 대표적인 이름이 되었다. 소머리 우수의 지명은 '머리' 또는 '으뜸'을 나타내는 이름이고 삭주는 '처음' 또는 '시작'을 나타내는 이름이다. 춘주는 봄春, 고을州을 나타내므로 머리 · 으뜸 · 처음 시작 · 봄으로 연계되는 이름이다. 안양 도호부安陽都護府의 지명은 고려 후기에 고쳐 부른 춘천의 이름이다. 춘천春川의 지명은 조선왕조 태종 13년(1413)에 생겼다. 처음에는 춘천군郡으로 정했으며, 동왕 15년, 춘천군으로 정한 지 2년 후에 도호부로 승격시켰다. 조선왕조 시대에는 관찰부를 목牧에 두었고, 큰 고을은 대도호부大都護府, 그 다음이 도호부, 그 아래로 군 · 현으로 행정단위를 정했다. 이때 춘천은 신라시대 고려시대에 영서 지역 행정 군사의 중심지역을 면하게 되었다. 춘천이 도호부 정도의 한가한 고을에서 일약 전국적인 시선을 끄는 도읍으로 각광을 받게 된 것은 고종 25년(1885)에 유수군留守郡을 설치하고부터이다. 당시는 병인양요, 신미양요 등 열강의 함대 위협을 받았던 때이다. 미국, 프랑스, 일본 등 함대를 몰고 와서 개항開港을 강요하던 때이다. 여차하면 싸움이 벌어질 것이고 그 싸움에 대비하기 위해서 내륙지방에 임시수도 또는 피난수도를 조성할 필요성을 느끼게 되었다. 그렇게 하여 정해진 피난궁避難宮이 춘천 유수부였다. 지방행정 관청에 속하는 것이 아니라 중앙 직할의 별도別都였었다. 춘천이 춘천 유수부로 정해지고 이궁離宮이 지금의 도청자리에 건립되었다. 그러나 다행스럽게도 수도를 옮기는 일은 일어나지 않았다. 춘천의 이궁은 그래서 세인의 이목을 끌었고 춘천이 중요한 지역으로 알려지게 되었다. 고종 35년(1895)에 을미개혁이 있었다. 이때 전국의 행정구역인 도道를 없애고 부府를 설치했다. 전국에 23개 관찰부를 두었다. 강원도를 3개로 나누어 춘천관찰부, 강릉관찰부로 정하고 원주는 충주관찰부에 속하게 했다. 그러나 관찰부는 1년을 못넘겼고 다시 전국을 13개도로 갈랐다. 이때 강원도의 옛 판도가 회복되고 춘천을 관찰부 소재지로 정했다. 행정 군사의 중심은 원주에서 춘천으로 완전히 옮겨졌다. 이때 춘천부는 부내府內, 동내東內, 동산외東山外, 남내南內, 남산외南山外, 서하西下, 서상西上, 북내北內, 북중北中, 북산외北山外, 사탄외史呑外, 사탄내史呑內 등 13개 면을 관찰했다. 큰 면은 다시 둘로 나누었다. 동산외일작東山外一作, 동산외이작東山外二作, 서하일작, 서하이작, 북내일작, 북내이작 등으로 고쳐서 18개 면으로 개편했다. 1939년 10월 1일, 춘천읍이 되었으며, 1947년 6월 1일에 춘천시가 되었다. 춘천의 원래 지명은 소머리, 소머리는 쇠머리, 솟을뫼, 솟을묘라고 부르기도 했다. 백제에서는 춘천을 우곡 · 우곡성 · 주양 · 주양성으로 불렀고 신라에서는 우수주 · 우두주 · 수약주 · 오근내 · 조근내 등으로 불렀다. 통일신라에서는 삭주 · 광해주라고 불렀다. 고려시대에는 춘주라 불렀고 안양 등의 이름으로 고쳐 부르기도 했다. 조선왕조 시대에는 춘천으로 불렀고, 지금의 춘천 지명은 이때부터 오늘에 이르고 있다. 춘천을 봉산鳳山 · 수춘壽春 등으로 별칭하는 것은 춘천의 진산인 봉산(봉의산)을 그대로 별칭으로 정한 것과 삭주 · 광해주 · 춘주 · 안양 · 춘천 등의 지명이 머리 · 빛 · 봄 · 시작 등의 뜻을 생명과 연계해서 별칭으로 정한 것이다. 봉산과 수춘은 춘천의 지명에서 유래한 내면의 뜻을 살려서 만든 이름이다.

춘천의 산경山經 이름도 역사의 변천에 따라 진행되었으며, 춘천을 상징하는 중요한 이름이 되었다. 산줄기와 산은 춘천의 별칭이 되기도 했다. 산山과 봉峰과 령嶺과 재의 이름을 산경으로 묶는다.

(1) **봉의산엔 신석기 동굴묘가 있다. 봉의산은 춘천의 진산鎭山이다. 높이는 350 m. 산 남쪽에는 강원도청이 있고 동남쪽에는 한림대학교가 있다. 북쪽에는 소양강이 흐른다. 오늘날에는 춘천시의 중심부가 되었지만 옛날에는 시가지(부)에서 1리가 있다고 했었다. 이때는 봉산鳳山이라고 불렀다. 봉산의 이름에서 유래, 춘천을 봉산이라 하기도 했다. 신석기시대 혈거유적이 동남쪽에 있고 7부능선에는 예부터 쌓은 봉의산성이 있다.** 특히 거란유족의 침입, 구한말 의병봉기가 있었던 때 수호산성이 되었다. 봉의사가 예부터 있었다. 북쪽 기슭에 있던 소양정은 삼한시대부터 명승지로 유명했었다. 봉의산성 아래에 있는 봉의산 샘은 춘천시민들의 약수가 되고 있다. 봉의산 정상에는 봉수대가 있었다. 이 자리에는 KBS, MBC 송신탑이 세워져 있다. 정상에는 각종 체육시설이 설치되어 있다. 새벽마다 시민들의 등산코스로 각광을 받는다. 순의비 터에서 정상에 오르고 정상에서 봉의사, 소양정으로 내려가는 길을 따라 등산길이 나 있고, 북쪽 가파른 비탈에는 춘천의 절개있는 기생 전계심全桂心의 묘비가 있다. 춘천의 향토문화제인 소양제 때에는 봉의산제를 시작으로 축제가 펼쳐진다. 봉의산을 춘천분지의 꽃봉우리에 비유하기도 하고 봉황이 날아갈 듯한 형세를 취하고 있다고 찬양하기도 한다. 봉황이 깃든 산에 비유했다. 춘천시의 진산이 되는 봉의산도 있지만 북산면 청평리와 부귀리 경계에 있는 높이 734m의 산도 봉의산이라고 부른다. 조선시대 봉수대가 있었기 때문에 봉화산, 보의 뚝이라 부르기도 했다. 전략상으로 중요한 지점이 된다. 춘천 북쪽의 방벽이 되었다. **봉의산은 고대부터 숭앙을 받아 왔**

다. 향토의 성산聖山일 뿐만 아니라 향토수호의 산성이 있었기 때문이다. 춘천분지에 연꽃봉오리의 꽃술처럼 자리잡은 봉의산은 남쪽에 진병산, 서남쪽에 삼악산, 서북쪽에 화악산, 북쪽에 용화산, 그리고 동쪽에 대룡산으로 둘러쌓여 있다. 뒤편으로 소양강을 흘러 보내고 화천쪽의 북한강 물을 받아 의암호수를 이루면서 우두평야의 곡창지대를 거느리고 있다. 춘천 시가지를 내려다 보면서 양쪽 날개를 퍼득이는 봉황처럼 솟아 있다. 봉의산 중턱 서남편에서 오솔길을 따라 입산하면 봉의산 샘터에 이른다. 앞두루前坪가 내려다보인다. 샘터 위쪽 10여m가 되는 지점에서부터 봉의산 고성鳳儀山古城의 잔존 형태가 드러난다. 신동국여지승람에는 봉의산 고성의 둘레가 2,463척, 높이 10척이라고 했다. 460여 년 전의 봉의산성의 형태이다. 강원도가 발행한「강원 향토문화 기본자료」에는 지금 11개소에 석축길이 196m, 높이 2~6m가 보존되어 있다고 했다. 1960년대에서 1970년 무렵에 보존되어 있는 봉의산성의 모습이다. 지금은 산성의 일부가 복원되어 있다. 봉의산성은 삼국시대, 통일신라시대 이후 고려시대, 조선시대에도 춘천지방의 수호성守護城으로 그 명맥이 이어져 왔다. 더군다나 춘천지방으로 침입하는 외적外敵에 대한 항전장抗戰場으로서 역사적 유적이다. 고려 고종 4년(1217) 음력 5월에 글안병이 춘천지방으로 쳐들어 왔다. 글안족이 중국 북부에 요遼나라를 세웠고 요나라는 여진女眞족이 세운 금金나라에 망한다. 이때 글안 유족의 금산왕자金山王子, 금시왕자金始王子는 중국 황하 북쪽을 점령, 자칭 대요수국大遼收國을 세운다. 대요수국은 일찍부터 고려를 엿보다가 고종 3년, 압록강을 건너 고려 국경을 넘어왔다. 글안 유족은 병사들만 침입한 것이 아니고 가족을 이끌고 들어와서 산과 들에 가득 깔려 있는 곡식과 마소를 약탈해서 먹었다. 이렇게 한달 남짓 지나 먹을 것이 떨어지자 운중도(雲中道: 평북 운산)로 이동해 침입했다. 분탕질하면서 남쪽으로 침입해 오던 글안 유족은 다음해 정월 개경에 육박했다. 다시 철원鐵原을 거쳐 더 남쪽으로 진출한 적병은 안양도호부(安陽都護府: 지금의 춘천)를 점령했다. 당시의 안찰사(?察使: 지금의 지사 벼슬) 노주한이 붙잡혀 살해당했다. 관속으로 살해된 사람도 많았다. 당시의 춘천 부민이 얼마나 많이 살해되었는가는 상상을 불허한다. 이때 봉의산성이 함락된 것은 말할 것도 없고 또 봉의산성이 항전의 현장이 되었던 것도 당연하다. 춘천 부민이 외적에 항쟁하다가 거의 전멸하다시피 한 큰 전쟁은 글안 유족과의 봉의산성 싸움이 있는 38년 후의 일이다. 고종 40년(1235) 음력 9월 몽고족 즉 원元나라 군사가 춘주성(春州城: 지금의 춘천)을 함락하던 때였다. 몽골족 즉 원나라의 침입은 고종 18년(1231)부터 시작되었으며 그 후 7차례나 계속되었다. 춘주성 봉의산성에서의 싸움은 4차 침입 야굴也堀군의 침입 때였다. 원나라의 원수 야굴은 원나라 황제의 소서訴書를 고려에 전했다.『내가 태양이 뜨는 곳에서 태양이 지는 곳에 이르기까지의 모든 인민들을 다 편안하게 하려고 하는데 너희들이 나의 명령을 거역하기 때문에 황숙皇叔 야굴에게 명하여 군대를 거느리고 가서 정벌하게 했다. 너희들이 만일 나의 명령을 맞아들이고 귀순해 오면 군대를 파할 것이나 만약 명령을 거역하는 날에는 반드시 용서하지 않을 것이다.』몽고군의 침략이 시작되어 서해西海산성을 점령, 성안에서만도 4,700여 명을 죽였다. 10세 이상의 남자는 모조리 죽였다. 동주산성(東州山城: 지금의 철원)이 함락된 것은 그해 음력 8월이었고 방호별감防護別監 백돈명白敦明 부사 판관 및 금성金城 현령을 죽이고 어린이와 부녀자들을 잡아갔다. 몽고병이 춘주성을 포위한 것은 그해 음력 9월이었다. 몽고병은 춘주성(봉의산성)을 두어 겹으로 포위했을 뿐만 아니라 목책을 이중으로 세우고 참호를 한 길이 넘도록 파서 여러 날을 두고 공격했다. 춘주성 안에서는 우물이 말라 우마牛馬를 찔러 그 피를 마시면서 기갈을 참는 지경에 이르렀다. 사졸들은 심하게 지쳐 있었다. 당시 문학文學 벼슬에 있던 조효립曺孝立은 성이 지탱할 수 없을 것을 예견하고 그의 아내와 함께 불에 뛰어들어 자살했다. 안찰사 박천기朴天器는 적을 칠 계책이 다하고 힘이 다하자 먼저 성안에 있는 전곡錢穀을 불태워 버리고 결사대를 이끌고 몽고병의 목책을 부수면서 포위한 적진을 향해 돌격해 나갔으나 참호에 막혀 더 진격하지 못했다. 이리하여 춘주성 안의 군사와 백성들은 한사람도 탈출하지 못하고 춘주성 함락과 함께 적에게 도륙당하였다. 몽고병은 양근성揚根城, 양주성(楊州城: 지금의 양양)도 함락했다. 그때 강원도 내에서는 철원, 춘천, 양양의 성이 적에게 함락되었고 춘주성의 혈전血戰이 가장 격렬했었다. 춘주성, 즉 봉의산성은 대몽항전大夢抗戰의 혈전장이었던 것이다. 봉의산성은 춘천으로 침입했던 외적에 대항, 항전했던 현장이다. 춘천 부민이 향토를 수호하던 의지가 깃들어 있는 유적이다. 글안 유족의 침입, 몽고족의 침입 이후 왜구倭寇의 출몰을 막던 기지였고, 임진왜란에 왜병을 방어하던 기지였다. 병자호란 때 청병을 막아내기 위해 군사를 정비하던 기지였었다. 근세 배양척왜排洋斥倭를 도모하던 때 임시 수도인 유수부留首府가 설치되었던 현장이기도 했다. 조선왕조 말, 왜놈을 이 땅에서 쫓아내고자 의병봉기의 기치를 높이 올렸던 성채이기도 전연 찾아볼 수 없다. 그러나 고려 중기 이후 조선 말기까지 외적의 침입에 대응하기 위한 방비를 할 때마다 봉의산성은 그때에 알맞게 개조되었을 것으로 추측된다. 봉의산성이 제 모습을 잃었던 것은 이미 신증 동국여지승람이 편찬될 무렵부터이지만 일본의 우리나라 침입 때 더욱 무너져 황폐화되었고, 6 · 25 전쟁 이후 봉의산 고지대에 주택이 들어서면서 봉의산성의 돌들을 주춧돌, 축대 등에 사용하기 위해서 뽑아다 사용했음이 그 원인이었을 것이다. 그렇더라도 지금 남아 있는 봉의산성의 일부는 원형 그대로의 형태를 유지하고 있어 춘천지방 사람들의 항전의 현장이었음을 보여준다. 봉의산은 현대에도 춘천을 지켜주는 진산이다.

우두산은 우수산牛首山이라고도 부른다. 원래는 소머리산, 쇠머리산, 솟을뫼, 솟을묘라고도 부른다. 머리산頭嶽에서 유래한 이름이며 만주 송화강 유역의 속말涑沫, 소밀蘇密의 이름에서 비롯되었다고 전해오기도 한다. 북쪽에서 용화산 줄기가 흘러와서 우두평야 끝에서 멈춘다. 동북쪽에서 소양강이 흘러 내리고, 서북쪽에서 모진강이 흘러 내린다. 두 강의 물줄기가 퇴적토를 쌓아 넓은 평야지대를 만든다. 이 우두평야를 남북으로 가로지르면서 멈추었다가 솟은 산이 우두산이다. 높이 133m, 산 정상에 1956년에 세운 충렬탑이 서 있다. 예전에는 우두사가 있었으나 지금은 없어졌고 1938년 봉의산록에서 옮긴 조양루朝陽樓가 있다. 우두산과 원래 이어졌던 북쪽능선은 도로 개설로 맥이 끊어졌다. 동북쪽은 샘밭泉田, 맥국의 도읍으로 전해지는 평야가 펼쳐져 있다. 우두산을 소의 머리처럼 생겼다고 하고, 하늘에서 내려온 천우天牛가 앉아 있는 형국이라고 말한다. 그래서 천하의 명당이라고 전해졌고, 춘천의 상징동물인 천우(하늘소)가 되었다. 우두산의 고총은 대부분이 풍수지리설에 따라 명당을 찾아 암장했던 것으로 알려졌다. 우두산은 또 만주에서 살던 우리 민족의 남쪽 머리산이라고 말한다. 우두산은 단군역사의 머리산(으뜸산)과 맥국의 옛 땅과 연계되어 신화의 산, 역사의 산, 나라의 산이 되었다. 춘천시 우두동에 있는 우두산은 높이 133m로 야트막한 언덕을 이루고 있다. 용화산에서 남으로 뻗은 산자락이 청평산에서 멈추었다가 마작산이 되고, 소양강에서 끊긴다. 용화산에서 서남쪽으로 뻗은 추청산秋晴山이 우두평야로 흘러들어 우두산을 만들고 소양강에 미치지 못한 채 멈춘다. 우두산 – 우수산牛首山이라고 부르기도 한다. – 에는 후기에 만들어진 세 가지 전설이 전해 내려오고 있다. 하나는 옛 무덤이 있는데 소가 밟아도 다시 솟아난다는 전설이고 다른 하나는 마을의 아이들이 밟아 놓아도 역시 다시 솟아난다는 전설이다. 또 다른 하나의 전설은 돌부처가 나타나 절을 짓게 도와주었다는 것이다. 스님 한 분이 길을 나섰다가 우두까지 당도하게 되었다. 들판에 우뚝 솟은 우두산에 올라가 사방을 둘러 보았다. 동쪽 우두산 기슭으로 흐르는 소양강 물 한가운데 바위가 솟아 있고 그 바위 위에 노승이 앉아서 참선을 하고 있는 것이었다. 길을 가던 스님이 우두산을 내려가서 그 바위 위의 노승을 만나려 했다. 소양강가에 당도해 보니 바위 위의 노승은 온데 간데 없었다. 소양강 가에 앉아서 길을 가던 스님은 사흘밤 사흘낮을 기다렸으나 끝내 노승은 나타나지 않았다. 길을 가던 승려는 노승을 만나려고 염불을 해도 효험이 없자 범어梵語로 노승을 불렀더니 돌부처가 그 바위 위에 앉아 있는 것이 보였다. 승려는 그 돌부처를 향해서 절을 짓겠다고 했더니 그 돌부처는 이웃마을에 가서 시주하면 되리라 일러주는 것이었다.

발산 춘천 신북 발산리는 바리미 발산이라 부른다. 본래는 북중면北中面 소속으로 1914년 행정구역 통폐합에 따라 장본章本리와 산본山本리를 병합하여 발산리라 했다. 그때 신북면에 편입되었다. 마을 한가운데 있는 산이 바리처럼 생겼으므로 발산리라고 했으며 본本자가 들은 지명이 맥국터와 관련을 가진다. 바리산 밑의 발산리에 다섯 개의 궁궐을 지었다는 맥국의 터가 있었다는 전설이 전해 내려온다. 또 '맥뚝'이 있어 맥국시대에 쌓았다는 뚝이 논뚝으로 변해 있다. 역사학자들은 이 맥뚝이라는 이름이 전해져 내려온데 대한 신비함을 일컬어 맥국시대 역사를 유추한다. 동국 역대총목東國歷代摠目이라는 책에서 맥국터에 단군의 신하, 팽오彭吳의 통도비가 있었다는 기록이 전해오고 있다. 장본리, 산본리, 발산리라는 말은 밝산에서 유래했다. 즉 태양이 솟는 밝은 산을 뜻하는 곳이었다. 밝은 산은 작은 백두산, 태백산을 가리키는 것으로 단군시대의 역사와 무관하지 않다. 단군의 신하, 팽오가 맥국터 발산에 왔었다는 기록도 실제 역사와 무관하지 않은 전설이다. 발산리와 밝산은 *천산 백두산, 태백산으로 추측한다. 발산 위에는 맥국시대의 성터가 있었다. 밑에는 맥국의 궁터가 있었다. 이 맥국의 성터가 있던 곳을 왕대산이라 불렀고 마을 사람들은 그냥 왕뒤라고 부른다. 2~3천년이 지난 오늘날에는 맥국시대의 성터가 있었다는 전설이 내려온다. 춘천군 신북면 발산리 마을 왼편으로 돌출하여 마치 바리처럼 생긴 작은 산이 있다. 이 산을 왕대산王臺山이라고 부른다. 이 왕대산을 왕위, 왕뒤라고도 부른다. 왕대산 위에 맥국시대의 성터가 있었다. 왕대산 밑에 맥국의 다섯 개의 궁궐이 있었다. 왕대산 밑, 맥국의 궁궐이 있던 동쪽에 맥뚝이 있었다. 맥국이 크게 번성하였는데 외적또는 마적이라고 함이 마작산에서 쳐들어 와 맥국이 망했다는 것이다. 우수주牛首州의 맥국터에 단군의 신하 팽오彭吳가 통도비通道碑를 세웠다. 그러나 실제로 바리산, 즉 왕대산 위에는 맥국성터의 흔적이 전혀 남아 있지 않다. 맥국의 다섯 개의 궁궐이 있었다는 궁궐 터, 즉 맥국 터는 논밭으로 변했다. 물론 주춧돌이 되었을 듯한 다듬는 돌도 발견되지 않는다. 다만 맥뚝만이 지금도 남북으로 길게 뻗어 있다. 논에 물을 대는 물고의 기능을 한다. 지금부터 4천여년 전 중국에 큰 홍수「9년치수九年治水」가 있었을 때 우리 나라에도 큰 홍수가 있었다. 백성들의 집이 떠내려 가고 논밭이 물에 잠기고 가축들도 잃게 되었다. 물이 골짜기와 들판에 가득 차고 산이 또한 막아서서 물이 빠지지 않았다. 백성들이 산으로 올라가서 구원을 청했다. (마치 노아의 홍수 같다고나 할까). 이때 팽오가 단군의 명령을 받고 사방으로 나가서 길을 뚫었다. 의롭고 용기 있는 팽오는 신통력으로 신부神符를 가지고 물이 고여 있는 사방으로 다니면서 가로막힌 산줄기를 끊었다. 물이 바다로 빠져나가 산과 높은 지대로 피난했던 백성들이 왕래할 수 있게 되었고 또 모여 들었다. 농토를 다시 개간하고 정착하여 백성들의 생활이 안정하게 되었다. 팽오는 단군조선의 백성들을 물난리에서 구출하고 홍수로부터 구원했다. 백성들이 평화롭고 안정된 생활을 다시 할 수 있게 한 은인이요, 개척자였다. 백성들은 팽오의 구원이 없었더라면 모두 굶어 죽었거나 흩어졌을 것이라고 생각했다. 그의 은공에 감사하게 되었고 또 그의 치수治水와 통도通道를 감사하게 생각하여 기념비를 세웠다. 팽오의 통도비가 바로 우수주, 지금의 춘천에 세워졌다는 것이었다.

「춘천 우두산의 맥국전설」에도 팽오전설이 전해 내려온다. 춘천군 신북면 발산리의 팽오전설과 통도비를 세웠다는 전설은 같은 뿌리에서 나온 두 갈래 중의 하나이다. 춘천군 신북면 버들개柳浦果에 한 부자가 살았다. 이 부자는 인색하여 이웃에 나누어 줄 줄도 몰랐다. 그런데 어느날 버들개 부자집에 스님이 시주를 왔었다. 그러나 부자는 시주하는 스님에게 곡물을 주지 않고 마당에 있던 거름을 떠서 자루에 넣어 주었다. 스님은 아무 말도 없이 돌아갔다. 그날 밤에 천둥이 치고 큰 비가 내렸다. 날이 밝았다. 아침에 일어나 보니 그 부자집이 온데 간데 없어졌다. 부자집이 있던 집터에는 큰 못이 생겨 있었다. 마을사람들은 아침에 일어나 보니 부자집이 온데 간데 없고 못이 생겨났다고 해서 아침못이라고 불렀다는 것이다. 부자집 집터만큼 컸던 연못은 후에 더 큰 저수지가 되었다. 지금은 저수지 속에 아침못이 들어있고, 역시 아침못으로 불리운다. 아침못의 생성 전설이다. 아침못에는 또 다른 하나의 전설이 전해 내려온다. 춘천 박씨의 시조 박항朴恒의 묘가 유포리 무지동茂枝洞에 있다. 이 무지동은 흔히 수지동, 수짓골이라 불리운다. 그 곳에 있는 그의 묘자리는 그 상이 사두형蛇頭形이라고 해서 뱀의 머리처럼 생겼는데 사안蛇眼, 즉 뱀의 눈동자에 자리를 잡았다는 것이다. 뱀이 살아가자면 먹이가 풍부해야 한다. 그래서 묘자리 앞에 있는 얕은 봉우리는 머굴봉蛙山이라 한다. 뱀의 먹이가 되는 개구리 산, 개구리 봉우리라는 것이다. 뱀이나 개구리가 같이 살자면 반드시 연못이 있어야 한다. 연못에서 개구리 또한 먹이를 구해야 한다. 개구리가 살 수 있는 연못이 아침못이다. 아침못에서 개구리는 먹이를 풍부하게 구하고, 먹이를 잔뜩 먹은 개구리를 뱀은 다시 먹이로 한다. 먹이가 풍부하고 뱀의 눈자리에 묘가 들어섰으므로 백대천손지지百代千孫之也라는 것이다. 그래서 자손이 번성할 것이라고 전해 온다. 아침못은 풍수지리설과 얽혀 생명의 생성이 있는 연못이라는 것이다. 아침못은 한자로 조연朝淵이라고 부르기도 한다. 아침못 마을을 조연이라 한다.

「규원사화揆園史話」의 『단군기檀君記』에 『환웅천왕이 세상을 거느리기 무릇 천세이니 이가 곧 신시神市씨이다. 쑥대 정자蓬亭와 버드나무 대궐柳闕』에 살았고, 도발과우陶髮跨牛로 다스리며 자연으로 되는 것을 펴서 나라를 열고 왕업을 이룩하니 그 근원을 따지면 만세이다. 그 말년에 이르러 나라의 기겁이 이미 완전하고

만물이 즐겁게 사는 것을 보고 태백산에 올라가 천부인 세 개를 연못가 박달나무 아래에 두고 신선이 되어 구름을 타고 하늘로 올라갔다 하니 이로써 그 못을 조천지朝天池라 하였다.』라고 했다. 태백산과 조천지와 쑥대 정자와 버드나무 대궐은 버들개와 아침못에 그 이름이 그대로 전해지고 있다. 버들개柳浦里와 아침못朝天池, 그리고 바리산鉢山은 곧 버들궁전, 태백산, 천지가 춘천지방으로 옮겨와 춘천지방의 이름이 된 것이다. 발산은 작은 태백산이고, 아침못은 작은 천지이며 버들개는 궁전의 장소이다. 아침못 전설은 팽오의 통도비 전설과 함께 백두산의 단군조선 건국전설을 그대로 옮겨 놓은 것이며, 백두산의 원형이 춘천지방으로 이동해서 변형된 현상을 보여주는 것이다. 바리산, 발산은 그 생긴 모양이 바리처럼 생겼다고 해서 붙여진 이름이라고 전해진다. 춘천지방의 바리산(발산)은 춘천군 신북면에만 있는 것이 아니고 춘천군 남면 발산리에도 있다. 그러나 실제로 바리산은 마을 한가운데로 돌출해서 가장 양지바른 동산을 이루고 있다. 그 방향 또한 정남향에 가깝다. 아침 일찍 햇빛이 비치고 가상 늦게 햇빛이 사라진다. 그래서 발산(바리뫼)을 마을 사람들은 밝산이라고 부른다. 밝은 산, 태양을 맞이하는 산, 달을 맞이하는 산으로 치부한다. 바리산 아래에는 반드시 아침못이 있거나 샘물이 있거나 강물이 흐른다. 밝산, 즉 태백산 아래에 아침못 천지가 있는 것과 같다. 바리산은 밝산이며 작은 태백산이다. 천산 백산白山이기도 하다. 남면 발산리도 바리처럼 생긴 산이 있다고 해서 붙여진 이름이라고 전한다. 바리라는 낱말은 불교 전래 이후에 생긴 것이므로 불교적인 뜻이 내포되어 있다. 태백산을 신성하게 생각하던 맥족이 춘천지방으로 옮겨온 이후에도 태백산을 신성하게 생각했던 그 태백산과 비슷하게 닮은 산을 정하여 밝산으로 했다. 그 밝산에 제단을 쌓고 제사를 올렸다. 밝산의 맥국 성터라고 하는 것은 이 제단이었을 것으로 추측된다. **천산이 곧 삼위태백이고 백산이다. 밝달 배달에서 맥족이 시간을 두고 뻗어내려 소머리(춘천)에도 태백 · 백산 · 밝산 · 발산으로 이름 붙인 것으로 모인다. 마니산에 가는 길에도 발산이 있다. 락산의 제단터는 중도이다. 적석묘가 160여 기 이상이 나오고 그 관리하는 집이 1,600여 기 이상이 나온 大의례(제사) 환호(404m)가 노온 하중도이다.(본책 2장 참조)** 맥뚝은 춘천시 신북읍 발산리 수리산(응봉) 아래 맥국터와 삼한골 사이에 구불구불 길게 뻗어 있다. 맥국터 동쪽에서 서남쪽으로 뻗어나간 맥뚝은 그 길이가 700여 미터. 지금은 삼한골에서 내려오는 물을 받아 관개용으로 물골을 터놓았다. 맥뚝의 한 가운데를 처음부터 끝까지 골을 파서 물을 흘려보내 논에 물을 댄다. 그러나 보통 논두렁이나 물골에 10배 정도 높고 넓다. 폭이 넓은 곳은 4m내지 5m, 높이는 1m내지 2m. 옛날 맥국 때 발산리 앞 개울에 용龍이 소沼를 만들어 물이 깊고 언덕이 크다고 해서 언덕개라고 부르는 데까지 맥뚝이 구비쳐 있다. 토성이 후세에 와서 관개용으로 사용된 것을 확인할 수 있고 농경사회로의 변화를 추측해 볼 수도 있다. 발산리의 서북쪽 외곽이 되는 용산龍山리에는 강신제를 지내던 강신터降神垈 바위가 있고, 옛날에 봉화를 올렸다는 산이 있다. 이 산을 봉앳뚝이라고 부른다. 용산리도 맥국 전설에서는 맥국의 서북쪽 문루가 있었다고 전해진다. 봉앳뚝의 뚝을 산이라고 지칭하는 것처럼 맥뚝도 맥산으로 유추된다. 즉, 토성土城을 쌓아 산처럼 높게 보이므로 맥뚝을 관개용 제방이나 논두렁으로 치부한 것이 아니고 산으로 보았다. 맥뚝은 토성으로서 방어용의 성城이었다. 발산리 앞을 흐르는 냇물이 자연의 방벽이 되고 맥뚝은 맥국 궁궐의 동쪽 내성內城의 기능을 할 수 있는 위치에 자리잡고 있다. 그러니까 오늘날에는 관개용 물골의 기능을 하고 있는 맥뚝은 토성으로 맥국 궁궐의 내성으로서 동쪽의 방벽이 되었고, 남서쪽은 용소가 있는 발산리 냇물이 자연 방벽이 되었다. 맥국이 외침을 받았을 때, 적으로부터 공격을 받았을 때는 언제나 동쪽에 있는 마작산에서 비롯되었다고 맥국 터의 전설은 전해주고 있다. 맥뚝이 언제부터 있었는지, 왜 맥뚝이라고 하는지 확실하게 전설의 내용 또는 뜻을 말할 수 있는 사람은 지금 아무도 발산리에 살지 않는다. 그저 『맥뚝이라고 한다.』고만 마을 사람 모두가 증언해 준다. 맥뚝은 맥국의 토성이 관개용 뚝(둑)으로 그 기능이 변화된 전설 및 지명 유래를 보여주는 실증이기도 하다. 팽오(부루)가 맥국터에 통도비를 세웠다는 전설은 팽오가 홍수 피해를 막기 위해서 제방을 쌓고 또는 산을 잘라서 물길을 내었다는 토목공사의 의미를 내포하고 있다. 맥뚝은 팽오전설의 실체를 간접적으로 전해주는 토성 또는 둑(제방)이 아니였는가 하는 추측을 또한 낳는다. 맥뚝은 그 이름만으로도 맥국 전설의 잔영을 보여 준다. 춘천시 발산리 동북편으로 길게 뻗은 골짜기가 남북으로 자리잡고 있다. 이 골짜기가 삼한골. 발산리 마을에서는 언덕에 북쪽 골짜기라고 부른다. 삼한골은 왕건王建이 옹립되어 왕위에 올라 고려를 건국하자 쫓겨난 궁예의 군사가 삼한골로 후퇴하여 삼악산 성으로 이동한다. 이때가 태봉국 18년 신라 경명왕 2년(918년)이었다. 후삼국시대(삼한시대라고 이 지방에서는 지칭한다.) 궁예의 군사가 통과했다고 해서 삼한골이라는 이름이 생겼다. 삼한골은 맥국시대와 무관한 골짜기 이름이지만 삼한골을 맥국의 골짜기라고 전해 내려오고 있다. 지금은 삼한골 물이 아침못으로 관개되어 흘러 들고, 또 맥국이 있는 발산리 앞들의 논물을 대어 준다.

고인돌 지역이라 솟대배기 춘천시 신북읍 버들개, 발산리 앞에 있는 버들개에는「시내물」이라는 지명이 있고, 이곳에 맥국의 유적이 있었다고 전해진다. 또 마을의 신성한 곳, 성역으로 지정되어 있는 솟대배기가 있다. 신북면 율문(栗文)리에도 솟대배기가 있다. 발산리의 만녘에 속대배기 즉 솟대를 세웠던 터가 남아 있는 이들 솟대배기는 마한, 진한,변한 시대의 소도蘇塗의 잔영으로 확인되고 있지만, 실상은 예국과 맥국의『산천을 소중히 여기고 경계를 두어 침입하지 않는다.』는 관습이 변형, 정착된 것으로도 *병용된 것으로 추측할 수 있다. 맥국이라는 지명 대신에 삼한으로 맥국골 맥골이 삼한골로 변했고 신시神市와 신단수神檀樹가 솟대배기 솟대로 변했다 할 수 있다. 춘천시 신북읍 발산리의 바리산은 맥국의 왕대산(왕뒤 · 왕위)으로 백산, 밝은 산의 변형이며 아침못은 '천지'의 본딧말이다. 맥뚝은 맥국의 흙성으로 관개용으로 변했다. 맥국의 전설, 맥국의 지명 전설이 널려있는 춘천군 신북면의 발산리, 유포리, 천전리, 산천리, 용산리, 율문리는 지금도 맥국전설의 보고이다.[185)]

집안시의 조선족 가옥이 이런 하얀색의 건물이었는데 우리나라는 대부분이 하얀색 아닌가.

'맥국청년회' : 춘천시 남면 발산 1리 노인회관에도 '맥국청년회' 라는 간판이 있다. 밝은산 바리산 밑의 발산리에 5개의 궁궐을 지었다는 맥국의 터가 있었다. 또 맥뚝이 있어 맥국시대에 쌓았다는 뚝이 논뚝으로 변해 있다. 역사학자들은 이 맥뚝이라는 이름이 전해져 내려온데 대한 신비함을 일컬어 맥국시대 역사를 유추한다.

우수주牛首州의 맥국 터에 단군의 신하 팽오彭吳의 통도비通道碑를 복원하자!

홍만종은 1705년(숙종 31)『歷代總目』을 얻어 보고서, '東史'즉 동국역대총목東國歷代摠目[186]이라는 책에서 맥국 터에 단군의 신하, 팽오彭吳의 통도비가 있었다는 기록을 전하고 있다. 장본리, 산본리, 발산리라는 말은 밝산에서 유래했다. 즉 태양이 솟는 밝은 산을 뜻하는 곳이었다. 밝은 산은 작은 백두산, 태백산을 가리키는 것으로 단군시대의 역사와 무관하지 않다. 단군의 신하, 팽오가 맥국 터인 발산에 왔었다는 기록도 실제 역사와 무관하지 않은 전설이다.중국의 한국고대 역사 빼앗기의 과정에서 춘천 맥국의 단군 관련 유적이나 유물과 설화는 매우 의미있는 한국의 역사 지키기에 무기가 된다. 가까운 춘천시와 시민단체에서 먼저 나서기를 바란다.

⊙ 서울 경기 접경의 청계산 마왕굴(맥굴)을 찾아가는 길
마⇔맥 ⇔ 마한

청계산 맥굴 전설이 바로, 고려가 멸망할 때에 청계산에 맥들이 모여 그 굴로 들어갔다 하여 '마왕굴' '맥굴'이라 한다는 것인데.. 송남잡지『松南雜識』[187]에 의하면, 메기도 옛날에는 없었는데 고려가 멸망할 때에 영남에서 처음으로 났으므로 이를 멸려치滅麗鯔라 한다고 하였다.

"춘천의 옛이름으로 맥국貊國이 있었다.「삼국유사」마한馬韓 조에는「삼국사三國史」에 **명주(溟洲)에는 옛 예국이 있었고 춘주春州에는 맥국이 있었다고** 했다.「춘주」는 전의 **우수주이니 옛 맥국**이라고 한 것이 그것이다. **평북의 삭주朔洲와 평양성을 맥이라고도 했다는 용례를 예시하기도 했다.**"

청계산역 하차 – 미륵당 – 헬기장 삼각점 – 정상 음료 판매대 – 뒷편으로 내려가는 듯한 길로 – 매봉을 지나 – 성남으로 가는 길목에서 반대편으로 – 마왕굴 표지판을 보고 사거리에서 아래로 50m 왼쪽에 있음. (아침 일찍 출발하면 보고 바로 아래로 – 서울대공원 쪽으로 가서 남미관에 들러 맥을 볼 수도 있으나) 초행이면 온 길로⇐도로 그냥 올라가서 청계산역으로 내려가는 것이 안전함.

이런저런 일로 미륵당 이 앞을 세 번째 지나게 되었는데 다행히도 미륵당이 삼세번째 이번엔 동네에서 기도정성을 올리러 아들과 함께 오신 전이 이씨라는 분 덕분에(시어머니 때부터 기도를 다닌 곳이라 자기도 정월 초사흘이라 기도하러 왔다고 했다) 문이 아주 잠깐 열려 있어 사진도 약식 기도도 할 수 있었다. 맥왕일까? 정여창님일까? 속으로 생각해 보다가 당안 바닥에 돌삿갓이 있는 것을 보고 맥왕으로 여겨져 반가웠다.

발산 – 미륵당 – 돌삿갓 미륵 – 매봉 등은 나는 맥국의 한 세트로 여기게 되었기 때문이다. 그래서 그 돌삿갓 곁에 앉아서 찍었다. 원래는 쓰고 계셨는데 찻길이나 차량들의 진동 때문에 벗겨둔 것일 것이다. 문은 잠그고 다니지만 잃어버리지 말아야할텐데….(등산화를 꼭 신을 것)

■ 발산 말갈 (맥)족이 세운 나라 발해

발해로 나아가는 길목 ← 강화 ← 검포 김포 ← 마곡 발산동(한성서울 한양) → 한강 → 한강 상류 춘천 발산동

서울 ↔ 김포 가는 길 발산역 사통팔달 중심가 발산 사거리

공항쪽에서 오다 보면 오른쪽 야산 – 발산 개화역 1번 출구에서 조금 가면 갓을 쓴 미륵이 있는 미타사가 있고 능마을, 고려말에 탄압을 받던 류씨 집성촌 내촌마을도 있다. 『양천읍지』에 언급한 獅子象之形 사상지형이 아니라 맥상지형 貊象지형이다.

☀ 소양댐으로 매몰시킨 큰 포부와 지혜와 역사

하늘의 뜻과 도를, 평소 섭리 공부와 효孝의 한 덕목인 묘를 정성스레 잘 쓰는 것을 통해 땅에서 이루다.

토룡은 땅의 왕을 상징한다. 아버지를 토룡이라 여겼든지, 아니면 토룡께서 보호해 달라고 빌며 만들었든지, 아들은 뜻대로 땅에서 용, 즉 왕이 되었다.

천자天子가 된 (토룡으로 묘를 잘 쓰고) 머슴:

춘천시春川市 북산면北山面 내평리內坪里 물노리勿老里의 한 천자 전설이다. 집안이나 혈연보다 개인의 탁월한 직관력이나 판단력이 더 필요한 덕목이었을 맥국의, 왕 전설이 될 만하다.

"춘천시 북산면 내평리에 한터라는 마을이 있었다. – 이 마을은 지금은 소양댐 물 속에 잠겨 있다. – 옛날에 가난한 총각이 늙은 아버지와 함께 이 마을에서 머슴살이를 하고 있었다. 어느 날 늙은 아버지가 돌아가셨는데 가진 것이라고는 아무 것도 없는 가난한 총각이라 산소자리를 구할 수가 없었다. 머슴은 할 수 없이 남새밭 옆 산기슭에 아버지의 시신을 묻어 토롱土壟을 만들어 놓았다. 몇 달 후 어느 날 저녁에 중이 상좌를 데리고 머슴 사는 집에 찾아와서 하룻밤 유숙하고 가기를 청했다. 주인은 빈 방이 없다고 거절하였다. 그러나 날이 이미 저문 데다가 중이 하도 간청을 하므로 머슴방을 쓰게 했다. 그때 머슴은 문간방 부엌에서 쇠여물을 끓이고 있었는데 중은 머슴에게 달걀 세 개를 달라고 부탁하며 방으로 들어갔다. 머슴은 달걀 세 개를 쇠여물 끓이는 가마에 삶아서 식힌 다음에 중에게 갖다 주었다. 중은 달걀을 받아 바랑에 넣고 상좌와 함께 자리에 누웠다. 머슴은 이상한 생각이 들었다.

'어째 달걀을 먹지 않을까? 달걀 세 개를 무엇에 쓰려는 것일까?'

머슴은 중 옆에 누워 눈을 감고 자는 척 하며 중과 상좌의 거동에 신경을 쏟고 있었다.

한밤중이 되자 중이 일어나 상좌를 가만히 흔들어 깨우더니 바랑을 짊어지고 상좌를 데리고 밖으로 나가는 것이 아닌가. 머슴은 그들의 뒤를 몰래 따라가 보기로 했다. 중과 상좌는 어둠을 헤치고 마을을 벗어나 개울을 건너 물노리勿老里를 지나 가리산加里山으로 올라갔다. 산중턱 어느 곳에 이르러 중은 지형을 유심히 살펴보고 나더니 바랑에서 달걀 한 개를 꺼내어 땅에 묻었다. 조금 아래로 내려가서 또 지형을 살펴보고는 달걀을 또 하나 묻고, 그리고 또 조금 아래에 나머지 하나를 묻었다. 그리고 나서 중은 상좌와 함께 나무 밑에 앉았다. 머슴도 좀 떨어진 곳에 몸을 숨겨 엎드렸다. 어둠 속에서 중이 상좌에게 말하였다.

"맨 윗자리가 천자지지天子之地이고 그 다음은 왕후지지王侯之地이고 그 다음은 정승판서지지政丞判書之地야. 계명축시鷄鳴丑時라 했으니 조금 있으면 닭이 울거야."

그러나 한참을 기다려도 닭은 울지 않았다. 중의 목소리가 다시 들렸다.

"이상하다. 왜 닭이 울지 않을까?"

머슴은 달걀을 삶았음을 생각했다. 어둠 속에서 침묵이 한참 흘렀다.

갑자기 달걀 묻은 맨 윗자리에서 홰를 치는 소리와 함께 닭 울음소리가 어둠을 찢었다. 중이 흥분된 어조로 말했다. "틀림없어! 천자지지야! 여기에 묘를 쓰려면 금관金棺을 써야 해. 그 뿐인가! 황소를 백마리 잡아야 하고 또 하관할 때 투구철갑을 한 사람이 곡을 해야지!"

머슴은 두근거리는 가슴을 애써 진정시키며 소리 죽여 산을 내려왔다. 방에 들어와 다시 자는 척 하며 중이 오기를 기다렸다. 그러나 중도 상좌도 돌아오지 않았다.

다음날 머슴은 귀리짚으로 공석을 엮었다. 머슴은 아버지의 시신을 다시 파내어 그 황금처럼 노란 귀리짚 공석으로 시신을 둘러싸서 가리산으로 올라갔다. 그리고 닭이 홰를 치며 울던 그 천자지지에 아버지를 묻었다. 묻기 전에 머슴은 투구처럼 솥뚜껑을 쓰고 곡을 하고, 묻고 나서는 무덤 옆에 앉아 옷을 벗고 이를 백 마리 잡았다. 머슴 옷의 이들은 황소처럼 굵직굵직했다.

머슴살이에서 벗어날 길을 찾아 머슴은 중국으로 갔다. 중국의 대처에 이르니 어느 곳에 수많은 사람들이 운집해 있는 것이 보였다. 가까이 가보니 짚으로 만든 북을 종각에 매달아 놓고 수많은 사람들이 둘러 서 있는 것이다. 그것은 천자를 뽑는 자리였다. 천자가 돌아가시어 천자를 새로 뽑아야 하는데 이 짚 북을 쳐서 소리가 나게 하는 사람을 천자로 모신다는 것이다. 한 사람씩 나아가서 짚 북을 치는데 누가 쳐도 소리가 나지 않았다.

머슴이 용기를 내어 나섰다. 머슴이 짚 북을 치자 북소리가 온 장안에 울려 퍼졌다. 그리고 천지가 컴컴해지면서 뇌성벽력이 하늘과 땅을 흔들었다. 이때 가리산 무덤 속에 있던 머슴 아버지의 시신이 용이 되어 하늘로 올라갔다.

이렇게 해서 머슴은 중국의 천자가 되었다. 사람들은 그를 한천자라고 부른다. 그의 성이 한씨여서 한천자라 한다고도 하고 그가 한터에서 살았었기 때문에 그렇게 부른다고도 하는데 어느 것이 진실인지 알 수가 없다.

개화동의 마을들은 오래 전부터 같은 성씨를 가진 사람들이 씨족마을을 형성하고 있어 지금까지도 마을사람들끼리 긴밀한 유대감을 갖고 있다. 윗마을인 상사마을은 안동 권씨, 아랫마을인 신대 · 부식 · 내촌마을 등에는 (고려말 이씨 조선에서 탄압) 류씨 성을 가진 사람들이 많다. 또한 마을들이 김포공항과 인접해 있어 공항보호시설과 군사시설, 개발제한구역의 제약을 받다 보니 강서구의 다른 곳들과는 달리 지역 구조적으로나 주민 정서적으로나 큰 변화없이 지내왔다. 개화동 마을주민 대다수는 이 지역에서 나고 자란 토박이들이다. 내촌마을 경로당의 한 주민이 '나는 이 마을에서 얼마 살지 않은 사람'이라면서 꺼내든 말이 "겨우 31년째 살고 있다"라면 이 동네의 분위기를 지레 짐작도 할 만하다.

경로당에 옹기종기 모여 평일 한낮의 휴식을 취하는 어르신들에게서 오래된 익숙함이 묻어난다. 혼인 후 개화동에 오게 됐다는 어르신이나 평생을 여기서 떠나본 적이 없다는 어르신까지도 마을이 주는 묘한 안정감과 서울답지 않은 시골인심에는 불편보다는 만족스러움이 더했다. 31년째 내촌마을에서 살고 있다는 이 주민은 "지금이 아무리 좋은 세상이라 해도 마을사람들끼리 마당에 푸짐하게 음식을 해놓고 오가는 이들과 나눠 먹던 옛 인심이 좋았다. 여기 사람들은 농사를 지어서 대부분 자기네들이 먹고 나머지는 이웃끼리 나눠 먹었다. 젊은 사람들이 외지로 나가면서 원주민 대부분은 옛날 사람이 됐거나 노인이 됐지만, 옛스러운 마을 분위기는 여전히 유지되고 있다"고 했다.

▲ 개화산 전투로 전사한 1,100여 명의 넋을 위로하기 위해 개화산에서는 매년 6월 위령제가 열리고 있다.

그러나 어르신들이 과거를 회상하며 마을에 대해 첫 번째로 떠올린 기억은 '개화산 전투'이다. 6 · 25전쟁 당시 김포비행장을 지키던 육군 제 1사단 1,100여 명의 군인이 개화산에서 전사했다. 조국을 지키다 꽃다운 나이에 죽어간 무명용사들의 애국충정을 기리고자 내촌마을 미타사 옆에는 이들의 영령을 추모하는 호국 충혼비가 세워졌다. 내촌마을 경로당 여성회장인 양학순(85) 씨는 "1개 사단이 전멸해서 온 개화산을 빨갛게 물들였다. 그때는 그저 모두가 숨을 죽이고 전쟁이 끝나기만을 기다렸다. 전쟁 때는 군인들의 시신으로 동네에 길을 낼 수 있을 정도라는 말도 있었으니 얼마나 많은 희생이 있었던 것이었겠냐"면서 당시의 참상을 전했다. 이곳에는 전쟁으로 인해 피난을 내려온 사람들도 많았다. 상사 · 신대 · 부석마을은 원주민이 대다수였던 데 반해 내촌 · 새마을에는 피난민들이 많았다. 봇짐 하나를 지고 전쟁을 피해 쫓기듯 내려온 이들을 위해 '하꼬방(상자를 뜻하는 일본어 '하꼬'+방房)'이라 불렸던 허름한 판잣집들이 다닥다닥 들어섰고, 그대로 마을이 형성됐다. 미군이 나눠주는 옥수수 가루와 우유 가루로 죽을 쑤어 먹고 빵을 쪄먹던 시절이라 해도, 그 어렵던 시절을 '사람 사는 냄새가 나던 시절'이라 추억할 수 있는 것도 마을주민들 간의 정서적 유대감이 있어서 가능했다.

내촌마을, '산제山祭' 독특한 풍습 전해져

개화동에서는 전쟁의 상흔만큼이나 유명한 것이 미타사와 약사사이다.

개화산의 울창한 숲과 한강 변을 비롯한 빼어난 주변 경치로 인해 겸재 정선이 그림의 소재로 즐겨 찾았던 곳이 약사사(조선시대는 개화사로 불렸다)라고 한다. 이 절에는 서울시 유형문화재로 지정돼 있는 3층 석탑과 석불이 있어 고려시대 역사의 흔적도 엿볼 수 있다. 약사사의 약수는 병자가 목욕을 하면 오랜 병도 낫는다고 하여 오래 전부터 유명하다.

개화동에는 453년 된 445㎝ 둘레의 은행나무(개화동 234~5), 248년 된 168㎝ 둘레의 은행나무(개화동 458 등 4필지)

과거와 현재를 이어주는 마을의 수호신과 같은 보호수들이 자리하고 있기도 하다. 이와 함께 내촌마을에서 마을의 안녕과 주민들의 건강을 기원하며 매년 음력 10월 초 하루에 벌이는 '산제山祭'도 독특한 풍습으로 전해오고 있다.

하지만 2002년 부석 · 신대 · 내촌 · 새마을 등 개화동 마을 일부(11만 9559㎡)에 개발제한 규제가 완화되면서 차츰 여러 마을에 빌라와 외부 산업체, 전원주택 등이 들어오고 있다. 그 와중에도 낮은 담장과 좁은 골목, 허름한 마을버스 정류장, 집집마다 자리한 장독대와 농기구 등은 현재까지도 시골냄새 풍기는 옛 마을 그대로의 풍경을 자아내고 있다.[188)]

맥국이 한강문화권 영역이고, 청계산 마왕굴 맥처럼 고려말 상당한 내홍을 겪었을 것을 여기서도 알 수 있는 증거들로 보인다.

맥국, 마왕, 몇 개 지역 유물 비교 및 깊은 연구는 다음 과제로 남긴다. 해상대국 영국이 서해입구 강화 인천 김포 춘천 중도 라인으로 한강과 서해 해상을 이어 처음 들어온 대로 나갈 때도 그 길로 잇고 싶어하는 이유의 하나도, 맥과 같을 것이다. 맥은 '멕이곳'(미국측 영어 이름이 맥시코)으로도 이주해 아직도 자신들은 '멕이곳'의 원주민이라 〈맥국의 후손 맥이〉로 자처하며, 일본에서 〈고구려 후손 고마〉로 고마신사라는 거처에서 자처하듯, 당당히 정체성을 가지고 존재한다.

알타이 맥 알타이산맥의 사람들! 한국인 내 얼굴과 같다 – 카자흐스탄 러시아 몽골 접경. 알타이는 금이라는 뜻이다. 한국은 금관의 나라이다. 세계 금관의 70%

알타이 사람들의 얼굴 · 넉넉하고 자애로운 품성 · 하늘중심의 사고 및 고추장을 먹는 식성, 친고향적 성향 · 알타이계 언어[189] 등등이 다 같다. "얼굴도 우리 한국인과 같다" "고추장이 맵지 않고 달다"고 한다. "자연이 주는대로 산다." "하늘에 닿는 폭포", "전설에 의하면, 여기에서 "이 길을 따라 무사히 여기에 도착한 것에 감사합니다"고 "여기에서 물을 마시고, 이렇게 알타이어로 감사를 표하면, 폭포가 손님으로 맞아준답니다." 한국인들이 山에 산신께 갖는 마음과 같다. 여기에서 태어났고 여기가 제일 편하고 좋아 다른데 안 간다. 아이들도 많이 낳아 잘 기르고, 물고기도 잡으면 비린내 안나고 한만큼만 고추장이 달다. 사냥과 낚시한다.

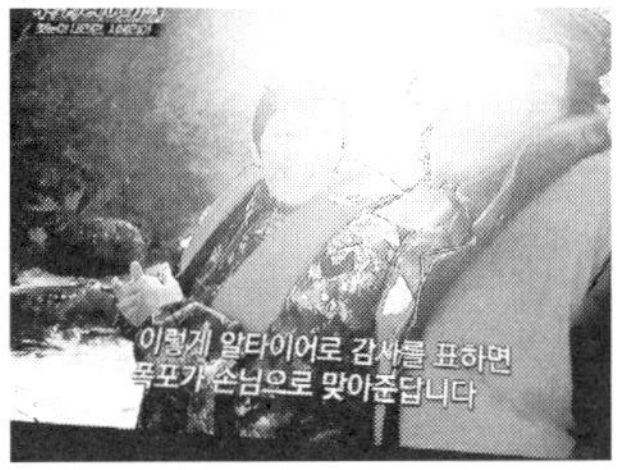

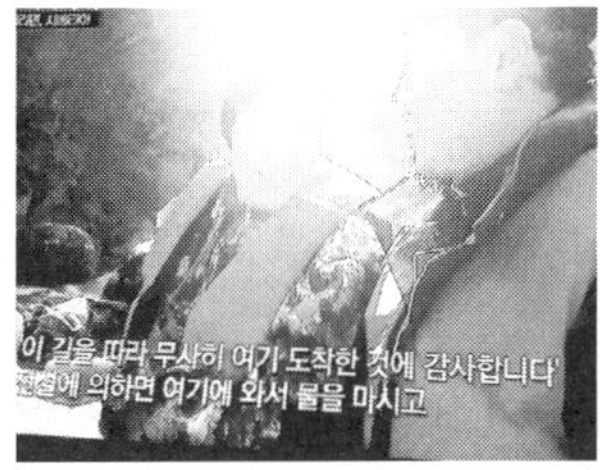

"하늘에 닿는다"는 폭포

TV조선 세계 테마기행에서 월요일부터 목요일 오전 10시30분 시작~11시 20분까지하는 프로그램이 나의 일상에는 참으로 도움이 되는 시간이다. 내가 가기 힘든 곳을 다양한 주제로 – 민속 · 역사 · 일상을 두루 보여주므로. 알타이산맥 시베리아 몽골 러시아 – 모두 우리 한민족 기원지와 연관되는 곳이라 사진 몇 장 시청각적으로 활용한다.(양해 바람)

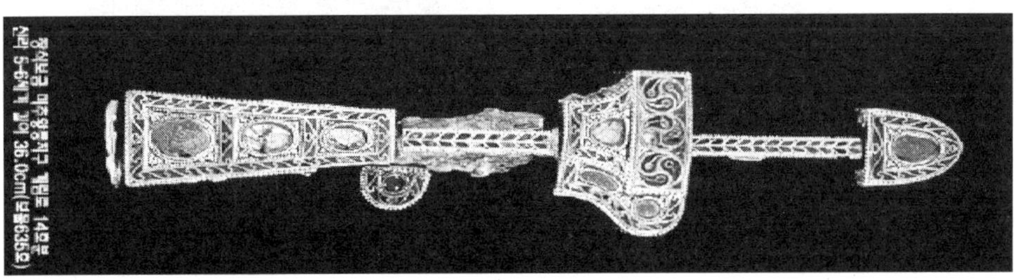

이 쌍둥이 동검들은 알타이 5~6세기 카자흐스탄 지역과 한반도 신라와의 긴밀한 관계를 증명.

오른쪽 사진은 고종 어보와 태극

카자흐스탄 보로보에 단검과 쌍둥이 보검이, 5~6세기 신라 계림로 14호분 신라 문무왕 감은사지에서 나왔다. 어떻게 그런 일이? - 혈연이나 정치경제적으로 아주 밀착된 관계라는 것을 증명한다. 천산 봉분과 역사를 알고 나니 좀 더 이해가 된다.

삼한 진한(경주쪽 발굴)의 맥과 근세조선 홍릉의 맥의 입강조의 공통점.

진한은 기원 전후부터 경주와 대구 지역을 중심으로 발전하여.. 신라로 발전했다. 고고학적으로는 널무덤과 덧널무덤을 만들어 쓰고 주머니호와 쇠뿔손잡이 항아리, 다양한 철기를 부장하는 특징이 파악된다.(국립중앙박물관)

76. 국립중앙박물관은 부여 · 삼한 관을 분리 확대하길 바란다.

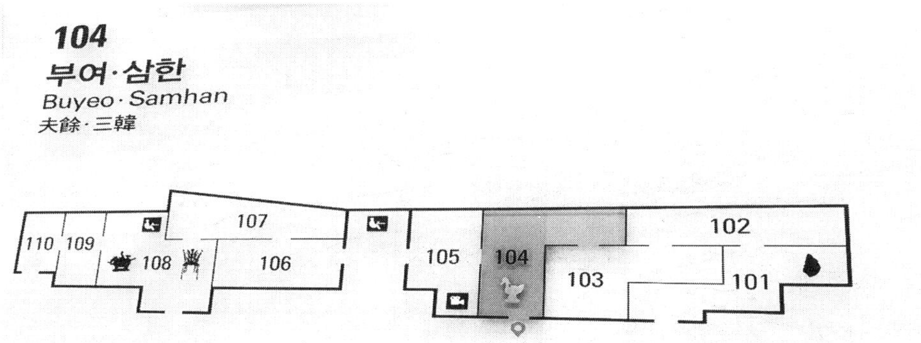

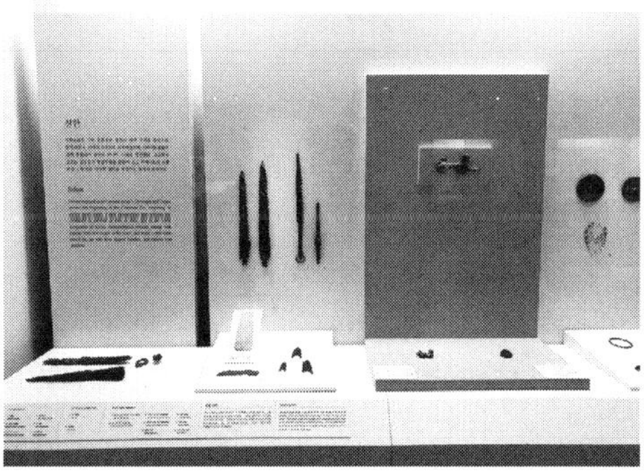

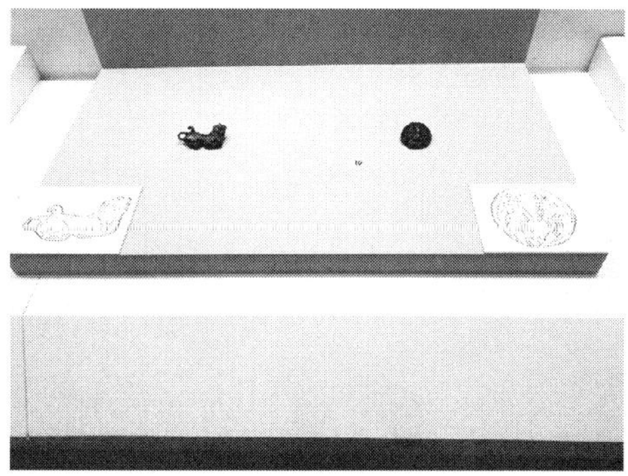

국립중앙박물관 선사 부여 삼한관 1517 진한

77 ☀ 옛날에 중국 황실에서 천자의 조상의 묘가 조선의 중도에! 가리산에 있다는 것을 알고

한천자와 용과 세 개의 달걀과 수수께끼 우리말 향토 땅이름만으로도 지혜놀이의 동산을 세우자. – 레고보다 훨씬 재밌고 길고 긴 삶의 긍정적 인내와 지혜를 체득하는 교육장이 된다. 물노리라는 이름자체만으로도 장수촌이 될 수 있다. (터키는 트로이목마 한 마리로 세계 관광객을 불러 모은다.)

한천자 아버지의 무덤은 지금도 물노리에서 가리산을 오르는 곳에 있다. 배소구미 옆의 산줄기는 지금 보아도 중턱이 허물어진 형상이다. 그것은 한천자의 아버지 시신이 용이 되어 나가면서 산을 쳤기 때문이다. 그리고 그 무덤 근처에는 지금도 비가 오면 물이 붉게 흐른다. 그것은 머슴이 장례를 지낼 때 황소같은 이를 거기에서 백 마리나 잡았는데 그 피가 아직도 거기에 배어 있기 때문이다.

그런데 이 한천자 아버지의 묘는 아무리 보아도 중국 천자의 아버지의 묘로서는 초라하다. 그것은 왜 그럴까?

옛날에 중국 황실에서 천자의 조상의 묘가 조선의 중도에! 가리산에 있다는 것을 알고 치산治山하러 오려고 우리나라 조정에 사신을 보내어 길 안내를 요청하였었다. 우리 조정에서는 의논 끝에 중국 황실의 사람들을 우리나라 땅에 들여놓지 말자고 의견이 모아졌다. 그들을 접대하려면 여러 가지로 번거롭고 아니꼬움까지 감당해야 하며, 또 나라의 재정을 어마어마하게 축내야 하기 때문이다. 그래서 중국 사신에게 다음과 같이 말하였다.

"한천자 부친의 묘가 있는 가리산에 가려면 강원도 춘천으로 가서 십년강을 건너 삼천리 고개를 넘어 다시 구만리 고개를 넘고, 또 돌고개를 넘어야 합니다."

이 말을 전해들은 중국 황실에서는 그렇게 멀고 험난한 곳이라면 갈 수 없다고 하여 치산을 포기하였다고 한다.

지금 의암댐이 있는 곳이 신연강(십년강)이고, 삼천리는 춘천시 삼천동 혹은 신북읍 산천리를 말한 것이다. – 중도이다. 그리고 구만리 고개는 '구만이 고개'를 말한 것이다.

78 ▲ "일맥이 있어 다만 고려말에 지어졌다"로 연결된 미륵들

▲ 춘천시 발산리 미륵사(현재도 있다)

▲ 삼악산 홍국사는 미륵이라는 궁예가 직접 세웠다 한다.

▲ 평창 갈왕산(가리왕산)　　● 평창 발왕산 발심사 갓을 쓴 미륵도인

▲ 서울 김포 발산동 마곡 개화역 (1번 출구) 미타사 갓을 쓴 미륵도인 세트가 서로 잘 맞다.

미타사에서 가장 눈길을 끄는 것은 법당 옆에 세워진 석조미륵불 입상으로, 개화산 흙 속에 묻혀 있던 것을 이곳으로 옮겨오면서 미타사의 가장 귀중한 성보문화재로 꼽히고 있다. 『양천읍지』에 "일맥이 있어. 다만 고려말에 지어졌다는 미타사는 **고려말 청계산 마왕굴에 맥들이 들어갔다는 굴, 고려말 양재 과천 성남 일원인 〈청계산 마왕굴에서 개화산으로〉 옮겼을 것이다.**

79 ☀ **일두 정여창 무덤 앞 오른쪽의 석수石獸[193]라고만 한 동물 모양도 맥貊같다.**

청계산에 정여창 관련 바로 그 지역의 마왕굴에 들어갔다는 그 맥들도 관련시켜 보게 된다.

맥은 신수神獸이기에 사람의 잘잘못을 알아보기도 하고 우둔해 보이는 몸매로 호랑이 사냥까지 하며(물과 뭍을 넘나드는 화석동물) 주인을 지키는 동물 중의 왕이다.

80 ★ **맥은 신수神獸이기에 사람의 잘잘못을 알아보기도 하고 평소 온순하다가도 화가 나면 입으로 호랑이 사냥까지 하며 주인을 지키는 동물 중의 왕.**

신수神獸인 맥은 의로운 주인을 지키고 그 옆에서 주인에 맞서는 상대방을 알아보고 나쁜 사람이나 위협적인 동물에게는 아주 혹독하게 덤비고 이기는 최고의 무서운 동물이었다. 해태로 잘못 기록을 하고 있으나, 비슷하다. 기후 탓에 한반도에서 없어지는 바람에 더욱 생소한 짐승이 되었으나 우리 민족의 상징이고 삶의 일원이었다.

81. 일상화하는 맥을 향해 일반인이 맥을 그려보다.

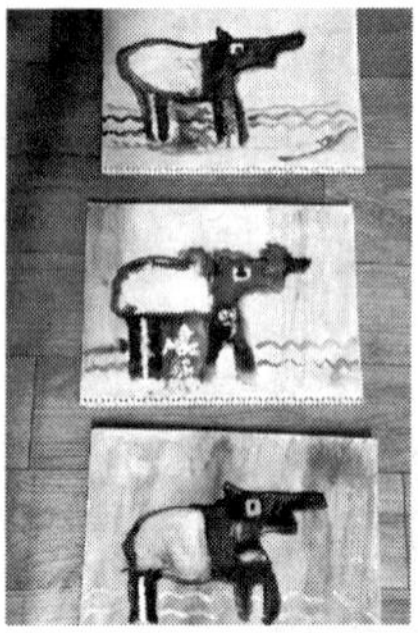

요즘에 한 디자이너(차유숙)가 쉽게 나의 설명을 듣고 – 맥에게는 손이나 마찬가지인 맥의 코입을 강조하며 그려 본 것이다.(우리 동북아시아 지역에 있던 말레이 맥이다). 왼쪽은 서울대공원 내 전시되고 있는 석수 맥의 사진이다.

우리는 원래 넓은 아시아 대륙까지 뻗쳐 살던 예맥족이라 컨텐츠 일상화의 기회는 많다.

맥[194]이에서 추후 동이족으로 하대하여 지칭한다. 즉 헌원과 진시황으로부터 중원에 중화사관이 성립하면서 '동이'라 비하) 현대에 와서는 단행본 이름도 『맥이』라고 나와 있다. 태조 이성계 때 지은 국사당에도 수경을 지은 곽박[195]선생을 모셨는데 일제하 강제 이전 후 지금까지도 인왕산 국사당에서 모시고 있다. 수경은 후에 역도원(386~534)이 주를 달아 40권의 수경주로도 보완하였다.[196] 후조선은 역성혁명으로 명나라의 눈치를 많이 봐 왔음인지, 아니면 그쪽에 영토가 겹쳐있었든지 고려에 비해 상당히 중원 문화에 많이 익숙해 있다.

또 그 맥을 중국 서역 태백산 아래 장안(서안) 섬서성 일대와 중국 효자상품 중국역사? 영화가 다 우리 맥貊으로 도배가 되고 있을까? 재미있는 것은 그들도 '맥'이라는 이름도 모르고 사용하고 있고, 정작 주인인 우리 예맥족(태호복희 신농의 고향이고 고구려의 전신이고, 춘천에는 맥국까지 있었다고 하면서도)

82. 맥에 관한 문헌

모두 조선의 후예들로 같은 언어를 쓴다.) [三國志] 范書, 句驪一名貊耳 [三國遺史] (王歷篇) 高麗 東明王 檀君之子 [三國史記] 高句麗嗣子 安勝 [李朝實錄] 王氏族人...[三國遺史] (王歷篇) 高麗 東明王 檀君之子

[說文解字] 朝鮮 魚名出貉國.................(단군)조선은 맥국에서나왔다[後漢書](東夷傳) 高句驪 東夷相傳以爲夫餘別種 句驪一名貊耳 …

(후한서 동이전) 고구려는 동이 서로 같은 언어를 쓰고 부여 별종이고 '구려'는 일명 맥이이다.

百濟高麗新羅基三國全朝鮮裔裔也用同語(백제, 고리, 신라 삼국 모두 (단군)조선의 후예들로 같은 언어를 쓴다.)[晉書]東夷傳 '朝鮮之東夷基國三韓本流朝鮮高麗百濟新羅國對三韓(단군)조선은 동이족이 세운 나라로서, 삼한의 본류는 (단군)조선에 있으며, 삼한을 통해 고구려(=고려), 백제, 신라가 나왔다.)

해동역사 제 3권 세기世紀 맥貊 – 맥貉이라고도 한다

○ 맥에는 백곡이 자라지 않고 오로지 기장만이 자란다. 성곽, 궁실, 종묘와 제사 지내는 예가 없으며, 제후의 폐백과 음식에 관한 법도가 없으며, 백관과 유사有司가 없다. 그러므로 세금을 20분의 1만 거두어도 (풍족하게 유지)한다.『맹자』

맥은 동북쪽의 오랑캐이다.『급취편성씨주急就篇姓氏註』

유주幽州의 동쪽은 예와 맥까지이다.『유주목잠幽州牧箴』

궁벽하고 먼 맥 지방은, 말이 시詩를 채집하는 자에게 전해지지 않고, 땅에는 정삭正朔이 미치지 않았다.『문선 칠명文選七命』

(시경을 쓰기 위해 채집하는 경우에도 그랬을 것이다 – 공자의 시경엔 맥과 가까이 지낸 노희제를 찬탄하는 글이 4편이나 있다)

○ 무왕이 상商을 정벌하자 화하華夏와 만맥蠻貊이 모두 다 복종하였다.『상서』

○ 하관夏官 직방씨職方氏는 구맥九貉의 사람을 관장한다.『주례周禮』 구맥은 주나라에서 복속한 나라의 숫자이다.『주례주周禮註』구맥은 바로 구이九夷로 동방에 있다.『주례소(周禮疏)』

○ 추관秋官의 맥예貉隷는 동북쪽의 오랑캐를 정벌하여 얻은 자들을 뽑아서 원역員役으로 삼은 것이다.『주례주周禮註』

○『모시毛詩』에, 선왕宣王께서 한후에게 / 王錫韓侯
퇴족과 맥족을 다스리게 하시었도다 / 其追其貊
비가죽을 조공으로 바치고 / 獻其貔皮
표범가죽과 말곰가죽을 바치는도다 / 赤豹黃羆 하였다.

○『모시』에, 노 희공이 서택까지 차지하여 / 遂荒徐宅
바닷가까지 이르렀도다 / 至于海邦
회의 오랑캐와 만과 맥의 족속까지 / 淮夷蠻貊
모두가 따르는도다 / 莫不率從 하였다.

경전經典에서 말한 맥은 대부분 동이東夷를 가리켜 말한 것이다. 그러므로 직방씨가 사이四夷와 구맥九貊을 관장한다고 한 데 대하여『정지鄭志』에, "조상趙商에게 답하기를, '구맥은 바로 구이이다.' 하였다." 하였으며, 또 추관秋官의 '맥예貉隷'에 대한 주에, "동북쪽의 오랑캐를 정벌하여 얻은 것이다." 하였다. 이 맥은 동이의 종족이다. 그런데 북쪽에 나뉘어 살았으므로 선왕 때 한후韓侯가 통솔한 것이다. 한漢나라 초기에 이르러서는 그 종족이 모두 동북쪽에 있어서 병주幷州의 북쪽에 다시는 맥의 종족이 없었다. 이에 또 말하기를, "그 뒤 퇴이니 맥이니 하는 종족들은 험윤玁狁에게 몰려 점차 동쪽으로 옮겨 갔다." 한 것이다.『모시정의毛詩正義』 시에 나오는 '기퇴기맥其追其貊'에 대하여『보전補傳』에서는, "맥은 북방에 있는 나라로 선성(先聖 공자를 가리킴)이 만맥蠻貊에 대해서 말한 설이 있다. 퇴는 북방에 있는 나라로 이곳에서 처음으로 보인다." 하였고, 모씨毛氏는 "퇴와 맥은 융적戎狄의 나라이다." 하였고, 소씨蘇氏는 "퇴와 맥의 사람을 준 것이다." 하였고, 정씨鄭氏는 "한나라 초기에 맥의 종족이 모두 동북쪽에 있었다." 하였고, 직방씨職方氏 구맥九貊의 주에서는 북방에 있다고 하였으며, 공씨孔氏는 "맥이라고 말한 것은 미워해서 그렇게 말한 것이다." 하였다.『시지리고詩地理考』'기퇴기맥'에 대하여, 정현은, 경전에서 말한 맥이 대부분 동이족을 가리키는데 한漢나라 때에는 이른바 예와 맥이라는 종족이 모두 동북방에 있으므로 이를 인하여 『모시전毛詩箋』의 끝에서 두 마디 말을 첨가하면서 "그 뒤 퇴이니 맥이니 하는 종족들은 험윤에게 몰려 점차 동쪽으로 옮겨 갔다." 하였다. 여기에서 강성(康成 정현의 자임)이 스스로 편치 못하여 그 설을 끌어다 댄 것을 알 수가 있다. 『일지록(日知錄)』

○ 제 환공齊桓公이 승거乘車의 회합을 세 번 열고 병거兵車의 회합을 여섯 번 열어 제후들과 아홉 번 회합하여 천하를 통일하였다. 북쪽으로는 고죽孤竹·산융山戎·예穢·맥貊·구진하拘秦夏까지 이르렀다. 『관자管子』

○ 『사기』에는, "조양자趙襄子가 구주산句注山을 넘어 병并과 대代를 격파하고 호胡와 맥貉에 임하였다." 하였다.

○ 『사기』 흉노전凶奴傳에는, "묵특冒頓이 강대하여 북방의 오랑캐를 모두 복종시켰다. 좌방左方의 왕王과 대장大將들은 동쪽을 차지하고 있었는데, 상곡上谷과 맞닿아 있고, 그 이후는 동쪽으로 예·맥·조선과 접해 있었다." 하였다.

○ 한 고조漢高祖 4년(기원전 203) 8월에 한왕이 초楚를 공격하여 광무廣武에 주둔하였는데, 북쪽의 맥貉과 안사고顔師古가 말하기를 "맥은 동북쪽에 있다. 삼한三韓의 족속은 다 맥의 종족이다." 하였다.

연燕에서 날랜 군사를 보내와 한나라를 도왔다. 『한서』

신이 살펴보건대, 이것이 중국에서 오랑캐들에게서 처음으로 군사를 빌려온 것이다. 무릇 오랑캐들은 이리나 승냥이와 같으니, 그들과 함께 일을 도모하여서는 안 된다. 그들이 있다고 해서 반드시 일을 성공할 수 있는 것이 아니고, 그들이 없다고 해서 반드시 일을 망치는 것은 아니다. 우리에게 일이 있을 때 그들의 힘을 빌릴 경우에는 비록 한 때의 뜻은 시원하게 할 수 있다 하더라도 뒷날의 폐해는 반드시 없다고 보장할 수가 없다. 한 고조가 이런 일을 한 뒤로 후세의 중국 왕들이 가끔 오랑캐들에게서 군사를 빌렸다. 그러나 이익을 얻은 것은 적었고 폐해를 받은 것은 많았다. 『대학연의보大學衍義補』

○ 한 무제漢武帝가 즉위한 지 수년 만에 팽오彭吳는 안사고가 말하기를, "사람의 이름이다." 하였다. 예·맥·조선의 길을 열었다. 『한서』 살펴보건대, 『사기』 평준서平準書에 "팽오가 조선을 멸하고 창해군을 두었다. [彭吳賈滅朝鮮置滄海]"고 한 데 대하여 『사기색은』과 안사고는 모두 "팽오는 사람의 이름이다." 하였다. 그런데 『통감고이通鑑考異』에는 "조선을 멸하고 창해군을 둔 두

가지 일 가운데 어느 것이 가賈의 계책에서 나온 것인지 모르겠다.” 하였으니, 이는 팽오가彭吳賈를 사람의 이름으로 본 것으로, 어느 것이 옳은지 모르겠다. 동사同史에는, “우수주牛首州에 팽오비彭吳碑가 있다.” 하였고, 또 “단군檀君이 팽오에게 명하여 국내의 산천을 다스리게 해 백성들이 편안하게 살게 하였다.” 하였는데, 이는 팽오가 한나라 때 사람인지 알지 못하고 우리나라가 처음 열렸을 때 팽오라는 자가 있어서 처음으로 길을 통하게 한 것으로 여겨 드디어 단군의 신하라고 한 것이니, 아주 틀린 것이다. 우수주는 지금의 춘천부春川府로 바로 맥국의 도읍지이다.

○ 명제明帝 영평永平 2년(59) 정월 신미에 광무황제光武皇帝를 명당明堂에다 제사를 지내었는데, 오환烏桓 · 예濊 · 맥貊이 모두 와서 제사를 도왔다. 『후한서』

○ 『후한서』에 또, “광무제 건무 원년에 오한吳漢이 우래尤來, 대창大槍 등 적賊을 추격하여 요서遼西와 요동遼東에 들어 왔다가 오환烏桓과 맥貊 사람들에게 격파되어 몰살하였다.” 하였다. 삼가 살펴보건대, 이곳에서 말한 맥 사람은 고구려와 소수맥小水貊을 가리키는 것이지, 춘천春川에 있는 맥을 가리키는 것은 아님이 분명하다.

○ 안제安帝 원초元初 5년(118) 6월에 예 · 맥이 고구려와 더불어서 현도를 침입하였다. 『상동』

○ 건광建光 원년(121) 정월에 유주 자사幽州刺史 풍환馮煥이 두 군의 태수를 이끌고 예와 맥을 토벌하였으나 이기지 못하였다.

○ 4월에 예와 맥이 다시 선비鮮卑와 함께 요동을 침입하였다.

○ 11월에 예와 맥이 고구려 · 마한과 함께 현도성을 포위하였는데, 부여왕이 아들을 보내어서 주군州郡과 함께 토벌하여 격파하였다. 『이상 모두 상동』

○ 영제靈帝 건녕建寧 2년(169) 12월에 예와 맥이 유주幽州와 병주幷州 두 주를 침입하였다. 『상동』

○ 노희공魯僖公 때 맥이 노에 가까웠다. 『모시정의』 『주자집전朱子集傳』에는, “퇴追와 맥貊이란 나라가 와서 공물을 바쳤다.” 하였다.

[주D － 001] 정삭正朔 : 정正은 1년의 시작을, 삭朔은 한 달의 시작을 의미하는데, 전하여 달력이나 역수曆數를 지칭한다. 제왕이 건국하면 달력

을 고쳐 천하에 반포하여 통치 지역 내에서는 모두 그 달력을 행하였다.

[주D - 002] 하관夏官 직방씨職方氏 : 직방씨는 주대周代의 벼슬 이름이다. 『주례周禮』 하관夏官에 속하여 천하의 지도地圖를 맡아 보았으며, 사방에서 들어오는 공물貢物을 관장하였다.

[주D - 003] 경전經典에서 … 모시정의毛詩正義 : 이 부분이 원문에서는 『모시전』의 내용으로 되어 있으나 『모시전』에는 이런 내용이 없고, 『모시정의』에 들어 있다. 원저자가 착각하여 잘못 기록한 듯하기에 바로잡아 번역하였다.

[주D - 004] 구주산句注山 : 산서성山西省 대현代縣의 서북쪽에 있는 산의 이름이다. 안문산雁門山이라고도 한다.

[주D - 005] 살펴보건대 … 모르겠다 : 이병도는 "『한서』의 '팽오천예맥조선彭吳穿濊貊朝鮮'을 『한서』보다 앞서된 『사기』평준서에 대조하여 보면, 거기에는 '팽오가멸조선운운彭吳賈滅朝鮮云云'이라 하여 천穿자가 가賈로 되고 예濊 자가 멸滅로 되어 있는데, 이는 『사기』의 원문이 어느 때 사오寫誤 혹은 판오板誤로 그렇게 된 것이라고 볼 수 밖에 없다." 하였다.『韓國古代史硏究 86쪽』

[주D - 006] 소수맥小水貊 : 압록강의 지류支流 동가강佟佳江의 예맥濊貊, 압록강 유역의 예맥족을 대수맥大水貊이라 하고, 졸본 부락卒本部落을 소수맥이라 하였는데, 여기에서 고구려가 일어났다.『韓國學基礎資料選集 古代篇, 정신문화연구원, 1987, 172쪽 주』[197)]

83 ◘ 다양한 아시아 맥문화 역할 나들이

사실 불고기는 옛 부여와 고구려 사람들이 즐겨 먹었다고 전해지는 '맥적(貊炙)'에서 발전한 음식으로 알려져 있다.

최남선의『古事通고사통』에 적힌 내용을 보면 다음과 같다. (중국 진나라 때의 책 『수신기 搜神記』를 보면) "지금 태시太始 이래로 이민족의 음식인 강자羌煮와 맥적貊炙을 매우 귀하게 안다. 그래서 주요한 연회석에는 반드시 맥적을 내 놓는다. 이것은 바로 융적戎狄이 쳐들어올 징조이다"라고 경계하였다는 이야기가 있다. 맥족에는 대맥大貊과 소맥小貊이 있었으며, 한 대漢代에는 이것을 즐겨 맥적을 중심으로 차린 연회를 맥반貊盤이라 하였다. 강羌은 서북쪽의 유목민을 칭하는 것이고, 맥貊은 동북에 있는 조선과 부여인과 고구려인을 가리킨다. 즉 강자羌煮는 몽골의 고기요리이고, 맥적貊炙은 우리 나라 북쪽에서 수렵생활을 하면서 개발한 고기요리이다. 『동국 세시기』에는 "서울 풍속에 화로에 숯불을 훨훨 피워 놓고 번철에다 조미한 쇠고기를 구우면서 화롯가에 둘러 앉아 먹는다"라는 기록이 있다. 이것이 오늘날까지 전해지는 '너비아니'이다. 여기에서 조미한 쇠고기에 대한 구체적인 내용은『산림경제』에서 찾아 볼 수 있다. 『서원방 西原方』이란 책을 인용해서 적고 있는 내용은 다음과 같다.

"쇠고기를 썰어서 편을 만들고 이것을 칼등으로 두들겨 연하게 한 것을 대나무 고챙이에 꿰어서 유염油鹽으로 조미해서 유油가 충분히 스며들면 굽는다." 여기에서 유염이란 '간장'을 일컫는 말이다. 짠맛과 은근한 맛을 내는 조선간장으로 조미한 것이 오늘날 우리가 '너비아니'라고 부르는 200년 전 불고기의 정체였다.

84. 한류에 맞게 맥적 새로이 진화하게

그런데 오늘날 불고기를 재우는 방법은『산림경제』의 방법과는 크게 다르다. 쇠고기를 왜간장에 버무린 후 여기에 설탕과 양파, 파, 마늘, 배즙 등을 넣고 몇 시간 재우면 된다. 이것은 '맥적'이나 '너비아니'로 알려진『산림경제』에 나오는 불고기와는 완전히 다른 맛을 낸다. 너비아니 형태의 한국 불고기는 재일 교포들에 의해 일본에 소개되어 그것이 오늘날 불고기로 자리잡았다. 1945년 전까지만 해도 일본에서는 전통적으로 쇠고기를 구워먹는 음식이 없었다. 1945년 이후 재일 교포들이 생계를 해결하고자 식당을 하면서 이른바 '이키나쿠燒肉'를 팔기 시작했고, 이때부터 일본에서 불고기가 유통되었다. 이것은 당시 일본 사회가 패전으로 인해 먹을 것이 부족했던 사정에 더하여 육식을 미국문화의 상징으로 여긴 당시의 사회적 인식과 맞아 떨어진 것이다.

일본인들이 즐기는 맛의 핵심은 양념에 있다. 식당에서는 가정에서 도저히 흉내낼 수 없는 달콤한 맛의 불고기를 만들었다. 결국 가정에서도 식당에서 맛볼 수 있는 불고기를 맛볼 수 있도록 불고기 양념인 '다레'가 개발되었다. 이 양념은 일본의 전체 식품시장에서 간장과 미소 다음으로 큰 시장 규모라 한다. 현재 우리가 먹고 있는 불고기를 만들 때 들어가는 양념 가운데 단맛을 내는 것은 양조간장으로 불리는 왜간장 · 설탕 · 양파 · 글루타민산이라는 화학조미료이다. 이 원료들 가운데 양조간장과 글루타민산은 모두 일본에서 출발한 것들이다.

가공식품류와 화학조미료가 판치는 식품시장과 그에 따른 우리 일상 음식의 변화의 현실을 직시해야 할 때이다. 어차피 시대의 변화에 따라 사람들의 입맛은 바뀐다. 그 맛의 변화의 이면에는 불고기맛의 변화처럼 문화의 의미가 숨겨 있는 것이다. 또 급속한 사회변화의 시점에서 볼 때 그 문화적 의미란 단순한 문화접촉이나 전파의 결과로 생긴 경우도 있지만 산업화 이후 맹목적인 서구 문물 숭배나 편리주의는 없었을까를 자문해 볼 때이다. 한국적 불고기인 너비아니를 새로이 개발하여보면 어떨까 한다. 음식점을 경영하는 사람들은 한 번쯤 생각하여 볼 문제이다.[198]

85. 신수 맥의 다양한 이름과 모습: 맥 · 해태 · 비휴 = 재물을 들어오게 하고 흉살을 막는다.

비휴[貔貅] : 범과 비슷하다고도 하고 곰과 비슷하다고도 하는 맹수. 비는 수컷이고 휴는 암컷이다. 맥은 물과 뭍 양쪽에서 다 살 수 있어 화석동물이 될 수 있었다. 따라서 맥은 물고기도 먹는다.

▲ 춘천박물관 석기시대의 토우들

▲ 몽골 텐트 속 궤짝(뒤주같은)의 맥

86 ☗ 중국 역사 영화, 드라마: 맥 용 해태 사자 중국도 혼용

▲ 상단 위 좌우가 다 완연히 맥용을 혼용 도안해서 쓰고 있다

87. 인도에서 온 김해 가야 허황옥족의 족휘(휘장)는 쌍어문 – 쌍을 이루는 물고기 문양이다.

김일제의 후손 김금씨 중에 한국 인구의 반에 가까운 김씨 – 3대만 흝어도 김씨가 있다. 인도 허황옥 관광이 늘고, 최첨단 산업도 같이 할 기회가 많을 것이다. 알타이=숲금이라는 뜻이다.

88 ◒ 맥족, 예족에 대한 지도 설들

"태호복희씨는 대수맥의 사람으로" 맥(땅 지)을 용(하늘 천)으로 상징적 표현.자오지는 소수맥에서 중원으로 내려오다. '맥貊'을 중국에서는 '묘' '모' 라고도 읽는다. 묘족은 현대에도 중국 해남성에서 살며 마을 입구에 자오지(치우) 환웅을 족장으로 모신다.

▲ 현재 중국 장안(서안) 남쪽의 환단 조선 피라미드

89 ⊙ 5,500년 전 고대국가의 형성을 증명하는 옥기문화 속의 맥

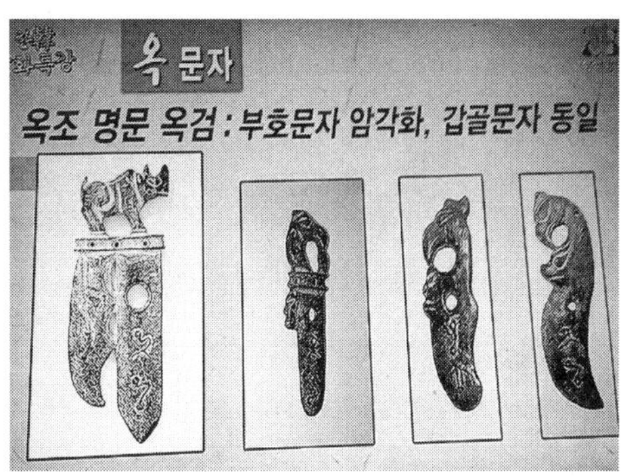

황산옥 맥

90. 미륵 – 인위적인 미륵, 자연적인 미륵

고려말에 서울 양천구 미타사 미륵

[200]

목포 미륵

갓모양에 대한 한국인의 경애심이 신앙심으로까지 나아간다. 목포 갓바위, 대구 갓바위 등은 영험하기로 소문이 나서 전국에서 많은 국민과 신도들이 찾아 기도하는 터이다.

지리산의 마고석상은 여성 미륵상으로 볼 수도 있다.

91 ★ 마고 막고 지리산 · 홍산 우하량 막맥 조선류 삼신할매 · 천산 삼위태백 서왕모 · 제주 선문대 할망 여신들은 서로 통한다.

홍산여신, 홍산 도소인간상 – 요가의 시작을 5,000년 전 인도 바라나시로 보고 있는데 홍산에서 발굴된 여신상이나 도소인간상을 보면 거의 앉아 있는 모습이 좌선하는 것처럼 비슷하다.

홍산여신상 왜에서 여신 아마테라스 오미가미가 나올 수 있었던 것도 여신사회 존재의 같은 맥락이다.

단군 7정승님들 중 치수를 맡은 〈팽오의 비〉가 춘천 우두산에(1907 헐버트 보고) 세워져 있었다. 80년대까지도 있었다 하는데,,. 강화도 마니산에는 단군왕검께서 참성단에 제를 지내러 오르시기 전 며칠씩 묵었던 참성단 제천 암궁터가 남아있다. 또 초대 왕검 단군의 3왕자들이 쌓은 정족산성도 남아 있어 양요가 있을 때마다 산성으로서의 역할을 다해 왔다. 강화에서 바로 가까운 바다 건너 황해도 구월산에는 삼성단과 단군활 터 등등이 남아 있다. ↔ 강화와 황해도,평양에는 단군릉과 그 전후시대 유적유물들이 숱하게 발굴되어, 단군 전후 역사현장임을 알게 하고 그 분들이 가까이 살갑게 대했던 한민족 하늘백성 천손의 땅임을 알 수 있게 한다.

92 ☗ 돼지와 비슷한 신수 맥201)일까? 꼬리가 긴 용일까? 맥貊이다.

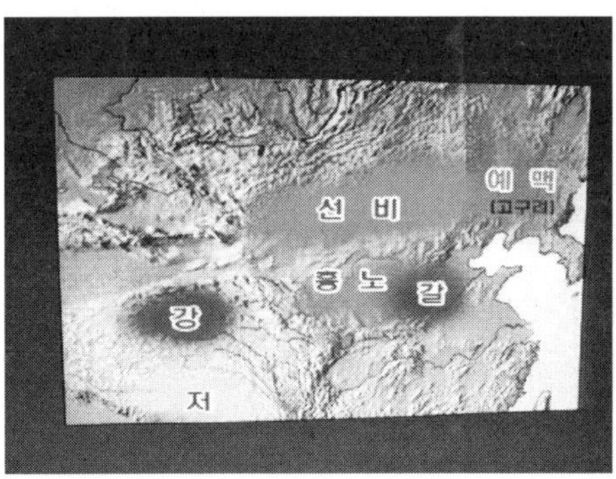

93. 메기=이어는 지진을 미리 감지한다. 물가의 맥 옆에 가면 매기=메기를 잡는다

한머리땅에는 물이 흔하다. 관문의 문을 열어 물이 다 빠진 후 모래 바닥이 나오면 민어들이 산란하고 그때 **맥은 새끼를 낳으러 온 민어를 잡아 먹는다. 그때 사람들도 민어를 잡아 부레에서 점액**질을 찾아 맥궁貊弓을 만들 때 아교로 쓴다. 그래서 '맥궁'이라 한다. 여름이 되면서 맥을 못 추는 어르신들께 권하는 생맥산과 민어, 복숭아. 생맥산은 생맥음이라고도 알려져 있는데, 일종의 여름철 건강음료. **맥을 살린다는 이름이 더위에 기진맥진한 사람들에게 딱 어울린다. 맥문동과 삼, 오미자**로 구성되어 늘어진 신체적 탄력을 회복시키고 땀과 더위로 소모된 부분을 보충해 준다. 차갑게 마시는 것도 좋지만 냉방과 차가운 먹거리로 탈이 나기 쉬운 계절임을 고려한다면 따뜻하게 마시는 게 좋다. 차게 마시더라도 입에서 냉기를 가시게 한 후에 삼키는 것이 좋다.

민어는 조선시대부터 사대부의 여름철 보양식으로 각광을 받아온 생선입니다. '民魚'라는 이름은 흔히 먹을 수 있는 국민음식 같은 느낌이지만, '민어탕이 일품一品, 도미탕이 이품二品, 보신탕이 삼품三品'이라는 당시 양반들의 유행어로 미뤄 보아, 꽤 귀한 식재료였음을 짐작케 합니다. 〈동의보감〉은 '민어를 회어鮰魚라 부르는데, 남해에서 나고 맛이 좋고 독이 없으며 부레로는 풀을 만든다'고 했고, 정약전의 〈자산어보〉는 '맛은 담담하고 좋다. 날 것이나 익힌 것이나 모두 좋고 말린 것은 더욱 몸에 좋다. 부레로는 아교를 만든다'고 소개한다. 민어의 부레의 기름을 제거하고 젤라틴 성분을 추출해 만든 아교를 어교라고 부르며 접착 후 굳고 나서 단단하기만 한 동물성 아교와 다르게 유연성이 있어 전통방식의 각궁의 재료로 사용되기도 한다. 나전칠기에서도 민어의 어교를 쓴 것을 최상품으로 친다. 부레를 두고 민어의 별미라고도 하며 부레 회를 기름장에 찍어서 먹으면 굉장히 맛있다고 한다. 전통음식 중에는 민어의 부레를 사용하여 순대를 해먹기도 한다.[202]

『성호사설 星湖僿說』에서는 메기를 제鯷라 하고, 일명 점鮎, 일명 언鰋이라 한다고 하였다. 제잠鯷岑은 중국에서 부른 우리 나라의 별칭이다. (제鯷: 메기, 큰메기 제)『난호어목지 蘭湖漁牧志』에서는.. **이마가 평평(平而夷)하므로 이어䲦魚 라** 한다고 하였다. 그리고 메기의 큰 것을 제鯷라 한다고 하였다. 『증보 산림경제』에서는 맛이 매우 좋으며 감장즙甘醬汁에 넣어 삶는다고 하였다. 『송남잡지 松南雜識』에서는 **옛날에는 없었는데 고려가 멸망할 때에 영남에서 처음으로 났으므로 이를 멸려치滅麗鯔라 한다고 하였다.**

94. 강원도 및 근처 강의 흔한 메기잡이

강원도 남대천 하류에서는 … 메기 낚시 등이 이루어지며, 상류에서는 피라미 버들치, 토종 메기 등의 다양한 어종 낚시가 이루어져 사계절 민물 낚시를 즐기는 강태공들의 발길이 이어진다. 간략하게 언급했지만 남대천에서 채취되는 골재의 양은 년간 15만 4천 입방미터이다. 이런 골재 채취로 인해, 하류에서는 수중촬영에 어려움이 많았다. 아침 9시이면 시작되는 골재 채취로 인해 혼탁한 물이 하류쪽으로 흘러 내려서 촬영을 포기해야 하는 경우도 종종 있었다. 이 곳 남대천에서 생활하는 사람들은 이 골재 채취에 대하여 다 한 마디씩은 한다. 예전엔 남대천 하류쪽에 팔뚝만한 메기들이 많았는데 지금은 메기를 보기가 힘들다고.(이 얘기 듣고 남대천에 메기를 잡으러 가는 PD는 없겠죠?) 메기는 자갈에 알을 낳는데 골재 채취로 인하여 산란 장소가 없어져 메기가 줄어들고 있다는 얘기이다. 실제로 4월경 하류에서 수중촬영 시 죽어 있는 뱀장어나 메기들을 많이 보았다. 왜 죽었는지 그 이유는 잘 알 수 없었지만. 또한 은어도 줄어들고 있다. 그 이유는 은어는 자갈에 붙은 미생물이나 이끼 등을 먹는데 골재 채취로 인해 흙이 떠내려와 자갈에 붙은 이끼가 부패해 버리거나 자갈 위에 흙이 쌓이기 때문이다.[203]

메기는 메기과에 속하는 민물고기. 중국, 일본, 타이완과 우리 나라의 하천 및 호소에 분포하며, 유속이 느린 곳, 연못의 모래, 진흙 바닥에 산다. 식품과 약용으로

널리 쓰인다. 학명은 Parasilurus asotus (LINNE)이다. 몸이 길고, 몸의 뒤쪽은 측편側扁하여 얄팍하다. 머리는 종편縱扁하여 넓적하다. 눈은 작고 입은 크다. 아래턱이 위턱보다 길고, 이빨이 예리하다. 입수염이 2쌍 있다. 등지느러미는 작고 뒷지느러미는 길어 꼬리지느러미 하엽下葉과 연결되어 있다. 가슴지느러미에는 굵은 가시가 있다. 몸빛은 등쪽과 옆구리는 암갈색 또는 황갈색이고 구름 모양의 불규칙적인 반문이 있다. 그러나 이 무늬가 전혀 없는 경우도 있다. 몸길이는 25~30㎝가 보통이나 큰 강에는 100㎝ 이상 되는 것도 있다. 우리 나라 도처의 하천과 호소湖沼에 분포하고 중국 · 일본 · 타이완에도 분포한다. 유속이 느린 곳이나 연못의 모래 · 진흙 바닥에 살며, 진흙 밑을 좋아한다. 낮에는 물 밑에 숨어 있으며, 주로 밤에 나와 활동하면서 새우 · 게 등의 갑각류, 수서곤충, 작은 동물 등을 잡아먹는다. 산란기는 5~6월이다.

"밤에는 산메기나 퉁가리 빠가사리가 잡히는데[204] 강원도 홍천 메기를 잡으러 산으로 갈까요. 통째로 돌 틈으로 끼워 넣어서 잡는 방법 낮에도 메기를 잡을 수 있는 장점이 있다. "저기 강원도 영월이고 산메기는 그물로 못잡지… 놓은 거 죽지 말라고 가둬 놓은 거야… **대충 이렇게 생긴 계곡에 버들치들이 모여 노는데면 산메기가 100퍼센트 있다**고 보면 된다. 잡는 법은 간단한데 낚시가게에 가서 지렁이 한 통이랑 양갈래로 줄에 달린 낚시바늘 …[205]메기를 잡고 물놀이로 시원한 여행을 만들고 왔어요 – 강원도 횡성의 한적한 마을로 즐겁게 캠프를 다녀 왔습니다. 이미 다녀온 경험이 있는 아이들이 가장 선호하는 장소로 선정된 곳[206]심곡 약천정보화마을, 메기체험 할인행사 실시 맨손으로 잡는'맨손 메기잡기'체험과 물놀이 및 물미끄럼틀 게임, 떡메치기와 간식파티 등의 일정으로 구성되어 있다.[207] 동해시청. 몸에 좋은 겨울 메기 잡으러 강원도 양구로 가보세여. 조사님들을 위해 한반도의 정중앙에 위치한 강원도 양구군에서 몸에 좋은 겨울 메기를 잔뜩 준비해 놓고 있습니다. 예부터 입맛을 돋우는 별미로 미식가들이 즐겨온 메기! 철분, 단백질이 풍부한 강원도 원주시 지정면 간현리에서 민물 및 그물을 놓아 메기, 쏘가리, 빠가사리, 장어, 눈치…. 강원도 횡성 산채마을에서 맨 손메기잡기와 버들치보쌈도전, 메기 장어 자라 빠가사리를 잡는 방법 메기, 피라미, 쉬리 등 어족 자원이 풍부해 투망. 간단한 낚시도구로도 물고기를 잡는 재미를 맛 볼 수 있습니다. / 강원도 인제 내린천 메기잡기 2014. 07. 27 포스팅 주제는 비오는 날?! - 메기편 - 입니당 어제오늘 강원도 인제는 비가 왔다가 매기를 잡기 위해서는 △요렇게 메기 잡는 바늘을 사서 지렁이를 껴줍니당 그리고...눈으로만 감상. 양평 메기수염 축제에서 즐거운 하루를 보내고 왔어요.

조선시대 말기에 편찬된 읍지들의 토산조에는 메기가 점어鮎魚 또는 언어鰋魚라는 이름으로 실려 있다.

한말의 한 조사에 의하면, 당시 메기는 낙동강 · 영산강 · 금강 · 한강 · 임진강 및 대동강의 상류에 특히 많았다고 하며, 이를 낚시로 잡기도 하고 낮에 하천이나 개골창에 숨어 있는 것을 손으로 잡기도 하였다고 한다.

메기는 식품으로서뿐만 아니라 약용으로도 쓰인다. 『동의보감 東醫寶鑑』에서는 그 약효에 대하여 부종浮腫에 물水을 내리고 소변을 잘 통하게 한다고 하였다. 메기탕 같은 음식은 오늘날 인기 있는 식품이나 메기자원 감소로 메기의 값이 아주 비싸며, 수요량을 양식으로 충족시키고 있다. 최근의 메기 어획고는 1,000M/T 내외인데 1997년의 어획고는 251M/T이었고, 양식에 의한 생산량은 2,323M/T이었다. 메기가 지진을 일으킨다는 속설이 있으나 그것은 잘못 전해진 이야기이고, 메기가 지진에 대한 감각이 예민하여 지진을 미리 안다는 것은 사실이다. [208)]

95 ☀ 12세 단군 아한 재위 52년 요하의 남쪽에 이르르자 순수관경의 비를 세워 역대 제왕의 이름을 새겨 금석문 중의 가장 오래된 것

丁亥元年이라. 戊子二年년이라. 夏四月에 一角獸가 見於松花江北邊하다.

:정해 원년(B.C.E. 1834) 무자 2년 초 4월에 외뿔을 가진 짐승이 송화강 북쪽에 나타나다.

秋八月에 帝巡國中중 이라가 至遼河之左 하여 立巡狩管境碑비 하고: 가을 8월 아한 단제께서 나라 안을 두루 순수하였는데 요하의 남쪽에 이르르자 순수관경의 비를 세워 刻歷代帝王名號 而 傳之 是金石之最也 니라. 역대 제왕의 이름을 새겨 이를 전하게 하셨다. 이것이야말로 금석문의 가장 오래된 것이라,

96. 後滄海力士 黎洪星이 過此 라가 題 一 詩
"이 어찌 단군의 자취가 아니겠는가."

후에 창해역사 여홍성은 이 비석을 지나며 시 한 수를 읊었으니 다음과 같다.

村郊稱弁韓촌교칭변한 하니	마을 밖 변한이라 이르는 곳에
別有殊常石별유수상석 이라	홀로 뛰어난 돌 하나 있네
臺荒躑躅紅대황척촉홍 이요	받침은 깨지고 (비에는)철쭉꽃만 붉게드리웠으니
字沒苺苔碧자몰매태벽이라	글자는 보이지 않고 이끼만 푸르구나
生於剖判初생어부판초하여	다듬어져 처음 생겼을 때 그대로
立了興亡夕입료흥망석 이라	흥망의 황혼에 우뚝 서 있으니
文獻俱無徵문헌구무징 이나	글에 보이는 증거는 하나도 없지만
此非檀氏跡차비단씨적	이 어찌 단군의 자취가 아니겠는가.

乙卯二十九 年년 命명 청아菁莪 褥薩 비신丕信 과 서옥저西沃沮 褥薩 고사침高士琛과 맥성貊城褥薩突盖 봉위열한封爲列汗.

을묘 29년 청아의 욕살 비신과 서옥저의 욕살인 **고사침과 맥성의 욕살인 돌개를 왕으로 봉하였다.**

무인戊寅 오십오십이 年년에 제帝가 돌아가시니 우가牛加 흘달屹達 立

무인 52년 단제가 붕어하시니 우가의 흘달을 왕으로 세우셨다.

韓民族 建國史에 國立太學史 以前 B.C.E. 1805년 (6,156年前) 에 제12세 檀君(阿漢天皇 30年) 有爲子를 國太師로 任하고 太學館을 세워 國子賢良 養成을 命하였다.는 上古史 存在한다

한민족 건국사에 국립태학사 이전 B.C.E. 1805년 (6,156년전)에 제 12세 단군(아한천황 30년) 有爲子를 국태사로 임하고 태학관을 세워 국자현량 양성을 명하였다.'는 상고사에 존재한다.

일본과 맥

97 ☗ 맥국왕자 춘천 우두산이 고향

일본 아마테라스 오미카미의 배다른 남동생 스사노오 미코토는 우두산이 고향인 맥국왕자였다.

스사노오는 춘천 맥국에서 일본으로 간다. 스사노의 아버지인 맥국의 왕이 바로 일본 천황이다. 스사노오는 고귀한 혈통을 가졌다. 맥국왕 일단 그의 아버지는 일본의 창조신인 이자나기 미코토, 그 부인은 이자나미 미코토[209] 그의 누님은 신도에게 최고의 신이자 태양신인 아마테라스 오오카미사마이다. (제주의 서사무가 자청비 신화와 비슷한 구조를 가지고 있다.) 스사노오는 오로치(뱀 종류)와의 싸움에서 승리한 후 흔히 '쿠사나기검'이라고 일컫는 검을 얻게 된다.

98 ☗ 고려견 고려개 고구려개가 아니고 맥견이나 맥이다.

이자나기 미코토, 이자나미 미코토, 아마테라스, 오오카미사마, 스사오 – 미코토 가문이 모두 맥국과 연결된다. 고마이누 – 고려(고구려)개라고 하나 한자로 맥견貊犬으로 쓰고 있다. 원초적인 맥의 존재를 모르니 그저 삼국시대에 매여 고려 고구려이다.

고려견, 고려개, 고구려 개가 아니고 그 이전의 맥으로 보인다. 지금은 철거되었지만 **이 고마이누가 일제시대에 일본이 조선에 3대신사로 여겼던 강원신사 앞에 있었다는 것 역시 의미가 있다.**

일제강점기에 일본은 3대신사로 서울남산, 부여, 우두산 등에 천조대신天照大神 · 명치천황明治天皇을 섬기는 나라신사들을 세웠는데, 강원신사에는 **'국혼대신國魂大神 아마테라스 오미카미에 소잔오대신素戔鳴大神'을 추가하여 강원신사를 세웠다.(소잔오대신 = 스사노오노 미코토)**

춘천에 이런 거대한 신사를 세운 이유인즉, 위의 역사적 관계에 대한 것이 아닐까한다.

99 ◘ 일본 · 일본신화까지 뻗힌 맥국 왕자: 일본 신 스사노오 미코토는 일본에서도 현재 신라 대명신으로 받들어 모시는 오우미近江 신라선신당에 모셔져 있다. 동시에 일본 3대축제의 하나인 기온축제의 중심신이다.

맥국 우두산에 고향을 두고 있는 스사노오 미코토(일본 천조 여왕 아마테라스 오미가미의 친 남동생) – 신라 대명신으로 받들어 모시는 오우미近江 신라 선신당에 모셔져 있다. 강원도 춘천부 맥국 우두산에 고향을 두고 있다. 이즈모 오사카 등에 추모(주몽)를 백제의 시조로 보아 – 온조의 친아버지로 착각. 관련 기사들이 많다. 오사카는 일본의 전라도 백제의 핵심![210]이다. 아마테라스 오미카미(일본어: 天照大御神)는 일본 고유 종교인 신도 최고의 신이다. '아마테라스'는 '하늘에서 빛난다'는 뜻이다. 이자나기의 왼쪽 눈에서 태어났으며, 달의 신 츠쿠요미의 뒤를 이어 아마테라스 그 다음에 남동생인 폭풍의 신 스사노오가 태어났다고 한다. 일본 기키記紀에 따르면 아마테라스는 태양을 신격화한 신으로, 황실의 조상신(황조신)의 일종으로 일컬어진다. 신앙의 대상이자 토지의 제신祭神으로서 모셔진 신사로는 이세 신궁이 특히 유명하다. 황실의 의식을 기록한 『연희식』이란 책에서는 자연신으로서 신사 등에 모셔진 아마테라스는 〈아마테루〉라고 기술되어 있다. 『고사기』에서는 아마테라스 오미카미天照大御神, 『일본서기』에서는 아마테라스 오미카미天照大神라고 표기되어 있다. 별명으로는 오히루메노무치노카미大日孁貴神가 있다. 태양을 관장하였으므로 신들의 최고 통치자였다. 천손 신화와 더불어 동굴 은둔 일화도 잘 알려져 있다. 술에 취한 스사노오의 행패를 보다 못해 스스로 동굴 속에 은둔하여 세상은 어둠으로 휩싸였는데, 다른 신들이 춤을 추어 아마테라스의 호기심을 자극, 동굴에서 나오게 하여 세상이 밝아지자, 다른 신들은 그 동굴을 영원히 봉인해 버리고, 스사노오는 행패에 대한 책임으로 지상 세계로 쫓아버렸다. 아마테라스는 일본 역대 천황에게 삼종 신기인 구슬(가타마), 칼(츠루기), 거울(카가미)을 하사했다고 했으나, 일본 천황 이외에는 삼종 신기를 실제로 눈으로 본 적이 없다.

100. 춘천 맥국 왕자 스사노오 오미가미가 일본에 벽화로 남아 있다.아마테라스 오미카미天照大御神로서 일본 이름은 호노코穗乃子라고도 하였다. 호노코穗乃子도 우리 발음으로는 "수繡"놓는 여자가 된다. "스사노오 미코토를 받들던 집단은 조선계 도래인의 집단이며 또한 한국 대장간 부족이며 샤먼적 집단"(〈出雲神話〉 1973)이라고 밝혔다.[211]

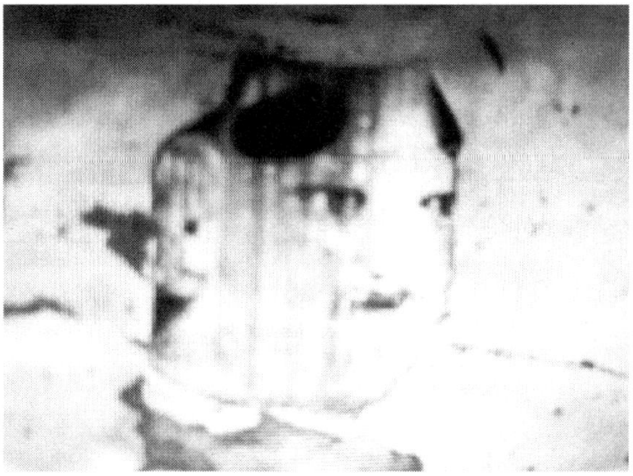

101. 스사노오의 딸을 수세리공주須勢理毗賣라고 했는데, 함흥 남쪽 정평군定平郡에 수시리 고성隨時里古城(400m토성)이 남아 있다. 수세須勢도 중국어 발음기호 표기식인 반절半切로 보면 "쉐(shue)"발음인데 "쇠"의 우리말 고어이다. 정평의 수시리 고성은 금이강金伊江이 감싸는데, 금이金伊도 "쇠+l"의 이두吏讀 기록이고 금이강이 쇠물이다. 이 지역에 광산이 많이 있으니 수시리 고성은 쇠를 다스리던 곳이다. 금이강 서북쪽 사수산泗水山(1747m)도 사수泗水가 곧 쇠물이다.

한편 [일본서기]에서 스사노오, 즉 초고대왕은 신라국新羅國 소시모리曾尸茂梨에서 (아들 구수대왕과) 배를 타고 일본 이즈모出雲로 왔다고 하였다.

신라국 소시모리曾尸茂梨(=蘇尸茂梨) 라는 곳도 역시 우리말 고어 발음으로 소시가 쇠를 의미하고 무리가 물을 의미하니 역시 쇠 – 물鐵을 뜻하며, 함흥 남쪽 정평군定平郡 수시리 고성隨時理古城(400m토성)이 신라의 소시모리 성이다. 본래 신라 땅이던 것이 백제 초고대왕의 개척 영지가 되었던 것이다.

한편, 금이강 남쪽에 이웃한 금야강金野江은 고대에 비류수沸流水라고도 이름했다. 따라서 스사須佐,速佐,素佐,速古,素古,肖古 등은 "쇠"에 이두의 소유격 조사를 붙인 표현으로 되니 스사노오建速須佐之男(shue – nam)는 우리말 "쇠왕, 쉐왕"이 된다. 쇠왕을 당시에는 "쇳남", "쇠사남"이라 기록한 것이다. **백제 초고대왕肖古大王은 백제의 속국速國, 내지 별국別國을 일본 본토 시마네현嶋根縣에 세운 일본신 스사노오建速須佐男, 즉 쉣남, 쇠대왕이다.** 이 바로 스사노오 초고대왕이 건너가 세운 일본 지명인 시마네현嶋根縣은 그 이름에서 일본 팔도八島의 뿌리가 되었고 일본의 뿌리인 것이다. [고사기]에서 **왜여왕 히미코卑彌呼(~247)는 일본에 도래한 초고대왕, 스사노오를 아나세阿那勢라고 불렀는데, 일본은 이를 동생이라고 풀이했으나 일본말 "아나"는 한자로 귀貴가 되므로, 귀세貴勢가 올바른 기록이며, 이는 존귀한 분을 가리키는 중국 고어이다.**

스사노 즉 초고대왕은 이즈모出雲 히가와斐伊川의 수가須賀에 야에가기八重垣궁을 세웠다. 히가와斐伊川는 함경남도 문천시文川市 서쪽 배지이천配地伊川에서 유래한 것이다. 문천시에 매성妹城이라는 고성이 있었는데 왕비를 기린 것이라고 고려되고, 히가와의 히斐도 여신을 의미한다. 함남 문천시에 절문루節文樓가 전해오는데 스시노오의 부인 이름도 쿠시나다櫛名田姬이다. 즉 쿠시나다가 문천시 배지천에서 초고대왕, 스사노오를 따라서 도일한 백제 본토 여인으로 고려된다. 한편 비이신사斐伊神社는 효소천황孝昭天皇 5년에 세웠다고 한다.

[일본서기]에서 스사노오는 신라에서 왔고 근국根國으로 돌아갔다. 근국이 오근내현이라고 하던 함흥 우수주?이다. 실상은 백제가 점령한 함흥에서 일본으로 갔고 다시 백제로 돌아가 초고대왕으로 즉위한 것이다.

[고사기]나 [일본서기]에서 스사노오가 이즈모에서 팔지대사八枝大蛇를 잡아 죽인 것은, 초고대왕이 일본 천조대신의 12신녀 중에서 8신녀를 잡아 야에가기八重垣에 가두고 후비로 삼은 것을 의미한다.

2년(167) 가을 7월에 몰래 군사를 보내 신라의 서쪽 변경의 두 성을 습격하여 깨뜨리고 남녀 1천 명을 사로잡아 돌아왔다.

8월에 신라 왕이 일길찬 흥선興宣을 보내 군사 2만 명을 거느리고 나라 동쪽의 여러 성들을 쳐들어 왔다. 신라 왕도 또 친히 정예 기병 8천 명을 거느리고 뒤이어 한수漢水까지 엄습하여 왔다.

신라군은 동해안으로 올라와 덕지강에서 금야강을 타고 요덕을 지나 대동강으로 온 것이다.

왕은 신라 군사의 수가 많아 대적할 수 없음을 헤아려서 곧 앞서 빼앗았던 것을 돌려주었다.[212)]

102. 일본 도처에 한국계의 인물을 주신主神으로 받들어 제사를 지내는 신사神社와 "소머리 대왕 신사牛頭大王神社"라는 명칭이 있다고 한다. 예를 들면, 스사노오 노미코토와 그의 아들 이소다게루

최태영崔泰永 교수의 일본 현지 연구 조사에 따르면, 일본 도처에 한국계의 인물을 주신主神으로 받들어 제사를 지내는 신사神社와 "소머리 대왕 신사牛頭大王神社"라는 명칭이 있다고 한다.

예를 들면, **스사노오 미코토와 그의 아들 이소다게루五十猛**, 신라의 왕자 아마노히보고天日槍와 그의 아들 이데도五十迹手를 받드는 신사, 그리고 신라신사들과 한신 신라신사韓神新羅神社, 백제 왕씨의 신사, 왕인박사의 사당들, 왕인의 후손인 스가와라 미지자네管原道眞를 받드는 덴만구天滿宮들, 고구려의 마지막 왕자 쟉고若光를 받드는 고마高麗신사들, 그 외에도 이나리稻荷, 가스까春日, 야사가八阪 신사들, 단군을 받들던 교구신사玉山宮를 비롯하여 한인계의 신사가 수없이 남아 있는데, 이들 신사에서는 한인계의 조상이나 유공자들을 주신主神으로 하여 제사를 지내고 있었다는 것을 알 수 있다.

103 ☗ '맥貊'에 대한 각국의 인식과 활용실태를 간단히 요약해 보면

① 중국은 맥에 대해 잘 모르면서도 그 문양은 적극적으로 활용하고 있다. 꿈을 먹는 요괴로도 활용한다.

② 일본은 이 한국의 '맥'을 꿈을 먹는 요괴 포켓몬스터로 각색해 어마어마한 큰

돈을 벌고 있다.[213)]

③ 영국령이었다가 독립한 중앙아메리카 벨리즈공화국은 나라동물로 정하고 맥의 멸종 위기를 보면서는 〈4월 28일을 맥의 날〉로 정해 보존운동을 하고 있다.

④ 영국은 정치적으로나 역사적으로나 과학적으로나 '맥'에 대해서도 잘 인식하고 있어, 춘천 중도가 맥을 역사적으로도 확연히 잘 드러낼 수 있는 '맥국'의 신성지역이고 중심지임을 일찍이 알고, 그 지역을 영국령처럼 만들 영국 레고로 덮어 씌우려 획책하고 있다.

⑤ 한국은 정작 맥족이고 맥국을 가진 나라이면서도 맥에 대해 완전 모르고 춘천 중도를 내어 놓으려 하니, 문제가 매우 심각하다.

Ⅲ. 일본의 한국 모독과 돈벌이의 일거양득인 맥의 후예 포켓몬스터 상품들 거부운동이 절실하다.

104. 일본의 한국 모독과 돈벌이 일거양득인 맥의 후예로 설정한 포켓몬스터 상품들 거부운동

한국인들 일상에서 일본이 만든 맥의 후예를 키우고 있다. 한국과 관련도 모르고 사들이고 같이 노는 맥의 후예들이 지천으로 늘렸다.

☞ 일본 애니메이션 〈포켓몬스터〉에 나오는 '슬리퍼'의 경우 '맥의 후손'이라는 설정이 처음부터 붙어 있다. 생김새 또한 맥의 특징을 가지고 있다.

나도 포켓몬스터(ポケットモンスター)가 그런 것인 줄 모르다가, 맥에 대한 관심을 가지고 이 글을 쓰며 이제사 알아, 속에서 화가 치솟고 울분을 심하게 느낀다. 울분을 느낀다면 이제 어떻게 해야 할까? 그래서 나의 삶의 진지한 구국적 노정 실사구국의 역사문화학이 더 절실하게 여겨진다.

한국인들은 만 명 중 한 명이나 우리 맥족과 맥貊을 알까? 모른다. 그 간의 교과서나 매스컴에 삶의 현실 제도속에 동물 '맥'이 배제되어 있었으니 나라가 99% 잘못한 것이고 민간이 1% 잘못한 것이다. 교과서에 넣어야 한다. 그리고 매스컴이나 문화산업 속에 넣도록 정부가 유도하는 지원사업을 빨리 해야 한다. 이 지구상에서 맥이 씨가 마르기 전에.(일제 창경원 동물원 시절부터 맥이 들어와 있었는지? 들어와 있었다.)

일제는 조선역사를 왜곡조작하는 조선사편수회 시절부터 맥과의 관계를 아는 전문가들이 유치하게 나섰다. 순종황제 릉과 침전 앞 석물 중 문인석 무인석 눈을 감게 하거나 유럽인 상처럼 얼굴을 만들거나 - 겉으로는 고종황제 홍릉보다 더 잘 만든다고 하면서 속으로는 모독과 헛탕질을 하였다. 포켓몬스터에 슬리퍼를 맥의 후예라 설정하여 이름을 슬리퍼 (잠자다, 아니면 신발), 맥의 긴 성기를 겨냥한 야유적 이름으로 '포켓에 넣어 손으로 주물럭 주물럭 가지고 노는 몬스터(괴물, 요괴)라는 뜻'으로 사용한다.

일제는 맥과 한국과의 관계를 일찌기 알았다. 일본 제국주의적 한국 긴역사 맥 선조와 문화 모독을 조직적으로 한 것이다. 일제 후손들은 아베와 함께 그 조선 모독과 침략의 아베류 망상의 맥을 잇고 있다. 우리 한국인이 우리 한국 것에 대한 태도를 알면서 모르면서 일제 식민사관의 궤처럼 대한다면 우리는 그들의 노리개감이 되는 것이다. 우리 아이들은 그것도 모르고 일제와 같이 우리를 우리조상을 모독하는 놀이를 하는 통탄할 일이 벌어지고 있는 것이다. 우연의 일치가 아닌 것 같다. 춘천맥국 중도터에 영일英日이 〈2012년 영일 무기공동제작 동맹〉까지 맺고 선조 왕족 지도자들의 고인돌 무덤터 · 제사터 위에다 일日이 2차대전 패전 후 100년 만에, 구한말처럼 영일 상호 무기에 전략까지 끌어들여 놀이터로 밟고 모독하려는 일을 하려는 것에 더욱 분노를 감출 수 없다.

포켓몬스터(ポケットモンスター)는 일본인들이 만든 맥 관련 - 포켓에 넣고 마음대로 손으로 주무를 수 있는 것을, 맥의 후예로 선정해 놓고 시작한다. 일본과 이미 중국에서 조차 포켓몬스터는 '꿈도둑'을 뜻한다.[214)]

맥이 한국과 관련된 동물임을 일본인들은 더 잘 안다. 다분히 한국을 희롱하는 저의가 매우 불순하다. 우리가 모르고 애용하니 더욱 우리가 바보 같이 놀아나는 것을 실컷 비웃고 있을 것이다. 가슴이 꽉 막히고 답답하다.

- 포켓몬스터 1세대 최면 포켓몬 중에 슬리피라는 포켓몬이 있습니다.

- 슬리퍼 아닙니다. 하하하 죄송합니다.

- Sleeper입니다. 이 친구는 슬리퍼가 진화한 형태인데…어떻게 코끼리가 이렇게 변했는지는 잘 모르겠습니다. 슬리퍼에 도감내용을 살펴보면, 「추 같은 것을 들고 다닌다. 아이들에게 최면술을 걸어 어디론가 데려간 사건이 있었다.」라는 무시무시한 내용이 있습니다.

사실 슬리퍼는 밤선인과 마찬가지로 귀엽지 않은 외모에다 그 당시 나왔던 야돈, 마임멘, 뮤츠, 윤겔라 등 다른 에스퍼 타입 포켓몬에게 밀려 인기가 없었습니다.

이를 안타깝게 여겨서인지는 모르겠지만 게임프리크에서 10주년 기념으로 이런 티셔츠를 만들었다고 합니다. 마치 슬리퍼가 아이들을 홀려 어딘가로 데려가는 듯한 모습의 티셔츠를 말이죠.[215)]

윗 내용에서 "어떻게 코끼리가 이렇게 변했는지는 잘 모르겠습니다"라는 말에서 맥은 코끼리같은 코를 가졌는데, 짧은 코를 가진 '맥' 이라 해야 맞는 단어이고

① **회사에서 처음부터 슬리퍼를 '맥의 후예 슬리퍼로 설정한다."**

② **또 티셔츠에 분명히 "Sleeper"로 씌어있네요.**

③ (맥의 후예로 설정한) "슬리퍼가 진화한 것"이라고 말했으니, 코끼리가 아닌 '맥'으로 해야 맞습니다.

예맥족인 한국사람으로선 '슬리퍼를 맥의 후예로 설정'해 놓고, 그 이름도 끌고 다니는 신발 슬리퍼나, 잠자다의 Sleep슬립과 "Sleep+er"=잠자는 사람으로 만든 일본기업의 그 저의가 상당히 거슬리고 분노가 차 오릅니다.

슬리퍼는 진화 전이나 후나 '음흉하고 변태스런 외모 때문에'로 이미지를 의도적으로 부정적으로 만들어서 변태의 포켓몬으로 이미지가 고정되어 있다. 게다가 "

아이들에게 최면을 걸어 어딘가로 데려가 버렸다"는 공식설정에다 아이들을 유괴하는 모습을 게임 상에서 보여주었고, 하필 "최면"이 모티브에 있는지라 그쪽 계통에서도 인기 만점. 애니에서는 일부러 그런 건 아니지만 사람과 포켓몬 둘 다에게 최면을 걸어 포켓몬과 인간의 관계를 이상하게 뒤집어 버렸고 시간/어둠/하늘의 탐험대에서조차도 **그 진화 전인 슬리퍼가 루리리를 부려먹으려다가 주인공 일행에게 두들겨 맞고** 연행된다. 슬리퍼를 두들겨 패는 이런 장면은 과장해서 일본 관동 대지진 때 한국인을 집단 학살하는 장면을 연상케 한다. 그리고 포켓몬스터 파이어레드/리프그린 버전에서는 숲속에서 길을 잃은 소녀를 데려가려다가 주인공에게 저지당하기도 하고, 포켓몬스터 10주년 기념상품에서는 아예 슬리퍼가 두 명의 어린이를 끌고 가는 티셔츠 도안을 만들기도 했다. **즉 슬리퍼는 나올 때마다 대개 범죄 포켓몬 이미지로 보여지고 있다.** 상기되어 있는 유괴범 이미지를 확인시켜줄 자료정리 링크. 이런 섬뜩한 설정 때문에 슬리퍼를 공포스럽게 그린 팬아트나 2차 창작들이 제법 많다.

그러나 Twitch Plays Pok – mon 시즌 1에서 최대의 난관이었던 포켓몬 타워에서 맹활약하고 현신한 HELIX를 대신하여 PC에 봉인됨으로서 팬이 좀 늘어났다. 슬리퍼 말고 진화 전인 슬리퍼지만.

여담이지만 이로치 슬리퍼는 분홍색이다. 암컷인 경우엔 그다지 신경쓰이진 않는다. 하지만 수컷일 경우 앞서 서술한 네타거리들과 연분홍 배색이 어우러져….

포켓 파를레에서 슬리퍼는 코를 만지면 좋아하고 귀를 만지는 걸 싫어한다. 그리고 슬리퍼는 목의 털을 만지면 좋아하고 추를 만지면 싫어한다.[216]

게임과 애니메이션이나 만화책으로 전세계 미디어믹스 총 매출액 1위(56조원)의 괴물? 요괴 컨텐츠로, 539억 4,000만 달러로 이는 2위인 420억 달러의 스타워즈 시리즈보다도 100억 달러 이상 앞서고 있다.

몬스터볼(Pok – Ball)이라는 가상의 휴대용 캡슐로 몬스터를 포획한 다음에 간편하게 데리고 다니며 키우는 게임의 내용을 표현한 제목이다.

포켓몬스터(ポケットモンスタ –)는 주식회사 포켓몬(The Pok – mon Company) 이 발매하는 게임 시리즈, 또는 이를 원작으로 한 텔레비전 만화 영화/만화/TCG 등의 미디어 믹스 작품, 또는 해당 시리즈에 등장하는 가상의 생물들을 통칭하는 말이다. 흔히 '포켓몬(ポケモン/Pok – mon)'이라고 많이 부른다. 최초 원작은 게임이다. 애니메이션이나 만화책같은 기타 다른 매체 및 관련 상품들은 이 게임에서 파생된 부산물이다.

게임의 1차적인 목표는 각 지방에 있는 8개 포켓몬 체육관의 체육관 관장을 이겨 체육관 배지를 8개의 포켓몬 체육관에서 모은 후, 이를 바탕으로 포켓몬 리그에서 사천왕과 챔피언에게 도전하는 것이다. 그 과정에서 라이벌과 경쟁하거나 시리즈별 범죄 조직을 소탕한다. 챔피언을 이기면 전당 등록이 가능한데, 전당 등록 이후에 엔딩이 나온다. 요즘 포덕 입장에서는 엔딩 후의 수집 및 대전요소가 메인이겠지만 1세대 개발 당시만 하더라도 – 발매 2주 전까지도 대전 시스템을 갖추지 않았을 정도로 스토리를 깨는 RPG로써의 비중 또한 무시못할 게임이다.

한국을 제외한 해외에서는 Pok – mon(북미에선 포키몬/푸키먼, 일본에서는 포케몬)이라고 부른다. 이것은 **포켓몬스터가 영어권에서는 남성의 성기를 의미하는 용도 때문에 바뀌었다는 이야기**가 있으나, 실제로는 **북미에 이미** 'Monsters in my pocket'이라는 장난감 프랜차이즈가 있기 때문에, 상표권의 트러블을 피하기 위해 바꾸었다고 한다. '포켓'이라는 단어 자체가 대놓고 성기를 가리키는 말은 아니지만 은근히 연상시키는 뉘앙스는 조금 있다고 한다. 실제로 미국 남부의 **일부 지역에서는 남성의 성기를 가리키는** pocket monster**라는 은어가 존재**하기도 하지만 전국구로 통용되는 표현은 아니다. 그러므로 수출 당시에 실제로 그것을 고려했을 가능성은 희박하다. (앞에서 성기가 다리만큼 긴 숫맥을 설명했다 참조)

일본에서는 앞의 두 글자를 따서 약어를 많이 만들기 때문에 ポケットモンスター(포켓토몬스타 –)의 ポケ(포케)와 モン(몬/몽)을 합쳐 포케몬이라 부르게 된 것이다. 다만 북미에선 상기 문제 때문에 정식 명칭까지 Pok – mon으로 바꾼 것이고 로마자 쓰는 국가들은 전부 다 Pok – mon 이라 쓴다. 일본판과 한국판은 단지 약어로 쓴다. 세컨드 파티이긴 하지만 닌텐도에 있어선 없어설 안될 중요한 IP 중 하나이기도 하다. 닌텐도 콘솔용 대표주자(console)가 젤다나 마리오가 있다면 휴대용(portable) 대표주자는 포켓몬이 있다고 해도 과언이 아닌데 대부분의 포켓몬 게임들은 다 휴대용 게임에서도 나왔고, 1위 마리오에 이어 가장 많이 팔린 비디오 게임 2위 자리를 전체 판매량 약 2억 8000만 장으로 차지하고 있다. 심지어 닌텐도의 모바일 게임 진출에도 포켓몬이 마리오보다 적극적으로 하였다.

② 영화 아포칼립토의 오프닝에서 주인공 일행들이 사냥하던 동물이 맥이다. 주인공이 아버지와 친구와 함께 맥을 사냥하는데, 결혼하고도 아이를 얻지 못한 친구에게 맥의 생식기를 날로 먹이는 장면이 나온다. 고대에는 작은 거시기가 미의 상징이었지만 크기가 정력과 직결된다는 믿음은 동서고금을 막론하고 언제 어디서나 다 있는 모양이다.[217)]

105. 일본의 한국 모독과 돈벌이 일거양득인 맥의 후예 포켓몬스터 상품들

맥이 일본에서 한국모독과 영업적으로 활성화되어 있다. **맥은 전세계 미디어믹스 총 매출액 1위(56조원)의 괴물 컨텐츠로 외국에선 잘 알려져 있다.** 포켓몬스터(일부 영어권에서 남성의 성기라는 뜻으로도 – 맥의 긴 성기 연관)☺ 포켓몬스터에 나오는 슬리퍼의 경우 맥의 후손이라는 설정이 붙어 있다. 일제는 맥과 한국과의 관계를 일찌기 알았다. 일본제국주의적 한국의 긴 역사 맥 선조와 문화 모독을 조직적으로 한 것이다. 일제 후손들은 아베와 함께 그 조선모독과 침략의 아베류 망상의 맥을 잇고 있다. 우리 한국인이 우리 한국 것에 대한 태도를 알면서 모르면서 일제 식민사관의 궤처럼 대한다면 우리는 그들의 노리개감이 되는 것이다. 우리 아이들은 그것도 모르고 일제와 같이 우리를 우리조상을 모독하는 놀이를 하는 통탄할 일이 벌어지고 있는 것이다. 우연의 일치가 아닌 것 같다. 춘천맥국 중도터에 영일英日이 〈2012년 영일 무기공동제작 동맹〉까지 맺고 선조 지도자들의 고인돌 무덤터 제사터 삶터 위에다 英日영일 지휘 아래 놀이터로 밟고 모독하려는 일을 하려는 것과 같은 작당에 더욱 분노를 감출 수 없다.

106. 맥은 지구 기후가 별로 춥지 않았을 때 시베리아 요하 흑룡강 아래쪽 부분 연어의 원래 고향[219)]에서도 마찬가지로 잘 먹었을 것이다. 물가에서 신선한 생선으로 담백질을 수시로 잡아먹던 맥이 지금은 마른 풀로 연명하니, 우리는 이 부분에서는, 앉아서 아니면 '잠들어 맥의 멸종을 기다리는 잠자는 이들' 바로 일본이 가지고 노는 맥의 후예 '슬리퍼'라는 말과 일맥 통한다 하겠다.

107. 한국인이 일상에서 오락 뽑기집에서나 장난감 집에서 모르고 만나는 맥의 후예들

한국인들 일상에서 맥의 후예 키우고 있다. 한국과 관련 모르고 만나는 맥의 후예들 사진이다.

한국의 웬만한 아이집에 가면 거의가 몇 개씩 포켓몬스터 류가 있다. 길에 가다 무심코 들릴 수 있는 포켓몬스터 류 뽑기 오락실집에서도 돈을 주고 한참 뽑아도 못뽑으면 주인이 안타까워? (또 오라고) 하나라도 덤처럼 준다고 한다. 초등 2학년 아이집을 방문해서 어느 것이 포켓몬스터 류인지 알려달라 했더니 금방 몇 개를 찾아내어 놓으며 설명도 잘 한다. 속도 모르고. 초등학교를 마치고는 스트레스가 풀리는 지 재미 있어 그런지 500원짜리라도 한 판 댕기고 집에 온다고 한다.

극장판 '포켓몬스터' '짱구는 못말려', 2030대 취향 저격 애니메이션 귀환

10대는 물론 2030 세대를 아우르는 애니메이션이 극장을 찾는다.

12월 개봉하는 '극장판 포켓몬스터 모두의 이야기'(이하 '포켓몬스터)는 지우와 피카츄가 특별한 이야기를 지닌 새로운 친구들과 함게 바람이 사라져 버릴 위기에 처한 바람 축제를 구하기 위한 모험을 그렸다.

'포켓몬스터'는 2030대가 어렸을 때 인기리에 방송된 TV 애니메이션 '포켓몬스터'를 떠올리게 한다. 10대는 물론 2030대도 충분히 공감할 수 있는 애니메이션이다. "피카츄, 라이츄, 파이리, 꼬부기~"로 시작되는 엔딩은 애니메이션을 본 사람이라면 누구나 기억할 것이다.

이번에 개봉하는 극장판 '포켓몬스터'에서 엣 추억에 잠길 수 있고 10대와 어린 아이들은 '포켓몬스터' 새로운 이야기에 빠질 수 있다.

▲ 극장판 포켓몬스터 모두의 이야기 Pokemon the Movie: Story of Everyone 평점 8.98.9점 감독 야지마 테츠오 출연 마츠모토 리카, 오오타니 이쿠에, 하야시바라 메구미, 미키 신이치로, 이누야마 이누코, 아시다 마나, 카와에이 리나, 하마다 가쿠, 오오쿠라 코지 장르 애니메이션 개봉 2018.12.19

▲ 사진='극장판 짱구는 못말려: 아뵤! 쿵후 보이즈 ~라면대란~' 포스터

세월이 흘러도 변하지 않는 짱구가 '극장판 짱구는 못말려: 아뵤! 쿵푸 보이즈~라면대란~'(이하 '짱구는 못말려')으로 12월 19일 돌아온다. 이번 '짱구는 못말려'는 떡잎마을 방범대 친구들이 전설의 쿵후 '말랑말랑권'을 터득해 세계 평화를 위협하는 '블랙판다 라면' 일당들의 음모를 막는다는 내용을 담았다. 천방지축 짱구는 여전한 엉뚱함을 선 보이며 여기에 쿵후 실력까지 뽐낼 예정이다. 특히 훈이 캐릭터가 이전과 확 달라진 모습을 보인다. 훈이는 짱구의 쿵후 선배로 톡톡한 활약을 관객들을 기대하게 만든다. 극장판 짱구는 못말려: 아뵤! 쿵후보이즈 ~라면대란~Crayon Shin - chan: Burst Serving! Kung Fu Boys - Ramen Rebellion평점7.87.8점 / 감독: 타카하시 와타루 / 출연: 박영남, 강희선, 김환진, 여민정, 정유미, 정혜옥, 이용신, 한채언, 윤여진 / 장르 애니메이션 개봉 2018.12.19. 에디터 박경희 gerrard@slist.kr [220]

각 주

각주

1) 이 자료를 김형주가 1993년경에 처음 접하고 1995년에 문화재조사보고서를 전라북도 문화재위원회에 제출하여 전라북도 문화재로 지정하게 되었다. 김형주, 2009.12.29, 부안독립신문 참조.

2) 강창미 · 이재선 부부 출판 축하로 보내준 설경.

3) 요즘 기독교는 안하무인식 태도, 무조건적인 믿음 강요, 무분별한 전도행위, 교회와 목사의 타락, 대형교회의 정치세력화, 자정능력 부족, 직업군별 성범죄 발생률 1위 목사, 교회의 세습, 탈세, 상업화, 타 종교 배척(불상 목 자르기, 단군상 목 자르기, 낙서 등)......으로 욕 많이 먹는다.

4) 부안군 우금산성(禹金山城 주류산성): 이 성은 백제가 멸망한 후 일본에 가 있던 부여풍扶余豊을 받들어 백제 부흥군이 663년 최후의 항전을 벌였던 주류성周留城으로 추정되는 곳이다. 위치 : 전북 부안군 상서면 감교리 산 65-3 시대 : 삼국시대 /관리처 : 개암사 우금 산성은 1974년 9월 27일 전북기념물 제20호로 지정된 산성으로 주류周留산성, 위금암位金岩산성 혹은 울금바위 산성으로도 불려지고 있다. 성곽 안에서 백제시대의 유물에서부터 조선시대의 유물들까지 발견되고 있어 오랫동안 사용되어졌음을 알 수 있게 한다. 성곽은 울금바위를 중심으로 주변 산봉우리와 함께 아래의 산골짜기를 감싸는 포곡식(包谷式) 산성이다. 성벽의 둘레는 약 3,960m에 달하며 높이는 3m내외로써 인근에서는 가장 규모가 큰 성곽이다. 성곽의 북쪽 가장 높은 봉우리에는 북장대北將臺가 있고, 남쪽에는 남장대南將臺가 있다. 성의 내부에는 묘암사妙岩寺 터와 함께 많은 건물지들이 남아 있다.

5) 정건재,『흑요석』

6) 김일권, “인류의 문화유산 고구려의 천문과 고분벽화”, 연합뉴스,『고구려고분벽화』, 43~44쪽.

7) 한국민족문화대백과사전, 다음.

8) 오행설은 음양의 이론과 밀접하게 연관되어 있는 까닭에 흔히 음양오행설로 불린다. 오행설은 음양이론과 마찬가지로 고대 중국인들의 세계관과 자연에 대한 이해에서 비롯된 것이었다. 중국 고대문헌에서 최초로 오행설에 대한 언급을 발견할 수 있는 곳은 〈상서〉의 홍범으로서, 홍범구주의 첫번째가 바로 오행이며 그 순서는 수 · 화 · 목 · 금 · 토로 되어 있다. 이러한 5가지 요소는 이른바 민용오재라는 것으로, 고대인의 생활에 불가결했던 5가지 재료를 가리키는 것이며, 그 순서도 사람의 생명을 유지하는 데 가장 긴요한 물과 불에서 시작해서 생활자재인 나무와 쇠붙이를 거쳐 모든 것의 기반이 되는 흙에 이르는 것이다. 그러나 이러한 순서는 〈예기〉의 월령에 나타난 목 · 화 · 토 · 금 · 수의 오행상생의 순서나, 제나라 추연이 정한 토 · 목 · 금 · 화 · 수의 오행상승의 순서로 변모된다. 추연은 처음으로 오행설을 체계화시킨 사람이다.오행설은 음양陰陽의 이론과 밀접하게 연관되어 있는 까닭에 흔히 음양오행설로 불린다. 오행설은 음양이론과 마찬가지로 고대 중국인들의 세계관과 자연에 대한 이해에서 비롯된 것이었다. 중국 고대문헌에서 최초로 오행설에 대한 언급을 발견할 수 있는 곳은 〈상서 尙書〉의 홍범洪範으로서, 홍범구주洪範九疇의 첫번째가 바로 오행이며 그 순서는 수 · 화 · 목 · 금 · 토로 되어 있다. 이러한 5가지 요소는 이른바 민용오재民用五財라는 것으로, 고대인의 생활에 불가결했던 5가지 재료를 가리키는 것이며, 그 순서도 사람의 생명을 유지하는 데 가장 긴요한 물과 불에서 시작해서 생활자재인 나무와 쇠붙이를 거쳐 모든 것의 기반이 되는 흙에 이르는 것이다. 그러나 이러한 순서는〈예기 禮記〉의 월령月令에 나타난 목 · 화 · 토 · 금 · 수의 오행상생五行相生의 순서나, 제齊나라 추연鄒衍이 정한 토 · 목 · 금 · 화 · 수의 오행상승五行相勝의 순서로 변모된다. 전국시대 제나라의 추연은 처음으로 오행설을 체계화시킨 사람으로서, 그는 중국 역대왕조의 흥망성쇠에 대한 연구를 통해 오행상승의 순서를 정립시켰으며, 오행의 덕德을 제나라에 부여했다. 즉 “목은 토를 이기고, 금은 목을 이기며, 화는 금을 이기고, 수는 화를 이기며, 토는 수를 이긴다”는 것을, 우虞는 토덕을, 하夏는 목덕을, 은殷은 금덕을, 주周는 화덕을 입었다고 해석하고, 나머지 수덕을 제나라에 결부시킨 것이다.한편 오행상생의 순서는 한漢나라초에 복생伏生이 체계화시켜 그를 통해 왕조의 변화나 만물의 운동과정을 설명했는데, 한대에 이르러서는 음양설과 결합된 음양오행설이 크게 유행하여 오행을 우주조화의 측면에서 해석하고, 그것을 일상적인 인사人事에 적용하게 된 것이다. 그래서 목은 육성育成의 덕을 맡는다 하여 동쪽에 위치하고 계절은 봄이며, 화는 변화의 덕으로서 방위는 남쪽이고 계절은 여름, 토는 생성生成의 덕으로 방위는 중앙에 4계절의 주主이며, 금은 형금形禁의 덕으로 방위는 서쪽이고 계절은 가을, 수는 임양任養의 덕으로 방위는 북쪽이고 계절은 겨울이라고 했다.또한 오행의 관계에는 상생과 상극相剋의 관계가 있어 상생은 목생화 · 화생토 · 토생금 · 금생수 · 수생목이며, 순서는 목화토금수이다. 또 상극은 수극화 · 화극금 · 금극목 · 목극토 · 토극수이며, 순서는 수화금목토라고 했다. 이렇게 오행설은 선진先秦시대에 성립된 뒤 한대에 이르러 체계적인 발전을 이룩하기 시작했는데, 이무렵에는 음양설 및 십간十干 · 십이지十二支 등과 결합되어 그 내용이 복잡하게 되었다. 특히 참위讖緯 또는 도참圖讖이라 하는 것이 오행설과 결부되어 한층 더 오행설을 복잡화 · 신비화시키게 되었다참위설. 참위란 6경六經의 숨은 뜻을 신비한 내용으로 해석하여 왕조의 흥망이나 인간의 운세運世 따위를 예언하는 것을 일컫는다. 참위와 결부된 오행설은 중국에서는 한대부터 크게 유행하기

시작해서 당나라 때 이르러 전성기를 맞게 되었는데, 한국에 오행설이 도입된 것이 바로 이 시기이다. 그 구체적인 모습은 삼국시대의 유적들에서 살펴볼 수 있다. 특히 고구려 강서대묘에서 볼 수 있는 현무玄武의 모습은 이미 이 시기에 청룡 · 백호 · 주작 · 현무와 같은 5행설의 사방위체계가 알려져 있었다는 증거가 되며, 5부5방제五部五方制와 같은 정치체제의 편제 역시 그러한 영향의 사례로 볼 수 있다. 또한 〈삼국사기 三國史記〉 백제본기에는 의자왕 20년 (660년) 땅속에서 나온 거북의 등에 "백제는 둥근 달이요, 신라는 초생달 같다"百濟同月輪 新羅如月新라는 참구讖句가 적혀 있었다고 하는데, 이 역시 참위설과 결부된 오행설이 존재했다는 증거로 볼 수 있는 것이다. 그리고..신라의 경우도 〈삼국유사〉에 나타난 〈만파식적설화萬波息笛說話〉나 태종무열왕비에 나타난 귀부龜趺에 비신碑身을 세운 것 등에서 보여주듯이 오행설의 많은 영향을 받았다. 통일신라 이후에는 중국에서 전래된 도교道敎와 역학易學 · 민간신앙 등이 결부되어 사주궁합四柱宮合에서부터 점복占卜과 풍수지리風水地理를 비롯하여 이제마李濟馬의 사상의학四象醫學에 이르기까지 당시의 생활에 커다란 영향을 끼쳤다. 오늘날 "오행생식"이라는 것도 등장해있다.

9) 이강식, 환국

10) T · C · 맥루한 저, 김은국 역, 위의 책, 39~42쪽. 시애틀추장, 다미쉬 족의 추장이 1855년, 그의 영지를 아이작 스티븐스 주지사에게 (강제로) 양도당하면서.

11) 윈스턴 처칠의 아버지는 (Lord Randolph (Henry Spencer) Churchill) 젊은 나이에 보수당의 중진으로 활동했으며 1886년 37세 때 하원의장 겸 재무장관이 되었고 머지 않아 총리가 될 것이 확실시되었으나 자신의 오판으로 그 해가 가기 전에 정치적 생명에 종지부를 찍었다. 윈스턴 레오너드 스펜서처칠 경 (KG, OM, CH, 1874년 11월 30일 ~ 1965년 1월 24일)은 영국의 총리(1940년 5월 10일 ~ 1945년 7월 26일, 1951년 10월 26일 ~ 1955년 4월 7일)를 지낸 정치가이다. 윈스턴 처칠은 말버러 공작 1세 존 처칠의 후손 중 한 명. 여왕 엘리자베스 2세는 1953년의 대관식에 즈음하여 처칠에게 기사작위를 부여하고 가터 훈장을 수여했으며, 같은 해 그는 노벨 문학상도 수상했다.1953년 5월 스탈린 사후 처칠은 서방측과 소련 지도자의 정상회담을 희망하여 이를 논의하기 위해 버뮤다 회담을 계획하고 있었지만 갑작스런 뇌졸중으로 회담은 취소되었다. 그러나 건강이 회복되어 1954년 6월 아이젠하워 대통령과 회담하기 위해 워싱턴을 방문했다. 11월 30일 그의 80회 생일에는 이례적이라 할 만큼 초당파적인 축하의식이 런던의 웨스트민스터 홀에서 거행되었다.그가 말년에 내린 중요한 정책결정으로는 냉전시대의 긴장을 해소하기 위해 정상회담의 개최에 노력을 기울인 것과, 영국이 '힘'을 바탕으로 교섭을 진행할 수 있도록 수소폭탄의 제조를 승인한 것을 들 수 있다. 1955년 4월 5일 노령과 건강의 쇠약 때문에 사임했는데 후임자 이든이 4개국 제네바 회담 계획을 발표한 것은 그로부터 불과 2, 3주 후의 일이었다. 총리직을 사임한 후에도 처칠은 계속해서 하원에 의석을 가지고 있었으며, '의회의 아버지'라고 불리게 되었고, 1955년 선거에서도 84세의 고령으로 당선되었다. 1956~58년에 또 하나의 주요저작인 〈영어 사용 민족들의 역사 A History of the English - speaking Peoples〉(4권)를 출판했다. 많은 명예가 주어졌고 많은 사람들이 그를 '현존하는 최대의 영국인'으로 생각했다. 1963년 4월에는 미국 의회의 결의에 따라 명예 미국 시민이 되었다. 1965년 1월 24일 런던에서 죽었을 때 그의 장례식은 왕족 이외에는 금세기 최초로 국장으로 거행되었으며, 세계의 모든 나라에서 조사를 보냈다. 그는 블렌엄 궁 가까이 있는 블래든의 교회 묘지에 양친과 나란히 묻혔다.

12) 참고기사: [평창읍 하리 청동기 유적지를 돌아본 나의 사유적 사색] 2016.09.27 이 표지판 아랫줄이 "이 사업은 복권기금의 지원을 받은 사업입니다"의 이러한 문구가 나의 시선을 자극한다. 하지만, 문화재 공사는 문화재 2급 기사 자격증만 올려놓으면 일반 공사의 10배 이상의 공사비로 산정된다. 월정사 8각9층 석탑이 국보라 그 난간석 공사도 문화재 공사비로 산정되기에 탑을 가려도 크기가 큰 2층 난간석은 그만큼 공사비도 10 곱하기로 커지는 것이다.?그것도 문화재 전문위원들의 심의가 통과되야 하는 것인데. 해인사 뒷마당에 조그만 3층 석탑의 난간석을 그냥 그대로 베낀 것이다(월정사 중창 공사의 허구란 글에 있다) 문화재는 지적 소유권이 없는지 몰라도 부피가 클수록 공사비는 10곱으로 산정될 것이고...또한, 얼마전엔 평창강 정비사업에 예산 확정이 되었다는데, 중앙부처에서 평창의 어느 후배가 최종싸인을 하였다. 그도 평창인이라 최대한의 노력을 경주하였으리라. 그보다 20여 년전 예술회관 건립엔 자금이 2~300억인데, 이를 배당받는 알려지지 않은 노력의 일화도 있듯이, 이번 평창 하리 청동기 유적을 문화재로 지역 유치엔 지역주민들이 이 많은 예산을 감당이란 차원보다는 평창인들의 의지가 첫째인 것이다.〈사진 참조〉평창 하리 청동기유물 발굴현장으로 왼쪽 위의 청색 포장을 들추니 호박돌 축벽의 매장지가 있으며, 그 위에 두께 8센티 이상의 연마된듯한 민무늬의 편마암이 상판을 덮고 있었다.도굴을 하는 호리꾼들은 古무덤등을 찌르고 다니며 도굴을 하지만,,, 분명히 명당같은 산세라면 봉분이 없는데도 찔러보고 도굴해 버리는데, 이곳은 명당론 이전의 너무 오래된 고 무덤이라 골동품이 없다고 살아남는게 아니라 행여 상판이 덮고있어 호리꾼이 찔러도 들어가지 않는 보호막에 유골이 지금껏 보존되고 있는 것은 아닐까? 발굴현장의 학예사의 말을 빌면 석실위의 판돌을 크레인으로 들고 처음엔 유골이 하얀색이었는데, 공기중에 나오며 금방 검게 변하며 환골이 되었다한다. 나는 이 이야기를 들으며 뭔가 혼돈스러웠던게 환골탈퇴란 묘에 물이 들거나 습기등이 차서 뼈가 녹고 오래 고여서 검은색으로 변한 것을 통풍이 잘되고 건조한 곳에 놓아두면 검은 뼈에 기포처럼 성애가 끼듯 점차 하얀색으로 변

하는 것을 환골탈퇴라 하는데 위의 하얀색이 검게 변한다고 환골일까? 한문의 의미나 사전적인 뜻으로는 그것도 환골일지는 모르지만, 그것은 역환골이라 생각한다. 즉, 석실에서 두개골서부터 다리까지 전신의 뼈가 2,500여년이 지난 지금에도 하얗게, 그리고 비파형 청동검도 부식되지 않고 완벽한 상태로 보존되고 있었는데 이 하얀 뼈가 밖으로 나와 햇볕을 보자 곧바로 검은 색으로 변한 것은 그 석실이 천하의 명당이란 뜻아니겠는가? 그럼, 과연 명당은 무엇일까?? 여기서 지관적인 명당론이 아닌 합리적 명당에 잠시 접근해보면,,, 옛날에 들은 이야기로 나의 먼 집안사람들이 조상 묘에 불만이 있어 이장을 결심하고 묘를 파는데 하연 김이 휙하며 빠져 올라왔다 한다. 앗차, 이곳이 명당이로구나 하고 재빠르게 틀어막았으나 그 김은 금방 날아가고 허사였다. 그리곤 이제 이 묘는 명당기운이 다 날라갔다고 아쉬워 했을 것이라..이러한 이야기에서 그 하얀 김은 신비가 아니라 지하의 찬 온도와 외부의 더운 공기가 만난 결로현상인 것이다. ?산세의 지층은 암반들이라,,, 용이 내려오고 하지만 그 단단한 암반속으로 용은 커녕 氣도 않 통할듯하지 않는가? 온도에 영향을 받지않는 이 암반속에서 찬 온도를 만들며 (우리나라 온도는 여름30도 겨울 영하 20도의) 50도 차이의 온도에도 영향받지 않을 냉장고같은 깊이 즉 천광시에 세자 두치니 혹은 닷자를 파 내려가는 의미는 적당한 냉장으로 차가워서 얼어있지 않은, 그리고는 시신은 뼈만 남고 그 뼈는 항상 깨끗하게 유지될 온기를 명당이라 할 수 있을까? 평창 하리유적의 유골은 이렇게 깨끗히 있다가 공기로 나오게 되자 산화되며 일반적인 검은색으로 변화한 것은 역 환골로 이곳이 2,500년 동안 명당자리였음을 시사하고 있는 것이다. 이는 두말할 것도 없이 최고의 명당자리이고 그 산하는 평창의 산과 들은 길지라는 것이다. 높고 푸른 가을 하늘아래 평창 뜰을 휘어감는 산세와 맑은 내, 인심 좋은 평창은 나의 어린 시절 정서가 담겨있는 곳으로 이곳, 해맑은 평창의 들녘이 이러한 대명당이었던 것이다. 〈사진 참조〉위의 사진에 50센티 정도의 검은 사각구멍이 한 기의 묘이다. 옆의 빨간 모래주머니 몇 개 들어갈 공간이 한 기의 묘라하니 이를 어떻게 받아들여야 하는가?? 이 숙제에 고고학자들은 어떤 답인지는 모르겠으나 화장을 하고서 그 뼈를 추려 매장했을가? 아니면 풍장을 했을까? 또한 순장의 풍습은 아닐까?? 청동 검의 각부 명칭은 ..(상; 평창 하리유적 출토당사의 석실내 비파형 청동경의 원래 보존보습) (하, 출도 후의 모습) 평창 하리 청동기 유적에서 발견된 비파형 청동검은 상당히 양호한 보존상태라 한다. 여기서 비파형 청동기는 슴베에 칼 자루를 끼우는 2단 형식으로 이는 단군조선 청동검의 특징이며 또한 우아한 곡선의 비파형으로 이번 평창에서 출토된 청동검은 비파형에서 세형으로 넘어가는 비파형 말기의 청동검임을 위 사진에서 알 수 있다. ?이 검은 꿩털 모양새처럼 중앙부에 등대라는 둥그런 마디를 볼 수 있는데, 이는 청동검의 구부럼방지이기도 하지만 살생시 뺄때 진공에 기포 주입효과의 장치이기도 하다. 또한 검날 중앙부에 돌기는 적당한 깊이로 찌르도록하는 표시로 장식성을 가지고 있다. ?철은 용융점이 1,530도이지만 청동기는 1,030도이기에 화목의 화력으로 쉽게 녹일수 있어 청동가 시대가 도래되었다. 인터넷엔 철기 시대가 먼저왔고 청동기 시대가 후발로 왔다는 이야기들은 없는데 그것은 초교시절부터 배운 것이다. 철기는 제련법이 좀 쉬워 일찍 제련법을 발명들 하지만 화목으로는 200도가 낮아 녹이기 힘들었고, 이런 이유로 청동기 시대가 먼저 왔었다. 청동기는 구리와 주석의 합금으로 철보다는 원석을 구하기가 좀 어려웠으며, 강도가 연하여 장식용등에 주로 사용되었으며 이후 세형동검 시대엔 복합적으로 철기시대가 도래된다. 초기의 철기시대는 세형동검 시기와 병행도 되는데 초기의 철기는 화목의 화력이 낮은 이유로 탄소 함유량이 적은 잡철을 만들어서 농경도구로 사용하지만 녹이 슬고 강도가 약하였다. ?세형동검 이후 시기엔 철기문명이 도래되지만, 양질의 주철은 AD 1,000년경 중원의 작은 나라인 송나라때 세계 철기3/4 이상을 생산하였는데 그들은 풍로를 발명하고 숯을 만들어 화력을 200도 더 올려 강질의 주철을 만들게 되었다. %우리나라 비파형동검문화의 개시 연대는 만주지역 발굴자료로 BCE16~14세기로 보아야 할 것이라는 견해도 있습니다만, 한반도의 청동기 시대는 기원전 1500년경에서기원전 300년경의 시기에 해당하며, 민무늬토기를 사용했기 때문에, 민무늬토기 시대라고도 합니다. 청동기 시대를 지역적으로 일명 민무늬 토기시대라 부르는 것은 청동기 시대가 없이 철기시대가 다가온 지역도 있어서, 그에 구분법이며, 대부분의 비파형동검은 고인돌에서 출토되고 있어, 고인돌에 동반되는 유물로 파악하고 있다. ?비파형동검이 출토되는 지역은 모두 단군조선의 영역으로 보는 시각이 퍼져 있으나 일반적으로 미송리형토기, 탁자식고인돌 등이 동반되는 경우에서 단군조선의 영향권에 속한다고 보며, 그 이외의 비파형동검은 동호족(산융족) 등의 문화로 구분하기도 한다. 그런데, 평창의 비파형 청동검의 특징은 14기 묘에서 미송리 토기는 출토되지는 않은듯 하지만 마제석기등 다수 매장품이 출토 되었으며 일반적인 고인돌에서 나온 것이 아니라 석실에서 출토된 점이다. 석실은 측벽을 석조가 아닌 호박돌 등으로 쌓은 원시적인 상태이지만 2,500여년 시간에도 헐어짐도 없이 완벽하게 보존되었는데 당시 얼마나 과학적으로 성의있게 쌓았는가를 알 수 있다. ?일반적으로 단군조선의 청동기 시대에 대한 견해는 비파형 청동검이 미송리 토기와 고인돌이 함께 존재하면 단군조선 청동검이라 보는 학자들의 일반적 견해로 해석해서 평창 하리 유적은 그러한 일반적 설명엔 포함되지 않는다. 그렇다고 산융족 청동검은 아니다.?단군조선의 비파형 청동검의 쇠락기로 세형 청동검으로 변형되기 전의 시기이며 이는 고인돌에서 석실로 전향되는 석실 초기의 시간대이기에 일반적인 설명으로 부족한 것으로 평창 하리 청동기의 시기적 변화와 초기적 석실의 학술적 자료와 증거로 보존적 가치를 높이해야 할 것이다. 춘천의 중도 인공섬에, 1,000억의 영국계 자금을 들여와, 위락시설 공사도중 청동기 발굴은 400㎡정도의 섬자체가 청동기 유적지로 약 140여 기의 주거지와 40여개의 비파형 청동검등이 발굴되며, 우리나라 단일 유적으론 최대의 청동기 문화가 발견 되었다. 그런데, 뭔가 너무나 빠른 듯한 9개월만에 출토 종료되었으며, 이젠 시민들의 잇달은 건의에 힘입어 출토지도 보존으로 가닥이 잡혀가며 중도 관광사업은 빨간불이 되는 듯하다. 여기에서도 보면 시민들의 의지가 중요한 요소로 작용하고 있다. 중도 유적은 160여 기 고인돌 중 90여 기가 넘는 고인돌에서도 유골의 뼈는 녹아 산화되어 전혀 없고 동검은 녹슬은 상태이지만, 평창 하리 석실의 동검은 석실에서 유골과 함께 잘 보존되어있어 고대인들도 고인돌보다는 석실이 더 좋은 것이란 점도 간파한 듯하다. 평창 하리 청동기 유적은 이러한 석실의 태동을 가져오는 초기적 석실의 역사의 현장인 것이다. 평창 하리 유적은 이러한 청동검과 무문토기인 미송리 토기가 출토되는 비파형 청동기 시기의 학계의 일반적 이론엔 없는 세형동검 시기로 넘어가는 과도기적 현상으로 중요한 학술자료일듯 싶다. 또한, 피장자의 인골은 古인골 학회로 넘겨져 DNA를 통하여 현대과학의 모든 정보를 가지고 측정하여 자료화 하게 되며 청동기 시대의 표준으로 평창인이 단군조선의 표준으로 자리잡게 될 듯하다. 또한, 인골은 지역 박물관이 없을 시는 고인돌학회에 보관될 듯싶다. 요즘 DNA 자료는 개인이 머리카락이나 손톱등 신체의 일부를 소포로 보내면 샘플 표본에 의한 의학적 상태를 알 수 있는 시대로 정밀한 조사를 디지털화하여 보존하며 부여 구석기 박물관의 구석기인 영상자료같은 청동기시대 청동기를 가진 단군조선인들의 일상을 시뮬레이션화한 영상으로 제작이 될 스 있다. 이 제작의 자료엔 피장자의 DNA 검사자료로서 그의 식사,그의 환경을 토대로한 단군조선인의 샘플의 표준은 평창산하의 평창인이 되는 것이다. 그러기에 평창인들은 평창 지자체의 발의에 의한 지역 박물관과 이 유적지를 보존해야 할 사명을 지니게 되는 것이다. 만약 이러한 영상매체도 우리의 지역 박물관이 없어서 다른곳, 아마 강릉 등지의 박물관에서 히트치면 평창은 또 한번 좋은 소재를 잃어버리고 평창을 자랑할 테마인 평창의 위상을 잃게되는 것입니다. 이렇게 타 박물관에 위탁되면 마치 〈한치 뒷산의 아리랑을 가져간 정선은 몇 해전 성마령에다가 이곳 정선에서 성마령을 넘어 미탄으로 아리랑이 전래되었다는 아주 샛빨간 공산당식 어거지도 통하게 되며〉 평창은 뒷머리를 한방 맞은 것입니다. 후일 이런 愚를 범하기보다는, 평창군민 스스로의 노력으로 우리 것을 갖추어야 할 것이다다. 평창단군조선(가칭) 박물관의 태동은 이곳 평창의 천동, 종부, 주진, 임하, 상리등지의 구석기 유물들도 함께 전시하여 이 고장의 역사를 통하여 과가에도 살기좋은 명품고장임을 증명함과 아울러, 주변지역의 영월, 정선보다 먼저 앞서 〈태백 영서의 고 유적 메카〉로 부상하게해야 할 것이다. 평창 하리유적은 지금도 문화재로서 앞으로 심의에 어떠한 귀결과 상관없이 이땅의 후손으로서 스스로가 보존하여 그 가치를 높여야 할 때입니다.. 또한 매장자의 유골은 고인골학회의 검사 자료화와 결손 뼈인 대퇴부등이 보강될 것이다. 그러나 이 지역에 모실 박물관이 없으면 그는 평창인으로 죽어서도 영원히 평창에 묻혔지만 2,500여 년 지난 어느날 이 지역 후손들의 불찰로 고향을 등지고 유랑길에 오른다면 이 또한 좋은 모양새는 아니라고 생각합니다. 이 피장자의 유해를 이 고장의 선인으로 이땅에 모셔야 당연한 도리이며, 또한 우리는 먼 후대인으로 이땅에 전국에 하나뿐인 청동기 시대인의 가칭 〈단군조선인을 만나러 평창으로 가자!!〉는 등 단군조선의 정통성을 이어받는 선조에 대한 감사와 기념의 제를 지내게 하는 것과 함께, 또한 전 국민적인 단군조선 역사의 장으로 하는 평창의 테마로 자리잡게 노력해야 될 것이다. 이러한 "평창 하리 청동기 유적"에 대한 저의 소견으로 모든 평창인들은 중지를 모으고 군 지자체를 중심으로 하나가 되어 역사를 소명하고 아름답게 가꾸어 밝은 미래의 평창을 위한 도전에 전력을 다해야 할 때입니다.?감사합니다. 일전 평창초교 100주년 기념사업으로 그 2년전 저의 글중엔 '현대사회가 존재하는 한 시대를 넘어선 지성으로 그 이름이 영원히 기억될 가산 이효석 선배님의 동상을 모교에 건립하여 모교의 동문으로 그 이름을 빛내며 또한 자라나는 후학들에게 희망의 메세지를 전하여 주기위한 모뉴먼트적인 기념상을 만들자"라는 글이 있습니다. 이 글을 보신 어느 선배님이 - 부족한 듯한 설명이지만 저의 이 제안으로 - 모교에 가산 이효석 선배님의 동상을 세우셨듯이... 저의 조그만 이 글 한 줄이라도 후일 평창에 영서의 역사의 메카인 역사 박물관 건립과 이로 인하여 평창은 영서의 기수로서 거듭나길 희망합니다.

13) 새롭게 하루 시작 원문보기▶ 글쓴이 : 햇님(sun), 다음.

14) 아베의 입을 가택연금하라[출처] [강사 하철] 아베의 입을 가택연금하라|작성자 올리브http://blog.naver.com/olive8001/70181769149출처: http://skang3441.tistory.com/784 [캐나다加人강신봉]

15) 목 문성, 천문유초天文類抄,

16) 세종의 신조인 '여의이위범사전치 칙무불성予意以謂凡事專治, 則無不成'은 무슨 일이든 전력을 다해야 이루어진다는 뜻이다. 세종은 많은 독서를 통해 세상을 사는 이치와 사람의 도리를 익혔다. 앞선 이들의 좋은 점을 책으로 간접 경험했다. 다독과 정독을 병행했는데 중요하거나 이해를 더 깊게 해야 하는 책들은 100번 이상 읽었다. 구양수와 소동파가 주고받은 시를 정리한 [구소수간]을 1,100번을 읽은 게 좋은 예다. 이처럼 정사에 바쁜 임금은 책 읽는 시간을 확보하기 위해 사고(四鼓 : 오전 2~4시)에 일어났고, 하루 5시간 공부원칙을 지키며, 내전(內殿: 왕비의 거처)에서도 글 읽기에 조금도 나태하지 않았다. 세종의 독한 공부는 평생 공부로 구현되었다. 그래서 정치, 문화, 경제, 군사, 과학, 역사 등 다양한 분야에서 빼어난 업적을 남겼다. 왕자 시절에는 아버지 태종이 걱정할 정도로, 등극 이후에는 신료들이 건강을 염려할 정도로 공부에 몰입했다.수학은 제왕학의 근본이다. 조선의 학자들은 실용학보다는 인문학에 깊이 빠졌다. 물론 조선시대 실용학과 인문학의 구분은 현재와 약간의 차이가 있다. 조선시대 유학자들이 추구한 책 읽기는 독서공부였다. 삶의 자세를 궁극적으로 탐구하고, 자신을 수양하는 계기로 삼았다. 유교 인문학은 철학적인 면에 치우쳤다. 세종은 나라를 경영하는 데는 실용학과 인문학이 융합

되어야 함을 생각했다. 그래서 신료들에게 실용학인 역사학 공부를 권유했다. 수학, 천문학, 음악, 의학, 역사학, 외국어 공부는 모두 생활을 윤택하게 하려는 방편이었다. 수학을 국가 경쟁력으로 보고, 연구원들에게 더 높은 수준의 공부를 요구했다. 향악과 아악을 고루 신경 써 맹목적인 보수와 무조건적인 외국문물의 수입에서 이상적인 균형을 유지하게 했다. 또 하늘길은 조선과 명나라가 다름을 분명히 하고 독자적인 천문학 공부 분위기를 조성했다. 의학과 역사 공부에서도 주관을 확립시켰다. 학문 탐구는 과학과 미신을 구분하게 했다. 이처럼 겉만 화려한 공부보다는 인문학과 실용학의 경계를 넘어 자신과 백성의 삶을 윤택하게 만들 수 있는 공부를 독려했다. 충보다 효! 최고의 스승은 아버지다. 세종의 궁극적 꿈은 예의국가 완성이었다. 윗사람을 공경하고 아랫사람을 보살펴 사람답게 사는 사회를 건설하는 것이다. 이는 왕실부터 솔선수범해야 효과적이다. 왕은 자기도야에 이은 만백성의 바른 통치에 나섰다. 임금은 아버지에게 무릎을 꿇었고, 노인에게는 일어서서 답례했다. 제왕의 모습이 아닌 아들과 연소자의 예절을 택했다. 또 최고의 스승은 아버지임을 인식하고 세자, 수양대군을 직접 가르쳤다. 그 방법은 밥상머리 교육이었고, 스토리텔링 교육이었고, 내리 공부였다. 세종의 육성이다. "나는 날마다 세자와 더불어 세 차례씩 같이 식사한다. 밥을 먹은 뒤에는 세자가 동생들에게 옛 교훈에 대해 말하게 한다. 나도 또한 수양대군에게 공부를 가르쳐준다." 며느리를 훈계하기 위해 [열녀전]을 가르쳤고, 왕족에게는 엄격한 원칙을 요구하며 종학에 입학시켜 교양교육을 받게 했다. 평생공부가 만든 세종의 지식경영... 또한, 임금은 이론과 실습을 중요시했다. 세자에게 대리청정을 시킨 것이 한 예다. 신료들의 반대에도 불구하고 임금은 세자에게 강무, 대리청정을 지속적으로 시켜 이론공부와 실습을 병행 할 기회를 주었다. 생계형 범죄와 인륜 범죄를 구분하고, 사회적 약자를 보호하는 사회보장제도를 실천했다. 많은 공부를 통해 투철한 역사관, 국방관을 가진 임금은 나라의 강토를 넓혔고, 국민 통합을 위해 계승의 정책을 폈다. 이처럼 다양한 인재를 다스리고 시대를 뛰어넘는 창의력과 실행력은 세종의 깊이 있는 평생 공부에서 시작된 것이다.

17) http://news.chosun.com/site/data/html_dir/2016/07/01/2016070101504.html

18) 입력 2016. 07. 02 03:00 [김두규의 國運風水], 거북바위 교재 2003 참조.

19) 국민일보 쿠키뉴스 이기수 전문기자 kslee@kmiB.C.E. o.kr

20) 국내 여행객은 점점 해외로 빠져나가는 반면 외국인 관광객의 유입은 늘어나지 않고 있다.한국경제원은 5일 한국 가계소비에서 해외 순소비(외국인 국내소비 – 가계 해외소비)가 차지하는 비중이 OECD 32개국 중 5번째로 높았다는 연구 결과를 발표했다. 해당 보고서에 따르면 한국보다 해외 순소비 비중이 많은 4개 나라는 노르웨이 · 리투아니아 · 벨기에 · 독일이었으며, 22개국은 외국인의 국내 소비가 내국인의 해외 소비보다 많았다.이는 자연스레 국내 관광산업계의 위축으로 이어졌다. 한국은행의 국제수지 자료에 따르면 한국 여행수지는 지난 2015년 이후로 꾸준히 연평균 100억달러 안팎의 적자를 기록하고 있다. 사드 배치 사태로 중국 단체관광이 중단됐던 2017년에는 적자 폭이 171억1,000만달러로 크게 증가했다. 2015년 기준 한국 관광산업이 GDP에서 차지하는 비중은 1.8%로 OECD(전체 평균 4.2%)가 관련 데이터를 공개한 25개 회원국 중 24위에 그쳤다.◇ "비용 차이 크지 않다" 급증한 해외여행한국인의 연평균 해외여행 횟수는 2013년 1.2회에서 2017년 2.6회로 두 배 이상 늘어났다. 이는 여행객들 사이에서 국내 여행지의 선호도가 그만큼 떨어졌음을 의미한다. 해외 여행지에 대한 비교우위였던 가격경쟁력이 약화된 것이 가장 큰 이유로 뽑힌다.한국관광공사가 작년 11월 발표한 '2017 해외여행 실태 및 2018 해외여행 트렌드 전망' 보고서다. 한국관광공사가 만 18세 이상 국민 1,000명을 상대로 설문조사를 진행한 결과, 국내여행보다 해외여행을 선호하는 이유로 '국내여행과의 비용 차이가 크지 않아서'라고 답한 응답자가 가장 많았다(29.4%). 또한 응답자의 43.1%가 '저렴한 경비'를 가장 중요한 해외여행 목적지 선택기준으로 뽑아 더 이상 해외여행이 사치로 인식되고 있지 않음을 드러냈다. 한국관광공사 측은 "저가항공의 해외 노선 증가가 영향을 미친 것으로 보인다"고 설명했다. 반면 국내여행 비용은 올랐다. 한국경제원은 한국의 최근 물가지수 변화를 분석한 결과 항공료 · 호텔 숙박비 등 관광업 관련 품목의 물가가 상대적으로 빠르게 올랐다고 밝혔다. 국제 항공료가 2010년부터 2017년까지 1.2% 감소한 반면 국내 항공료는 14.8% 증가했다. 또한 동기간 전체 소비자 물가지수는 13.0% 올랐지만 호텔숙박료와 콘도이용료의 증가율은 각각 31.6%와 31.9%에 달했다. 여행 예산에서 절대적인 부분을 차지하는 음식 · 숙박서비스 · 식료품 · 비주류음료 물가 역시 평균보다 높은 물가상승률을 기록했다.국내여행에 금전적인 이점이 없다는 문제는 한국을 찾는 외국인 관광객들에게도 적용된다. 세계경제포럼(WEF)이 2017년 발표한 국가별 관광경쟁력 순위에서 한국 관광산업의 가격경쟁력은 세계 88위 수준으로 평가됐다(최종 순위 19위). 지난 2015년 조사보다 21계단이 상승했지만 중국 · 동남아시아 · 동유럽 등 개발도상국 여행지들에 비해선 여전히 낮다.◇ "마케팅 약해, 볼거리도 부족" 한국 찾는 발길 뜸해져. 출처 : 시사위크(http://www.sisaweek.com)

21) 시사위크(http://www.sisaweek.com)

22) 중원 은나라 9대 태무제(太戊帝), 중종(中宗): 태무가 즉위하니, 그가 바로 태무제이다. 태무제는 즉위하여 이척을 재상으로 삼았다. 박에서 뽕나무와 닥나무가 함께 자라기 시작하더니 하룻밤 사이에 한아름이 넘게 커지는 불길한 일이 일어나서, 태무제가 두려워서 이척에게 그 영문을 물어보았다. 이척이

대답하기를 "신이 듣자니 요사스러움도 덕행을 이기지 못한다고 하옵니다. 임금께서 행하신 정치에 잘못은 없었는지요? 임금께서는 덕행의 수양에 힘쓰십시오" 라고 아뢰었다. 태무제가 이척의 말대로 하자 불길한 징조인 뽕나무가 말라서 죽었다. 이척은 무함에게 모든 공을 돌려서 그를 칭찬하였다. 무함은 왕가의 사무를 잘 처리하였으며 함애와 태무를 지었다. 태무제가 태묘太廟에서 이척을 칭송하면서 그를 신하 이상으로 대우하려고 하자 이척이 사양하고 원명을 지었다. 태무제의 대에 와서 은나라가 다시 홍하게 되어 제후들이 은나라에 복종하게 되었기에 태무제를 중종이라고 칭하게 되었다.

23) http://blog.naver.com/salim1/140004732662

24) 주채혁, 경향신문.

25) 『후한서 권75』에 〈동이 열전〉이 있다. 단기고사檀奇古史 저자 대야발大野勃은 발해渤海로 알려진 대진국大辰國의 태조太祖 성무고황제成武高皇帝의 동생이다.성무고황제는 우리에게 대조영大祚榮으로 더 잘알려져있으며, 이때의 연호는 천통天通이다. 천통31년 서기 729년 에 반안군왕盤安君王 대야발이 왕검조선과 기자조선의 역사를 단군별로 세세히 기록하여 만든 역사책이며, 처음에는 발해문(이두문자의 형식)으로 씌여져 목판본으로 보관하였다. 그후 건흥建興 8년 서기 825년 4월 대진국의 대문호은 황조복이 한문으로 옮기고, 장상걸이 주석을 달아 단기고사를 편찬하였다. 성무고황제인 대조영은 동생인 대야발에게 사서의 편찬을 명하였고, 대야발은 고구려 때의 사서와 문서등을 모으고, 비문을 확인하며, 돌궐국까지 여러번 답사하는 등 13년의 노력끝에 이 역사서를 완성할 수 있었다. 사실 고구려에는 많은 사서들이 있었는데 나라가 망할때 당나라의 이세적이 모든 서적을 불태웠고, 넉달이 되도록 그 불길이 꺼지지않을 만큼의 사서가 불에타서 없어지게 되었다. 이러한 이유로 말미암아 대야발은 많은 수고를 함으로써 단기고사를 완성할 수 있었다. 단기고사는?전 단군조선前 檀君朝鮮, 후 단군조선後 檀君朝鮮, 기자조선奇子朝鮮의 총 3편으로 나뉘어져있으며 각 편에는 단군의 이름과그리고?각 단군때에 일어난?세세한 역사를 편년체編年體 형식으로 서술하고 있다. 또한 부록으로는 단군칙어檀君勅語 즉 단군의 말씀이 서술되어 있다. 전 단군조선前 檀君朝鮮1세 왕검王檢 단군 ~ 25세 솔나率那 단군 까지의 1222년의 역사를 기록하고 있다. 후?단군조선後 檀君朝鮮: 1세?솔나率那 단군 ~ 고열가古列加 단군 까지의 875년의 역사를 기록하고 있다. 기자조선奇子朝鮮: 1세 서여西余 단군~42세 마한馬韓 단군까지의 1093년의 역사를 기록하고 있다. 2008.05.20 이민희(전통의 명문 경주이씨 종친회 다음카페 운영자로 전통의 수호와 문화 지킴이로 살고자합니다)

26) 정근철, 『민족의 뿌리』, 청년문화, 단기4327(1994), 411쪽.

27) 반재원, 훈민정음 한글 연구물 및 특강 참조.

28) STV 상생방송 2019, 호랑이 보호협회 임순남회장, 1월18일 방영분.

29) 사적 제208호. 서울특별시 성북구 정릉동에 있다. 1396년(태조 5) 신덕왕후 강씨가 죽자 태조는 능역을 황화방 북원에 정하고 그 동쪽에 재궁 흥천사를 세워 자주 행차했다. 그러나 태조가 죽은 뒤인 1409년(태종 9) 묘를 사을한 골짜기로 옮겼으며 종묘에 부묘하지 않고 왕비의 제례를 폐했다. 1410년 태종은 정릉의 석물 중 일부인 병풍석을 광교의 돌다리로 사용했으며, 그밖의 석재나 목재들을 태평관 건립시 부속재로 이용했다. 1581년(선조 14) 삼사에서 신덕왕후 강씨의 시호와 존호를 복귀하고, 정릉을 회복하자는 논의가 있은 뒤, 1669년(현종 10) 송시열宋時烈 등이 다시 신덕왕후 강씨를 종묘에 배향해야 한다는 차자를 올림으로써 비로소 본격적인 복구작업과 이에 따른 수호군 및 모든 상설을 구비하게 되었다.

30) 손성태, 위의 책, 96~7 참조.

31) 문경, 잉카마야박물관.

32) 수원교구 수리산성지(전담 이헌수 신부)가 역사공원으로 재탄생한다.안양시(시장 최대호)는 만안구 안양9동 1151 - 6 일원 1만 6475㎡ 규모의 수리산성지를 역사공원으로 지정 고시했다고 1월 14일 밝혔다. 이로써 수리산성지의 개발과 순교자 현양사업이 더욱 활기를 띠게 될 것으로 보인다.수리산성지는 1830년대 성 최경환(프란치스코)과 복자 이성례(마리아), 하느님의 종 최양업(토마스) 신부의 가정이 정착하면서 교우촌을 이룬 곳이자, 최경환 성인이 순교 후 묻힌 곳이기도 하다. 또한 지역의 역사를 담고 있는 성지는 교회뿐 아니라 시에서도 2003년 안양8경 중 제5경으로 지정하는 등 관심을 보여 왔다. 성지는 성지 구역에 순례자 성당과 최경환 성인 고택성당, 성인 묘역 등을 조성하면서 신앙선조들을 현양해왔다. 하지만 성지 구역이 개발제한구역 및 도립공원 부지로 묶여 있어 부지활용에 어려움이 있었다. 이에 안양시는 수리산성지의 종교, 역사, 문화적 가치를 살리기 위해 성지를 역사공원으로 지정하는 방안을 수원교구에 제안했고, 교구는 2016년 10월 역사공원 지정에 관한 신청서를 제출했다. 안양시는 2016년 11월부터 경기도와 도립공원 구역 해제를 위한 실무협의에 착수, 수원교구의 사유지를 도유지와 교환하는 방식으로 도립구역을 해제하기로 경기도와 협의했다. 수리산성지 지역의 도립구역 해제는 지난해 12월 31일자로 완료됐다.이에 최대호(안드레아) 안양시장은 1월 11일 수리산성지를 방문, 성지

전담 이헌수 신부와 역사공원 조성에 관해 이야기를 나눴다. 이날 최 시장은 "(성지가) 역사적으로나 문화적으로나 가치가 높다"며 "시민들의 휴식공간이자 안양의 또 다른 명소가 될 수 있도록 공원조성에 적극 협조하겠다"고 밝혔다. 이헌수 신부는 최 시장에게 도유지 해제에 힘을 보태준 것에 고마움을 표시하고, "순례자들의 뜻을 기리고 역사적 가치가 빛날 수 있도록 잘 조성하겠다"고 화답했다. 이승훈 기자 카톨릭신문에서 펴옴

33) http://www.dtnews24.com/news/article View.html?idxno=528345[출처] 세종시 공무원 청렴도 전국 꼴찌...기강 해이|작성자 국회의원 정인화

34) [광주 · 전남 · 전북=중부뉴스통신]문음미기자 desk@jungbunews.com

35) c.hani.co.kr/hantoma/2810867 한겨레 커뮤니티

36) 2016. 07. 04 | 조선일보 | 다음뉴스.

37) 세계 이미징/wikipedia | CC BY – SA 3.0

38) 일본초계기 소동의 교훈/윤우(항공대교수) http://m.hani.co.kr/arti/opinion/column/880202.html?_fr=nv#cb

39) http://heraldk.com/

40) 송영석 기자sys@kbs.co.kr

41) TV조선 이현준

42) jikime@newsis.comhttps://news.naver.com/main/read.nhn?mode=LSD&mid=sec&sid1=100&oid=003&aid=0009103737

43) 학습그림백과, 천재교육 편집부, 다음참조.

44) 유호용, 다음검색

45) 조현 종교전문기자 겸 논설위원, well.hani.co.kr

46) 法應(조계종승려)불교중심불교닷컴. 다음.

47) 작사가 정인보(1893~1950)는 서울 출생으로 1910년 중국으로 망명하여 박은식, 신채호 등과 독립운동을 전개하였고 귀국하여 연희전문학교, 이화전문학교 등에서 교육자로 활동하였다. 실학을 기초로 한국학의 개념을 정립하였고 민족사관의 확립에 주력하였다. 저서로 『조선사 연구』, 『담원 시조집』 등이 있다. 작곡가 윤용하(1922~1965)는 황해도 은율 출생으로 박태현, 이흥렬 등과 함께 음악가협회를 통하여 음악운동을 전개하였고 가곡 『보리밭』과 동요 『나뭇잎 배』등을 작곡하였다.

48) 기사입력 2014. 08. 29 [헤럴드경제=이해준 선임기자]글 · 사진=이해준 기자/hjlee@heraldcorp.com

49) 나무위키, 다음.

50) 한국엔 몇십만년전부터 사람이 산 흔적이 여기저기서 발견되는 금수강산이라 사람이 몇십 년 전부터 살아왔다는 것은 쉽게 인지가 가능하다. 『조대기朝代記』라는 책에서는 환국역사만 6만3,182년간이라고도 한다. 고고학이 발달되면 그것을 증명하는 날도 올 것이다. 임승국번역, 『환단고기』, 정신세계사, 4319(1978), 164 – 5쪽 참조.

51) 『日本の中の朝鮮文化』(金達壽, 講談社, 1983)
『日本歴史地名大系』(大阪府地名編, 平凡社, 1979)
『日本に殘る古代朝鮮』(段熙麟, 創元社, 1976)　　네이버 지식백

52) 러브환웅, 힐링라이프. 다음.

53) [출처] 음력 5월 2일 오늘, 국조 단군왕검 탄강일입니다 http://blog.naver.com/33brain/221015531391 사모환웅 · 2017.

54) [사진제공=강화군]

55) 입력 2017. 05. 25강화=허경태기자 hkt0029@viva100.com

56) [JTBC] 입력 2019. 01. 09 20:23

57) 입력 2019. 01. 09. 19:26 수정 2019. 01. 10.

58) 백소아 기자 thanks@hani.co.kr

59) 김창금 기자 kimck@hani.co.kr

60) ▶환국桓國 환인 계보 (7대, 재위년수 : 3,301년) 〈고기 古記〉에 이르기를, 파내류산 아래 환인씨의 나라가 있는데 천해의 동쪽 땅이며 파내류의 나라라고도 한다. 그 땅의 넓이는 남북 5만리, 동서 2만여리에 이른다. 천해를 지금은 북해(바이칼 호수일 가능성이 높다)라 한다 이를 모두 합하여 환국이라 하며, 나누어 말하면비리국, 양운국, 구막한국, 구다천국, 일군국, 우루국(필나국이라고도 한다), 객현한국, 구모액국, 매구여국(직구다국이라고도 한다), 사납아국, 선비이국 (시위국 혹은 통고사국 이라고도 한다.), 수밀이국으로 모두 12국이다.7세를 전하였으며 역년은 3,301년 혹은 63,182년이라 한다. 김은수역, 한단고기, 한문화, 1985, 24~26쪽 참조.1) 앞으로 찾고 연구해야지 별로 찾거나 연구한 바가 없다. 도표는 국사광복중앙회 정리자료 참조.

1) 앞으로 찾고 연구해야지 별로 찾거나 연구한 바가 없다.

안파견安巴堅	1 – BC7198	환국은 천산동방에 12나라: 1세 안파견 환인 환국은 무병장수의 낙원시절 환단고기 · 삼성기전(하)에서는 환국말기 환인 안파견이 환웅과 반고를 직접 파견한 것으로 기록되어 있습니다. 환웅은 태백산 답변 4 환국의 역사는 9000년이고. 동양인과 매우 흡사하다는 인디언의 최고 통치자인 '아파치'는 환국 1대 환인이신 '안파견' 환인에서 나왔다고 합니다. 무병장수시대였다. 돌에 불을 일으키는 지혜를 가르치다. 모계사회에서 아버지나라 틀을 보이다
혁서赫胥		서방 만리에 환국의 법을 전한 광서제가 있었다.
고시리 古是利		700년(수명)
주우양 朱于襄		발귀리가 있어 동방 삼역에 삼의법을 전함.
석제임 釋提壬		
구을리 邱乙利	아리랑노래 원형같이 보이는 노래를 불렀다	하늘에 제를 올리는 "소도제천"시작. 삼묘산 아래에 "서자부庶子部"를 세웠고. "아랑 아랑 아르리 아르이고" 천해를 떠나면서 부른 노래
지위리 智爲利	3301 – BC3898	

도표는 국사광복중앙회 정리자료 참조.

61) 손성태, 앞의 책 참조.

62) DONE, 심재우 특파원입니다.

63) 이민화, 상생방송, 2019, 3월 16일 방송분에서.

64) 2007. 05. 03.기형, 다음.

65) 이민화, 상생방송, 2019, 3월 16일 방송분에서.

66) 신라를 통일한 무열왕릉비에는 시조가 투후 김일제라고 새겨 있습니다.[출처] 김씨 시조는 무열왕릉 비에 새겨져 있는 단군 제후국 흉노 휴도왕의 아들 김일제다. 흉노는 야만족이 아닌 중국보다 선진국이었다.| 작성자 발주나맹약

67) 서울 강남구 일대에 주민이 생활하기 시작한 것은 구석기시대로 올라간다. 우리 민족문화의 젖줄인 한강을 북쪽에 끼고 대체로 구룡산과 대모산의 북서쪽 기슭에 위치하여 양재천 남북의 구릉 및 평야지대를 이룬 천연의 지형으로서 일찍이 생활 터전이 되었다. 따라서 인근의 송파구 · 강동구와 더불어 한반도 선사문화의 대표적인 유적들이 곳곳에 남겨져 있다. 최근 삼성동 AID아파트 재건축 단지에서 구석기 유적이 발굴되었으며, 역삼동驛三洞 지역은 한강변 구석기 유물 출토지로 보고되어 있다. 율현동栗峴洞에도 석기산포지가 있었고, 한강물이 마을 앞을 흐르던 압구정동의 옥곡玉谷 마을 뒷산에서 석기

시대 돌도끼가 출토되기도 하였다. 또 1947년 개포동의 옛 지명인 경기도 광주군 언주면 반포리盤浦里에서 청동기시대 유적인 지석 4기가 발견되었다. 지석은 모두 2개의 주석과 1개의 개석으로 구성되어 있었는데 모두 기반식碁盤式 지석으로 확인되었다. 그러나 지금은 택지개발에 따라 모두 없어져 그 흔적을 찾을 수 없다. 한편 서울의 대표적인 청동기시대 유적이 역삼동에서 확인되었다. 역삼동 유적은 한강 지류의 하나인 양재천변 역삼동 산 21 - 1(현재 도곡동)의 표고 90m의 구릉상에 위치한 서기전 7세기~4세기 무문토기시대無文土器時代의 장방형 수혈식竪穴式 주거지였다. 청동기 유적은 대개 구릉지대나 산의 경사면에 위치해 있다. 이들은 하천과 깊은 관계를 가지며 생활용수를 확보하고 본격적인 잡곡농사를 지었으며, 후기에 들어 벼농사를 시작하였다. 벼농사의 시작은 청동기 문화와 경제생활의 대표적인 특성으로 농경 발전과 사회 변화의 계기가 된다. 즉 사유재산 제도와 계급 관계가 발생되면서 고대국가로 발전하기에 이른다. 강남구를 포함한 한강 유역을 무대로 최초의 정치세력이 등장한 것은 진국辰國과 삼한사회의 마한馬韓, 그리고 초기 백제였다. 초기 백제국伯濟國은 마한 54개국의 하나로 북방유민들이 현 서울 지방인 한강 유역에 자리 잡은 군장 사회였다. 나아가 서기전 1세기 말 백제국이 마한을 정복하고 초기 고대국가인 백제百濟로 발전하기에 이른다. 이들은 한강 유역의 경제성을 이용하여 보다 많은 생산 활동과 인구 증가를 이루었고, 보다 큰 정치집단을 형성하여 4세기 중엽 근초고왕 때에 전성기를 이루었다. 475년 한강 유역은 고구려의 통치 하에 들어갔다. 553년 신라가 한강 유역을 차지한 이래 신라 삼국통일의 전진기지가 되었다. 신라는 전국에 9주를 설치했고, 강남구를 포함한 서울 지방은 한산주漢山州에 편입되었다. 한산주는 757년(경덕왕 16) 지금의 서울 지방에 한양군漢陽郡을 설치하면서 한주漢州로 개칭되었다. 후삼국시대에는 왕건의 활동으로 태봉의 영토로 편입되었다. 강남구 일대에는 삼국시대 역사유적으로 삼성동 토성과 대모산성의 유구가 있다.

68) 대통령 국무총리 기획재정부 교육부 과학기술정보통신부 외교부 통일부 법무부 국방부 행정안전부문화체육관광부 농림축산식품부 산업통상자원부 보건복지부 환경부 고용노동부 여성가족부 국토교통부해양수산부 중소벤처기업부

69) 내용없음 16~69 없음 건너뜀

69) 김옥균과후쿠자와유키치, 2009.09.15 cafe.daum.net/tasagongkyungkim/CxNg/461

70) 한국문화경제학회 지음,『문화경제학 만나기』, 김영사, 2001, 27~28쪽 참조.

71) 카카오 스토리채널, 다음.

72) kjpark@yna.co.kr 2018. 9. 14. hkmpooh@yna.co.kr

73) 안경전, 환단콘서트에서 요약 옮김.

74) 김철수, 선도교(보천교)의 재발견, 국회 학술발표회 발표집 외 상생방송, 무술년 10월 24일방영분75) 안경전, 환단콘서트에서 요약 옮김.

76) "서산 지곡일대, 칠지도 제작 추정된다." 백제 사철沙鐵(모래속의 철)제련 학술대회… 보완연구 필요 등 토론: ▲ 11일 서산시청 대회의실에서 열린 '칠지도와 백제의 사찰제련 학술대회'에서 김영인 서산시 부시장이 인사말을 하고 있다. 서산시에서 지곡면일대 야철지의 연구를 통해 칠지도七枝刀와 관련성을 밝히기 위한 학술대회가 열렸다. 서산시와 서산시의회, 서산향토문화연구회가 후원했다. 이날 오순제 서울문화예술대학 교수가 '칠지도와 서산시 지곡일대 야철지의 관련성', 조남철 공주대 문화재보존학과 교수가 '서산시 지곡일대의 사철과 야철지 슬래그의 분석', 노태천 충남대 명예교수가 '칠지도의 제작기술과 한중 주철기술', 한정욱 칼박물관장이 '사철제련과 삼국시대 환두대도의 복원제작' 등에 대한 주제발표를 했다. 이어 노중국 계명대 명예교수의 주재로 정재윤 공주대 교수, 김영덕 서강대 명예교수, 이재성 국립문화재연구소 학예연구사, 이은우 향토사학자의 토론과 질의응답이 이어졌다. 일본 나라현 덴리시 이소노카미신궁에 보관중인 칠지도는 금상감 명문이 새겨진 철제 검으로 제작연대와 명문해석, 관련기록 등에서 다양한 학설이 존재한다. 백제가 왜왕에게 하사한 것으로 알려진 칠지도는 일본서기의 기록과 명문에 백제의 수도로부터 서쪽으로 7일 이상 거리에 있는 곡나谷那라는 곳에서 사철을 원료로 제조된 것으로 알려지고 있다. 특히 전국에 분포된 사철지 중 서산시 지곡면 일대에 6개의 야철지가 집중되어 있는 점을 비롯해 백제의 담로로서 철을 장악했던 음암면 부장리 지배세력의 존재, 백제시대 한중일의 교류 중심지로서 칠지도가 제작된 곡나철산을 서산의 지곡 일대로 추정할 수 있다는 견해들이 제시됐다. 또 칠지도 제작지의 명확한 규명을 위해서는 지곡일대 야철지 발굴 유물에 대한 종합적인 분석과 칠지도 명문 및 관련 기록에 대한 다양한 학문적 접근과 보완연구가 이뤄져야 한다는 의견이 제시됐다. 학술대회에 참가한 한 관계자는 "이날 학술대회를 통해 칠지도를 제작한 사철지가 지곡일대 야철지와 매우 깊은 관련성이 있다는 주장이 힘을 얻게 됐다"고 말했다. 서산=임봉순 기자

77)『일본서기』에서 사로국 출신의 왕자라고 주장하는 인물. 11대 스이닌 덴노 시기에 등장하는 인물이다.『

고사기』에서는 천지일모天之日矛 즉, 아메노히보코라고 기록되어 있으며 귀화 동기 등도 다르게 기록되어 있다. 또한 신공황후가 그의 후손이라는 기록도 있다.『일본서기』에서 스이닌 덴노 3년31년 봄 3월 신라 왕자 천일창天日槍 이 귀화했다. 가지고 온 물건은 우태옥羽太玉 1개, 족고옥足高玉 1개, 제록록적석옥鵜鹿鹿赤石玉 1개, 출석소도出石小刀 1자루, 출석모出石鉾 1자루, 일경日鏡, 청동거울 1개, 웅신리熊神籬 1개 등 7가 지였는데, 다지마국但馬國에 보관하여 항상 신물神物로 삼았다.【일설은 다음과 같다. 처음에 천일창이 작은배를 타고 와서 하리마노쿠니播磨國에 정박하여 육속읍肉粟邑 播磨國 肉粟邑에 있었다. 그 때 덴노가 미와노키미三輪君의 시조 오토모노누시大友主와 야마토쯔끼倭直의 시조 나가치長尾市를 하리마播磨에 보내어 천일창天日槍에게, "너는 누구이며, 어느나라 사람인가"라고 물었다. 천일창이, "저는 신라 국왕의 아들인데, 일본국日本國에 성황聖皇이 있다는 말을 듣고 나라를 동생 지고知古에게 주고 귀화하였습니다"라 대답하고, 물건을 바쳤는데 엽세주葉細珠, 족고주足高珠, 제녹녹적석주鵜鹿鹿赤石珠, 출석도자出石刀子, 출석창出石槍, 일경日鏡, 웅신리熊神籬, 단협천대도膽狹淺大刀 등 8가지였다. 이에 (덴노가) 천일창에게, "하리마노쿠니播磨國 肉粟邑이나 아와지시마淡路島 出淺邑의 두 읍 중에서 너의 마음대로 살도록 하라"고 조칙을 내렸다. 이 때 천일창天日槍이, "신이 장차 거주할 곳에 대하여 만일 천은天恩을 내려 신이 원하는 곳을 허락하신다면, 신이 직접 여러 나라를 돌아보고 마음에 드는 곳을 지급받고자 합니다"라고 아뢰니, 이를 허락하였다. 이에 천일창이 토도하菟道河로부터 거슬러 올라가 북으로 오미노쿠니近江國 아나무라吾名邑에 들어가 잠시 머물 다가 다시 오우미近江으로부터 와카사국若狹國을 거쳐 서쪽으로 다지마국但馬國에 이르러 거주처를 정하였다. 오미노쿠니近江國 경촌곡鏡村谷 도인陶人은 바로 천일창를 따라온 사람이었다. 그러므로 천일창은 타지마국但馬國 출도出嶋의 사람 태이太耳의 딸 마타오麻多烏와 결혼하여 단마제조但馬諸助를 낳았다. 제조諸助는 단마일유저但馬日楢杵를 낳고 일유저日楢杵는 청언淸彦을 낳았으며 청언淸彦은 다지마모리田間守를 낳았다.『고지키古事記』에서는 다음과 같이 전해진다. 옛날 신라의 아구누마阿具奴摩 · 阿具沼라는 늪에서 한 여인이 낮잠을 자고 있을 때, 햇빛이 무지개처럼 내려와 그녀의 음부에 닿았다고 한다. 여인은 바로 임신하여 붉은 구슬을 낳았다. 이 모습을 보고 있던 어떤 남자가 그 여인에게 간절히 부탁해 구슬을 얻은 후 몸에서 떼는 일 없이 언제나 지니고 다녔다. 어느 날 그 남자가 소를 끌고 음식을 산으로 나르고 있었는데, 지나가던 아메노 히보코가 그 남자를 보고 소를 죽여 먹으려 한다고 착각해 감옥에 가둬버린다. 그 남자는 아무리 해명을 해도 히보코가 용서를 해주지 않자, 결국 언제나 지니고 다니던 붉은 구슬을 건네주고 나서야 겨우 용서를 받게 된다. 히보코가 그 구슬을 갖고 집에 돌아가 마루에 두자 그 구슬은 아름다운 여인으로 변했다. 히보코는 여인은 정실로 삼았으며 그녀는 매일 맛있는 요리를 만들어주었다. 하지만 거만한 성격의 그는 어느 날 아내를 욕하며 비난했고, 그녀는 부모의 나라로 돌아간다는 말을 남기고는 작은 배에 올라 난바의 나루터에 있는 히메코소 신사比売碁曾神社로 떠나버렸다. 히보코는 깊이 반성하고 아내를 찾아 일본으로 향했다. 그러나 난바 해협을 지배하는 신이 방해하여 아내가 있는 곳으로 갈 수 없었기 때문에 다지마에 상륙하고 말았다. 그는 그곳에서 마에쓰미前津見라는 현지 여인과 결혼했다고 한다. (원래 아내의 이름은 아카루히메이다.)붉은 옥에서 태어 났다는 것과 배를 이동하여 지나갔다는건 김수로왕과 허황옥 신화와 비슷한 점이 있다. 또한 일본 건국 신화인 스사노오와 아마테라스와도 연관성이 제기되는데, 전체적인 스토리 구조가 신라에 강림했던 신인 스사노오를 피해 아마테라스가 동굴에 숨었다는것과 비슷하다. 일본서기에서는 천일창을 쓰누가아라시토都怒我阿羅斯等 라는 의부 가락국 즉, 가야의 왕자라고 서술하고 있다. 또한 이나바의 흰토끼 설화와 비슷하다는 의견도 제기된다...천일창이 신라의 왕자라는 부분을 신뢰하고 나서 한국 기록 삼국사기와 대조해보면 그나마 천일창과 행적이 유사한 인물이 신라 제7대왕이 되는 일성 이사금이다. 일성은 3대 유리 이사금의 장남이자 태자였는데 동생(5대 파사 이사금)이 대신 왕위에 올랐다. 그리고 파사가 죽은 후 조카이자 아들이 없던 6대 지마 이사금을 거쳐서 이미 노인이 된 일성이 결국 동생보다 수십 년 늦게서야 왕위에 오르며, 왕위에 오르기 전 젊은 시절 일성의 행적에 대한 기록은 비어있다. 즉, 신라 왕자라는 부분과 동생에게 왕위를 양보했다는 부분이 일치한다. 만약 일성=천일창이라면 일본에서 활동하다 말년에 다시 신라로 귀국했고 신라 정계의 사정에 의해 늦게서야 왕위에 올라서 20년을 다스리는 스펙터클한 인생을 살았다는 말인데.. 물론 일성=천일창도 하나의 설일 뿐이다. 삼국사기에는 빠져있는 역사 기록으로서 의부 가락국(가야)에 대해 쓰여있는 몇안되는 역사 기록이다. 고지키에선 신라 왕자 일본 서기에선 가야 왕자라 한것은 후대에 가야와 신라를 혼동했을수도 있다. 옛 고대 한반도인들이 일본 열도를 도래한것에 대한 중요한 역사 기록으로 볼수있다. 일본 고대 가야식 토기가 나타나는 것에 대한 증거로도 볼 수 있다. 일설에는 천일창이 일본에 처음 상륙했을 때 바위가 막고 있었으나 이를 칼로 베어냈다는 이야기가 전해지고 있다는 것을 감안해 제철기술자라는 설도 있으며, 기원전 무렵 진한인의 일본 이주 설화로 풀이하거나, 삼국유사의 연오랑과 세오녀 전설처럼 신라에서 일본으로 건너가 왕이 됐다는 점이나 연오랑의 동생인 지고가 등장하는 것을 비교해 천일창이 바로 연오랑이며 신라의 태양신 신화가 일본으로 넘어간 것을 나타내는 것이라는 주장도 있다.

78) 홍윤기 국제뇌교육종합대학원 석좌교수, 2012년 07월 31일 [경상매일신문] 연합 기자

79) blog.yes24.com/blog/BlogMain.aspx?blogid=hygirl26&selYear=2018&..

80) 文成公 鄭麟趾의 業績 문성공 인지(麟趾)께서는 1396년(태조 5년)~1478년(성종 9년)까지 조선조 초기

의 문신文臣이며 대표적인 학자이다. 호는 학역재學易齋 시호諡號는 문성文成으로 석성현감石城縣監을 지내신 흥인興人의 아드님이시다. 公은 신라 진성여왕(887~897)때 하동 땅에 가문을 열고 득관 하신 시조 정도정공鄭道正公의 10世孫이시다. 하동 새비골 도선산에는 1,200년대 밀직부사를 지내신 5代祖 국룡國龍과 그 아들 문충공 지연과 좌윤공 난연의 3묘소가 사각형의 돌무덤 방형분方形墳으로 경상남도 문화재(제261호)로 지정 등록된 자랑스러운 석장 묘가 있다. 公의 묘소는 충청북도 문화재 기념물 제33호(충북 괴산군 불정면 외령리 산44)이며, 매년 10월 8일(음력)에 사당에서 후손들이 세천제를 올린다. 사당祠堂은 公의 공로가 지대함으로 국가에서 불천위로 하사한 것이며, 임금에게 해당하는 T字형인데 특별히 公에게 허락된 것으로 반능半陵이라 부르는데(임금의 묘를 陵이라 하므로, 반능半陵이라 함) 후손들이 문성공의 정신문화를 계승 발전시켜 명문 문화종중으로 거듭나도록 노력하고 있다. 公의 자字는 백휴伯睦이며 맏아들로서 눈을 부릅뜨고 세상을 올바로 보겠다는 뜻이고, 호號는 학역재學易齋라 하여 주역의 이치로 세상을 밝히겠다는 뜻을 세웠다.... 수신제가 치국평천하修身齊家 治國平天下를 이루신 분이시다. 公은 13세에 성균관에 입학하여 16세에 장원하고, 19세(1414태종14년) 식년문과에 장원급제하고 뒷날 세종 9년의 문과중시에 장원급제하여 3장원이 되신 분이다. 1476년(성종6년) 원상의 자리에서 물러날 때까지 7朝7王(태종~성종)62년간, 대학자로서 집현전 대제학과 영의정 등을 지내시고, 정난, 좌익, 익대, 좌리의 4대 공신에 봉해지고, 돌아가시자 조선 초기 왕도정치의 기틀을 마련하신 公이 지대하여 예장禮葬으로 받고, 부조묘의 봉사奉祀를 받으신 문신文臣이시다. 33세에 집현전 부제학 때부터 과거시험 시관試官으로 30여년 인재를 배출하였고(성삼문, 신숙주, 박팽년, 이개, 김담, 최항 등) 안견의 몽유도원도에 쓴 찬시가 유명하며, 세자시강원 좌필선左弼善으로 문종, 수양대군, 안평대군 등을 가르친 대학자시다. 세종2년(1420년)에 상왕인 태종이 대소신료가 모인자리에서 公을 앞으로 나오게 하고 이르기를 "나라를 다스림에는 훌륭한 인재가 필요한데 정인지가 이 일을 충분히 해낼 인물이다."라고 하면서 세종에게 천거 하였다. 40세(세종17년)에 충청도 관찰사로 있으면서 제천 의림지를 재축성하였고, 47세(세종22)에 대통력(역법)을 개정하고, 충청, 전라, 경상, 삼도 체찰사가 되어 전품田品을 심사하고 전분육등법의 기초를 세워 연분구등지법年分九等地法으로 조세를 균등히 하여 농민의 환심을 샀다... 50세(세종25년)에 어명을 받아 언문청을 신설하고, 이듬해 남원의 광통루를 보고 그 경관이 달나라의 광한청허부光寒清虛府와 같다하여 '光韓樓'라 친필한 것이 오늘에 전해지고 있으며, 세종의 천문역산天文曆算의 뜻을 받아 대소간의규표大小簡儀圭表 및 흠경보루欽敬報漏를 제작하였는데 워낙 학문이 해박하여 모든 것에 거칠 것이 없었다. 1445년(세종27년)에 5조판서(이조, 예조, 병조, 형조, 공조)를 거쳐 판중추원사가 되었으며, 왕의 총애로 요직에 두루 기용되면서 집현전의 운용, 한글창제 및 반포, 세제개혁, 서적편찬 등으로 민족문화를 집대성하여 주로 세종대왕의 업적에 크게 공헌하였다. 용비어천가, 고려사와 고려사절요, 치평요람, 역대병요, 사륜전집, 자치강목훈의 등을 저술하고 조선 초기 역대 왕조의 실록 중 〈태조실록〉부터 시작하여 정종실록, 태종실록, 세종실록(총감수를 당당), 문종실록, 단종실록, 세조실록에 이르기까지 8代實錄 편찬에 직접 참여하거나 감수를 담당하여 조선 초기 왕조사를 編年體로 편찬하였으니 이는 조선사의 최대 사서史書가 되었다. 세종 32년(1450) 중국 사신 예겸倪謙과 서로 시와 문물을 논할 때 예겸이 공에게 이르기를, "그대와 하룻밤 말하는 것이 10년 동안 글 읽는 것보다 낫고"하고 칭하한 일화가 유명하다. 세조에 있어서는 왕권의 어려운 시기에 계유정난의 대책참결, 경국대전편찬 참여 등으로 왕권의 확립과 관료정치의 확립 등 제도정비에 공헌하였다. 병약한 문종이 39세로 재위 2년 만에 돌아가시니, 단종이 12세 나이로 즉위하자 정치는 영의정 황보인, 좌의정 김종서가 좌지우지 하게 되었다. 公은 臣權政治를 배격하고 王權政治를 세우는 것이 正道임을 표방하고 세조의 왕위 계승이 양위냐 찬탈이냐, 하여 충절과 변절로 世論이 분분할 때 "나라의 부름을 받기 위해 함께 공부한 선비일지라도 생각은 다를 수 있으니 그 가는 길을 두고 서로 말하지 않는 것이 신하와 선비 된 도리다."하여 국익을 위한 신념이 다를 수 있다하고, 단종 복위 운동으로 사육신과 집현전 후학들이 죽어갈 때 公은 괴로운 심정으로 모두를 책임지고 영의정 자리를 사표 냈다.계유癸酉靖亂때 좌의정에 오르고 공신功臣의 칭호와 함께 하동부원군河東府院君으로 봉해졌으며, 세조에게(1458) 영의정으로 불서佛書 간행을 반대하다가 "임금이 불사만 전념하니 하루도 보존하기 어렵습니다."하면서 "내가 그대를 그렇게 가르쳤느냐고"고 따지자 왕에게 불경하였다는 이유로 고신을 박탈당하고 부여로 유배되었다가 얼마 후 풀려나 다시 부원군 군호를 환급받았다. 임금에게 "그대"라는 말을 쓰고도 살아남은 이가 公뿐이니, 그 도도함과 당당함을 알 수 있다. 조선의 건국이념이 배불숭유排佛崇儒이므로 왕실에서 불사를 일으키는 것을 반대한 것이다.1468년(세조 14년) 며느리 의숙공주와 오대산 상원사 중창낙성식에 참석했고, 금강산 유점사 대종봉정식에 참석하여 대종기大鐘記를 썼다. 세조는 공이 귀양까지 갔다 오면서도 맑으나 궂으나 한결 같이 조종을 섬기는 것을 보고 치하하여 나이 70세 이상의 권신權臣에게 특별히 주는 궤장을 하사하였다. 예종1년(1469) 남이장군이 옥사를 처리한 공로로 익대공신 3등에 책록되고 성종1년(1470) 국가의 원로대신으로 최고의 영예인 원상院相에 임명되었고, 이듬해 두 아들과 더불어 3부자가 순성명량경제좌리공신에 책록되는 공신功臣이 되었다. 실록 세조에서 성종 年間에 국기國基를 확립하고 태평성세를 이룩한 공功이 지대하였다. 상고하건대, 단군 이래 가장 위대한 업적인 한글창제의 일등공신一等功臣은 한글 창제와 원리를 쓴 문성공임을 국보70호인 '훈민정음해례본'에 밝힌 바 알 수 있다. 公이 '훈민정음해례본'에 한글 창제와 원리를 쓰신 바, "…마침내 해석을 상세히 하여 여러 사람들에게 이해하라고 명하시니, 이에 신臣이 집현전응교集賢殿應敎 최항崔恒, 부교리副校理 박팽년朴彭年과 신숙주申叔舟, 수찬修撰 성삼문成三問, 돈녕부주부敦寧府注簿 강희

안姜希顔, 행집현전부수찬行集賢殿副修撰 이개李塏, 이선로李善老들과 더불어 삼가 모든 해석과 범례凡例를 지어…"하셨고, 말미에 "삼가 臣 정인지는 두 손 모아 절하고 머리를 조아려 이 책 서문을 써서 임금님께 드리옵니다."라 하였다. 또〈이조실록〉의 세종 28년(1446)『훈민정음』이 이루어지다, 하고 예조판서 정인지鄭麟趾의 서문에, "천지天地 자연의 소리가 있으면 반드시 천지자연의 글이 있게 되니, 옛날 사람이 소리로 인하여 글자를 만들어 만물萬物의 정情을 통하여서, 삼재三才 – 天, 地, 人의 도리를 기재하여 뒷세상에서 변경할 수 없게 한 까닭이다…(중략)"하며 한글 제정의 배경과 우수성을 설명하였다. 公이 고명(顧命 – 임금의 유언)으로 집현전직제학 부제학 등 벼슬을 지내면서 성삼문, 신숙주, 최항 등과 함께 훈민정음을 창제하는데 공을 세웠음을 알 수 있다. 또한 이 책의 서문序文을 쓴 날이 1446년(세종28년)『九月上澣』으로 되어있는데, 음력 9월 10일을 양력으로 환산하여「10월 9일」을 한글날로 제정한 배경이 된 것이다. 그리고 훈민정음을 창제한 뒤 실제로 써보기 위해 조선개국의 창업을 칭송한 서사시 '용비어천가' 125장을 찬진했으며 본문 2장의 "뿌리 깊은 나무는 바람에 아니 움직이므로 꽃 좋고 열매 많나니, 샘이 깊은 물은 가뭄에 아니 그치므로 냇물이 이루어져 바다에 가나니"하는 대목은 많은 사람의 입에 회자되고 있으니 과연 공은 시호諡號처럼 위대한 문성공이시다.성종9년(1478) 11월 25일 마지막으로 아들, 딸, 손자, 증손들이 모여 있는 자리에서 "너희들은 언제 어디서고 하동부원군 자손임을 명심하라."는 유언을 남기시고 춘추 83세를 일기로 생을 마감하였다. 공公이 영면永眠하자 나라에서 조정을 철조輟朝하고 부물賻物을 내려 예禮로서 장사지내게 했으며 시호諡號를 문성文成이라 하였다. 문성공 신도비명은 조선조 양관대제학인 서거정이 지었고, 이것이 신도비명의 모범이 되었는데 그 글에 극찬하기를 …"하늘에 있는 별의 정기와 명악 높은 산의 신령스런 기운이 한데 합쳐 큰 인물을 낳았으니 그의 공적은 천지의 조화를 배합하게 하여 만물이 생을 누리게 하나니 그 몸은 돌아가셨어도 후광은 영원히 남아 하늘에서 풍운조화를 이루듯 온 누리에 덕화를 입히나니, 여기 이 분이 하동정씨 문성공 정인지 선생이다." 하였다.全國鄭氏聯合中央會誌(발행처 전국정씨연합중앙회) –「鄭氏宗報」2012년 1월호 정기동종중회장

81) ◆곶감의 뒷이야기: 단감으로 곶감을 만들면 더 달 것 같은데 그렇지 않다. 단감은 그냥 날것으로 먹는 게 낫고 홍시는 재래감 중 가장 큰 대봉감이 제일이다. 너나없이 배가 고팠던 그시절 농가에선 감 껍질도 말려서 간식으로 먹었다. 곶감철 농가에 가면 깎아낸 감껍질도 그냥 버리지 않는다. 제주도 귤피처럼 활용된다. 이 감 껍질은 사료로 사용되기도 하고 감식초를 담그기도 한다. 궁핍했던 시절 감 깎아주는 일을 하고 그 품 삯으로 감 껍질을 받기도 했다. 곶감은 수분관리가 너무 어렵다. 자연건조는 20일 정도 걸리나 인공건조는 처음 37℃에서 말리다가 32℃ 정도로 낮춰 건조하면 4일 정도면 된다. 탄닌의 산화, 갈변을 막아 색조가 선명한 제품을 내기 위해서 '황훈증'을 한다. 둥시곶감은 다른 곳보다 조금 더 말리는데 60일 정도 자연건조를 한다. 상주 둥시는 약간 큰 감에 속하고 건조 기간도 그만큼 길다. 곶감 표면에 하얗게 이는 분을 '시상柿霜'이라 한다. 포도당과 과당이 넘쳐 밖으로 삐져나온 것이다. 곶감을 손으로 주무르면 분이 더 많이 일게 되는데 옛날에는 이 분을 따로 모아 단맛을 내는 조미료로 썼다. 기계건조를 하게 되면 겉껍질은 질기고 속은 단단해진다. 색깔도 짙고 불투명해진다. 곶감 속에 빈 공간이 있는 것은 채 여물지 않은 감으로 건조한 것으로 맛이 떨어진다. 덕장으로 옮긴 뒤 10일 정도는 특히 대형 선풍기를 가동해서 초벌 건조에 신경써야 된다. 겉이 빨리 말라야 내부와 외부 사이에 꾸덕한 막이 생겨 잡균이 붙지 않고 모양도 잘 잡히기 때문이다.대형농원은 모자라는 감을 확보하기 위해 감을 사오거나 감밭을 임차하기도 한다. 양질의 큰나무를 임차하려면 수십만원을 줘야 한다. 껍질 깎는 기계가 감꼭지를 밀어버리는 경우가 있는데 이럴 경우는 플라스틱으로 된 '인공 감 꼭지'를 끼운다. 우린 비싼 곶감이라고 투덜대지만 내막을 알고나면 입을 다문다. 감을 매입해 선별하고 건조대에 걸어 60일간 말리면서 10% 정도는 품질 미달로 달아난다. 인건비, 연료비 등을 더하면 생산원가가 감 1개당 1천원에 이른다. 여기에 포장, 보관, 운송비 등을 감안하면 소매가격 1개당 1천500원을 받아도 남는 게 별로 없다. ◆상주 별미를 찾아서 : 상주의 대표 커피숍이 있다. 시내 '커피가게'와 함창읍 시외버스정류장 옆에 있는 '버스정류장'. 커피가게는 화가, 기타리스트, 바이커, 로스터 등 1인4역의 삶을 사는 김민호 내외가 꾸려가며 상주에서 처음 핸드드립 커피를 낸 곳이다. '시외버스정류장'은 박계해 사장이 2011년 차린 수채화 같은 카페인데 대추차가 '엄지척'이다. 그런데 상주를 떠날 때 아쉬움이 남았다. 예전 상주에서 맛보았던 뽕잎육개장은 맛볼 수가 없었다. 누가 뽕잎칼국수와 함께 갈무리하면 미식가의 사랑을 듬뿍 받을 것 같다"

82) 차배옥덕 http://cafe.daum.net/academykor destroy/iQLU/18 2018, 3

83) 조선일보DB 2016.07.04

84) "보건교사의 꿈은 이루어진다.", 다음.

85) 조성학, 같은 글.

86) 공자 후에도 계속 진나라 진시황때나 때로 전쟁에서 침략으로 애를 먹은 경우가 많아 – 한고조 유방때도 북방 예맥족 흉노에게 잡혀 곤욕을 당했다. 조조도 죽음을 무릎쓰고 토벌을 감행했고, 한무제도 그 조상 유방 때의 곤욕을 생각하며 흉노토벌을 감행하였다.

87) 춘추시대 말기는 유세객들이 출현하기 시작한 때이기 때문에 공자가 천하를 돌아다닌 게 유독 특이한 일은 아니었다. • 31세에 낙양에 방문 • 35세에 제齊나라 방문 • 38세에 동주東周에 방문 • 55세에 위衛나라에 방문 • 59세에 위나라에 재차 방문 • 60세에 송宋나라를 방문했으며 이어서 정나라를 거쳐서 진陳나라로 향함 • 61세에 진나라를 출발하여 채蔡나라로 이동 • 63세에 또 다시 위나라를 방문 • 그 외에 초楚나라에 방문했다라는 이야기가 있으나 시기는 불명. 나무위키, 다음.

88) 광릉산廣陵散: 죽림칠현 중 하나인 혜강이 형장에서 마지막으로 탄 거문고곡琴曲인데, 이 곡은 전국시대 섭정聶政 이야기를 묘사하고 있다. 혜강은 죽으면서 이제 광릉산도 끊어지고 말겠구나! "廣陵散於今絶矣!" 이리 탄식했다. 그리 실전失傳되었다고 할 수 있으련가? 광릉산이란 곡은 동한東漢시대에도 대단한 유행을 타서 하많은 이가 탄주를 즐겼다 하는데, 원래는 그저 민간 악곡쯤 되었던 것이다. 이게 섭정이 한왕을 찔러 죽였다는 고사와 어울렸던 것이다. 허나 그 실제를 따지자면 오묘한 구석이 있다. 본시 섭정은 사기의 자객 열전에 등장한다. 광릉산이 섭정 이야기를 묘사하고 있는 것이라면, 이는 소위 "犯上之曲"이라 할 수 있다. 즉 윗 사람을 범하는 곡이다. 그러하니 이게 대놓고 민간에 유행하기란 만만치 않았으리라. 유신독재시대만 하여도 멀쩡한 가요가 금지곡으로 낙인이 찍히지 않았던가? 그러함인데 범상지곡 광릉산이 어찌 제 멋대로 거리를 횡행할 수 있었으리오. 헌데, 실전되었다고 여겨졌던 것이 다행이도 명대에 와서 빛을 다시 받게 된다. 주원장의 열일곱 번째 아들인 주권朱權이 예술 특히 희곡, 음악에 밝았다. 그가 고대의 금곡琴曲을 모아 신기비보神奇秘譜를 내었는데, 거기 광릉산 곡이 들어있었다. 기실 〈신기비보〉에 기록된 광릉산엔 음고音高라든가 박자가 없었던 고로, 이를 기초로 후대인들이 곡을 재구성하였던 것이니, 오늘날의 곡은 거의 재창작되었다고 하여야 할 것이다. 오늘날 광릉산은 손꼽히는 중국 고전으로 자리 잡아, 김용金庸의 소오강호笑傲江湖에도 살짝 개편改編되어 등장하고 있다. 중국영화 대자객은 섭정을 주인공으로 한 것인데, 45여년 전, 이 영화를 동무들과 극장에 가서 보았던 기억이 아직도 생생하다. – 출처: http://bongta.tistory.com/1270 [bongta]

89) 용산구 원효로 3가 삼호정(현재 용산성당) 주인인 한성판윤 김덕희의 소실 김금원 세계 한국최초 여성시단 삼호정시단 구성, 송호 서태수의 소실인 박죽서, 주천 홍태수의 소실이며 김금원의 동생인 김경춘, 화사 이상서의 소실인 문화인 경산, 김이양대감의 소실인 운초 김부용

90) 1977년에 반월형 석도, 1978년에 유구석부(자루를 묶어서 사용할 수 있도록 홈을 판 돌도끼)와 마제단인석부(갈아서 만든 돌도끼) 등 매장문화재가 발굴됐다. 일찍이 1900년대부터 유물존재가 발굴되어 외국에 알려지고, 1980년대 초반부터 국립중앙박물관, 강원대 등 여러 기관이 발굴조사를 통해 청동기시대 지석묘와 삼국시대 초기의 돌무지무덤, 철기시대 수혈주거지(일정한 깊이로 넓은 구덩이를 파서 바닥시설을 한 집터) 등이 하중도에 존재함을 확인했다. 2001년부터 중도 관광지의 운영을 맡게 된 강원도개발공사는 선착장 앞에 안내판을 세우면서 "이 섬에는 신석기 말기와 철기시대 초기의 유물과 주거지가 대량 발굴되어 북한강에 형성된 철기문화의 대표적인 유적지로 평가되고 있다"고 밝혀 적었다.

91) 2007년 (덴마크 총리방문에 이어) 덴마크여왕, 사상 최초 국빈 방한, 10 – 08 선석기 덴마크 코펜하겐무역관 | 덴마크 여왕, 사상 최초 국빈 訪韓 – 한 – 덴마크간 교류확대의 계기가 될 것으로 기대(노무현대통령 임기마지막해) – 보고일자 2007.10.5. 선석기 코펜하겐무역관info@kotra.dk : ㅇ 덴마크 마그레테 여왕이 역사상 처음으로 10월 6일(토)부터 12일(금)까지 한국을 방문해 대통령 면담 등을 포함한 다양한 활동을 전개할 예정 덴마크 여왕 주요일정

일자	주요 일정
10. 6 (토)	인천공항 도착
10. 7 (일)	이천 도자기마을 방문, 인사동 방문
10. 8 (월)	현충탑 헌화, 청와대 방문, 삼성전자 방문, 천사의 집 방문
10. 9 (화)	덴마크 경제사절단 주최 세미나 참석, 가나아트센터 및 토탈 뮤지엄 방문, 서울대 박물관 방문, B&O Shop Opening 행사 참석, 덴마크 식문화 행사 참석
10. 10(수)	비원방문 및 기자회견, 현대중공업 방문, 불국사 방문,
10. 11(목)	안동 봉정사 방문, 국학진흥원 방문 및 탈춤공연 관람, 안동 도산서원 방문
10. 12(금)	인천공항 출발

자료원 : 덴마크 왕실이번 여왕 방한에 맞춰 덴마크는 37개 기업 및 기관으로 구성된 경제사절단과 11개 기업 및 기관으로 구성된 식품사절단, 48명으로 구성된 문화사절단을 파견
– 경제사절단은 IT · BT · 에너지 · 조선 · 디자인 5개 분야별로 세미나를 갖고 한국기업과의 협력방안 모색
– 식품사절단은 "Taste a Bite of Denmark in Seoul" 행사 개최 등을 통해 덴마크 식품홍보 및 시장 개척 도모
– 문화사절단은 시각예술 · 디자인 · 음악 등의 분야에서 전시회 개최 등을 통해 문화교류 확대 추진

ㅁ 경제사절단 활동

ㅇ 덴마크 경제사절단은 10월 9일(화) Grand Hyatt Hotel에서 IT · BT · 에너지 · 조선 · 디자인 5개 분야별로 세미나를 개최할 예정(세부내용 별첨 프로그램 참조)...

92) 한국매장문화재협회, 한성백제박물관, 문화재청, 〈한강유역의 마을과 생업경제〉, 심재연, "원삼국시대 한강유역의 마을과 생업경제", 2017.9.29. 99~120쪽 참조.

93) 【춘천=뉴시스】한윤식 기자

94) 안동대학교 사학과 임세권 교수의 소장 〈1920년대 조선 금석총람〉과, 〈2002년, 한국국학진흥원, 한국금석문집성 총서40권에 게재된 자료이다. 임교수는 아버지 임창순선생님에 이어 2대가 금석문 - 암각화 등 고고자료에 대한 수집과 연구를 해온 저명한 학자집안 출신이다.

95) 춘천시, 강원향토문화연구회, 『춘천맥국의 역사적 연구』, 2005년 참조.

96) 경남 거창이나 함흥에 우두산이 있다 하나, 춘천 우두산이 역사적 사실 등으로 미루어 단군의 팽오와도 관련을 갖는다. 일본이 춘천 우두산 그곳에 국가적인 3대신사 중에 하나를 지으려 한 것도 그렇고.

97) 이미령, "불쾌하기 짝이 없는 돈황 이야기", 법보신문, 2009.07.14. 20세기 초엽에 모래도시 돈황의 막고굴에 숨겨져 있던 문헌들과 벽화들은 가장 먼저 영국 탐험가 스타인이 은화 몇 푼을 던져주고 가져갔고, 다음이 한문에 능통한 프랑스의 펠리오가 역시나 은화 몇 푼을 주고 중요한 문헌들 위주로 쏙쏙 빼갔으며, 뒤늦게 찾아온 미국과 일본의 탐험가들이 남은 것들을 닥치는 대로 거둬갔습니다. 그들의 은화 시주금을 받고 잠시나마 횡재한 기분에 사로잡혔을 사람은 굴을 관리하던 도사道士 왕원록王元祿입니다. 중국은 뒤늦게 '서양의 귀신'들이 자기들의 귀한 문화재를 빼돌리는 중임을 알아차리고, 부랴부랴 돈황의 문헌들을 다른 곳으로 옮기지만 그 과정에서도... 일본제국주의가 막바지 기승을 부리던 시절의 작가 마쓰오카 유즈루의 〈돈황 이야기〉는 외국 탐험가들이, 문맹인 데다 돈을 밝히는 중국인 왕도사를 어떻게 회유하고 설득하고 협박해서 돈황의 유물들을 빼내었는지 소설의 형식을 빌려서 피력하고 있습니다. 일본인이 쓴 이 돈황이야기라는 소설의 요지는, "무지몽매한 중국인의 손에 저 보물이 남아 있었다가는 지금쯤 먼지조각이 되어버렸을 것이요, 불교와 동양문화에 대해 무자비한 서양인들의 손에 넘어가느니, 같은 문화권이요 불심 돈독한 젊은 일본인의 손에 넘어오는 것이 무엇보다도 인류역사를 위해서 가장 훌륭한 수순이 아니겠냐"는 내용이었기 때문입니다. 약탈국들이 구차하고 뻔뻔한 자기변명을 더 이상 늘어놓지 않게 하려면 똑똑해져야 할 것 같습니다. 그렇지 않으면 자기 것을 빼앗기고도 '니들이 얼마나 무지했는지 알아?'라는 손가락질을 후손들이 두고두고 받게 될 것이니까요. 이미령 동국역경원 역경위원

98) 참고문헌 『중도』1(이건무 외, 국립중앙박물관, 1980) 『중도』3(지건길 외, 국립중앙박물관,1982)「중도적석총발굴보고」(박한설 · 최복규,『중도발굴조사보고서』, 1982) 「중도발굴조사보고서」(박한설, 강원대학교박물관, 1982)「중부지방 원삼국문화의 편년적 기초: 주거지의 상대편년을 중심으로」(송만영,『한국고고학보』41, 한국고고학회, 1999)

99) 차배옥덕 |2018.05.26. 23:25 http://cafe.daum.net/academykordestroy/iS4h/94

100) 김성수 기자, gimgija@naver.com〈저작권자 © 강원저널

101) 영웅들의 거리, 팔리어멘트 스트릿|작성자 프로비던스

102) 2010.07.29. 한겨레 모래로

103) 윈스턴 처칠의 아버지는 (Lord Randolph (Henry Spencer) Churchill) 젊은 나이에 보수당의 중진으로 활동했으며 1886년 37세 때 하원의장 겸 재무장관이 되었고 머지 않아 총리가 될 것이 확실시되었으나 자신의 오판으로 그 해가 가기 전에 정치적 생명에 종지부를 찍었다. 윈스턴 레오너드 스펜서 처칠 경(KG, OM, CH, 1874년 11월 30일 ~ 1965년 1월 24일)은 영국의 총리(1940년 5월 10일 ~ 1945년 7월 26일, 1951년 10월 26일 ~ 1955년 4월 7일)를 지낸 정치가이다. 윈스턴 처칠은 말버러 공작 1세 존 처칠의 후손 중 한 명.여왕 엘리자베스 2세는 1953년의 대관식에 즈음하여 처칠에게 기사작위를 부여하고 가터 훈장을 수여했으며, 같은 해 그는 노벨 문학상도 수상했다.1953년 5월 스탈린 사후 처칠은 서방측과 소련 지도자의 정상회담을 희망하여 이를 논의하기 위해 버뮤다 회담을 계획하고 있었지만 갑작스런 뇌졸중으로 회담은 취소되었다. 그러나 건강이 회복되어 1954년 6월 아이젠하워 대통령과 회담하기 위해 워싱턴을 방문했다. 11월 30일 그의 80회 생일에는 이례적이라 할 만큼 초당파적인 축하의식이 런던의 웨스트민스터 홀에서 거행되었다.그가 말년에 내린 중요한 정책결정으로는 냉전시대의 긴장을 해소하기 위해 정상회담의 개최에 노력을 기울인 것과, 영국이 '힘'을 바탕으로 교섭을 진행할 수 있도록 수소폭탄의 제조를 승인한 것을 들 수 있다. 1955년 4월 5일 노령과 건강의 쇠약 때문에 사임했는데 후임자 이든이 4개국 제네바 회담 계획을 발표한 것은 그로부터 불과 2, 3주 후의 일이었다. 총리직을 사임한 후에도 처칠은 계속해서 하원에 의석을 가지고 있었으며, '의회의 아

버지'라고 불리게 되었고, 1955년 선거에서도 84세의 고령으로 당선되었다. 1956~58년에 또 하나의 주요저작인 〈영어 사용 민족들의 역사 A History of the English - speaking Peoples〉(4권)를 출판했다. 많은 명예가 주어졌고 많은 사람들이 그를 '현존하는 최대의 영국인'으로 생각했다. 1963년 4월에는 미국 의회의 결의에 따라 명예 미국 시민이 되었다. 1965년 1월 24일 런던에서 죽었을 때 그의 장례식은 왕족 이외에는 금세기 최초로 국장으로 거행되었으며, 세계의 모든 나라에서 조사를 보냈다. 그는 블렌엄 궁 가까이 있는 블래든의 교회 묘지에 양친과 나란히 묻혔다.

104) 김준수(영국6회방문), "춘천중도선사유적지보존" 국회소회의실세미나발표집, 2018

105) 이경엽기자(yeab123@skyedaily.com), 2018. 01. 25 17:35:16

106) ⓒ스카이데일리 그래픽=배현정

107) 이경엽 기자/ 다음검색

108) MBC 다큐멘타리 캡처

109) 네이버지도

110) 연합뉴스

111) (서울=연합뉴스)2011.2.17http://news.naver.com/main/read.nhn?mode=LSD&mid=sec&sid1=101&oid=001&aid=0004916641

112) http://news.naver.com/main/read.nhn?mode=LSD&mid=sec&sid1=101&oid=001&aid=0004916640

113) 연합뉴스 2010. 11. 22

114) (서울=연합뉴스)김태식기자 http://news.naver.com/main/read.nhn?mode=LSD&mid= sec&sid1=103&oid=001&aid=0004778862

115) 이 캡처들은 KBS 역사스페셜에서 캡처한 것입니다. 오른쪽 상단의 KBS 부분이 삭제되어 있는 것은 이 영상을 퍼온 분이 KBS 부분을 변형시켜 놓아서 불가피하게 KBS 부분을 삭제한 것입니다. 원출처는 [KBS 역사스페셜 - 제주도 사람 발자국 화석의 비밀] 입니다.

116) 다음검색, 한국♡한국인 [한인쉼터] 원문보기▶글쓴이 : 그레이트 코리아

117) (서울=연합뉴스) 2011. 2. 17

118) http://news.naver.com/main/read.nhn?mode=LSD&mid=sec&sid1=101&oid=001&aid=0004916642

119) 박원길 한국몽골학회 부회장 altanoboo@hanmail.net | 제182호 | 20100905 입력 보낸사람 : 조한 11.02.18 10:17 〈gasplaza2002@hanmail.net〉3Dgasplaza2002@hanmail.net〉gasplaza2002@hanmail.net〉

120) 우실하, 요하문명론 외 여러 논문들 참조.

121) 춘천 = 이성현 기자 sunny@munhwa.com , 문화일보. 말 많던 '춘천 레고랜드' 급물살| 정부건설정책 게시판 정운철 2018.11.20.

122) CSBN 편집부

123) https://news.v.daum.net/v/20190227122310104https://news.v.daum.net/v/20190227122310104 URL복사, 서울=연합뉴스) 박동주 기자 2019.2.27. pdj6635@yna.co.kr

124) 김정덕 더스쿠프 기자juckys@thescoop.co.kr 사진 오상민 천막사진관 작가studiotent@naver. com

125) jmpark@cbs.co.kr 2019.04.16 오후6:13 [강원CBS 박정민 기자]

126) 춘천시, 강원향토문화연구회,『춘천맥국의 역사적 연구』, 2005년 참조.

127) KBS 1TV, [뉴스핌 Newspim] 박지원 기자 (pjw@newspim.com),2016.02.11 18:44.

128) 정경희, "백두산 공정의 방어: '백두산 맥족 - 중도 맥국' 연구", 제188차 국학원 국민강좌, 환기 9216(2019), 3월 12일, 참조.

129) https://blog.naver.com/tmount/140088269457

130) 말갈(모허)족은 중국 상주시대에는 읍루, 전국시대에는 물길, 당나라 때에 말갈이라고 불리웠는데..(읍루는 압록강의 옛이름이다. 압록강 근처에 사는 민족이라는 뜻이고, 물길勿吉의 중국 발음은 wuji 우지로 옥저(부족 국가시대의 국가)와 발음이 같고 뜻이 같다.) 만주는 과거부터 중국 땅이였던 적이 없다. 지금이야 청왕조의 땅을 다 자기땅이라고 우기지만 어림 없는 소리다. 예로부터 만주는 (고)조선을 세운 예맥과 숙신肅愼(중국어로는 의미가 없는 음사일 뿐이다. ju shen 주선이 옳바르다)의 땅이다. 조선이 망한 그 자리의 일부분에 한사군이 설치되었고, 한사군이 없어진 자리에 조선의 예맥과 말갈靺鞨족(중국어 발음은 'mo he)이 고구려를 세우고, 先世可追溯到商周时的肃慎和战国时的"挹娄"。北魏称"勿吉", 隋唐时写作靺鞨勿吉族, 始见于南北朝, 但族名和族源很悠久。秦以前的居就, 秦汉之际的夫余、沃沮、隋唐以后的乌惹、兀的改、斡拙、吾者、如者、乌稽、窝集之类的氏族、部落、民族的名称, 乌勿吉很有关联。https://baike.baidu.com/item/%E5%8B%BF%E5%90%89/10498702말갈은 맥족(貊族)'의 맥의 중국어 발음이 'mo' 그리고 중국 고대 문헌에서 '맥족'과 같은 의미로서 사용되어온("貉, 又作貊, 亦称獩貉") 학족(貉族)의 '학(貉)'에 대한 중국어 발음이 바로 'he'로 맥족으로 생각하면 된다. https://blog.naver.com/tmount/140088269457https://baike.baidu.com/item/%E9%9D%BA%E9%9E%A8/1010650?fr=aladdin고구려가 망하고 그자리에 발해가 들어선다. 번영하던 발해가 갑자기 사라지는데, 이 사라진 발해대신 걸안과 여진이 나타난다. 우리는 본래 글단(契丹)이라고 했는데 이게 발음하기 편하게 거란으로 바꿔서 불렀고,(환단고기를 믿는 사람들중엔 글단을 kitan의 음사로 보는 사람들도 있다. 키탄은 스키타이와 연결이 되어 역사가 복잡하다) 중국은 걸안乞顔이라고 했으며, 걸안족은 부아한산不儿罕山과 간난하斡难河(워난허О н о н г о л 오논강: 만주 북부에서 발원하여 울란바토르근처로 흘러가는 강) 밑에 살던 몽고족의 한 일파로 바이두엔 몽고어로 '도도히 흘러가는 큰물'의 뜻을 가지고 있으며, 물의 기원(바다? 카스피해? 바이칼호?)이라 마땅히 해석해야한다고 써있다. 乞顔的蒙语大意是奔流而下的洪流, 应译为奇源 https://baike.baidu.com/item/%E4%B9%9E%E9%A2%9C 부아한산 : 러시아 땅에 있는 산 같은데 정확한 이름을 모르겠음(출처:바이두) 이 걸안족과 몽고족은 다양한 혈족과 부족으로 이루어져, 이 민족들 가운데 강대한 자가 나오니, 그 사람 이름이 칭기스칸이다. 여진족女眞族의 '女眞'은 남송때 처음 쓰인 말로 '쥬선'의 음사로 쓰인 말이나, 바이두에도 없는 단어로 나온다.'쥬선'은 만주어로 보자면 '사람'을 뜻하는 단어로女眞古肅愼國也本高麗朱蒙之遺여진은 옛이름이 숙신이요 고구려 주몽의 후손이다 라고 되어있다.https://blog.naver.com/tmount/140088269457 거란이 동단東丹국(후에 요나라)을 세우고, 여진의 금 이후 북쪽은 걸안족의 일파인 칭기스칸이 통일 한다. 80년 원나라의 치세가 끝난후 한반도엔 조선이 중국에는 명이 그리고 만주엔 여진이 있다가, 여진족의 이름을 만주족으로 바꾸고 청을 세운다. 만주족의 청이 명을 없애고 청을 세운 후, 만주족이 살던 넓은 땅은 한족이 다시 힘을 얻어 득세하면 만주족이 다시 돌아갈 땅이라하여 1677년 국경을 함부로 넘지 못하게 하고 그 땅을 비워놓는 조치(봉금정책)를 취하게 된다. 조선과 백두산 정계비(1722) 를 세워 국경을 넘는 것을 엄금하게 되고, 후에 러시아와 국경분쟁을 우려해 한족의 이민을 허락하였으나, 1850년대 태평천국의 난 그리고 영국이 일으킨 아편전쟁에서 영국에게 패하여 청의 힘이 많이 약해지면서 많은 한족이 만주로 이민을 한다. 물론 전에도 함경도 평안도 사람들은 목숨을 걸고 몰래 국경을 넘어서 만주 땅에 농사를 짓기도 하였는데, 1869~70 대흉년이 들은 후 본격적으로 만주로 이주하여 농사를 지으며 마을을 이루었는데, 이들이 조선족의 시작이다. https://skyear.blog.me/220424523770(백두산 정계비의 조선의 영역을 압록강과 토문강으로 구역을 정했는데, 그 토문강이 중국은 지금의 두만강이라고 이야기하고 우리는 아니라고 하는중. 그치만 영토를 넓힐 수 있는 가능성은 거의없다.) 그후 , 만주에는 많은 한족과 조선인이 이주하여 살게 됨. 그 후는 청나라가 없어지고, 군벌시대를 거쳐, 일제가 세운 만주국을 거쳐서 현재에 이른다. 현재 연해주는 러시아의 땅이 되었고, 남은 만주는 동북 3성과 몽골자치구로 이루어져있다. 동북 삼성은 요녕성, 길림성, 흑룡강성 으로 되어있으며, 현재 인구는 1억명, 조선족 인구는 200만정도를 헤아린다. 중공이 통일할 무렵에도 (1949년) 자원이 풍부하고, 일제의 공업화가 때문에 제일 발전한 곳 중 하나였지만, 현재는 자원이 바닥나고, 경제적으로 많이 낙후된 지역이기도 하다.
http://terms.naver.com/entry.nhn?docId=1222282&cid=40942&categoryId=39994
https://blog.naver.com/rlagudtjq94/10136661064[출처]
바이주 39 ..동북 삼성의 술|작성자 sssps00

131) 우리말로 외국어 어원풀기, 다음.

132) 곽박郭璞: 중국 서진西晉 말에서 동진東晉 초의 학자 · 시인(276~324). 자는 경순景純. 박학하고 시문과 점술에 뛰어나 원제에게 상서랑尙書郎으로 임명되었다. 322년에 중신인 왕돈王敦이 반란을 일으켜 관군이 패하자 살해되었다. 『목천자전』, 『초사』, 『산해경』 따위의 주석이 유명하다. 한漢의 상흠 또는 진晋의 곽박郭璞이 지었다고 하는 〈수경 水經〉발음 [곽빡] 형태분석 [郭璞] 황허 강[黃河] 수계에서 시작하여 화이허 강淮河, 양쯔 강揚子江 수계, 나아가 남방의 여러 수계에 이르는 중국 각지의 수로를 따라 그 주변지역의 지리적 상황, 명승고적, 역사적 사건, 민간전설, 풍물 등 다양한 내용을 기록했다. 원래는 한漢의 상흠 또는 진晋의 곽박郭璞이 지었다고 하는 〈수경 水經〉에 주석을 단 것이지만, 주석 부분이 본문의 20배가량 된다. 내용면에서도 〈수경〉은 137개 하천의 발원지 · 경과지점 · 합류점 · 하구를 약술했을 뿐인데 반해, 〈수경주〉에서는 지류를 합하여 1,252개 하천의 자연 · 인문 지리를 자세히

다루었다.〈수경주〉에 인용된 서적만도 무려 437종류에 이른다. 문장에 생동감이 넘치고 풍부한 정취를 담고 있으며, 변려문과 산문이 혼합되어 있다. 절묘한 경치묘사로 문학사상 독보적인 위치를 차지하고 있는데, 특히 〈강수주 江水注〉 중의 싼샤[三峽]에 관련된 묘사가 유명하다. 당唐나라 유종원柳宗元의 산수산문에도 직접적인 영향을 미쳤다. 원래 40권 가운데 10세기 무렵 이미 5권이 없어진 것을 억지로 원래 권수에 맞추느라 체재가 혼란스럽게 되었는데, 18세기 이후 많은 학자들에 의해 본래의 모습으로 되돌리려는 문헌학적 노력들이 진행되었다. 그중 대표적인 것이 서우징[楊守敬]·슝후이전[熊會貞]의 〈수경주소 水經注疏〉(1955)이다.출처 다음백과

133) 수경주Shui Ching chu , 水經注 (병). Shuijingzhu. (웨). Shuichingchu. 6세기 이전에 지어진 것으로는 가장 체계적이다. 모두 40권으로 되어 있고 북위의 역도원이 편찬했다. 역도원酈道元(466~527중국 北魏Li Taoyuan) 중국 북위(386~534) 때의 지리학자·산문가.(병). Li Daoyuan. (웨). Li Taoyan. 자는 선장. 범양 탁(지금의 허베이 성 줘 현) 사람이다. 어사중위·관우대사를 지냈다. 학문을 좋아하고 견문이 넓어서 각지의 많은 문헌을 모아 〈수경주 水經注〉를 지었다. 이 책에서 〈수경 水經〉에 나오는 1,000개의 물길의 원류 및 연안의 풍토와 경치에 관해 논술했으며, 아울러 〈수경〉의 오류를 바로잡았다.문장은 간결하고 생동감이 있으며 의미심장한 뜻을 담고 있다. 경치를 묘사하는 수법은 후에 유종원 등의 산수유기문에 영향을 주었다.

134) 안경전, 위의 책, 373쪽 참조.

135) 안경전, 위의 책, 345쪽 참조.

136) 맥이 대동이의 참역사를 밝히다.

137) 맥貘 창작/발표시기1938년 6월(창간), 1939년 4월(종간) 현대문학 1938년에 창간되었던 시 전문잡지.1938년 6월에 창간되어 1939년 4월 통권 5호로 종간되었다. 편집 겸 발행인은 김정기金正基이다. 창간호는 A5판 38면, 3호는 B5판 20면이다. 맥사貘社를 돈암동에 두고, 총판을 한성도서주식회사漢城圖書株式會社에, 함경북도총판을 칭진 소비아서전蘇比亞書店에, 평양총판을 문우당서점文友堂書店에 두었고, 간도 용정가문화사龍井街文化社, 연길 문화서원文化書院에 각각 지사를 두었다. 4집은 임시 편집소인 청진에서 편집하였다. 1집에 김진세金軫世·함윤수咸允洙 등 15명의 17편, 2집에 민태원閔泰瑗·장만영張萬榮 등 19명의 22편, 3집에 이상李箱·임화林和 등 32명의 38편, 4집에 허윌파許越波·강시환姜時環 등 29명의 38편, 5집에 장응두張應斗 등 15명의 27편, 총 110여명 142편의 작품이 수록되어 있다. 이 잡지는 동인지의 성격을 지니지도 않았을 뿐만 아니라, 또 유파流派를 내세워 제한하지도 않았다. "퇴폐적 본능, 무의식적인 단순한 인상印象, 주정主情의 전달, 혹은 영감, 감상적 고백의 형태화시形態化詩에 반역해야 한다.", "시는 늘 시대에 선행해야 한다.", "우리는 시에 있어서 새로운 감성적 영역을 개척 확장키 위하여 의식적으로 주지적 활동에 의하여 비판정신을 파악하려 한다."고 주장하였다. 수록된 작품으로는 김진세의 「운명運命」·「기심기飢心記」(1호), 김남인金嵐人의 「종다리」(1호), 이석李石의 「이깔나무」(1호), 박남수朴南秀의 「행복幸福」(1호), 이상의 「무제無題」(3호), 임화의 「차중車中」(3호), 김상옥金相沃의 「모래알」(3호), 장만영의 「들꽃이 핀 두덕」(3호), 서정주徐廷柱의 「모母」(3호), 윤곤강尹崑崗의 「오열嗚咽」(3호) 등이 있다. 한국민족문화대백과사전, 다음

138) 춘천시, 강원향토문화연구회, 『춘천맥국의 역사적 연구』, 2005년 참조.

139) 자연박물관, 다음.

140) 담헌 그림

141) 맥의 새끼는 멧돼지 새끼처럼 흰 가로줄무늬를 지니고 생후 6개월쯤 지나면 없어진다. 발굽은 앞발에 4개, 뒷발에 3개가 있는데 이는 말의 조상인 히라코테리움과 같다. 주로 삼림에 서식하며 밤에 주로 활동하고 풀, 수초, 나뭇잎, 과실 등을 먹는다.아메리카에 사는 산맥과 베어드맥은 국제보호동물로 지정되어 있다.

142) ⓒ (주)천재교육 | BY-NC-ND, 다음.

143) http://news.chosun.com/site/data/html_dir/2016/07/04/2016070401674.html 안상현기자, 2016. 07. 04

144) 나무 위키, 다음백과.

145) [알라딘서재]초식동물의 위기를 통해 배워가는 지식

146) 채장식논설위원 Copyright ⓒ마이 뉴스 코리아 All Rights Reserved, chaejsik@naver.com 최종 편집일: 2007. 10

147) 2007. 10. 23 cafe.daum.net/ilovehws/DbhI/395 아이러브 황우석!

148) 중국의 역사와 문명이 탄생한 곳이 황하黃河이기 때문에, 중국의 문화와 세계관에서 황색은 천하의 중심을 차지하고 있다. 그리고 천하의 중심인 중국을 다스리는 황제皇帝만이 오직 황색을 소유할 수 있다는 관념이 자리 잡게 되었다. 이 때문에 고대 동아시아 국가들 사이에서 황색은 제왕을 대표하는 색깔이 되었다.

149) 대한뉴스 〈국회 의사당 준공〉 보도. 현재의 국회의사당은 1975년에 완공된 것으로, 지붕은 돔 형식인 건물이다. 주소는 서울특별시 영등포구 의사당로 1(여의도동 1번지). 단일 의사당 건물로는 동양 최대라고 한다. 사진으로 보는 전경과 달리 실제로 가서 보면 독립기념관 겨레의 집 뺨치는 어마어마하게 큰 건물이기 때문에 웅장한 맛이 있다. 참고로 영등포구청역 인근에 있는 사진들에 의하면 과거 이 자리에는 양말산이 있었다고 하는데 이 산을 허물고 의사당을 지었다고 한다. 지금도 의사당 앞에 있는 길 중에는 양말산길이 있다. 참고로 양말산의 어원은 양과 말을 방목하던 곳이라고 한다. 더불어 현재 국회의사당을 지을 당시, 아주 가관이던 게 상당한 헐값으로 무리하게 건축가들에게 맡긴 탓에 김수근을 비롯한 이들은 반발하여 건축설계에서 빠졌고 결국 여러 명이 번갈아가면서 설계했으나 이들 모두 현재까지 이 건물에 대하여 자신의 졸작으로 여겨 이야기하는 것도 꺼린다고 한다.

150) 김문기, 『맥이: 대동이의 역사를 밝힌다』, 정신세계사, 병인, 233쪽.

151) 참고문헌 김두규, 「[王을 만나다 · 34] 유릉(27대 순종황제 · 순명효 · 순정효황후)」, 『경인일보』, 2010년 5월 20일. 윤완준, 「조선 왕릉엔 '다빈치 코드' 뺨치는 '컬처 코드'가…」, 『동아일보』, 2009년 6월 29일. 글 이종호, 과학문화유산답사기1, cp명북카라반

152) 곽박[郭璞]: 중국 서진西晉 말에서 동진東晉 초의 학자 · 시인(276~324). 자는 경순景純. 박학하고 시문과 점술에 뛰어나 원제에게 상서랑尙書郎으로 임명되었다. 322년에 중신인 왕돈王敦이 반란을 일으켜 관군이 패하자 살해되었다. 『목천자전』, 『초사』, 『산해경』 따위의 주석이 유명하다. 한漢의 상흠 또는 진晉의 곽박郭璞이 지었다고 하는 〈수경 水經〉발음 [곽빡] 형태분석 [郭璞] 황허 강[黃河] 수계에서 시작하여 화이허 강[淮河], 양쯔 강[揚子江] 수계, 나아가 남방의 여러 수계에 이르는 중국 각지의 수로를 따라 그 주변지역의 지리적 상황, 명승고적, 역사적 사건, 민간전설, 풍물 등 다양한 내용을 기록했다. 원래는 한漢의 상흠 또는 진晉의 곽박郭璞이 지었다고 하는 〈수경 水經〉에 주석을 단 것이지만, 주석 부분이 본문의 20배가량 된다. 내용면에서도 〈수경〉은 137개 하천의 발원지 · 경과지점 · 합류점 · 하구를 약술했을 뿐인데 반해, 〈수경주〉에서는 지류를 합하여 1,252개 하천의 자연 · 인문 지리를 자세히 다루었다. 〈수경주〉에 인용된 서적만도 무려 437종류에 이른다. 문장에 생동감이 넘치고 풍부한 정취를 담고 있으며, 변려문과 산문이 혼합되어 있다. 절묘한 경치묘사로 문학사상 독보적인 위치를 차지하고 있는데, 특히 〈강수주 江水注〉 중의 싼샤[三峽]에 관련된 묘사가 유명하다. 당唐나라 유종원柳宗元의 산수산문에도 직접적인 영향을 미쳤다. 원래 40권 가운데 10세기 무렵 이미 5권이 없어진 것을 억지로 원래 권수에 맞추느라 체재가 혼란스럽게 되었는데, 18세기 이후 많은 학자들에 의해 본래의 모습으로 되돌리려는 문헌학적 노력들이 진행되었다. 그중 대표적인 것이 서우징[楊守敬] · 슝후이전[熊會貞]의 〈수경주소 水經注疏〉(1955)이다. 출처 다음백과

153) 수경주Shui Ching chu , 水經注 (병). Shuijingzhu. (웨). Shuichingchu. 6세기 이전에 지어진 것으로는 가장 체계적이다. 모두 40권으로 되어 있고 북위의 역도원이 편찬했다. 역도원酈道元(466~527중국 北魏Li Taoyuan) 중국 북위(386~534) 때의 지리학자 · 산문가.(병). Li Daoyuan. (웨). Li Taoyüan. 자는 선장. 범양 탁(지금의 허베이 성 줘 현) 사람이다. 어사중위 · 관우대사를 지냈다. 학문을 좋아하고 견문이 넓어서 각지의 많은 문헌을 모아 〈수경주 水經注〉를 지었다. 이 책에서 〈수경 水經〉에 나오는 1,000개의 물길의 원류 및 연안의 풍토와 경치에 관해 논술했으며, 아울러 〈수경〉의 오류를 바로잡았다. 문장은 간결하고 생동감이 있으며 의미심장한 뜻을 담고 있다. 경치를 묘사하는 수법은 후에 유종원 등의 산수유기문에 영향을 주었다.

154) 춘천시, 강원향토문화연구회, 『춘천맥국의 역사적 연구』, 2005년 참조.

155) 3황5제시대 지상에 일어났던 대사건: 전욱과 공공의 전투로 하늘의 기둥이 무너졌다 최고관리자 2016. 07. 03

156) 생마늘을 그대로 씹거나 썰면 세포가 파괴되면서 효소 분해에 의하여 이 알리인이 알리신이나 디알리디설파이드 등이 되어 강한 냄새를 내게 된다. 이 마늘의 냄새성분은 고기 비린내를 없애고 고기의 맛을 돋우어주며 소화도 도와준다. 따라서 우리나라의 고기요리에 으레 마늘이 들어가는 것은 매우 과학적이라 할 수 있다. 마늘의 냄새성분 중의 하나인 알리신은 비타민 B1과 결합하여 알리티아민이 되는데, 비타민 B1과 같은 작용을 가지면서도 보다 흡수가 용이하다. 따라서 마늘은 각기병을 막는 데 커다란 효과를 나타낸다. 실제로 일제강점기 때 우리의 쌀을 수탈하여 백미를 주식으로 삼던 일본인들은 각기병으로 고생하였으나, 현재 백미 위주의 식생활을 하는 우리에게 각기병이 드문 것도 우리가 마늘을 많이 먹기 때문이라고 할 수 있다. 또한, 알리신에는 강력한 살균효과가 있어 결핵균 · 호열자균 · 이질균 · 임질균에 대한 살균효과가 현저하다. 한편 마늘의 영양효과로는 심장 · 근육의 작용에 활력을

주고 체표면에 가까운 혈관을 확장하여 온혈溫血을 잘 도입하기 때문에 체표면의 온도를 보호하는 효과를 들 수 있다. 이 밖에 마늘에는 비타민 C나 유지의 산화를 막으며 체내의 과산화지방의 생성을 방지하는 노화방지의 효능도있음이 실험을 통하여 입증되었다. 마늘은 우리나라에 없어서는 안 될 식품으로, 거의 모든 음식의 양념으로 쓰이고 있다. 마늘은 가열하여 효소가 파괴되면 매운맛이나 냄새, 살균작용이 없어지지만 창자 속에서 분해되어 그 효능을 나타낸다. 그러므로 강한 냄새가 곤란하면 익혀서 먹으면 된다

157) 아름다운 오류, “불고기는 과연 한국의 전통 음식인가?” | 참고문헌: 주영하, 2000.『음식전쟁 문화전쟁』, 사계절. 다음.

158) 맥이 대동이의 참역사를 밝히다.

159) 한반도나 만주 일대의 한민족은 고대부터 활을 주된 무기로 삼았다. 부여, 고구려, 백제 등 부여계 민족들은 원래가 북방계 기마 민족이었고 말을 탄 채로 달리며 활로 전쟁이나 사냥을 하는 것이 생활 그 자체였다. 하루의 대부분을 활과 함께 하고 활을 잘 쏘는 것을 미덕으로 여겼으니 그 당시 사람들의 활 쏘는 실력은 눈부셨을 것이다. 더구나 제 자리에 가만히 서서 활을 쏘는 것도 아니고 심하게 흔들리는 말의 등 위에서 쏘는 것이니 그 난이도는 배가되었을 것이다. 이럼에도 부여, 고구려, 백제인들은 그 당시 역사에 기록될 만한 무시무시한 성과를 냈다. 중국의 수, 당 시대의 기록으로도 중국의 동북방 민족들(동이)은 활을 매우 잘 쓰는 오랑캐로, 중국의 동북방 경계의 크나큰 골칫거리라고 기록되어있고, 이러한 기마술, 궁술 등을 중국이 입수하려고 노력하기도 했다... 한국은 전통적으로 활에 관련된 이야기가 많다. 추모왕(주몽. 심지어 이름이 '활을 잘 쏘는 사람'이라는 뜻), 이성계(조선 태조) 등 건국 시조 2명이 활을 잘 쏘았다는 나라다. 그 외에 정조도 명궁이었다고 한다. 정조가 활을 쏜 기록에서 보면 50발 중 41발, 45발, 46발, 47발 등 기록이 계속 늘어나다가 이후 49발이 10번 정도 나오는데, 일부러 50발 다 안 맞히고 한발은 이상한데 쐈다고 한다. 이는 스스로 겸손하기 위해서라고 정조 본인이 밝히고 있다. 흠좀무. 일설에는 부친인 사도 세자의 묘역을 참배하고 돌아오는 길에 활을 낸 것이라 10순을 선부 모는 것은 예의가 아니라하여 마지막 시를 일부러 벗어나게 쐈다고도 한다. 또한 일본과 비교해서도 대단했는데 중종 조에 정윤겸이 왜구를 토벌하는 과정에서 살 드러난다. 왜구가 쏜 활을 맞고 우리 군사는 부상자 하나 나지 않은 반면, 왜구 쪽은 갑옷을 입은 자가 50명인데도 맞는 즉시 즉사. 심지어 단검을 들고 올라온 왜구에게서 칼을 뺏고 활로 쏴 죽이는 기행도 보여준 바 있다. 심지어 신립 같은 경우에는 이탕개의 난때 적진에 홀로 뛰어들어 활 하나로 전공을 세우기도 했다. 이렇게 활 관련된 이야기가 많듯 고대부터 국가적 차원에서 활쏘기를 우대하고 장려하였다. 특히 성리학을 국가 이념으로 삼은 조선에서 공자가 사대부에게 권장한 육예에 속하는 활쏘기는 지성인의 교양 과목이기도 하였다. 이건 상당히 일리가 있는 것이 활쏘기와 사격, 골프 등은 체력보다는 집중력과 지구력 등 절제력이 중요한 마인드 스포츠다. 조선 왕조 실록에도 왕이 정기적으로 습사를 하는 기록이 많이 남아있다. 여기에 종특이 더해져 높고 낮음, 남녀노소를 가리지 않고 행하는 스포츠가 되었다. 구한 말 사진이나 기록 영상 등을 보면 활터에서 우직하게 시위를 당기고 있는 어르신과 아낙네들을 흔히 볼 수 있다. 즉 직업적인 무인들 뿐 아니라 문인과 책만 읽는 선비들도 활쏘기는 마치 요즘의 조기 축구처럼 일상적 여가 활동으로 동네마다 널리 즐겼다는 것.

160) 곽박郭璞: 중국 서진西晉 말에서 동진東晉 초의 학자 · 시인(276~324). 자는 경순景純. 박학하고 시문과 점술에 뛰어나 원제에게 상서랑尙書郎으로 임명되었다. 322년에 중신인 왕돈王敦이 반란을 일으켜 관군이 패하자 살해되었다.『목천자전』,『초사』,『산해경』따위의 주석이 유명하다. 한漢의 상흠 또는 진晉의 곽박郭璞이 지었다고 하는 〈수경 水經〉발음 [곽빡] 형태분석 [郭璞] 황허 강黃河 수계에서 시작하여 화이허 강淮河, 양쯔 강揚子江 수계, 나아가 남방의 여러 수계에 이르는 중국 각지의 수로를 따라 그 주변지역의 지리적 상황, 명승고적, 역사적 사건, 민간전설, 풍물 등 다양한 내용을 기록했다. 원래는 한漢의 상흠 또는 진晉의 곽박郭璞이 지었다고 하는 〈수경 水經〉에 주석을 단 것이지만, 주석 부분이 본문의 20배가량 된다.내용면에서도 〈수경〉은 137개 하천의 발원지 · 경과지점 · 합류점 · 하구를 약술했을 뿐인데 반해, 〈수경주〉에서는 지류를 합하여 1,252개 하천의 자연 · 인문 지리를 자세히 다루었다.〈수경주〉에 인용된 서적만도 무려 437종류에 이른다. 문장에 생동감이 넘치고 풍부한 정취를 담고 있으며, 변려문과 산문이 혼합되어 있다. 절묘한 경치묘사로 문학사상 독보적인 위치를 차지하고 있는데, 특히 〈강수주 江水注〉 중의 싼샤三峽에 관련된 묘사가 유명하다. 당唐나라 유종원柳宗元의 산수산문에도 직접적인 영향을 미쳤다. 원래 40권 가운데 10세기 무렵 이미 5권이 없어진 것을 억지로 원래 권수에 맞추느라 체재가 혼란스럽게 되었는데, 18세기 이후 많은 학자들에 의해 본래의 모습으로 되돌리려는 문헌학적 노력들이 진행되었다. 그중 대표적인 것이 서우징楊守敬 · 숑후이전熊會貞의 〈수경주소 水經注疏〉(1955)이다.출처 다음백과

161) 수경주Shui Ching chu , 水經注 (병). Shuijingzhu. (웨). Shuichingchu. 6세기 이전에 지어진 것으로는 가장 체계적이다. 모두 40권으로 되어 있고 북위의 역도원이 편찬했다. 역도원酈道元 (466~527중국 北魏Li Taoyuan) 중국 북위(386~534) 때의 지리학자 · 산문가.(병). Li Daoyuan. (웨). Li Taoyan. 자는 선장. 범양 탁(지금의 허베이 성 줘 현) 사람이다. 어사중위 · 관우대사를 지냈다. 학

문을 좋아하고 견문이 넓어서 각지의 많은 문헌을 모아 〈수경주 水經注〉를 지었다. 이 책에서 〈수경 水經〉에 나오는 1,000개의 물길의 원류 및 연안의 풍토와 경치에 관해 논술했으며, 아울러 〈수경〉의 오류를 바로잡았다.문장은 간결하고 생동감이 있으며 의미심장한 뜻을 담고 있다. 경치를 묘사하는 수법은 후에 유종원 등의 산수유기문에 영향을 주었다.

162) 이명박대통령 시절, 서울 용산역사민족공원 설계도 네덜란드 팀 것을 선택한다.

163) 이명박대통령 시절, 서울 용산역사민족공원 설계도 네덜란드 팀 것을 선택한다.

164) 9339june 2018. 10. 7.http://blog.naver.com/9339june/221372564208

165) 박인기박사, 9216(2019), 3월 14일 나의 요청에 따라 전문가적인 분석을 해주시다.

166) 조향래기자 swordjo@imaeil.com

167) 손성태, 앞의 책 참조.

168) 중국의 역사와 문명이 탄생한 곳이 황하黃河이기 때문에, 중국의 문화와 세계관에서 황색은 천하의 중심을 차지하고 있다. 그리고 천하의 중심인 중국을 다스리는 황제皇帝만이 오직 황색을 소유할 수 있다는 관념이 자리 잡게 되었다. 이 때문에 고대 동아시아 국가들 사이에서 황색은 제왕을 대표하는 색깔이 되었다.

169) 김문기, 『맥이: 대동이의 역사를 밝힌다』, 정신세계사, 병인, 233쪽.

170) 참고문헌 김두규, 「[王을 만나다 · 34] 유릉(27대 순종황제 · 순명효 · 순정효황후)」, 『경인일보』, 2010년 5월 20일. 윤완준, 「조선 왕릉엔 '다빈치 코드' 뺨치는 '컬처 코드'가…」,『동아일보』, 2009년 6월 29일. 글 이종호, 과학문화유산답사기1,cp명북카라반

171) 물에 대한 반응은 종에 따라 다른데, 사자와 표범은 어쩔 수 없는 경우를 제외하고는 물에 들어가기를 싫어한다. 다음.

172) 존 로이드K · 존 미친슨 지음, 위의 책, 36쪽.

173) 존 로이드K · 존 미친슨 지음, 전대호 옮김, 『동물 상식을 뒤집는 책』 Tapir 맥: 고대 숲 속의 말, 해나무, 34~35쪽 참조.

174) 조옥구,

175) 평창읍 하리 청동기 유적지를 돌아본 나의 사유적 사색.| 이런 생각 저런 생각 후세백작| 2016. 10. 01.

176) 이능화, 위의 책, 111~112쪽 참조.

176-1) 안원전의 담론169. 화하華夏의 명칭 유래 - 원래 화華는 초목화영草木華榮이라는 말에서 나온 것. 임혜상은「중국민족사」(대만 상무인쇄 서관 刊) 상권 45쪽에서 화하華夏계 명칭의 기원에 대해 다음과 같이 말한다. 결론부터 밝히고 시작하면 화華는 꽃花 도등(圖騰: 상징휘장)에서 비롯된 거고, 하夏는 주변 4위의 흉측한 야만적 짐승 국가들 사이에 유일한 사람국가란 뜻에서 사람(人)이라는 뜻으로 시작한 거다. 오늘날 사회주의화하고 있는 공산주의 국가 중국은 이데올로기적인 자체 사정도 사정이지만 상고시절에 과거 용을 도등으로 삼았던 서방 지나족의 과거가 봉을 도등으로 삼은 동이족의 역사에 맞물려 그 뿌리가 드러남을 일단 배제하기 위해 화하華夏의 기원에서 역사 기원을 찾고 꽃을 도등(국가상징물)으로 삼고 있는 중이다.

177) 이능화, 위의 책, 113쪽.

178) '진시황은 여진족' 한족 통설에 도전 [중앙일보] 현대 중국에서 새롭게 뜬 역사 인물 1호를 꼽으면 단연 진시황이다. 진시황은 춘추전국시대를 마감하고 중국을 처음 통일했다. 현대 중국은 진시황의 통일 이미지를 요청하고 있다. 장이머우張藝謀 감독의 영화 '영웅'은 시대의 흐름을 반영했다. 그 같은 '진시황 영웅 만들기'에 반기를 든 책이 나와 주목된다. 『진시황은 몽골어를 하는 여진족이었다』(주쉐안 지음, 문성재 옮김, 우리역사연구재단)이다. 도발적 제목이다. 진시황을 중화문명의 주류인 한족으로 당연시하는 통설에 도전했다. 2006년 대만, 2008년 상하이에서 나온 중국어 원서 제목은『秦始皇是說蒙古話的女眞人』. 한국어 번역본은 원서 제목을 그대로 풀어냈으니, 없는 내용을 창작한 것은 아니다. 저자 주쉐안(朱學淵 · 68)이 구이린桂林에서 태어난 토종 중국인이고, 미국 몬타나주립대에서 물리학 박사학위를 받으며 일종의 '제도권 학문'을 섭렵했다는 점도 예사롭지 않다. 자연과학도인 저자는 개인적으로 헝가리 민족의 시원에 관심을 가졌고, 동북아시아 북방 민족의 기원으로 관심을 확대했다. 2002년 펴낸『중국 북방 제 민족의 원류』와 함께 이 책은 저자의 '오래된 외도'의 결실이다. 저자는 비교언어학 방법을 도입했다. 저자가 볼 때 인문학에서 가장 자연과학과 닮은 분과가 언어학이다. 언어에서도 문자보다 소리의 변화에 특히 주목했다. 그는 한자의 소리 변천을 통해 고대 역사를 새롭게 해석한

다. 저자는 중국 북방민족이 중원에서 기원했다는 주장을 펼친다. 흔히 오랑캐로 불렸던 북방 민족의 근원을 만주 여진족에서 찾았다. 이 논리대로라면 중원의 주인이었던 북방 민족들은 중원의 안방을 빼앗긴 것도 모자라 오랑캐로까지 몰린 셈이 된다. 이 책은 일견 한족 중심의 중화주의 역사관을 정면으로 부정하는 것으로 읽힌다. 그런데 진시황은 반드시 한족이어야만 '통일 영웅'이 되는 것인가. 꼭 그렇지만은 않을 것이다. 73년 진시황릉을 재조사한 전 북경대 화춘구교수도 신화사통신 인터뷰에서도 진시황이 동이족이고, 유적들도 모두 동이족계라고 확인했다. 또한 그는 중국대륙에서 화하족역사가 천년도 안되며 중국역사 4천년 중에 조선의(단군) 역사가 3분의 2가 넘는다고 말했으며 당국이 역사조작을 하려하는데 그것은 손바닥으로 하늘을 가리는 행위라고 말한 사실이 육성녹음 되어 있다. 이 교수님 나중에 옥고를 치루셨다고 합니다. 당국의 허가 없이 인터뷰했다구요. 사마천의 『사기 · 진시황본기』에는 다음과 같이 기록돼 있다. "진시황제는 진나라 장양왕의 아들이다. 장양왕은 진을 위해 자식인 자초를 조나라에 인질로 보냈는데 여불위呂不韋의 여자를 보고 기뻐하며 취하여 시황제를 낳았다. 진나라 소왕 48년 정월 한단邯鄲에서 태어났는데 이름을 정이라 했고 성은 조 씨였다." 여기에서는 이상한 점을 발견하기 어렵다. 그러나 『사기 · 여불위열전』에 보면 진시황의 출생에 대한 비밀을 노출한다. "여불위는 한단 시내에 많은 첩을 두고 있었다. 그 중 절세미인이며 춤을 잘 추는 여자와 살고 있었는데 임신한 것을 알게 되었다. 한편 자초子楚는 여불위 집에서 술을 마시다가 그녀를 보고 마음에 들어 여불위에게 축원하면서 그녀를 달라고 하였다. 여불위는 화가 났으나 이미 자초를 위해 가산을 탕진하면서 큰 재화를 얻으려는 계략을 상기하며 그 첩을 바쳤다. 그녀는 임신한 몸을 숨기고 자초와 살며 만삭이 되어 아들 정政을 낳았다. 자초는 마침내 그녀를 아내로 맞이했다."

179) 전 세계의 은하수에 대한 여러 이름과 그 기원, 관련된 창조 신화들을 설명한다. 한국에서는 '은하(銀河, 은빛의 강)' 또는 '은하수銀河水'라는 명칭이 주로 쓰이며, 제주도에서는 '미리내'라고도 부른다. 중국을 비롯한 한자문화권에서는 '은하수銀河水' 외에도 '은한銀漢', '천하天河', '천한天漢', '천황' 등 다양한 명칭이 쓰인다. 일본에서는 '天の川(아마노 가와, 하늘의 강)'의 명칭이 쓰인다. 산스크리트어와 몇몇 다른 인도아리아어로, 은하수는 '하늘의 갠지스 강(Akash Ganga)'으로 불린다. 은하수는 푸라나로 알려진 힌두교 성서에 여전히 신성하게 남아있다. 갠지스강과 은하수를 서로 지상과 천체의 유사체로 여긴다. 힌두교 책에서 'Kshira'는 또한 은하수를 대신하는 이름으로 사용된다. 중앙아시아에서 아프리카까지 넓은 지역에서, 은하수에 대한 이름은 '짚(straw)'과 관련된다. 이것은 고대 아르메니아의 신화('Trail of the Straw Thief')에서 유래되었다. 우랄어, 튀르크어, 우그리아어에서 은하수는 '새의 길(Birds' Path)'로 불린다. 이주하는 새들의 길이 은하수를 따라가는 것처럼 보이기 때문이다. 스웨덴에서는, 은하수 벨트의 별들이 언제 겨울이 올 지 예측하는 데 사용되었기 때문에 '겨울 길(Vintergatan)'로 불린다. 이베리아반도 언어로, 은하수는 'Road of Saint James'로 번역된다. 영어 이름은 '우유'에서 유래된 고대 그리스어 'Γαλαξίας'의 변형이다. 이 단어는 'Galaxy'의 어원이기도 하다. 그리스 신화에서는 은하수가, 헤라가 헤라클레스에게 우유를 먹이다가 우유를 쏟아서 만들어졌다고 설명하고 있다. 'Galaxy'의 어원을 살펴보면, 그리스어로 은하를 뜻하는 'Γαλαξίας'에서 유래된 라틴어 'Via Lactea'에서 변형된 것이고, 지구에서 보이는 은하면에서 별들에 의해 만들어진 옅은 띠의 빛을 의미한다. 경우에 따라서는, 엄밀하게는 'Milky Way'라는 용어가 오로지 밤하늘에 은하가 이루는 빛의 띠만을 나타내고, 은하는 'Milky Way Galaxy' 또는 간단히 'Galaxy'로 불러야 한다고도 하지만, 어떻게 이 관습이 넓게 퍼졌는지는 확실하지 않으며, 'Milky Way'라는 용어는 일상적으로 양쪽의 맥락에서 사용된다. 나무위키, 다음.

180) 존 로이드K · 존 미친슨 지음, 위의 책, 35쪽 참조.

181) 참고문헌, 『한국민속학개설韓國民俗學槪說』(이두현 외, 학연사, 1983) 한국민족문화대백과사전, 다음.

182) 『韓國學基礎資料選集 古代篇』, 정신문화연구원, 1987, 172쪽 주.

183) 이승헌 발의 50번째, 이흥수 작, 대청댐 근처.

184) cafe.daum.net/dahngun

185) 태양신 2006, 네이버.

186) 기록시기 : 1776~1800年(正祖年間) 以後소장정보 : 한국학중앙연구원 장서각洪萬宗(1643~1725)이 단군부터 조선에 이르기까지의 역사를 간략히 편찬한 사서이다.서지사항 表紙書名, 書根題는 모두 '東國歷代總目'이다. 서명 아래에 단권임을 표시한 '全'이 필사되어 있다. 본문은 흑색 목판인찰공책지에 필사되었으며, 頭註도 필사되어 있다. 제1면 우측 상단에는 '李王家圖書之章'이 날인되어 있다.표제명은 '東史'이고, 내제명은 '동국역대총목'이다. 『동국역대총목』은 申琓(1646~1707)이 校書館 提調로 있을 때 당시 학자들이 우리나라의 사실에 대해 잘 모르는 것을 걱정하던 차에 『歷代總目』을 얻어 보고서 홍만종에게 그 체제에 따라 우리 역사를 정리해 달라고 부탁하면서 편찬이 이루어졌다. 단군조선에서 조선 현종 때까지 역대의 사실을 편년순 강목 형식으로 서술하였다. 이 책이 널리 유행하면서 顯宗實錄字로 간행되었으며, 많은 필사본이 전하고 있다.장서각 소장의 본서는 『동국역대총목』을 후대에 필

사한 것으로 乾 · 坤의 2책으로 편성되었다. 순서는 東國歷代總目法例, 歷代傳統之圖, 歷代建圖之圖, 東國地志附를 적고, 이어서 본문으로 단군조선으로부터 기자조선 · 위만조선 · 삼한 · 한사군 · 이부 · 삼국 · 고려 · 조선 영조에 이르기까지 역대의 중요한 사건을 기술하였다.장서각 소장본을 顯宗實錄字本과 비교하면 내용에서 일부 탈락이 있으며 형태에서는 綱과 目을 무시하고 있다. 또한 필사본의 하한선은 조선 영조 연간까지이며, 특히 인조 · 효종 · 현종의 기사에는 상당한 분량의 추가가 있었다. 따라서 본서는 乾에 해당하는 고려 편까지는 내용이 동일하나, 坤編은 상당한 차이를 보이고 있다. 게다가 왕의 이름과 호를 기휘하지 않은 특징도 있다. 홍만종의『동국역대총목』은『東國歷代史抄』,『震乘』,『東史寶鑑』,『東史』등의 표제가 붙은 많은 異本이 있으며, 이본의 종류에 따라서는 卷首의 傳統과 建都에 대한 表가 있는 것과 없는 것이 있다. 그 외 李弘基가 편찬하였다고 적힌『纂修東國史』에도『동국역대총목』의 내용과 중복된 부분이 있어 이 책이 널리 유행하였음을 알 수 있다.『동국역대총목』은 당시 지식인들이 한국사에 대한 지식을 알고자 할 때 가장 손쉽게 찾았던 대표적인 사서이다.참고문헌『洪萬宗全集』, 太學社, 1980.집필자박인호, 다음

187) 송남잡지『松南雜識』는 1855년(哲宗 6), 趙在三(1808~1866)에 의해 편찬된 백과전서적 성격의 類書

188) 강서양천일보, 강혜미기자 gsycky@hanmail.net

189) 한국어의 계통에 대한 연구에서 한국어의 알타이어족설이 아직은 가장 세력을 얻고 있다. 그러나 한국어와 자매 관계에 있다고 보이는 알타이제어가 대부분 구소련이나 중국의 영토에서 사용되었기 때문에 옛 냉전시대에는 거의 직접적인 조사 연구가 불가능하였으며 지금에 와서는 어느 정도 조사가 가능해졌지만 이 언어들이 러시아어와 중국어의 강력한 영향을 받게 되어 대부분의 언어가 사멸의 길을 걷고 있다. 따라서 한국어와 알타이제어와의 비교 연구는 더욱 더 사정이 열악해져 간다고 보아야 할 것이다. 이 책은 과거에 연구된 한국어와 알타이어의 비교 연구를 모두 정리하고 그 논저에서 비교된 어휘를 찾아볼 수 있도록 한 것이다. 한글파크서점, 다음

190) 존 로이드K · 존 미친슨 지음, 전대호 옮김,『동물 상식을 뒤집는 책』Tapir 맥: 고대 숲 속의 말, 해나무, 34~35쪽 참조.

191) 물에 대한 반응은 종에 따라 다른데, 사자와 표범은 어쩔 수 없는 경우를 제외하고는 물에 들어가기를 싫어한다. 다음.

192) 존 로이드K · 존 미친슨 지음, 위의 책, 36쪽.

193) jiri99.com/bbs/board.php?bo_table=jiri31&wr_id=448 지리산 아흔아홉골 문화유적명소, 다음.

194) 맥이 대동이의 참역사를 밝히다.

195) 곽박郭璞: 중국 서진西晋 말에서 동진東晋 초의 학자 · 시인(276~324). 자는 경순景純. 박학하고 시문과 점술에 뛰어나 원제에게 상서랑尙書郎으로 임명되었다. 322년에 중신인 왕돈王敦이 반란을 일으켜 관군이 패하자 살해되었다.『목천자전』,『초사』,『산해경』따위의 주석이 유명하다. 한漢의 상흠 또는 진晉의 곽박郭璞이 지었다고 하는 〈수경 水經〉발음 [곽빡] 형태분석 [郭璞] 황허 강黃河 수계에서 시작하여 화이허 강淮河, 양쯔 강揚子江 수계, 나아가 남방의 여러 수계에 이르는 중국 각지의 수로를 따라 그 주변지역의 지리적 상황, 명승고적, 역사적 사건, 민간전설, 풍물 등 다양한 내용을 기록했다. 원래는 한漢의 상흠 또는 진晉의 곽박郭璞이 지었다고 하는 〈수경 水經〉에 주석을 단 것이지만, 주석 부분이 본문의 20배가량 된다.내용면에서도 〈수경〉은 137개 하천의 발원지 · 경과지점 · 합류점 · 하구를 약술했을 뿐인데 반해, 〈수경주〉에서는 지류를 합하여 1,252개 하천의 자연 · 인문 지리를 자세히 다루었다.〈수경주〉에 인용된 서적만도 무려 437종류에 이른다. 문장에 생동감이 넘치고 풍부한 정취를 담고 있으며, 변려문과 산문이 혼합되어 있다. 절묘한 경치묘사로 문학사상 독보적인 위치를 차지하고 있는데, 특히 〈강수주 江水注〉 중의 싼샤三峽에 관련된 묘사가 유명하다. 당唐나라 유종원柳宗元의 산수산문에도 직접적인 영향을 미쳤다. 원래 40권 가운데 10세기 무렵 이미 5권이 없어진 것을 억지로 원래 권수에 맞추느라 체재가 혼란스럽게 되었는데, 18세기 이후 많은 학자들에 의해 본래의 모습으로 되돌리려는 문헌학적 노력들이 진행되었다. 그중 대표적인 것이 서우징楊守敬 · 숭후이전熊會貞의 〈수경주소 水經注疏〉(1955)이다.출처 다음백과

196) 수경주Shui Ching chu , 水經注 (병). Shuijingzhu. (웨). Shuichingchu. 6세기 이전에 지어진 것으로는 가장 체계적이다. 모두 40권으로 되어 있고 북위의 역도원이 편찬했다. 역도원酈道元(466~527중국 北魏Li Taoyuan) 중국 북위(386~534) 때의 지리학자 · 산문가.(병). Li Daoyuan. (웨). Li Taoyan. 자는 선장. 범양 탁(지금의 허베이 성 줘 현) 사람이다. 어사중위 · 관우대사를 지냈다. 학문을 좋아하고 견문이 넓어서 각지의 많은 문헌을 모아 〈수경주 水經注〉를 지었다. 이 책에서 〈수경 水經〉에 나오는 1,000개의 물길의 원류 및 연안의 풍토와 경치에 관해 논술했으며, 아울러 〈수경〉의 오류를 바로잡았다.문장은 간결하고 생동감이 있으며 의미심장한 뜻을 담고 있다. 경치를 묘사하는 수법은 후에 유종원 등의 산수유기문에 영향을 주었다.

197) 대한신보, 박병역기자, 2016/ 박문기, 맥이 참조.

198) 아름다운 오류, "불고기는 과연 한국의 전통 음식인가?"
|참고문헌: 주영하, 2000.『음식전쟁 문화전쟁』, 사계절. 다음.

199) 3황5제시대 지상에 일어났던 대사건: 전욱과 공공의 전투로 하늘의 기둥이 무너졌다 최고관리자 2016. 07. 03

200) [풍경/자연] 야경 찍으러 간 개화산 난 내꺼 (1094045)

201) 김문기, 『맥이: 대동이의 역사를 밝힌다』, 정신세계사, 병인, 233쪽.

202) 농어목 민어과의 야행성 바닷물고기.주요 서식지는 황해다. 특히 대한민국의 남한과 서해에서 많이 잡히며 동해에서는 거의 볼 수가 없다. 자산어보에서도 "서쪽과 남쪽 바다에만 민어가 있다."라고 서술했을 정도. 번식기는 7월에서 10월까지이며 남해에서는 7~8월, 서해에서는 9~10월에 번식하여 알을 낳는다.참조기처럼 민어 또한 부레를 이용하여 마치 개구리처럼 "부욱, 부욱"거리는 소리를 내는 것이 가능하다. 백성 민(民)자가 붙은 그대로 조선 시대에만 해도 참조기와 더불어 흔한 생선이었다. 다만 구한말 개항 이후 어획 기술이 발달하면서 남획 때문에 개체수가 급격히 줄어들었다.여러가지 용도로 인기가 있는 물고기로써 몸길이는 성체가 되면 최고 60~90cm까지 자란다. 대표적인 흰살 생선으로 회 & 구이 & 매운탕 & 포 등등 어떤 식으로 요리를 해도 좋은 맛을 내는 생선이기도 하다. 요즘은 양식이 가능하게 되었기 때문에 많은 사람들이 쉽게 접할 수 있게 되었다. 하지만 여전히 때 아니면 먹기 힘들기 때문에 고급생선 대접을 받는다.최근 매스컴에서 대대적으로 홍보를 하기 때문에 수요가 상당히 늘었다. 예전에는 현지인들이나 일부 알고 찾는 사람들을 제외 하고는 일반인들에게 널리 알려지지는 않고 대략 이름만 아는 생선이였으나, 메스컴의 홍보로 인해 최근에는 많은 사람들이 찾는 인기 높은 보양생선이 되었다. 민어는 산란기가 되면 남쪽바다인 제주도 근해에 있다가 서해쪽으로 올라오는데 보통 6월에서 8월 사이에 민어조업을 한다. 몰려다니면서 군체를 이루는데 바다속에 굵은 봉을 꽂고 귀를 대보면 산란을 앞둔 민어군체가 근처에 있을 경우 마치 개구리나 두꺼비가 우는 듯한 소리가 들린다.손질이 길고 성깔이 꽤 있기 때문에 활민어는 때 아니면 먹기 힘들다. 보통 낚시로 해도 올라오면 죽는 일이 허다하고 일반적인 조업으로 잡은 민어는 100% 선어이다.

203) 그린PD를 찾아라〈4〉 생명의 강 남대천, 다 못한 이야기들, 김선일(KBS강릉 방송국), 1997.01.23

204) blog.naver.com/kimbw0001/221340513038

205) gall.dcinside.com/board/view/?id= reptile&no=134150 디시인사이드 갤러..

206) www.donorscamp.org/getOrganThanks.do?noteindx=10047 CJ도너스캠프

207) 체험참가자는심곡약천정보화마을홈페이지(http://simgok.invil.org/)www.dh.go.kr/pages/sub.htm?mode=view&mv_data=aWR4PTc4NzcmbmF2X2..

208) 최기철 | 한국학중앙연구원, 민족문화대백과, 다음.

209) 이자나미노 미코토는 일본 신화에 등장하는 여성 신이다.『고지키』등으로 전해지는 신화에 따르면, 이자나미는 남신 이자나기의 아내로, 이자나기와의 사이에서 일본 땅을 이루는 여러 신들을 낳았다. 그러나 불의 신 가쿠즈치를 낳다가 화상을 입어 저승으로 가게 되었다. 이자나기는 이자나미를 살리기 위해 저승으로 내려갔다가 이자나미의 추해진 모습을 보고 놀라 도망쳤다고 전해진다. 이후, 이자나미는 저승 땅을 관장하는 신으로 모셔지게 되었다.

210) 경상도의일상 09. 06

211) 홍윤기, 일본 속 우리 고대사⑧

212) 초고왕과 구수왕의 일본진출| 역사의 현장 통일도우미. 백제 초고대왕 일본 천황 시조 스사노오 百濟肖古大王 日本天皇始祖 速佐之男 http://blog.daum.net/daangoon/참조.

213) '재미있는 생물을 만들자!' 포켓몬스터는 게임프리크의 사장인 다지리의 6년간의 산고 끝에 낳은 결실이다.지금의 포켓몬스터의 디자인이 나오기까지 약 300여 가지의 스케치가 그려져 사내 인기투표까지 하면서 다시 그려낸 150개의 포켓몬을 엄선하게 되었다. 1996년 2월에 처음 발매를 시작한 포켓몬스터는 초등학교 4~6학년의 아이들 사이에 큰 인기를 얻게 되었다. 포켓몬스터는 지금의 32비트, 64비트 게임에서 유행하는 복잡한 게임과는 다른 8비트 미니겜보이의 단순한 게임이다. 플레이어는 여러가지 이벤트를 빠져나가면서 게임필드 상에서 150여 마리의 포켓몬이라 불리는 작은 몬스터들을 모아 '포켓몬 도감'의 완성을 해나가는 곳이다. 다시 말해 다마고치와 같은 육성게임에 RPG의 요소를 포함한 것이다. 왜 그토록 많은 아이들이 이런 단순한 게임인 포켓몬스터에 빠져드는가. 많은 이들이 거론하는 것으로는 '캐릭터가 무척 귀엽다', '성장해 가는 것이 즐겁다', '잡아내거나 교환하는 것이 가능하

다', '캐릭터 형태나 포즈가 멋지다', '진화한다, 잡을 수 있다, 라이벌이 있다', '여러 포켓몬과 만날 수 있고 레벨이 오르면 점점 강해진다' 등등 여러가지 의견이 있다. 하지만 무엇보다도 매력적인 점이 있다면 포켓몬에 자신의 이름을 새겨넣을 수 있어서 그것으로 친구의 이름을 기억하거나 커뮤니케이션 툴의 역할을 하게 되는 것 아닐까. 게임은 더 이상 폐쇄적인 놀이가 아니라는 것을 보여주는 대표적인 사례라 하겠다. 매경시사용어사전, 다음.

214) 존로이드 외, 같은 책, 35쪽.

215) 박보영 공식 펜카페, 다음. 2019. 3월24일 퍼옴.

216) 나무위키, 다음.

217) 나무위키, 다음백과

218) 나무위키, 다음백과

219) 코리언 지오그래픽 '귀향', 재두루미 · 떼까마귀 · 은어 · 열목어 · 연어의 놀라운 회귀본능KBS 1TV가 11일 오후 10시 코리언 지오그래픽 '귀향'을 방송한다.이날 '귀향'에서는 자연의 세계에서 볼 수 있는 경이로운 '귀향' 행렬을 따라가본다... 제작진이 주목한 것은 재두루미의 이동 경로였다. 3A1이란 가락지를 매단 재두루미가 10년 이상 철원 아이스크림고지를 찾는 것이 확인됐다. 매년 3A1 재두루미는 시베리아 습지에서 새끼를 데리고 2000km를 날아와 월동한다.하늘 위 화려한 군무를 수놓는 가창오리와 떼까마귀 또한 월동을 위해 시베리아에서 한반도까지 집단비행을 펼친다. 호주에서 시베리아로 1만 5000km를 비행하는 도요새에게 한국의 서해갯벌은 체력을 보충하기 위해 쉬었다 가는 중간 기착지 역할을 한다.◆ 귀향歸鄕, '집으로 가는 길'은 계속 된다. 끊임없는 개발로 하늘을 수놓던 도요새의 군무는 찾아보기 힘든 풍경이 됐고, 고향으로 돌아온 수많은 연어들이 알을 낳기도 전에 허무하게 일생을 마친다. 우리가 살고 있는 땅에서 아주 오래 전부터 시작됐을 야생동물들의 귀향은 지금 이 순간에도 계속되고 있다. 이들의 귀향은 단순한 이동이 아니라, 생존 그 자체를 위해 오랜 세월동안 죽음을 무릅쓰고 지속해온 숙명의 길이다. 본능의 명령에 따라 지속되어 온 철새들의 대이동은 마치 GPS가 내장되어 있는 듯한 지리학의 박동을 느끼게 한다. 재두루미의 3A1이라는 가느다란 가락지를 통해 읽어보는 생명 평화의 메시지를 전한다.자연의 세계에서 이뤄지고 있는 야생동물들의 '귀향'은 오늘(11일) 오후 10시 KBS 1TV에서 확인할 수 있다. [뉴스핌 Newspim] 박지원 기자 (pjw@newspim.com)

220) 싱글리스트

차옥덕車玉德 문학박사

부산 경남여자중고등학교 졸업.
1973 이화여자대학교 문과대학생회장, 전국학생대표 (문교부선정 전국학생방위성금 학생호 진수자)
1974 이화여자대학교 국어국문학과 졸업 (논문: 한국인 나의 뿌리 – 단군역사 연구)
1986 이화여자대학교 대학원 여성학과 석사 (한국여성의 향기 – 허난설헌연구)
1999 성신여자대학교 대학원 국어국문학 박사 (미래의 이상향 특히 양성평등한 후천세계: 백년전의 경고 방한림전연구)

- 한국 성폭력상담소창립교육자문위원
- 한양대, 인천대, 세종대, 성신여대, 연변과기대 등등 출강
- 전국 지자체(여성지도자)소서노리더쉽 및 문화관광역사 강의
- 여성학회, 여성문학회, 여성고전문학회
- 국어국문학회, 민속학회, 한국무속학회 등등 학술회원
- 서울시 KBS 제1 TV 여성학 강사
- 국민당(정주영대통령진영) 여성정책실장
- 서울시 문화사학회 이사 겸 학술분과위원
- 동아시아고대학회 평의원.
- 2004년부터 – 소서노기념사업회장
  – 현재까지 칠석제보존회회장으로 칠석제 (한중일 공동문화로 지키기)
- 제 1회 한국연인의 날:칠석제 제정 및 축제
  ~ 제 15회 칠석제: 연인의 날 (한민족칠석제보존회이사장 – 유네스코 등재 준비)
- 2005 세계여성학자대회(이화여대 유치) 총괄기획위원
  소서노석상 건립 및 제막식(세계120개국 지도자 동반)(충북음성 큰바위얼굴공원)
- 2012 만년 환단 개천제 대회장(서울시청).
- 2013 세계 마고 여성신학자 한국대회 – '칠궁제' 대회장
- 2013 유네스코아태무형유산센터, 아태 9개국 무형문화대회 자문위원
- 2014 문화재청 무형문화전문가, 민족회의상임공동의장

현재)
- 서울시법인 한국여성향토문화연구원장
- 사) 백제문화연구회공동대표
- 한국신교협동조합 이사장
- 춘천맥국중도유적지보존 전국협의회 상임대표
  ~ 춘천맥국중도유적지보존 전국협의회 상임대표로서 제대로 일하기
  ~ 114년만에 광복 용산역사민족공원 제대로 민간단체 추진위원장 역할하기
- 소서노어라하기념사업회장
- 한민족칠석제보존회장
- 용산역사민족공원 제대로 추진위원장

초판인쇄 환기 9216(2019)년 9월 19일 1쇄 발행

지은이 차옥덕
펴낸곳 한국예맥기획
펴낸이 연 디자인
편 집 김하연
맥/출판사 새김 고암 정병례
그 림 유종회 화백
출판등록 2004년 3월 11일 제2004-000013호
주 소 04315 서울시 용산구 백범로 87길-22
전 화 T.F: 02-713-6465 H: 010-3205-6438
메 일 soseono51@hanmail.net
계 좌 국민은행 015-21-1178-167

책의 저작권은 저자와 출판사에 있습니다. 서면에 의한 저자와 출판사의 허락없이 책의 전부 · 일부를 사용할 수 없습니다.

이 책의 이익금은 만년역사문화 찾기에 기금으로 쓰입니다.